BIBLIOTHÈQUE
CLASSIQUE LATINE,
OU
COLLECTION
DES AUTEURS CLASSIQUES LATINS,

AVEC DES COMMENTAIRES ANCIENS ET NOUVEAUX,
DES INDEX COMPLETS, PORTRAITS, CARTES, ETC.;

Dédiée

A S. M. CHARLES X,

Destinée par ses Ordres aux Études

DE S. A. R. Mgr LE DUC DE BORDEAUX,

Et publiée

Par NICOLAS ÉLOI LEMAIRE,

PROFESSEUR DE POÉSIE LATINE A LA FACULTÉ DES LETTRES,
ACADÉMIE DE PARIS.

A PARIS,
DE L'IMPRIMERIE DE FIRMIN DIDOT,
IMPRIMEUR DU ROI ET DE L'INSTITUT, RUE JACOB, N° 24.

1829.

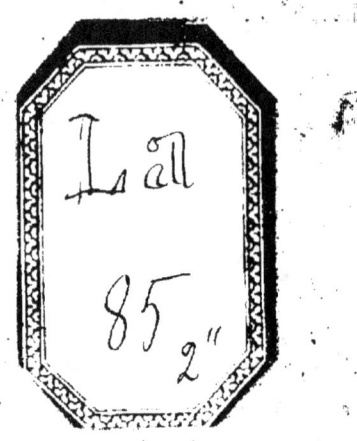

BIBLIOTHECA
CLASSICA LATINA
SIVE
COLLECTIO
AUCTORUM CLASSICORUM LATINORUM
CUM NOTIS ET INDICIBUS

On souscrit, à Paris,

Chez N. E. LEMAIRE, Éditeur, rue des Quatre Fils, n° 16, au Marais.
DEBURE frères, libraires du Roi, rue Serpente, n° 7.
TREUTTEL et WURTZ, libraires, rue de Bourbon, n° 17.
F. DIDOT, imprimeur du Roi et de l'Institut, rue Jacob, n° 24.
BOSSANGE père, libraire, rue Richelieu, n° 60.
DONDEY-DUPRÉ, impr.-lib. rue Richelieu, n° 47 *bis*.
BRUNOT-LABBE, libraire de l'Université, quai des Augustins, n° 33.
Jul. RENOUARD, libraire, rue de Tournon, n° 6.
MONGIE aîné, libraire, boulevard Italien, n° 10.
H. VERDIÈRE, libraire, quai des Augustins, n° 25.
ARTHUS-BERTRAND, libraire, rue Hautefeuille, n° 23.

Et chez tous les Libraires de France et des pays étrangers.

CAII PLINII SECUNDI

HISTORIÆ NATURALIS

LIBRI XXXVII

EXCUDEBAT FIRMINUS DIDOT,
REGIS ET GALLICARUM ACADEMIARUM TYPOGRAPHUS.

CAII PLINII SECUNDI
HISTORIÆ NATURALIS
LIBRI XXXVII

CUM SELECTIS COMMENTARIIS J. HARDUINI AC RECENTIORUM INTERPRETUM
NOVISQUE ADNOTATIONIBUS

PARS SECUNDA CONTINENS GEOGRAPHIAM,
CURANTE **F. ANSART**
IN REGIO SANCTI LUDOVICI COLLEGIO PROFESSORE

VOLUMEN SECUNDUM
PARS POSTERIOR

PARISIIS
COLLIGEBAT NICOLAUS ELIGIUS LEMAIRE
POESEOS LATINÆ PROFESSOR

MDCCCXXIX

C. PLINII SECUNDI
NATURALIS HISTORIÆ
LIBER V.

1. Africam Græci Libyam¹ appellavere, qua² mare ante eam Libycum incipiens Ægyptio finitur. Nec alia pars terrarum pauciores recipit sinus, longe ab occidente³ littorum obliquo spatio. Populorum ejus, oppidorum nomina, vel maxime sunt ineffabilia præterquam ipsorum linguis, et alias castella ferme⁴ inhabitant.

(1.) Principio⁵ terrarum Mauritaniæ appellantur, usque ad C. Cæsarem⁶ Germanici filium regna, sævitia ejus in

---

I. 1. *Græci Libyam.* Ab Afro Libyc Herculis filio, inquit Martianus, lib. VI, cap. de Africa, pag. 215, vel a Libya femina Epaphi filia, ut ait Dionysius in Eustath. H.

2. *Qua mare... finitur.* Reponebat Dalec. « et mare ante eam Libycum : Ægypto finitur. » Ed.

3. *Longe ab occidente*, etc. Longo admodum spatio ab occasu fretoque Gaditano Ægyptum usque incurvantibus sese molliter littoribus. Hard. — Hæc verba, *longe ab occidente*, Dalecampio supervacua videbantur. Ed.

4. *Castella ferme.* Non cincta mœnibus oppida. Hard.

5. *Principio.* Vel *principia terrarum*, ut habet Pomponius, cujus hæc verba, lib. I, cap. 4 : « Nunc exactius oras situsque dicturo, inde est commodissimum incipere, unde

terras oceanus ingreditur : et ab iis potissimum quæ influenti dextræ sunt. » Et c. 5: « Hinc in nostrum mare pergentibus læva Hispania, Mauritania dextra est. » Idcirco Melæ Plinioque principia terrarum Hispaniæ Mauritaniæque appellantur. Hard.

6. *Ad C. Cæsarem.* Germ. fil. Caligulam. At Dio, lib. LX, p. 671, Claudium Cæsarem hujus divisionis auctorem facit: ὁ Κλαύδιος διχῆ τοὺς Μαύρους τοὺς ὑπηκόους ἔνειμεν, ἔς τε τὰ περὶ Τίγγιν, καὶ ἐς τὰ περὶ Καισάρειαν · ἀφ' ὧνπερ καὶ ὀνομάζονται. « Claudius Mauros dupliciter divisit: in eos qui ad Tingin, et qui ad Cæsaream : unde et nomen habent. » A Caio forte constituta, ac deliberata : perfecta postmodum a Claudio est. Ptolemæum enim Jubæ filium Mauritaniæ regem Caius in-

duas[7] divisæ provincias. Promontorium Oceani[8] extimum Ampelusia nominatur a Græcis. Oppida fuere, Lissa, et Cotta[9] ultra columnas Herculis: nunc est Tingi[10], quondam ab Antæo[11] conditum: postea a Claudio Cæsare, quum coloniam faceret[12], appellatum Traducta Julia[13]. Abest a

teremit; quare sævitiam ejus Plinius nunc incusat. Vide Dionem, lib. LIX, cap. 659. HARD.

7. *In duas.* Tingitanam, et Cæsariensem. Tingitana pertinet a freto Gaditano, ad fines usque Marocani regni. In nummis nempe MAVRETANIA est. HARD.

8. *Oceani extimum.* Ultimum, in ipso freti aditu positum, qua in mediterraneum sinum oceanus influit. Hodie *Cabo Spartel*, ut lib. III, procem. not. 23, jam diximus, et confirmat Mariana, Histor. Hispan. lib. I, cap. 22, p. 41; Ptolemæo, lib. IV, cap. 1, est Κώττης ἄκρον. Mela, lib. I, c. 5: « Africæ, inquit, caput atque exordium est promontorium, quod Græci Ampelusiam, Afri aliter, sed idem significante vocabulo appellant. »Ἄμπελος Græcis vitem sonat: vitium feracem hanc oram utroque littore fuisse significat nummus Coloniæ Juliæ Traductæ, de quo dicetur in nota 13 hujus capitis. HARD. et ED.

9. *Lissa et Cotta.* In vet. apud Dalec. *Lixa*, non *Lissa*. Mox vero apud ipsum Dalecamp. non *et Cotta* secundum Chiffl. fidem, sed *Cotes*. ED. — Fuere, inquit, olim hæc oppida: nunc bellis attrita, nomen tantum et locum servant. Idem Plinius, l. XXXII, c. 6: « In oceano, inquit, ad locum Mauritaniæ, qui Cotta vocatur, non procul Lixo flumine. » HARD.

10. *Nunc est Tingi.* Ptolemæo, lib. IV, cap. 2, Τίγγις ἡ καὶ Καισάρεια. Hodie *Tanger.* HARD.

11. *Ab Antæo.* Ita Solinus, cap. XXIV, p. 45. Non ab Antæo modo id conditum, sed et conditum ibi Antæum auctor est Plutarchus in vita Sertorii, pag. 572, a quo refossum tumulum scribit, corpus repertum LX cubitorum, quam fabulam a Gabinio primum disseminatam in vulgus, Romanarum rerum scriptore, admonet Strabo, l. XVII, pag. 829. HARD.

12. *Quum coloniam faceret.* Tingitanis olim ab Augusto civitatis tantum jure donatis, ut auctor est Dio, lib. XLVIII, p. 384. HARD.

13. *Traducta Julia.* Quot in hac una sententia voces occurrunt, tot pæne scopuli sunt, ad quos summa ingenia offenderunt. *A. C. J. Cæsare*, non *a Claudio*, coloniam esse deductam, invitis libris omnibus legi, credique Vossius præcipit, Observ. in Melam, lib. I, p. 168, quoniam Juliæ Jozæ Strabo meminerit, qui Tiberio imperante, multo ante Claudii principatum, obiit. Obscure hic Plinium, ac forsitan false locutum esse Salmasius asseverat, in Solin. p. 288, quum Traductam in Bætica, non in Mauritania fuisse constet. Patinus in Sueton. p. 115, ipsis Augusti temporibus Juliæ Traductæ nomen Tingitanæ civitati hæsisse ex nummis probat, Plinium-

LIBER V. 397

Belone oppido Bæticæ, proximo trajectu[14] xxx[15] M. pass.
Ab eo xxv M. pass. in ora Oceani[16], colonia Augusti Julia
Constantia Zilis[17], regum ditioni exempta, et jura[18] Bæ-

que erroris insimulat. Ego vero sic censeo, hujus mentem eorum neminem esse assecutum : neminem non ei culpæ affinem, quam confert in Plinium. Fuit enimvero id primum quidem alteri concessum oppido nomen, in opposita Hispaniæ Bæticæ ripa posito, cui, ut Strabo narrat, Tingitanis eo Zelitanisque transductis ex Africa, Augusti temporibus, Juliæ quoque Traductæ facta ex re appellatio est. Ea postmodum Claudio Cæsare principe transductis iterum, seu revocatis (incertum qua causa) ex eo oppido Tingitanis in avitas sedes, unde commigrarant, additisque novis colonis, Traducta Julia Tingis est nuncupata, prioris oppidi nomenclatione in Africam transvecta cum civibus. Argumento est quod Juliam Jozam, quam in Bætica Strabo agnoscit, lib. III, pag. 140, Ptolemæus similiter, in descriptione ejus oræ, et Marcianus Heracl. pag. 70, vetustos scilicet secutos auctores, Τρανσδυκτα appellant, Plinius in recensendis alioqui Bæticæ oppidis ad fastidium prope diligens, prætermisit : quod nulla tum istic, præter tenue forte vestigium, omnis in Africam Traducta Julia commeasset. De Bæticæ Hispaniæ Traducta Julia accipiendi nummi illi, quos Patinus exhibet, loco mox citato, tum Augusti, tum Caii Cæsaris Augusti fil. nomine ac vultu insigniti : quibus insculpta ex adversa parte racemi uva est, cum

epigraphe IVL. TRA. neque ad Tingin hi pertinent, ut Patinus putat. Oram vini feracem hæc nota declarat; unde et in opposito littore ea re factum promontorio nomen a Græcis Ἀμπελουσία. HARD.

14. *Trajectu.* In Chiffletian. non legitur. ED.

15. *XXX M. pass.* Solinus, c. XXIV, pag. 45, et Martianus, lib. VI, cap. Alia divisio Europæ, pag. 215, XXXIII M. pass. Spatium Strabo non definit, lib. III, pag. 140, sed a Belone Tingin proximum esse trajectum ait. HARD.

16. *In ora Oceani.* Qua se a freti angustiis flectit in occasum Oceanus, et vergit in meridiem. HARD.

17. *Julia Constantia Zilis.* Vet. apud Dalec. *Zubis* pro *Zilis* ; alii *Zulis.* — Sunt autem nomina hæc conjunctim legenda, non divisim, ut prius, *Julia Constantia, Zilis :* ne duo diversa existimentur oppida. Ut Tingis Traducta Julia, ita Julia Constantia Zilis est cognominata. Ζῆλις est Straboni, lib. XVII, pag. 827; Antonino, *Zilis.* Ficta inscriptio in Thesauro Goltzii, COL. COSTANTIA ZILI AVGVSTA. Vetustum retinet nomen, præfixo Arabum articulo, *Arzilla*, in regno *Fez.* H.

18. *Et jura Bæticam petere jussa*, etc. Dalecampius, *et jura in Bæticam*, etc. intrusa vocula *in*, quæ in Chifflet. non legitur. ED. — Bæticæ jurisdictioni adscripta et contributa Zilis est, Mauritaniæ regum ditioni exempta. HARD.

ticam petere jussa: et ab ea XXXII M. passuum colonia a Claudio Cæsare facta Lixos[19], vel fabulosissime antiquis[20] narrata. Ibi regia Antæi[21], certamenque[22] cum Hercule; et Hesperidum horti[23]. Affunditur[24] æstuarium e mari flexuoso meatu, in quo draconis[25] custodiæ instar fuisse 4 nunc interpretantur. Amplectitur intra se insulam, quam solam e vicino tractu aliquanto excelsiore, non tamen æstus[26] maris inundat. Exstat in ea[27] et ara Herculis, nec præter oleastros aliud ex narrato illo aurifero nemore.

19. *Lixos.* Hodie *Larache*, teste J. B. GRAMAYE, Africæ illustr. lib. IV, cap. 1, 96. Λίξα Ptolemæo, lib. IV, cap. 1. Λίγξ Straboni, loco citato. HARD.

20. *Antiquis.* Dalec. *ab antiquis*, repugnante Chiffl. ED.

21. *Ibi regia Antæi.* Hæc Martianus iisdem fere verbis, lib. VI de Africa, pag. 215, et Solinus, cap. XXIV, pag. 45. Lixon Coloniam appellat etiam Antonini Itinerarium. Describitur ea regia a Lucano, lib. IV, v. 589 : « Inde petit tumulos, exesasque undique rupes, Antæi quæ regna vocat non vana vetustas... Hæc illi spelunca domus : latuisse sub alta Rupe ferunt, epulas raptos habuisse leones, etc. » HARD.

22. *Certamenque.* De quo poetice multa Lucanus, loco citato, et fabulosissime Apollodorus, lib. II de Diis, pag. 129, seu quisquis alius ejus libri auctor exsistit. HARD.

23. *Hesperidum horti.* De his dicemus c. 5. Horum situm indicat expressius ipse, lib. XIX, c. 21. H.

24. *Affunditur.* Dalec. *affunditur autem huic æstuarium.* In vet. apud Dalec. legitur *etiam*, pro *autem*. In Chiffl. deletur vox *huic*. ED. — Martianus, loco citato. HARD.

25. *In quo draconis.* In Chifflet. *dracones*, non *draconis* legitur. ED. — In flexuoso æstuarii hujus meatu, inquit, species quædam cernitur, et similitudo draconis : hinc locus fabulæ datus, auriferi Hesperidum nemoris aurea mala a dracone pervigili custodiri. Solini paraphrasis, loc. cit. « Flexuoso meatu æstuarium e mari fertur, adeo sinuosis lateribus tortuosum, ut visentibus procul lapsus angueos fracta vertigine mentiatur; idque quod hortos appellavere, circumdat : unde pomorum custodem interpretantes, struxerunt iter ad mendacium fabulandi. » H.

26. *Non tamen æstus.* Vet. apud Dalec. *inundant*, quasi plurali voce accipiendum sit verbum *æstus*. ED. — Solin. loco citato : « Planities manet sicca, quamvis prona superveniant æquora, etc. » Fabulis id Strabo accenset, lib. XVII, pag. 826. HARD.

27. *Exstat in ea.* Solinus : « Sed hæc insula in sinubus alvei recurrentis, et in quibusdam æquoris spiris sita, præter arbores oleastri similes, et aram sacram Herculi, aliud nihil præfert, quo propaget vetustatis memoriam. » De ara Herculis, Strabo, loco citato. HARD.

LIBER V.

Minus profecto mirentur portentosa Graeciae mendacia, de iis et amne Lixo [28] prodita, qui cogitent nostros [29] nuper paulo minus monstrifica quaedam de iisdem tradidisse. Praevalidam hanc urbem majoremque Carthagine magna: praeterea ex adverso ejus sitam, et prope immenso tractu ab Tingi: quaeque alia Cornelius Nepos avidissime [30] credidit. Ab Lixo XL M. in mediterraneo altera Augusti colonia est Babba [31], Julia Campestris appellata: et tertia Banasa [32], LXXV M. Valentia cognominata. Ab ea XXXV M. pass. Volubile [33] oppidum, tantumdem a mari utroque distans. At in ora a Lixo quinquaginta M. amnis [34] Subur, praeter Banasam coloniam defluens, magnificus [35] et navigabilis. Ab eo totidem M. pass. oppidum [36] Sala, ejusdem

---

28. *A. Lixo.* Hodie *Luccus*, cujus in ostio situm Lixos oppidum. Ποταμὸς μέγας Λίξος, καὶ πόλις Φοινίκων Λίξος, Scylaci, pag. 50. HARD.

29. *Nostros nuper.* Gabinium, credo, sugillat, Romanarum rerum scriptorem, quem annalibus suis, quos de Mauritania condidit, fabulosa intexuisse auctor est Strabo, lib. XVII, pag. 829. HARD.

30. *Avidissime.* Vet. apud Dalec. *audacissime*: sed perperam. ED.

31. *Babba.* Βάβα Ptolemaeo, lib. IV, c. 1; Stephano, Βαβαὶ, πόλις Λιβύης, ex Marciano in Periplo: cives Βαβαῖοι. In nummo Vespasiani, quem vidi, c. I. c. B. hoc est, *Colonia Julia Campestris Babba.* H. — Illam loco nunc *Naranja* dicto stetisse opinatur D'ANVILLE. ED.

32. *Banasa*, etc. Tertia Augusti colonia, ab Lixo LXXV mill. pass. distat, ad amnem Subur. Βάνασσα Ptolemaeo, loc. supra cit. Panasam corrupte vocat Antoninus, sive, ut volunt, Aethicus in Itiner. H. — Fortasse locum, quem nautae *Vieille Mahmora* vocant, occupavit, ut conjicit D'ANVILLE. ED.

33. *Volubile.* Volubilem coloniam appellat Anton. in Itiner. Οὐολοβιλὶς est Ptolemaeo, lib. VI, cap. 1. H. — *Guulili* hodie vocatur, auctore D'ANVILLE, qui illam nonnulla antiquitatis vestigia monstrare ait. ED.

34. *Amnis Subur*, etc. Vet. apud Dal. *Subula*. Chiffl. *Subulus*. ED. — Σούβουρ ποταμὸς Ptolemaeo, lib. IV, c. 1, proxime post Lixum amnem occurrens, Mauritaniae oram legentibus. H. — Flumen hoc cursum mutasse videtur auctore D'ANVILLE; nuncque, non ut ante, juxta locum *Vieille Mahmora* dictum, sed prope ipsam urbem *Mahmora*, in mare infundi; etiamnunc *Subu*, sive *Sebou* vocatur. ED.

35. *Magnificus.* Vet. apud Dalec. *Munificus.* ED.

36. *Oppidum Sala.* Quod nunc *Sale* esse credimus, inquit Mariana, Hist. Hispan. lib. I, cap. 20, pag.

nominis fluvio impositum, jam solitudinibus vicinum, elephantorumque gregibus infestum, multo tamen magis Autololum[37] gente, per quam iter est ad montem Africæ vel fabulosissimum[38] Atlantem.

6. E mediis[39] hunc arenis in cælum attolli prodiderunt, asperum, squalentem, qua vergat ad littora Oceani, cui cognomen imposuit: eumdem opacum, nemorosumque, et scatebris fontium riguum, qua spectat Africam[40], fructibus omnium generum sponte ita subnascentibus, ut numquam satietas voluptatibus desit. Incolarum neminem interdiu cerni: silere omnia, haud alio, quam solitudinum horrore: subire tacitam religionem animos propius accedentium, præterque[41] horrorem elati[42] super nubila, atque in viciniam[43] lunaris circuli. Eumdem[44] noctibus micare crebris ignibus, Ægipanum[45] Satyrorumque lasci-

41. Σάλα πόλις Ptolemæo, loc. cit. et Σάλα ποταμός. Σάληξ Philostrato, de vita Apoll. lib. V, cap. 1, pag. 209. At amni nunc nomen est *Asmir*, auct. L. Edrisi, Geog. Nubiens. *pars prima climat. tertii*, p. 77; *Buragrag*, auct. Leone Africano, *Africæ Descript.* lib. IX, pag. 733; *Wadi-al-Raman*, ut nonnulli alii volunt. Ed.

37. *Autololum.* De his inferius. Habet hæc quoque Solin. c. xxiv, pag. 45. Hard.

38. *Fabulosissimum Atlantem.* Montem illum antiquis celebratissimum. Cl. Shaw, *Voyages*, tom. I, pag. 8. Summa ejus juga altitudinem montium Britanniæ non superant. Brot.

39. *E mediis.* Hæc pariter Martianus, lib. VI, cap. de Africa, pag. 215, et Solinus, loco cit. pag. 46.

40. *Qua spectat Africam.* Chiffl. *qua spectet.* Ed. — Quæ proprie nimirum Africa vocetur, de qua c. 3. Hard.

41. *Præterque.* Prætereaque. Vox Plinio perquam familiaris. H. — Chiffl. *præterque terrorem.* Ed.

42. *Elati.* Subintellige, montis, qui caput ultra nubila condat, atque ad ipsum Lunæ circulum accedere videatur. « Quod altius quam conspici potest, usque in nubila erigitur, cælum et sidera non modo tangere vertice, sed sustinere quoque dictus est, » inquit Mela, lib. III, cap. 10. Hard.

43. *Viciniam.* Chiffl. *vicina.* Ed.

44. *Eumdem noctibus.* Dalecamp. *eumdemque,* invitis codd. vett. et Chiffl. Ed. — Solinus, et Martianus, loco citat. De Ægipanibus Satyrisque dicemus cap. 8. Hard.

45. *Ægipanum Satyrorumque,* etc. Hæc omnia fabulas esse merito docet Cl. Shaw, loco citato. At quum

LIBER V. 401

via impleri, tibiarum ac fistulæ cantu, tympanorumque et cymbalorum sonitu strepere. Hæc celebrati auctores prodidere, præter Herculi et Perseo[46] laborata ibi. Spatium ad eum immensum incertumque.

Fuere et Hannonis[47] Carthaginiensium ducis commentarii, Punicis rebus florentissimis explorare ambitum Africæ jussi : quem sequuti plerique e Græcis nostrisque, et alia quidem[48] fabulosa, et urbes multas ab eo[49] conditas ibi prodidere, quarum nec memoria ulla, nec vestigium exstat. 7

Scipione Æmiliano res in Africa gerente, Polybius Annalium conditor, ab eo accepta classe, scrutandi illius orbis gratia circumvectus, prodidit a monte eo ad occasum versus, saltus plenos feris, quas generat Africa, ad flumen Anatin CCCCLXXXV[50] M. pass. Ab eo Lixum CCV M. 8

nonnihil veritatis in fabulis plerumque lateat, si quis attenderit juga illorum montium insideri vicis hominum, qui *Cabyles* appellantur, haud mirum videbitur montem noctibus micuisse crebris ignibus, auditos fuisse lætis festisque noctibus tympanorum et cymbalorum sonitus, maxime quum ob nimios solis ardores illi homines die latitent. Brot.

46. *Herculi et Perseo.* Vet. apud Dalec. *Herculis et Persei.* Ed. — Solinus, cap. XXIV, pag. 46, ubi de Atlante monte : « Apex, inquit, Perseo et Herculi pervius, cæteris inaccessus : ita fidem ararum inscriptio palam facit. » Hard.

47. *Hannonis.* Diximus de eo in Auctorum indice. Hard.

48. *Et alia quidem.* Dal. ad alia *quædam*, repugnantibus codd. vett. et Chiffl. Ed.

49. *Ab eo conditas.* Quarum Han-

no ipse meminit, statim Peripli initio, cujus fragmentum hodieque exstat. Hard.

50. *CCCCLXXXV.* Chiffl. Cod. *CCCCLXVI.* Ed. — Solinus, loc. citat. CCCCLXXXVI : « Qua spectat mons Atlas occasum, inquit, inter ipsum et flumen Anatim, per quadringenta nonaginta sex millia passuum infames bestiis silvæ obsident. » Ita etiam Martianus, lib. VI, cap. de Africa, p. 216. Tamen cum editis manuscripti codices concinunt. H. — De toto hoc Polybii Periplo vide quæ disertissime disputet vir antiquæ geographiæ peritissimus Gossellin, *Recherches sur la géographie systématique et positive des Anciens*, tom. I, pag. 106 seqq. Anatin flumen id esse demonstrat, pag. 112, quod Leo African. lib. II, pag. 192, *Ommirabih* vocat, L. Edoisi, Geogr. Nub. p. 1, Clim. 3, pag. 77, *Om-Rabya.* Ed.

passuum[51] : a Gaditano freto CXII M. passuum abesse. Inde sinum qui vocetur Saguti[52]. Oppidum in promontorio Mulelacha. Flumina, Subur[53], et Salam. Portum Rutubis[54] a Lixo CCXIII[55] M. passuum. Inde promontorium Solis[56] : portum Risardir[57] : Gætulos[58] Autololes : flumen Cosenum[59] : gentes, Scelatitos[60], et Masatos. Flumen Masatat[61] : flumen Darat[62], in quo crocodilos gigni. Deinde

51. *CCV mill. pass.* Ita Solinus, loco citato. H. — Libri editi voces hoc loco duas inserunt, quas nulli MSS. agnoscunt : *CCV mill. pass. Agrippa Lixum a Gaditano freto CXII M.* etc.

52. *Qui vocetur Saguti.* In Reg. 1, *Suguci.* Videtur esse Ptolemæi, lib. IV, cap. 1, et Strabonis lib. XVII, pag. 825, Ἐμπορικὸς καλούμενος κόλπος, qui navigantibus a Lixo in Austrum occurrit. H. — Sic quidem Harduinus omnesque alii, egregie autem demonstrat GOSSELLIN, op. citat. pag. 109, hic male a Nostro relata fuisse Polybii verba, et sinum Saguti eum esse qui Scylaci Cotes vocatur, nunc *Baie d'Al-cazar*, in ipso Gaditano freto. Promontorium autem Mulelacha, nunc *Mollabat* dictum, veteris nominis vestigia servat non obscura : oppidum in eo situm Thymiaterion fuit ab Hannone conditum. Vide GOSSELLIN, op. cit. pag. 111. ED.

53. *Subur et Salam.* Chiffl. *Sububum et Salat.* De illis diximus sup. not. 34 et 36. ED.

54. *Portus Rutubis.* Ῥούσιβις λιμὴν Ptolemæo, lib. IV, cap. 1. Hodie *Mazagan*, auctore GOSSELLIN. ED.

55. *CCXIII.* Ita Reg. 1, 2, Colb. 1, 2, et Paris. Centenarii notam adjiciunt præterea libri typis excusi. HARD.

56. *Solis.* Ἡλίου ὄρος, Solis mons, Ptolemæo, lib. IV, cap. 1. H. — Promontorium Solis, nunc *le cap Cantin*. BROT.

57. *Risardir.* Nomen id in hac terrarum plaga soli Polybio cognitum. Portum hunc illum esse qui hodie *Safi*, sive *Asafi* vocatur, opinatur GOSSELLIN. ED.

58. *Gætulos.* Vet. apud Dalec. *Gætulos Autololes.* ED. — Gætulicarum gentium populi numerosissimi : Autololes, Daræ, etc. H.

59. *Cosenum.* MSS. omnes, *Vosenum.* Est Ptolemæo Χουσάριος ποταμὸς juxta Γαυναρίαν promontorium. H. — Nunc *Tensift*, juxta urbem *Maroc*, auctore GOSSELLIN. ED.

60. *Scelatitos. Salatitos* a fluvio paulo ante memorato. PINT.

61. *Flumen Masatat.* Μάσσα ποταμὸς Ptolemæo, loco citato. H. — Hodie *rivière de Mogador*, ut ait GOSSELLIN, loco cit. ED.

62. *Flumen Darat.* Δάρατος ποταμοῦ Ptolemæus quoque meminit, loco citato, cui mox subjungit μέγαν λιμένα, *portum magnum*, quem sinus is videtur efficere, de quo statim Plinius. H. — Erud. GOSSELLIN, in opere jam toties laudato, tom. I, pag. 112 seqq. egregie demonstrat mendosum esse numerum DCXVI, aut DCVI, quem dat Elzev.

sinum DCXVI M. passuum includi montis Barce promontorio excurrente in occasum, quod appellat[63] Surrentium. Postea flumen Palsum[64], ultra quod Æthiopas Perorsos[65], quorum a tergo Pharusios[66]. Iis jungi mediterraneos Gætulos Daras. At in ora Æthiopas Daratitas[67], flumen Bambotum[68], crocodilis et hippopotamis refertum. Ab eo montes perpetuos[69] usque ad eum, quem Theon ochema dicemus[70]. Inde ad promontorium Hesperium[71] navigatione dierum ac noctium decem, in medio[72] eo spatio Atlantem locavit, a cæteris omnibus in extremis Mauritaniæ proditum.

Romana arma primum, Claudio principe in Mauritania

legendumque esse XCVI, quæ quidem mensura ad sinum nunc *golfe de Sainte-Croix* dictum referenda est. Flumen autem Darat *rivière de Sus*, hodie vocatur, eodem auctore, pag. 116; mons Barce, nunc *Atlas* sive *Daran*, Surrentiumque promontorium, *le cap Ger*. ED.

63. *Quod appellat*. Dalec. *quod appellatur*. ED. — Subintellige, Polybius, ex superioribus. Hanc oræ Libycæ, qua spectat oceanum, Polybianam descriptionem haud se præstare velle, satis aperte significat. HARD.

64. *Palsum*. MSS. omnes, Reg. 1, 2, Colb. 1, 2, Paris. etc. *Salsum*. H. — Flumen Salsum, nunc *rivière d'Assa*, auctore GOSSELLIN. ED.

65. *Perorsos*. Stephanus, Πέτορσοι, inquit, Λιβύης ἔθνος μέγα καὶ πολυάνθρωπον. Agathemerus, Geogr. lib. II, cap. 5, Περόργους vocat. Uterque mendose. Περόρσους recte Ptolemæus, lib. IV, cap. 6. HARD.

66. *Pharusios*. Dalec. *Pharusos*. ED.— Φαρούσιοι, ἔθνος Λιβυκὸν, Stephanus, pag. 691. De Perorsorum et Pharusiorum situ dicemus inferius, capite octavo. HARD.

67. *Daratitas*. A flumine Darat, de quo superius dictum est, sic cognominatos. Δάραδας appellat Agathemerus, loco citato, et Ptolemæus, lib. IV, cap. 6. H.—*Darah* etiamnunc vocatur quam incoluerunt regio. ED.

68. *Bambotum*. Meminit hujus amnis, tacito tamen nomine, Hanno, in Periplo, pag. 39. H.—Nunc *Riv. de Nun*, ut vult GOSSELLIN. ED.

69. *Montes perpetuos*. De his vid. GOSSELLIN, op. cit. tom. I, p. 118 seqq. ED.

70. *Dicemus*. Chiffl. *dicimus*. ED. — Lib. VI, cap. 35, ubi et de Hesperio dicturi sumus. HARD.

71. *Hesperium*. Pint. *Hesperum*.

72. *In medio eo spatio Atlantem*. Errat Plinius: nec adsecutus est Polybii sensum. Hic enim locavit Atlantem medio spatio inter Carthaginem, unde erat profectus, et Theon Ochema, *le cap Lédo*, quo pervenerat. Promontorium Hesperium, nunc *cabo Roxo*. BROT.

bellavere, Ptolemæum regem a C. Cæsare[73] interemptum ulciscente liberto[74] Ædemone, refugientibusque[75] barbaris, ventum constat ad montem Atlantem. Nec solum consulatu perfunctis, atque e senatu ducibus, qui tum res gessere, sed equitibus quoque rom. qui ex eo præfuere ibi, Atlantem penetrasse in gloria fuit. Quinque[76] sunt (ut diximus) rom. coloniæ in ea provincia, perviumque[77] fama videri potest. Sed id plerumque fallacissimum experimento deprehenditur : quia dignitates[78], quum indagare vera pigeat, ignorantiæ pudore mentiri non piget : haud alio fidei proniore lapsu, quam ubi falsæ rei gravis auctor exsistit. Et quidem minus miror incomperta quædam esse equestris ordinis viris, jam vero et senatum inde intrantibus[79], quam luxuriæ; cujus efficacissima vis sentitur atque maxima, quum ebori citroque silvæ exquirantur, omnes scopuli Gætuli muricibus ac purpuris.

Indigenæ tamen tradunt in ora ab Sala centum quin-

73. *A C. Cæsare.* Germanici filio, quem Caligulam vocant, ut dictum est paulo ante. HARD.

74. *Liberto.* Ptolemæi regis Mauritaniarum. HARD.

75. *Refugientibus.* Maluisset Dal. *profugientibus.* ED.

76. *Quinque sunt.* En quid romana arma profecerint : deductæ scilicet coloniæ quinque : Augusti tres : Julia Constantia Zilis : Julia Campestris Babba : Julia Valentia Banasa. Claudii duæ : Traducta Julia Tingis, et Lixos. HARD.

77. *Perviumque.* Dalec. *perviumque famæ.* ED. — Subintellige Atlantem. Ultra montem, inquit, progredi fas est in interiora Libyæ, videri jam potest fama ipsa et auctorum fide certum. HARD.

78. *Dignitates.* Magistratus, consules, prætores, quibus est administrandi belli, provinciæque simul lustrandæ cura demandata. H.

79. *Et senatum inde intrantibus.* Locum hunc Plinii editores, contra MSS. omnium fidem, Reg. 1, 2, Colb. 1, 2, Paris. et Chiffl. sic interpolarant, *et senatorii, nihil demirantibus quam luxuriam,* etc. quibus verbis nec salis, nec rationis probabilisve sententiæ, mica ulla subest. ED. — Minus equidem miror, inquit, incomperta quædam esse equestris ordinis viris, aut etiam iis qui ex equestri in senatorium ordinem cooptantur, quam luxuriæ aliquid esse adhuc impervium : cujus sagacitas est eximia, tum in exquirendis silvis, unde et arbores citri, et elephantorum ebur advehitur : tum in littoribus obeundis,

LIBER V. 405

quaginta mill. passuum : flumen Asanam[80] marino haustu, sed portu spectabile : mox amnem quem vocant Fut[81] : ab eo ad Dyrin (hoc enim Atlanti[82] nomen esse eorum lingua convenit) ducenta mill. passuum, interveniente flumine, cui nomen est Vior[83]. Ibi fama[84], exstare[85] circa vestigia habitati quondam soli, vinearum palmetorumque reliquias.

Suetonius[1] Paulinus (quem consulem vidimus) primus 14 romanorum ducum transgressus quoque Atlantem aliquot millium spatio, prodidit de excelsitate quidem ejus, quæ cæteri : imas radices[2] densis altisque repletas silvis incognito[3] genere arborum, proceritatem spectabilem

scopulisque maris Gætuli, unde purpuræ et murices asportantur. H.

80. *Asanam.* Ita libri omnes. Ἀσάμα ποταμὸς Ptolemæo, lib. IV, cap. I. Idem esse videtur quem Anatim supra vocavit Noster. Vid. supra not. 50. Ed.

81. *Fut.* Sive Phuth. Ptolemæo loco citato, Δούτ, mendose, ut arbitror, pro Θούτ, vel potius Φθούτ, unde vet. apud Dalec. *Phthut* scribit. Idem esse videtur cum Coseno supra memorato. Vid. not. 59. Ed.

82. *Hoc enim Atlanti.* Martianus, lib. VI, cap. de Africa, pag. 215, *Adirin*, male cursimque lecto Plinii codice, scripsit; Strabo, lib. XVII, pag. 825 : Ἕλληνες Ἄτλαντα καλοῦσιν· οἱ βάρβαροι δὲ Δύριν. H. — Etiamnunc *Daran* vocatur nonnunquam, ut sup. not. 62 diximus. Ed.

83. *Vior.* Δίουρ Ptolemæo, loco citato, forte pro Βίουρ. Nunc *Sus*, in finibus regni Marocchani. Hard.

84. *Ibi fama.* In Atlante monte. Solinus, c. XXIV, pag. 46 : « Habitatus ante mons Atlas, ut indicat

loci facies, quondam cultu exercita, in qua usque adhuc vitis et palmæ exstat vestigium. » Hard.

85. *Exstare circa vestigia.* Dalec. edit. contra Chifflet. fidem *existere*, etc. Ipse autem Dalecampius emendare volebat *certa vestigia*, pro *circa vestigia*. Ed.

1. *Suetonius.* De eo egimus in Auctorum syllabo. Habet hæc Solinus iisdem fere verbis, cap. XXIV, c 46, et Dio Cass. lib. LX, pag. 670, qui hæc ad primum Claudii Imp. annum refert Urbis conditæ 795. Gessit consulatum postremo Neronis anno, L. Pontio Telesino collega, ut quidem est auctor Tac. Ann. lib. VI, pag. 270. Hard.

2. *Imas radices*, etc. Hæc Martianus quoque, lib. VI, c. de Africa, pag. 215. Hard.

3. *Incognito.* Incognitum sibi genus illud arborum Paulinus Suetonius memorabat, qui citrum arborem numquam viderat, quam Mauræ silvæ filiam vocat Martialis, ex qua Atlantica munera, hoc est,

esse[4] enodi nitore, frondes cupressis similes, præterque gravitatem odoris, tenui eas obduci lanugine : quibus addita arte[5], posse, quales e bombyce vestes confici. Verticem[6], altis etiam æstate operiri nivibus. Decumis se eo[7] pervenisse castris, et ultra ad fluvium, qui Ger[8] vocaretur, per solitudines nigri pulveris eminentibus interdum velut exustis cautibus, loca inhabitabilia fervere[9], quamquam hiberno tempore, expertum[10]. Qui proximos inhabitent saltus, refertos elephantorum, ferarumque, et serpentium omni genere, Canarios appellari. Quippe victum ejus animalis[11] promiscuum his esse, et dividua[12] ferarum viscera[13]. Junctam Æthiopum gentem, quos Perorsos vocant, satis constat. Juba Ptolemæi pater, qui primus utrique Mauri-

mensas citreas fieri idem docet, ut suo loco dicturi sumus, lib. XIII, cap. 23. HARD.

4. *Esse.* Nec in vet. nec in Chiffl. legitur. DALEC.

5. *Quibus addita arte.* Frondibus scilicet obductis lanugine, vel ipsi potius per se lanugini arte addita : qua de arte rursum lib. VI, c. 20, et lib. XII, cap. 23. HARD.

6. *Verticem.* At si altior est ejus vertex, quam unde nives et imbres cadunt, quomodo idem nivibus obsitus dici potest? Virgilius humeros idcirco, non verticem, nivibus operiri cecinit : « Nix humeros infusa tegit. » Sed piniferum quoque caput ventis et imbribus pulsari canit, poetica nimirum licentia. Non omnium altissimum verticem attigisse Suetonius videtur. HARD.

7. *Decumis se eo perv. castris.* Decima locatione, seu metatione castrorum. Hinc subducto calculo, montis altitudo colligitur esse amplius quindecim milliarium, etiam computatis anfractibus. HARD.

8. *Qui Ger.* Istud amnis nomen tum ex codicibus MSS. Reg. 1, 2, et Paris. tum ex Ptolemæo cui amnis Γειρ maximus est Libyæ interioris, Garamantas alluens, restituimus, quum prius perperam *qui Niger* legeretur. Niger tamen legisse in Plinianis libris Solinus videtur, qui fluvium ea appellatione donatum putavit, quod atri coloris aquas volveret, quo nihil esse aut dici absurdius potest. *Ger* aut *Gir* etiamnunc vocari videtur. H. et ED.

9. *Fervere.* Dalec. *fervore.* ED.

10. *Expertum.* In edit. Dalecamp. legitur *experto;* in vet. apud ipsum *expertus.* ED.

11. *Ejus animalis.* Nempe caninæ carnis, unde Canarii, sive Κυνοφάγοι appellati sunt. HARD.

12. *Dividua.* Vet. apud Dalec. *divisa.* ED.

13. *Viscera. Junctam Æthiopum gentem.* Chiffl. *Viscera, juncta Æthiopum gente.* ED.

taniæ[14] imperavit, studiorum claritate memorabilior etiam, quam regno, similia prodidit de Atlante: præterque[15] gigni ibi herbam euphorbiam nomine ab inventore medico suo appellatam. Cujus lacteum succum miris laudibus celebrat in claritate visus, contraque serpentes, et venena omnia, privatim dicato volumine. Et satis superque de Atlante.

(II.) Tingitaniæ[16] provinciæ longitudo CLXX mill.[17] passuum est. Gentes[18] in ea, quondam præcipua Maurorum, unde nomen[18], quos plerique Maurusios[19] dixerunt. Attenuata bellis ad paucas recidit familias[20]. Proxima illi Massæsylorum[21] fuerat, sed simili modo exstincta est. Gæ-

---

14. *Utrique Mauritaniæ.* Mauritanias omnes obtinuit Juba Ptolemæi pater, alterius Jubæ F. Cæsariensem, quæ Bocchi, et Tingitanam, quæ Bogudis fuerat: præter Numidicam, quam hereditario a patre jure obtinebat. Ita Strabo, lib. XVII, pag. 828. De Juba diximus in Auctorum syllabo. HARD.

15. *Præterque.* Præterea que. Refert hæc et Solinus, c. XXIV, pag. 46. De euphorbia dicetur oportunius lib. XXV, cap. 38. HARD.

16. *Tingitaniæ.* Sic editiones vetustæ. MSS. tamen Reg. 1, etc. *Tingitanæ.* Ptolemæus quoque, lib. IV, cap. 1, Τιγγιτάνην vocat. Eadem porro et inferior et citerior Mauritania appellat: non item Sitifensis, ut quidam volunt. De Tingitanæ longitudine concinit Plinio Martianus, lib. VI, cap. de Africa, pag. 216. H. — Major est Tingitaniæ provinciæ longitudo, ut videre est apud CL. SHAW, loco citato, pag. 11. BROT.

17. *Gentes in ea, quondam præ-* *cipua Maurorum.* Vet. apud Dalecamp. *et gens in ea quondam præcipua Maurorum.* ED.

18. *Unde nomen.* Utrique provinciæ, Tingitaniæ ac Cæsariensi. Libri hactenus editi, *unde nomen provinciæ,* manifesto glossemate, quod abest a manuscriptis codicibus octo saltem, quos vidimus. HARD.

19. *Maurusios.* Μαυρούσιοι μὲν ὑπὸ τῶν Ἑλλήνων λεγόμενοι, Μαῦροι δ' ὑπὸ τῶν Ῥωμαίων. « A Græcis, Maurusii, Mauri a Romanis vocati », inquit Strabo, lib. XVII, pag. 825. H.

20. *Recidit.* Vet. apud Dalecamp. *rediit.* ED.

21. *Massæsylorum.* Μασσαισυλίων Straboni, pag. 827. In ora interni seu mediterranei maris, usque ad Mulucham amnem. Diversi a Massæsylis Massyli, de quibus dicetur c. 4. Priscianus in Periegesi, p. 368:
« Post hos immensæ Nomadum de semine gentes, Atque Masæsylii, necnon Massylia proles. » H. — Dal. *Massæsulorum.* Vet. apud eumdem *Massiliorum.* ED.

tulæ nunc tenent [22] gentes, Baniuræ [23], multoque validissimi Autololes [24]: et horum pars quondam Vesuni [25], qui avulsi liis propriam fecere gentem, versi ad [26] Æthiopas. 8 Ipsa provincia [27] ab oriente montuosa, fert elephantos. In Abila [28] quoque monte, et quos Septem [29] fratres a simili altitudine appellant: ii freto [30] imminent juncti Abilæ. Ab his [31] ora interni maris. Flumen Tamuda [32] navigabile,

22. *Nunc tenent.* Provinciam obtinent, habitantque, Tingitanam: e Cæsariensi Mauritania huc profectæ. Vide lib. XXI, cap. 45. H.

23. *Baniuræ.* Ita emendavimus ex Reg. 1, 2, Colb. 1, 2, Paris. Prius *Banurri* legebatur. Apud Ptolemæum, lib. IV, cap. 1, ΒΑΝΙΟΥΒΑΙ pro ΒΑΝΙΟΥΡΑΙ, ut quidem merito suspicamur. ED.

24. *Autololes.* Αὐτολάται Ptolem. lib. IV, cap. 6; *Autololes* Lucano, lib. IV, vs. 677. HARD.

25. *Vesuni.* Nesuni. Reg. 1, 2, Colb. 1, 2, et Paris. HARD.

26. *Versi ad Æthiopas.* Post Tingitanam positi, vergentesque ad Æthiopas. HARD.

27. *Ipsa provincia ab oriente montuosa.* Tingitana. HARD.

28. *In Abila.* Sunt in Abila quoque, inquit, Tingitanæ monte septemtrionali, et in iis montibus quos Septem fratres vocant, frequentes elephanti: ut in parte provinciæ quæ ab oriente montuosa est. Solini paraphrasis c. XXV, p. 46, de Tingitana: «Exsurgit montibus septem, qui a similitudine fratres appellati, freto imminent: hi montes elephantis frequentissimi, etc.» Habet eadem Martianus, lib. VI, cap. de Africa, pag. 216. Quare hanc lectionem, quam codices omnes constabiliunt, frustra impugnat Salmasius in Solin. p. 305. Abila altera Herculis laborum in Africa, meta, Calpæ in Europa positæ respondet: in extremis est freti angustiis, versus ortum, unde aperiri se mare internum, seu mediterraneum incipit. Ἀβύληκα Strabo vocat, lib. III, pag. 170. H. — Vet. apud Dalec. *in Abila monte, et iis quoque quos Septem*, etc. ED.

29. *Et quos Septem.* Ἑπταδελφοὺς Ptolemæus pariter vocat, lib. IV, cap. 1. Mela, lib. I, cap. 5: «Montes sunt alti, qui continenter, et quasi de industria in ordinem expositi, ob numerum, septem: ob similitudinem, fratres vocantur.» HARD. — Septem fratres montes eos esse putat D'ANVILLE quos Arabes *Gebel Mousa* dixerunt. ED.

30. *Ii freto imminent juncti Abilæ.* Chiffl. *ii freto imminenti juncti Abilæ.* ED.

31. *Ab his.* Post Septem fratres Abilamque montem, jam internum seu mediterraneum, freti angustiis pone relictis, liberius exspatiatur æquor. Ceuta enim et Abila, teste Strabone lib. III, p. 139, internum mare ab Atlantico discernunt. Deinde occurrit in ipsa ora flumen Tamuda, etc. HARD. et ED.

32. *Tamuda.* Sic Mela, loco cit.

quondam et oppidum. Flumen Laud[33], et ipsum navigiorum capax. Rusadir[34] oppidum et portus, Malvana[35] fluvius navigabilis.

Siga oppidum[36] ex adverso Malachæ[37] in Hispania sitæ, 19 Syphacis regia[38], alterius jam[39] Mauritaniæ. Namque[40] diu regum nomina obtinuere, ut Bogudiana appellaretur extima : itemque Bocchi, quæ nunc Cæsariensis. Ab ea portus Magnus[41] a spatio appellatus, civium romanorum oppi-

a Vossio emendatus. Sic Pliniani codices. Ptolemæus Ταλοῦδα corrupte, pro Τανοῦδα. HARD. — Hodie sive *Alamos* sive *Kerkal.* ED.

33. *Laud.* Tolet. *Lauth.* ED.—Ex situ conjicimus esse amnem eum, quem *Gomera* tabulæ vocant. H.

34. *Rusadir.* Dalec. *Rusardi.* ED. — Ptolemæo, lib. IV, cap. 1, Ῥυσσάδιρον, in Tingitana. Antonino in Itiner. *Rusadder colonia.* In notitia Africæ, inter episcopos Mauritaniæ Cæsariensis, cujus in vicinio Rusadir fuit, *Idonius Rusaditanus* legitur. — Hodie, ut videtur, *Melilla.* ED.

35. *Malvana.* Ita libri omnes. Antonino tamen *flumen malva.* Ptolemæo, lib. IV, cap. 1, Μαλοῦα, hodie *Maluia.* Cæsariensem Mauritaniam a Tingitana dirimebat. HARD. et ED.

36. *Siga.* Hodie *Aresgol* esse putatur, inquit Mariana, Hist. Hisp. lib. II, c. 23, p. 80. Coloniam vocat Ptol. lib. IV, c. 2. Mauritaniæ Cæsariensis caput. HARD. — Nonnulla reperiuntur vestigia ejus loco dicto *Ned-Roma*, auctore D'ANVILLE. ED.

37. *Ex adverso Malachæ.* Ita Solinus, c. XXV, p. 48, et Martianus, lib. VI, pag. 216. Μάλακα Straboni, lib. III, pag. 156. Hispanis hodie *Malaga,* commercio celebris : cujus vina generositate superant reliqua omnium ferme regionum. In Chiffl. cod. *Maleæ*, inepte. HARD.

38. *Syphacis regia.* Σίγα βασίλειον Σύφακος, inquit Strabo, lib. XVII, pag. 829, in Mauritania scilicet, quæ Syphaci paruit. In ea vero Numidiæ parte, quam occupavit, Cirta ejusdem βασίλειον fuit. Livius, lib. XXX, « Cirta caput regni Syphacis erat. » Sic Jubæ Regia triplex fuit, Cirta, Siga, Cæsarea. HARD.

39. *Alterius jam Mauritaniæ.* Cæsariensis Mauritaniæ, quæ nunc regnum Algerianum dicitur, *Régence d'Alger.* ED.

40. *Namque diu.* Non alio, inquit, Mauritania utraque nomine dudum est agnita, quam regum quibus paruit. Extima quidem, seu propior oceano, hoc est, Tingitana, Bogudis : Cæsariensis, Bocchi. Tingitanæ, Cæsariensisque appellationes, Caio vel Claudio principe primum auditæ. HARD.

41. *Portus Magnus.* Mela, lib. I, cap. 5 : « Portus cui Magno est cognomen ob spatium. » Πόρτος Μάγνος Ptolemæo, lib. IV, cap. 2. Nunc *Arzeu*, auctore D'ANVILLE. HARD. et ED.

dum. Amnis Mulucha[42], Bocchi[43] Massæsylorumque finis. Quiza Xenitana[44] peregrinorum oppidum, Arsennaria[45] Latinorum, tribus millibus passuum a mari. Cartenna[46] colonia Augusti, legio secunda[47]. Item colonia ejusdem, deducta cohorte Prætoria[48], Gunugi[49]. Promontorium Apollinis[50] : oppidumque ibi celeberrimum Cæsarea[51],

42. *Amnis Mulucha.* Vet. apud Dalecamp. *Molocath.* Itemque Strabon. ED. — Quem Ptolemæus Χυλημαθ ποταμὸν vocat lib. IV, cap. 2, inter Portum Magnum, Quizamque coloniam, quo pariter ordine a Plinio ista collocantur. HARD. et ED.

43. *Bocchi*, etc. Mela, lib. I, cap. 5 : « Mulucha ille quem diximus amnis est, nunc gentium, olim regnorum quoque terminus, Bocchi, Jugurthæque. » Ab Malva amne superius memorato, usque ad Mulucham, Massæsyli Mauriqne incolebant, Boccho rege, Jugurthæ genero. Hic igitur fluvius Massæsylorum finis : sed et idem initium regni Jubæ, ad Ampsagam amnem versus ortum. HARD.

44. *Quiza Xenitana.* Nomen alterum habet a Mauris : a peregrinis, qui urbem condiderunt, græcum alterum. Ξένος enim hospitem et peregrinum sonat. Quiza castellum Melæ, lib. I, cap. 6. Municipium Antonino, in Itiner. Colonia Ptolemæo, lib. IV, cap. 2. H. — Ad dextram fluminis proxime memorati ripam, juxta ostium ejus, illam in mappa sua ponit D'ANVILLE. ED.

45. *Arsennaria.* Arsinna Melæ, loco citato, Ptolemæo, lib. IV, cap. 2, Ἀρσεναρία κολωνία. Nunc *Marzagolet*, aut non inde procul. HARD. et ED.

46. *Cartenna.* Vet. apud Dalec. *Carcenna.* Καρτένναι Ptolemæo, loco citato. Cartennas coloniam vocat Antoninus in Itin. In Notitia Africæ inter Episcopos Mauritaniæ Cæsar. *Lucidus Cartennitanus.* Hodie, *Tenez*, auctore D'ANVILLE. HARD.

47. *Legio secunda.* Hoc est, legionis secundæ colonia, vel colonia Secundanorum. Vide quæ diximus lib. III, cap. 5. HARD.

48. *Cohorte Prætoria.* Festus : « Prætoria cohors est dicta, quæ a prætore non discedebat. Scipio enim Africanus primus fortissimum quemque delegit, qui ab eo in bello non discederent, et cætero munere militiæ vacarent, et sexquiplex stipendium acciperent. » Ex ea igitur colonia deducti Gunugin coloni. H.

49. *Gunugi.* Gunugus Antonino in Itiner. a Cæsarea, de qua mox, XII mill. pass. HARD.

50. *Apollinis.* Ἀπόλλωνος ἄκρον Ptolemæo, lib. IV, cap. 2. HARD.

51. *Cæsarea.* Ἰὼλ Καισάρεια, Ptolemæo, loco citato. *Cæsarea colonia* Antonino in Itiner. Mela, lib. I, c. 6 : « Iol ad mare aliquando ignobilis, nunc quia Jubæ regia fuit, et quod Cæsarea vocitatur, illustris. » In nummo Claudii, teste Goltzio in Thesauro, COL. IOL. CÆSARRA. IVBAE. REG. sed suspecta mihi viri est pariter ac nummi fides. Hodie *Vacur*, auctore D'ANVILLE. HARD.

antea vocitatum Iol, Jubæ regia, a Divo Claudio coloniæ jure donata : ejusdem jussu[52] deductis veteranis, Oppidum novum : et Latio dato[53], Tipasa[54]. Itemque a Vespasiano Imperatore eodem munere donatum Icosion[55]. Colonia Augusti Rusconiæ[56]. Rusucurium[57] civitate honoratum a Claudio. Rusazus[58] colonia Augusti. Salde[59] colonia ejus-

—Quidam *Alger* volunt, ast multo majus nobis videtur *Vacur*. ED.

52. *Ejusdem jussu.* Augusti pariter jussu, inquit, deductis veteranis militibus instituta colonia Oppidum Novum fuit. Ὀππιδόνεον κολωνία Ptolemæo, lib. IV, c. 2, *Oppidum novum coloniam*, Antoninus a Tigavis, de quibus inferius, XXXIII M. pass. H. —Eutrop. VII, 10 : « Tanto autem amore etiam apud barbaros fuit (Augustus), ut reges, populi romani amici, in honorem ejus conderent civitates, quas Cæsareas nominarunt : sicut in Mauritania a rege Juba, et in Palæstina, etc. » Vide supra notam ejusdem capitis 38. ED.

53. *Et Latio dato.* De jure Latii diximus lib. III, cap. 4. HARD.

54. *Tipasa.* Inter Episcopos Mauritaniæ Cæsar. in Notitia Africæ, *Reparatus Tipasitanus.* Τίπασα quoque Ptolemæo, loco citato. *Tipasam coloniam* vocat Antoninus. HARD.

55. *Icosion.* Ἰκόσιον Ptolemæo lib. IV, cap. 2. *Icosium colonia*, Antonino, et Martiano, l. VI, c. de Africa, pag. 216. In codice Can. Eccl. Afric. subscribit *Laurentius Icositanus, legatus provinciæ Cæsariensis.* In Notitia Africæ, inter episcopos Maurit. Cæsar. *Victor Leositanus* : scribe, *Icositanus.* De vocis originatione Solinus, cap. XXV, p. 48 : « Nec ab Icosio, inquit, taciti recedamus. Herculi enim illac transeunte, viginti qui a comitatu ejus desciverant, locum deligunt, jaciunt mœnia : ac ne quis imposito a se nomine privatim gloriaretur, condentium numero urbi nomen datum. » Εἴκοσι græce viginti significat. Solinianum tamen id figmentum puto. Nunc est *Sersel*, auctore D'ANVILLE. ED.

56. *Colonia Augusti Rusconiæ.* Ita Martianus, loco citato, et MSS. omnes. Antoninus in Itin. *Rusgunias coloniam.* Parm. editio, *Rusguniæ.* In Notitia Africæ, inter Episcopos Mauritan. Cæsar. *Bonifacius Rusguniensis.* Ptolemæus lib. IV, cap. 2, mendose Ῥουστόνιον pro Ῥουσκόνιον. Et in Conc. Carthag. *Numerianus Rungoniensis*, pro *Rusguniensis.* HARD.

57. *Rusucurium.* Sic recte Parmensis editio. Ptolemæus, lib. IV, cap. 2, Ῥουσουκάραι. Antoninus, *Rusuccurum coloniam.* Inter Episcopos Mauritan. Cæsariensis, in Notitia Africæ, *Metcur Rusuccuritanus.* Nunc *Hur*, auctore D'ANVILLE. ED.

58. *Rusazus.* Vet. ap. Dalecamp. *Rusarus.* ED. — *Rusazis municipium*, Antonino. Ῥουσαζὺς Ptolemæo, loco citato. HARD.

59. *Salde.* Vel forte potius *Saldæ*, cum Martiano, lib. VI, pag. 216. Ptolemæo item Σάλδαι, κολωνία. Antoninus, *Saldas coloniam* vocat. Inter episcopos Mauritaniæ Sitifensis,

dem. Item Igilgili[60]. Oppidum Tucca[61] impositum mari, et flumini Ampsagæ. Intus colonia Augusta, quæ item Succabar[62]: item Tubusuptus[63]. Civitates: Timici[64], Tigavæ[65]. Flumina: Sardabal[66], Aves, Nabar: gens Macurebi[67]:

in Notitia Africæ, *Paschasius Saldi-tanus.* Hodie *Tedles*, ut vult D'ANVILLE. H. et ED.

60. *Igilgili.* Prius legebatur, *Igilgili oppidum. Tucca*, etc. Nos addita vocula *item*, ex MSS. Reg. 1, 2, et cæterorum admonitu, ac mutata interpunctione, Igilgili coloniam fuisse indicamus, quod et Antoninus in Itinerario admonet. Sic paulo ante, ubi præpostera loci distinctio, e duobus oppidis unum conflarat, in hunc modum: « Cæsarea... a divo Claudio coloniæ jure donata, ejusdemque jussu deductis veteranis. Oppidum novum, et Latio dato Tipasa: » nos geminum latere agnovimus, locumque distinximus: « A Divo Claudio coloniæ jure donata: ejusdem jussu deductis veteranis, Oppidum Novum: et Latio dato Tipasa. » Nam *Oppidum novum*, proprium loci, coloniæque nomen esse, abunde ex Ptolemæo et Antonino docuimus. H. — Igilgili Ἰγιλγέλει Ptolemæo, nunc *Jigeli*, sive *Gigeri* vocatur, Francorum expeditione anno 1664 nobile. ED.

61. *Tucca.* Nunc intercidit. Diversa est Ptolemæi Τούκκα, lib. IV, cap. 2. Nam in mediterraneis Mauritaniæ Cæsariensis urbibus censetur: Pliniana hæc maritima est, in ipso Ampsagæ fluminis ostio: Mauritaniæ Sitifensis novissima, quam proxime Numidia sequitur. HARD.

62. *Succabar.* Ita MSS. omnes: non, ut editi, *Succubar.* Inscriptio,

in Thesauro Goltzii, pag. 238, COL. AVG. SVCCABAR. Ammianus, lib. XXIX, p. 402: « Municipium Sugabarritanum, Transcellensi monti adcline. » Mediterraneum oppidum fuit, quod ea vox Pliniana declarat, *Intus:* quæ et sequentibus oppidis accommodanda est. Ptolemæo, lib. IV, cap. 2, Ζουχάββαρι, inter mediterranea Maurit. Cæsariensis oppida. HARD.

63. *Tubusuptus.* Τουβούσουπτος Ptolemæo, lib. IV, cap. 2, in mediterraneis Cæsariensis Mauritaniæ oppidis. *Tubusuptum* Antonino, a Saldis XVIII. M. pass. Ammiano, lib. XXIX, pag. 400: « Tubusuptum, oppidum Ferrato contiguum monti. » In Notitia Provinciæ inter limitaneos, recensetur Præpositus limitis Tubusubditani, cap. 20, pag. 96. H. — Hodie *Burg*, ut ait D'ANVILLE. ED.

64. *Timici.* Τιμίχη Ptolemæo, lib. IV, c. 2, inter mediterranea Maurit. Cæsar. oppida. In Collat. Carthag. pag. 138, « Victor Episcopus plebis Timicitensis. » Et in Notitia Africæ, inter Episcopos Mauritan. Cæsar. *Honoratus Timicitanus.* H.

65. *Tigavæ. Tigavas Municipium*, vocat Anton. in Itiner. Τιγαῦα Ptolemæo, in mediterraneis civitatibus Mauritan. Cæsar. Inter Episcopos Maurit. Cæsar. in Notitia Africæ, *Crescens Tigabitanus.* HARD.

66. *Sardabal.* Dalec. *Sardabala, Nabar*, prætermissa voce *Aves*,

LIBER V.   413

flumen Usar[68] : gens Nabades[69]. Flumen Ampsaga[70], abest a Cæsarea[71] CCCXXII[72] millibus passuum. Utriusque Mauritaniæ longitudo decies[73] triginta novem mill. Latitudo quadringentorum sexaginta septem mill.[74] pass.

pro qua legebat Pintianus *Ancus*. Aves, quo nomine a Mela agnoscitur, lib. I, cap. 6, ab Harduino hoc loco restitutus est admonitu codicum Colb. 1, 2, etc. ED.

67. *Macurebi.* Μαχουρηβοὶ Ptolemæo, loco cit. HARD.

68. *Usar.* Σίσαρ est Ptolemæo, loco citato, inter Saldas sive Bugiam et Igilgilin. HARD.

69. *Nabades.* Νάβασσοι, Ptolem. l. c.

70. *Ampsaga.* Ptolem. Ἀμψάγας. « Amsagam fluvium Cirtensem fæcilosum » vocat Victor Vitensis, lib. II de Persecut. Afric. pag. 21. Cirtensem quidem, a Cirta Julia, Numidiæ metropoli, de qua mox dicetur, prope ripas Ampsagæ posita. Hodie *Wad-el-Kibir*, aliquot millibus pass. a *Jijeli* oppido versus ortum. HARD.

71. *Abest a Cæsarea. Vacur.* ED.

72. *CCCXXII.* Ita Reg. Colb. 1, 2, Chiffl. et Martianus ipse. In libris editis male, CCXXXIII. HARD.—Leg. CCXXII. Ita MSS. Reg. 1, et 2, editio princeps. In MSS. R. 5, CCXXIV. Perperam emendavit eruditus Harduinus CCCXXII. Id non patitur locorum natura. Flumen Ampsaga, nunc *Wad-el-Kibir*, id est, magnus fluvius. Cæsarea, *Sher-Shell*. BROT.

73. *Decies.* Hoc est, decies centenum, et triginta novem millium pass. HARD.—Ita Reg. 1, 2, Colb. 1, 2, Paris. Chifflet. denique ipse Martianus, l. VI, cap. de duabus Mauritaniis, pag. 216, ut mirari subeat, cur Plinii editores, *octin-gentorum triginta novem mill.* tantum scripserint: quum vel ab Ampelusia promontorio, ad amnem Mulucham quem Massæsylorum finem esse superius diximus, stadiorum quinque millia interesse Strabo sit auctor, lib. XVII, p. 827, quum tamen nec Tingitanæ fere partem ullam, nec Cæsariensem totam eo spatio complectatur. Missi Theodosii: «Gaulia (lege Gætulia) et Mauritania finiuntur ab oriente flumine Ampsaga: ab occidente, oceano Atlantico : a septemtrione, mari Africo : a meridie, mari oceano Æthiopico, in longitudinem M. passuum CCCCLXII, in latitudinem duodecies XXX juxta Plinium Secundum. » Ubi mensuræ longitudinis latitudinisque, ex scriptorum vitio, haud dubie sunt permutatæ. Quod vero statim in eodem exemplari subditur : «Utriusque Mauritaniæ longitudo CCCCLXXX, latitudo CCCCLXVIII» aut vitiosum esse, aut adjectum ac spurium arbitror, certe falsum. H. — Non tanta est utriusque Mauritaniæ mensura, ut recte observavit Cl. SHAW, pag. 12. Forte in mensuram sinus et anfractus oræ compulit Plinius. BROT.

74. *Quadringentorum sexaginta septem millium.* Ita editio princeps aliæque. In MS. Reg. 1, «CCCLXVII M. » Quod melius puto. Plinius enim infra, lib. VI, c. 38, ait : « Africæ latitudo, qua colitur, nusquam ducenta quinquaginta millia passuum excedit. » BROT. — Codd. Tolet. et Chiffl. *CCCLXXVII mill.* ED.

II. (III.) Ab Ampsaga Numidia est¹, Massinissæ² clara nomine, Metagonitis³ terra a Græcis appellata: Numidæ⁴ vero Nomades⁵ a permutandis pabulis, mapalia sua, hoc est⁶, domus, plaustris circumferentes. Oppida:

II. 1. *Numidia est.* Ita Solinus, c. XXVI, p. 48. Numidia scilicet nova, quam sub Africæ proprie dictæ nomine Mela describit, lib. I, cap. 7, quum Numidia, cujus Mela meminit, a Mulucha amne ad Ampsagam usque pertineat: quam sub Mauritaniæ Cæsariensis nomine Plinius complexus est. Verba hæc Pomponii sunt: « Regio quæ sequitur a promontorio Metagonio ad aras Philænorum, proprie nomen Africæ usurpat. In ea sunt oppida, Hippo Regius, et Rusicade, et Tabraca. » H.

2. *Massinissæ.* Odio primum, mox amicitia populi rom. et fide clarus fuit. Numidiam, ante sua tempora, plane sterilem, omni frugum fructuumque genere fertilem cultu reddidit. Vide de eo plura apud Polyb. in Excerptis, pag. 174, et Appian. in Punic. pag. 63. Græcis Μασσανίσσας. Hard.

3. *Metagonitis.* Μεταγωνῖτις a Metagonio promontorio, de quo Mela proxime laudatus, quantumlibet Vossius refragetur, Observation. in Melam, pag. 27. Hipponi Regio finitimum illud est: geminumque illi nomen: nam Τρῖτον vocatur a Strabone, et Massiliæ oppositum dicitur: hodie *Capo Bugaroni.* Ptolemæo, l. IV, cap. 5, Τρητὸν ἄκρον. Diversum plane a Metagonio Ptolemæi et Strabonis, quod est in regno *Fez*, juxta montem Abilam, eique nomen *Cabo de tres Forcas.* Hard. et Ed.

4. *Numidæ.* Solinus et Martianus, locis citatis. Sallustius, in Bello Jugurth. pag. 66, de Africæ incolis: « Hi quia sæpe tentantes agros, alia deinde atque alia loca petiverant, semetipsi Numidas appellavere. Cæterum adhuc ædificia Numidarum agrestium, quæ mapalia illi vocant, oblonga, incurvis lateribus tecta, quasi navium carinæ sunt. » Hard.

5. *Nomades* Ita Reg. 1, 2, Colb. 1, 2, Paris. librique recentius editi. At Parmensis editio, *a permutandis papilionibus*, legit: quæ lectio etiam tolerabilis est. Sunt enim papiliones, τὰ σκηνώματα, castrensia tabernacula, sive tentoria, ut docet vetus Glossar. unde vox gallica *pavillon.* Hac usus Ælius Spartianus, in Pescennio, pag. 78: « In omni expeditione ante omnes militarem cibum sumpsit ante papilionem: nec sibi unquam, vel contra solem, vel contra imbres quæsivit tecti suffugium.» Sic Nomadum tabernacula papiliones rite vocaveris. Nomades dictos Festus existimat, quod id genus hominum pecoribus negotiatur: sive quod herbis, ut pecora, aluntur. Dicti potius, quod permutant pabulum, græce νομήν. Hard.

6. *Hoc est, domus.* Horat. Carm. lib. III, ode 24 de Nomadibus Scythis: « Quorum plaustra vagas rite trahunt domos. » De Africis Lucanus, lib. IV, vers. 684 : « Et solitus vacuis errare mapalibus Afer Venator. » Idque etiamnum in usu est apud interiores Mauros, qui in

LIBER V.

Cullu[7], Rusicade[8], et ab ea[9] quadraginta octo M. passuum in mediterraneo colonia Cirta[10], Sittianorum[11] cognomine : et alia intus Sicca[12] : liberumque oppidum Bulla Regia[13]. At in ora Tacatua[14], Hippo-Regius[15],

Atlante vivunt. Ubi pabulum gregibus deficit, mapalia plaustris imposita alio transferunt, ac statuminant, suffulciuntque palis. HARD.

7. *Cullu.* Chulli municipium, Antonino in Itiner. ab Igilgili XLIX M. pass. Κούλλου Ptolem. lib. IV, cap. 3. Hodieque vetusto nomine *Chollum*, sive *Cullu*, vocatur. In Collat. Carth. p. 107, *Victor Cullitensis.* H.

8. *Rusicade.* Vet. apud Dalecamp. *Rusicade. Ab ea*, etc. neglecta vocula *et.* Rusiccade Antonino, a Chulli LX pass. mill. Ῥουσίκαδα Ptolemæo, loco citato. In Collat Carthag. *Junior Rusiccadiensis.* Nunc *Sgigada*, auctore D'ANVILLE. HARD. et ED.

9. *Et ab ea quadraginta octo M.* Leg. « et ab eo ad quadraginta octo M. » Ita MSS. Reg. 1, 2, et editio princeps. BROT.

10. *Cirta.* Κίρτα Ἰουλία Ptolemæo, lib. IV, c. 3, in mediterraneis oppidis, inter Ampsagam flumen et oppidum Tabracam. *Cirtam coloniam* pariter vocat Antoninus in Itiner. Ab ea Cirtensem Ampsagam dictum esse superius vidimus. Constantinam deinde appellatam, auctor est Aurelius Victor, hodieque appellari aiunt *Constantina.* Hujus sedis episcopus Petilianus Donatista, adversus quem Augustinus librum inscripsit. HARD.

11. *Sittianorum.* Deductis eo militibus, qui cum P. Sittio in bello contra Jubam Cæsari adfuerant. Potiorem enim regni Massinissæ partem a Cæsare Sittius beneficii et gratiæ loco accepit. Is eam inter milites partitus est. Appianus, Bell. Civ. lib. IV, pag. 621; Dio, lib. XLIII, pag. 214. Mela, lib. I, cap. 6 : « Cirta procul a mari, nunc Sittianorum colonia : quondam regum domus : sed quum Syphacis foret, opulentissima. » Liv. XXX, 12, eam « caput regni Syphacis » vocat. ED.

12. *Et alia intus Sicca.* Alia colonia in mediterraneo. Siccam Veneriam Antoninus appellat, et Ptolemæus, lib. IV, cap. 3, inter mediterraneas Numidiæ novæ civitates. *Paulus Siccensis*, in Coll. Carthag. pag. 181. HARD. — Hodie dicitur *Urbs*, sive *Kef*, auctore D'ANVILLE. ED.

13. *Bulla Regia.* Βουλλαρία Ptolemæo, lib. IV, cap. 3, inter oppida Numidiæ mediterranea. Bullam Regiam pariter in Numidia collocat Antoninus. In Collat. Carthag. *episcopus plebis Bullensium Regiorum*, num. 135. H.—Etiamnunc *Bull.* ED.

14. *Tacatua.* Τακατούη Ptolemæo, lib. IV, cap. 3, in ora, inter Rusicaden et Hipponem Regium. Hodie *Mabra.* HARD. — *Tagodet*, auctore D'ANVILLE. ED.

15. *Hippo Regius.* Chiffl. *Hippos.* Sic appellatus, quia sub Numidiæ regum ditione, quorum hæc etiam regia fuit. Silius Ital. lib. III: « Tum vaga, et antiquis dilectus regibus Hippo. » In Collat. Carthag. num. 138, pag. 141 : « Augustinus Episc. Eccles. Hipponensium Regiorum. » HARD. — Hujus oppidi, cui claritatem addidit D. Augustinus, manent

flumen Armua[16]. Oppidum Tabraca[17] civium romanorum. Tusca[18] fluvius, Numidiæ finis : nec præter[19] marmoris Numidici, ferarumque proventum aliud insigne.

III. (IV.) A Tusca, Zeugitana[1] regio, et quæ proprie[2] vocetur Africa, est. Tria promontoria[3] : Candidum[4] : mox Apollinis, adversum Sardiniæ : Mercurii[5], adversum Siciliæ, in altum procurrentia, duos efficiunt sinus : Hipponensem, proximum ab oppido, quod Hipponem dirutum[6]

rudera prope ostium fluvii Armuæ, nunc *Seibouse*, haud procul oppido *Bona*. BROT.

16. *Armua*. Ῥουβρίκατος ποταμός, Ptolemæo, lib. IV, cap. 3, cujus ostia inter Hipponem Regium et Tabracam locat. HARD. — Hodie *Mafrugg*, auctore Mannerto, qui Rubricatum ab Armua diversum facit. ED.

17. *Tabraca*. Dalecamp. *Tabracha. Tacabracha*. ED. — Θάβρακα κολωνία Ptolemæo, loco citato. Nunc quoque *Tabarca*. In Collat. Carthag. pag. 171, *Clarentius Tabracensis*. H.

18. *Tusca*. Hodie *Wad-el-Berber*, amnis Numidiam ab Africa proprie dicta disterminans. HARD.

19. *Nec præter marmoris Numidici*. Solinus hæc quoque, cap. XXVI, pag. 48. HARD.

III. 1. *Zeugitana*. « Zeugis non unius loci cognomentum, inquit Æthicus in Cosmograph. sed potius provinciæ fuit, velut in hodiernum diem ita a prudentibus accipitur. » Ac paulo post : « Zeugis est, ubi Carthago civitas constituta est. » Isidorus, Orig. lib. XIV, cap. 5 : « Zeugis, ubi Carthago magna est : ipsa est et vera Africa, inter Byzacium et Numidiam sita. » HARD.

2. *Et quæ proprie*. Hoc est, eademque proprie Africa vocitata : quamquam et eo nomine ipsa quoque Numidia comprehenditur, ut dicemus cap. seq. HARD. — Nunc *Régence de Tunis*. ED.

3. *Tria promontoria*, etc. Hæc quoque Solinus, cap. XXVII, pag. 49, et Martianus, lib. VI, cap. de duabus Mauritan. pag. 216. Illi ex Plinio hausere. Habet eadem et Mela, lib. I, c. 7, totidem fere verbis. HARD.

4. *Candidum*. Etiamnunc incolis *Ras-el-Abiad*, sive candidum, quod cretaceum sit ; cum altero Apollinis promontorio, quod *Bas-Zelib* nominant, efficit Hipponensem sinum, *golfe de Bizerte*. HARD. et ED.

5. *Mercurii*. Ἑρμαία ἄκρα, ἡ προτείνη ὡς πρὸς τὴν Σικελίαν, inquit Polybius, lib. I, pag. 42. Nunc incolis *Ras-Addar*, vulgo nobis *cap Bon* ; cum promontorio Apollinis sinum efficit, *le golfe de Tunis*. HARD. — Sudo serenoque cælo ex hoc promontorio aspici possunt montes Siciliæ. BROT. et ED.

6. *Hipponem dirutum*. Incolæ, inquit, quum græce nesciant, *dirutum vocant*, pro *Diarrhytum*. Hanc vocem *dirutum* libri omnes miro consensu exhibent. *Zarytum* vocat Antoninus in Itiner. Salmasius in Solin.

LIBER V.

vocant, Diarrhytum[7] a Græcis dictum, propter aquarum irrigua. Cui finitimum Theudalis[8] immune oppidum, longius a littore. Dein promontorium Apollinis, et in altero sinu[9] Utica[10] civium romanorum, Catonis[11] morte nobilis : flumen Bagrada[12]. Locus[13], Castra Cornelia : colo-

pag. 322, ineptam tautologiam affingit erudito scriptori, quum scripsisse autumat, «quod Hipponem Dirutum vocant, Diarrhytum a Græcis dictum.» Nec Surita felicior in conjiciendo, quum *Dilutum* reponit. HARD. — Hic est Hippo Zarytus, nunc vulgo *Bizerte*, incolis *Ben-zert*, ut ait D'ANVILLE. Describit hoc oppidum eleganter Plinius alter, lib. IX, epist. 33. ED.

7. *Diarrhytum.* Διαῤῥυτὸν, hoc est, irriguum, propter irrigua aquarum. Paludem Hipponensem describit Plinius Junior, lib. IX, epist. ad Caninium : ubi insignis historia, de Delphino incolas loci dorso gestare solito. HARD.

8. *Theudalis.* Θευδάλη Ptolemæo, lib. IV, cap. 3, in mediterraneis Africæ oppidis, inter Tabracam civitatem, et Bagradam fluvium. In Notitia Africæ proxime laudata, inter episcopos provinciæ Proconsularis, *Victor Eudalensis :* idem ibi ac *Theudalensis.* Inscriptio vetus apud Gruterum, pag. 512, *Teudalenses.* In Collat. Carthag. legitur, p. 109 : «Urbanus episcopus plebis Theudalensis.» HARD.

9. *In altero sinu.* Cui nomen, ut diximus, a Tuneto oppido, *le golfe de Tunis.* HARD.

10. *Utica.* Nunc *Satcor* dicitur. De ea eleganter Mela, lib. I, cap. 7 : «Urbes, Utica, et Carthago : ambæ inclytæ : ambæ a Phœnicibus conditæ : illa fato Catonis insignis : hæc suo : etc.» Datum porro Uticensibus jus civitatis ab Octavio Cæsare, anno U. C. 718, L. Gellio, Cocceio Nerva coss. auctor est Dio, l. XLIX, pag. 401. HARD.

11. *Catonis.* Uticensis ea re dicti. Vide Florum, lib. IV, cap. 2, pag. 166, et Plutarch. in Catone Minore, pag. 792. HARD.

12. *Bagrada.* Βαγράδας Ptolemæo, reliquisque ferme scriptoribus : hodie *Medjerda.* ED.

13. *Locus, Castra Cornelia.* Locus, inquit, ubi Scipio Major Africanus, cui nomen Cornelio fuit, quum Africam petiit, primum metatus est. Κορνηλίου παρεμβολὴ, *Cornelii castrametatio*, Ptolemæo, lib. IV, c. 3; Melæ, lib. I, cap. 7, *Castra Cornelia : Corneliana*, Cæsari, de Bello Civ. lib. II. Castra Cornelia describit eleganter Lucanus, lib. IV, vers. 585, ubi de Curione agens, in eum Africæ locum appellente, sic canit : «Inter semirutas magnæ Carthaginis arces, Et Clupeam, tenuit stationis littora notæ : Primaque castra locat cano procul æquore qua se Bagrada lentus agit siccæ sulcator arenæ.» Et mox, vs. 655, de Scipione : «Sed majora dedit cognomina collibus istis, Pœnum qui Latiis revocavit ab arcibus hostem Scipio : nam sedes Libyca tellure potito Hæc fuit : en veteris cernis vestigia VALLI? Romana hos primum tenuit victoria

nia[14] Carthago magnæ in vestigiis Carthaginis : colonia Maxulla[15]. Oppida : Carpi[16], Misua[17], et liberum Clupea[18] in promontorio Mercurii[19]. Item libera Curubis[20], Neapo-

campos.» Appianus, Bell. Civ. lib. II, pag. 455, Χάρακα Σκιπίωνος vocat, Castra Scipionis. HARD.

14. *Colonia Carthago.* Chiffletian. « Colonia Carthago magna : et in vestigiis, etc.» ED.— « Nunc populi romani colonia, inquit Mela, lib. I, cap. 7, olim imperii ejus pertinax æmula : jam quidem iterum opulenta : etiamnunc tamen priorum excidio rerum, quam ope præsentium clarior.» Deductam a Cæsare dictatore, altero suo consulatu, auctor est Dio, lib. XLIII, pag. 239. Vide et Plutarchum in Cæsare, p. 734 ; Appian. in Libyc. pag. 85, et Strab. lib. XVII, pag. 833. Etiam prius a C. Graccho deductos colonos, sed mox majore fama a Cæsare, scribit Solinus, cap. XXVII, pag. 49. Sumpsit a Livio, lib. LX. Carthaginis portum etiamnunc *Marsa* vocant : ex urbis ruderibus Tunetum juxta conditum. HARD.

15. *Maxulla.* Etiam Antonino colonia Maxulla, in Zeugitana. Ptolemæus, lib. IV, cap. 3, Μαζοῦλα, pro Μαξοῦλα. In Notitia Africæ inter episcopos provinciæ proconsularis, *Carcadius Maxulitanus*. Tuneto proxima fuit. HARD.

16. *Carpi.* Post Maxulam Καρπίς sequitur apud Ptolemæum. Hinc *Felix Carpitanus*, inter episcopos provinciæ proconsularis, in Notitia Africæ. *Secundinus a Carpis*, in Conc. S. Cypriani. HARD.

17. *Misua.* In græco Ptolemæi codice, Καρπίς, Νίσουα, scribe, Μί-

σουα. Apud Victorem Vitensem, inter episcopos prov. proconsularis, *Hirundinus Missuensis*. Et in Conc. Carthag. Bonifacii, *Servus-Dei Missuensis*. HARD. — Nunc *Sidi-doud* vocari ait D'ANVILLE. ED.

18. *Clupea.* Civitas Clypea, Floro, lib. II, cap. 2. Clupea Livio, lib. XXVII, pag. 310. Inter episcopos provinciæ mox laudatæ, *Aurelius Clypiensis*. Nunc *Polybia*. Κλυπέαν Ptolemæus, lib. IV, cap. 3, et Ἀσπίδα, ceu duo oppida separatim describit, insigni errore : nam quæ Græcis Ἀσπίς dicta est, ut Polybio, lib. I, pag. 42, et Appiano in Punic. pag. 3 ; Agathemero, Geogr. lib. I, cap. 5, aliisque, eadem Latinis Clypea fuit. Solinus, c. XXVII, p. 49 : « Clypeam civitatem Siculi astruunt, et Aspida primum nominant.» A forma scilicet nomen accepit : Silius Ital. lib. I : « Tum quæ Sicanio præcinxit littora muro, In clypei speciem curvatis turribus Aspis.» HARD. — Nunc *Aclebia*.

19. *In promontorio Mercurii.* Quod nunc vocatur *Cap Bona*, ut supra monuimus. HARD.

20. *Curubis.* Ptolemæo, lib. IV, cap. 3, Κουροβίς, inter Clypeam et Neapolim, exsilio S. Cypriani clara: cujus in Actis *civitas Curubitana* dicitur. Curubim Antoninus pariter in Zeugitana locat, a Clypea, XXX mill. passuum : a Neapoli XII. H. — Etiamnunc antiqui nominis servat vestigia *Gurbis*, auctore D'ANVILLE. ED.

LIBER V.

lis[21]. Mox Africæ ipsius alia distinctio. Libyphœnices[22] vocantur, qui Byzacium[23] incolunt. Ita appellatur regio CCL M. pass.[24] per circuitum[25] fertilitatis eximiæ, cum centesima[26] fruge agricolis fenus reddente terra. Hic oppida libera, Leptis[27], Adrumetum[28], Ruspina[29], Thapsus[30].

21. *Neapolis.* Νεάπολις κολωνία Ptolemæo, loco citato, juxta Curubim. Inter Curubim et Clypeam, Antonino. Inter episcopos provinciæ proconsularis, apud Victorem Vitensem, *Clementinus Neapolitanus.* HARD. — *Nabel* nunc vocari ait D'ANVILLE. ED.

22. *Libyphœnices.* Λιβυφοίνικες, quasi ex Phœnicibus advenis, indigenisque Afris mixti. Transcripsere hæc totidem fere verbis Solinus, c. XXVII, p. 49, et Martian. lib. VI, c. de secundo sinu Africæ, p. 216. H.

23. *Byzacium.* Unde Byzacena provincia, Ecclesiasticis scriptoribus nota. Græcis Βυζάντιον, et Βύζαντες populi. HARD.

24. *CCL M. pass.* Ita Martianus. Solinus *CC amplius mill. pass.* HARD.

25. *Per circuitum.* Dalec. *circuitu,* contra Chiffl. fidem. ED.

26. *Cum centesima.* Plinius ipse, lib. XVII, c. 3 : « In Byzacio Africæ, illum centena quinquagena fruge fertilem campum, etc. » HARD. — Desiit illa fertilitas. Agri illi nunc reddunt fenus cum octava tantum, aut duodecima fruge. Vide Cl. SHAW, loc. cit. p. 296. BROT.

27. *Leptis.* Λέπτις μικρὰ, juxta Adrumetum, Ptolem. lib. IV, cap. 3. *Leptim minorem civitatem* in Byzacena locat Antoninus, ab Adrumeto M. P. XVIII. Apud Victorem Vitensem, inter episcopos provinciæ Byzacenæ, *Fortunatianus Leptiminensis.*

HARD. — Nunc *Lemta* vocatur. ED.

28. *Adrumetum.* Stephano, Ἀδρύμη. Martiano, *Adrumetus.* Colonia romana sub nomine, *Julia Hadrumetina Pia,* fuit. Nunc fortasse *Hammamet.* HARD. et ED.

29. *Ruspina.* Ῥούσπινα Dioni prope Adrumetum, lib. XLII, pag. 215, et Ptolemæo, lib. IV, cap. 3. De ea Silius Italicus, lib. III : « Quæque procul cernit non æquos Ruspina fluctus. » De Ruspinensis agri fertilitate Plinius, lib. XV, c. 21. Nunc est *Susa.* Martianus, lib. VI, cap. de secundo sinu Africæ, p. 216, *Ruspæ,* inquit, *Thapsus,* etc. Ruspas a Ruspina haud diversas esse non obscure significans. Fulgentium sane Ruspensem episcopum novimus. In Notitia Africæ, inter episcopos provinciæ Byzacenæ, *Stephanus Ruspensis.* Ruspinensis ibi Ecclesiæ nulla mentio. Nec vero magni est apud me auctoritas Ptolemæi unius, qui, lib. IV, cap. 3, Ruspinam a Ruspis in eadem provincia, et nomine, et situ disjungit : qui Ἀσπίδα et Κλυπέαν, ut proxime diximus, diversas esse existimavit. Nam cæterorum scriptorum, qui Ruspas laudant, ii Ruspinam silent : qui hanc appellant, illam omittunt. HARD.

30. *Thapsus.* Θάψος Ptolemæo, loco citato. Hinc inter episcopos Byzacenæ, *Vigilius Tapsitanus,* qui et *Tapsensis.* Peninsulæ similem ait fuisse Dio, l. XLIII. Incolis nunc,

3 Inde Thenæ³¹, Macomades³², Tacape³³. Sabrata³⁴ contingens Syrtim minorem, ad quam Numidiæ³⁵ et Africæ ab Ampsaga longitudo DLXXX mill. passuum : latitudo, qua cognitum est, CC mill. Ea pars, quam Africam³⁶ appellavimus, dividitur in duas provincias, veterem et novam, discretas fossa inter Africanum³⁷ sequentem et³⁸ reges,

Comingeras, in peninsula, ut olim, sita. HARD.

31. *Inde Thenæ.* Chiffletian. *inde Thene, Aves, Macomades.* Nunc alterius juris, inquit, sequuntur oppida, Thenæ, etc. *Thenas coloniam* in Byzacena vocat Antoninus. Apud Gruter. pag. 363, COL. AEL. AVG. MERCVRIALIS. THAENIT. Inter episcopos provinciæ Byzacenæ, apud Victorem Vitensem, *Paschasius Thenitanus.* Etiamnunc *Taineh*, auctore D'ANVILLE. HARD. et ED.

32. *Macomades.* Macomades Municipium Antonino, in Byzacena. Ptolemæo, lib. IV, cap. 3 ad Syrtim minorem, juxta Thenas, Μακόδαμα pro Μακόμαδα. Fuit et altera Macomada in Numidia. Unde in Notitia Africæ, inter ejus provinciæ episcopos, *Pardalius Macomadiensis.* Fuisse vero eo nomine et alteram in Byzacena, præter Antoninum, Ptolemæum, Plinium, docet Coll. Carthag. num. 197, ubi *Proficentius Macomazensis* legitur: et mox rogatus idem, *de qua Macomadia? Rusticiana*, inquit. Nunc illam D'ANVILLE *El Mahres* ait appellari. H. et ED.

33. *Tacape.* Ταχάπη Ptolemæo, loco citato, prope Tritonis ostia. Tacapas coloniam in Tripolitana locat Antoninus. Et inter episcopos provinciæ Tripolitanæ, in Notitia, *Servilius Tacapitanus.* Nunc illam D'ANVILLE esse ait *Cabès*, quæ nomen suum Syrti minori indidit, nunc *golfe de Cabès.* HARD. et ED.

34. *Sabrata.* Chiffl. *Sabatra*, non *Sabrata*, mutata sede litteræ r. Ptolemæo, lib. IV, cap. 3, ad Syrtim minorem, Σαβάθρα. *Sabratam coloniam* Antoninus in Tripolitana. Et inter episcopos prov. Tripolitanæ, *Leo Sabratensis.* Etiamnunc *Sabart*, sive *Tripoli vecchio*, ut vult D'ANVILLE. HARD. et ED.

35. *Ad quam Numidiæ*, etc. Hoc totidem verbis Martianus, lib. VI, cap. de secundo Africæ sinu, pag. 216, et Missi Theodosii : « Numidia et Africa Carthaginiensis finiuntur ab oriente, Syrti minore: ab occidente, flumine Ampsaga : a septemtrione, mari Africo : a meridie, oceano : longitudo, DLXXX; latitudo, CC. Juxta Plinium Secundum eadem mensura est. » HARD.

36. *Quam Afric.* Proprie dictam, seu Zeugitanam. HARD.

37. *Africanum sequentem.* Hoc est, posteriorem Africanum, qui Pauli Æmilii gener, ab Æmilia conjuge dictus est Æmilianus, ut Domitianus a Domitia. HARD. — Proponebat Dalec. *inter Africanum sinum et regias Thenas*, etc. ED.

38. *Et reges.* Massanissæ filios, ut opinor, intelligit : in quos patris regnum Scipio Africanus divisit, ut scribit Eutropius, lib. IV. Obiit enim Massanissa, XLIV filiis relictis:

LIBER V.

Thenas usque perducta, quod oppidum a Carthagine abest ccxvi[39] mill. passuum.

IV. Tertius sinus[1] dividitur in geminos, duarum Syrtium vadoso ac reciproco mari diros. Ad proximam, quæ minor est[2], a Carthagine ccc m. pass. Polybius tradit: ipsam centum mill. passuum aditu[3], ccc mill. ambitu. Et terra autem[4], siderum observatione, ad eam per[5] deserta arenis, perque serpentes iter est. Excipiunt[6] saltus repleti ferarum multitudine : et introrsus elephantorum solitudines, mox deserta vasta[7], ultraque Garamantes[8], ab Augylis dierum xii itinere distantes. Super illos[9] fuere gens Psylli, super quos lacus Lycomedis[10], desertis circumda-

Micipsæ natu maximo Scipio Cirtam Numidiamque assignavit. Ab amne Tusca, qui Numidiæ finis, ad Thenas usque, veterem Africam, populi rom. geminam provinciam, Carthagine excisa, fecit : Proconsularem scilicet, et Byzacenam. Reges aut cæteros omnes, aut certe plerosque, Massanissæ filios, ultra Thenas, fossa discretos a Byzacena dimovit. Nunc omnia hæc obtinet a Tusca flumine ad Syrtim minorem, Tunetense regnum. Hard.

39. *CCXVI.* Ita MSS. Reg. 1, 2, Colb. 1, 2. At Anton. in Itin. *A Carthagine Thenas, M. P. CCXVII.* Hard. — Dalec. *CCXVII.* Ed.

IV. 1. *Tertius sinus.* Iisdem verbis hæc Martianus, lib. VI, cap. de tertio sinu Africæ, pag. 217. Hard.

2. *Quæ minor est.* Nunc vulgo, *le golfe de Capès :* aliis *le petit Banc.*

3. *Aditu.* Faucibus, qua mare in sinum influit. De ejus aditu, ambituque, vide Strab. lib. XVII, pag. 834, et Melam, lib. I, c. 7. H. — Mela *fere centum.* Strabo vero lib. ult. *aditu* lxxv, *ambitu* cc m. p. Dal.

4. *Et terra autem.* Vet. ap. Dalec. *est terra hæc observatione siderum nobilis.* Malebat vero Dalecampius *meabilis* quam *nobilis.* Ed. — Ab interiore Africa, inquit, ad Syrtim terrestre iter est per deserta et arenarum cumulos, nullis viarum aut callium indiciis, turbante flatu vestigia : sed sola siderum, ut in mari, observatione. Hæc Martianus, loc. cit. et Solinus, c. xxvii, p. 52. H.

5. *Per deserta arenis.* Volebat Dalec. *per desertas arenas.* Ed.

6. *Excipiunt saltus.* Ubi nunc regio *Belad-el-Djerid,* Tunetensi regno ad austrum subjecta. Hard.

7. *Vasta, ultraque Garamantes.* Vet. ap. Dalec. *vastra utrinque. Garamantes.* Nunc *désert de Sahara.* Ed.

8. *Garamantes.* Ad Bagradæ, et Cyniphis fontes, Ptolemæo, lib. IV, c. 6, ubi nunc regiones *Guargala, Gadames,* et *Fezzan.* Ed.

9. *Super illos.* Solinus, c. xxvii, pag. 52 : « Supra Garamantas Psylli fuerunt, etc. » De Psyllis dicemus lib. VII, cap. 2. Hard.

10. *Lycomedis.* Λυχομήδους λίμνη,

tus. Augylæ[11] ipsi medio fere spatio locantur ab Æthiopia, quæ ad occidentem vergit, et a regione quæ duas[12] Syrtes interjacet, pari utrimque intervallo. Sed littore[13] inter duas Syrtes, CCL M. passuum. Ibi civitas Oeensis[14], Cinyps[15] fluvius ac regio. Oppida: Neapolis[16], Taphra[17], Abrotonum[18], Leptis altera[19], quæ cognominatur magna.

Ptolemæo, lib. IV, cap. 5, sed alieno, ut videtur, situ. HARD.

11. *Augylæ.* Αὐγύλαι Ptolemæo, lib. IV, cap. 5. Etiamnunc *Audjelah*, *Oasis*. Eo sub nomine *Oasis*, arboribus adumbratus vel aquis munitus ferax et abundans, præsertim si cum arenis circumjacentibus comparatus, locus agnoscitur. ED.

12. *A regione quæ duas Syrtes.* Nunc est Regnum Tripolitanum, *Régence de Tripoli*. HARD.

13. *Sed littore.* Solini paraphrasis, cap. XXVII, p. 52: « utræque Syrtes ducentis quinquaginta millibus passuum separantur.» HARD.

14. *Oeensis.* Ita Reg. 1, 2, Colb. 1, 2, etc. Vet. ap. Dalec. *Ibis*, *civitas Oassensis*. Oceam coloniam in Tripolitana provincia, pro *Oeeam*, vocat Antoninus. Ptolemæo, lib. IV, cap. 3, est Ἐῶα. In nummo Antonini Pii, e Cimelio nostro Paris. minoris formæ ex ære, C. A. O. A. F. hoc, *Colonia Antoniniana Oea Augusta Felix*. Unum e tribus oppidis est, ex quibus omnibus conflata vetus Tripolis, quæ hodie, *Tripoli vecchio*, sive *Sabart*, quod Sabratam esse diximus. Solinus, cap. XXVII, pag. 49: « Achæi Tripolin lingua sua signant, de trium urbium numero, Oeæ, Sabratæ, Leptis magnæ.» *Tripoli*, regni cognominis caput. HARD. et ED.

15. *Cinyps.* Κίνυψ et amnis, et circumjacentis regionis nomen est Herodoto, lib. Melpom. pag. 280 et 287. Κίνυφος ποταμὸς Ptolemæo, loc. cit. nunc Tripolitanus amnis. Mela, lib. I, c. 7: « ultra est Oea oppidum, et Cinyps fluvius per uberrima arva decidens.» HARD. — Nunc incolis *Wad-el-Quaham*. ED.

16. *Neapolis.* Cave ne hanc Neapolim cum altera confundas, de qua sup. c. diximus in Prov. Procons. seu Zeugitana. H. — Hodie *Nabel*, auctore D'ANVILLE. ED.

17. *Taphra.* In libris omnibus sic *Taphra* legitur. Hæc fortassis Γαράφα λιμήν dicitur Ptolemæo, inter Neapolim et Oeam. Scylax, p. 46, situm hujus oræ describens: Ἀπὸ δὲ Νεαπόλεως τῆς Καρχηδονίων χώρας Γράφαρα πόλις. Ταύτη παράπλους ἡμέρας μιᾶς ἀπὸ Νέας πόλεως. Ἀπὸ δὲ Γραφάρων Ἀβρότονον πόλις καὶ λιμήν. Sed Γράφαρα Scylax pro Γάφαρα videtur scripsisse. Taphræ successisse *Sfakes* ait D'ANVILLE. HARD. et ED.

18. *Abrotonum.* Scylaci et Stephano, Ἀβρότονον. Sed iste cum Neapoli eamdem facit: diversam ille, cum Plinio, Pomponioque. Nunc *Tesuta*. HARD.

19. *Leptis altera.* Hodie *Lebida*. Hanc Strabo, lib. XVII, pag. 835, et Ptolemæus, lib. IV, cap. 3, eamdem esse cum Neapoli arbitrantur. Rectius cum Pomponio Plinius diversam: quod et ipse situs compro-

LIBER V. 423

Inde Syrtis major[20], circuitu DCXXV[21], aditu autem CCCXII mill.[22] pass. Inde accolit gens Cisipadum[23]. In intimo sinu 3 fuit ora Lotophagon[24], quos quidam Alachroas[25] dixere, ad Philænorum[26] aras : ex arena sunt eæ. Ab his non procul a continente palus vasta amnem Tritonem[27] nomenque ab eo accipit, Pallantias[28] appellata Callimacho, et citra mi-

bat. Inter episcopos Prov. Tripolitanæ, apud Victorem, *Callipides Joptimagnensis.* HARD.

20. *Syrtis major.* Gallis, *les Sèches de Barbarie;* Itàlis, *Golfo de Sidra;* nautis, *Golfo di Zalocho.* HARD.

21. *DCXXV.* Ita Martian. lib. VI, cap. de tertio Africæ sinu, p. 227.

22. *CCCXII mill.* Ita sane libri omnes. Dalecampius, *CCCXIII.* Verum quum Mela, lib. VI, c. 7, de Syrti majore agens, et qua dehiscit, et qua flexum agit, altero tanto spatio doceat esse ampliorem, quam sit Syrtis minor : hæc autem qua mare accipit, centum fere millia passuum, auctore Plinio Pomponioque pateat : superfluere hoc loco centenarii notam, perspicuum est, scribique oportere CCXII. HARD. et ED.

23. *Cisipadum.* Hi Syrtium oram occidentalem accoluere olim : quæ orienti obvertitur : Lotophagi, a promontorio Borio, usque ad Phycunta, de quo cap. seq. Mela, lib. I, cap. 7. HARD.

24. *Lotophagon.* Λωτοφάγοι Λίβυες Scylaci, pag. 45, qui loto vescebantur : quo de cibo dicemus, lib. XIII, cap. 32. HARD.

25. *Alachroas dixere.* Quasi marini coloris viros. Machryas forte rectius agnoveris : sunt enim Μάχρυες Ptolemæo, l. IV, c. 3, et Stephano, quos Herodotus, Melpom. lib. IV, pag. 231, num. 178, Μάχλυας ap-

pellat, ipseque Plinius, lib. VII, cap. 2, supra Nasamonas locat. Hos ad mare usque pertinere Herodotus asseverat, Lotophagis esse confines, et loto pariter vesci, ac Tritonis amnis ripam accolere : Λωτοφάγων δὲ τὸ παρὰ θάλασσαν ἔχονται Μάχλυες, λωτῷ μὲν καὶ οὗτοι χρεώμενοι... κατήκουσι δὲ ἐπὶ ποταμὸν μέγαν, τῷ οὔνομα Τρίτων ἐςίν. Sed libri omnes *Alachroas* exhibent, Reg. 1, 2, Colb. 1, 2, Paris. etc. HARD.

26. *Ad Philænorum.* Ubi Philæni fratres vivi sponte obrui se passi sunt. Rem narrant eleganter Mela, lib. I, c. 7; Valerius Max. lib. V, cap. 6, pag. 278; Sallustius, bello Jugurth. pag. 116. HARD.

27. *Amnem Tritonem.* Λίμνην Τριτωνίδα, et ποταμὸν μέγαν Τρίτωνα hoc tractu agnoscunt Herodotus, Melpom. lib. IV, num. 179, pag. 281, et Ptolem. lib. IV, cap. 3. Hod. nomen amni, *Wad-el-Djedyd,* ut videtur : hic tamen amnis non in lacum *Loudeah* de quo mox, sed *Melgig* influit. ED.

28. *Pallantias.* Chiffl. *Pallanteas.* ED. — Παλλαντιὰς Minervæ epitheton est in Epigram. Id paludi inditum nomen, quod in amne cognomine, inquit Solinus, cap. XXVII, p. 52, « speculatam se artium deam crediderunt. » Ab eo vicissim ipsa Tritoniæ nomen recepit : Festus : « Tritonia Minerva, a ripa Tritonis fluminis dicta, quod ibi primitus sit

27*

norem Syrtim esse dicta : a multis vero inter duas Syrtes. Promontorium, quod majorem includit, Borion [29] appellatur. Ultra Cyrenaica [30] provincia.

4 Ad hunc finem Africa [31] a fluvio Ampsaga populos [32] XXVI habet, qui romano parent imperio. In his colonias [33] VI, præter jam supradictas, Uthinam [34], Tuburbin [35]. Oppida civium romanorum XV, ex quibus in mediterraneo dicenda Azuritanum [36], Abutucense, Aboriense [37], Canopi-

visa. » Alia est Minervæ appellatio, qua Τριτογένεια, aliaque vocis originatio: qua de Eusebium consule, Præpar. lib. III, pag. 89, et Apologiam Homeri a nobis editam. Veremur etiam valde, ut a Pallade *Pallantias amnis* rite deducatur. Hic tamen genitam Minervam Mela ait, lib. I, cap. 7. HARD. — *Loudeah* nunc dicitur lacus ille. ED.

29. *Borion.* Borion quoque Melæ, lib. I, cap. 7. Straboni, lib. XVII, pag. 836, μικρὸν ἀκρωτήριον Βόρειον, citra Berenicen. Nunc est *Capo di Teiones.* HARD.

30. *Cyrenaica provincia.* Chiffl. *Cyrenaica promontoria provincia.* ED.

31. *Africa.* Non ea jam quæ proprie dicta, sed quæ latius sumpta, Numidiam quoque complectitur: quo plane modo Africæ proprie appellatæ nomen a Mela accipitur, lib. I, cap. 7, a promontorio Metagonio ad Philænorum aras. H.

32. *Populos XXVI.* At codices omnes MSS. Reg. 1, 2, Colb. 1, 2, Paris. Chiffl. etc. habent *populos DXVI*, qui numerus fidem omnem superat. HARD. — Leg. *DXVI.* In MS. Reg. 5 et recentioribus editionibus *XXVI.* Prior numerus forte major est; sed antiquioribus libris probatus. Alter exilior videtur. In MSS. Reg. 1 et 2 *pareant.* Complures certe ibi fuere populi, qui romano imperio paruere. BROT.

33. *Colonias VI.* In quibus sunt Uthina, et Tuburbis, inquit, præter jam supra dictas quatuor, Cirtam, Siccam, Carthaginem, et Maxullam. HARD.

34. *Uthinam.* Οὔθινα Ptolemæo, lib. IV, cap. 3, inter mediterraneas Africæ civitates, inter Tabracam oppidum, et Bagradam amnem, Proconsularis provinciæ. In Collat. Carthag. pag. 119, « Isaac Episcopus plebis Utinensis. » Et in Conc. S. Cypriani, de hæret. baptiz. « Felix ab Uthina. » HARD.

35. *Tuburbin.* In eadem Zeugitana seu Proconsulari, *Tuburbo minus*, a Carthagine XLVI M. pass. Θουξουρβώ, Ptolemæo, loco citato. Inter episcopos Prov. Proconsularis, apud Victorem Vitens. *Benenatus Tuburbitensis.* HARD. — Illam etiamnunc nomen suum retinere ait D'ANVILLE. ED.

36. *Azuritanum.* In Reg. 1, 2, Colb. 1, 2, et Paris. *Absuritanum.* Est hæc Ἄσσουρος Ptolemæi, lib. IV, c. 2, inter mediterraneas civitates Numidiæ novæ, prope Siccam Veneriam. HARD.

37. *Aboriense.* Vet. apud Dalec.

LIBER V. 425

cum[38], Chilmanense[39], Simittuense[40], Thunusidense[41], Tuburnicense[42], Tynidrumense[43], Tibigense[44], Ucitana duo[45], majus, et minus : Vagense[46]. Oppidum Latinum unum Usalitanum[47]. Oppidum stipendiarium unum, Castris[48] Corneliis. Oppida libera triginta : ex quibus dicenda intus Acolitanum[49], Acharitanum[50], Avi-

Abitacense, Apariense. Ed. — In Collat. Carthag. p. 121 : « Trifolius episcopus plebis Aborensis. » Huc forte Suidæ illud pertinet, Ἄδωρα ὄνομα τόπου. Hard.

38. *Canopicum.* Καννώπισσαι Ptolemæo, lib. IV, cap. 3, oppidum est mediterraneum Africæ proprie dictæ, inter Tabracam civitatem, et Bagradam fluvium. Stephanus : ἔςι καὶ Λιβύης τόπος Κάναβος. Hard.

39. *Chilmanense.* Κίλμα mediterraneum Africæ propriæ oppidum, post Bagradam amnem, sub Carthagine, auctore Ptolemæo, lib. IV, cap. 3. Hard.

40. *Simittuense.* Σιμίσθου oppidum mediterraneum Numidiæ novæ, inter Ampsagam fl. et Tabracam oppidum, Ptolemæo, loc. cit. *Simittu colonia* est in Numidia Antonino, a Bulla Regia, de qua supra, vii mill. pass. Hard.

41. *Thunusidense.* Θούνουσδα Ptolemæo, loco citato, prope Madauram. Hard.

42. *Tuburnicense.* Θουβούρνικα κολωνία Ptolemæo, loc. cit. Sed idem Turbusicam ab ea diversam facit, quod vereor ut jure faciat. Hard.

43. *Tynidrumense.* Ptolemæo rursum inter oppida Numidiæ novæ mediterranea, Θουνούδρομον κολωνία, lib. IV, cap. 3. Hard.

44. *Tibigense.* Ita libri omnes, etiam MSS. ex quibus Ptolemæus est emendandus, qui loc. cit. permutatis syllabis, pro Τιβίγα, scribit Θιγίβα κολωνία. Hard. — Vet. ap. Dalec. *Tichicense.* Ed.

45. *Ucitana duo.* Horum alterum Οὔκιτι Ptolemæo, loc. cit. In Collat. Carthag. p. 131 : « Octavianus episcopus plebis Ucimaius. » Hard.

46. *Vagense.* Vet. ap. Dalec. *et minus. Vagense oppidum.* Ed. — Οὐάγα Ptolemæo, lib. IV, cap. 3, prope Cirtam. Hard.

47. *Usalitanum.* Diversa ab ista Uzala est, unde Evodius Uzalensis Episcopus, Augustino perfamiliaris, Epist. 147, et Serm. 33 de diversis. Et inter episcopos provinciæ Proconsularis in Notitia Africæ *Saccunius Uzalensis*. Coloniam Uticæ vicinam vocat Augustinus, de Civit. lib. XXII, cap. 8. Hard.

48. *Castris Corneliis.* Hoc est, juxta castra Cornelia, vel appositum oppidum castris Corneliis, de quibus cap. 3. Adversatur MSS. codicibus Pintianus, orationemque Plinianam labefactat, quum *a castris Corneliis*, legi putat oportere. H.

49. *Acolitanum.* In Notitia Africæ, inter episcopos prov. Byzacenæ, *Restitutus Acolitanus.* Straboni, lib. XVII, p. 831, Ἀχόλλα ἐλευθέραπόλις. In vet. inscript. apud Gruter. pag. 512, Aqvillitani, cum Leptitanis, Usallinatisque junguntur. Hirtio, lib. de Bello Afric. passim Acilla vocatur libera civitas. Hard.

50. *Acharitanum.* In Reg. I, *Ac-*

nense[51], Abziritanum[52], Canopitanum[53], Melzitanum[54], Materense[55], Salaphitanum[56], Tusdritanum[57], Tiphicense[58],

charitanum. Reg. 2, *Accaritanum.* HARD. — Vet. ap. Dalec. *Aparitanum.* ED.

51. *Avinense.* Ita libri omnes. Id oppidum esse arbitror, quod alii Vinense vocant. Nam *Vina Civitatem* in Zeugitana Antoninus agnoscit. Hermolaus mavult *Avittense* ab Ἀουΐττα mediterraneo oppido, inter Tabracam oppidum, et Bagradam amnem, apud Ptolem. lib. IV, c. 3. HARD.

52. *Abziritanum.* Volebat Dalec. *Arrizitanum.* ED. — In Coll. Carth. pag. 112, *Fructuosus Abziritensis.* H.

53. *Canopitanum.* In Collat. Carthag. num. 133, *Felix episcopus Canopitanorum.* HARD.

54. *Melzitanum.* In Reg. 1, 2, et Chiffl. *Melizitanum.* Vet. ap. Dalec. *Melditanum.* In Collat. Carthag. pag. 99 : « Tutus episcopus plebis Melzitensis. » HARD. et ED.

55. *Materense.* Hanc lectionem, quam summa fide, ac miro consensu codices omnes MSS. exhibent, Reg. 1, 2, Colb. 1, 2, Paris. ipsaque Parmensis editio, primus induxit Hermolaus, ut *Madaurense* nobis oppidum obtruderet. Celebratum illud quidem, Apuleii Philosophi natalibus, et D. Augustini palæstra: sed non hujus loci : quo Byzacenæ fere mediterranea censentur oppida : quum Madaurense Numidiæ fuerit, ut ipse testatur Apuleius, Victorque Vitensis, cujus in Notitia, inter episcopos Numidiæ *Prudentius Madaurensis* laudatur; inter episcopos vero Prov. Byzacenæ *Adelphius Mattaritanus.* HARD. —

Vet. apud Dalec. *Madurense.* ED.

56. *Salaphitanum.* Ita libri omnes. Hujus tamen oppidi vestigium ullum uspiam deprehendere nondum licuit. Forte *Sataphitanum* scripsit : nam in Collat. Carthag. pag. 167, *Urbanus Satafensis* legitur. Forte *Salaritanum* : quod in eadem Collat. pag. 139 : « Proculus episcopus plebis Ginesitensis Salariæ. » Vel denique, permutatis tantum syllabis, *Sufetulanum* : est enim inter episcopos prov. Byzacenæ, in Notitia Victoris, *Præsidius Sufetulensis.* Sed in tam multiplicibus conjecturis ne mihi quidem ipse satis facere possum. HARD.

57. *Tusdritanum.* Nomen oppido Θύσδρος apud Ptolem. lib. IV, cap. 3, sub Adrumeto. Tusdrum Antonino, in Byzacena. HARD.

58. *Tiphicense.* Libri editi ad hunc diem exhibent, *Tiricense*, *Tiphicense* : sed prioris nomenclaturæ oppidum, nulli MSS. codices Pliniani, nulla Notitia Africæ agnoscit. Neque vero exploratæ satis fidei alterum quoque nomen *Tiphicense* est : ut venire in dubium jure videatur, an huc referri possit *Pascasius Tijucensis*, ex Collat. Carthag. pag. 109, an *Solemnius Tigisitensis*, e pag. 140; an denique *Tigicense* scribi oporteat, a Tigisi oppido, quod a Procopio describitur, Vandal. lib. II. MSS. certe. Reg. 2, et Chiffl. exhibent, *Thisicense.* HARD. — In tanta rerum obscuritate vulgatam nos cum Harduino lectionem retinendam putamus. ED.

LIBER V. 427

Tunicense [59], Theudense [60], Tagestense [61], Tigense [62], Ulusubritanum [63], Vagense aliud [64], Visense [65], Zamense [66]. Ex reliquo numero non civitates tantum, sed pleræque etiam nationes jure dici possunt : ut Natabudes [67], Capsitani [68], Misulani [69], Sabarbares [70], Massyli [71], Nisi-

59. *Tunicense.* In MSS. Reg. 1, etc. *Thuniense.* Oppida modo mediterranea censentur : quamobrem Tunetum, littoralem civitatem, quam *Tunis* vocamus, cave hic appellari a Plinio putes. HARD.

60. *Theudense.* Inter episcopos Prov. Byzacenæ, in Notitia Victoris, *Decimus Theuzitanus*, sive *Theuditanus* : nam Theuza et Theuda promiscue scribitur, ut Quiza et Quida, quod ante monuimus, litteris D et Z in hisce nominibus permutari invicem solitis, ut vulgo creditur. HARD.

61. *Tagestense.* In MSS. omnibus Reg. 1, 2, etc. *Tagesense.* Vet. ap. Dalecamp. *Tagastense.* Nec Tagasta porro, nec Teveste, locum habere hic potest : tribuitur enim utraque Numidiæ Provinciæ : neutra Byzacenæ, cujus nunc lustrantur oppida. HARD. et ED.

62. *Tigense.* In Collat. Carthag. pag. 98, *Aptus episcopus plebis Tigiensis*, fortassis huc pertinet. H.

63. *Ulusubritanum.* Οὐλυἕζιρρα Ptolemæo, lib. IV, cap. 3, inter oppida Africæ mediterranea, in Byzacena, sub Adrumeto. HARD.

64. *Vagense aliud.* Aliud nimirum a superiore Vagensi, quod in Numidia positum prope Cirtam diximus : istud, in Byzacena. Unicum Collatio Carthaginiensis agnoscit, pag. 211 : « Accedente Ampelio Vagensi », inquit. Et mox « accedente Primulio episcopo Vagense. » HARD.

65. *Visense.* Libri MSS. omnes, Reg. 1, 2, Colb. 1, 2, Paris. etc. *Siense.* Ab V. littera duci vocis hujus initium vidit Hermolaus. Frobenius *Vigense* commentus est, Nos *Visense* reponimus, ex Collat. Carthag. p. 178, ubi legitur « Dativus episcopus Visensis. » HARD.

66. *Zamense.* Chifflet. *Zyamense.* ED. — In Collat. Carthag. p. 101, *Dialogus Zamensis.* Hæc Jubæ regia fuit, Hirtio teste, Vitruvioque. Arcem regni Sallustius vocat, in Bello Jugurth. pag. 99. Livius, lib. XXX : « Zama quinque dierum iter a Carthagine abest. » HARD. — Nunc *Zewarin*, auctore Mannerto. ED.

67. *Natabudes.* Ita libri omnes, etiam MSS. Vet. ap. Dalec. *Natabutæ.* Ptolemæo, lib. IV, cap. 3, Νασάβουτες vocantur. HARD. et ED.

68. *Capsitani.* Vet. apud Dalec. *Caspitani.* ED. — Sallustius, in Bello Jugurth. pag. 127 : « Erat inter ingentes solitudines, oppidum magnum atque valens, nomine Capsa, cujus conditor Hercules Libys memorabatur, etc. » Ibi de hujus urbis obsidione prolixe et eleganter. Κάψα Ptolemæo, lib. IV, cap. 3, inter Bagradam et Tritonem amnes. Cives Sallustio *Capsenses.* HARD.

69. *Misulani.* In Reg. 1, 2, Colb. 1, 2, et Chiffl. *Musulani.* Ptolem. lib. IV, cap. 3, Μισούλαμοι, Cirtæ

ves[72], Vacamures[73], Ethini[74], Mussini[75], Marchubii[76], et tota Gætulia ad flumen Nigrin, qui Africam ab Æthiopia dirimit.

V. (v.) Cyrenaica[1], eadem Pentapolitana regio illustratur Hammonis[2] oraculo, quod a Cyrenis abest CCCC M. passuum : fonte solis[3] : urbibus maxime quinque, Berenice, Arsinoe, Ptolemaide, Apollonia, ipsa Cyrene. Berenice, in Syrtis[4] extimo cornu est, quondam vocata Hespe-

ad austrum subjecti : quibus vicini Nasabutes proxime appellati. Tacitus, Annal. lib. II, pag. 57 : « Musulanorum valida gens, et solitudinibus Africæ propinqua. » H.

70. *Sabarbares.* Ita Reg. 1 et 2, Chiffl. *Sababares.* Ptolemæo, lib. IV, cap. 3, Σαβούβουρες. HARD.

71. *Massyli.* Dalec. *Massili.* ED. — Cave ne hos cum Massæsylis confundas, de quibus actum est superius, c. 1. Massyla Numidiæ gens altera a Livio appellatur, lib. XXIV, c. 48.

72. *Nisives.* Νίσιβες Ptolemæo, loco citato. Iidem forte qui *Nisvetæ* Livio, lib. XXXIII, cap. 18. H.

73. *Vamacures.* Ita libri omnes. Forte ii sunt qui Ptolemæo loco citato, Ἀστάκουρες appellantur : vel ii potius, qui in orientali parte Mauritaniæ Cæsariensis positi, Μάκκουραι, vel ii qui in eodem fere tractu Μάχουρες vocantur, apud eumdem Ptolem. lib. IV, cap. 3. HARD.

74. *Ethini.* Eos esse suspicor, qui Ptolemæo, lib. IV, cap. 3, Κινίθιοι, « Cinithiorum haud spernenda natio, » Tacito dicitur, juxta Musulanos, Annal. lib. II, cap. 52. HARD.

75. *Mussini.* Qui Ptolemæo, Μουσουνοί, loco cit. HARD.

76. *Marchubii.* Vet. apud Dalec. *Macrobii.* ED. — Qui in orientali Mauritaniæ Cæsariensis parte positi, juxta Numidiam, Μαλχούβιοι a Ptolemæo appellantur, lib. IV, c. 2.

V. 1. *Cyrenaica.* Hæc deinceps iisdem verbis Martianus, lib. VI, cap. de tertio sinu Africæ, p. 217, et Solinus, c. XXVII, pag. 52. A Cyrene urbe provinciæ nomen : urbi a Cyre fonte ἀπὸ Κύρης πηγῆς, ut Callimachus ait, in Hymno Apollinis : vel a Cyra monte, unde fons oritur, ut Justino visum, lib. XIII, cap. 7, pag. 136. Regio hodie *Barcah* vocatur. H. et ED.

2. *Hammonis oraculo.* Describitur a Curtio, lib. IV, cap. 28 et seq. Jovis Hammonis porro simulacrum arietino vultu fuisse omnes sciunt : confirmat Athanasius, Λίθιες πρόβατον ὃ καλοῦσιν Ἄμμωνα Θεὸν ἔχουσι, καὶ τοῦτο πολλοῖς παρ' ἑτέρων εἰς θυσίαν σφάξεται. Vide Plinium l. XXXVII, cap. 60, num. 7. Cæterum Hammonem Ægyptii Jovem appellant, teste Herod. lib. II, num. 42, pag. 106, Ἀμμοῦν γὰρ Αἰγύπτιοι καλέουσι τὸν Δία. HARD.

3. *Fonte solis.* De eo diximus lib. II, cap. 6. Mela quoque de situ Plinio suffragatur : « Sunt, inquit, lib. I, cap. 8, in Cyrenaica Hammonis oraculum, fidei inclytæ : et fons, quem Solis appellant, etc. »

4. *In Syrtis extimo cornu.* « Circa extimum Syrtis cornum, » inquit

LIBER V.

ridum⁵ supradictarum, vagantibus Græciæ fabulis. Nec procul ante oppidum fluvius Lethon⁶, lucus sacer, ubi Hesperidum horti memorantur. Abest a Lepti CCCLXXV⁷ M. passuum. Ab ea Arsinoe⁸, Teuchira vocitata, XLIII M. passuum. Et deinde Ptolemais⁹, antiquo nomine Barce,

Solinus, cap. XXVII, p. 53, nempe Syrtis majoris. Borion, credo, promontorium intelligit, de quo cap. sup. quo Syrtium major includitur, seu terminatur ab orientali parte. HARD. — Nunc *Tejonas*. ED.

5. *Hesperidum.* Ut vagantur fabulæ, inquit, alibi aliis Hesperidum hortos statuentibus, aliis quidem in Magnesia, aliis ad fretum Herculis: in oceano aliis: hic quoque nonnulli collocarunt Hesperidas, quas cap. 1, ad Atlantem montem posuimus. Ptolemæus, lib. IV, cap. 4, Βερενίκη, ἡ καὶ Ἑσπερίδες. Ammianus, lib. XXII, pag. 233, *Berenice, quas Hesperidas appellant.* Hesperis prius dicta est, quæ mox Berenice ab uxore Ptolemæi Evergetæ. Stephanus: Ἑσπερὶς πόλις Λιβύης, ἡ νῦν Βερενίκη. Mela, I, 8, p. 110, non alio nomine, quam Hesperidem vocat. H. — Quem quidem Hesperidum hortum eruditus vir PACHO, qui loca nuper lustravit, prope Berenicen non collocat; ex Scyllacis descriptione, ex Herodoti, Lucani et Anonymi Peripli interpretatione eum in summo *d'Hyco* promontorio, hodie *Razat*, mavult. Nota ipsius adhuc inedita. ED.

6. *Lethon.* Vet. ap. Dalec. *Lethe.* ED. — Ita Solinus et Martianus, locis citatis, Λάθων est Ptolemæo, loco citato, juxta Berenicen. Λαθαῖος Straboni, lib. XIV, pag. 647, ἐν Ἑσπερίταις Λίβυσι, ubi Casaubonus, qui sint Hesperitæ Libyes, Berenices nimirum incolæ, quæ Hesperidum dicta est regio, videtur nesciisse. Ptolemæus alter Ægypti rex, Comment. lib. II, apud Athen. lib. II, pag. 71, Λήθωνα cum Plinio vocat. Et hic quoque, ob similitudinem cum infernali Lethe, creditus oblivionem parere, teste Lucano, lib. IX, vs. 355. HARD.

7. *CCCLXXV.* Sic rescripsimus ex MSS. Reg. 1, 2, Colb. 1, 2, Chiffl. Paris. atque ex Martiano, lib. VI, p. 217. Prius legebatur, CCCLXXXV.

8. *Arsinoe.* Ἀρσινόη, ἡ καὶ Τεύχειρα, Ptolemæo, lib. IV, cap. 4, et Straboni, lib. XVII, p. 837. Ταύχειρα, Stephano, pag. 115, et Scylaci, p. 44. Nunc *Taoukrah.* HARD. et ED.

9. *Ptolemais.* Strabo, loco citato, ἡ Βάρκη πρότερον, νῦν δὲ Πτολεμαΐς. Ita et Stephanus, verbo Βάρκη. Ptolemæo tamen lib. IV, cap. 4, Πτολεμαΐς et Βάρκη duæ sunt civitates: hæc mediterranea, illa littoralis. Scylaci quoque, loco citato; Ptolemais igitur condita, non eo loco quo Barce fuit, sed quo Barcæorum portus. Inter Pœnorum hostes, a Marone, Æn. lib. IV, censentur « lateque furentes Barcæi. » Nunc quoque interius oppidum retinet nomen et mœnia, *Barcah*: unde regionis appellatio: littorale, *Tolemeta* nuncupatur. HARD. — Idem inclytus PACHO, ut ex ipsius mappa suo in opere inserta, cui titulus est,

XXII[10] M. passuum. Mox[11] XL M. pass. promontorium Phycus[12] per Creticum mare excurrit, distans CCCL M. passuum[13] a Tænaro Laconicæ promontorio. A Creta vero ipsa CCXXV[14] M. Post id Cyrene[15], a mari undecim M. passuum. A Phycunte Apolloniam[16] XXIV mill. passuum. Ad Chersonesum[17] LXXXVIII mill. passuum. Unde Catabathmum[18] CCXVI mill. passuum. Accolunt[19] Marmaridæ, a Parætonii ferme regione ad Syrtin usque majorem por-

Relation d'un voyage dans la Marmarique, la Cyrénaïque, et les Oasis d'Aujelan et Demaradeh, apparet, antiquam Barcen in *Merdjeh* reperit; cæterum de Ptolemaide cum Ptolemæo consentit. ED.

10. *XXII M. pass.* A Teuchira Ptolemaidem, Antoninus in Itiner. XXVI M. pass. intervallum facit. H.

11. *Mox XL M.* Sic restituimus ex MSS. Reg. 1, 2, etc. quum prius perperam legeretur in editis, CCL. Sententia loci est, a Ptolemaide distare XL millibus passuum promontorium, Phycuntem appellatum : quod intervallum tabulæ omnes geographicæ approbant : alterum non ferunt. HARD.

12. *Phycus.* Φυκοῦς ἄκρον Ptolemæo lib. IV, cap. 4. Ibi regio Cyrenaica ab occasu incipit flectere se in exortum solis. Nautis dicitur, *Capo Razato.* HARD.

13. *CCCL M. passuum.* Sive bis mille et octingentis stadiis, ut ait Strabo, lib. XVII, pag. 837, quæ mensura cum Pliniana congruit. H. — CCLXIV M. pass. verum est inter promontoria *Matapan* et *Razato* intervallum. ED.

14. *CCXXV.* Sic cum vet. apud Dalecamp. et Broterio legimus, ut supra lib. IV, cap. 12, quamvis

Harduinus ex MSS. Reg. 1, 2, Colb. 1, 2, etc. CXXV legendum putet : sed verum est CCXXV M. pass. inter promontorium *Razato* et proximum quodque Cretæ littus intervallum.

15. *Cyrene.* Κυρήνη, de qua multa vide ap. Strab. l. cit. Nunc est *Grannah*, quo de oppido et tota hac regione, vide quæ nuper edidit inclytus viator noster PACHO, *Voyage à la Cyrénaïque.* ED.

16. *Apolloniam.* Ἀπολλωνία Ptolemæo, lib. IV, cap. 4. At Straboni, loco citat. Ἀπολλωνιὰς Κυρηναίων ἐπίνειον, Cyrenensium navale. Hodie *Marsah-Souza.* H. et ED.

17. *Ad Chersonesum.* Volebat Dal. *a Cherroneso.* ED. — Χερσόννησος μεγάλη Ptolemæo, lib. IV, cap. 5, inter Marmaricæ nomos, sive præfecturas. Ubi nunc promontorium *Ras-el-Tyn.* Straboni, lib. XVII, pag. 838, Ἄκρα Χερρόνησος λιμένα ἔχουσα. Promontorium cum portu. Stephano, urbs est, cui nomen et Κέρρουρα fuit : gentile, Κερρούριος, ut a Ταυχείρα, de qua paulo ante, Ταυχείριος.

18. *Catabathmum.* Volebat Dalec. inde Catabathmus.—In Chiffl. CCVI. omissa denarii nota. ED. — De Catabathmo et Parætonio, cap. seq.

19. *Accolunt Marmaridæ.* Μαρμαρίδαι Straboni, loco citato. HARD.

recti. Post eos Araraueeles[20], et jam in ora Syrtis Nasamones[21], quos antea Mesammones[22] Græci[23] appellavere, ab argumento loci, medios[24] inter arenas sitos[25]. Cyrenaicus ager[26] xv M. passuum latitudine a littore, arboribus[27] fertilis habetur. Intus eodem spatio frugibus tantum : mox triginta mill. passuum latitudine, et CCL mill. passuum longitudine, lasere modo[28].

Post Nasamones, Asbystæ[29], et Macæ vivunt[30]. Ultra

20. *Araraueeles.* Post Marmaridas, versus occasum solis, Syrtimque majorem. Ἀραυράκιδες Ptolemæo, lib. IV, cap. 4, quorum magis ad ortum solis regio vergit, quam Barcitarum. HARD.

21. *Nasamones.* Νασάμωνες, Syrti majori confines, apud Strabonem, lib. XVII, pag. 838. Gentis mores ac situm Lucanus pereleganter describit lib. IX, vs. 439 : « Quas Nasamon gens dura legit, qui proxima ponto Nudus rura tenet : quem mundi barbara damnis Syrtis alit: nam littoreis populator arenis Imminet, et nulla portus tangente carina Novit opes. Sic cum toto commercia mundo Naufragiis Nasamones habent. » HARD.

22. *Mesammones.* Voce conflata ex μέσος, quod *medium*, et ἄμμος, quod *arenam* sonat. Ex Hebraica originatione vocem derivat Bochartus, Geogr. parte 1, lib. IV, cap. 30, pag. 322, quasi viros Hammonis vox ea significet. HARD.

23. *Græci.* Chiffl. *Graii.* ED.

24. *Medios.* Chiffl. *medio.* ED.

25. *Inter arenas.* Lucanus hanc oram describens, libro cit. vs. 454 : « patet omne solum, liberque meatu Æoliam rabiem totis exercet arenis. » Et mox : « Regna videt pauper Nasamon errantia vento. » H.

26. *Cyrenaicus ager.* Accepta hæc sunt ab Herodoto, Melpom. lib. IV, num. 199, pag. 287. HARD.

27. *Arboribus.* Dalec. *et arboribus*, addita vocula *et*, quæ a vett. codd. abest, ipso Dalec. confitente. ED.

28. *Lasere modo.* De lasere, lib. XIX, cap. 15. HARD. — Multum PACHO de eo scripsit; ipsius opus supra dictum vide. ED.

29. *Asbystæ.* In libris hactenus editis *Hasbytæ* legitur, sed mendose. Ἀσβύσται enim vocantur primum ab Herodoto, Melpom. lib. IV, n. 170, p. 279 : Ἀσβύσται, οὗτοι τὸ ὑπὲρ Κυρήνης οἰκέουσι· ἐπὶ θάλασσαν δ' οὐ κατήκουσιν Ἀσβύσται. « Hi supra Cyrenem habitant : ad mare autem non pertingunt Asbystæ. Ἀσβύσται pariter Stephano, et Dionysio, vs. 211, quem laudat Tzetzes in Lyc. pag. 122. Ptolemæo, lib. IV, cap. 4, perperam Ἀσβύται pro Ἀσβύσαι. Hinc Jovi ipsi nomen, apud Nonnum, lib. XIII, pag. 372 : Καὶ Διὸς Ἀσβύσαο μεσημβρίζοντας ἐναύλους. H. — Vet. apud Dalec. *Abytæ.* ED.

30. *Et Macæ vivunt.* Hoc est, degunt, sive habitant. Μάκκιοι Συρτίται Ptolemæo, lib. IV, cap. 3. Μάκαι Herodoto, Melpom. lib. IV, n. 175, pag. 280, et Scylaci, p. 45, et Diodoro, Bibl. lib. III, pag. 178. Solinus hæc transcribens Asbystas la-

eos Hammanientes[31] duodecim[32] dierum itinere a Syrtibus majoribus ad occidentem, et ipsi quaquaversus arenis circumdati : puteos tamen haud difficiles binum ferme cubitorum inveniunt altitudine, ibi restagnantibus Mauritaniæ aquis. Domos sale[33] montibus suis exciso, ceu lapide, construunt. Ab his ad Troglodytas[34] hiberni occasus plaga dierum IV iter[35], cum quibus commercium gemmæ tantum, quam carbunculum vocamus, ex Æthiopia invectæ[36].
5 Intervenit[37] ad solitudines Africæ, supra minorem Syrtin dictas[38], versa Phazania[39], ubi gentem Phazaniorum, urbesque Alelen et Cillabam subegimus. Item Cidamum e regione Sabratæ[40]. Ab his mons longo spatio in occasum ab ortu tendit, Ater nostris dictus a natura adusto simi-

sere pariter vivere inepte pronuntiat. HARD.

31. *Hammanientes.* Vel Ammanientes, ut ab ἄμμῳ arena, traxisse et illi nomen videri possint. Ii plane sunt, quos Solinus c. XXVIII, p. 54, Amantes vocat : quos cum Hammonis Jovis accolis Ortelius male confundit : et Bochartus eum secutus, loco mox citat. Nam quod de domibus sale ceu lapide structis mox narratur a Plinio, id Amantibus a Solino arrogatur : situsque idem inter Nasamonas et Troglodytas. H.

32. *Duodecim.* Leg. *XI.* Ita MSS. Reg. 1, 2, 5, et editio princeps. BROT. — Chiffl. *XII,* Dalec. *XI.* ED.

33. *Domos sale.* Accepta hæc ab Herod. Melp. l. IV, n. 158, p. 284.

34. *Ad Troglodytas.* Non una modo in parte terrarum Troglodytæ sunt : nam præter eos qui sinum Arabicum accolunt, sunt et in Africæ pæne umbilico, a Syrtibus majoribus sedecim dierum itinere dissiti, versus occasum. Τρωγλοδύται Αἰθίοπες hi vocantur ab Herodoto,

Melpom. lib. IV, n. 185, p. 283. H.

35. *Dierum IV iter.* MSS. Reg. 1, 2, Colb. 1, 2, Chifflet. *dierum VII itinere.* De carbunculorum commercio eadem habet Solinus : de his dicemus, lib. XXXVII, cap. 25. HARD. — Leg. *dierum septem iter.* Ita et totidem litteris MSS. Reg. 1. Sic quoque editio princeps. In MSS. Reg. 5, et recentioribus editionibus, *dierum IV.* BROT.

36. *Invectæ.* Sic in Chiffl. Dalec. *vectæ.* ED.

37. *Intervenit.* In ea via, inquit, quæ est ab Hammanientibus ad Troglodytas occurrit Phazania regio, vergens ad eas solitudines, quas paulo ante diximus supra minorem Syrtin esse positas : initio nimirum superioris capitis. HARD.

38. *Dictas.* Chiffl. *dictam.* ED.

39. *Phazania.* Vet. apud. Dalec. *urbs Phazania.* Φαζανία regionis nomen est, apud Agathemerum, Geograph. lib. II, cap. 5. Nunc *Fezzan.* HARD. et ED.

40. *E regione Sabratæ.* Quam c.

lis, aut solis[41] repercussu accenso. Ultra eum[42] deserta : 6
Matelgæ[43] oppidum Garamantum : itemque Debris[44],
affuso fonte[45], a medio die ad mediam noctem aquis fer-
ventibus, totidemque horis ad medium diem rigentibus :
clarissimumque oppidum Garama[46] caput Garamantum :
omnia armis rom. superata, et a Cornelio Balbo[47] trium-
phata : uni huic[48] omnium externo curru et Quiritium jure

3, sitam esse diximus in ipso Syr-
tis minoris cornu, qua spectat
Africam proprie dictam. HARD. —
Nunc *Gadamès*. ED.

41. *Aut solis repercussu accenso*.
Volebat Dal. *velut solis repercussu
accensus*. Etiamnunc incolis *Soudah*,
sive Nigri montes appellantur. ED.

42. *Ultra eum*. Versus austrum,
ubi desertum vastissimum est, *Bil-
dulgerid*. HARD.

43. *Matelgæ*. Forte rectius, *Mox
Talgæ*, ut in Chifflet. cod. Reg. 1,
Colb. 1, 2, etc. HARD.

44. *Debris*. Meminit hujus oppidi
Priscianus in Periegesi, pag. 369 :
« Continuo post hos sequitur Phau-
rusia tellus : Hanc habitant juxta
Garamantes Debride clari. » Βέδει-
ρον est Ptolemæi, lib. IV, cap. 6,
circa fontes Cinyphis amnis, nec
procul a Garame metropoli. H.

45. *Affuso fonte*. Pro *affuso* proponebat Dalec. *effuso*. ED. — *Affuso
fonte*. De hoc fonte eadem Augustinus, de Civit. lib. XXI, cap. 5 ; Solinus, cap. XXIX, pag. 54. Breviter
Isidorus, lib. XIII, c. 13, ex Augustino : « Apud Garamantes fontem
esse aiunt ita algentem diu, ut non
bibatur : ita ardentem nocte, ut
non tangatur. » Causam hujus miraculi Lucretius investigat, lib. VI.
Ad ignes subterraneos nocturnum-
que frigus causam refert Licetus,
lib. V de Quæsitis per epist. pag.
256, quem vide, si tanti esse id
putas. HARD.

46. *Garama*. Vet. apud Dalec.
Garamana. ED. — Γαράμη μητρόπολις Ptolemæo, lib. IV, cap. 6.
Etiamnunc *Gherma* in regione *Fezzan* dicta. Garamantas Strabo, lib.
XVII, pag. 835, ait esse confines
iis gentibus, unde Carchedonii la-
pilli afferuntur : Troglodytis scilicet, cum quibus commercium ejus
gemmæ esse paulo ante diximus,
quam carbunculum vocamus. H.
et ED.

47. *Cornelio Balbo*. De hoc Balbo
altero, sive juniore, Cicero ad Att.
lib. XI, ep. 12, p. 341. De majore,
qui alterius patruus fuit, idem ad
Atticum, lib. VIII, epistol. 9, pag.
236. HARD.

48. *Uni huic omnium*. Uni illi omnium externorum et triumphi ho-
nos, et civitas est donata. Trium-
phavit et P. Ventidius : at non ex-
ternus ille, sed Italus. Solinus, de
Balbo, cap. XXIX, p. 54 : « Primus
sane de externis, utpote Gadibus
genitus, accessit ad gloriam nominis triumphalis. » Verum non modo
primus is externi sanguinis eum
honorem est adeptus, sed et priva-
torum postremus : nam Romæ con-

donato : quippe Gadibus genito civitas[49] romana cum Balbo majore patruo data est. Et hoc mirum, supradicta oppida ab eo capta, auctores nostros prodidisse : ipsum in triumpho, præter Cidamum et Garamam, omnium aliarum gentium urbiumque nomina ac simulacra duxisse, 7 quæ iere hoc ordine. Tabidium oppidum[50], Niteris[51] natio, Negligemela oppidum, Bubeium natio, vel oppidum, Enipi natio, Thuben oppidum[52] : mons nomine Niger : Nitibrum, Rapsa, oppida[53] : Discera[54] natio, Debris oppidum, flumen Nathabur, Thapsagum oppidum, Nannagi natio[55], Boin oppidum, Pege oppidum, flumen Dasibari. Mox oppida[56] continua, Baracum, Buluba[57], Alasi, Balsa[58], Galla[59], Maxala[60], Zizama. Mons Gyri, in quo gemmas nasci titulus præcessit[61]. Ad Garamantas iter inexplicabile adhuc fuit, latronibus gentis ejus puteos (qui sunt non alte fodiendi, si locorum notitia adsit) arenis

sequenti tempore de victis gentibus soli imperatores triumpharunt. In libris hactenus editis perperam, *unius omnium.* Salmas. pag. 483, in Solin. spreta omnium fide locum pro arbitrio mutat. H. — Alii ap. Dalec. *uno omnium externorum.* ED.

49. *Genito.* Sic apud Chiffl. Dal. *nato.* ED.

50. *Tabidium.* Chifflet. *Tabudium.* ED. — Θαβουδὶς Ptolemæo, lib. IV, cap. 6, circa Bagradæ fontes. H.

51. *Niteris.* Colb. 1, 2, *Nitiebres.* Et mox *Viscera* pro *Discera.* Quibus et Reg. 1 et Chiffl. cod. suffragatur. HARD.

52. *Thuben.* Huc, credo spectat Præpositus limitis Tubuniensis, inter Limitaneos, sub dispositione comitis Africæ, in Notitia imperii roman. cap. 50. HARD.

53. *Oppida.* Chiffl. *oppidum.* ED.
54. *Discera.* Chiffl. *Viscera.* ED.

55. *Nannagi.* Chiffl. cod. *Dannagi.* Reg. 1, Colb. 1, 2, *Tamiagi.* HARD.

56. *Mox oppida.* Horum deinde oppidorum, inquit, in triumpho imagines secutæ sunt. MSS. paulo aliter hæc nomina repræsentant : *Baracum, Halasigalsa, Balla, Mazalla, Cizama.* HARD.

57. *Buluba.* Chiffl. *Bulba.* ED.

58. *Balsa.* Proponebat Dalecamp. *Galsa.* ED.

59. *Galla.* Vet. apud Dalec. *Balla.* ED.

60. *Maxala, Zizama.* Vet. apud Dalec. *Mazalla, Cyzama.* ED.

61. *Titulus præcessit.* Singulis triumphi simulacris titulus affigebatur, cui inscripta gentium oppidorumque devictorum nomina. In MSS. Reg. 1, et Colb. 2, *titulus præcessit.* Cod. et vet. Dalec. *Titus prodidit.* HARD.

operientibus. Proximo bello, quod cum[62] Oeensibus Ro- 3
mani gessere auspiciis Vespasiani Imperatoris, compen-
dium viæ quatridui deprehensum est. Hoc iter vocatur:
Præter caput saxi. Finis Cyrenaicus Catabathmos[63] appellatur, oppidum, et vallis repente convexa. Ad eum terminum Cyrenaica Africa a Syrti[64] minore decies centena
LX M. passuum in longitudine patet : in latitudine, qua
cognitum est, DCCC.

VI. (VI.) Quæ sequitur[1] regio Mareotis[2] Libya appel- 1
latur, Ægypto contermina. Tenent Marmaridæ, Adyrmachidæ[3] : dein Mareotæ[4]. Mensura a Catabathmo ad Paræ-
tonium LXXXVI M. passuum. In eo tractu[5] vicus Apis
interest, nobilis religione[6] Ægypti locus. Ab eo[7] Paræto-

62. *Cum Oeensibus.* Ab Oea oppido, de quo dictum est, c. 4. Solini
paraphrasis, cap. XXIX, pag. 54:
« Sub Vespasiano principe, bello
quod cum Oeensibus gestum est,
difficultas hæc dissoluta est compendio spatii brevioris invento. »
Plinius *proximum bellum* dixit, quia
proxime gestum, quum hæc scriberet. Proximum Solinus nec dixit,
nec vero integra fide potuit dicere,
tanto nimirum Plinio recentior,
quantum vel unus hic locus abunde
declarat. HARD.

63. *Catabathmos.* Mela, lib. I, c.
8 : « Catabathmos vallis devexa in
Ægyptum, finit Africam. » Ita et
Sallustius, bello Jugurthino, pag.
65. Καταβαθμὸς Græcis, descensum,
devexitatem, acclivitatemque loci
significat. HARD.

64. *A Syrti minore.* Ita libri omnes.
Cyrenaica provincia a majore qui-
dem Syrti incipit. At Cyrenaica
Africa latius patet : a minore enim
Syrti, ubi Africa proprie dicta de-
sinit, ipsa initium ducit. HARD.

VI. 1. *Quæ.* Dalec. *ea quæ*, repugnante Chiffl. ED.

2. *Mareotis Libya.* Μαρεῶτις, quæ
Ptolemæo, lib. IV, cap. 5, Marma-
rica dicitur, inter Pentapolim, sive
Cyrenaicam, et Alexandriam Ægy-
pti. Pars maxime orientalis regionis
Barcah, et illius quæ *Aoualad-Aly*
in recentioribus tabulis appellatur.
HARD. et ED.

3. *Adyrmachidæ.* Ἀδυρμαχίδαι,
ἔθνος Λιβύων, Scylaci, p. 42. Πρῶτοι
Λιβύων, Herod. Melpomen. lib. IV,
num. 167, pag. 279. Ἀδυρμαχίται
Ptolemæo, loco citato. Apud Stephanum, Ἀδαρχίδαι, mendose. H.

4. *Mareotæ.* A quibus regioni nomen. Μαρεώτης νομὸς, Mareotis præfectura, apud Ptolem. loc. cit. H.

5. *In eo tractu.* Libyæ Mareotidis.
Scylaci, pag. 42, Ἆπις πόλις, et Ptolemæo quoque, loco citato. HARD.

6. *Nobilis religione.* De cultu bovis
Apis dicemus, lib. VIII, c. 71. H.

7. *Ab eo Paræetonium.* Παραιτόνιον
inter oppida hujus Libyæ, apud
Ptolemæum, lib. IV, c. 5. In Conc.

nium[8] LXII M. passuum. Inde Alexandriam CC millia passuum : latitudo CLXIX est. Eratosthenes a Cyrenis Alexandriam terrestri itinere DXXV M. pass. prodidit. Agrippa totius Africæ a mari Atlantico cum inferiore Ægypto $\overline{XXX}$ XL[9] mill. passuum longitudinem[10]. Polybius et Eratosthenes diligentissimi existimati, ab Oceano ad Carthaginem magnam, $\overline{XI}$[11] mill. passuum : ab ea[12] Canopicum Nili proximum ostium $\overline{XV}$[13] XXVIII fecerunt. Isidorus a Tingi Canopum $\overline{XXXV}$ XCIX[14] mill. passuum, Artemidorus XL minus[15] quam Isidorus.

VII. (VII.) Insulas[1] non ita multas complectuntur hæc

Nic. I, *Titus Parætonii*, in provincia Libyæ inferioris. Nunc illam *Al-Baretoun* vocari ait D'ANVILLE. HARD. et ED.

8. *LXXII M. pass. Inde Alexandriam CC mill.* Uterque numerus, in libris impressis corruptus, a nobis restitutus est, tum ope codicum R. 1, 2, Colb. 1, 2, Paris. Chiffl. tum ipsius Martiani admonitu, quem secuti, pro XII M. rescripsimus LXII, ac pro C mill. restituta centenarii nota, quæ facili lapsu amanuensibus excidit, *CC mill.* HARD.

9. $\overline{XXX}$ *XL.* Hoc est, tricies centena, et quadraginta millia pass. ut recte Martianus interpretatur, lib. VI, cap. de Africæ tertio sinu, pag. 217, apud quem tamen *quadringenta* perperam, pro *quadraginta* scribitur. Neque enim latine dicimus tricies quadringenta : sed si is numerus exprimi debet, *tricies quater*, subintelligendo centena. H. — Vet. apud Dalecamp. et Chifflet. XXX LXXX. ED.

10. *Longitudinem.* Vet. apud Dalec. *longitudinem posuit*, addita voce *posuit.* ED.

11. $\overline{XI}$ *mill.* Hoc est, ut Martianus ait, undecies centena millia. Ita libri omnes. Editi vitiose legunt *XVI.* HARD.

12. *Ab ea Canopicum.* Leg. *ab ea Canopum*, ex MSS. Reg. et editione principe. BROT. — Volebat Dalec. « ab ea ad Canopicum Nili proximum ostio. » ED.

13. $\overline{XV}$ *XXVIII.* Quindecies centena, et viginti octo mill. pass. Ita Reg. 1, 2, Colbert. 1, 2, Paris. etc. HARD. — Dalec. *XVI mill. pass. XXX.* Vet. apud eumdem *LXXVIII*, pro *XXX.* ED.

14. $\overline{XXXV}$ *XCIX.* Tricies et quinquies centena, et quadraginta novem millia passuum. HARD.

15. *XL minus.* Leg. *XL mill. minus.* Ita MSS. Reg. et editio princeps. ED. — Detrahit Artemidorus de Isidori summa, XL millia. HARD.

VII. 1. *Insulas.* Huic capiti lemma istud Plinii editores ex Indice hujus libri petitum præfixere : «Insulæ circa Africam, et ex adverso Africæ : » quum tamen nullæ hoc loco memorentur insulæ, quam quæ contra Africam in mediterraneo maria. Clarissima est Meninx[2], longitudine[3] xxv mill. pass. latitudine xxiii, ab Eratosthene Lotophagitis[4] appellata. Oppida habet duo, Meningem ab Africæ latere : et altero[5], Thoar : ipsa a dextro[6] Syrtis minoris promontorio passibus[7] cc sita. Ab ea centum mill. passuum contra lævum[8], Cercina, cum urbe ejusdem nominis libera, longa xxv mill. pass. lata dimidium ejus, ubi plurimum : at in extremo[9] non plus quinque[10] mill. passuum. Huic 2 perparva, Carthaginem versus, Cercinitis[11] ponte jungitur. Ab his quinquaginta mill. fere passuum Lopadusa[12], longa

mari sunt positæ. Verum, ut in Indice monuimus, non *ex adverso Africæ* Plinius, sed *aversa* scripsit, Æthiopiam intelligens, quæ aversa, hoc est, post Africam retro posita est : de ea enim peracta insularum mentione statim seq. cap. agitur. H.

2. *Meninx.* Μῆνιγξ Græcis. Nunc *Gerbi* et *Zerbi.* Quæ appellatio haud recens est : nam Antonino *Girba* vocatur. Et Sex. Aurel. Victor in vita Vibii Galli Imperat. « Creatus, inquit, in insula Meninge, quæ nunc Girba dicitur.» Hinc in Africæ Notitia, inter episcopos prov. Tripolitanæ, cui ex adverso insula hæc objacet, *Faustinus Girbitanus.* In ea urbe C. Mario latebra fuit, inquit Solinus, cap. xxvii, pag. 52. H.

3. *Longitudine XV.* Ita MSS. omnes : non, ut editi, xxxv. Et mox, xxii, non xxv. Hard.

4. *Lotophagitis.* Et Ptolemæo quoque Λωτοφαγῖτις, lib. IV, cap. 3, et Polybio, lib. I, p. 55, Λωτοφάγων νῆσος, ἣ καλεῖται Μῆνιγξ. Quoniam in adversa continentis ripa Lotophagi fuerunt. Vide Strabon. lib. XVII, pag. 834. Hard.

5. *Et altero.* Altero latere, quod septemtrionali obvertitur. Sed oppido nomen apud Ptolemæum, lib. IV, cap. 3, Γέῤῥα. Hard. — Vet. apud Dalec. *Thorar,* non *Thoar.* Ed.

6. *Ipsa a dextro.* Quod est austro propius, et Tripolitano regno : cui promontorio nomen est ab ipsa insula, *Capo di Zerbi.* Hard.

7. *Passibus CC.* Leg. *passibus mille quingentis.* Ita MSS. Reg. 1, 2, et editio princeps. In MS. Reg. 5, et recentioribus editionibus, *passibus CC.* Brot. — Corrupti certe sunt omnes isti numeri. Ed.

8. *Contra lævum.* Subintellige promontorium, ubi Africa proprie dicta deficit, ubi Sabrata oppidum Syrtim contingit : contra id littus Cercina est, Κέρκινα νῆσος καὶ πόλις, Ptolem. loco citato aliisque. Etiamnunc insulæ *Kerkéni*, communi nomine cum Cerciniti de qua mox. Hard. et Ed.

9. *At.* Dalecamp. *ac*, invitis vett. codd. Ed.

10. *Non plus quinque.* Sic Agathemerus, Geogr. lib. I, c. 5. Hard.

11. *Cercinitis.* Κερκινῖτις Straboni, lib. XVII, pag. 834. Hard.

12. *Lopadusa.* Chiffl. *Lipadusa.* Ed.

VI millia passuum. Mox Gaulos et Galata, cujus terra scorpionem, dirum animal Africae, necat. Dicuntur et in Clupea emori : cujus ex adverso Cosyra [13] cum oppido. At contra Carthaginis sinum duae Ægimori arae [14], scopuli verius, quam insulae, inter Siciliam maxime et Sardiniam. Auctores sunt, et has quondam habitatas subsedisse.

VIII. (VIII.) Interiori [1] autem ambitu Africae ad meridiem versus, superque Gaetulos, intervenientibus desertis, primi omnium Libyaegyptii [2], deinde Leucaethiopes [3] habitant. Super eos Æthiopum gentes Nigritae [4], a quo

— Λοπαδοῦσα Ptolemaeo, loc. cit. Nunc *Lampedosa*. De Lopadusa, Gaulo et Galata, lib. III, c. 14. H.

13. *Cosyra*. Vet. apud Dalecamp. *Cossyria*. Chifflet. *Cossoracum oppidum*. ED. — De ea Ovidius, Fast. lib. III, v. 167 : « Fertilis est Melitae sterili vicina Cosyrae Insula, quam Libyci verberat unda freti. » Vide quae de eadem diximus lib. III, cap. 14. HARD.

14. *Ægimori arae*. Scopuli sunt, de quibus Virgilius, Æneid. lib. I, versu 113 : « Saxa vocant Itali, mediis quae in fluctibus Aras. » Ubi Servius, « In saxa latentia propter tempestatem : haec saxa inter Africam et Sardiniam sunt : quae saxa ob hoc Itali Aras vocant, quod ibi et Afri et Romani foedus inierunt. » Αἰγίμουρος νῆσος dicitur Straboni, l. XVII, p. 834. Αἰγίμορος, νῆσος Λιβύης, Stephano : cujus saxi geminus vertex, intercurrente forte freto disjunctus, duarum ararum, ob causam a Servio allatam nomen invenit. Sinum ab alto claudere, in quo sita Carthago est, a Livio dicitur, lib. XXX, cap. 24. Prius in libris editis legebatur, *duo Ægimori a re*: quod plane absurdum. HARD. — Vet. apud Dalec. duo, *Ægemo*, *Ærea*. Alii, *Æreae*, vel *Arae*. Alii, *Agatae et Torichlae*. Alii, *Ægimori et Arae*. Hodie *Zimbre* vocantur. ED.

VIII. 1. *Interiori*. Qui intus, et in mediterraneo, Africae partem descriptam hactenus ambiunt, includuntque, post deserta, quae interveniunt, sunt Libyaegyptii, etc. Mela, lib. I, cap. 4 : « Super ea quae Libyco mari alluuntur, Libyaegyptii sunt, et Libyaethiopes, et natio frequens, multiplexque Gaetuli. Deinde late vacat regio, perpetuo tractu inhabitabilis. Tum primos ab oriente Garamantas, etc. » Descripsit haec a Plinio Martianus, lib. VI, pag. 217. HARD.

2. *Libyaegyptii*. Quasi mixti Ægyptiis Libyes : ad occasum Thebaidis positi, ubi nunc deserta Barcae et Libyae. HARD.

3. *Leucaethiopes*. Chifflet. *Leucae Æthiopes*. ED. — Λευκαιθίοπες, *albi Æthiopes*, Ptolemaeo, lib. IV, cap. 6, et Agathemero, Geogr. lib. I, c. 5 : nempe quia caeteris candidiores sunt. Nunc est desertum *Sahara*. H.

4. *Nigritae*. Qui utramque Nigris amnis ripam accolebant. Nunc *Nigritie*, vel *Soudan*. HARD. et ED.

dictum[5] est flumine : Gymnetes[6] Pharusii[7] jam Occanum attingentes, et quos in Mauritaniæ fine diximus, Perorsi[8]. Ab his omnibus vastæ solitudines orientem versus, usque Garamantes[9], Augylasque et Troglodytas : verissima opinione eorum, qui desertis[10] Africæ duas Æthiopias superponunt, et ante omnes Homeri[11], qui bipertitos[12] tradit Æthiopas, ad orientem occasumque versos[13]. Nigri[14] fluvio eadem natura, quæ Nilo : calamum, et papyrum, et easdem gignit animantes, iisdemque temporibus augescit. Oritur inter Tareleos Æthiopas, et OEcalicas[15]. Horum oppidum[16] Mavin[17] quidam solitudinibus imposuerunt[18],

5. *A quo dictum.* Ita MSS. omnes. Vet. apud Dalec. *a quibus.* Nomen, inquit, Nigritæ habent, ab eo amne, de quo jam diximus, in fine scilicet capitis 4, et ab eo usque, ad Leucæthiopas tractum ingentem terrarum occupant. Hard. et Ed.—Flumen Nigris, nunc quidem *Niger* apud doctos, potius vero *Joliba*, vel *Nil des Nègres*, ap. viatores. Ed.

6. *Gymnetes*, etc. Γυμνῆτες, a nuditate corporis nomen sortiti. H.

7. *Pharusii.* Chifflet. adstipulante Pint. « Pharusii, oceanum attingentes, et quos, etc. » Dalec. — In edit. Dalec. legitur, « Pharusi, et jam oceanum attingentes, quos, etc. » Ed. — Φαρούσιοι Ptolemæo, lib. IV, cap. 6. De his rursum in fine hujus capitis. Hard.

8. *Perorsi.* De quibus diximus, cap. 1. Hard.

9. *Usque Garamantes.* Leg. ex MS. Reg. 1, *usque ad Garamantas.* Ed.

10. *Desertis Africæ.* Ultra deserta Africæ, versus austrum. Hard.

11. *Homeri.* Odyss. lib. I, vers. 23 : Αἰθίοπας τοὶ διχθὰ δεδαίαται, ἔσχατοι ἀνδρῶν, Οἱ μὲν δυσομένου ὑπερίονος, οἱ δ' ἀνιόντος. « Extremos hominum Æthiopas, quorum altera solem Nascentem hinc regio videt, altera et inde cadentem. » Non vidit Plinius, Æthiopas illos, ad quos Homerus mari divertisse fingit Ulyssem, fabulosos esse; nihil aliud ibi significante vate, quam Ulyssem eo navigationis suæ tempore inculpatam duxisse vitam, qualem agere negat homines, nisi extra hunc pæne orbem, aut in extremo isto certe positos, quos Æthiopas orientales et occidentales vocat. Hard.

12. *Bipertitos.* Dalec. *bipartitos.*

13. *Versos.* Tolet. *versus.* Ed.

14. *Nigri fluvio.* Hæc totidem verbis Solinus, cap. xxx, pag. 55, et Martianus, lib. VI, cap. de interiori Africa, pag. 217. Hard.

15. *OEcalicas.* Ἀχαλικκεῖς vocat Ptolemæus, lib. IV, cap. 6, inter Æthiopas orientales. Hard.

16. *Horum oppidum.* OEcalicarum, inquit, oppidum nonnulli statim post Africæ solitudines, de quibus proxime dictum est, collocant. H.

17. *Mavin.* Reg. 1, 2, Colbert. 1, 2, Paris. Chiffl. *Magium.* Hard.

18. *Imposuerunt.* Volebat Pint. *interposuerunt.* Ed.

Atlantas [19] juxta eos, Ægipanas semiferos, et Blemmyas, et Gamphasantas, et Satyros, et Himantopodas. Atlantes [20] degeneres sunt humani ritus, si credimus. Nam neque nominum [21] ullorum inter eos appellatio est, et solem [22] orientem occidentemque dira imprecatione contuentur [23], ut exitialem ipsis agrisque : neque insomnia [24] visunt, qualia reliqui mortales. Troglodytæ specus excavant [25]. Hæ illis domus, victus serpentium carnes, stridorque [26], non vox : adeo sermonis commercio carent : Garamantes [27] matrimoniorum exsortes, passim cum feminis degunt. Augylæ inferos [28] tantum colunt. Gamphasantes nudi, præliorumque expertes [29], nulli externo congregantur.

19. *Atlantas juxta eos.* Chifflet. *juxtaque eos.* ED.—Subintellige, *quidam posuerunt.* Neque enim fidem hic ipse suam obligat, sed ad eos rejicit auctores qui prodiderunt : apud Pomponium Melam eadem hæc ad verbum legas, lib. I, cap. 8, p. 10 et 11. Transcripserunt eadem a Plinio, Solinus, cap. XXXI, p. 58, et Martianus, loco citato. HARD.

20. *Atlantes.* Ultimos ad occasum Atlantes vocat Mela, loco citato. H.

21. *Nominum ullorum.* Solini paraphrasis : «Nulli proprium vocabulum, nulli speciale nomen.» H.

22. *Solem.* Solinus : «Diris solis ortus excipiunt, diris occasus prosequuntur : ustique undique torrentis plagæ sidere, oderunt deum lucis.» HARD.

23. *Contuentur.* Ita libri omnes, etiam MSS. quibus invitis Salmasius, pag. 411, in Solinum legit, *comitantur.* HARD. — Vet. apud Dalec. *intuentur.* ED.

24. *Neque insomnia.* Vet. apud Dalec. *neque in somno.* ED. — Refert id quoque de Atlantibus Rhianus apud Stephanum, verbo Ἄτλαντες, præter auctores proxime laudatos. Martianus, loco citato : « Hi nunquam somniare videntur.» Hoc est, nulla signa edunt, risus, pavoris, cæterorumque affectuum, qualia reliqui mortales, quos signis ejusmodi somniare intelligimus. Vide quæ de Cleone refert Plut. lib. de defect. orac. HARD.

25. *Specus excavant.* Et inde nomen, a subeundis cavernis. Est enim τρώγλη caverna, specus : δύνω, subeo. HARD.

26. *Stridorque.* Solini paraphrasis : «Ignarique sermonis, strident potius, quam loquuntur.» HARD.

27. *Garamantes.* Mela, Solinus, Martianus, locis citatis, eadem plane de Garamantibus, Augylis, Gamphasantibusque commemorant. H.

28. *Augylæ inferos.* Hoc est, deos inferos. Mela : «Augylæ manes tantum deos putant.» HARD.

29. *Expertes, nulli,* etc. Censebat Pintianus ex Herodoto, Pomponio Solinoque, hic esse reponendas voces superiores, *adeo sermonis com-*

LIBER V. 441

Blemmyis[30] traduntur capita abesse, ore et oculis pectori affixis. Satyris[31], præter figuram, nihil moris humani, Ægipanum, qualis vulgo pingitur[32], forma. Himantopodes[33] loripedes quidam, quibus serpendo ingredi natura est. Pharusii[34] quondam Persæ, comites fuisse dicuntur Herculis ad Hesperidas tendentis. Nec de Africa plura quæ memorentur, occurrunt.

mercio carent, ita ut legeretur *expertes*. « Ideo sermonis commercio carent. Nullo externo, etc. » ED.

30. *Blemmyis traduntur.* Traduntur, inquit : neque enim fidem obstringit suam. Augustinus, de Civitate Dei, lib. XVI, c. 8, id esse verum putat posse : neque mirum videri oportere, si quemadmodum in singulis quibusque hominum gentibus quædam monstra sunt hominum, ita in universo genere humano quædam monstra sint gentium. Brevissimo ii collo fortassis, unde thoraci caput jungi creditum. Singulare quiddam sane in eorum hominum specie fuisse certum est ex Vopisco in Probo, pag. 239 : « Blemmyas, inquit, etiam subegit, quorum captivos Romam transmisit : qui mirabilem sui visum stupente populo romano præbuerunt. » Fabulam alii volunt esse : dictosque sine capite, qui sine cerebro ac sensu forent. H.

31. *Satyris.* Mela, loco citato : « Intra, si credere libet, vix jam homines, magisque semiferi : Ægipanes, et Blemmyes, et Satyri, etc. » HARD.

32. *Qualis vulgo pingitur.* Vultu caprino, hircinis cruribus. Herod. Γράφουσι καὶ γλύφουσιν οἱ ζωγράφοι καὶ οἱ ἀγαλματοποιοὶ τοῦ Πανὸς τὸ γαλμα αἰγοπρόσωπον καὶ τραγοσκελέα. Lib. II, Euterpe, num. 46, pag. 108.

Unde Ovidio, Metam. lib. XIV, vs. 515, *Semicaper Pan.* HARD.

33. *Himantopodes.* De his auctores jam laudati, Ἱμαντόπους Græcis loripes dicitur, qui pedem in modum lori tortum habet. Ἱμὰς *lorum* est. HARD.

34. *Pharusii quondam Persæ.* Salmasius in Solinum, pag. 415, legit *quondam per se comites*, hoc est, sponte sua, refragantibus MSS. omnibus, Reg. 1, 2, Colbert. 2, etc. in quibus *Persæ* diserte scribitur : refragante, quod majus est, veritate ipsa : nam Pharusios a Persis oriundos, et Sallustius quoque prodidit, lib. de bello Jugurthino, pag. 66 : « Sed postquam in Hispania, inquit, Hercules (sicuti Afri putant) interiit, exercitus ejus compositus ex variis gentibus, amisso duce, ac passim multis sibi imperium petentibus, brevi dilabitur. Ex eo numero Medi, Persæ et Armenii, navibus in Africam transvecti, proximos nostro mari (mediterraneo scilicet) locos occupavere : sed Persæ intra oceanum magis, » ubi Plinius nimirum Pharusios locat, quos hoc ipso capite oceanum dixit attingere. Refert eadem ex Sallustio Isidorus, Orig. lib. IX, cap. 2. H. — Dalec. *Pharusi*, contra Stephani auctoritatem, ni fuerit mera amanuensium, vel operarum, culpa. ED.

IX. (IX.) Adhæret Asia[1], quam patere a Canopico ostio ad Ponti ostium[2] Timosthenes $\overline{\text{XXVI}}$[3] XXXIX M. passuum tradidit. Ab ore[4] autem Ponti ad os Mæotis Eratosthenes $\overline{\text{XVI}}$ XLV[5] M. passuum. Universam vero cum Ægypto ad Tanain, Artemidorus et Isidorus $\overline{\text{LXIII}}$ LXXV[6] M. passuum. Maria ejus complura ab accolis traxere nomina : quare

IX. 1. *Adhæret Asia.* Asiæque prima pars Ægyptus, ut ait Mela, lib. I, cap. 9. HARD.

2. *Ostium.* Volebat Pint. *os*. ED.

3. $\overline{XXVI}$ *XXXIX.* Vicies sexies centena, et triginta novem millia passuum. Ita MSS. omnes. Numerus posterior apud Martianum corruptus, lib. VI, cap. de Ægypto, quæ est Asiæ caput, pag. 218. H.

4. *Ore.* Dalec. *ora*, repugnantivett. codd. præcipue Chiffl. ED.

5. $\overline{XVI}$ *XLV.* Martianus : « Ab ore autem Ponti ad os Mæotis sedecies centena septuaginta quinque millia passuum. » Legit igitur LXXV, non XXXXV. Sed insigni, ut videtur, errore, numerum intervalli sequentis huc transtulit. H. — Dal. *XL XLV.*

6. $\overline{LXIII}$ *LXXV.* Ter et sexagies centena, septuaginta quinque millia. In MSS. omnibus, Reg. 1, 2, Colb. 1, 2, Paris. Chiffl. tum hoc loco, tum lib. VI, cap. 38, ubi hæc rursum Asiæ longitudo repetitur, miro consensu scriptum vidimus, $\overline{LXIII}$ *DCCL.* Et Parmensis editio ita fere utrobique exhibet. Quum vero hunc numerum explicare et concoquere Frobenius non posset, expuncto posteriore, nempe DCC minuit : nodumque, quum solvendo non esset par, abscidit. Sane sexagies ter centena et septingenta millia nemo latine dixerit : quum enim ter centena et septingenta sint decies, brevius atque apertius septuagies dixeris. Sed hæc nimirum erroris occasio, hæc hallucinationis ansa oblata amanuensibus est. Quum scriptum viderent in Plinianis codicibus, $\overline{LXIII}$ *sept. quinq.* Martianum secuti, *septingenta quinquaginta*, pro *septuaginta quinque* posuere. Quid quod Agathemerus, qui Artemidori epitomen fecit, ejus nimirum quem hoc loco Plinius laudat auctorem, Geogr. lib. I, 3, multo breviorem mensuram facit hujus longitudinis, quum Asiam a Canopico Nili ostio ad Tanais ostia patere scribit stadiis XL M. CXI, nec recta via, sed littoribus omnibus etiam, sinuumque anfractibus comprehensis? τῆς δὲ Ἀσίας ἀπὸ Κανώβου ἕως Τανάϊδος ποταμοῦ μετὰ τῶν κόλπων, ὁ παράπλους ϛαδίων μυριάδων δ' καὶ ριά. Efficit hæc summa quinquagies centena, et quatuordecim millia passuum. Cui spatio ut Ægypti etiam mensuram addas, tamen Pliniana summa LXIII LXXV millibus amplius septingentis hanc superabit. Similem isti amanuensium errorem detegemus inferius, n. 35, et alibi passim. H. — Vet. *LXXXVIII DCCL M.* Chifflet. *LXIII CCCL M.* Tolet. *XIII M. pass.* Isidorus in Chiffl. non legitur. DAL. — Edit. Dalec. $\overline{LXXXVIII}$ *M. pass.* ED.

simul indicabuntur. Proxima Africæ[7] incolitur Ægyptus, 2
introrsus ad meridiem recedens, donec a tergo prætendantur Æthiopes. Inferiorem ejus partem Nilus, dextra
lævaque divisus, amplexu suo determinat[8], Canopico ostio
ab Africa, ab Asia Pelusiaco, CLXX[9] M. passuum intervallo. Quam ob causam[10] inter insulas quidam Ægyptum
retulere : ita se findente Nilo, ut triquetram terræ
figuram efficiat. Ideo[11] multi Græcæ litteræ vocabulo,
Delta appellavere[12] Ægyptum. Mensura[13] ab unitate
alvei, unde se primum findit in latera[14], ad Canopicum
ostium[15], CXLVI M. ad Pelusiacum CCLVI M. est. Summa
pars[16] contermina Æthiopiæ, Thebais vocatur. Dividitur 3
in præfecturas oppidorum, quas Nomos[17] vocant : Om-

7. *Proxima Africæ.* Mela, lib. I,
c. 9 : « Asiæ prima pars Ægyptus,
ab hoc littore penitus immissa,
donec Æthiopiam dorso contingat,
ad meridiem refugit. » Martianus,
loco citato, eadem hausit a Plinio:
et Missi Theodosii, totidem verbis. HARD.

8. *Determinat*, Volebat Dalec.
disterminat. ED.

9. *CLXX.* Diodorus, Bibl. lib. I,
pag. 3o, stadia assignat mille ac
trecenta : quæ sunt passuum millia
fere CLXIII. Missi Theodosii, male
CCLXX. HARD.

10. *Quam ob causam.* Hæc totidem verbis Missi Theodosii. H.

11. *Ideo.* Vet. apud Dalecamp.
ideoque. ED.

12. *Delta appellavere.* Ægypti
nomine Thebaidem, quæ Nili ripam utramque accolit, Veterum
nemo comprehendit : sed solum
Delta. Herod. Euterpe, lib. II, n.
15, pag. 95. HARD.

13. *Mensura.* Martianus, loco

citato : Mensura « a principio fissuræ ipsius fluvialis, etc. » HARD.

14. *Findit.* Chiffl. *fundit.* ED.

15. *Ad Canopicum ostium CXLVI.*
Similem et ad Canopicum et ad
Pelusiacum ostium mensuram statuunt Missi Theodosii, nempe
CLXVI, sed mendose. HARD.

16. *Summa pars.* Martianus, loc.
cit. Summam porro Ægypti partem vocat, ab Æthiopiæ finibus,
ad Libyæ montes, qui Thebaidem
finiunt, ut dicetur cap. 11, longe
supra Deltam Ægyptium.

17. *Nomos.* Tolet. *Nomus* græc.
accusat. νομούς. Id oppidis præcipuis nomen fuit, cum circumjacente
et contributo agro. Cyrill. Alex. in
Comment. ad Isai. cap. 19 : Νομὸς
δὲ λέγεται παρὰ τοῖς τὴν Αἰγυπτίων
οἰκοῦσι χώραν, ἑκάστη πόλις, καὶ αἱ
περιοικίδες αὐτῆς, καὶ αἱ ὑπ' αὐτῇ
κῶμαι. Herodot. in Thalia νομοὺς
quoque satrapias Persarum appellat. Has præfecturas Ægyptii nunc
Cassifs vocant. H. — P. PICARD,

biten[18], Apollopoliten, Hermonthiten[19], Thiniten, Phaturiten[20], Coptiten[21], Tentyriten[22], Diospoliten, Antæopo-

qui omnium diligentissimus Ægyptum lustravit, tabulam ejus geographicam in 5o nomos præfecturasve descripsit, et regi Ludovico XV nuncupavit anno 1722, veteraque nomina cum novis contulit. Opus præstantissimum, et litteris utilissimum, sæpe laudatur a CL. D'ANVILLE, *Mémoires sur l'Égypte ancienne et moderne.* BROT.

18. *Ombiten.* Dalec. *Ombiten, Phatniten, Apollopoliten.* ED. — In Itiner. Anton. *Contra Ombos*, quod oppidum ibi Arabiæ latere a Syene M. P. XXIII statuitur, ubi et a Ptolemæo, lib. IV, cap. 5, Ὄμβροι corrupte pro Ὄμβοι scribitur. In Notitia Imp. Rom. cap. 20, sub dispositione ducis Thebaidos, *Ambo* pro *Ombo* legitur, ut ante nos alii adnotarunt. Reliquarum Thebaidis præfecturarum in primis hæ cognitæ. Ἀπολλωπολίτης νομὸς, ab Apollinis civitate magna in latere Africæ, quam Ptolemæus in nomo Hermonthite collocat. Ἑρμωνθίτης, cujus Ἑρμωνθὶς πόλις Αἰγύπτου Stephano: Ptolemæo, Ἑρμωνθὶς Africæ latere. Θινίτης, cujus metropolis Πτολεμαΐς Ἑρμίου, Ptolemæo: Stephano, Θὶς, πόλις Αἰγυπτία, πλησίον Ἀβύδου· ὁ πολίτης Θινίτης. HARD.

19. *Hermonthiten.* Chiffl. *Hermothiten.* ED.

20. *Phaturiten.* Ita restituimus, tum ope codicum Reg. 1, 2, Colb. 1, 2, Paris. et Chifflet. tum sacrarum litterarum admonitu, Jerem. XLIV, vs. 1 et 15; Ezech. XXIX, etc. in quibus terra Phatures, sive Phathures, portio Ægypti nominatur: etiam et Ægypti metropolis, ab Hieronymo, in Ezech. 29. Euseb. de locis Hebr. Φαθωρὶ χώρα Αἰγύπτου, ὡς ἐν Ἰεζεχιὴλ καὶ ἐν Ἱερεμίᾳ, ἔνθα κατώκησαν οἱ Ἰουδαῖοι. « Phatori regio Ægypti, ut est in Ezechiele et Jeremia, ubi habitarunt Judæi. » In libris hactenus editis, quos Ortelius secutus est, *Phanturiten*. Eademque vox ab editoribus Pliniani operis rursum temere post Ombiten nomon in Parmensi editione repetita, negotium eruditis facessivit, ut ex ea voce Phatniten, seu novam aliam præfecturam excuderent, numerumque augerent. At post Ombiten in MSS. Reg. 1, 2, aliisque, Apollopolites sequitur: nec de Phatnite nomo in Thebaide juxta Æthiopiam vel levis apud cæteros scriptores suspicio est. Sic paulo inferius ex Hermopolite post Panopoliten repetito, Thermopoliten confinxerunt, cujus nullum vestigium aut in MSS. exstat, aut in aliis scriptoribus.

21. *Coptiten.* Κοπτίτης, cujus metropolis Coptos, de qua cap. 11, *Kebth* et *Kibth* et *Al-Kibth* Ægyptum Arabes appellant: Ægyptum hominem, *Kebthi*, *Kibthi*, et *Kobthi*, unde Coptorum esse et linguæ Copticæ appellatio creditur; detrita, ut apparet, ex vetere appellatione, *Ægyptus*, priore syllaba. At Coptorum nomine soli intelliguntur indigenæ, qui et Christiani. Natos enim in Ægypto Arabas Mahometanos vel Judæos, *Misri* ac *Misraim* vocant. HARD.

22. *Tentyriten.* Vet. apud Dalec. *Tempyriten*, *Diopoliten*. ED. — De Tentyra, et Diospoli, non illa cen-

LIBER V.

liten[23], Aphroditopoliten, Lycopoliten. Quæ juxta Pelusium[24] est regio, nomos habet, Pharbæthiten[25], Bubastiten, Sethroiten, Taniten. Reliqua autem[26] Arabicum[27], Hammoniacum tendentem ad Hammonis Jovis oraculum, Oxyrynchiten[28], Leontopoliten, Atharrhabiten[29], Cyno-

tum portarum urbe, sed altera, quæ Jovis dicta est, cap. 11. H.

23. *Antæopoliten*, etc. In Conc. Ephes. I, act. 1, p. 500, *Macarius Antei episcopus*. His præfecturis sua quæque civitates nomina dedere: Ἀνταίου Antæi, Ἀφροδίτης *Veneris*, Λύκων *Luporum*. In Thebaide Agatharchides apud Photium, cod. 250, pag. 1340, collocat primo Λύκων πόλιν. Dein Ἀφροδίτης ἄλλην, Πανῶν, Διὸς πόλιν, ἣν καὶ καλοῦσι μικρὰν, Τεντυρίτην νομὸν, Ἀπόλλωνος πόλιν, ἧς ἐπάνω μὲν Κόπτος, ἔπειτα Ἐλεφαντίνη, εἶτα Αἰθιόπων χώρα. Plinius contrario ordine ab Æthiopum finibus exorsus, Nomos Thebaidis est prosecutus. HARD.

24. *Quæ juxta Pelusium*. Tum inter Nili ostia duo, quæ magis versus orientem vergunt: tum extra ea, Arabiæ latere. Φαρβαιθίτης a Φάρβαιθος metropoli: Βουβαςίτης a Βούβαςις; Τανίτης a Τάνις, nomen habent apud Ptolem. lib. IV, cap. 5. Σεθρωΐτου νομοῦ metropolis est Heraclea minor, Ἡρακλέους μικρὰ πόλις. HARD. — *Pelusium*. Hanc urbem condidit Peleus Achillis pater, monitu deorum post lustrationem, si fides adhibenda sit Ammian. Marcell. lib. XXII, capite 16. ED.

25. *Pharbæthiten*. Dalec. *Pharbætiten*. Vet. apud eumdem *Barbetithen*. ED.

26. *Reliqua*. Subintellige, reliqua pars Ægypti, tam quæ Delta continetur, quam quæ extra Thebaidem est. HARD.

27. *Arabicum*. Qui maxime tendit in Arabiam: ut Ἀμμωνιακὸς ad Hammonem. Ptolem. lib. IV, cap. 5. Ibi Arabes Autei, ut dicetur libro seq. cap. 33. HARD.

28. *Oxyrynchiten*. Ὀξύρυγχος oppidum, latere Nili occidentali. In nummo vetere Antonini Pii ΟΞΥΡΥΓΧΙΤΩΝ, IH. Nummus *Oxyrynchitarum*, anno 18. Leontopolites, cujus metropolis Λεόντων πόλις, inter Nili ostia, et jam in ipso Delta. Leones ibi studiose ali, auctor est Ælianus, Hist. Anim. lib. XII, c. 7. In nummo Juliæ Domnæ, ΛΕΟΝΤΟΠΟΛΕΙΤΩΝ. Nominis vestigia retinet locus *Tel-Essabe*, id est, Leonis collis vocatur. ED.

29. *Atharrhabiten*. Vel *Athribiten*, inter Nili ostia. Codices Reg. 1, 2, Colb. 1, 1, et Paris. habent *Athribiten*, quemadmodum et Ptolemæus, lib. IV, cap. 5: Ἀθριβείτης νομὸς, καὶ μητρόπολις Ἄθριβις. Nihil tamen necesse est immutari: nam Stephanus: Ἀθάρραβις, inquit, πόλις Αἰγύπτου, ὡς καὶ Ἡρωδιανὸς ἐν τρίτῳ· Ἀθαρραβίτης νομὸς ἐν Αἰγύπτῳ, etc. Addit ex Hecatæo scribi etiam Ἀθαραμβίτης νομός. H. — Leg. *Athribiten*. Ita MSS. Reg. 1, 5, et editio princeps; et infra memoratur Athribis, nunc *Atreib*. BROT. — Dalec. *Atarrhabiten*. ED.

politen[30], Hermopoliten[31], Xoiten[32], Mendesium[33], Sebennyton, Cabasiten[34], Latopoliten[35], Heliopoliten[36], Prosopiten[37], Panopoliten[38], Busiriten[39], Onuphiten[40],

30. *Cynopoliten.* Ab urbe quæ in ipso Delta est, cui Κυνῶν, seu *canum* nomen : quod ibi Anubis colebatur, cui caninum caput : unde a Marone appellatur *Latrator Anubis*, Æneid. lib. VIII. In Notitia Hieroclis, pag. 55. Provinciæ Ægypti secundæ urbs est et Κύνω, cujus provinciæ est et Σεβέννυτος, et Ξοῖς, et Βούσιρις. HARD.

31. *Hermopoliten.* Νομὸς Ἑρμοπολίτης, ab Ἑρμουπόλει μεγάλῃ; est enim et altera ejusdem nominis, sed parva, in Alexandrinorum nomo. Hæc ab latere est occidentali Nili. Hodie *Ashmunein* vocari aiunt. Nummus anno Hadriani undecimo cusus, ΕΡΜΟ. L. IA. hoc est, Ἑρμοπολιτῶν. Λυκάβαντος ιά. *anno undecimo*. HARD.

32. *Xoiten.* In ipso quoque Delta Ξοῖς μητρόπολις, Ptolemæo, loc. cit. Stephano et Straboni. HARD.

33. *Mendesium.* Dedit ei præfecturæ nomen Μένδης πόλις Αἰγύπτου, περὶ τὴν Λύκων πόλιν, Straboni, lib. XVII, p. 802, et Steph. pag. 457. De Sebennyto oppido, unde nomo appellatio obtigit, dicemus cap. 11. H. — Dalec. *Sebenniten*, non *Sebennyten*. ED.

34. *Cabasiten.* Hactenus in libris editis legebatur, *Capastiten.* In MSS. Reg. 1, 2, Colb. 1, 2, Paris. *Cabastiten.* Mendam admonitu Ptolemæi sustulimus, et Actorum consilii Ephes. I, in quibus act. 1, pag. 485, Theopemptus Cabasorum episcopus interloquitur. ED. — Καβασίτης Ptolemæo, lib. IV, cap. 5, in ipso Delta, καὶ μητρόπολις Κάβασα. Nummus Hadriano principe cusus, ΚΑΒΑC. L. IA. Καβασιτῶν. Λυκάβαντος ιά. *anno undecimo*. HARD.

35. *Latopoliten.* Aut, si mavis, Letopoliten. Est enim Λητουπολίτης νομὸς Ptolemæo, loco cit. et Λητοῦς πόλις, hoc est, Latonæ civitas, latere Nili occidentali, Ptolemæo et Stephano. Alii sunt Latopolitæ dicti ab urbe Latorum, πόλις Λάτων, quam Ptolemæus in Hermonthite nomo collocat : quod ibi Λάτον Nili piscem colerent, sic appellatam, ut docet Strabo, lib. XVII, pag. 812. HARD.

36. *Heliopoliten.* Ἡλιοπολίτης νομὸς, ipsaque adeo Heliopolis, quo Phœnix nidum suum deferre credebatur, a quibusdam Ægypto, Arabiæ a nonnullis attributa est. Hinc Stephani error, duas esse Heliopoles existimantis : quoniam in Arabiæ Ægyptique confinio fuit, ut docet Plinius cap. 11. H. — Hodie *Ain-Sjems*, id est, fons solis. ED.

37. *Prosopiten.* Orientali Nili latere, juxta ipsum Delta, Προσωπίτης νομὸς Ptolemæo, lib. IV, cap. 5. Stephano Προσωπίς, πόλις Αἰγύπτου· τὸ ἐθνικὸν Προσωπίτης. In insula cognomine ponitur ab Herod. Euterpe, lib. II, n. 165, p. 154. H.

38. *Panopoliten.* Inter *Panopoliten* et *Busiriten* legitur in edit. Dal. *Thermopoliten.* ED. — Hinc Nonnus vates oriundus, paraphrasi in Joannem, et Dionysiacis notus. Urbs ipsa Ptolemæo, loco citato, Πανόπολις. Antonino, *Panu*, a Thebis

LIBER V.

Saiten[41], Ptenethu[42], Phthemphu[43], Naucratiten[44], Meteliten[45], Gynæcopoliten[46], Menelaiten[47], Alexandriæ regione. Item Libyæ[48] Mareotis : Heracleopolites[49] est in 4

cxxxviii, a Copto cxiv in Thebaide, latere Nili orientali. Hard.

39. *Busiriten.* In medio Ægyptii Delta posita civitas, teste Herod. loco citat. n. 29, p. 100, Βούσειρις πόλις ἐν τῷ Βουσειρίτῃ νομῷ, Straboni, lib. XVII, pag. 802. Hic aræ Busiridis poetarum fabulis decantatæ. In nummo Hadriani, BOYCI. L. IA. Hard.

40. *Onuphiten.* Ὄνουφις πόλις et Ὀνουφίτης νομὸς Ptol. lib. IV, c. 5, inter Phthemphuti, et Athribiten : Herodoto quoque, Euterpe, lib. II, num. 166, pag. 154. Hard.

41. *Saiten.* Prope Sebennyticam præfecturam Σάϊς a Strabone lib. XVII, pag. 802, inter Cabasiticam et Prosopiticam a Ptolemæo, loco citato, collocatur in ipso Delta. Ibi Psammitichi regis tumulus fuit : Amasis cunæ. In vet. nummo, ΣΑΙΤΩΝ. Hard.

42. *Ptenethu.* Vet. apud Dalec. *Ptenethum.* Alii *Ptenetrum.* Ed. — In Conc. Calched. *Heraclius Ptenethensis.* Is ipse nomus est, quem Ptolemæus Φθενότην vocat, cujus metropolis Βοῦτος, de qua cap. 11 dicetur : quanquam diversos Ortelius facit. Hard.

43. *Phthemphu.* Vet. apud Dal. *Phthemphum.* Alii *Phemphtu.* Ed. — Φθεμβουθι, sive Φθεμφουθι νομὸς Ptolemæo, loco cit. intra ipsum Delta. Metropolis Ταούα. Stephano, Ταύα. Antonino, *Tafa.* Hard.

44. *Naucratiten.* Naucratis, Athenæi Dipnosophistæ patria intra Delta fuit. Naucratico Nili ostio inde nomen, uti dicemus cap. 11.

Saiticæ præfecturæ quidam adscribunt.

45. *Meteliten.* Μετηλίτης νομὸς, Μέτηλις μητρόπολις Ptolemæo, loco citato, in ipso Delta. In Reg. 1, Colb. 1, 2, et Parm. ed. *Melentiten.* Reg. 2, et Paris. *Metelliten.* Et in Concil. Ephes. I, act. 1, pag. 488, *Macarius Metelitarum Ægypti* episcopus. Sed ingenti sane fiducia Frobenius *Nitriten* substituit, cujus fidem deinde cæteri editores secuti, neglecta vetustorum exemplarium auctoritate, in eumdem errorem impegerunt : quum Νιτριῶτις νομὸς, non Nitritis, auctore Strabone lib. XVII, pag. 807, aliisque scribi oportuisset. Nitria urbs et mons fuit juxta Alexandriam, ex Palladio in Lausiac. sacris monachorum agminibus celebratissimus. A nitri copia ei nomen, ut refert Sozomenus, lib. VI, cap. 30. Hard.

46. *Gynæcopoliten.* Vet. apud Dalec. *Gymnopoliten.* Ed. — Γυναικόπολις, urbs mulierum, et Γυναικοπολίτης νομὸς, Straboni, l. XVII, p. 803, et Stephano. Latere Africæ extra Delta præfectura hæc fuit. H.

47. *Menelaiten.* Eodem Africæ latere, in regione Alexandrinorum, prope Nitriam urbs est Μενέλαος, inquit Strabo, loco citato, et post eum Stephanus. In nummo vet. ΜΕΝΕΛΑΙΤΩΝ. Hard.

48. *Item Libyæ.* Libyæ, inquit, regioni præfectura adjacet Mareotis dicta. Μαρεώτης νομὸς Ptolemæo, lib. IV, cap. 5. Hard.

49. *Heracleopolites.* Oppidi ac præfecturæ Strabo meminit, lib.

insula Nili, longa passuum quinquaginta M. in qua et oppidum Herculis appellatum. Arsinoitæ duo[50] sunt : hi et Memphites, usque ad summum Delta perveniunt. Cui sunt contermini ex Africa duo Oasitæ[51]. Quidam ex his aliqua nomina permutant, et substituunt alios nomos[52], ut Heroopoliten[53], Crocodilopoliten. Inter Arsinoiten autem ac Memphiten lacus fuit, circuitu CCL M. passuum : aut, ut Mucianus tradit, CCCCL[54] M. et altitudinis quinquaginta passuum[55], manu factus : a rege, qui fecerat, Mœridis appellatus[56]. Inde LXXII M. pas-

XVII, pag. 809. Hanc ille cæteris omnibus nomis anteponit. In insula est, quam Nilus ante efficit, quam ad Memphim et Delta perveniat. Oppidum Ptolemæo dicitur, Ἡρακλέους πόλις μεγάλη. H.

50. *Arsinoitæ duo.* Major et minor, ut Oasitæ, de quibus mox dicetur. Arsinoen ab occasu insulæ Nili, de qua proxime dictum est, collocat Ptolemæus. Arsinoen hoc loco cave credas esse eam quæ Arabico sinu adjacet, de qua dicturi sumus, lib. VI, cap. 37. Hæc qua de nunc agitur, Memphi multo propior fuit, et Africæ latere. H.

51. *Duo Oasitæ.* Vet. ap. Dalec. *duo Oacitæ.* ED. — Οἱ δύο Ὀασῖται, Ptolemæo, loco citato, Ὄασις μικρὰ, et Ὄασις μεγάλη. In Notitia imperii, c. 20, Oasis major et minor. Tres Oases distinguit Olympiodorus ap. Phot. in Bibl. cod. 8, p. 192; Strab. lib. II, p. 130. Αὐάσεις nominatur, quæ vox, inquit, Ægyptiis incultam, siticulosam, desertamque regionem sonat. HARD.

52. *Alios nomos.* In Reg. 1, 2, Colbert. 1, 2, Paris. Chifflet. *alias nomos.* Sic muliebri genere Νιτριῶτιν

νομὸν Strabo extulit, lib. XVII, p. 807. HARD.

53. *Heroopoliten*, etc. Heroopoliten, ab Heroum urbe, Ἡρώων πόλει· Crocodipoliten, in ipsa Mœride palude, Κροκοδείλων πόλις, inquit Stephanus, ἐν τῇ Μοίριδι τῇ λίμνῃ ἐν Αἰγύπτῳ. HARD.

54. *CCCCL.* Mela, lib. I, cap. 9, *quingenta ipsa millia.* Muciano tamen subscribit planissime Herod. Euterpe, lib. II, n. 149, pag. 148, quum lacus ambitum ait esse stadiorum ter mille, et LX. HARD.

55. *Quinquaginta passuum.* Sic Herodotus, loco cit. πεντηκοντόργυιον vocat. Orgyam pro passu accipi oporteret, ex sequentibus Herodoti verbis liquet. Diodorus item, Bibl. lib. I, p. 48 : τὸ δὲ βάθος... ὀργυιῶν πεντήκοντα. HARD.

56. *Mœridis.* Μοίριδος, sive Μύριδος : utroque enim modo id nomen apud Herodot. scribitur, Euterpe, lib. II, num. 13 et 68. Sic Mysiam et Mœsiam dicimus. Vide quæ dicturi sumus l. XXXVI, c. 16. H.— Mœridis lacus, nunc *le lac Birket-el-Karoum*, a rege Mœride, qui septem ætatibus hominum Sesostrin ante-

suum [57], abest Memphis [58], quondam arx [59] Ægypti regum: unde ad Hammonis oraculum XII dierum iter est. Ad scissuram autem Nili, quod appellavimus Delta, XV M. passuum [60].

X. Nilus incertis [1] ortus fontibus, it per deserta et ardentia: et immenso longitudinis spatio ambulans, famaque [2] tantum inermi quæsitu cognitus, sine bellis, quæ cæteras omnes terras invenere. Originem (ut Juba rex potuit exquirere) in monte [3] inferioris Mauritaniæ, non

cessit, factus. Ex hoc lacu fossaque Taneos aqua Nili in alterum lacum Mœridis, nunc *le lac de la Corne*, deferebatur. Nec movenda est difficultas de lacus Mœridis altitudine, quum aquam tot canalibus siticulosæque regioni deberet sufficere. Brot.

57. *LXXII mill. passuum.* Leg. *LXII mill.* Ita MSS. Reg. 1 et 2. In MS. Reg. 5, et editione principe, aliisque, *LXXII M.* At ipse locorum situs postulat minui potius, quam augeri numeros. Brot.

58. *Memphis.* Cujus nunc ipsæ periere ruinæ: loco tamen superesse aiunt nomen *Menf*, supra urbem *Gizeh*. Nunc ex adverso, in altera Nili ripa, hoc est, orientali, excitata Cairus est, vulgo *al Cairo, le Caire*, ex Bablionis ruinis: quam falso Babylonem, Βαβυλῶνα, quidam vocarunt. *Bablion*, hoc est, parva Babel, vocabulo diminuentis formæ, verum ei priscumque nomen fuit. Hanc designabat Ludovicus XII, Francorum Neapoleosque rex, in nummo alias a nobis explanato, inscripto scilicet, perdam babilonis nomen. Hard. et Ed.

59. *Quondam arx.* Usque ad conditam Alexandriam. Diodorus Bibl. lib. I, pag. 47. Hard.

60. *XV M. pass.* Strab. lib. XVII, p. 807, distare Memphim a Delta scribit, tribus schœnis. Schœnus porro Eratosthenis ratione, ut Plinius ait lib. XII, c. 31, patet stadia XL, hoc est, passuum quinque millia. Strabonis igitur mensura omnino cum Pliniana congruit. Hard.

X. 1. *Nilus incertis.* Etiamnunc incerti sunt Nili fontes, qui ex montibus Lunæ sive *Al-Qamar* oriri vulgo existimatur, *Bahr-el-Abiad*, sive album Flumen, primo vocitatum; de quo videas quæ nuper edidit inclytus viator noster Caillaud, *Voyage à Méroé et au fleuve Blanc.* Ed.

2. *Famaque tantum... sine bellis.* Vet. apud Dalec. *famaque tantum quæsitus sine bellis.* Alii, *famaque tantum inermi quæsitus sine armis.* Ed.

3. *In monte.* Ita Solinus, c. XXXII, pag. 59, et Martianus, lib. VI, cap. de Ægypto, pag. 218. Ita etiam Reg. 1 cod. At Reg. 1, et Chiffl. *in fonte*, minus recte. Ammianus enim, lib. XXII, pag. 229: «Rex autem Juba, inquit, Punicorum confisus textu librorum, a monte

procul Oceano habet, lacu protinus stagnante, quem vocant Nilidem. Ibi pisces[4] reperiuntur alabetæ, coracini, siluri. Crocodilus[5] quoque inde ob argumentum hoc Cæsareæ[6] in Iseo[7] dicatus ab eo spectatur hodie. Præterea observatum est, prout in Mauritania nives imbresve satiaverint[8], ita Nilum increscere. Ex hoc lacu profusus indignatur fluere per arenosa et squalentia, conditque se aliquot dierum itinere. Mox alio lacu majore, in Cæsariensis Mauritaniæ[9] gente Massæsylum erumpit, et hominum

quodam oriri eum exponit, qui situs in Mauritania despectat Oceanum: hisque indiciis hoc proditum ait, quod pisces et herbæ, et belluæ similes, per eas paludes gignuntur. » Ita etiam Xiphilinus in Severo, aliique, Nilum eliciunt ex Atlante monte.

4. *Ibi pisces.* De quibus suis locis dicturi sumus lib. IX et XXXII. De alabete privatim, et coracino, Nili piscibus, Strabo, lib. XVII, p. 823. HARD.

5. *Crocodilus quoque inde.* Crocodilus quoque idcirco, inquit, ad indicium hujus rei præbendum, repertus in eo lacu, a Juba rege dicatus est in Isidis templo, et consecratus, Cæsareæ. H. — Miras huic loco tenebras offudit, tum interpolatorum audacia, tum etiam interpretum nimia subtilitas. Sic enim in editis libris legitur, interpunctione etiam præpostere locata: «Ibi pisces reperiuntur alabetæ: coracini, siluri, crocodilus quoque. Inde ob argumentum hoc Nili ortus creditus, Cæsareæ in Iseo dicatus ab eo spectatur hodie. » Addidere interpolatores hæc verba, *Nili ortus creditus*, atque e margine glossema importunum in perspi-

cuam per se planissimamque orationis seriem transvexerunt: quod nusquam in MSS. comparet, nec Reg. 1, 2, Colb. 1, 2, Paris. quos vidi, neque in Tolet. et Salmant. quos Pintianus, neque in aliis quos Salmasius laudat in Solin. p. 415. Sed et interpretes haud sane feliciter in hoc loco versatos esse intelligo, quum ipsius lacus picturam Salmasius in eo templo dedicatam esse, Hermolaum secutus affirmat: quod de vero crocodilo ibidem reperto, ac postmodum in Isidis æde appenso, ad memoriam rei sempiternam accipi, dicique oportuit. H.

6. *Cæsareæ.* Quæ nunc *Vacur*, ut diximus. HARD.

7. *In Iseo.* Ἰσεῖον Isidis fanum vocari ait Plutarchus, lib. de Iside, pag. 352. Fuit et Iseum Romæ et Serapeum, Urbis regione nona, apud P. Victorem, in descriptione Romæ. HARD.

8. *Satiaverint.* Hoc est, abundaverint. Ita libri omnes. Proponebat Dalecamp. *sauciaverint.* Refert hæc quoque Solinus, cap. XXXII, pag. 59. H. et ED.

9. *In Cæsariensis Mauritaniæ*, etc. *Mauretaniæ* per e semper habet Chiffl. DALEC.

LIBER V. 451

coetus veluti circumspicit[10], iisdem[11] animalium argumentis : iterum arenis receptus conditur rursus xx dierum desertis ad proximos Æthiopas : atque ubi iterum senserit hominem[12], prosilit, fonte (ut verisimile est) illo, quem Nigrin vocavere[13]. Inde Africam ab Æthiopia dispescens, 3 etiamsi non protinus populis, feris tamen et belluis frequens, silvarumque opifex, medios Æthiopas secat, cognominatus Astapus[14]; quod illarum gentium lingua significat aquam e tenebris profluentem. Insulas ita innumeras 4 spargit, quasdamque tam vastæ magnitudinis, ut quamquam rapida celeritate, tamen dierum quinque cursu non breviore transvolet : circa clarissimam earum Meroen[15], Astabores[16] lævo alveo dictus, hoc est, ramus aquæ ve-

10. *Circumspicit.* Vet. ap. Dalec. *circuit.* ED.

11. *Iisdem animalium.* Eodem, inquit, argumento indicioque intelligimus, ipsum esse Nilum, qui has terras alluat, qui subinde se condat, emergatque, quod eadem animalia, quæ superius censuimus, hic quoque reperiantur. Solinus, loc. cit. HARD.

12. *Hominem.* Volebat Dalecamp. *homines.* ED.

13. *Nigrin.* Vet. apud Dalecamp. *Nigrum.* ED.

14. *Astapus*, etc. Transcribit hæc quoque Solinus, loco cit. Eamdem ob causam huic amni, ex Atlante monte prorumpenti, nomen primum fuisse Dyrin, mox Melan, hoc est, Nigrum, Vitruvius scripsit : ratus nimirum Nigrin amnem, a quo Nigritæ, Nilum ipsum esse. H. —Nostri sententia Astapus hic fluminis ramus esse videtur, qui nunc *Bahr-el-Abiad* dicitur. ED.

15. *Meroen.* Quam insulam esse Veteres credidere, peninsulam esse evincunt accuratissimæ recentiorum tabulæ geographicæ, et jam superius laudatum docti viatoris CAILLAUD opus cui titulus *Voyage à Méroé et au fleuve Blanc*, quod vide. ED.

16. *Astabores.* Permutat hæc Nili ramorum nomina Eratosthenes ap. Eustath. in Dionys. pag. 93. Ptolemæo vero, lib. IV, c. 8, Astores est, Plinii Astusapes. Astabores, si mentem Plinii sequamur, hic ramus est qui nunc *Bahr-el-Azerek*, sive cæruleum flumen vocatur, Astusapes vero Straboni Astotabas dictus, qui hodie *Tacazze*. De his autem omnibus opus jam superius bis laudatum videas et, si libuerit, dissertationem D. DELISLE, in Historia Academiæ Regis Scientiarum, anni 1708, p. 365, de situ insulæ Meroes. Cæterum pro *Astusapes*, libentius *Astasupes*, litteris permutatis agnoverim : quoniam in similibus vocibus, *Astabores*, et *Astapus* : vox *Asta* iis gentibus aquam sonare videatur. HARD.

nientis e tenebris : dextro vero Astusapes, quod latentis[17] significationem adjicit : nec ante Nilus, quam se totum aquis concordibus rursus junxit : sic quoque etiamnum Siris[18], ut ante, nominatus per aliquot millia, et in totum Homero Ægyptus[19], aliisque Triton[20] : subinde insulis impactus, totidem incitatus irritamentis : postremo inclusus montibus, nec aliunde[21] torrentior, vectus aquis properantibus ad locum Æthiopum, qui Catadupi[22] vocantur, novissimo catarracte[23] inter occursantes scopulos non
5 fluere immenso fragore creditur, sed ruere. Postea lenis et confractis aquis, domitaque violentia[24], aliquid et spatio fessus, multis quamvis[25] faucibus in Ægyptium mare se

17. *Quod latentis.* In Reg. 1, 2, etc. *lateris:* quasi vox ea significet latus aquæ venientis e tenebris. Id vero vix placet. HARD.

18. *Siris.* Vet. apud Dalecamp. *Giris ante nominatus.* ED. — Festus Avienus, in Descript. orbis, vers. 336 : Hic qua secretis incidit flexibus agros Æthiopum in lingua Syris ruit : utque Syene Cærulus accedens diti loca flumine adulat, Nomine se clarum Nilum trahit, etc. » Dionysii Periegetæ carmen illud expressit, vs. 213 : Σῖρις ὑπ' Αἰθιόπων κικλήσκεται· οἱ δὲ Συήνης Ἐνναέται ϛρεφθέντι μετ' οὔνομα Νεῖλον ἔθεντο. Ubi Eustathius ait esse barbaram vocem Sirin, cujus proinde οὐ χρὴ ζητεῖν ἑλληνικὴν ἐτυμολογίαν. Vide etiam Stephanum, verbo Συήνη. HARD.

19. *Homero Ægyptus.* Odysseæ lib. IV, vs. 477. Hesychio pariter : Αἴγυπτος, ὁ Νεῖλος ὁ ποταμός, ἀφ' οὗ καὶ ἡ χώρα ὑπὸ τῶν νεωτέρων Αἴγυπτος ἐκλήθη. « Ægyptus, Nilus fluvius, a quo regio a recentioribus Ægyptus est appellata. » HARD.

20. *Aliisque Triton.* Lycophroni in Cassandra, pag. 25, Τρίτωνος ἐκβολαῖσιν. Ubi Tzetzes : Τρίτων ὁ Νεῖλος, ὅτι τρὶς μετωνομάσθη, etc. propterea quia ter nomen mutaverit: primum enim Oceanus : deinde Aetus, sive Aquila, mox Ægyptus appellatus est. Nili nomenclationem recentissimam putat. HARD.

21. *Nec aliunde.* Dalec. *nec alibi,* neglecta Tolet. auctoritate. ED.

22 *Qui Catadupi vocantur.* Chiffl. *vocatur.* ED. — Sic populi catarractarum accolæ vocitantur. Ammianus, lib. XXII pag. 228 : « Ægyptia gens, inquit, qua orientem prospicit, Elephantinen, et Meroen urbes Æthiopum, et Catadupos, rubrumque pelagus, etc. » Ipsi etiam Nili catarractæ, κατάδουπα vocantur, quod ibi aqua cum sonitu cadat : a δουπέω, *cado.* HARD.

23. *Catarracte.* Dal. *Cataracte.*

24. *Domitaque... faucibus.* Sic emendabat Pintianus : *domitaque alioqui violentia : et quamvis spatio fessus, multis faucibus,* etc. ED.

25. *Multis quamvis.* Ita libri om-

evomit. Certis tamen diebus auctu magno per totam spatiatus Ægyptum, fecundus[26] innatat terræ.

Causas[27] hujus incrementi varias prodidere: sed maxime probabiles, Etesiarum[28] eo tempore ex adverso flantium repercussum, ultra in ora[29] acto mari: aut imbres Æthiopiæ[30] æstivos, iisdem Etesiis nubila illo ferentibus e reliquo orbe. Timæus Mathematicus occultam protulit rationem: Phialam[31] appellari fontem ejus, mergique in cuniculos ipsum amnem, vapore[32] anhelantem fumidis cautibus ubi conditur. Verum sole per eos dies cominus facto, extrahi ardoris vi, et suspensum abundare[33], ac ne devo-

nes. Sensus est: Quamvis, ut ait Mela, lib. I, cap. 9: « septem in ora se scindat, singulis tamen grandis evolvitur. » Et, ut Seneca, Nat. Quæst. lib. IV, c. 2, « quodcumque elegeris ex his, mare est. » HARD.

26. *Fecundus.* Dalec. *fæcundus.* Vet. apud ipsum *secundus.* ED. — Atque idcirco Χρυσορρόας ab Epiphanio, Cedrenoque vocatur, ob divitias quas importat agris. H.

27. *Causas.* Quas Plinius nunc causas affert, has Mela habet, qui eleganter admodum breviterque complexus, lib. I, cap. 9: « Sive quod per ea tempora, inquit, flantes Etesiæ, aut actas a septemtrione in meridiem nubes super principia ejus imbre præcipitant: aut venienti obvii adverso spiritu cursum descendentis impediunt: aut arenis, quas cum fluctibus littori applicant, ostia obducunt: fitque major, vel quod nihil ex semet amittit, vel quod plus quam solet accipit, vel quod minus quam debet emittit. » H.

28. *Etesiarum.* Thaletis hæc sententia fuit, Laertio teste in ejus vita, pag. 9, quam refellit Seneca, Quæst. Nat. lib. IV, cap. 2, pag.

886, et Herod. Euterpe, lib. II, n. 19, pag. 97. HARD.

29. *Ultra in ora.* Ita libri omnes MSS. Hoc est, ulterius in ipsa Nili ostia rejecto mari, Etesiarum ventorum impellentium vi. Seneca, loco cit. « acto contra ostia mari. » Legi tamen et *ultro* potest: quod et *procul* sonat. Plautus in Casin. « Ultro te, amator; apage te a me. » In Capt. « Ultro istum a me. » H.

30. *Aut imbres Æthiopiæ.* Hæc Democriti Abderitæ opinio, et Agatharchidæ Cnidii, quam pluribus coarguit Diodorus Sic. Bibl. lib. I, pag. 36, et quæ tamen hodie sola vera existimatur. H. et ED.

31. *Phialam.* Sic et fontem Jordanis Φιάλην appellari Josephus est auctor, Bell. Jud. lib. III, cap. 18, pag. 860, idque ei nomen esse ex rotunditate, quod sinuatus in orbem ambitus ejus visatur. HARD.

32. *Vapore.* Calore solis, ut monuimus lib. II, cap. 40. Refert quoque Solinus, cap. XXXII, pag. 59. HARD.

33. *Et suspensum abundare.* Exundare. Hanc eamdem ob causam oceanum intumescere Veterum non-

retur[34], abscondi. Id evenire a Canis ortu, per introitum solis in Leonem, contra perpendiculum fontis sidere stante, quum in eo tractu[35] absumantur umbræ. Plerisque[36] e diverso opinatis[37] largiorem fluere, ad septemtrionem sole discedente, quod in Cancro et Leone evenit : ideoque tunc minus siccari. Rursus in Capricornum et austrinum polum reverso sorberi : et ob id parcius fluere. Sed Timæo[38] si quis extrahi posse credat, umbrarum defectus iis diebus et locis sine fine adest.

8   Incipit crescere[39] luna nova, quæcumque post solsti-

nulli credidere : extractum nempe solaribus radiis, et erectum suspensumque vi cælestis ardoris terras inundare. Sic Lucanus cecinit, causam vestigans marini æstus, lib. I, vs. 415 : «Flammiger an Titan, ut alentes hauriat undas, Erigat oceanum, fluctusque ad sidera tollat. » HARD.

34. *Ac ne devoretur.* Malebat Dalec. *ac rursumne,* etc. ED. — Nec solis ardore absumatur, iterum terris se condere. HARD.

35. *Quum in eo tractu.* Quum in eo tractu terrarum, sole fonti ad perpendiculum, εἰς κάθετον, imminente, hora diei sexta, sive meridiana, umbræ ibi nullæ sint. Nili fontem igitur Timæus citra Æquatorem quintadecima fere mundi parte, sive gradu latitudinis collocavit. HARD.

36. *Plerisque e diverso.* Quibus adstipulatur Herodotus, Euterpe, lib. II, n. 24, pag. 98. Id vero quomodo accipiendum sit, planissime Pomponius aperit, lib. I, cap. 9, collatamque simul a Salmasio in Solin. Exercit. pag. 426, criminationem omnem in Plinium eluit : « Sive quod sol hieme, inquit (in Capricornum scilicet austrinumque polum regressus), terris propior, et ob id fontem ejus (Nili) in æstate tunc altius abit, » discedens a fonte longissime, quod fit in Cancro et Leone « sinitque integrum » fontem, « et ut plenissimus est, surgere ; » quem illi fontem Capricorni Tropico subjectum esse suspicabantur. H.

37. *E diverso opinatis,* etc. *E* in Chiffletii codice deletur et MS. ED.

38. *Sed Timæo.* Si quis Timæo credat aienti extrahi sublimem suspensumque amnem ardoris vi, adversatur ei defectus umbrarum assiduus in eo tractu terrarum, iis diebus, quibus austrinum etiam polum lustrat : intumescere enim anno toto Nilum oporteret. HARD.

39. *Incipit crescere.* Ab incrementi causa, quam assequi posse desperat, ad tempus modumque transfert orationem. Hanc Solinus quoque exscripsit, c. XXXII, p. 59, et Missi Theodosii totidem verbis. Excogitavit V. Cl. DE-LA-CHAMBRE, Med. Gallus, novam Niliaci incrementi causam, quam in lutum ejus amnis nitrosum conjicit, opere singulari et erudito. HARD.

tium est, sensim modiceque Cancrum sole transeunte, abundantissime autem Leonem. Et residit in Virgine[40], iisdem, quibus accrevit, modis. In totum autem revocatur intra ripas in Libra, ut tradit Herodotus[41] centesima die. Quum crescit, reges aut præfectos navigare eo, nefas judicatum est. Auctus[42] per puteos mensuræ notis deprehenduntur. Justum incrementum est cubitorum XVI[43]. Minores aquæ non omnia rigant: ampliores detinent, tardius recedendo. Hæ serendi tempora absumunt solo madente: illæ non dant sitiente. Utrumque reputat provincia. In duodecim[44] cubitis famem sentit, in tredecim etiamnum esurit: quatuordecim cubita hilaritatem afferunt: quindecim securitatem: sedecim delicias. Maximum incrementum ad hoc ævi fuit cubitorum decem et octo Claudio[45] principe: minimum quinque[46], Pharsalico bello, veluti

40. *Et residit in Virgine.* Non hoc ex Herodoto Plinius refert, ut putat Salmasius in Solin. p. 436. Nam is etiam, quum est in Virgine sol crescere Nilum ad æquinoctium usque autumni censet. Hard.

41. *Herodotus.* Euterpe, libro II, n. 19, pag. 97, et n. 27, p. 99. Plinio, de incrementi initio: de fine, Herodoto Lucanus subscribit, lib. X, vs. 225: « Nilus neque suscitat undas Ante Canis radios, nec ripis alligat amnem Ante parem nocti Libra sub judice Phœbum. » Hard.

42. *Auctus.* Incrementi. Dalec. *auctus ejus*, addita voce *ejus*, quæ in Tolet. et vet. deletur. Puteus est, inquit Strabo, lib. XVII, p. 817, in ripa Nili ex integro lapide structus: in quo et maxima, et minima, et mediocria Nili incrementa notantur: nam putei aqua cum Nilo pariter crescit ac decrescit. Sunt-

que in putei pariete notæ quædam insculptæ incrementorum, etc. Νειλομέτριον e re ipsa hujusmodi puteis factum nomen est. H. et Ed.

43. *Cubitorum XVI.* Id quoque Solinus, loco cit. Idcirco nimirum a Vespasiano Augusto in templo Pacis dicata Nilo imago est, cum sedecim liberis, quibus incrementi Niliaci cubita sedecim significarentur, ut auctor est Plinius, lib. XXXVI, cap. 11. His adde ea quæ dicenda sunt lib. XVIII, cap. 47. Hard. — Ut intelligatur Nili auctus, ejusque altitudo, observandum est Ægyptium cubitum, qui in Nilometro urbis *le Caire* adservatur, esse regia nostra mensura Gallica pollicum 20. Brot.

44. *In duodecim.* Solinus, loco citato. Dissentit Strabo, lib. XVII, pag. 788. Hard.

45. *Claudio.* Solinus, loco citat.

46. *Minimum quinque.* Ita Solinus

necem Magni prodigio quodam flumine aversante. Quum stetere aquæ, apertis molibus admittuntur[47]. Ut quæque liberata est terra, seritur. Idem amnis unus omnium nullas exspirat auras[48].

Ditionis[49] Ægypti esse incipit a fine Æthiopiæ Syene[50]: ita vocatur peninsula mille passuum ambitu, in qua Castra[51] sunt, latere Arabiæ: et ex adverso[52] insula IV[53]

et MSS. omnes, non Plinii modo, sed et Missorum Theodosii: « In duodecim cubitis famem sentit : in XIII esurit : XIV cubiti hilaritatem afferunt : XV securitatem : XVI delicias. Maximum incrementum ab hoc ævo fuit cubitorum XVII Claudio principe : minimum V, Pharsalico bello, etc. » Perperam in editis hactenus, *minimumque*. His adde et quæ Seneca refert, Natur. Quæst. lib. IV, cap. 2, p. 886 : « Biennio continuo, regnante Cleopatra, non ascendisse Nilum, decimo regni anno et undecimo constat. Significatum aiunt duobus rerum potientibus defectionem. Antonii enim Cleopatræque defecit imperium. » H.

47. *Molibus.* Perfossis aggeribus, quibus inhibentur aquæ, admittuntur eæ in agros arte et industria, quum ultro ac sponte non increscit Nilus. HARD. — Chiffl. *emittuntur*, non *admittuntur*. ED.

48. *Nullas exspirat.* Id quoque Solinus a Plinio, loc. citat. Plinius ab Herodoto, Euterpe, lib. II, n. 19, p. 97. Ab utroque Ammianus, lib. XXII, pag. 228, et alii. Auras autem crassiores intellige nebulas, nec tenues exclude halitus : qua laude Borysthenes Nilo antecellit, ut dicemus lib. XXXI, cap. 30. H.

49. *Ditionis Ægypti.* Chifflet. *ditionis Ægyptiæ.* ED. — Solinus,

capite XXXII, pag. 60. HARD.

50. *Syene.* Nunc *Assouan.* Huc Juvenalis ablegatus specie honorificæ militiæ : nam tres cohortes romanæ ibi præsidii causa excubabant, teste Strabone, lib. XVII, p. 797, quæ mox Castra Plinius appellat. Ibi et obiit : hoc ei Satyræ profuerunt. De Syene diximus jam lib. II, cap. 75. HARD. et ED.

51. *In qua Castra. Cerastæ*, non *Castra*, exhibent libri omnes impressi, contra fidem omnium plane codicum MSS. Reg. 1, 2, Colb. 1, 2, Paris. Tolet. et Salmant. ut Pintianus ipse testatur. Sic paulo post eorumdemque exemplarium admonitu, *peninsula mille passuum ambitu* scripsimus, non *centum mill. pass.* ut hactenus legebatur. HARD.

52. *Et ex adverso.* Dalec. *et in adverso.* ED. — Hoc est, ex adverso Africæ latere. Sententia enim hujus loci est, Nilum ditionis Ægyptiæ censeri, latere quidem Arabiæ, a Syene : adverso Africæ latere, a Philis insula, Africæ contributa : Nili alveo qui Philas circumit, eas ex adverso continentis, in qua Syene est, collocante. Quamobrem eo latere *regni claustra Philas* Lucanus appellat, lib. X, vers. 313 : « Quæ dirimunt Arabum populis Ægyptia rura. » HARD.

53. *Insula IV.* Hoc est, insula

Philæ[54], DC M. passuum a Nili fissura, unde appellari diximus Delta. Hoc spatium edidit Artemidorus, et in eo 11 CCL oppida fuisse. Juba CCCC M. passuum. Aristocreon ab Elephantide[55] ad mare[56] DCCL M. passuum. Elephantis[57] insula intra novissimum[58] catarracten IV[59] M. passuum, et supra Syenen[60] XVI M. habitatur, navigationis Ægyptiæ finis[61], ab Alexandria DLXXX[62] M. pass. In tantum erravere suprascripti[63]. Ibi Æthiopicæ conveniunt naves. Namque eas plicatiles[64] humeris transferunt, quoties ad catarractas ventum est.

---

quatuor millium passuum ambitu, uti Syene peninsula mille tantum. HARD. — Dalec. *insulæ IV Philæ.* Vet. *Pilæ*, non *Philæ*. ED.

54. *Philæ.* In Notitia imperii, cap. 20, *Filæ.* Τὰς Φιλὰς appellat Strabo, lib. XVII, p. 818. Parvam eam insulam fuisse testis est αὐτόπτης Aristides, qui fere totam urbe ipsa ait occupari : quod et Seneca asseverat, Natur. Quæst. lib. IV, c. 2, p. 885. HARD. — Philæ, nunc *Djéziret-el-Birbé*, *l'île du Temple*, insula quatuor M. pass. ambitu.

55. *Elephantide.* Legebat Dalec. libentius *Elephantine.* ED.

56. *Ad mare.* Scilicet Mediterraneum. HARD.

57. *Elephantis.* Quæ cæteris Ἐλεφαντίνη, ea Melæ lib. I, cap. 9, et Parthenio apud Stephanum, pag. 258, Ἐλέφαντίς. HARD. — Elephantis, nunc *El-Sag*, *l'île Fleurie.*

58. *Intra novissimum.* Hoc est, infra, citra. Nam supra Elephantinam insulam, sive ulterius versus austrum, est cataractes. Strabo, lib. XVII, pag. 817 : Μικρὸν δ' ὑπὲρ τῆς Ἐλεφαντίνης ἐστὶν ὁ μικρὸς καταρράκτης, etc. HARD.

59. *IV M. passuum.* Dalec. *tria*

M. *pass.* contra Toletan. codic. fidem. ED.

60. *Et supra Sienen.* Errat hic Plinius. Elephantis insula non distat a Syene XVI mill. pass. Immo proxima est, et ex adverso. Crediderim Plinium perperam scripsisse Syenen, quum scribendum esset *Philas*; et adhuc longior, quam par est, videbitur mensura. BROT.

61. *Navigationis Ægyptiæ finis.* Philas enim, quæ a Syene centum stadiorum itinere disjunctæ, supra cataracten sitæ sunt, plaustro iter est, non amne, ut docet Strabo, lib. XVII, pag. 818. HARD.

62. *DLXXX.* Ita Reg. 1, 2, Colb. 1, 2. At Chiffl. DLXXXV. HARD. — Dalec. CCCCLXXXVI. ED.

63. *Suprascripti.* Artemidorus, Juba, et Aristocreon. HARD.

64. *Plicatiles.* Quoniam fiebant fortassis ex pellibus. Ejusmodi erant navigia Babyloniorum coriacea πλοῖα πάντα σκύτινα, quæ Herodotus describit, Clio, lib. I, num. 194, p. 81 : neque enim ex lignis fiebant, sed ex pellibus : Οὐκ ἐκ ξύλων ποιεῦνται τὰ πλοῖα, ἀλλ' ἐκ διφθερέων. Forte etiam et ex papyro plicabilia fieri potuerunt. HARD.

1 XI. Ægyptus¹ super cæteram antiquitatis gloriam xx m. urbium² sibi³ Amase regnante⁴ habitata præfert : nunc quoque multis, etiamsi⁵ ignobilibus, frequens. Celebratur⁶ tamen Apollinis⁷ : mox Leucotheæ⁸ : Diospolis⁹ magna, eadem Thebe portarum centum¹⁰ nobilis fama : Coptos¹¹ Indicarum Arabicarumque mercium Nilo proximum em-

XI. 1. *Ægyptus super cæteram antiquitatis gloriam*, etc. Habet eadem Mela, lib. I, c. 9, p. 13. H.

2. *XX M. urbium.* Amplius xxxiii urbium millibus habitatam fuisse Ptolemæo Lagida regnante, scribit Tzetzes, Chiliad. III, histor. 67, vers. 72. Amplius xviii millibus, Diodorus, Bibl. lib. I, pag. 27. H.

3. *Sibi.* Vet. apud Dalec. *ibi.* Ed.

4. *Amase regnante.* Olympiade lvi, amplius decennio ante Cyri Persarum regis tempora. Hard.

5. *Etiamsi.* Exempl. Tolet. *etiam non.* Ed.

6. *Celebratur.* Vet apud Dalec. *celebrantur.* Ed.

7. *Apollinis.* Ἀπόλλωνος πόλις μεγάλη, quam Antoninus in Itinerar. Thebaidis, *Apollonos superioris* vocat, citra Syenen passuum millibus lxxii, Africæ latere. Ab ea nomon Apollopoliten nomen esse sortitum diximus cap. 9. Hard. — Apollinis dicta quoque Apollinopolis magna, nunc *Adfou*.

8. *Leucotheæ.* Hoc credo Lucinæ fuisse nomen inditum a candore, qualis in luce cernitur. Sane Ovidius, lib. II Fastorum, a luce nomen Lucinæ derivat: « Gratia Lucinæ : dedit hæc tibi nomina lucus: Aut quia principium tu Dea lucis habes. » Lucinæ porro oppidum, Εἰληθυίας πόλιν inter Thebas et Syenen Ptolemæus agnoscit, lib. IV, c. 5. Hard. — Nunc *El-kab*.

9. *Diospolis.* Διὸς πόλις μεγάλη, αἱ Θῆβαι, Ptolemæo, loc. citat. unde regioni Thebaidis nomen. Arabiæ latere posita civitas fuit, a Copto m. p. xliv apud Antonin. Hard. — Nunc *Qarnac* et *Louqsor* in ripa Nili orientali, et in occidentali *Kournou* et *Medineh-Tabou*. Tantam enim locorum amplitudinem adhuc obtinent admiranda celeberrimæ urbis rudera. Nusquam terrarum plus est antiquitatis et artium.

10. *Portarum centum.* Unde Ἑκατόμπυλος ab Homero primum, Iliad. lib. I, et a Stephano cognominata, verbo Διὸς πόλις. Mela, lib. I, cap. 9, pag. 13 : « Thebæ, quæ ut Homero dictum est, centum portas, sive, ut alii aiunt, centum aulas habent, totidem olim principum domos, solitasque singulas, ubi negotium exigeret, dena armatorum millia effundere. » Sic ex una civitate exibant armatorum militum centum myriades : Galli dicunt *un million*. Hard. — Dubium certe hoc videbitur reputantibus, ut id verum esset, in urbe recensendas fuisse trecentas, aut etiam quadringentas incolarum myriadas. Ed.

11. *Coptos.* A quo Copticæ præfecturæ nomen, de qua cap. 9. H. — Nunc *Keft*.

porium. Mox Veneris oppidum[12], et iterum Jovis[13], ac Tentyris : infra quod[14] Abydus, Mennonis regia, et Osiris[15] templo inclytum, VII M. CCCCC passuum in Libyam[16] remotum a flumine. Dein Ptolemais[17], et Panopolis[18], ac Veneris iterum. Et in Libyco[19] Lycon, ubi

12. *Mox Veneris.* Illud ipsum, a quo Aphroditopolites nomos nomen habet, de quo c. 9. HARD. — Dicta quoque est Aphroditopolis, nunc *Agfoun.*

13. *Et iterum Jovis.* Hoc est, alia Diospolis : Διὸς πόλις μικρὰ, Ptolem. lib. IV, c. 5. Diospolis parva, a qua Diospoliticæ præfecturæ nomen, de qua cap. 9. Proxima ei est Τέντυρα, unde Tentyrites nomos dictus : utraque Africæ latere, sive ad Nili ripam occidentalem posita, in Thebaide. Tentyra versus austrum recedit a Diospoli M. P. XXVII ex Antonino. Diospolis rursum ab Abydo, de qua mox, M. P. XXVIII. H. — Est Diospolis parva, nunc *Hou;* Tentyris, nunc *Dendera.*

14. *Infra quod.* Infra Diospolim et Tentyram, secundo Nili flumine, Ægypto, quod Delta vocant, propius. Abydon porro, Ἄβυδον, Memnonis regia et Osiridis fano inclytum fuisse, tradit quoque Strabo, lib. XVII, pag. 813, et Solinus, cap. XXXII, pag. 61. Sed *Mennonis* legi hic oportere, non *Memnonis,* quamquam sic habent editiones vetustæ, dicemus ad librum VI, cap. 35. HARD. — Abydus urbs, nunc *el-Berbi,* id est, *le Temple.*

15. *Et Osiris.* Osiris quem Ægyptii colunt, Bacchum esse aiunt, inquit Herod. Euterpe, lib. II, n. 42, pag. 106. HARD.

16. *In Libyam.* In eam Africæ partem, quam Libyes Ægyptii obtinent. HARD.

17. *Dein Ptolemais.* Ab Abydo versus septemtrionem, et Delta Ægyptiacum refugiens, M. P. XXII eodem Africæ latere, in Thebaide, apud Antonin. Urbs haud Memphi minor, teste Strabone, loco citato. HARD. — Nunc vocatur *Memshiet-el-Nèdé.*

18. *Et Panopolis.* Hæc eodem ordine Strabo, loco citato : Πανῶν πόλις, καὶ Ἀφροδίτης, καὶ Λύκων πόλις. Hoc Veneris oppidum, multo magis ad Boream et Delta Ægyptiacum accedit, quam supradictum. De Panopoli diximus cap. 9. Luporum urbem in Thebaide Africæ latere collocat Antonin. a Ptolemaide LXIII M. P. Ab his oppidis nomi Lycopolites, Panopolites et Aphroditopolites, nomen accepere. HARD. — Panopolis, nunc *Akhmin,* ubi multa sunt antiquitatis monumenta. Altera autem hæc Veneris urbs, dicta quoque Aphroditopolis, penitus periit. Fuit ultra Lycum canalem. BROT.

19. *In Libyco.* A Nili fissura, quæ Delta efficit, usque ad fines Thebaidis, quidquid terrarum interjacet, comprehensa etiam regione Alexandriæ et Mareotidi proxima, Libyam appellabant : quod adverso Nili latere, Arabiam. Strabo, lib. XVII, pag. 806. HARD. — Lycon, nunc *Siouth.*

montes[20] finiunt Thebaidem. Ab iis oppida[21] Mercurii[22], Alabastron[23], Canum, et supra dictum[24] Herculis. Deinde Arsinoe[25], et jam dicta Memphis : inter quam et Arsinoiten nomon, in Libyco[26], turres, quæ pyramides[27] vocantur : labyrinthus in Mœridis[28] lacu nullo addito ligno exædificatus : et oppidum Crialon[29]. Unum præterea intus et Arabiæ conterminum claritatis magnæ, Solis oppidum[30].

20. *Ubi montes.* Ibi nunc sunt Cœnobia Abyssinorum et Apollinis Abbatis. Brot.

21. *Ab iis.* Ab iis montibus. H.

22. *Mercurii.* Hermupolim intelligit, Ἑρμοῦ πόλιν, jam extra Thebaidem in Ægypto positam, a Lycon oppido Thebaidis, m. p. lix dissitam, versus septemtrionem, Africæ latere, teste Antonino in Itinerario. Ab hac Hermopolitæ nomo facta appellatio est, quo de nomo cap. 9. H. — Nunc *Aschemounain*, cujus egregium monumentum edidit P. Sicard, *nouveaux Mémoires des Missions dans le Levant*, tom. II, pag. 208. Brot.

23. *Alabastron*, etc. Græce dixeris, Ἀλαβάστρων, Κυνῶν, Ἡρακλέους. In his enim vox *oppida* subintelligi debet. Ptolemæo, lib. IV, cap. 5, Ἀλαβαστρῶν πόλις, in Cynopolite nomo : cui ad septemtrionem Κυνῶν πόλις imponitur : quo situ et a Plinio collocatur, Africæ latere. Hard.— Alabastron oppidum fuit in dextra Nili ripa : penitus periit. Prope fuit mons Alabastrenus, nunc *le mont Saint-Antoine*, et Alabastrites collis, nunc *le côteau Hessan*. Canum, dicta quoque Cynopolis, nunc *el-Gis*, secundum eruditissimum Champollion, *Égypte sous les Pharaons*, tom. I, pag. 302. En.

24. *Et supra dictum Herculis.* Cap. 9 in Heracleopolite nomo. H. — Heracleopolis, nunc *Ahnas*.

25. *Arsinoe.* Eodem Africæ latere, haud procul Memphi. Ab ea nomos Arsinoites, de quo cap. 9. Hard. — Arsinoe, dicta quoque Crocodilopolis, nunc *Fayyoum*.

26. *In Libyco.* Africæ latere. H.

27. *Pyramides.* De his dicemus lib. XXXVI, cap. 16. De Labyrintho dicemus eodem libro, cap. 19. Hard.

28. *In Mœridis lacu.* In Reg. 1 et et 2, *et Mœridis lacu.* Forte pro *ad Mœridis lacum.* Nam Herod. Euterpe, lib. II, num. 149, pag. 147, παρὰ Μοίριος λίμνην, et num. 148, ὀλίγον ὑπὲρ τῆς λίμνης τῆς Μοίριος. Hard. — Labyrinthus ille, nunc *Havara*, haud procul ab urbe Arsinoe, orientem versus. Brot.

29. *Crialon.* Ita libri omnes, R. 1, 2, Colbert. 1, 2, Paris. Chiffl. An pro *Crocodilon*, Κροκοδείλων πόλις, quam in Mœride palude sitam esse ex Stephano superius diximus, cap. 9, confirmatque Herodotus, Euterpe, lib. II, num. 147, ubi Labyrinthum ait exstructum esse supra stagnum Mœrios, versus urbem Crocodilon. Hard. — Urbs illa fuit prope Pyramides, meridiem versus. Penitus periit. Brot.

30. *Solis oppidum.* Heliopolis, de qua diximus cap. 9, in Heliopolite

LIBER V. 461

(x.) Sed jure[31] laudetur in littore Ægyptii maris Alexandria, a Magno Alexandro condita, in Africæ parte, ab ostio Canopico XII mill. passuum juxta Mareotim[32] lacum, qui locus antea[33] Rhacotes nominabatur. Metatus est eam Dinochares[34] architectus pluribus modis memorabili ingenio, XV[35] M. passuum laxitate[36] insessa, ad effigiem Macedonicæ chlamydis[37] orbe gyrato laciniosam, dextra

nomo, Arabiæ confini. HARD. — Nunc *Ain-Schams*, i. e. oculus Solis; vulgo quoque *Mathariah*.

31. *Sed jure*. Transcribit hæc Martianus, lib. VI, c. de Ægypto, p. 219. In Commentariis Academiæ Regiæ Scientiarum, anni 1716, p. 298, dicitur altitudo Alexandriæ esse graduum 31° 11'. HARD.

32. *Mareotim lacum*. Nunc *Birk-Mariout*. ED.

33. *Qui locus antea Rhacotes*. Hanc lectionem egregie constabiliunt Stephanus, et Strabo, lib. XVII, pag. 792. Ille enim tum pag. 592 : Ῥακῶτης, οὕτως ἡ Ἀλεξάνδρεια πρότερον ἐκαλεῖτο : « Rhacotes, sic Alexandria prius vocabatur. » Tum verbo Ἀλεξάνδρεια, ἐκλήθη δὲ Ῥακῶτις, καὶ Φάρος, etc. Iste partem Alexandriæ ait fuisse ita vocatam, quæ navalibus immineret. Vitium receptæ lectionis in Plinianis libris odoratus est ante nos Pintianus, quum sic legi videret, « Qui locus antea Arapotes nominabatur. » Meminit hujus vocis ac loci, *Rhacotes*, præterea Pausanias in Eliacis : Tacitus item, Hist. lib. IV. HARD.

34. *Dinochares*. Ita libri omnes, tum hoc loco, tum lib. XXXIV, c. 42. Etsi Solinus, cap. XXXII, pag. 62, *Dinocrates* legisse videatur. Valerius item Maxim. lib. I, cap. 4 : « Quum rex Alexander urbem in Ægypto constituere vellet, architectus Dinocrates, quum cretam non haberet, polentaque futuræ urbis lineamenta duxisset, etc. » Vide etiam Ammianum, lib. XXII, pag. 233. Δεινοκράτης est Straboni, lib. XIV, p. 641. HARD. — Dalec. fidem secutus vett. codd. et Vitruvii malebat *Dinocrates*. ED.

35. *XV mill. pass*. Strabo longitudinem ait fuisse stadiorum XXXIV, latitudinem, octo : circuitum centum et decem stadiorum, hoc est, XIII M. DCCL pass. quæ mensura Plinianæ affinis est. HARD.

36. *Laxitate insessa*. Vet. apud Dalec. *immensa*. Alii *inserta*. ED.— Occupato telluris laxissimo spatio. Sic Statius, lib. I Sylvar. 1, vers. 56, insessam pondere humum dixit, hoc est, occupatam, pressam.

37. *Macedonicæ chlamydis*. Ea forma chlamys macedonica fuit, ut non totum ambiret corpus, sed posteriora fere tantum, præterquam ad pectus et humeros, ad quos nodo colligabatur : anteriore parte ejus aperta. Non Alexandriæ modo Strabo, lib. XVII, pag. 793, sed et habitabili terræ, macedonicæ chlamydis speciem veteres tribuerunt, χλαμυδοειδὲς σχῆμα, cujusmodi forma orbis Tabula exhibetur a Brietio nostro, part. 1 Parall. Geog. l. V, c. 5. Paludamentum Imperatorum

lævaque anguloso procursu : jam tum tamen[38] quinta situs parte regiæ dicata.

4 Mareotis[39] lacus a meridiana[40] urbis parte, euripo e Canopico ostio mittitur mediterraneo commercio, insulas quoque[41] plures amplexus, triginta[42] mill. passuum trajectu, CL[43] ambitu, ut tradit Claudius Cæsar. Alii schœnos[44] in longitudinem patere XL faciunt, schœnumque stadia triginta : ita fieri[45] longitudinis CL mill. pass. tantumdem[46] et latitudinis.

5 Sunt in honore et intra decursus Nili multa oppida, præcipue quæ nomina dedere ostiis, non omnibus (XII enim[47] reperiuntur, superque quatuor, quæ ipsi falsa

idem fuit, cum chlamyde. Chlamys igitur humi extenta, ac tota quanta est porrecta, speciem exhibuit et Alexandriæ, et τῆς οἰκουμένης, qualem Veteres agnoverunt. Similes fere sunt, quæ in sacris ritibus Trabeæ induuntur, *les chapes*. Sed in chlamyde humi extenta, dextra lævaque sunt angulosæ incisuræ duæ, quibus illæ carent. HARD.

38. *Jam tum quinta.* Quarta etiam, tertiave, inquit Strabo, lib. XVII, pag. 793. HARD.

39. *Mareotis.* Græcis Μαρία, Μαρεία, et Μαρεῶτις. A circumjacente agro vinum Mareoticum appellatum, lib. XIV, cap. 4. HARD.

40. *A meridiana*, etc. Vet. apud Dalec. *ad meridianam urbis partem.* Alii, *a meridiana parte* ; *Euripo in Canopicum ostium*, etc. Pintianus ex Strabone, *Euripo Canopico ostio committitur.* DALEC.

41. *Insulas quoque.* Octo omnino, ex Strabone, lib. XVII, pag. 799. HARD.

42. *Triginta mill.* Strabo, loco citato, lacus longitudinem intra stadia trecenta definit, quæ sunt passuum millia XXXVII. HARD.

43. *CL ambitu.* Amanuenses in primitivis Plinii exemplaribus scriptum repererunt, *centum quin.* Ii *quingenta*, rati hoc loco significari, CD primum (sic enim exhibent MSS. quos terimus omnes : Reg. 1, 2, Colbert. 1, 2, Paris. etc.), mox permutatis numeris, DC scripserunt. At Strabo, lib. XVII, pag. 799, quum lacus hujusce latitudinem circumscribat stadiis centum et quinquaginta, longitudinem trecentis, ambitus ex eo universus exsistere non potest, nisi mille circiter stadiorum, quæ efficiunt CXXV mill. pass. quibus Claudius Cæsar millia quinque et XX adjecit. H.

44. *Alii schœnos.* De schœnis agemus libro seq. cap. 30. HARD.

45. *Ita fieri.* Martianus, lib. VI, cap. de Ægypto, pag. 219. HARD.

46. *Tantumdem et latitudinis.* Ille tamen lacus longior est quam latior. BROT.

47. *XII enim.* Dalecamp. *XI enim.* Tolet. *nunc enim XI.* DALEC.

LIBER V. 463

ora[48] appellant), sed celeberrimis septem, proximo Alexandriæ Canopico[49], deinde Bolbitino[50], Sebennytico[51], Phatnitico[52], Mendesico[53], Tanitico[54], ultimoque[55] Pelusiaco. Præterea Butos[56], Pharbæthos[57], Leontopolis, Athribis,

48. *Falsa ora.* Ψευδοστόματα, pervia tantum scaphis, non vero majoribus navigiis, propter brevia et paludes. Strabo, lib. XVII, p. 801. Seneca, Natur. Quæst. lib. IV, cap. 2, ignobiles ramos appellat. HARD.

49. *Canopico.* Sive Canobico, a Canobo, sive Canopo, Menelai navis rectore, a quo et Canopum oppidum, ubi sepultus. At Canopum oppidum Plinius nusquam appellat: adeo ut an ab oppido, an ab homine, vel aliunde, data sit Canopico ostio nomen, nobis adhuc incompertum sit. H. — Haud longe ab *Abouqir* ejus rudera. ED.

50. *Bolbitino.* Βολβίτινον στόμα Ptolemæo, lib. IV, cap. 5. Aliis Βολβιτικὸν, a Bolbitine oppido, de quo Stephanus. Nunc vocant *bras de Raschit ou de Rosette*, ab oppido cognomine. HARD.

51. *Sebennytico.* Dal. *Sebennitico.* Per medium Delta decurrit in mare, teste Herodoto, Euterpe, lib. II, num. 17, pag. 96. Nomen ei a Sebennytico oppido, nomoque. Nunc *Samannoud.* ED.

52. *Phatnitico.* Φατνιτικὸν στόμα Strahoni, lib. XVII, p. 802. Πατμητικὸν Ptolemæo, loc. cit. Hodie *bras de Damiette.* HARD. et ED.

53. *Mendesico.* Vel, ut alii, Mendesio, ab oppido, nomoque cognomine. Hodie *bras de Dibeh.* HARD. et ED.

54. *Tanitico.* Tanicum Mela vocat, lib. I, cap. 9. Nonnulli et Saiticum, apud Strabonem, lib. XVII, pag. 802. Quod quidem Nili ostium ex Pelusiaco, vel Bubastico defluere haud immerito videtur. Suum ab inclyta *Tanite* urbe nomen accipiebat, quæ in orientali ripa sedebat, et sub nomine *Szan*, vel *Tzan*, nunc quoque agnoscitur. *Omm-Faredjé* sic hodie appellatur ostium. ED.

55. *Ultimoque.* Quod maxime vergit in orientem. *Le bras de Tineh.* H. et ED.

56. *Butos.* Dalec. *Buros.* ED. — Βοῦτις Ptolemæo, lib. IV, cap. 5, metropolis νομοῦ Φθενότου. Prope Sebennyticum ostium Straboni, lib. XVII, pag. 802. HARD.

57. *Pharbætos.* Φάρβαιθος Ptolem. loc. citat. Φαρβετίτης νομὸς Straboni, inter Mendesium Taniticumque ostium, loco citato. Cui nomo et Leontopolin quoque vicinam facit, cæterasque præfecturas quæ nunc recensentur, Athribiten, sive, ut diximus cap. 9, Atharrabiten, Busiriten, Cynopoliten, Prosopiten, in quo Ἀφροδίτης, hoc est, Veneris oppidum fuit, teste eodem Strabone, lib. XVII, pag. 802, Saiten et Naucratiten. Notitia Eccles. Hieroclis, in prov. Augustamnica secunda, p. 55, Κάρβεθος, pro Φάρβαιθος. Item Ἀθρήκης, pro Ἀθρίβις. HARD.—Pharbæthos, nunc *Balbeis;* Leontopolis, nunc *Thall-Essabouah*, id est, *la Colline du Lion;* Athribis, nunc *Atrib.*

Isidis oppidum[58], Busiris, Cynopolis, Aphrodites, Sais, Naucratis : unde ostium quidam Naucraticum nominant, quod alii Heracleoticum, Canopico, cui proximum est[59], præferentes[60].

XII. (XI.) Ultra Pelusiacum Arabia est, ad Rubrum mare[1] pertinens, et odoriferam illam, ac divitem et beatæ cognomine inclytam. Hæc[2] Catabanum[3] et Esbonitarum[4], et Scenitarum[5] Arabum vocatur, sterilis, præterquam ubi

58. *Isidis oppidum.* Stephano, Ἰσεῖον, πόλις Αἰγύπτου. Hoc vero quum intra Nili decursus, hoc est, in ipso Delta contineatur, Plinio teste, diversum esse necesse est ab *Isiu* Antonini, quæ mediterranea civitas est, longe supra Memphin. Isis porro Ceres est, ut omnibus notum. HARD. — Isidis oppidum, nunc *Zaöyyeh;* Busiris, nunc *Abousir;* Cynopolis, nunc *Meniet-ebn-Kasib;* Aphrodites, nunc forte insula *de Tauta;* Sais, nunc *Ssa-al-Hadjar,* id est, *Ssa de la Pierre;* Naucratis nunc ignoratur. ED.

59. *Canopico, cui proximum est,* etc. Vet. apud Dalec. cui *VI M. pass. proximum.* ED.

60. *Præferentes.* Sic Ptolemæus, Canopico prætermisso, Heracleoticum nominat, quod Canopico proximum fuit, ut Dionysius Periegetes censuit, teste Eustathio ad illius versum 13, et Tacitus, Annal. l. II, c. 60. Quare nihil hic mutandum, quantumlibet Pintianus inclamet, in tanto præsertim, tamque conspirante codicum scriptorumque consensu. HARD.

XII. 1. *Ad Rubrum mare.* Ad Arabicum sinum, unde fere odorifera illa, et Felix appellata Arabia incipit. HARD.

2. *Hæc Catabanum.* Non illa odorifera et Felix dicta, ut hallucinatus credidit Solinus, cap. XXXIII, pag. 62, sed illa Arabia, quæ a Pelusiaco incipit ostio, deserta et sterilis. HARD.

3. *Catabanum,* etc. Vet. ap. Dalec. *Cabanum.* ED. — Hi Catabanes Arabiæ sterilis et Petreæ incolæ, a Catabanis illis diversissimi sunt, quos ad Rubrum seu meridianum mare, in Arabia felice ac penitiore positos dicemus lib. VI, capite 32. HARD.

4. *Esbonitarum.* Quorum regia Essebon, de qua Hieronymus in locis Hebr. post Eusebium : « Esebon, inquit, civitas Sehon regis Amorrhæorum..... nunc vocatur Esbus (Ἐσβοῦς Eusebio) urbs insignis Arabiæ in montibus qui sunt contra Jericho, etc. » HARD.

5. *Scenitarum.* Commune id multis Arabum populis nomen fuit, ut dicemus lib. VI, cap. 30 et 32. Hi Ægypto confines, alias Saraceni appellati, ut Ptolemæus admonet, lib. V, cap. 17, in Arabia Petræa. De his Ammianus, lib. XXII, pag. 228, Ægyptus, inquit, usque « ad Scenitas prætenditur Arabas, quos Saracenos appellamus. » Iidem in sacris paginis Ismaelitæ dicti. H.

Syriæ confinia attingit, nec nisi Casio monte[6] nobilis. His Arabes junguntur, ab oriente Canchlei[7], a meridie Cedrei[8], qui deinde ambo Nabatæis[9]. Heroopoliticus[10] vocatur, alterque Ælaniticus sinus Rubri maris in Ægyptum vergentis, CL mill.[11] pass. intervallo inter duo oppida, Ælana, et in nostro mari Gazam. Agrippa a Pelusio Arsinoen[12] Rubri maris oppidum, per deserta CXXV M. passuum tradit : tam parvo distat ibi tanta rerum naturæ diversitas.

XIII. (XII.) Juxta Syria[1] littus occupat, quondam terrarum maxima, et pluribus distincta nominibus. Namque Palæstina vocabatur, qua contingit Arabas[2], et Judæa, et Cœle[3], dein[4] Phœnice : et qua recedit intus, Damascena : ac magis etiamnum meridiana, Babylonia. Et eadem[5] Mesopotamia inter Euphratem et Tigrin : quaque

---

6. *Casio monte.* De quo c. 14. H. — Casius mons, nunc *le cap del Kas*, id est, *le cap du Ciseau*, haud procul Pelusiaco ostio, orientem versus.

7. *Canchlei.* Qui in sacris litteris Amalecitæ dicti videntur. Nec Bocharto assentior, Chavilæos nunc significari, qui erant Babyloniæ proximi. HARD.

8. *Cedrei. Habitantes Cedar*, Psal. 119, Hieronymus in locis Hebraic. « Cedar.... est regio in eremo Saracenorum, a filio Ismaelis Cedar ita cognominata. » HARD.

9. *Nabatæis.* Dalec. *Nabahæis.* ED. — Quorum oppidum Petra. De his dicemus lib. VI, cap. 32. H.

10. *Heroopoliticus.* Ita dicebatur ab urbe Heroopoli, nunc *Ageroud.* Sinus vero, nunc *Bahr-el-Soueys*, *le golfe de Suez.* Ælaniticus sinus, nunc *Bahr-el-Aqabah, le golfe d'Aqabah.* BROT. et ED.

11. *CL mill.* Strabo, lib. XVI, pag. 597, stadia numerat mille ducenta et sexaginta, quæ passuum efficiunt CLVII millia. HARD.

12. *Arsinoen.* De ea libro VI, cap. 33. HARD. — Nunc *Suez* vocatur. BROT.

XIII. 1. *Juxta Syria.* Hæc totidem verbis ac pæne syllabis Martianus, lib. VI, cap. de Arabia et Syria, p. 219, a Plinio expressit. Sic et Mela, lib. I, cap. 11, pag. 14. HARD.

2. *Arabas.* Non eos qui Arabiam peninsulam incolunt, sed qui ab Arabia Petræa post Jordanem amnem ad Libanum usque montem penetrant, ut Plinius ait, lib. VI, cap. 32. HARD.

3. *Cœle.* Cœlesyria, id est, Syria cava. BROT.

4. *Dein.* Chiffl. exin. ED.

5. *Et eadem.* Vet. apud Dalec. et Chiffl. exinde. Alii, *ex eadem.* Anteponebat Dalec. *hæc eadem.* ED.

transit Taurum, Sophene : citra vero etiam Commagene. Et ultra Armeniam, Adiabene, Assyria[6] ante[7] dicta : et ubi Ciliciam attingit, Antiochia[8]. Longitudo ejus inter Ciliciam et Arabiam[9], CCCCLXX M. passuum est. Latitudo a Seleucia Pieria, ad oppidum in Euphrate Zeugma, CLXXV M.[10] passuum. Qui subtilius dividunt, circumfundi[11] Syria Phœnicen volunt : et esse oram[12] maritimam Syriæ, cujus

6. *Assyria ante.* Ammianus, lib. XXIII, p. 251 : « Juxta hunc circuitum Adiabena est, Assyria priscis temporibus vocitata, longaque assuetudine ad hoc translata vocabulum, ea re quod inter OEnam et Tigridem sita, navigeros fluvios, adiri vado nunquam potuit. Transire enim διαβαίνειν dicimus Græci. Et Veteres quidem hoc arbitrantur. Nos autem dicimus, quod in his terris amnes sunt duo perpetui, quos et transivimus, Diavas et Adjavas, juncti navalibus pontibus, ideoque intelligi Adiavenam cognominatam. » Assyriæ videlicet pars nobilissima Adiabene fuit, in qua Ninus, Arbela et Gaugamela : de quibus l. VI, cap. 16. HARD.

7. *Ante.* Chiffl. *antea.* ED.

8. *Antiochia.* Non id oppidi modo nomen, sed regionis est, quæ Syria Antiochia dicebatur, non ut nunc vulgus geographorum loquitur, Syria Antiochena. Ita c. 18, *promontorium Syriæ Antiochiæ :* sic enim libri veteres habent. Mela, lib. I, cap. 12 : « Reliqua pars Syriæ, cui Antiochiæ cognomen additur. » HARD.

9. *Et Arabiam.* Sive Ostracinen, ubi finitur Arabia, ut mox dicetur. H.

10. *CLXXV M.* Hanc Syriæ latitudinem arrogant libri omnes editi, manuque exarati. Et Missi Theodosii : « Syria finitur ab oriente, flumine Euphrate : ab occidente, mari Ægyptio : a septemtrione, mari quod inter Cyprum et Syriam est : a meridie, Arabia quæ est inter mare Rubrum et sinum Arabicum : hujus spatium patet in longitudine CCCCLXX, in latitudine CLXXV. » Martianus vero, lib. VI, cap. de Arabia et Syria, p. 219, hunc Plinii locum transcribens, DXXV, pro CLXXV, manifesto errore expressit : alioqui latior multo, quam longior, Syria foret : quum ea parte angustissimam esse situs ipse regionum, tabulæque significent. HARD.

11. *Circumfundi.* Qui subtilius dividunt, inquit, Phœnicen undequaque Syria includi aiunt : et eam esse Syriæ oram maritimam, cujus Syriæ pars Idumæa sit, et Judæa : deinde sequi Phœnicen : mox Syriam rursus proprie appellatam, et quæ Cœle, et quæ Antiochia dicebatur. Locum hunc frustra sollicitant Schefferus, de Milit. navali, l. I, cap. 2, pag. 16, aliique. HARD.

12. *Et esse oram*, etc. Lege ex Bud. 4, de Asse, et vetust. exemp. « Esse enim primum oram maritimam Syriæ ab Arabia, cujus pars sit Idumæa et Judæa : deinde Phœnicen : deinde rursus Syriam : introrsus autem Syria Damasci claudi Phœnicen. » DALEC.

pars sit Idumæa et Judæa, deinde Phœnice, deinde Syria [13]. Id quod præjacet mare totum, Phœnicium appellatur. Ipsa gens Phœnicum in magna [14] gloria litterarum [15] inventionis, et siderum [16], navaliumque [17] ac bellicarum artium.

XIV. A Pelusio Chabriæ castra [1], Casius [2] mons, delubrum [3] Jovis Casii, tumulus Magni Pompeii [4]. Ostracine [5] Arabia finitur, a Pelusio LXV mill. [6] passuum.

13. *Syria.* Vet. apud Dalecamp. *Assyria.* ED.

14. *In magna gloria.* Sic apud Chiffletian. Dalecampius, *in magna gloria.* ED.

15. *Litterarum.* Vide quæ dicturi sumus, lib. VII, cap. 57. Sic et Mela Pomponius, lib. I, c. 12. H.

16. *Et siderum.* Tum ad viam mari regendam contemplatione siderum, tum ad præsignificandum ex iisdem quæ sunt futura hominibus. Propertius, lib. II, vers. 989: « Quæritis et cælo Phœnicum inventa sereno, Quæ sit stella homini commoda, quæque mala. » HARD.

17. *Navaliumque.* « Maria navibus adire, inquit Mela, classe confligere, imperitare gentibus, regnum præliumque commenti. » HARD.

XIV. 1. *Chabriæ castra.* In via quæ a Syria et Casio monte Pelusium ducit, Chabriæ castra locat et Strabo, lib. XVI, pag. 760, ὁ Χαβρίου λεγόμενος χάραξ. Videtur a Chabria Atheniensi dicta, de cujus expeditione in Ægyptum, multa Diodorus Sicul. Biblioth. lib. XV, pag. 400. HARD.

2. *Casius.* Montem hunc Κάσιον πρὸς Αἰγύπτῳ, et Κάσιον πρὸς τῷ Πηλουσίῳ a locorum vicinio appellat Strabo: ut ab altero ejusdem nominis secernatur, de quo cap. 18. Errant qui montem hunc Sinai esse arbitrantur. HARD.

3. *Delubrum.* Cum oppido, quod Antoninus et Ammianus Cassium vocant, Διὸς ἱερὸν Κασίου, Straboni, loco citato. HARD.

4. *Pompeii.* Dio, lib. XLII, p. 188, ad Casium montem interfectum ait ea ipsa die, qua quondam de Mithridate et piratis triumphum egerat. Quin et ipso suo die natali, inquit Plutarchus, in Camillo, p. 138, qui et idem dies triumphi fuit. Eum alii pridie, alii ipso die natalis sui aiunt obiisse, ut idem monet, Sympos. lib. VIII, cap. 1, p. 717. Sed nodum fortasse solvunt Fasti Capitolini, ex Verrii fragmentis, in quibus legitur *per biduum* triumphi pompam esse protractam. At unicum diem triumpho Plinius adsignat, lib. XXXVII, cap. 6. HARD.

5. *Ostracine.* Ὀστρακίνη Ptolemæo, lib. IV, cap. 5, oppidum est, unde *Abraamius Ostracinensis* episcopus, in Conc. Calched. Ostracena dicitur Antonino, inter Casium montem, et Rhinocorura, medio intervallo posita, utrimque M. P. XXVI. Regionem Ostracinen Solinus nugando comminiscitur. H. — Arabiæ proxima Ostracine, nunc rudera ejus in promontorio *Straki.* ED.

6. *LXV mill.* Martianus, loc. cit.

(XIII.) Mox Idumæa incipit, et Palæstina, ab emersu Sirbonis lacus[7], quem quidam CL M. passuum circuitu tradidere : Herodotus[8] Casio monti applicuit : nunc est palus modica. Oppida : Rhinocolura[9], et intus Rhaphea[10] : Gaza[11], et intus Anthedon[12] : mons Angaris[13]. Regio per

LXVI. Antoninus item in Itinerar. « Ostracina Cassium, XXVI; Pentaschœnon, XX; Pelusium, XX. » H.

7. *Sirbonis lacus.* Ptolemæo, lib. IV, cap. 5, in Casiotide, ἐκρηγμα Σερβωνίδος λίμνης, *eruptio paludis Sirbonidis.* Cum Asphaltite magno errore confundit Strabo, lib. XVI, cap. 762. HARD. — Sirbonis lacus nunc incolis *Sebaket, Bardoil,* id est, *le lac du roi Baudoin.* ED.

8. *Herodotus.* Thalia, libro III, num. 5, pag. 163 : Σερβωνὶς λίμνη, παρ᾽ ἣν δὴ τὸ Κάσιον ὄρος. HARD.

9. *Rhinocolura.* Rhinocolura quoque Livio, lib. XLV, cap. 5, et Straboni, lib. XVI, p. 759, Ῥινοκόλουρα. Seneca, de Ira, lib. III, cap. 20, p. 594 : « Rex Persarum totius populi nares recidit in Syria : inde Rhinocolura loci nomen est. » At sæpiuscule Seneca in historia nominibusque sublabitur. Diodorus Sic. Bibl. lib. I, pag. 55, hoc Æthiopiæ regi adscribit, idque a diversa valde causa : benignitas enim et miseratio fuit. Is Ægypto subacta, latrones quos ceperat, acerbius ratus omnes neci dare, quod magno numero erant; iniquius impune dimittere : ita mediam viam legit, ut resectis naribus, quo dignoscerentur, in desertis Ægypti finibus colere jusserit, urbe ibi structa, cui a re et facie nomen esse. Græci enim ῥῖνα, nasum, κόλουρον, curtatum dicunt. Ptolemæus tamen et Stephanus scribunt Ῥινοκόρουρα. HARD. — Loco dicto nunc *El-Arish* sita fuit, auctore D'ANVILLE. ED.

10. *Rhaphea.* Stephanus, Ῥάφεια, πόλις Συρίας. Strabo, lib. XVI, p. 759, Ῥαφία, μετὰ Γάζαν, post Gazam sequitur Rhaphia. Distat a Gaza, et a Rhinocolura, pari intervallo, XXII M. P. apud Antoninum. HARD. — Nominis vestigia servat, nunc *Refah* dicta Abulfedæ quem citat D'ANVILLE, *Mémoires sur l'Égypte,* pag. 103. ED.

11. *Gaza.* « Sic Persæ ærarium vocant, inquit Mela, et inde nomen est, quod quum Cambyses armis Ægyptum peteret, huc belli et opes et pecuniam intulerat. » Distat ab Ascalone Gaza, littore maris mediterranei, XVI M. P. Etiamnunc *Gaza.* HARD. et ED.

12. *Anthedon.* Ἀνθηδὼν Ptolem. l. IV, c. 5, in Cassiotide. Palestinæ ab Hesychio accensetur, p. 103. H.

13. *Angaris.* Ita libri omnes. Ariolantur, qui permutatis syllabis legi putant oportere *Garizam,* vel *Garizim,* qui mons Samariæ celeberrimus, prope Neapolim, quæ prius Sichima dicebatur : ut scimus ex Judic. lib. IV, cap. 2. Is enim ab Anthedone et Ascalone, quo in tractu describendo Plinius nunc habitat, multis passuum millibus disjungitur. HARD. — Leg. *mons Argaris.* Ita MSS. Reg. 1, 2, et editio princeps. Male MS. Reg. 5,

LIBER V.

oram Samaria. Oppidum Ascalo[14] liberum, Azotus[15]: Jamneæ duæ[16], altera intus[17]. Joppe[18] Phœnicum, antiquior terrarum inundatione, ut ferunt. Insidet[19] collem præjacente saxo, in quo vinculorum Andromedæ[20] vestigia ostendunt. Colitur illic fabulosa Ceto[21]. Inde Apollonia[22]: Stratonis[23] turris, eadem Cæsarea, ab Herode rege con-

et recentiores editiones, *Angaris*. Mons est Garizim, Samariæ celeberrimus, quem videre est in nummis Philippi imperatoris Neapoli, de qua mox dicetur, cusis. Brot.

14. *Ascalo*. Græcis Ἀσκάλων, atque ita nummi Augusti, Titi, et Antonini. Hodie *Scalona*. Hard.

15. *Azotus*. Chiffl. *Azostos*. Ed. — Ἄζωτος, πόλις Παλαιστίνης, Stephano, et Ptolemæo, lib. V, cap. 16. Distat a Jamnea littorali, xx m. p. si Antonino credimus: si Straboni, lib. VI, pag. 759, xxv, hoc est, cc stadiis. Hard. — Nomen servat oppidum illud, quamvis fere omnino dirutum. Ed.

16. *Jamneæ duæ*. Dalec. *Jamnes duæ*. Ed. — Quarum altera Jamnitarum portus ad mare, Ἰαμνιτῶν λιμήν Ptolemæo, lib. V, cap. 16, altera urbs ipsa paululum a mari semota, Ἰάμνεια Straboni, l. XVI, p. 759. Stephano Ἰάμνια. Ipsi Ptolemæo in urbibus mediterraneis Ἰάμνεια, cui hodieque vetustum nomen manet, *Iebna*. Hard.

17. *Intus*. Vet. apud Dalecamp. *vicus*. Ed.

18. *Joppe*. Ἰόππη, nunc *Jaffa*. Mela similiter, lib. I, cap. 11: «Est Joppe, inquit, ante diluvium, ut ferunt, condita.» Hard.

19. *Insidet collem*. Vet. ap. Dalec. *insidet colli*. Ed. — Colli imponitur adeo edito, ut inde conspici Hierosolyma, Judæorum metropolis possit. Conf. Strabo, lib. XVI, pag. 159. Hard.

20. *Andromedæ*. Quam ibi ceto a matre expositam, mox a Perseo ereptam fabulantur. Visa ibi hæc vincula testis est quoque Josephus, lib. III belli Judaic. cap. 15. Vide Apollodorum, de Diis lib. II, p. 95. Hard.

21. *Ceto*. Quæ Nereidos fere forma pingebatur, figura ex pisce feminaque composita: cujusmodi in vetustis Syriæ ac Mesopotamiæ nummis conspici creditur. Idcirco fabulosam vocat. Ciceronis illud eo forte pertinet, *piscem Syri venerantur*, de Natura Deorum lib. III. Hard. — Pro *Ceto* Frobenius *Derceto*, ex c. 19, huc transtulit. Certe *Ceto* hoc loco Pliniana omnia exemplaria repræsentant, R. 1, 2, Colb. 1, 2, Paris. Chiffl. Libri quoque editi, Parm. Ven. Brix. cæterique ante Frobenium. Hard.

22. *Apollonia*. Stephano Ἀπολλωνία κατὰ Ἰόππην. Nunc *Arzuf*. Ed.

23. *Stratonis*. Στράτωνος πύργος Straboni, lib. XVI, p. 758. Eadem Καισάρεια Στράτωνος Ptolemæo, l. V, cap. 16, et Cæsarea Palestinæ vulgo appellata: quam cum Cæsarea Philippi, sive Paneade dicta, perperam Surita confundit in Itin. Anton. Hieronym. in Chron. pag. 155, an. 4, Olymp. 191: «Herodes

dita : nunc colonia [24] prima Flavia, a Vespasiano Imperatore deducta : finis Palæstines [25] centum octoginta novem millibus [26] passuum, a confinio Arabiæ : deinde Phœnice. Intus autem Samariæ [27] oppida : Neapolis [28], quod antea Mamortha dicebatur : Sebaste [29] in monte, et altiore Gamala [30].

Cæsaream in nomine Cæsaris condidit, quæ prius Turris Stratonis vocabatur.» Nunc *Qaisarieh* dicitur. Herodes rex quum a Plinio dicitur, is designatur, quem Romani et nummi veteres regem appellavere; ac proinde is, qui prius tetrarcha Galilææ, deinde et rex fuit: in nummis ΗΡΩΔΗΣ ΒΑΣΙΛΕΥΣ. *Ab eo condita*, hoc est, cincta muris Cæsarea dicitur. Prior Herodes ΕΘΝΑΡΧΗΣ tantum, non ΒΑΣΙΛΕΥΣ fuit. Hard.

24. *Nunc colonia.* Musei nostri Parisiensis nummus æreus formæ mediocris, M. Aurelio principe cusus, cum Serapidis effigie, et epigraphe ejuscemodi, COL. PRIMA FL. AVG. CAESAREA. Prima Flavia vocatur, quod prima omnium coloniarum dicta sit Flavia a Vespasiani nomine. Ulpian. Digest. lib. L, tit. 15, de Censibus : « Divus Vespasianus Cæsarienses colonos fecit, non adjecto ut et juris Italici essent, sed tributum his remisit capitis, etc. » Hard.

25. *Finis Palæstines.* Id quoque Martianus habet, lib. VI, cap. de Arabia et Syria, pag. 219. Hard.

26. *Millibus.* Dalec. *millium.* Ed.

27. *Samariæ oppida.* Chiffletian. *Samaria oppida.* Ed.

28. *Neapolis.* Νεάπολις in Samaria, Ptolem. lib. V, c. 16. Sichem Christi Domini temporibus dicta, teste Benjamino in Itiner. pag. 38. Indigenis *Mabortha*, auctore Josepho, Bell. Jud. lib. V, c. 4, quanquam Plinio *Mamortha* dicitur. Hodie *Nabolos*, sive *Naplouse*. Hard.

29. *Sebaste.* Prius legebatur *Sebaste, in monte altiore Gamala*, Plinii sententia et oratione deminuta, qui Sebasten quoque ipsam in monte sitam significare voluit, ut sinceri codices admonent, Reg. 1, 2, Colb. 1, 2, Paris. Chiffl. Hujusmodi sane fuisse Samariæ situm haud obscure significant sacræ paginæ, Michææ I, vs. 6, et ad eum locum Hieronymus. De Gamala diximus suo loco. Quod porro Samariam Stephanus, cum Neapoli, quæ Sichem dicta est, temere misceat, alii ante nos adnotarunt. H.— Non recte, meo animo, *Sebaste in monte, et altiore Gamala ;* Gamala namque ultra Jordanem. Dalec. — Vide notam insequentem 30. Ed. — In gratiam Augusti, sic appellata urbs ea est. Vide Benjam. loco citato : Σεβαςὴ, ἐν τῇ Σαμαρείτιδι πολίχνιον, Stephano in Conc. Nic. I. et CP. I. subscribunt episcopi Sebastenses, vel Sebasteni, ex Prov. Palæstinæ. Hodie *Sebastia.* Hard.

30. *Gamala.* Diversum hoc Samariæ oppidum, ab altero ejusdem nominis ultra Jordanem posito, quam Judææ urbem validissimam Suetonius appellat in Tito. Quan-

LIBER V.

XV. (XIV.) Supra Idumæam et Samariam Judæa longe lateque funditur. Pars ejus Syriæ[1] juncta, Galilæa vocatur[2] : Arabiæ vero et Ægypto proxima Peræa[3], asperis dispersa montibus, et a cæteris Judæis Jordane amne discreta. Reliqua Judæa dividitur in toparchias decem [4],

quam eadem utriusque vocis originatio est : sic enim dicta videtur, ab Hebræo גָּמָל quasi Camela, quod dorso montis insidens, cameli dorsum referre credatur. Illam certe quæ Judææ est, jugo montis aspero editoque impositam docet Josephus, Bell. Jud. lib. IV, cap. 1. Hanc idem lib. III, cap. 2, p. 832, Γάμαλα πόλιν Ἱππέων, civitatem Equitum, quos eo colonos duxit Herodes, appellatam ait : Carmelo monti insidentem. HARD.

XV. 1. *Syriæ.* Hoc est, Syriæ Antiochiæ, ut diximus cap. 13. Judæa hic appellatur, quæ in libris sacris *terra Chanaan* sæpe dicitur, eo quod filii Chanaan eam inter se sibi diviserunt, in ortu Phaleg, et Hebræam ibi linguam integram servavere, immunem a confusione, quæ in Babylonia post annos quinquaginta pluresve contigit. Hic enim sensus verborum illorum est, Gen. X, 25 ; « Nomen uni Phaleg, eo quod in diebus ejus divisa sit terra. » Gallice vere ac recte dixeris : *Le pays fut alors partagé entre les enfans de Canaan.* HARD.

2. *Galilæa vocatur.* In duas partes divisa, nempe inferior Samariæ contermina, et superior, dicta quoque Galilæa gentium, Cœlesyriæ vicinior. ED.

3. *Peræa.* Nugas agere Salmasius ait, in Solin. pag. 460, eos qui *Peræa* hoc loco defendunt. Ipse *Petræa* legi contendit oportere, ab asperis saxis, quibus montuosa est. Ego vero qui Judææ partem aliquam Petræam appellaverint, adhuc auctores desidero : qui Peræam, occurrunt plurimi, et quidem fidei exploratæ. Nam præter consensum codicum omnium MSS. Reg. 1, 2, Colb. 1, 2, Paris. etc. partem Judææ Transamnanam, hoc est, ut sacræ paginæ loquuntur, quæ est trans Jordanem : ut Plinius, quæ a cæteris Judæis Jordane amne discreta est; Περαίαν Josephus vocat, Bell. Jud. lib. II, cap. 2, pag. 778 : καὶ τῆς ὑπὲρ Ἰορδάνην Περαίας. Et lib. III, cap. 1, p. 831, Nigrum quemdam Περαίτην appellat, quod ex regione trans Jordanem posita ortum duceret. Ipse et regionis hujus fines describit, lib. III, cap. 2, pag. 833. Et ex eodem Josepho apud Photium, cod. 238, p. 973, Ἡρώδης ὁ τετράρχης Γαλιλαίας καὶ Περαίας vocatur. Et Peræ, quod Constantinopoleos suburbium, seu altera civitas est, factum inde nomen crediderim. Ἐν τῇ Περαίᾳ conditum oppidum Juliadis nomine Josephus ait, Bell. Jud. lib. III, cap. 8, pag. 789, hoc est, ultra Jordanem ; sive, ut Plinius mox ait, ab oriente lacus Genesareth. H. — Legi volebat Dalec. *Arabiæ vero Petrææ et Ægypto altera proxima.* ED.

4. *Decem.* Vet. apud Dalecamp. *XII.* ED.

quo dicemus ordine : Hiericuntem[5] palmetis consitam, fontibus irriguam : Emmaum[6], Lyddam[7], Joppicam[8], Acrabatenam[9], Gophniticam, Thamniticam[10], Bethleptephenen[11], Orinen[12], in qua fuere Hierosolyma[13], longe

5. *Hiericuntem.* Dalec. *Hierichuntem.* Præpostera interpunctione, non Hiericuntis, ut decuit, sed Emmauntis agrum aquis riguum Plinianæ hactenus editiones repræsentarunt : *fontibus irriguam Emmaum.* Quum ea dos propria sit Hiercuntini agri, teste Strabone, lib. XVII, pag. 763, ubi de Hiericunte agens, ἐνταῦθα δ' ἐςὶν ὁ Φοινικῶν... διάρρυτος ἅπας, etc. *Ibi palmetum est... locusque totus irriguus.* etc. De hujus agri palmetis dicemus lib. XIII, cap. 9. Hiericus, Jericho in paginis sacris dicta, incolis nunc *Eriha* vocatur. H. et Ed.

6. *Emmaum.* Ἐμμαοῦς sive Ἀμαοῦς a Tito captis Hierosolymis Nicopolis appellata, una e Judææ toparchiis Josepho, Bell. Jud. lib. III, cap. 2, pag. 833, *Emaus.* Neutrum indeclinabile, *Emmaum,* Mach. I, III et IV, ut apud Plinium. HARD.

7. *Lyddam.* Λυδδά, una ex toparchiis Judææ, apud Josephum, loc. cit. Diospolis postmodum appellata. Unde in Conc. CP. I, Dionysius Diospolitanus, Prov. Palæstinæ. H. — *Lod* etiamnunc appellantur rudera ejus. ED.

8. *Joppicam.* A Joppe, de qua cap. sup. HARD.

9. *Acrabatenam.* Chiffl. *Acrebitenam, Zophaniticam.* ED. — Ἀκραβατταὶ et Ἀκραβατηνῶν τοπαρχίαι, apud Joseph. loco citato. In sacris paginis, Machab. I, 5, *Acrabatane.* HARD.

10. *Thamniticam.* Ἡ Θαμνὰ τοπαρχία Judææ, apud Joseph. Bell. Jud. lib. V, cap. 4, pag. 890. H.

11. *Bethleptephenen.* Τὴν Βεθλεπτηφῶν τοπαρχίαν Josephus vocat, loco proxime citato. Quum decem modo Judææ toparchias, Plinius pollicitus sit, ex iis unam in duas dissecuere Plinii interpolatores : quumque in MSS. legerent, *Betoleththepenen* (sic enim Reg. 1, 2, Colb. 1, 2, et Paris. exhibent); ipsi *Betholenen, Thephenen,* commenti sunt, quos secutus Ortelius, rogat, an a Bethlehemo Betholemen legi oporteat. Sed nec Betholenen, nec Thephenen cæterorum scriptorum quisquam agnoverit : Bethleptephenam vero toparchiam Josephus appellat, ut diximus, Bell. Jud. lib. V, cap. 4, pag. 890, quæ hæc ipsa est, quam Plinius modo commemorat. Hæ porro decem toparchiæ, *decem cornua,* sive *decem illi reges sunt,* qui *potestatem tanquam reges* accepisse dicuntur, Apoc. XVII, 12, ut in eum locum commentarii nostri nondum editi, sed prælo jamdudum parati docent. H.

12. *Orinen.* Græci Ὀρεινὴν vocant. De Virgine Deipara sacer codex, Luc. ἐπορεύθη εἰς τὴν Ὀρεινὴν μετὰ σπουδῆς, « abiit in montana Judææ cum festinatione. » Pars Judææ plurimum montuosa, in qua fuere Hierosolyma, Rama, Bethlehem. Lapidosum hunc tractum ad LX stadia esse Strabo est auctor, lib. XVI, pag. 761. HARD.

13. *Hierosolyma.* De urbe satis

LIBER V. 473

clarissima urbium orientis, non Judææ modo[14] : Herodium[15] cum oppido illustri ejusdem nominis.

Jordanis[16] amnis oritur e fonte Paneade, qui cognomen 2 dedit Cæsareæ, de qua dicemus[17] : amnis amœnus, et quatenus locorum situs patitur, ambitiosus, accolisque se præbens[18], velut invitus Asphaltiten lacum dirum natura petit, a quo postremo ebibitur, aquasque laudatas perdit pestilentibus mixtas. Ergo ubi prima convallium fuit occasio, in lacum se fudit, quem plures Genesaram[19] vocant, XVI mill. passuum[20] longitudinis, VI mill. latitudinis, amœnis circumseptum[21] oppidis : ab oriente, Juliade[22], et

multa alii. De urbis nomine recte admonet Hieronymus, ad Evagr. ep. 126 : « Non ut Josephus, et nostri omnes arbitrantur. Hierusalem nomen est ex græco hebraicoque compositum : id enim absurdum esse peregrinæ linguæ mixtura demonstrat. » Ex hebræo tota conflata vox est, et contracte dictum וְרִישָׁלֵם arbitramur pro וְרוּשָׁה־שָׁלִים *Possessio pacificorum*, sive *quiete degentium*. Nam quod *visio pacis* vulgo definitur, contra leges hebraicarum originationum est. At istiusmodi contracta nomina quædam ibi reperimus, ut est Jordanis יְרֹדֵן contractum pro יְאוֹר־עֶדֶן *fluvius voluptatis*, et similia. Hard. — Hierosolyma, Jordanis, Genesera, seu lacus Genesareth, mareve Tiberiadis, aliaque loca, vita miraculisque Jesu Christi, Christianorumque religione ita nobilitantur, ut sint supra omnem claritatem evecta. Brot.

14. *Non Judææ modo*. Hanc vocem *non modo* adversativæ orationis parti postponere, familiare ac solemne Plinio est. Sic lib. VI, cap. 22 : « Omnium in India prope, non modo in hoc tractu, claritatem antecedunt Prasii, etc. » H.

15. *Herodium*. Nomen unius est e Judææ toparchiis apud Joseph. Bell. Jud. lib. III, cap. 2, p. 833, Ἡρώδειον. Hard.

16. *Jordanis amnis*, etc. Chifflet. *Jordanes*. Ed. — Describit hæc Martianus, lib. VI, cap. de Syria, pag. 219. Hard.

17. *De qua dicemus*. Vid. infra cap. 16. Hard.

18. *Se præbens*. Veluti moras nectat, invitusque lacum petat. H.

19. *Genesaram*. Γεννησαρίτις λίμνη Straboni, lib. VI, pag. 755. In sacris paginis, *Lacus Genesareth*, et mare Tiberiadis, et mare Galilææ. Hodie *mer de Tabarieh*. H.

20. *XVI mill. pass.* Ita Solinus, cap. XXXV, p. 64. H. — Chifflet. *XV*. Ed.

21. *Circumseptum*. Vet. ap. Dal. *circumseptns*; al. *circumspectus*. Ed.

22. *Juliade*. Ἰουλιὰς Ptolemæo, lib. V, cap. 16, in Galilæa. Hanc

Hippo[23] : a meridie, Tarichea[24], quo nomine aliqui et lacum[25] appellant : ab occidente Tiberiade[26], aquis[27] calidis salubri.

3 (XVI.) Asphaltites nihil præter bitumen gignit : unde et nomen[28]. Nullum corpus[29] animalium recipit : tauri[30] camelique fluitant. Inde fama, nihil in eo mergi. Longitudine excedit centum M. passuum, latitudine maxima XXV implet[31], minima sex. Prospicit eum ab oriente Arabia No-

Philippus tetrarcha in Gaulanitide condidit : et Juliadem, in gratiam Juliæ, quæ Tiberii conjux, voluit appellari. Josephus, Bell. Jud. lib. II, cap. 8, pag. 789, in Peræa, hoc est, ultra Jordanem sitam dicit : hoc est, ut Plinius ait, ab oriente Genesaræ lacus. HARD. — Reperiuntur vestigia ejus oppidi *Tel-oui* dicta. ED.

23. *Hippo.* A quo Ἱππηνὴ regio cognominata, apud Josephum de Bell. Judaic. lib. III, cap. 2, pag. 832. HARD.

24. *Tarichea.* Vet. apud Dalec. *Trachœa.* Strab. *Tarichia.* ED. — Ταριχέα Stephano. Josepho, Bell. Jud. lib. III, cap. 16, pag. 857, Ταριχαίαι. Urbem Judææ validissimam Tarichæam vocat Suetonius in Tito. HARD.

25. *Et lacum.* Genesaram scilicet, quem Tarichæum aliqui vocabant, et Tiberiadis, a vicinis urbibus : ut Genevæ dicimus, et Lausannæ, et Lemannum lacum. A Tarichæa nomen quoque invenisse lacum eum innuit Strabo, lib. XVI, pag. 764, ut inanis jam sit Drusii conjectura, locum hunc pro arbitrio immutantis, in Comment. ad voces Hebr. novi Testam. cap. 24, pag. 41. HARD.

26. *Tiberiade.* Τιβεριὰς, πόλις τῆς Ἰουδαίας, πρὸς τῇ Γεννεσιρίτιδι λίμνῃ, Steph. In gratiam Tiberii ab Herode tetrarcha sic appellata, quæ prius *Cenereth* dicebatur. HARD.

27. *Aquis calidis.* Josephus, Antiquit. Judaic. lib. XVIII, cap. 3, pag. 619. HARD.

28. *Unde et nomen.* Ἄσφαλτος enim Græcis bitumen est. HARD.

29. *Nullum corpus.* Vivum scilicet : qua de re vide Philosophum, Meteorol. lib. II, cap. 3, pag. 557, et Strabon. lib. XVI, pag. 763. Id verum expertum esse Vespasianum Aug. projectis in lacum hominibus nandi imperitis, vinctisque post terga manibus auctor, est Josephus, de Bell. Jud. lib. V, cap. 5, pag. 891. HARD.

30. *Tauri,* etc. Solinus, c. XXXV, pag. 64. Aliud est quod Josephus ait loco citat. lacum eum plurimis locis vomere bituminis glebas, quæ super undam et facie et mole tauris assimiles natent. HARD.

31. *XV implet.* Reg. 1, 2, Colb. 1, 2, Paris. Chifflet. *XXV,* quod fidem superat, et a cæterorum scriptorum consensu abhorret. Isidorus, Orig. lib. XIII, cap. 19, latitudinem stadiis centum et quinquagenis circumscribit, quæ sunt millia

madum³², a meridie Machærus³³, secunda quondam arx Judææ, ab Hierosolymis. Eodem latere³⁴ est calidus fons medicæ salubritatis Callirrhoe³⁵, aquarum gloriam ipso nomine præferens³⁶.

(XVII.) Ab occidente³⁷ littora Esseni fugiunt, usque qua 4 nocent : gens sola³⁸, et in toto orbe præter cæteras mira,

passuum fere XIX. Hausit Isidorus a Josepho, ut quidem videtur, Bell. Jud. lib. V, cap. 5, p. 892. H.

32. *Arabia Nomadum.* Quæ a Palmirenis solitudinibus, unde initium ducunt, ad meridiem descendit ultra Asphaltiten lacum. HARD.

33. *Machærus.* Μαχαιροῦς Stephano, et Josepho, qui Antiq. Jud. lib. XVIII, cap. 7, pag. 626, ibi necatum ab Herode Christi Domini Præcursorem refert. Id Peræa regionis Judææ parte meridionali a Josepho locatur, lib. III, cap. 2, pag. 833. H. — Nunc *Masera.* ED.

34. *Eodem latere.* Latere Asphaltitæ lacus meridionali. HARD.

35. *Callirrhoe.* Καλλιῤῥόη Ptolem. lib. V, cap. 16; Καλλιρόη Josepho, Antiq. Jud. lib. XVII, cap. 8, p. 598, cujus fontes calidos, præter vim medicam, potui quoque jucundos esse asseverat. Solini hallucinationem, cap. XXXV, p. 65, hunc fontem Hierosolymis proximum statuentis, Plinii loco perperam intellecto, jam pridem Salmasius insectatus est, p. 579. HARD.

36. *Præferens.* Malebat Dalec. *præ se ferens.* ED.

37. *Ab occidente.* Vet. *ab occidente littora Esseni habitant. Hos fugitant usquequaque nocentes.* Ita legit et Rhodig. Lego : *ab occidente littora Esseni habitant usquequaque, gens,* etc. DAL. — Ab occidente, inquit,

littora Asphaltitæ lacus Esseni refugiunt, sive tantum ab eo lacu recedunt, quoad vis illius malefica pertingit. Nam letales exspirat auras, vicinumque aerem inficit. HARD. — Littora autem Asphaltitæ lacus, non ipsius mediterranei maris, Esseni fugiunt, ut Salmasius intellexit, p. 612 et 613, in Solin. ubi et illa Plinii verba subsequentia, *usque qua nocent*, sic explicat : Quatenus ea littora, maritimaque commercia nocent agri colendi studio tantum addictis. Atqui neque eo mari, quod mortuum appellabant, ulla commercia, neque agriculturam, artemve ullam exercebant Esseni Theoretici, de quibus hic Plinius ; sed diem totum in sacrorum librorum meditatione transigebant, neque limen egrediebantur. Non igitur commerciorum frequentia nocere poterant Essenis hæc littora, sed vi malefica, et letali aura. Gravitate enim odoris, ut ait Tacitus, Histor. lib. V, accolis pestifer hic lacus fuit. *Natura dirum* idcirco Plinius proxime antea appellavit. HARD.

38. *Gens sola.* Hoc est, solitaria, et a populorum frequentia sejuncta. De Theoreticis Essenis accipi hæc debere, tum verba hæc suadent, tum quod mox addit, gentem eam sociam esse palmarum, hoc est, in palmetis, adeoque desertis locis

sine ulla femina, omni Venere abdicata, sine pecunia, socia palmarum [39]. In diem ex æquo convenarum turba renascitur, large frequentantibus, quos vita fessos [40] ad mores eorum fortunæ fluctus agitat. Ita per sæculorum millia (incredibile dictu) gens æterna est, in qua nemo nascitur. Tam fecunda illis aliorum vitæ pœnitentia est. Infra hos [41] Engadda oppidum fuit, secundum ab Hierosolymis fertilitate, palmetorumque nemoribus : nunc alterum bustum. Inde Masada [42] castellum in rupe, et ipsum haud procul Asphaltite [43]. Et hactenus Judæa est.

ætatem degere. De Practicis, quod alterum genus est Essenorum (quanquam et ii divisi bifariam, nam alii ἄγαμοι et cœlibes fuerunt, alii nuptiis implicati), refert Josephus eos in urbibus degere, Bell. Jud. lib. II, cap. 7, p. 785, ubi cæteros Essenorum mores describit. HARD.
— Sic adhuc hac nostra ætate vivebant Saporogi, *les Saporoges*; quos Catharina II Russici imperii moderatrix, in pœnam eorum pervicaciæ locis suis dimovit et in interiora imperii secedere jussit. BROT.

39. *Socia palmarum.* Displicet Salmasio, in Solin. pag. 616, ea locutio : scribi jubet, *Esu palmarum*, quoniam Solinus, cap. xxxv, p. 65, *palmis victitare* dixit. Samuel Petitus, Var. Lect. lib. II, cap. 7, pag. 134, legendum conjicit, *Satias palmarum* : hoc est, palmis victitabant, eoque se cibo explebant. Utraque correctio abruptam et inconditam lectionem facit : quum vulgata scriptura, et a scriptis codicibus Reg. 1, 2, Colb. 1, 2, Paris. Chifflet. cæterisque, et ab ipsa sententia auctoritatem habeat. *Socia palmarum* gens dicitur, quæ in palmetis procul ab hominum strepitu et frequentia degit : et quidem perbene latine. Sic libro XII, cap. 5, *Platanus in Lycia* dicitur *gelidi fontis socia amœnitate*. ED.

40. *Quos vita fessos*, etc. Legebat Pint. *quos vita fessos fortunæ fluctus ad mores eorum agit.* In Chifflet. et Tolet. *fluctibus* pro *fluctus.* ED.

41. *Infra hos.* Solinus, c. xxxv, pag. 65 : « Infra Essenos Engadda oppidum fuit, sed excisum est. » Πολίχνη Ἐνγάδδι Josepho, Bell. Jud. lib. V, c. 3 : « Inde opobalsamum venit, inquit Hieron. lib. de loc. Hebr. quas vineas Engaddi Salomon nuncupat : vicus est prægrandis Judæorum juxta mare mortuum. » HARD.

42. *Masada.* Solinus, loc. citat. *Judææ terminus Massada castellum.* Ita et Martianus, lib. VI, pag. 219. Μασάδα Josepho, Bell. Jud. lib. V, cap. 3, pag. 887, castellum validissimum haud procul Hierosolymis, οὐ πόῤῥω Ἱεροσολύμων. Straboni, lib. XVI, pag. 764, Μασσάδα. H.

43. *Asphaltite.* Volebat Dalec. *ab Asphaltite.* ED.

LIBER V. 477

XVI. (xviii.) Jungitur ei latere Syriæ[1] Decapolitana [1] regio, a numero oppidorum, in quo non omnes eadem observant. Plurimi[2] tamen Damascum ex epoto[3] riguis amne Chrysorrhoa fertilem : Philadelphiam[4], Rhaphanam[5], omnia in Arabiam recedentia. Scythopolin[6] (antea

XVI. 1. *Latere Syriæ.* Qua vergit in Syriam Cœlen et Libanum montem. Oppida habuit Decapolitana regio celebriora ultra Jordanem, atque, ut Plinius ait, in Arabiam recedentia. Arabiæ enim Nomadum appellatione fere censetur, quidquid ultra Jordanem est. Tamen etiam cis Jordanem habuit nonnulla. Nam et Christus a finibus Tyriorum ad mare Galilææ perrexisse dicitur per fines Decapoleos. HARD.

2. *Plurimi.* Chiffl. *plurimum.* ED.

3. *Damascum ex epoto riguis.* Dal. *Damascum et Opoton riguas amne Chrysorrhoa, fertilem Philadelphiam,* etc. ED. — Fertilem ait esse Damascenum agrum, quia totum epotat Chrysorrhoam amnem, dum ad rigua distrahitur. Testatur id etiam Strabo, lib. XVI, pag. 755 : Ὁ μὲν Χρυσορρόας ἀρξάμενος ἀπὸ τῆς Δαμασκηνῶν πόλεως καὶ χώρας, εἰς τὰς ὀχετείας ἀναλίσκεται, etc. Hodie *Damas.* Chrysorrhoam sic distrahi, ut singulæ ædes et horti fontem ex eo derivatum habeant in urbe, auctor est Bellonius, Observ. lib. II, cap. 91. Volusiani nummus æreus minoris formæ in Cimelio nostro Parisiensi : COL. DAMAS. METR. H.

4. *Philadelphiam.* Φιλαδελφία Ptolemæo, lib. V, c. 15, in Decapolitana regione. Stephanus a Ptolemæo Philadelpho nomen invenisse ait. A Josepho, Bell. Jud. lib. III, cap. 2, pag. 833, in Peræa collocatur. In Arabiæ confinio, a Plinio. Unde circumjectus ager, Ἀραβία, τῆς Φιλαδελφίας dicitur Epiphanio in Ἀνακεφαλ. pag. 145. In nummis ΦΙΛΑΔΕΛΦΕΩΝ ΚΟΙΛ. CYP Κοίλης Συρίας. HARD. — Hæc urbs, Rabbath-Ammon prius dicta, *Amman* hodie vocatur, auctore D'ANVILLE. ED.

5. *Rhaphanam.* Ῥαφανέαι Stephano : Josepho, Bell. Jud. lib. VII, cap. 19, Ῥαφαναῖοι. In Conc. Nic. *Bassianus Rhaphaneensis,* ex provinc. Syriæ Cœles. Insignis est Raphanæ nummus percussus, Anniæ Aureliæ Faustinæ nomine, quæ soror fuit M. Aurelii Severi Alexandri imp. ΑΝΝΙΑ ΑΥΡΗΛΙΑ ΦΑΥϹΤΕΙΝΑ C. hoc est, Σεβαςὴ, *Augusta*)(ΕΠΙ ϹΤΡ. ΚΥΡΙΝΟΥ. *Sub Prætore Cyrino.* ΡΑΦΑΝΕΩΤΩΝ. Nummus *Raphaneotarum.* AOC. Anno 271 æræ Cæsarianæ. Egimus de hoc nummo fusius in Diario Trevoltiano, et alibi. HARD.

6. *Scythopolin.* Legebat Pintianus *Scythopolin deductis Scythis, antea Nysam, a Libero Patre sepulta nutrice ibi.* ED. — Cis Jordanem hæc sita, nec jam in Arabiam recedens, ut superius memoratæ urbes. Civitatem Decapoleos maximam, et Tiberiadi vicinam facit Josephus, Bell. Jud. lib. III, cap. 16, pag. 856. Galilææ Strabo lib. XVI, p. 763. Meminere Ptolemæus, Ste-

Nysam[7] a Libero Patre, sepulta nutrice ibi), Scythis deductis. Gadara[8], Hieromiace[9] præfluente, et jam dictum[10] Hippon: Dion[11], Pellam[12] aquis divitem, Galasam[13]: Canatham[14]. Intercursant cinguntque has urbes tetrarchiæ[15], regionum[16] instar singulæ, et in[17] regna

phanus, et alii. Antoninus a Gadara, de qua statim dicemus, distare ait M. P. XVI. H. — Scythopolis antea dicebatur Bethsam, hodieque *Baisan*. Brot.

7. *Antea Nysam*, etc. Ita Stephan. Νύσα κοίλης Συρίας, Σκυθῶν πόλις. Hæc porro parenthesi inclusimus, ne forte cum Solino existimares Scythas a Libero Patre deductos. Scytharum excursionis meminit Eusebius in Chronic. qui eosdem ait suum huic urbi nomen indidisse, quæ prius Βεθσάνη, καλουμένη πρὸς Ἑλλήνων Σκυθόπολις, inquit Josephus, Antiq. Jud. lib. XII, cap. 12, p. 418. Hard.

8. *Gadara*. Dalecamp. *Gaddara*. Γάδαρα Stephano, qui Cœles Syriæ urbem esse ait. Ptolemæus, lib. V, cap. 15, Decapolitanæ (sic enim habet Parisiens. cod.) adjudicat. Τὰ Γάδαρα, et Ἵππον, et Γαυλανίτιδα regionem, ceu loca inter se vicina admodum conjungit Josephus, Bell. Judaic. lib. II, cap. 19, pag. 813. Nunc *Kedar*. Hard. et Ed.

9. *Hieromiace*. Amne. MSS. *Hieromice*. *Iarmoch*, e montibus Galaad fluens, in regione Gergessæorum, quorum fuit regio Gadarena. H.— Nunc *Yermuk*. Ed.

10. *Et jam dictum*. Superiore cap. Palæstinæ urbs a Stephano appellatur. Hard.—Dalec. « et jam dictum Hippon Dion, Pellam, etc. » Chiffl. *Hippodion*, una voce. Ed.

11. *Dion*. Δῖον Ptolemæo, lib. V, cap. 15, in Decapolitana, Pellam inter et Gadara. Hard.

12. *Pellam*. Πέλλα Ptolemæo, loc. cit. Stephano, Πέλλα, κοίλης Συρίας ἡ Βοῦτις λεγομένη. A Josepho, Bell. Judaic. lib. III, cap. 2, pag. 833, in Peræa collocatur. Hard.

13. *Galasam*. Ita libri quos vidi manu exaratos, typisve editos. Tamem Gerasam scribi oportere pæne persuadet hic Josephi locus, hæc quæ modo a Plinio commemorantur oppida, eodem ferme ordine recensentis, Bell. Judaic. lib. II, c. 19, pag. 813: Φιλαδέλφειάν τε, καὶ Γέρασσαν, καὶ Πέλλαν, καὶ Σκυθόπολιν· ἔπειτα Γαδάρεις καὶ Ἵππῳ, καὶ τῇ Γαυλανίτιδι, etc. Hard. — Volebat Dalec. *Gadaram*. Ed.

14. *Canatham*. Τὰ Κάναθα τῆς κοίλης Συρίας. Josepho, Bell. Judaic. lib. II, cap. 14, p. 742. Ptolemæo item et Stephano. Hard.

15. *Tetrarchiæ*. Tetrarchia non modo pars regni quarta appellatur, sed et mediocris quælibet ditio: ita ut singulæ fere urbes tetrarchiæ fuerint, cum circumjacente agro: plures etiam quandoque tetrarchiæ in unum tetrarcham Augustorum beneficio ac jussu collatæ. Hard.

16. *Regionum*. Vet. apud Dalec. et Chiffl. *regnorum*. Ed.

17. *Et in regna*. Totidemque regna censentur. Sic Abilenen Lysaniæ regnum, Λυσανίου βασίλειαν Jose-

LIBER V.

contribuuntur : Trachonitis [18], Paneas [19], in qua Cæsarea cum supradicto fonte : Abila [20], Arca [21], Ampeloessa [22], Gabe [23].

XVII. (xix.) Hinc redeundum [1] est ad oram, atque Phœnicen. Fuit oppidum [2] Crocodilon, est flumen [3] : memoria phus appellat, Bell. Judaic. lib. II, cap. 11, pag. 796. HARD.

18. *Trachonitis.* Trachonitidis regionis tetrarcha Philippus, apud Lucam, cap. III. HARD.

19. *Paneas.* Πανεὰς regionis nomen, in qua condita Cæsarea Philippi dicta, tetrarchæ nomine, qui Herodis frater. Eadem quoque a vicino fonte, Cæsarea Paneas appellata. In nummo M. Aurelii, ΚΑΙC. CEB. ΙΕΡ. ΚΑΙ ΑCY. ΥΠ. ΠΑΝΕΙΩ. hoc est, Καισάρεια σεβαστὴ ἱερὰ καὶ ἄσυλος ὑπὸ Πανείῳ. Sic et a fonte nomen accepisse videtur, ut Plinio et Stephano creditum : et a monte unde fons manat, quod Πάνειον ὄρος Eusebio dicitur, Hist. Eccles. lib. VII, cap. 17. HARD.

20. *Abila.* Hinc Lysanias Ἀβιληνῆς tetrarcha, Luc. III, oppidum Ἄβιλα Josepho, Antiq. Jud. lib. IV, cap. 7, pag. 118, in loco palmetis consito ad Jordanem. In Cœlesyria collocatur ab Antonino in Itiner. a Damasco, M. P. XVIII. Hodie *Bellinas.* HARD.

21. *Arca.* Ἀρκαίας et Ῥαφαναίας regni Agrippæ civitates duas appellat Josephus, Bell. Judaic. lib. VII, cap. 24, p. 976. Phœniciæ a Ptolemæo adscribitur Ἄρκα, lib. V, c. 15, inter oppida mediterranea. A Stephano quoque, Ἄρκη πόλις Φοινίκης, etc. etsi Stephani interpres cum Ace, hoc est, cum Ptolemaide confundit. Fuit Arca scilicet in confinio Phœnices et Decapoleos. HARD.

22. *Ampeloessa.* Ἀμπελόεσσα. Vitibus consitam regionem vox ea sonat : ut vel Arcæ potius, vel Gabes cognomen, quam oppidi alterius nomen id esse videatur. HARD.

23. *Gabe.* Ita libri omnes. Vet. apud Dalec. *Gabala.* Γάβαν appellat Josephus, Bell. Jud. lib. II, c. 19, pag. 814. Gabbam Plinius, l. XII, cap. 41, et Stephanus Γάββα, πόλις Συρίας · ἧς τὸ ἐθνικὸν Γαβηνός. Petri episcop. Gabbi mentio in Epistola synodali primæ Syriæ ad Leonem Imp. in Conc. Calched. In vetere nummo Musei nostri Parisiensis, ΓΑΒΗΝΩΝ. HARD. et ED.

XVII. 1. *Hinc redeundum est ad oram, atque Phœnicen.* Unde oratio deflexerat, capite 14, ab his verbis : « Finis Palæstinæ... Deinde Phœnice. » HARD.

2. *Fuit oppidum.* Vet apud Dalec. « ac Phœnicem in qua fuit oppidum. » ED. — Nihil ejus superesse innuit præter nomen : quod et Strabo significat his verbis, lib. XVI, pag. 758 : Καὶ πολιχνίων ὀνόματα, πλέον δ' οὐδέν. Συκαμίνων πόλις, Βουκόλων, καὶ Κροκοδείλων πόλις, καὶ ἄλλα τοιαῦτα. HARD.

3. *Est flumen.* Vet. apud Dalec. *et flumen.* ED.—Quo vero id nomine? An eodem quo oppidum ? ποταμὸς κροκοδείλων. An potius eum cujus ostia Ptolemæus, lib. V, cap. 15, prope Dora collocat. Χερσέου ποταμοῦ ἐκβολαί. Utrovis nomine idem amnis designatur. HARD.

urbium, Dorum[4], Sycaminum[5]. Promontorium Carmelum[6], et in monte oppidum, eodem nomine, quondam Ecbatana[7] dictum. Juxta Getta[8], Jebba: rivus Pagida[9], sive Belus[10], vitri fertiles arenas parvo[11] littori miscens. Ipse e palude Cendevia[12] a radicibus Carmeli profluit.

4. *Dorum.* Fuit quum *Doron* scribi mallem et *Sycaminon*, quia sic Crocodilon dixisse videtur, patrio casu. Nam græce Δῶρα Ptolemæo, loco citato, in ora Phœniciæ. Scylaci, p. 40, Δῶρος, πόλις Σιδωνίων. Meminere Eusebius et Hieronym. de locis Hebr. At libros veteres sequimur probatiores. HARD. — Nunc *Tartoura*, auctore D'ANVILLE. ED.

5. *Sycaminum.* Συκαμίνων Straboni, loco citato, a recto Συκάμινον, ut docet Stephanus. HARD.—Nunc *Atlik*, ut opinatur idem D'ANVILLE. ED.

6. *Carmelum.* Κάρμηλος τὸ ὄρος Straboni, loc. cit. Dum hæc scriberem, venit in mentem illius loci apud Josephum, Bell. Jud. lib. III, cap. 2, pag. 832 : Κάρμηλος τὸ πάλαι μὲν Γαλιλαίων, νῦν δὲ Τυρίων ὄρος· ᾧ προσίσχει Γάμαλα πόλις Ἱππέων, etc. « Carmelus mons, quondam Galilæorum, nunc autem Tyriorum : cui conjuncta est Gamala civitas Equitum, etc. » Subortaque suspicio est, significari hoc loco illud ipsum oppidum, quod ejusdem nominis fuisse cum monte Plinius asseverat, legique oportere : ᾧ προσίσχει Κάρμηλα, etc. Moneo tamen modo, non definio. HARD.

7. *Ecbatana.* In MSS. *Acbetana.* Stephanus, pag. 12, Ἀγβάτανα, πολίχνιον Συρίας. Per α et ε scribi a priscis auctoribus promiscue monet. Et p. 255, Ἐκβάτανα Συρίας πόλις.

In hac urbe Cyri F. Cambyses obiit, oraculo delusus, quum in Ecbatanis Mediæ decessurum se speraret. Herodot. Thalia, lib. III, pag. 186 et 187. HARD.

8. *Getta.* Forte Γίττα, quam πόλιν Παλαιστίνης Polybius vocat in Excerptis, e libro XVI. Non est Gith vel Geth, de quo Eusebius et Hieron. in loc. Hebr. De Jebba scriptores cæteri silent. HARD.

9. *Pagida.* MSS. *Pacida.* Reg. 1, 2, Colb. 1, 2, Paris. Chiffl. Qui *Pagida* scripserunt, ἀπὸ τῶν πηγῶν deduci nomen Syrum voluerunt. H. — Rivus Pagida, sive Belus, nunc *Nahr-Halou.* BROT.

10. *Belus.* Stephano Βῆλος, verbo Ἄκη. Josepho, Bell. Jud. lib. II, c. 9, pag. 790, Βήλεος ποταμὸς παντάπασιν ὀλίγος, stadiis a Ptolemaide duobus, hoc est, pass. CCL, vallem præterfluens, atque arenam volvens secum perpetuo, vitreis operibus conficiendis aptam. De eo amne rursum lib. XXXVI, c. 65. De arenis littoris hujusce vitrariis vide etiam Strabonem, lib. XVI, p. 758. H.

11. *Parvo.* Hanc vocem in veteribus codicibus deesse affirmat Dalec. ED.

12. *Cendevia.* MSS. *Centebria* et *Candebea*; vet. apud Dalec. *Candelabra.* ED. — An a Κενδεβαίῳ duce nomen, quem ab Antiocho missum ad vastandam Judæam refert Josephus, Antiq. Jud. lib. XIII, cap.

LIBER V.

Juxta colonia Claudii Cæsaris Ptolemais[13], quæ quondam Ace[14]. Oppidum Ecdippa[15]. Promontorium Album[16]. Tyrus[17] quondam insula, præalto mari septingentis passibus divisa, nunc vero Alexandri oppugnantis operibus continens[18], olim partu clara, urbibus genitis, Lepti[19], Utica, et illa romani[20] imperii æmula, terrarum orbis avida, Carthagine : etiam Gadibus extra orbem conditis. Nunc omnis ejus nobilitas conchylia atque purpura constat. Cir-

13, pag. 447. Libro XXXVI, c. 65. HARD.

13. *Ptolemais.* Huc pertinent nummi Antonini et Getæ, apud Patinum, pag. 299 et 317, COL. PTOL. ille præsertim Antonini, qui Serapidis effigiem habet: cujus cultum in Syria familiarem fuisse, ex Cæsareæ nummo a nobis antea laudato, perspicuum est. Frustra igitur hæret Patinus, quo sui illi nummi spectent. HARD.

14. *Ace.* Strabo, lib. XVI, pag. 758 : ἣν Ἄκην ὠνόμαζον πρότερον. Ex Strabone Stephanus : Ἄκη, πόλις Φοινίκης... αὕτη Πτολεμαΐς ἐκαλεῖτο. Demetrius apud Harpocrat. verbo Ἄκη, id nominis arci Ptolemaidis fuisse ait. Causam appellationis hujus vide apud Stephanum, verbo Πτολεμαΐς. Hodie *S. Jean d'Acre.* H.

15. *Ecdippa.* Ἐκδίππα Ptolemæo, lib. V, cap. 15, inter Ptolemaida et Tyrum. Josepho, Bell. Jud. lib. I, cap. 11, Ἔκδιππος. H. — Nunc *Zib,* ut monet D'ANVILLE. ED.

16. *Album.* Hi Tyrii montes, Christiano in his oris bello notissimi : quorum promontorium hodie *le cap Blanc.* HARD.

17. *Tyrus.* Hodie *Sour :* ut apud Hebræos olim צוֹר *Tsor,* quæ vox munitum oppidum sonat. HARD.

18. *Continens.* Hoc est, continenti adhærens, illo ipso, quem Alexander struxerat, aggere. Strabo, lib. XVI, pag. 757. HARD.

19. *Lepti,* etc. Isidorus, Orig. lib. XV, c. 1 : « Phœnices a Rubro mari profecti, Sidonem urbem opulentissimam condiderunt..... Ipsi etiam Tyrum in Syria : ipsi Uticam in Africa, Hipponem, Leptim, aliasque urbes in ora maritima condiderunt : ipsi Thebas in Bœotia duce Cadmo, etc. » Curtius, lib. IV, c. 19 de Tyro : « Coloniæ certe ejus pæne orbe toto diffusæ sunt : Carthago in Africa, in Bœotia Thebæ, Gades in Oceano. » A Tyriis Thebas esse conditas asseverat, quas Plinius Sidoniis adscribit : ut vicissim Tyriorum partum Leptim Plinius esse statuit, quam a Sidoniis conditam Sallustius pronunciavit, lib. de Bello Jugurthino, pag. 115. Sed ab iisdem nimirum orti parentibus, Phœnicibus scilicet, Tyrii Sidoniique. Uticam a Tyriis conditam Velleius quoque affirmat, lib. I, pag. 3. Quo vero id anno contigerit, dicemus libro XVI, capite 79. HARD.

20. *Romani imperii æmula.* Hæc in Tolet. exemplari non leguntur, nec in Chiffl. DALEC.

cuitus xix mill. passuum est, intra Palætyro[21] inclusa. Oppidum ipsum xxii stadia obtinet. Inde Sarepta[22], et Ornithon[23] oppida : et Sidon artifex[24] vitri, Thebarumque Bœotiarum parens.

3 (xx.) A tergo ejus[25] mons Libanus orsus, mille quingentis stadiis Simyram usque porrigitur[26], qua Cœle Syria cognominatur. Huic par, interjacente[27] valle, mons adversus Antilibanus obtenditur quondam muro conjunctus. Post eum[28] introrsus, Decapolitana regio est, prædictæque cum ea tetrarchiæ, et Palæstinæ tota laxitas. At in ora etiamnum[29] subjecta Libano, fluvius Magoras[30] : Berytus

21. *Palætyro.* Παλαίτυρος (ea vox antiquam Tyrum sonat), quam a Tyro nova distare stadiis xxx, hoc est, pass. ter mille, dccl, auctor est Strabo, lib. XVI, pag. 758. H.

22. *Inde Sarepta.* Vet. ap. Dalec. *Sarapta.* Σαρεφθὰ Josepho, Antiq. lib. VIII, cap. 7, pag. 785, medio Tyrum inter, et Sidonem, intervallo. Hinc Sareptana vidua, R. III, 17. Hactenus editum sic est : « Inde Evhydra, Sarepta. » Sed *Evhydra* nulli MSS. agnoscunt. Ἔνυδρα Strabonis, lib. XVI, pag. 753, ultra Aradum sita, non est hujus loci. H. — Sareptæ memoriam servat locus, quem *Sarfand* vocari ait d'Anville. Ed.

23. *Ornithon.* Medio quoque intervallo Tyrum inter et Sidonem, hoc est, centum utrimque stadiis, sive pass. xii m. d. Ὀρνίθων πόλις λεγομένη, Avium, seu mavis Gallinarum oppidum, a Strabone collocatur, lib. XVI, pag. 758. Hard. — Nunc *Elurbi*, auctore eodem d'Anville. Ed.

24. *Et Sidon artifex.* Quoniam arenæ vitrariæ, de quibus superius dictum, Sidonem deferuntur, ubi fornaces officinæque vitrariæ, arenarum fusioni aptæ. Strabo, loco citato. Hodie *Saide.* Hard.

25. *A tergo ejus.* Sidonis. Hard.

26. *Porrigitur.* A Sidone Simyram usque, versus septemtrionem : quæ pars Syriæ Cœle dicitur, hoc est, Cava. Hard.

27. *Interjacente valle.* In Amphitheatri formam : claudente vallem a septemtrione et ab occasu, Libano monte, quem nunc populi incolunt, dicti *les Druses:* ab meridie et oriente, Antilibano, *l'Antiliban.* Hard.

28. *Post eum.* Post Antilibanum, versus ortum solis, Damascus occurrit, et Decapolitana : versus meridiem, laxissimus, hoc est, vastissimus Palæstinæ tractus. Hard.

29. *At in ora etiamnum subjecta Libano, fluvius Magoras.* Chifflet. « in ora autem subjecta Libano fluvius Nagoras. » Ed.

30. *Magoras.* Qui Straboni, lib. XVI, pag. 756, medio spatio inter Sidonem et Berytum. Nunc vocant incolæ, patria lingua, *Nahr-el-Damur.* Hard. et Ed.

LIBER V. 483

colonia, quæ Felix Julia[31] appellatur. Leontos[32] oppidum : 4 flumen Lycos[33] : Palæbyblos : flumen Adonis. Oppida : Byblos[34], Botrys[35], Gigarta[36], Trieris[37], Calamos[38] : Tripolis[39], quam Tyrii et Sidonii et Aradii obtinent. Orthosia[40], Eleutheros flumen. Oppida : Simyra[41], Marathos[42], contraque Arados[43] septem stadiorum oppidum et insula,

31. *Felix Julia.* Βηρυτὸς Græcis dicitur, producta penultima syllaba : indigenis *Baïrout*. Olim binominis fuit : nam et Berœam appellatam esse auctor est Eusebius in Chron. HARD.

32. *Leontos.* Λέοντος, vel ut Scylax, pag. 40, et Strabo vocat, lib. XVI, pag. 756, Λεόντων, hoc est, Leonum oppidum. HARD.

33. *Lycos.* Straboni, pag. 755, Λύκος ποταμὸς inter Byblum et Berytum : mox Byblum sequi deinde dicit Ἄδωνιν ποταμὸν, ac postea Παλαίευθλον, quo ordine a Plinio nunc commemorantur. Canis nomen ei amni fecere nunc indigenæ, *Nahr-el-Kelb*. Adonidi vero Abrahæ, *Nahr-el-Ibrahim*. HARD.

34. *Byblos.* Βύθλος Stephano, cujus vocis originationem pluribus idem investigat. Hodie *Djebail*. H.

35. *Botrys.* Βότρυς πόλις Φοινίκης, Stephan. Indigenis *Batroun*. Hinc Diagoras Botryensis, de quo diximus in Auctorum syllabo. HARD.

36. *Gigarta.* Chifflet. *Sycarda*. Strabo, lib. XVI, pag. 755, Βόστρα (lego Βότρυν,) καὶ Γίγαρτον, inter oppida numerat, quæ sunt subjecta Libano. In Notitia Eccles. Provinc. Phœniciæ, Γίγαρτα κώμη. Nunc *Gazir*, auctore D'ANVILLE. H. et ED.

37. *Trieris.* Τριήρης χωρίον τι Straboni, pag. 754; πόλις est Stephano, p. 664. Hinc sunt *Trieres* appellati a Daniele propheta, cap. XI, 30, ut acute vidit Vulgatus interpres. H.

38. *Calamos.* Has eodem ordine appellat Polybius, lib. V, p. 754 : Βηρυτὸν, Βότρυν, Τριήρη, καὶ Κάλαμον. HARD. — Etiamnunc *Calamon*, ut vult D'ANVILLE. ED.

39. *Tripolis.* Mela concise, lib. II, cap. 12 : « Tria oppida fuerunt, singulis inter se stadiis distantia : locus ex numero Tripolis dicitur. » Plinio Strabo suffragatur, loc. cit. Etiamnunc *Tripoli*. HARD.

40. *Orthosia.* Ὀρθωσιὰς Straboni, pag. 753, juxta Ἐλεύθερον amnem, quem hodie aiunt Sanctum vocari, *le Fleuve Saint*. Urbem *Orthosida* sacram appellat Priscianus in Periegesi, pag. 389. In nummis, ΟΡΘΩ-CΙΕΩΝ. HARD. — Etiamnunc *Ortosa*. ED.

41. *Simyra.* Σίμυρος, τὰ Σίμυρα, Stephano, et Straboni, lib. XVI, pag. 753. Simyra castellum, Melæ, loco citato. HARD. — Etiamnunc *Sumira*. ED.

42. *Marathos.* Μάραθος πόλις ἀρχαία Φοινίκων κατεσπασμένη, «vetus Phœnicum civitas, nunc diruta,» inquit Strabo, loco citato. HARD.

43. *Contraque Arados.* Sic Reg. 1, 2, Colb. 1, 2, Paris. Chifflet. Vet. Dalec. etc. Sic editio Parmens. aliæque vetustiores ante Hermolaum Barbarum, cui visum est sic emendare, *contraque Aradum Antarados*.

ducentos [44] passus a continente distans. Regio in qua [45] supradicti desinunt montes, et interjacentibus campis, Bargylus mons incipit.

XVIII. Hinc rursus [1] Syria, desinente Phœnice. Oppida: Carne, Balanea, Paltos, Gabale [2]: promontorium, in quo

Atqui et vulgatæ scripturæ conciliat auctoritatem, tum consensus codicum, tum situs ipse locorum, tum Arriani testimonium, lib. II de Expedit. Alex. pag. 119, statuentis ex adverso Marathi, non alterius cujuspiam oppidi, Aradum esse: τὴν τε Ἄραδον τὴν νῆσον, καὶ τὴν Μάραθον τὴν κατάντικρυ τῆς Ἀράδου ἐν τῇ ἠπείρῳ ᾠκισμένην, πόλιν μεγάλην καὶ εὐδαίμονα, etc. Inde factum Maratho alterum cognomen Antaradi. Et Melæ quidem, lib. II, cap. 7, et Straboni, ut diximus in prioribus notis, Arados insula est, oppidumque, ejus amplitudinis, quanta nunc a Plinio assignatur : neutri laudata Antarados. Antaradi qui meminit Antoninus, nec Aradi is mentionem fecit, quod terrestri via iter commonstraret, nec Marathi, quod ejus oppidi cognomen alterum esse Antaradum intelligeret. Unus omnium Ptolemæus utrumque sane commemorat, Antaradum, Marathumque: sed is est, ut eruditi norunt, cujus fides in geographicis rebus est admodum sublesta : tum certe maxime quum nullius ei scriptoris alterius patrocinatur auctoritas. Nam quis porro miretur in Asia Antaradum Marathumque in duo eum oppida distraxisse, qui Clupeam Aspidemque in Africæ littore, ceu geminas civitates, qui sexcenta errata similia passim a nobis in hoc opere animadversa, obtruserit? Esto igitur

antiqua Marathos, eademque, quod contra Aradum in continente foret, Antarados olim cognominata, quæ hodie, uti a viris accepimus, qui loca ea diligentissime perlustrarunt, *Tortosa* dicitur : deductis in eam videlicet, ut quidem remur, Orthosiæ veteris, quæ haud procul fuit, civibus incolisque, cum ipsa Orthosiæ appellatione. H. — Aradum nunc *Ruad* vocari ait D'ANVILLE. ED. — *Septem stadiorum.* Hoc ipsum de Arado insula cppidoque, Strabo, lib. XVI, pag. 753. HARD.

44. *Ducentos passus.* Chiffl. *ducentis passibus.* ED. — Strabo, stadia xx, quæ efficiunt passus bis mille et ducentos. HARD.

45. *Regio in qua.* Transcribit hæc Martianus, lib. VI, cap. de Arabia et Syria, pag. 220. HARD.

XVIII. 1. *Hinc rursus.* Hinc appellari rursus Syria incipit, etiam in ora, ubi Phœnice desinit. Phœniciæ tamen, Carne, Balaneaque a Stephano adscribuntur. Κάρνη, πόλις Φοινίκης. Et, Βαλανέαι, πόλις Φοινίκης, ἡ νῦν Λευκάς. Utraque Aradiorum ditionis est, cum Palto, teste Strabone, lib. XVI, pag. 153 : ἡ τῶν Ἀραδίων παλαιὰ Πάλτος, καὶ Βαλαναία, καὶ Κάρανος τὸ ἐπίνειον τῆς Ἀράδου, Aradiorum navale. H. — Balanea *Banias* hodie vocatur : ignorantur Carne et Baltos. ED.

2. *Gabale.* Oppidula Laodiceæ proxima a Strabone hæc nume-

LIBER V.

Laodicea[3] libera, Diospolis[4], Heraclea, Charadrus[5], Posidium.

(XXI.) Deinde promontorium Syriæ Antiochiæ[6]. Intus 2 ipsa Antiochia libera, Epidaphnes[7] cognominata, Oronte[8] amne dividitur : in promontorio autem Seleucia[9] libera, Pieria appellata.

(XXII.) Super eam mons eodem, quo alius[10], nomine, Casius. Cujus excelsa[11] altitudo quarta vigilia[12] orientem

rantur, lib. XVI, p. 753 : Τῇ γὰρ Λαοδικείᾳ πλησιάζει πολίχνια, καὶ τὸ Ποσείδιον, καὶ τὸ Ἡράκλειον, καὶ τὰ Γάϐαλα. Hinc imperatori Elagabalo factum nomen, quæ vox Gabalitarum deum sonat : quod esset solis sacerdote genitus, ut fabulantur. Hodie *Djébélé*. HARD. et ED.

3. *Laodicea.* Hi sunt Λαοδικεῖς οἱ παράλιοι, Laodicenses maritimi, ap. Josephum, Bell. Judaic. lib. I, cap. 16, pag. 740. Hodie *Ladquié*, sive *Lattaquié*. HARD. et ED.

4. *Diospolis.* MSS. omnes. Reg. 1, 2, Colbert. 1, 2, Paris. Chiffl. *Dipolis.* Cave enim existimes hanc esse Diospolin Palæstinæ, cujus sedis Episcopi in Conciliis sæpe subscribunt, cujus apud Antoninum mentio, cæterosque : hæc enim haud procul Ascalone et Cæsarea Palæstinæ fuit, Lydda prius, ut cap. 16 monuimus, appellata. De Heraclea diximus in libro de Nummis antiquis populorum et urbium. HARD.

5. *Charadrus.* Quoniam id oppidum in confinio Ciliciæ Syriæque est, Ciliciæ a Scylace, pag. 38, Stephanoque adscribitur. Χάραδρος λιμὴν καὶ ἐπίνειον Κιλικίας. HARD.

6. *Antiochiæ.* Dalec. *Antiochenæ.* Vet. apud eumdem, *deinde Syriæ Antiochiæ*, nulla promontorii facta

mentione. ED.—Cognomento etiam alio, ἐπὶ τοῦ Ὀρόντου, *ad Orontem* dicta, Ptolemæo, lib. V, cap. 15, ab eo amne qui eam urbem præterfluit. Incolis nunc *Anttaquié*. A mari unius diei navigatione adverso flumine distare auctor est Strabo, lib. XVI, pag. 751. Liberam fuisse, id est, suis, non romanis, vixisse legibus, docet nummus antiquus apud Spanhemium, pag. 789, ΑΝΤΙΟΧΕΩΝ ΜΗΤΡΟΠΟΛ. ΑΥΤΟΝΟΜΟΥ. HARD.

7. *Epidaphnes.* Vet. apud Dalec. *Epiphanes.* ED. — Ἐπὶ Δάφνης. Straboni, lib. XVI, p. 749, Ἀντιόχεια ἡ ἐπὶ Δάφνῃ. HARD.

8. *Oronte.* Ὀρόντης Straboni, lib. XVI, pag. 751. Hodie *Nahr-el-Assi*. HARD. et ED.

9. *Seleucia.* Nunc *Soueidié*, ut legimus in mappa trium provinciarum, sive *Paschaliks de Hhaleb, Reha et Baghdad*, auctore ROUSSEAU, curis et impensis societatis Geographiæ Parisiensis recens in lucem edita, quam de his omnibus consulas, si vacat. ED.

10. *Quo alius.* In confinio Ægypti et Syriæ positus, de quo c. 14. HARD. — Hic *Djebel-Mouça*, hodie dicitur. ED.

11. *Cujus excelsa.* Narrant id quo-

per tenebras solem aspicit, brevi circumactu[13] corporis, diem noctemque pariter ostendens. Ambitus ad cacumen xix m. pass. est : altitudo per directum, iv. At in ora amnis Orontes, natus inter Libanum et Antilibanum juxta Heliopolin[14]. Oppidum Rhosos[15] : et a tergo Portae[16], quae Syriae appellantur, intervallo Rhosiorum montium et Tauri. In ora oppidum Myriandros[17] : mons Amanus[18], in quo oppidum Bomitae. Ipse ab Syris[19] Ciliciam separat.

XIX. (XXIII.) Nunc interiora dicantur. Coele habet[1]

---

que Solinus iisdem verbis, c. xxxvi, pag. 65, et Martianus, lib. VI, p. 220. HARD.

12. *Quarta vigilia.* Ternis horis ante solis exortum. Eadem ferme, non de Casio, sed de Caucaso monte refert Aristoteles, Meteorol. lib. I, cap. 16, pag. 545. Ac de Caucaso quidem id vere a Philosopho dictum esse, probat egregie Cabeus, in Meteorol. lib. I, text. 63, p. 388. At Pomponius Mela, lib. I, c. 10, pag. 14, Casio id quidem tribuit, non tamen Antiocheno, sed Ægyptio. Item Lucanus, lib. X, vers. 534 : « Lucifer a Casia prospexit rupe, diemque Misit in Ægyptum primo quoque sole calentem. » H.

13. *Circumactu.* Globosi verticis parte altera lucem, altera tenebras ostendente. HARD.

14. *Heliopolin.* Ἡλιόπολις Ptolemaeo, lib. V, c. 15, in Syria Coele, vet ut alii codices habent, in Decapolitana. Ab Antonino, medio ferme itinere ponitur, inter Laodiceam, et Damascum, utrimque circiter mill. pass. LX. Haud procul Apamea, a Strabone, lib. XVI, pag. 752. H. — *Baalbeck* hodie dicitur : in eaque magnifica ac paene integra reperiuntur rudera templi quondam Soli dicati. ED.

15. *Rhosos.* Ῥῶσος Stephano : Straboni, lib. XVI, p. 751, Ῥωσσὸς inter Issum Ciliciae oppidum et Seleuciam. HARD.—Nomen hodieque servat. ED.

16. *Portae, quae Syriae.* Sic angustias vocat, inter Tauri montis partem, Rossicumque scopulum, de quo Ptolemaeus, lib. V, c. 15, qua transitus aditusque est in Syriam a Cilicia, et Myriandro. Συρίαι πύλαι, Ptolemaeo, loco citato, et Straboni, lib. XIV, p. 676. HARD.—*Saqqal-Doutan* hodie dicuntur. ED.

17. *Myriandros.* Μυρίανδρος Scylaci, pag. 38, in Syriae Ciliciaeque confinio. HARD. — Veteri nomine etiamnunc agnoscitur. ED.

18. *Amanus.* Quo de monte Cicero multa, lib. V ad Attic. epist. 20, p. 150. Hic enim castra posuit : hinc nomen imperatoris obtinuit. « Amanus, inquit, Ciliciam a Syria aquarum divortio dividit. » HARD. — Nunc *Quezel Dagh.* ED.

19. *Ab Syris.* Vet. apud Dalec. *ab Assyriis.* ED.

XIX. 1. *Coele.* Syria Coele, Κοίλη Συρία : Syria Cava, quoniam inter

LIBER V. 487

Apamiam[2], Marsya amne[3] divisam a Nazerinorum[4] tetrarchia : Bambycen[5], quæ alio nomine Hierapolis vocatur, Syris vero Magog[6]. Ibi prodigiosa Atargatis[7], Græcis autem Derceto dicta, colitur[8] : Chalcidem[9] cognominatam

editissimos montes, Libanum, Antilibanumque depressa et humilis. H.

2. *Apamiam.* Ἀπάμεια Græcis, incolis nunc *Famia*, ad Orontem sita, Strabone teste, lib. XVI, p. 752. HARD. et ED.

3. *Marsya amne.* Hunc esse arbitror quem Græci ob similitudinem aliquam cum amne Macedonico Axium appellarunt : unde nummus exstat apud D. VAILLANT, lib. de Hist. Regum Syriæ, pag. 261, cum epigraphe, ΑΠΑΜΕΩΝ ΤΩΝ ΠΡΟC ΤΩ ΑΞΙΩ. HARD.

4. *Nazarinorum.* Quos, ut arbitror, Apamiensium ab ortu vicinos, juxta Marsyam, Strabo facit, pag. 753, et Φυλάρχους Ἄραβας vocat. Ab his profecti qui versus occasum refugientes, Marsyam Orontemque transgressi, inter Orontem amnem ab ortu, mare mediterraneum ab occasu, Marathum *Tortose* a meridie, a septemtrione Laodiceam, montes incolunt, priscumque retinent nomen, *les Nosairis*, quos indigenas esse nos monet erudit. ROUSSEAU, in mappa jam superius laudata. HARD. et ED.

5. *Bambycen.* Βαμβύκη, Straboni, lib. XVI, pag. 751. Plutarchus in Anton. ἱερὰν πόλιν, ἣν Βορβύκην (lege Βαμβύκην) πρότερον ἐκάλουν. A Seleuco Hierapolim esse appellatam, auctor est Ælianus, Histor. Anim. lib. XII, cap. 2. HARD.

6. *Magog.* A filio Japheth. Nunc *Munbadje*, ut in eadem mappa legi-

mus, haud longe ab Euphrate. Ut autem apud Plinium civitas una e primariis Syriæ Cœles Magog appellata fuisse dicitur : sic apud Ezechielem, cap. XXXVIII : *Gog terra Magog;* gens ipsa Cœles Syriæ est, oriunda a Magog filio Japhet : cujus gentis exercitus penitus interiisse, Nabuchodonosoris victoria, ab Ezechiele, loco citato, dicitur, anno ante Christum 573, desolationis Templi quatuordecimo : anno antequam Nabuchodonosor Tyrum expugnaret, ut Ezechielis capite sequente narratur. HARD. et ED.

7. *Atargatis.* Vet. apud Dalecamp. *Atergatis.* ED. — Strabo, lib. XVI, p. 748, de Hierapoli, ἐν ᾗ τιμῶσιν, inquit, τὴν Συρίαν θεὸν τὴν Ἀταργάτιν. Et pag. 785, eamdem appellatam esse a Ctesia Δερκετὼ docet : ab aliis Ἀθάραν, forte pro Ἀσθάραν. Est enim id numen quod sacræ paginæ Astaroth vocant. Prodigiosam appellat, quod facie hominis esset, reliquo corpore in piscem desinente. Ovidius, Metamorph. lib. IV, v. 44 : « De te, Babylonia, narret, Derceti, quam versa squamis velantibus artus Stagna Palæstini credunt celebrasse figura. » Alii Atargatim, sive Atargatin, muliebri plane forma fuisse aiunt, et matrem esse deum. HARD.

8. *Colitur.* Chiffl. *colit.* ED.

9. *Chalcidem.* Χαλκὶς Συρίας Stephano, et Ptolemæo, lib. V, cap. 15. A Berœa M. P. XVIII, apud An-

ad Belum[10], unde regio Chalcidene fertilissima Syriæ. Et inde[11] Cyrrhestice[12] Cyrrhum : Gazatas, Gindarenos[13], Gabenos[14] : tetrarchias duas, quæ Granucomatæ[15] vocantur, Emesenos[16], Hylatas, Ituræorum[17] gentem, et qui ex iis Bætarreni[18] vocantur : Mariammi-

tonin. Regio ipsa ἡ Χαλκιδικὴ dicta Straboni, lib. XVI, pag. 753, et Ptolem. In Conc. CP. I : *Eusebius Chalcidensis, ex prov. Cœles Syriæ.* HARD. — Nunc *Qinnesrin.* ED.

10. *Ad Belum.* Πρὸς Βήλῳ. Montis id nomen esse videtur, qui sub diversis nominibus ab Oronte ad Chalum, nunc *Quouaicq*, protenditur, et cujus pars Chalcidi vicina, nunc *Djebel-il-Semmaq* appellatur. HARD. et ED.

11. *Et inde.* Versus septemtrionem, Amano monti et Commagenæ contigua, Strabo, lib. XVI, pag. 751. Cicero, lib. V ad Atticum, epist. 18, pag. 147 : « Cyrrhestica Syriæ pars proxima est provinciæ meæ, » nempe Ciliciæ. HARD.

12. *Cyrrhestice.* Pro his vocibus *Cyrrhum, Gazatas*, MSS. Reg. 1, 2, Colbert. 1, 2, Paris. et Vet. Dalec. habent tantum *Yrtieazetas.* Parm. editio *Irneazetes.* Gazatas porro in hoc tractu terrarum, cæterorum Geographorum nemo unus agnoscit. HARD. — Dalecamp. *Cyrrhistica* pro *Cyrrhestice.* ED. — Κυρριστικὴ Ptolemæo, lib. V, cap. 15. Κυρηστικὴ, Straboni, lib. XVI, p. 751. Nummus æreus mediocris formæ, sub Antonino Pio cusus, in Museo nostro Parisiensi exstat, cum epigraphe ΚΥΡΡΗΣΤΩΝ. Videtur Cyrrhestice ea esse, quæ Amos XII, 7, *Cyrene* vocatur : eademque *Libya*, Judith, III, 1. Regioni nomen ab oppido, quod Κύρρος Ptolemæo : Tacito *Cyrrhus*, Annal. lib. II, cap. 57. In Conc. Calched. Κύρος. Theodoreti hæc sedes fuit : qui bidui itinere distare illam ait ab Antiochia, in Hist. Eccles. A Berœa Antoninus, XIII M. P. Hodie *Khoros.* H. et ED.

13. *Gindarenos.* Vet. apud Dalec. *Gindaneos.* ED.—Γίνδαρος ἀκρόπολις τῆς Κυρηστικῆς, arx Cyresticæ regionis, Straboni, lib. XVI, p. 751. *Petrus Gindarensis, ex prov. Syriæ Cœles*, in Conc. Nic. I, p. 51. HARD.

14. *Gabenos. Bassonus Gabenus, ex prov. Syriæ Cœles*, in Conc. Nic. I, pag. 52. HARD.

15. *Granucomatæ.* Chifflet. *Granocumatiæ.* ED. — Γράνου κωμῆται, quasi Grani pagani, sive e Grani pagis. HARD.

16. *Emesenos.* Dalec. *Emisenos.* ED. — Ἐμεσηνοὺς appellat Strabo, p. 753, ab Emesa oppido, de quo cap. 21. De Hylatis cæteri silent. Forte *Heliatas* ab Heliopoli legendum Barbarus suspicatur, cui vix assentimur. HARD.

17. *Ituræorum.* Ἰτουραίων ὀρεινὴν, montana Ituræorum haud procul Chalcidene statuere Strabo videtur, pag. 753 et 755. Tetrarcha Ituræa Philippus, et Trachonitidis regionis: Luc. III, juxta Trachonitas, ex eodem Strabone, pag. 753 et 756. H.

18. *Bætarreni.* Frohenius Barbari conjecturam amplexus, Bætarrenos huc transtulit, quam tertiæ Palæsti-

LIBER V.

tanos[19]: tetrarchiam, quæ Mammisea[20] appellatur: Paradisum[21], Pagras[22], Pinaritas[23], Seleucias præter jam dictam[24] duas, quæ ad Euphraten[25], et quæ ad[26] Belum vocantur, Cardytenses[27]. Reliqua autem Syria habet (exceptis quæ cum Euphrate dicentur[28]), Arethusios[29],

næ, hoc est, Arabiæ Petrææ gentem fuisse ex Stephano constat: Βαιταρρους κώμη μεγάλη τρίτης Παλαιστίνης· οἱ κατοικοῦντες, Βαιταρρηνοί. At vetusti codices longe aliter: nam Reg. 1, 2, Colb. 1, 2, Paris. *Bætocemi.* Reg. 2, Chiffl. Vet. Dalec. et Parm. edit. *Bethemi.* HARD.

19. *Mariammitanos.* In Notitia antiqua Ecclesiast. provinciæ Syriæ secundæ, pag. 58, Ἐπιφάνεια, Μαριάμμη, Σελευκόβηλος. In Conc. Calched. pag. 483: « Paulus episcopus Mariamnæ Syriæ secundæ. » HARD. — Chiffl. *Mariamnitanos.* ED.

20. *Mammisea.* In MSS. *Mamisea.* Haud dubie *Minnizea* scriptum oportuit: nam in Cyrrhestice Antoninus non semel Minnizam commemorat, a Cyrrho dissitam M. P. XX, totidemque a Beroa, quæ et ipsa Cyrrhesticæ ab eodem adjudicatur, ut diximus. Namque in recensendis Cyrrhestices oppidis gentibusque, Plinius modo totus habitat. HARD.

21. *Paradisum.* Παράδεισος πόλις Συρίας Stephano. Laodicenæ regioni a Ptolemæo adscribitur, lib. V, c. 15. HARD.

22. *Pagras.* Juxta Gindarum, de qua proxime dictum est. Strabo, l. XVI, pag. 751, Τῇ δὲ Γινδάρῳ συνάπτουσιν αἱ Πάγραι, prope Amani transitum, qua ex portis Amanidibus appellatis in Syriam itur. H.

23. *Pinaritas.* Πίναρα, juxta Pagras in Pieria, apud Ptolemæum, lib. V, cap. 15, unde Πιναρίται. H.

24. *Jam dictam.* Cap. superiore. HARD. — Chiffl. *jam dictas.* ED.

25. *Ad Euphratem.* Cujus sedis episcopus fuisse videtur Byzus Seleuciensis, cujus subscriptio legitur in Concil. CP. I, pag. 955, inter episcopos provinciæ Syriæ Cœles, cum Apameense, Epiphaniense, et Seleucobelitano. HARD.

26. *Ad Belum.* Montis id nomen, ut superius diximus. Σελευκείας πρὸς Βέλῳ, meminit Ptolemæus, in Cassiotide, lib. V, cap. 15, inter Antiochiam et Larissam. In Conc. CP. I, pag. 955, *Marcianus Seleucobelitanus.* In Conc. Calched. Act. IV, pag. 487, « Eusebius episcopus Seleucobeli, Syriæ secundæ. » Σελευκόβηλος Stephano, p. 592. *Schoghr* nunc vocatur. HARD. et ED.

27. *Cardytenses.* Ab oppido, de quo Stephanus, p. 356, Καρδύτος, πόλις Συρίων μεγάλη, ex Hecatæi periegesi Asiæ: τὸ ἐθνικὸν Καρδύτιος. Tamen series litterarum poscere videtur, ut legatur, *Tardytenses.* H. —Dalec. *Carditenses.* ED.

28. *Dicentur.* Cap. seq. HARD.

29. *Arethusios.* In Notitia antiqua Ecclesiastica, provinciæ Syriæ secundæ, oppida hæc recensentur, Ἀπάμεια, Λάρισσα, Ἐπιφάνεια, Ἀρέθουσα, etc. Antoninus in itinere ab Antiochia Emesam, ab Epiphania Arethusam collocat, XVI M. P. pari ab Emesa intervallo. HARD. — *Re-*

Berœenses[30], Epiphaneenses[31]. Ad Orientem Laodicenos, qui ad Libanum[32] cognominantur, Leucadios[33], Larissæos[34], præter tetrarchias in regna descriptas barbaris nominibus XVII.

XX. (XXIV.) Et de Euphrate hoc in loco dixisse aptissimum fuerit. Oritur[1] in præfectura Armeniæ majoris Caranitide[2], ut prodidere ex iis, qui proxime viderant[3], Do-

stan nunc vocatur, auctore D'ANVILLE. ED.

30. *Berœenses*. Ab urbe, quæ Beroa Antonino, in Cyrrhestice. Græcis Βέρροια, Βέροια, et Βερόη, teste Stephano. In Conc. CP. I, p. 955, *Acacius Berœensis*, ex prov. Syriæ Cœles. Hodie *Hhaleb*, vulgo *Alep*, emporium orientis celeberrimum. Qui hodie Græci episcopi Aleppi sedem habent, *episcopi Berœenses* subscribunt. Nicetas Chon. in Joan. Comm. p. 19: Ἐπιστὰς δὲ τῷ Χάλεπ, τὸ δ' ἐστὶν ἡ πάλαι λεγομένη Βέρροια. Nicephorus Callist. lib. XIV, cap. 39, pag. 526, ἀπὸ Βηῤῥοίας, εἴη δ' ἂν αὕτη τὸ Χάλεπ. Sic etiam Zonaras et Cedrenus. Aleppi hodie amnis est exiguus, qui mœnia præterfluit: quem *Quouaiq* incolæ vocant, ut sup. diximus. HARD. et ED.

31. *Epiphaneenses*. Dalec. *Epiphanenses*. Larissam inter et Arethusam, pari utrimque XVI M. P. intervallo disjuncta Epiphania collocatur ab Antonino in Itin. In Conc. Nic. I, pag. 51, *Mauricius Epiphaneensis*, inter episcopos provinciæ Syriæ Cœles. In Conc. CP. I, p. 955, *Eusebius Epiphaniensis*. Nunc *Hhama*, ut omnes confitentur. H.

32. *Qui ad Libanum*. In numinis Antonini Severi, ΛΑΟΔΙΚ. ΠΡΟC ΛΙΒΑΝ. A Laodicea libera, sive maritima, de qua diximus capite superiore, ut cognomine, ita et situ Laodicea hæc diversa. HARD.

33. *Leucadios*. De hac Leucade Asiatica cæteri scriptores silent. Sunt hæc a Macedonibus, dum rerum in Asia potirentur, græca urbibus imposita nomina, quibus sua jam essent alia Syra et vernacula. Nam id de Larissa Stephanus docet, pag. 410, Λάρισσα Συρίας, ἣν Σύροι Σίσαρα καλοῦσιν. HARD.

34. *Larissæos*. Vicinam Apameæ Larissam facit Strabo, lib. XVI, p. 752. Mediam inter Apameam et Epiphaniam, Antoninus. In altera autem Orontis ripa sita fuit, ubi nunc reperitur vicus *Scheizer* dictus. In Conc. Nic. I, pag. 51, *Leontius Larissæus*, inter episcopos provinc. Syriæ Cœles. HARD. et ED.

XX. 1. *Oritur*. Habet hæc Solinus, cap. XXXVII, pag. 66. HARD.— Euphrates nunc incolis *Il Ferat* dicitur, nonnunquamque etiam *Mourad-sou*, hoc est, desiderii aqua; quod quidem nomen minus recte, ut videtur, Arsaniæ, de quo infra, not. 15, attribuit. ED.

2. *Caranitide*. Ipsa est quam Κάρηνῖτιν Strabo vocat, lib. XI, pag. 528, minori Armeniæ a quibusdam attributa: adjuncta deinde majori est. HARD.

3. *Viderant*. Sic in Chifflet. cod. Dalec. *viderunt*. ED.

LIBER V.

mitius Corbulo, in monte Aba [4] : Licinius Mucianus sub radicibus montis, quem Capoten [5] appellant, supra Zimaram [6], XII M. pass. initio Pyxirates nominatus. Fluit Derxenen [7] primum, mox Anaiticam [8], Armeniæ [9] regiones a Cappadocia excludens. Dascusa abest a Zimara, LXXV M. passuum. Inde navigatur Pastonam [10], quinquaginta M.

4. *In monte Aba.* Straboni, lib. XI, pag. 527, ac Ptolemæo, lib. V, cap. 13, Ἄβος appellatur, unde Euphrates prolabitur, Araxesque. MSS. tamen Reg. 1, 2, Colb. 1, 2, Chiffl. habent, *in monte Aga :* et Eustathio quidem in Dionys. pag. 125, dicitur Ἄκος ὄρος. HARD.

5. *Capoten.* Ita etiam Solinus, loc. citat. *Capodem* Martianus legit, lib. VI, cap. de Euphrate, p. 220. *Catoten* in libro de Mensura orbis terræ MS. legimus. HARD.

6. *Supra Zimaram.* Libri editi hactenus, *supra Simyram*, insigni menda : nam Simyra urbs est Syriæ, de qua diximus cap. 17, in ora mediterranei maris. At MSS. Reg. 1, 2, Colb. 1, 2, et Paris. *supra Zimaram :* itemque inferius, *Dascusa abest a Zimara*, quemadmodum et in Parmensi editione legitur. Ptolemæo, lib. V, cap. 7, inter urbes minoris Armeniæ recensetur, παρὰ τὸν Εὐφράτην, Ζιμάρα, Δάσκουσα. Antonino pariter in Itin. Zimara, dicitur in minore Armenia, itinere per Euphratis ripam, a Satala Melitenen :

Analiba Zimaram. . M. P. XVI.
Teucilam. . . . . . . M. P. XVI.
Sabus . . . . M. P. XXVIII.
Dascusam . . . . . M. P. XVI.

Et Tabul. Peutingeriana, segmento septimo :

Zimara . . . . . . XVIII.
Zenocopi . . . . . . XVIII.
Vereuso. . . . . . . XIII.
Saba . . . . XVIII.
Dascusa . . . . . . XVIII.

Sic ille Zimara Dascusam usque, LX millia passuum : ista, LXVII colligit : Plinius LXXV. HARD.

7. *Derxenen.* Ita etiam MSS. Sed multo rectius arbitror Xerxenen, Ξερξηνὴν, ut Straboni, lib. XI, p. 528. Stephano, Ξερξήνη, a Xerxe dicta regio, ut a Cambyse Cambysene : Armeniæ minori conterminа : Ξερξήνη... τῇ μικρᾷ Ἀρμενίᾳ ὅμορος. HARD.

8. *Anaiticam.* Dalec. *Anactiam.* Jos. Gor. apud Dalec. *Anaitiam.* ED. — A cultu deæ Ἀναΐτιδος, cui præcipue addictos fuisse Armenios docet Strabo, lib. XI, p. 532, nomen regioni factum videtur, vel loco potius in quo ejus deæ fanum fuit : de quo rursum Plinius, l. XXXIII, cap. 24 : « Templum Anaitidis, inquit (quo sit situ terrarum nomen hoc significavimus), numine gentibus illis sacratissimo. » HARD.

9. *Armeniæ.* Majoris scilicet Armeniæ, a Cappadociæ parte, quæ minori Armeniæ adscripta aliquando est, majori prætenta, ut dicetur lib. VI, cap. 3. HARD.

10. *Pastonam.* Reg. 1, 2, Colb. 1, 2, Paris. Chiffl. *Sartonam.* HARD. — Nunc *Pastek*, auctore D'ANVILLE, ED.

passuum. Melitenen[11] Cappadociæ, xxiv mill. passuum. Elegiam Armeniæ[12] decem mill.[13] passuum, acceptis fluminibus Lyco[14], Arsania[15], Arsano. Apud Elegiam occurrit ei Taurus mons : nec resistit[16], quamquam xii mill. pass. latitudine prævalens. Omiram[17] vocant irrumpentem :

11. *Melitenen.* Quæ minoris Armeniæ metropolis dicitur Procopio, Bell. Pers. lib. I. Ammianus, lib. XIX, pag. 144 : « Exindeque Melitinam minoris Armeniæ oppidum venimus : » quod iterum repetit, l. XX, p. 172. Apud scriptores belli sacri, *Malotina* scribitur. Nunc *Malatia.* De ea rursum lib. VI, cap. 3. *Melitenem Cappadociæ XXIV.* Restituimus librorum admonitu , Reg. 1, 2, Colb. 1, 2 , Paris. et Chiffl. quum prius perperam scriberetur LXXIV. At ne tantumdem intervalli a Dascusa quidem Melitenen usque statuit Antoninus, aut Tab. Peuting. Nam ille L M. P. ista LXIII omnino computat. HARD.

12. *Elegiam Armeniæ.* Chifflet. *Elegeam.* Et idcirco trans Euphratem posita intelligitur, ut Melitene e contrario cis amnem eum, quia Cappadocicæ ditionis. Stephanus , p. 257, Ἐλέγεια, χωρίον πέραν Εὐφράτου. Nunc *Ilija,* si audiatur D'ANVILLE. HARD. et ED.

13. *Decem mill.* Infra Melitenen, ad amnis ripam. HARD.

14. *Lyco.* De Lyco qui in Euphratem influat, nemo alius. Neque enim aut Ptolemæi Λευκὸς, aut Curtii Lycus huc pertinet, ut falso existimavit Ortelius : nam is Assyriæ amnis est, in Tigrinque delabitur. HARD. — Ex fontibus innumeris qui ab incolis *Bing-gheul,* quod significat mille fontes, vocantur, eum conflatum putat D'ANVILLE. ED.

15. *Arsania.* Ἀρσανίας ποταμὸς, Dioni, l. XLII, p. 710, et Plutarch. in Lucullo, pag. 513. De Arsano cæteri scriptores silent. HARD. — Vid. sup. not. 1. ED.

16. *Nec resistit.* Vet. apud Dalec. « Tanquam xii m. pass. latitudine perforata prævalenti. » Alii : « nec resistit aquæ prævalenti. » ED. — Nec mons, inquit, amni resistit, namque eum perfringit Euphrates, etsi latum ea parte xii millibus pass. Sive, Taurum intrat Euphrates, penetratque, per latitudinem xii millium. Solinus hæc quoque iisdem verbis, cap. xxxvii, pag. 66. H.— Locus qua penetrat *Col de Nushar* hodie vocatur. ED.

17. *Omiram.* R. 1, aliique MSS. *Ommam.* Et mox : *saxuosum,* pro *saxosum.* In libro Judith, cap. 2, 12, dicitur Holofernes, « quum pertransisset fines Assyriorum, venisse ad magnos montes Ange, qui sunt a sinistro Ciliciæ. » Hic est mons Taurus. *Fines* autem *Assyriorum,* ipse amnis Euphrates ibi est, ubi nondum Euphrates, sed *Omiras* vocabatur. Quam ob causam accuratus scriptor maluit *fines Assyriorum* dicere, quam Euphratem. Assyria eo ævo dicebatur, ut ostendimus in Tractatu de situ Paradisi terrestris, quæ nunc Mesopotamia est. Versu deinde 14, ubi legitur de eodem Holoferne ; *Et transivit Euphratem,*

LIBER V.

mox ubi perfregit[18], Euphraten : tum quoque[19] saxosum ac violentum. Arabiam inde læva[20], Oreon[21] dictam regionem, trischœna[22] mensura, dextraque[23] Commagenen[24] disterminat, pontis tamen, etiam ubi Taurum expugnat, patiens. Apud Claudiopolim Cappadociæ[25], cursum ad 3 occasum solis agit. Primum[26] hunc illi in pugna Taurus aufert : victusque et abscissus sibimet, alio modo vincit, ac fractum[27] expellit in meridiem. Ita naturæ dimicatio

---

et venit in Mesopotamiam Syriæ, et fregit omnes civitates excelsas, quæ erant ibi, a torrente Mambre, usquequo perveniatur ad mare, mediterraneum scilicet; *torrens Mambre videtur ipse Euphrates esse, ubi Taurum montem perfregit,* ut ait Plinius *tum quoque saxosus et violentus.* H.

18. *Perfregit, Euphraten.* Tolet. *perfregit cornu, Euphraten.* ED.

19. *Tum quoque saxosum.* Dalec. *ultra quoque saxosum.* Chiffl. *saxuosum.* ED.

20. *Arabiam inde læva.* Nempe ab ortu. Arabiam veteres ad loca Armeniæ finitima extendebant. Hinc Mesopotamiam accenset Arabiæ Xenophon, lib. I, Ἀναβάσ. Atque ita hoc loco Plinius Arabiam vocat, eam Mesopotamiæ partem, quæ proxima Armeniæ est. HARD.

21. *Oreon.* Hactenus editum fuerat, *Merorum.* At MSS. Reg. 1, 2, Colb. 1, 2, Paris. Chiffl. et Rigalti teste Salmasio, pag. 625, in Solinum, *Moræon.* Nos *Oreon* scribimus, Ὀρείων, hoc est, Montanorum, altero Plinii testimonio adducti, scribentis lib. VI, c. 9 : « Quod interest ibi, tenent Arabes Orei. Sic finem usque in Adiabenen perfert. » H.

22. *Trischœna.* Amnem ibi latum esse ait schœnis tribus : qua de mensura dictum est superius, cap. 11.

23. *Dextraque.* Occidentali latere fluvii. HARD.

24. *Commagenen.* Dalec. *Comagenen.* ED.

25. *Claudiopolim Cappadociæ.* Quam rursum minori Armeniæ Ptolemæus adjudicat, lib. V, cap. 7, in Cataonia præfectura, quæ Commagenæ prætenditur, ut ait Plinius, lib. VI, cap. 3. HARD.

26. *Primum hunc.* Hanc omnium codicum conditivorum lectionem Pliniani editores sic interpolarant : « Primo hunc illi impugnatus cursum Taurus aufert. » HARD. — In Basiliensi cod. legitur : « Primum hunc illi impugnatus Taurus aperit. » DALEC. — Hunc, inquit, amnis cursum, quem versus occasum solis ibi flectere incipit, Taurus abrumpit : atque hæc prima veluti Tauri victoria, in ea pugna quam invicem habent : victusque et abscissus sibimet, atque perfractus, alio modo vincit : cursu enim versus occasum solis inhibito, fractum amnem expellit in meridiem, *ni Taurus obstet, in nostra maria,* hoc est, mediterranea *venturum,* inquit Mela, l. III, cap. 8, pag. 61. HARD.

27. *Ac fractum.* Quidam legunt : *ac fractum cursum.* DALEC.

illa æquatur, hoc eunte[28] quo vult, illo prohibente ire qua velit. A catarractis[29] iterum navigatur, XL M. pass. inde[30] Commagenes caput Samosata[31].

1 XXI. Arabia supra dicta, habet oppida : Edessam[1], quæ quondam Antiochia dicebatur, Callirhoen[2] a fonte nominatam : Carrhas[3] clade Crassi nobiles. Jungitur præfectura Mesopotamiæ, originem[4] ab Assyriis trahens, in

28. *Hoc eunte qua vult, illo prohibente ire q. vult.* Euphrate quidem in mare pergente, quo vult ire, sed non qua vult : avertente Tauro monte cursum, quem in occasum destinabat. HARD.

29. *A catarractis iterum navigatur.* Ab eo loco ubi fractus a Tauro monte Euphrates expellitur in meridiem : non ab Elegia, ut Salmasius credidit in Solinum, pag. 628. HARD.

30. *XL M. pass. inde.* A catarractis, et Claudiopoli. A Melitene vero usque Samosata, per Euphratis ripam numerat Antoninus in Itiner. LXXXIV M. P. HARD.

31. *Samosata.* Hodie *Semisat*, ad Euphratem. Nummus Hadriani, apud Patin. pag. 201, ΦΛΑ. CAMO. MHTPO. KOM. Hoc est, Φλαουΐας Σαμοσάτης Μητροπόλεως Κομμαγηνῆς. Commagenem posterior ætas Euphratesiam appellavit. Procop. Bell. Pers. lib. I, pag. 49. HARD.

XXI. 1. *Edessam, quæ quondam Antiochia dicebatur.* Mesopotamiæ cæteri vulgo adscribunt : Notitia antiqua Eccles. Edessam et Carrhas, Osroenæ. Nunc vulgo creditur esse *Rhea*, quæ alio nomine *Orfa* dicitur. HARD. et ED.

2. *Callirhoen.* Edessæ hoc cognomen alterum, ut Stephanus indicat, verbo Ἀντιόχεια : quum octavam eo nomine urbem ait esse, ἐπὶ τῆς Καλλιρόης λίμνης. Multo vero apertius nummus Antiochi IV, cujus ectypum exhibet D. VAILLANT, lib. de Histor. Regum Syriæ, p. 199, cum hac epigraphe, ΑΝΤΙΟΧΕΩΝ ΤΩΝ ΠΡΟΣ ΚΑΛΛΙΡΟΗΝ. Neque enim hic nummus ad Callirhoen illam pertinet, sitam in Palæstina ad Jordanem, de qua diximus cap. 15, quamquam vir eruditus ita existimavit : nam quis veterum Antiochiæ nomen ei oppidulo dedit, quod Edessæ tot monumenta adserunt? HARD.

3. *Carrhas.* Dalec. *Carras :* Chiffl. *nobile*, non *nobiles*. ED. — De utriusque Crassi clade, M. patris, et P. filii, consulendi romanarum rerum scriptores : Dio, lib. XL, p. 132 ; Valer. Maxim. lib. I, c. 6 ; Florus, lib. III, cap. 11, pag. 127 ; Ammianus, lib. XXIV, etc. Stephano, Κάῤῥαι, πόλις Μεσοποταμίας. Nunc *Harran*. Nummus Severi Alexandri ex ære, mediæ formæ, in Museo nostro Paris. MHT. KOA. KAPPHNΩN. Hoc est, *metropolis colonia Carrhenorum.* HARD.

4. *Originem ab Assyriis trahens.* Dalecamp. *originem a Syris trahens.* Chiffletian. *ab Assyriis originem trahens.* ED.

qua Anthemusia[5] et Nicephorium[6] oppida. Mox Arabes, qui Retavi[7] vocantur : horum caput Singara[8]. A Samosatis autem, latere Syriæ, Marsyas[9] amnis influit. Cingilla[10]

5. *Anthemusia.* Ἀνθεμουσία Straboni, lib. XVI, pag. 747, in Mesopotamia. Tacitus, Annal. lib. VI, pag. 148 : « Nicephorium, et Anthemusiada, cæterasque urbes, quæ a Macedonibus sitæ, græca vocabula usurpant. » Indigenis Χάρανα Σίδου Anthemusiam appellatam esse, auctor est Isidorus Charac. ἐν Σταθμοῖς, p. 185. Nummum Avenione et Massiliæ sibi visum esse, ex ære minimo, scripsit ad nos amicus ex urbe Roma, sub Antonino Severi F. percussum, hoc titulo : ΑΥ. Κ. ΑΝΤΩΝΙΝΟC. capite laureato..)(. Caput muliebre turritum ac velatum, symbolum liberæ civitatis : epigraphe, ΑΝΘΕΜΟΥCΙΩΝ. Hard.

6. *Nicephorium.* Νικηφόριον, ἡ περὶ Ἔδεσσαν πόλις, Stephano. H.—Illius locum tenere videtur *Raca.* Ed.

7. *Retavi.* Reg. 1, 2, Colb. 1, 2, *Prætavi.* Hard.— Leg. *Prætavi.* In editione principe, *Prætani.* In recentioribus, *Retavi.* Brot.

8. *Singara.* Stephanus : Σίγγαρα πόλις Ἀραβίας πρὸς τῇ Ἐδέσσα. Ibi Singarensis pugna Constantii Imp. adversus Chosroen Persarum regem, de qua nos egimus in notis ad Themistium, orat. I. Hard. — Nunc *Sinjar.* Brot.

9. *Marsyas amnis.* De quo dictum est cap. 17. Nunc *Sandjé* vocant, Syrorum voce antiqua : nam et Σίγγας Ptolemæo dicitur, l. V, c. 15. Hard. et Ed.

10. *Cingilla.* Hoc maxime omnium loco grassata interpolatorum audacia est, qui sic ediderunt :

« Gingla Commagenem finit, Merorum civitas incipit. » En iterum Merorum Arabum per summam vim obtrusa mentio. At MSS. Reg. 1, 2, Colb. 1, 2, et Paris. quin et Rigalt. codex, ita referente Salmasio, pag. 630, in Solinum, sic exhibent : « Cingilla Commagenen finit, Imen civitas incipit. » Certe quæ Cingilla Plinio, ea est quæ Ptolemæo, lib. V, cap. 15, Κεκιλία Cyrrhestices post Europum ad Euphratem civitas appellatur : sed verius a Plinio Commagenæ adscribitur : Imma vero, seu Imme, quam hodie *Harem* vocari ait d'Anville, Ptolemæo eidem Seleucidis est, quæ Commagenæ proxima quum sit, ab novissimo ejus oppido Commagenen incipere, indubitata profecto conjectura est. Mentio ejus oppidi est etiam in Hieronymi chronico, Aureliani Imper. anno 2 : « Zenobia apud Immas haud longe ab Antiochia vincitur. » Sic enim MS. codex noster exhibet : ubi corrupte libri vulgati, *apud Timas.* Immes, sive Immarum, meminit præterea Hieronymus in vita Malchi, cap. 11 : « Perveni tandem ad Eremum Chalcidos, qui inter Immas et Berœam magis ad austrum sita est. » Ubi Colon. editio, *inter Emmam* habet. Quod autem Salmasius, loco citato, *Guindarum* pro *Cingilla* reponit, et vim codicibus antiquis facit, et Plinii ipsius auctoritati ac diligentiæ detrahit plurimum : si Gindarenos, quos proxime antea, cap. 19, Cyrrhesticæ regioni attribuit, nunc sui

Commagenen finit, Imme civitas incipit. Oppida[11] alluuntur Epiphania[12] et Antiochia[13], quæ ad Euphraten vocantur. Item Zeugma[14], LXXII millibus passuum a Samosatis, 2 transitu Euphratis nobile. Ex adverso[15] Apamiam Seleucus, idem utriusque[16] conditor, ponte junxerat. Qui cohærent Mesopotamiæ, Rhoali vocantur. At in Syria oppida, Europum[17], Thapsacum[18] quondam, nunc Amphipolis[19].

immemor Commagenæ adjudicet. HARD. — Pinet. *fluvius Singa Comagenem*, etc. DALEC.

11. *Oppida.* In Commagene. H.

12. *Epiphania.* Ἐπιφάνεια altera ab ea, cujus cives Epiphaneenses vocati, cap. 19. Isti enim ab Euphrate sejuncti procul: hæc eo amne alluitur, et ab eo cognominatur, Ἐπιφάνεια παρ' Εὐφράτην: nec de ea dicturum se Plinius pollicitus est ante, quam de Euphrate diceret. HARD.

13. *Antiochia.* Ipsa esse videtur Ἀντιόχεια πρὸς Ταύρῳ ὄρει, Antiochia ad montem Taurum, cujus urbis ima allueret Euphrates. Hanc in Commagene quoque statuit Ptolemæus, lib. V, c. 15, et Stephanus: sed ab Euphrate ille, ut opinor, longiuscule summovet. HARD.

14. *Item Zeugma.* Hac Parthi solent Euphratem transire. Dio, lib. XLIX, p. 403. Huic riparum junctioni nomen suum Ζεῦγμα debet. Hac Bacchus Indiam petiturus, hac Alexander Macedo transmisit Euphratem, ut ait Plinius, l. XXXIV, cap. 43, et Strabo, lib. XVI, pag. 746, ponte videlicet ferreis catenis juncto. Quare Zeugma Pellæum dicitur Lucano, lib. VIII, v. 237, a Pellæo juvene, hoc est, Alexandro.

H.—*Roum Qala* hodie vocatur. ED.

15. *Ex adverso.* Zeugmatis. Hæc porro Apamia trans Euphratem sita ea est, de qua Stephanus, verbo Ἀπάμεια. Ἔστι καὶ τῆς Περσαίας, Ἐδέσσης πρὸς ἄρκτους. « Est et alia, inquit, Persici juris, quæ Edessæ ad septemtrionem objacet. » Latuit hoc Stephani interpretem. Persis diu Mesopotamiam paruisse, exploratum est. HARD.

16. *Utriusque.* Zeugmatis et Apameæ. HARD.

17. *Europum.* Εὐρωπὸς Συρίας, Stephano, pag. 280. Cyrrhesticæ a Ptolemæo adjudicatur, uti et Zeugma ipsum inter oppida quæ Euphrati adjacent, παρὰ τὸν Εὐφράτην πόλεις. HARD.

18. *Thapsacum.* Θάψακος, πόλις Συρίας πρὸς Εὐφράτῃ, Stephano. A Zeugmate Thapsacum duobus stadiorum millibus, hoc est, M. P. CCL distare auctor est Strabo, l. XVI, p. 747. HARD. — *El-Der* nunc dicitur. ED.

19. *Amphipolis.* E Thapsaci ruinis excitata, ad Euphratem, a Seleuco. Indigenæ *Turmeda* appellabant. Stephanus verbo, Ἀμφίπολις· Ἔστι καὶ πόλις Συρίας, πρὸς τῷ Εὐφράτῃ, κτίσμα Σελεύκου. Καλεῖται δὲ ὑπὸ τῶν Σύρων Τούρμεδα. HARD.

Arabes Scenitæ[20]. Ita fertur usque Uram[21] locum, in quo conversus ad Orientem relinquit Syriæ Palmirenas solitudines, quæ usque ad Petram urbem, et regionem Arabiæ Felicis appellatæ, pertinent.

(xxv.) Palmira[22] urbs nobilis situ, divitiis soli, et aquis amœnis, vasto undique ambitu arenis[23] includit agros, ac velut terris exempta a rerum natura, privata[24] sorte inter duo imperia summa, Romanorum Parthorumque, et prima in discordia semper utrimque cura. Abest a Seleucia[25] Parthorum, quæ vocatur ad Tigrin, CCCXXXVII[26] mill. passuum : a proximo vero Syriæ littore, CCIII millibus : et a Damasco viginti[27] septem propius.

(xxvi.) Infra Palmiræ solitudines, Stelendena[28] regio est, dictæque[29] jam Hierapolis, ac Berœa, et Chalcis. Ultra

20. *Arabes Scenitæ.* Palmirenarum solitudinum vicini. De his dicemus uberius, libro sequente, cap. 32. H.

21. *Uram.* Quæ nunc Ura dicitur, eadem mox addito sibilo Sura vocatur : a Ptolemæo quidem, lib. V, cap. 15, Σοῦρα. Verum quum latere Syriæ et Palmirenes ea sit posita, Plinio teste, et Ptolemæo, sive Uram, sive Suram appellaveris, inanis est Bocharti conjectura, Geograph. part. 1, lib. II, cap. 6, p. 87, existimantis hanc esse Ur Chaldæorum, seu Babyloniæ, quæ longo hinc terrarum est intervallo disjuncta, citra tamen ulteriorem Euphratis ripam. At Uram Plinianam eam esse credimus, quæ in Notit. Eccles. antiqua, pag. 37, Σύριμα; in altera, pag. 59, Ὁρίμων appellatur, in provincia Euphratesiæ. Vide ea quæ mox addituri sumus, quum Suram iterum Plinius appellabit. Hard.

22. *Palmira.* Nunc *Tadmor.* Manent magnifica urbis monumenta, quæ multa cum laude descripsere Cll. Wood et Dawkins, *les Ruines de Palmyre.* Brot.

23. *Arenis.* Proponebat Dalec. *arenosos.* Ed.

24. *Privata sorte inter duo imperia summa.* Sui juris, nec Romanis subjecta, nec Parthis. Hard.

25. *Seleucia.* Σελεύκεια ἐπὶ τοῦ Τίγρητος, Appiano in Syriacis, pag. 125. De ea multa dicenda, lib. VI, cap. 30. Hard.

26. *CCCXXXVII.* Ita Reg. 1, 2, Colbert. 1, 2, Paris. Chiffl. non DXXXVII, ut editi. Et mox, CCIII, non CCLII. Hard.

27. *Viginti septem propius.* Igitur abest a Damasco, CLXXVI, quod intervallum et nos esse accepimus ab iis qui viderunt. Hard.

28. *Stelendena.* Cæteris scriptoribus de ea regione silentium. H.

29. *Dictæque jam.* Cap. 19. H.
— Vet. apud Dalec. « dictaque jam Hierapolis. At vero et Calchis. » Ed.

Palmiram quoque ex solitudinibus iis aliquid obtinet Emesa[30] : item Elatium, dimidio propior Petræ, quam Damascus. A Sura[31] autem proxime est Philiscum, oppidum Parthorum ad Euphratem. Ab eo Seleuciam[32] dierum decem navigatio, totidemque fere Babylonem. Scinditur[33] Euphrates a Zeugmate octoginta[34] tribus M. pass. circa vicum Massicen : et parte læva in Mesopotamiam vadit per ipsam Seleuciam, circa eam præfluenti[35] infusus Tigri. Dexteriore[36] autem alveo Babylonem, quondam Chaldææ caput petit, mediamque permeans, item quam Otrin[37] vocant, distrahitur[38] in paludes. Increscit autem[39] et ipse Nili modo statis diebus, paulum differens, ac Mesopotamiam inundat, sole obtinente vicesimam partem Can-

---

30. *Emesa.* Dalec. *Hemesa.* ED. — Ἔμισσα Ptolemæo, lib. V, c. 15, in Apamene. Hinc Eusebius Emissenius episcopus. Nummus Antonini apud Patinum, pag. 228, EMICHNΩN. Trebellius Pollio in Aureliano Emessam vocat. In nummo Juliæ Domnæ, pag. 290, EMICΩN KOΛΩNIAC. HARD.

31. *A Sura.* Hic Pliniani editores *Asura*, *Arura* alii, Dalecampius *Assur* reponit: quum perspicua admodum planaque scriptoris sententia sit, ab Ura, sive Sura, quod novissime appellavit, ex iis oppidis, quæ Euphrati confinia sunt, sequi proxime Philiscum, etc. Et Ortelius tamen Thesaurum suum locupletavit hac voce *Asura*, corrupti hujus loci fide, ut numerus cresceret oppidorum. HARD. — Chiffletian. « Assur autem proxime est, Philiscum oppidum, Parthorumque. » ED. — Est hæc Flavia Firma Sura, de qua in Notitia Imp. Rom. cap. XXIV, pag. 41, sub dispositione Ducis Syriæ et Euphratensis. HARD.

32. *Ab eo Seleuciam.* Martianus, lib. VI, cap. de Euphrate, p. 220.

33. *Scinditur.* Chifflet. *scinditur enim.* ED.

34. *Octog. tribus.* Leg. DLXXXXIV. Ita MSS. Reg. 1, 2, et editio princeps. In MS. Reg. 5, LXXXIV. In recentioribus editionibus, LXXXIII. Majorem numerum postulat locorum situs. BROT. — Chiffletianus, DLXXXIII. ED.

35. *Circa eam.* Est enim Seleucia in confluente Euphratis fossa perducti, atque Tigris, ut dicetur lib. VI, c. 30. HARD. — Chiffl. *circaque eam.* ED.

36. *Dexteriore.* Occidentali. H.

37. *Otrin.* MSS. omnes, *Mothi.*H.

38. *Distrahitur.* Vide Philostrat. lib. I de vita Apoll. cap. 14, pag. 29. HARD.

39. *Increscit autem.* Solinus, cap. XXXVII, pag. 66. Auctor libri de Mensura orbis terræ, MS. Strabo, lib. XVI, pag. 740. HARD.

LIBER V.

cri : minui incipit in Virgine[40], et Leone transgresso. In totum vero remeat in vicesima nona parte Virginis.

XXII. (XXVII.) Sed redeamus ad oram Syriæ, cui proxima est Cilicia. Flumen Diaphanes, mons Crocodilus, portæ Amani[1] montis. Flumina : Andricus, Pinarus[2], Lycus : sinus Issicus[3]. Oppidum Issos, inde Alexandria[4] : flumen Chlorus, oppidum Ægæ[5] liberum, amnis Pyramus[6], portæ Ciliciæ[7] : oppida, Mallos[8], Magarsos[9], et

40. *In Virgine.* Forte, *in Virginem e Leone.* MSS. *In Virgine et Leone transgresso.* HARD.—Dalecamp. edit. *in Virgine, Leone transgresso,* deleta vocula *et.* Conjiciebat vero Dalec. *in Virginem a Leone transgresso.* ED.

XXII. 1. *Portæ Amani.* Vet. ap. Dalecamp. *Parte,* non *Portæ.* ED.— Angustiæ sunt, qua ex Amano monte atque interiore Cilicia in Syriam est aditus. Ἀμανικαὶ πύλαι Ptolemæo, lib. V, cap. 8. Ἀμανίδες πύλαι Straboni, lib. XIV, pag. 676, prope Ægæas. HARD.

2. *Pinarus.* Stephanus, verbo Ἰσσός : ἐκεῖ δὲ καὶ ποταμὸς Πίναρος ὀνομαζόμενος. Straboni, loco citato, Ἰσσὸς πολίγνιον, καὶ ποταμὸς Πίνδος, scribo Πίναρος. HARD.—*Deli-sou* hodie vocatur, auctore D'ANVILLE. ED.

3. *Sinus Issicus.* Hodie *golfe de Scanderoun,* sive *d'Alexandrette,* ab urbe de qua mox. Issus, nunc *Payas* dictus videtur; Græcis Ἰσσός. Mela de eo oppido, et sinu, lib. I, cap. 13 : « At in recessu intimo locus est magni aliquando discriminis, fusorum ab Alexandro Persarum, fugientisque Darii spectator, ac testis. Nunc ne minime quidem, tunc ingenti urbe celebris Isso fuit, et hac re sinus Issicus dicitur. » H. et ED.

4. *Alexandria.* Vet. apud Dalec.

inde est Alexandria, addita voce *est.* Stephano, Ἀλεξάνδρεια Κιλικίας. In Conc. Nic. I, *Hesychius Alexandriæ minoris,* ex provincia Ciliciæ. Nunc, ut modo diximus, *Alexandrette,* sive *Scanderoun.* HARD. et ED.

5. *Ægæ.* Dalecamp. *Æge.* ED.— Αἰγαὶ Stephano, et Ptolemæo, lib. V, cap. 8 ; Philostrato quoque, lib. I, cap. 5 ; Straboni, lib. XIV, pag. 676, Αἰγαῖαι. In Conc. Nic. I, *Tarcondimantus Ægetanus,* ex provinc. Ciliciæ. In Conc. Antioch. I, idem *Ægeates* appellatur. HARD.—Hodie *Aias.* ED.

6. *Pyramus.* Πύραμος, ποταμὸς ἐν Μάλλῳ τῆς Κιλικίας Stephanus. Mela quoque, lib. I, cap. 13 : « Pyramus Isso prior Mallon præterfluit. » Et Scylax, pag. 38. HARD. — *Geihoun* seu *Djihoun* hodie dicitur. ED.

7. *Portæ Ciliciæ.* Per Tauri montis angustias in Ciliciam transitus. H.

8. *Mallos.* Μαλλὸς Ptolemæo, aliisque. Incolæ Μαλλῶται dicuntur. Hodie *Mallo.* In libro Judith, cap. II, 13, videtur hæc esse *civitas opinatissima Melothi,* juxta *filios Tharsis.* HARD.

9. *Magarsos.* Vet. apud Dalec. *Margissos.* ED.—Stephano Μάγαρσος collis est juxta Mallum, μέγιστος ὄχθος ἐν Κιλικίᾳ, πρὸς τῇ Μαλλῷ. Op-

intus Tarsos[10]. Campi Aleii[11] : oppida Cassipolis[12], Mopsos[13] liberum, Pyramo impositum : Thynos[14], Zephyrium[15], 2 Anchiale. Amnes : Saros[16], Cydnus[17] Tarsum liberam

pido a monte nomen inditum. Lycophroni, vers. 444, Μέγαρσος. Is. Tzetzæ in Lycophr. p. 71, Μέγαρσος πόλις κεῖται πρὸς ταῖς ἐκχύσεσι τοῦ Πυράμου ποταμοῦ, in æstuatione Pyrami amnis. HARD.

10. *Tarsos.* Nulla re clarior, quam quod Doctorem gentium orbi Paulum dedit. Describitur a Strabone, lib. XIV, pag. 673. Nunc quoque *Tarsous*. Eadem *Tharsis* est, in libro Judith, cap. II, 13. At in libris hebraice scriptis, proprie *Tharsis* regio est procul dissita, ad quam mari itur, vel ipsum etiam mare. Unde *naves* תרשיש Isai. II, 16; et XXIII, 1, et 14, *naves maris sunt*: et *filia* תרשיש ibidem, XXIII, 10, *filia maris* est; et LXVI, 19, *gentes* תרשיש *gentes in mare sunt*, ex Vulgato Interprete, viro supra fidem erudito. Itaque non repugnant inter se duo scriptores sacri; quum III Reg. XXII, 49, Josaphat rex fecisse dicitur classes תרשיש quæ navigarent in Ophir : id quod idem Interpres vertit, « naves in mari, quæ navigarent in Ophir : » secundo autem libro Paralip. XX, 36, dicitur idem Josaphat præcepisse, *ut facerent naves, quæ irent in Tharsis*, hoc est, in regiones mari adeundas. Sic accipe *Tharsis*, II Paral. IX, 21; Jerem. X, 1; Jon. I, 3, etc. et II, 4, ac fortassis Psal. XLVII, 8, et LXX, 10, nisi forte in Psalmis, ut Ezech. XXVII, 12, תרשיש Carthago est, ex eodem Vulgato Interprete. HARD.

11. *Aleii.* Festus Avienus, in descriptione Orbis, v. 1045 : « Clari post ultima Bellerophontis Hic cæspes late producit Aleius arva. » Dionysio Periegetæ, quem carmine latino Festus expressit, vers. 872, πεδίον τὸ Ἀλήϊον. Stephano item, p. 58, et Straboni, pag. 676. HARD. — Inter Pyramum, *Djihoun*, et Sarum, *Syhoun*, jacent isti campi. ED.

12. *Cassipolis.* Chifflet. *Cassiponis.* ED.

13. *Mopsos.* Ptolemæus, aliique Μόψου ἑστίαν, quasi Mopsi lares appellant, quæ appellatio altera frequentior, notiorque est. Stephanus: Μόψου ἑστία Κιλικίας, ἐπὶ τῷ Πυράμῳ ποταμῷ. HARD. — *Messis* hodie vocatur, ut aiunt D'ANVILLE et Mannertus. ED.

14. *Thynos.* Ita libri quidem editi: at MSS. omnes, Reg. 1, 2, etc. *Tyros.* HARD.

15. *Zephyrium.* Ζεφύριον et Ἀγχιάλην finitima oppida Strabo quoque facit, lib. XIV, pag. 671, et Stephanus, pag. 19. In nummis antiquis Severi, Getæ, et aliis, ΑΓΧΙΑΛΕΩΝ. HARD.

16. *Saros.* Σάρος Ptolemæo, lib. V, cap. 8, inter Pyramum et Cydnum. A Saro duce nomen accepisse, quum prius Κοίρανος diceretur, auctor est Stephanus, verbo Ἄδανα. HARD. — Nunc *Syhoun*, ut modo diximus. ED.

17. *Cydnus.* Dal. *Sydnus.* ED. — Κύδνος Straboni, lib. XIV, p. 672. Mela, lib. I, cap. 13, *Cydnus per Tarsum exit.* Festus Avienus, vers.

LIBER V.

urbem[18] procul a mari secans : regio Celenderitis[19] cum oppido. Locus Nymphæum[20], Solœ Cilicii[21], nunc Pompeiopolis : Adana[22], Cibyra[23], Pinara[24], Pedalie[25], Ale,

1041 : « Pyramus hic undas, hic volvit Pinarus æquor, Cydnus item mediæ discernit mœnia Trojæ. » H.

18. *Liberam urbem.* Nummus Antonini Severi F. ΚΟΙΝΟΒΟΥΛΙΟΝ ΕΛΕΥΘ ΤΑΡϹΟΥ. *Senatus liberæ civitatis Tarsi,* cum signo libertatis. H.

19. *Celenderitis.* Κελένδερις πόλις, Scylaci, pag. 38, in Cilicia. Item Ptolemæo, lib. V, c. 8. Straboni, pag. 670, Κελένδερις πόλις λιμένα ἔχουσα, oppidum cum portu. Et Mela hujus meminit, lib. I, c. 13 ; et Tacitus, Annal. lib. II, c. 80. H. — Nunc *Kelnar*, auctore D'Anville. Ed.

20. *Nymphæum.* Νυμφαῖον Suidæ, fanum est delubrumve Nympharum. Alias Nymphæum locus est bituminis ferax, qualis in Apolloniatarum agro. Hard.

21. *Solæ Cilicii.* Σόλοι Κιλίκιοι, ut discernantur a Solis Cypriis. Solœcismo nomen ea urbs dedit. Hujus incolæ Σολεῖς : Cypriæ, Σόλιοι, teste Laertio, in Solone, pag. 13. A Pompeio decus et nomen traxit, Πομπηΐου πόλις, inquit Stephanus, pag. 613. Nummus Musei nostri Parisiensis, in quo Arati et Chrysippi Solensium icones, ut vulgo creditur, cum epigraphe, ΠΟΜΠΗΙΟ ΠΟΛΕΙΤΩΝ. In alio vetustiore, e Museo P. Chamillart, Minervæ caput sive Palladis est, et noctua, cum epigraphe, ΣΟΕΛΩΝ. ΘΕ. Σολέων Θεὰ, *Solensium dea.* H.

22. *Adana.* Chiffl. *Addana.* Τὰ Ἄδανα Appiano in Mithrid. p. 237. Stephano, Ἄδανα, Κίλισσα πόλις. In nummis ΑΔΑΝΕΩΝ. Nomen hodieque servat et principem in provincia occupat locum. Hard. et Ed.

23. *Cibyra.* Dalec. *Cibira.* Κίβυρα Ptolemæo, lib. V, cap. 8, et Stephano, verbo Τάβαι. *Iburar* hodie vocatur. Hard. et Ed.

24. *Pinara.* Crago Ciliciæ monti imposita. Stephanus : Πίναρα, πόλις μεγίστη, ὑπερκειμένη τῷ Κράγῳ τῆς Κιλικίας. De hoc Ciliciæ promontorio Crago, Strabonem consule, lib. XIV, pag. 669. Hard.

25. *Pedalie*, etc. Parmens. edit. *Pedalie, Hales, Arsinoe, Tabe.* Dalec. *Pedalie, Halix, Arsinoe, Tabæ, Doron.* Vet. cod. Dalecamp. *Pedalie, Halis, Clinus, Arsinoe.* Chiffl. *Halis, Elini, Arsinoe.* Reg. 1, 2, *Hales, Clinus, Arsinoe.* Pro *Pedalie* forte *Podalie* rectius legendum ; nam in Conc. CP. I, *Callinicus* Podaliensis legitur ex prov. Pisidiæ, cui provinciæ attributa hæc ora aliquando est. Hale autem, seu *Ale* potius, oppidi nomen esse statuimus, a quo Aleii campi, de quibus suo loco diximus, cognominati sunt : cætera deinde refingimus in hunc modum : *Selenus, Arsinoe, Jotape :* nam *Tabæ* non sunt hujus loci, sed Lydiæ, teste Strabone : nec Thebe Strabonis, lib. XIV, pag. 667, quæ Pamphyliæ ditionis fuit. Ex *Ale* autem fit Ἀληνός. Unde nummus est perrarus, ex ære mediocri, apud D. Abb. de Fontenu, sic inscriptus : ΑΥ. ΚΑΙ. ΛΔΡ. ΑΝΤΩΝΕΙΝΟϹ. capite laureato. In aversa parte : ΑΛΗΝΩΝ. ΕΠΙ ΔΗΜΟΠΙΚΟΥ ΔΙΩΝΟϹ.

Selinus [26], Arsinoe [27], Jotape, Doron [28]. Juxtaque mare Corycos [29], eodem nomine oppidum, et portus, et specus [30]. Mox flumen Calycadnus [31]. Promontorium Sarpedon [32]. Oppida: Holmœ [33], Myle [34]. Promontorium et oppidum

Nummus *Alenorum. Sub Demonico Dionis F.* Juppiter ibi stans, sinistra hastam, dextra tenet aquilam. In alio, qui est ex ære maximo apud eumdem, hinc caput est Genii civitatis laureatum, ΔΗΜΟΣ ΑΛΗΝΩΝ. Inde Isis, cum modio in capite: dextra temonem tenens, sinistra cornu copiæ. Epigraphe: ΕΠΙ ΑΛ. Μ. Κ. ΑΡΧΟΝΤΟC Δ. H. e. ἐπὶ Ἀλεξάνδρου μάντιος καὶ ἄρχοντος δ'. *Sub Alexandro Augure, et Archonte quartum.* At Selinus Ciliciæ oppidum est non ignobile, Σελινοῦς Ptolemæo, lib. V, cap. 8, unde Selenitidi regioni nomen: sic enim legendum puto apud Ptolemæum, non ut in vulgatis editionibus, Σελέντιδος. Ad Selinuntem fluvium urbi cognominem sita videtur, cujus amnis in hoc ipso tractu prope Cragum et Pinara, meminit Strabo, lib. XIV, p. 669. In eadem Selenitide Ἰστάπη collocatur a Ptolemæo, loco citato. In Notitia antiqua Ecclesiast. Ἰστάπη perperam appellata, atque Isauriæ, perinde atque ipsa Selinus, attributa. In Conc. CP. I, pag. 956, *Neon Selenuntensis* subscribit inter episcopos provinciæ Isauriæ. HARD.

26. *Selinus.* Σελινοῦς, Ἀρσινόη, Ἰστάπη, Ptolemæo, lib. V, cap. 8. Selinus nunc *Selenti* vocatur. HARD. et ED.

27. *Arsinoe.* Ἀρσινόη Ptolemæo, loco citato, et Stephano Ἀρσινόη Κιλικίας, post Strabonem, lib. XIV, pag. 670. HARD.

28. *Doron.* In MSS. *Dorion.* H

29. *Corycos.* Κώρυκος ἄκρα, et Κωρύκιον ἄντρον Straboni, l. XIV, pag. 670. In Concil. Constant. I, *Germanus Corycensis*, ex provincia Ciliciæ. In nummis ΚΩΡΥΚΙΩΤΩΝ. HARD.—*Korghos* nomen servat. ED.

30. *Et specus.* Mela, lib. I, cap. 13: « Non longe hinc Corycos oppidum, portu saloque incingitur, angusto tergore continenti annexum. Supra specus est, nomine Corycius, singulari ingenio, ac supra quam describi facile sit, eximius. » Quæ sequuntur, ita sunt eleganter scripta, ut nihil concinnius, nihil ornatius uspiam legi posse videatur. Hic Corycium nemus, ubi crocus optimus gignitur. HARD.

31. *Calycadnos.* Ptolemæo, Καλύκαδνος, et Straboni, loco citato. « Mediam Isauriam, inquit Ammianus, lib. XIV, cap. 19, navigabile flumen Calycadnus interscindit. » HARD. — Nunc *Giuk Sooyoo.* ED.

32. *Sarpedon.* Σαρπηδὼν ἄκρα, iisdem auctoribus, Mela, loc. cit. « Promontorium Sarpedon, finis aliquando regni Sarpedonis. » Et Σαρπηδὼν πόλις, Scylaci, p. 38. H. — Hodie *capo Cavaliere.* ED.

33. *Holmœ.* Dalec. *Olme.* ED.— Ὄλμοι, ut Solœ Σόλοι. Stephanus: Ὄλμοι, πόλις τραχείας Κιλικίας, etc. Eadem Holmia, vetusque Seleucia, quæ a mari deinde, ut mox dicetur, in mediterraneum sinum retracta adductaque est. HARD. — Seleucia nunc est *Selefkeh.* ED.

34. *Myle.* Μύλη, vel Μύλαι. Forte

LIBER V. 503

Veneris[35], a quo proxime Cyprus insula. Sed in continenti oppida, Myanda[36], Anemurium[37], Coracesium[38], finisque antiquus Ciliciæ Melas[39] amnis. Intus autem dicendi Anazarbeni[40], qui nunc Cæsarea[41] : Au-

Μωλών, quæ in Notitia Ecclesiast. Isauriæ adscribitur. HARD.

35. *Oppidum Veneris.* Ἀφροδισιὰς Ptolemæo, loco citato. Meminit et Solinus, cap. XXXVIII, p. 68. H.

36. *Myanda.* In MSS. Reg. 1 et 2, etc. *Mysanda.* HARD.

37. *Anemurium.* Ἀνεμούριον Straboni et Ptolemæo, oppidi ac promontorii nomen. Mela, lib. I, cap. 13 : « Quod Ciliciam a Pamphylia distinguit, Anemurium. » Nummi, ΑΝΕΜΟΥΡΙΕΩΝ, in Museo nostro Parisiensi. HARD. — Nomen servat *Anemour.* ED.

38. *Coracesium.* Κορακήσιον, primum Ciliciæ castellum, teste Strabone, lib. XIV, p. 668. In Notitia Ecclesiast. antiq. Coracesium Pamphyliæ accensetur. Et in Concil. CP. I, *Theodulus Coracesiensis,* e provincia Pamphyliæ. H. — Hujus locum occupare videtur *Alayah.* ED.

39. *Melas.* Caute finem antiquum Ciliciæ dixit hunc amnem esse : recentiores enim Pamphyliæ adscripsere. Mela, lib. I, cap. 14 : « In Pamphylia est Melas, navigabilis fluvius. » Item Strabo, p. 667. H. — Nunc *Manargat,* ut opinatur doctus vir BEAUFORT suo in opere de *Karamania.* ED.

40. *Anazarbeni.* Ἀνάζαρβος μητρόπολις, in Notitia antiqua Eccles. Ciliciæ secundæ. Nunc *Anzarba.* Nummus est Alexandri Severi, in Museo nostro Parisiensi, ex ære, majori forma, cum epigraphe, ΑΝΑΖΑΡΒΩ. ΜΗΤΡΟΠΟΛΕΙΤΩΝ. Hæc Dioscoridis patria. HARD. et ED.

41. *Qui nunc Cæsarea.* Fuit ante annos aliquot in Cimelio viri Cl. D. DE BOZE, Custodiæ Regiorum Numismatum nunc præfecti, nummus ex ære minimo : hinc capite laureato, cum spicis duabus : inde capite turrito, cum epigraphe : ΚΑΙ. ΚΑΡ. ΠΡ. ΑΝΑΖΑΡ Καισαρέων πρὸς Ἀναζάρβῳ. ΓΑΡ. anno æræ Anazarbensium 133. Ex duobus oppidis unicum hoc loco conflarunt Plinii editores, dum scribi jussere, *qui nunc Cæsaraugustani.* At neque id nomen Anazarbenis datum quisquam veterum vel leviter indicavit, nec ipsi codices MSS. ei scripturæ favent. Nam in Reg. 1, 2, Colbert. 1, 2, Paris. et Chiffl. legitur, *qui nunc Cæsarea Augusta.* Sed multo apertius Ptolemæus diversa duo esse oppida monet, qui in propria Cilicia, lib. V, c. 8, Καισάρειαν πρὸς Ἀναζάρβῳ memorat: et proxime ante in Bryelice ejusdem Ciliciæ regione, Αὐγούσταν. Sed errat insigniter Suidas, qui vetustum urbis nomen Diocæsaream ait fuisse: recentius deinde Nervæ temporibus, Anazarbum : quum Plinius multo ante Nervæ principatum obierit, qui Anazarbenos olim vocitatos testatur. Sed neque uno errore contentus, geminos uno partu edit: qui ab Anazarba senatore nomen oppido factum putat, quod ab vicino potius monte, vel colle, vel amne, tractum, Ptolemæi oratio indicat, πρὸς Ἀναζάρβῳ. Sic enim

gusta [41], Castabala [43], Epiphania [44], quæ antea OEniandos [45], Eleusa [46], Iconium [47] : Selcucia [48] supra amnem Calycadnum [49], Tracheotis [50] cognomine, a mari relata, ubi vocabatur Holmia [51]. Præterea intus flu-

Σελεύκειαν πρὸς Βήλῳ appellat, lib. V, c. 15, cæteraque ejusmodi oppida ad montis radices sita. Tamen Suidæ adstipulatur Ammianus, lib. XIV, pag. 19. HARD.

42. *Augusta.* Αὐγούστα Ptolemæo, in Bryelice Ciliciæ regione. HARD.

43. *Castabala.* Prius Castabla legebatur. Nos *Castabala*, Καστάβαλα, rescripsimus cum Stephano, et Ptolemæo, lib. V, cap. 8, qui Ciliciæ proprie dictæ adjudicat. Notitia Ecclesiast. antiq. Ciliciæ secundæ, Καστάβαλλα. In Conc. Nic. I, ex provinc. Ciliciæ, *Moyses Castabalensis*. HARD.

44. *Epiphania.* Ἐπιφάνεια Κιλικίας, Stephano, et Ptolemæo, lib. V, c. 8, et Appiano, in Mithrid. p. 237. Ammiano item, lib. XXII, p. 223. Ciliciæ secundæ accensetur in' Notitia Eccles. HARD. — Fortasse *Surfendkar*, ut opinatur D'ANVILLE. ED.

45. *OEniandos.* Dalecamp. *Eniandos.* ED.

46. *Eleusa.* Ἐλεοῦσα Oppiano patriam suam describenti, Halieut. lib. III, vers. 209. Σεβάστη Ptolemæo est, lib. V, c. 8. Et in Notitia Eccles. Ciliciæ primæ. Josephus, Antiq. lib. XVI, cap. 8, p. 558 : Κατὰ Κιλικίαν ἐν Ἐλεούσῃ, τῇ μετωνομασμένῃ νῦν Σεβαστῇ. HARD.

47. *Iconium.* MSS. Reg. 1, 2, *Riconium.* HARD. — Cave hoc Iconium confundas cum Galatiæ oppido cognomine, de quo mox Noster, cap. 25. ED.

48. *Seleucia.* Σελεύκεια ἐπὶ τῷ Καλυκάδνῳ, Straboni, lib. XIV, p. 670. Nunc *Selefkeh.* Nummus Gordiani, apud Erizzo, pag. 516, ϹΕΛΕΥΚΕΩΝ ΤΩΝ ΠΡΟϹ ΚΑΛΥΚΑΔ. ΕΛΕΥΘΕΡΑϹ. HARD. et ED.

49. *Calycadnum.* Dalec. *Calicadnum.* Chiffl. *Caricadnum.* ED.

50. *Tracheotis.* MSS. habent *Tracheodis.* Cæteri cum Ptolemæo, lib. V, cap. 8, Τραχεῖαν vocant. Stephanus : Σελεύκεια, πόλις ἐπὶ Κιλικίᾳ τραχείᾳ... Ὠνόμασε δὲ Σελεύκειαν αὐτὴν Σέλευκος ὁ Νικάτωρ... Πρότερον δὲ Ὀλεία ἀνεκαλεῖτο. Scribo Ὀλμία. Strabo enim, cujus e fontibus areolas suas Stephanus rigat, lib. XIV, p. 70, Ὅλμον ait vocatum oppidum, ad Calycadnum, quod ii incolerent, qui postea Seleuciam translati, Seleucenses dicti sunt. Quod et ipse Stephanus agnoscit, p. 513 : Ὄλμα, πόλις Τραχείας Κιλικίας, ὅπου πρότερον ᾤκουν οἱ νῦν Σελευκεῖς. HARD. — Dalec. *Trachiotis.* ED.

51. *Holmia.* Ita rescripsimus, pro *Hormia.* Vide notam proxime superiorem. In MSS. tamen Reg. 1, 2, Colb. 1, 2 *Hermia* legitur. H.

52. *Liparis.* Amnis hic Ciliciæ Solos alluit. Vitruvius, lib. VIII, cap. 3, pag. 159 : « Solis, quod oppidum est Ciliciæ, flumen nomine Liparis, in quo natantes, aut lavantes, ab ipsa aqua unguntur. » Idem narrat Antigonus, Hist. Mirab. cap. 150. Λίπαρις, quæ vox pinguedinem sonat. H.

LIBER V. 505

mina, Liparis[52], Bombos, Paradisus[53]. Mons Imbarus[54].

XXIII. Ciliciæ Pamphyliam omnes junxere, neglecta gente Isaurica. Oppida[1] ejus intus, Isaura[2], Clibanus, Lalasis[3] : decurrit autem[4] ad mare Anemurii[5] regione supra dicti. Simili modo omnibus, qui eadem composuere, ignorata est contermina[6] illi gens Homonadum, quorum intus oppidum Homona[7]. Cætera castella[8] XLIV inter asperas convalles latent.

XXIV. Insident[1] verticem Pisidæ, quondam Solymi[2]

---

53. *Paradisus.* Vet. ap. Dalec. *Paradius.* ED. — Meminit hujus etiam Martianus, lib. VI, cap. de Euphrate, pag. 220. HARD.

54. *Imbarus.* Chiffl. *Imbarisia.* ED.

XXIII. 1. *Oppida ejus.* Scilicet Isauriæ. HARD.

2. *Isaura.* Τὰ Ἴσαυρα Stephano et Straboni, lib. XIV, pag. 665, quibus expugnatis Servilius Isauricus est appellatus. HARD. — Nunc fortasse *Bei-Shehri.* ED.

3. *Lalasis.* Dalec. *Lalassis.* Vet. ap. Dalec. *Larissis fluvius.* ED. — Ea est, quæ Stephano Δαλίζανδα πόλις Ἰσαυρικὴ, quæ deinde posteriore ævo, ut idem monet, Δαλίσανδα est appellata. Sane in Notitia Eccles. antiq. Δαλίσανδος provinciæ Isauriæ sedes episcopalis est. Et in Conc. CP. I, pag. 956, inter episcopos prov. Isauriæ, *Marinus Dalisandensis* subscripsit. HARD.

4. *Decurrit autem.* Isauria scilicet, quæ declivis est, qua versus mare protenditur, editiore situ mediterraneo, ut Gelenius animadvertit. HARD.

5. *Anemurii regione.* Chiffl. *Anemurii e regione.* ED. — Circa Anemurium, de quo cap. sup. HARD.

6. *Contermina illi.* Dalec. *illi contermina.* ED.

7. *Homona.* Homonadenses inde dicti Pisidis confines, Ὁμοναδεῖς συνάπτοντες τοῖς Πισίδαις, apud Strabon. lib. XIV, pag. 679. De castellis Homonadensium in Cilicia, Tacitus Annal. lib. III, cap. 48. Lycaoniæ accensetur in Conc. CP. I, *Cyrillus Homonadensis.* Notitia Eccles. p. 17, in prov. Lycaoniæ, ὁ Οὐμανάδων; pag. 29, Οὑμάναδα; p. 51, Ὀναμανάδων. Leunclavius, pag. 74, ὁ Μανάδων. Ubique mendose. HARD. — Nunc, ut ait D'ANVILLE, *Ermenak.* ED.

8. *Castella.* Homonadensium. Tacit. loc. cit. HARD.

XXIV. 1. *Insident verticem.* Montium obtinent juga. Πισίδαι ὀρεινοὶ Straboni, lib. XII, p. 570. HARD.

2. *Solymi.* Οἱ Πισίδαι πρότερον Σόλυμοι, Steph. pag. 551. HARD.

3. *Colonia Cæsarea.* Ulpianus, Dig. lib. L, tit. 15, de Censibus : « In Pisidia juris Italici est colonia Antiochensium. » Nummus Severi, COL. CAES. ANTIOCHIA. Stephano, pag. 87, Ἀντιόχεια Πισιδίας. Item Ptolemæo. In Conc. CP. I, p. 957,

appellati : quorum colonia³ Cæsarea, eadem Antiochia. Oppida : Oroanda⁴, Sagalessos⁵.

XXV. Hos includit Lycaonia in Asiaticam¹ jurisdictionem versa, cum qua conveniunt Philomelienses², Tymbriani³, Leucolithi⁴, Pelteni⁵, Tyrienses⁶. Da-

Optimus Antiochenus, prov. Pisidiæ. HARD. — Nunc *Ak-Shehr* incolis, id est, urbs alba. ED.

4. *Oroanda.* Oroanda quoque Livio, lib. XXXVIII, cap. 37 et 39, et Oroandenses, cap. 18 et 19, qui Ptolemæo, lib. V, c. 4, Ὀρονδικοὶ, inter Pisidiam et Isauriam positi. HARD. — Fortasse *Haviran*, ut ait D'ANVILLE. ED.

5. *Sagalessos.* Chiffl. *Agalesos.* ED. — Livius, lib. XXXVIII, c. 15 : « Agrum Sagalassenum, uberem fertilemque... colunt Pisidæ. » Σαγαλασσὸς Straboni, lib. XII, p. 570, et Ptolemæo, lib. V, cap. 3. In Conc. CP. I, pag. 957, *Ionius Sagalessensis*, prov. Pisidiæ. Nummi antiqui, ΣΑΓΑΛΑΣΣΕΩΝ. In Notitia Eccles. Ἀγαλασσὸς, et ita MSS. Pliniani quidam. HARD. — Nominis ejus vestigia servare videtur *Sadjakla*, ut D'ANVILLE opinatur. ED.

XXV. 1. *In Asiaticam.* Jus coacta petere in Asiam proprie dictam de qua cap. 28, in conventum nempe Synnadicum, in majorem Phrygiam, ut dicemus cap. 29, quum recensitæ hactenus gentes non sic e longinquo peterent, sed domesticos apud se judices et prætores haberent. HARD.

2. *Philomelienses.* In Conc. CP. I, pag. 957, *Theosebius Philomeliensis*, e prov. Pisidiæ. Phrygiæ magnæ Φιλομήλιον adjudicant Ptolemæus, lib. V, c. 2, et Stephanus.

H. — Hujus locum occupare videtur *Il-Goun*, auctore D'ANVILLE. ED.

3. *Tymbriani.* In MSS. *Timbriani.* Ab oppido, ut arbitror, Τιβριὰς, Tibriani appellandi. In Conc. CP. Gener. III, sive VI, Synodo, act. 18, pag. 1068, subscribit Constantinus τῆς Τιβριαδέων πόλεως episcopus : Τιβριάδων scribitur, pag. 1017. Addit Latina versio antiqua, Pisidiæ provinciæ hanc sedem fuisse. In Notitia Eccles. antiq. inter sedes episcopales prov. Pisidiæ censetur Τυμβιάδων. At pag. 19, altera Notitia, ὁ Τιμβριάδων. Tertia, pag. 51, ὁ Τιβριάδων. Leunclavio, pag. 96, mendose, ut remur, ὁ Τιμωμαριάδος. HARD. — Thymbrium Cyri victoria clarum, qua quidem victoria fractæ sunt Crœsi et Lydorum opes, haud dubie oppidum istis fuit, qui a Nostro non *Tymbriani* sed Thymbriani vocandi fuissent. ED.

4. *Leucolithi.* Ab albo saxo, quod incolerent, traxisse nomen videntur. HARD.

5. *Pelteni.* Qui Πελτῖνοι Ptolem. lib. V, cap. 2. HARD.

6. *Tyrienses.* Prius *Hyrienses* legebatur, quos in hoc tractu terrarum nemo Veterum agnovit. MSS. certe Reg. 1, 2, Colb. 1, 2, Paris. et Chiffl. *Tyrienses* exhibent. Et olim, Stephano teste, p. 673, Τύρος Πισιδίας πόλις. Quare Hermolaum miror, a vetustorum

LIBER V. 507

tur[7] et tetrarchia ex Lycaonia, qua parte Galatiæ contermina est, civitatum XIV urbe celeberrima Iconio[8]. Ipsius Lycaoniæ celebrantur Thebasa[9] in Tauro : Hyde[10] in confinio Galatiæ atque Cappadociæ. A latere autem ejus[11] super Pamphyliam veniunt Thracum soboles, Milyæ[12], quorum Arycanda oppidum[13].

exemplarium, et Parmensis, aliarumque editionum fide discessisse, ut pro *Tyrienses*, *Hyrienses* rescriberet, quum Hyria Seleuciæ ad Calycadnum nomen priscum fuerit, quæ longo hinc spatio dissidet. In Notitia Eccles. antiqua, inter episcopos provinciæ Pisidiæ, p. 19, censetur, ὁ Τυραίων. Leunclavius, pag. 96, ὁ Τυραίων. Notitia altera, pag. 51, ὁ Τυράνου ; tertia, p. 29, Τυράιον. HARD.—Nunc *Artik-Kan*, auctore D'ANVILLE. ED.

7. *Datur.* Adjicitur, inquit, ei conventui seu jurisdictioni Asiaticæ, etiam tetrarchia ex Lycaonia.

8. *Iconio.* Lycaoniæ quondam metropolis Ἰκόνιον in Notitia vet. Eccles. unde Amphilochius Iconiensis. Nunc ingentis Asiæ tractus caput, cui Caramaniæ Turcæ nomen fecere : oppido *Konieh.* ED.

9. *Thebasa.* Ita scripsimus, secuti Reg. 1, 2, Colb. 1, 2, Paris. vetustasque editiones ante Frobenium, qui Tembasa unde libuit, obtrusit. Forsan rectius Tarbasa, ex Strabone nobis objecisset : nam is Ταρβασσὸν inter Pisidiæ civitates annumerat, ex Artemidoro, lib. XII, pag. 570. Sed *Thebasa* sincerior est, consentiensque omnium codicum scriptura et Lycaoniæ, non Pisidiæ, oppidum quærimus. Thebasam quoque in Asia minore non semel appellat Paulus Diac.

Hist. lib. XXIV, pag. 770 et 771. HARD. — Vet. ap. Dalecamp. *Terbasa.* ED.

10. *Hyde.* Libri omnes tum manu exarati, Reg. 1, 2, Colb. 1, 2, Paris. Chiffl. tum etiam typis excusi, ante Hermolaum, *Ide* vel *Idea* legunt. Sinda ille ex Strabone scripsit, qui Pisidarum oppidum, non Lycaonium, in quibus describendis Plinius nunc totus est, Sindam esse ait, lib. XII, pag. 570. Nos a codicum auctoritate atque consentiente scriptura quam minime aberrantes, *Hyde* restituimus, quæ inter sedes Lycaoniæ episcopales undecima numeratur in Notitia Ecclesiastica antiqua. Unde in Conc. CP. I, pag. 956, *Theodosius Hydensis* e prov. Lycaoniæ. HARD.

11. *A latere autem ejus.* Lycaoniæ latere occidentali. HARD.

12. *Milyæ.* Vet. ap. Dalecamp. *Milienses.* ED. — Quorum regio Μιλυὰς appellata Herodoto, Clio, lib. I, num. 173, pag. 72; Straboni, lib. XII, pag. 570, et Arriano, lib. de exped. Alex. p. 69. Phrygiæ quondam majoris pars, eadem ab Alexandro Lyciæ contributa, inquit Arrianus. Quamobrem et eorum oppidum Ἀρύκανδα Lyciæ accensetur a Stephano, p. 119, et ab Athenæo. HARD.

13. *Arycanda.* Dalec. *Aricanda.* Chiffl. *Aricandra.* ED.

[1] XXVI. Pamphylia[1], ante Mopsopia appellata. Mare Pamphylium Cilicio jungitur. Oppida ejus : Side[2], et in monte Aspendum[3], Pletenissum[4], Perga[5], Promontorium

XXVI. 1. *Pamphylia.* Nunc cum Cilicia, uno Caramaniæ nomine censetur. Qua tamen ad mare vergit *Scandalor* appellatur. Mopsopiam Veteres appellarunt, a Mopso, qui post bellum Trojanum eam oram obtinuit, ut Strabo refert, lib. XIV, pag. 668. HARD.

2. *Side.* Σίδη Straboni, lib. XIV, pag. 667. Nunc *Scandalor* vocant. Incolæ Σιδῖται, Arriano, Exped. Alex. lib. I, pag. 73. Prope Eurymedontis ostia Σίδη locatur a Ptolemæo, lib. V, cap. 5. Avieno, *Prisca Side.* In Conc. CP. VI, Gener. pag. 1030 : Σιδητῶν μητρόπολις Παμφυλίων. In nummis antiquis CIΔHTΩN ΛΑΜΠΡΟΤΑΤΗC ΕΝΔΟΞΟΥ : « Sidetarum splendidissimæ et clarissimæ » civitatis. H. — Illius locum occupare portum *Candeloro* opinatur D'ANVILLE. Quod quidem nomen urbi quoque datur, vide BEAUFORT, ut supra. ED.

3. *Aspendum.* Dalec. *Aspendus.* ED. — Ἄσπενδος, quam in civitatem adverso amne Eurymedonte a mari navigatur, per stadia LX, seu passus VII M. D. teste Strabone, loc. cit. Hinc *Domnus Aspendius* e prov. Pamphyliæ, in Conc. Nic. I. In edito colle posita civitas a Mela dicitur, lib. I, cap. 14. HARD. — Illam ad flumen Eurymedonta circiter VIII M. pass. a mari ponit D'ANVILLE. ED.

4. *Pletenissum.* In libris hactenus editis, *Platanistus.* In Reg. 1, 2, et edit. Parm. *Plantanistum.* In Chiffl. *Platanistum.* Haud dubie Petnelessum Plinius intellexit, quam urbem in editissima Pamphyliæ parte supra Aspendum sitam fuisse, auctor est Strabo, lib. XIV, pag. 667 : ὑπέρκειται δὲ ταύτης (Ἀσπένδου) Πετνηλησσός. Hæc Ptolemæo, lib. V, cap. 5, Πεδνηλισσὸς dicitur. At in codice Palatino, nostroque Parisiensi, Πλετενισσὸς scribitur, quam veram esse ac genuinam Plinii scripturam, consensio exemplarium suadet : prorsus ut binominis ea civitas fuisse videatur. Platanistum in hoc tractu nemo, præter Ortelium, agnoscit : quem vitiosi Plinii codices sæpe in fraudem impulerunt. In Notitia Eccles. antiqua, pag. 19, et in altera rursum, pag. 51, inter episcopos provinciæ Pamphyliæ, censetur ὁ Πελτινίσσου, litteris videlicet permutatis, pro Πλετενίσσου. HARD. — Illam in sua Asiæ minoris tabula D'ANVILLE, ad dextram Eurymedontis ripam ponit, XLV M. pass. a mari. ED.

5. *Perga.* Πέργη Straboni, pag. 667. Hinc Apollonius Pergæus, Conicorum auctor. Mela, lib. I, c. 14 : « Inter eos amnes (Cestron, et Catarracten) Perga est oppidum, et Dianæ, quam ab oppido Pergæam vocant, templum. Trans eosdem mons Sardemisos, etc. » Vidimus apud D. Abbatem DE FONTENU, Nervæ Augusti nummum argenteum majoris moduli : IMP. NERVA CAES. AVG. P. M. TR. POT. P. P. Capite laureato.).(. COS. III. Cum templo duabus columnis, et

LIBER V.

Leucolla[6]. Mons Sardemisus[7] : amnes[8] : Eurymedon[9] juxta Aspendum fluens : Catarractes[10], juxta quem Lyrnessus[11] et Olbia, ultimaque ejus oræ Phaselis[12].

XXVII. Junctum ei mare Lycium est, gensque Lycia : [1] unde vastum sinum[1] Taurus mons[2], ab Eois veniens litto-

gradibus tribus insigni : cujus in peristylio scriptum est DIANA PERG. hoc est, *Pergœa.* Refertur et ab Occone, pag. 190, inter picturas Alberti Principis. HARD. — Nunc, ut videtur, *Kara-Hisar*, id est, nigrum castellum. ED.

6. *Leucolla.* Græcis Λευκόλλα. Salmasius in Solin. pag. 252, Λευκόλλαν in Cypro portum, cujus Strabo meminit lib. XIV, p. 682, cum promontorio isto Pamphyliæ confundit. HARD.

7. *Sardemisus.* Sic Mela, loc. cit. Σάρδησσος in hoc ipso tractu juxta Lyrnessum, urbs Lyciæ Stephano appellatur, in qua Juppiter Σαρδήσσιος colitur. Idem fortassis monti nomen, vel geminum fuit. HARD.

8. *Amnes.* Dalec. *amnis.* ED.

9. *Eurymedon.* Dionys. Perieg. v. 583 : Ἄσπενδον, ποταμοῖο παρὰ ῥόον Εὐρυμέδοντος. Meminere Strabo, Ptolemæus, Mela, loco citato et Philostr. de vita Apoll. lib. I, cap. 11 : Ἄσπενδος, ἡ Παμφύλων, πρὸς Εὐρυμέδοντι, etc. HARD. — Nunc *Menougat* vocatur. ED.

10. *Catarractes.* « Quia se præcipitat, ita dictus », inquit Mela, lib. I, cap. 14. Strabo, lib. XIV, p. 667 : Καταῤῥάκτης λεγόμενος, ἀφ' ὑψηλῆς πέτρας καταῤῥάττων ποταμὸς πολὺς, etc. HARD. — Hodie *Dudensoui* dicitur, auctore D'ANVILLE. ED.

11. *Lyrnessus et Olbia.* Λυρνησσὸς καὶ Ὀλβία Straboni, loc. cit. inter Pamphyliæ oppida. HARD. — *Olbia* nunc *Antalia* est, aut, ut vulgo dicitur, *Satalie.* ED.

12. *Phaselis.* Mela, lib. I, cap. 14 : « Phaselis a Mopso condita, finis Pamphyliæ. » Stephanus quoque, Φασηλὶς, πόλις Παμφυλίας. A Strabone, lib. XIV, pag. 666, et Scylace, pag. 37, Lyciæ adscribitur, cujus in confinio est. Livius, lib. XXXVII, c. 23 : « In confinio Lyciæ et Pamphyliæ Phaselis est : prominet penitus in altum, etc. » Quoniam erat in ora posita Phaselis, ibi naves construebantur, quæ ab ea nomen traxerunt. HARD. — *Phionda* hodie vocatur a Græcis, *Tekrova* vero a Turcis, si BEAUFORT eadem adhibeatur fides. ED.

XXVII. 1. *Unde vastum sinum.* Dalec. *unde vastus sinus. Taurus mons.* ED. — Inde, inquit, mare Lycium incipit, gensque Lycia, ubi vastum sinum Taurus mons suo promontorio, quod Chelidoniis insulis opponitur, claudit et terminat. « Lycia, inquit Mela, lib. I, cap. 15, Sidæ portu (primum illud est Pamphyliæ oppidum, versus ortum) et Tauri promontorio grandem sinum claudit. » Sinui nomen est hodie Attalico, *golfe de Satalie :* Lyciæ provinciæ, *Mentesia.* HARD.

2. *Taurus mons.* Habet hæc eadem, tractatque totidem ferme verbis Mela Pomponius, lib. I,

ribus, Chelidonio[3] promontorio disterminat[4]. Immensus ipse, et innumerarum gentium arbiter, dextro latere septemtrionalis, ubi primum ab Indico mari exsurgit, laevo meridianus, et ad occasum tendens : mediamque distrahens Asiam, nisi opprimenti terras occurrerent maria.
2 Resilit ergo a septemtrione[5] : flexusque immensum iter quaerit, velut de industria rerum natura subinde aequora opponente, hinc Phoenicium, hinc Ponticum, illinc Caspium et Hyrcanium, contraque[6] Maeoticum lacum. Torquetur itaque collisus inter haec claustra, et tamen victor, flexuosus evadit usque ad cognata Riphaeorum montium juga, numerosis nominibus et novis, quacumque[7] incedit, insignis : Imaus[8] prima parte dictus, mox Emodus[9], Paropamisus[10], Circius[11], Chambades, Paryadres[12],

cap. 15. Ex Plinio quoque Solinus hausit, c. 38, p. xxxviii, et Martianus, lib. VI, cap. de Euphrate, pag. 220. HARD.

3. *Chelidonio.* Sacrum appellat Strabo, lib. XIV, pag. 666, quod Chelidoniis insulis opponitur, de quibus c. 35. Nunc *capo Cameroso.* HARD. — Chelidonia etiamnunc in nonnullis tabulis appellatur. ED.

4. *Disterminat.* Vet. ap. Dalec. *disterminatur.* ED.

5. *A septemtrione.* Dalec. *ad septemtrionem.* ED.

6. *Contraque.* Vet. ap. Dalec. *contraque Maeoticum lacum torquetur. Itaque.* ED. — Ex adverso Hyrcanii, seu Caspii maris. Solini paraphrasis : « Interdum Caspio vel Hyrcano mari intercluditur : quibus renitentibus subinde fractus, contra Maeoticum lacum flectitur, multisque difficultatibus fatigatus, Riphaeis se jugis annectit. » Male Plinii verba distinxit. HARD. — Ii

videntur esse montes quae *Belcour* hodie dicuntur. ED.

7. *Quacumque incedit.* Vet. apud Dalec. *quocumque tendit.* ED.

8. *Imaus.* Qua primum parte attollitur, ab Eoo mari. HARD.

9. *Emodus.* Melae, *Emodes.* In India. Straboni, lib. XV, p. 689, Ἐμωδός. H. — Nunc *Himalaya.* ED.

10. *Paropamisus.* In Bactriana. MSS. Reg. 1, 2, etc. *Paropanisus.* Ptolemaeo quoque, lib. VI, c. 11, Παροπάνισος. At Straboni, loc. cit. Παροπάμισος. HARD. — Etiamnunc in pluribus mappis vetus nomen servat. ED.

11. *Circius*, etc. MSS. *Cirtius, Campages.* HARD.

12. *Paryadres.* In MSS. Reg. 1, 2, etc. *Paryadis.* In editis *Pharphariades,* mendose. Nos, quod proximum scripturae antiquae fuit, *Paryadres.* Est enim Παρυάδης Straboni ac Plinio, mons Armeniae nobilissimus. Nec mihi tamen con-

LIBER V.

Choatras[13], Oreges[14], Oroandes[15], Niphates[16], Taurus[17]: atque ubi se quoque[18] exsuperat, Caucasus : ubi brachia emittit, subinde tentanti maria similis, Sarpedon[19], Coracesius[20], Cragus[21], iterumque Taurus[22] : etiam ubi dehiscit, seque populis aperit, portarum tamen nomine unitatem sibi[23] vindicans, quæ alibi[24] Armeniæ, alibi Caspiæ, alibi Ciliciæ vocantur. Quin etiam confractus, effugiens quoque[25] maria, plurimis se gentium nominibus hinc et illinc implet : a dextra Hyrcanius[26], Caspius : a læva Paryadres[27], Moschicus, Amazonicus, Coraxicus,

jectura satisfacit : quum enim ex ordine juga Tauri montis Plinius enumeret, pro regionum ipsarum situ, in quibus ea attolluntur, ab India primum exorsus, mox progressus ad Bactros, cæterasque gentes deinceps quæ sunt occasui propiores, Armeniæ juga appellare antea haud temere existimandus est, quam Parthicos, Medicosque montes nominaverit, qui mox sequuntur, Choatram scilicet, et Oroandem. Quamobrem scripsisse potius Plinium putaverim, *Parachoatram, Choatram*, quorum montium ille in Parthis a Solino, cap. XXXVIII, pag. 68, iste in Medis a Ptolemæo collocatur, lib. VI, c. 1. H.

13. *Choatras*. Choatras apud Parthos, inquit Solinus, c. XXXVIII, pag. 88. HARD.

14. *Oreges*. MSS. *Oræges*. H.

15. *Oroandes*. Ptolemæo, lib. VI, cap. 2, Ὀρόντης Mediæ mons : prope Ecbatana, Diodoro, lib. II, Bibl. pag. 701. HARD. — Nunc *Elwend*. ED.

16. *Niphates*. In majore Armenia, unde Tigris oritur, Strab. lib. XI, p. 529. H. — Hodie *Nimrod*. ED.

17. *Taurus*. Apud Elegiam Armeniæ, ut dictum est cap. 20. Ibi enim peculiari appellatione Taurus nuncupatur. HARD.

18. *Ubi se quoque*. Ubicumque surgit in altissimum verticem. H.

19. *Sarpedon*. In promontorio, Sarpedone dicto, de quo c. 22. H.

20. *Coracesius*. Vet. ap. Dalec. *Coracesus*. ED. — Ad urbem cognominem, de qua cap. 22. HARD.

21. *Cragus*. In Lycia, ut dicetur cap. seq. HARD.

22. *Iterumque Taurus*. Mela, lib. I, cap. 15 : « et ubi jam nostra maria contigit », hoc est, mediterranea, *Taurus iterum*. HARD.

23. *Vindicans*. Chifflet. *vendicans*. ED.

24. *Quæ alibi*. Armeniæ portæ eædem Caucasiæ appellatæ, lib. VI, cap. 12. De Caspiis eodem libro c. 16. De Ciliciis, hoc libro quinto, cap. 22. HARD.

25. *Quoque*. Vet. apud Dalec. *quæque*. ED.

26. *Hyrcanius*. Dalec. *Hyrcanus*, repugnante Chiffl. ED.

27. *Paryadres*. Dalec. *Pariedrus*. ED. — Unde fundi Absarum am-

Scythicus appellatus. In universum[28] vero græce Ceraunius[29].

XXVIII. In Lycia igitur, a promontorio ejus[1] oppidum Simena[2], mons Chimæra[3] noctibus flagrans, Hephæstium[4] civitas, et ipsa sæpe flagrantibus jugis: oppidum Olympus[5] ibi fuit: nunc sunt montana, Gagæ[6], Corydalla[7], Rhodiopolis. Juxta mare, Li-

nem dicemus, lib. seq. cap. 9. Moschicus a Moschorum gente, de qua eodem lib. cap. 4, ubi et de Amazonico dicturi sumus. Coraxicus idem qui Heniochius, lib. VI, c. 10. Scythicus a Scythis incolis nomen habet. HARD.

28. *In universum vero græce.* Vet. apud Dalec. *in universa vero Græcia.* ED.

29. *Ceraunius.* Sic etiam Mela, lib. I, cap. 15. Strabo tamen peculiarem hanc appellationem esse existimat eorum montium, qui Caspio mari incumbunt, ὄρη Κεραύνια, in Albania et Amazonum regione, lib. XI, pag. 504. Hunc Plinii locum Solinus præpostere admodum accepit, ut Salmasius adnotavit in Solin. pag. 800. H.

XXVIII. 1. *A promontorio ejus.* Nempe Tauri montis, quod promontorium Chelidonium appellari paulo ante dixit. HARD.

2. *Simena.* Σίμηνα, πόλις Λυκίας, Stephano. HARD.

3. *Chimæra.* Χίμαιρα, unus est ex octo Cragi montis verticibus, cum valle cognomine. Vide Strabon. lib. XIV, pag. 665; Melam, lib. I, cap. 15. Hic Chimæræ fabula ortum habet. Ovid. Metam. lib. IX, v. 647: « Jam Cragon, et Limyren, Xanthique reliquerat undas, Quo-

que Chimæra jugum, mediis in partibus ignem Pectus et ora leæ, caudam serpentis habebat. » HARD.

4. *Hephæstium.* Seneca, epist. 79, pag. 346 : « In Lycia regio notissima est, Hephæstion incolæ vocant, perforatum pluribus locis solum, quod sine ullo nascentium damno ignis innoxius circuit. Læta itaque regio est, et herbida, nil flammis adurentibus, etc. » Hephæstion Ἡφαίςειον, quasi Vulcanium, a re ipsa dictum. HARD.

5. *Olympus.* Solinus, cap. XXXIX, pag. 69 : « Olympus quoque inter alia ibi oppidum nobile fuit : sed intercidit : nunc castellum est. » Ὄλυμπος πόλις Ptolemæo, in Lycia, lib. V, cap. 3, et Straboni, lib. XIV, pag. 665. In Conc. Calched. *Aristocritus Olympuensis*, prov. Pamphyliæ. Notitia Eccles. pag. 15 et 47, et apud Leunclavium, pag. 93, inter episcopos prov. Lyciæ, ὁ Ὀλύμπου. HARD.

6. *Gagæ.* Stephano : Γάγαι πόλις Λυκίας. Plinius, lib. XXXVI, cap. 34 : « Gagates lapis nomen habet loci et amnis Gagis Lyciæ. » In Notitia prov. Lyciæ, Γάγα. HARD.

7. *Corydalla*, etc. Κορύδαλλος et Ῥοδία, Ptolemæo, lib. V, cap. 3, inter oppida Lyciæ mediterranea censentur, ad Massyciten montem,

myra[8] cum amne, in quem Arycandus[9] influit : et mons Massycites[10] : Andriaca civitas, Myra[11]. Oppida : Apyre[12], et Antiphellos, quæ quondam Habessus[13] : atque in recessu Phellus[14]. Deinde Pyrrha, itemque Xanthus[15] a mari xv M. passuum, flumenque eodem nomine. Deinde Patara[16], quæ prius Sataros : et in monte, Sidyma[17]. Promontorium

Ῥοδίας et Stephanus meminit. In Notitia antiqua Eccles. inter episcopos prov. Lyciæ, Ῥοδιπόλεως, et ὁ Κορυδάλλων. Leunclavius habet, ὁ Ῥοδιαπόλεως, et ὁ Κορυδάλων. Altera Notitia, pag. 15, Κυριδάλλων et Ῥοδιαπλ. mendose. HARD.

8. *Limyra.* Λίμυρα πολίχνη, et Λίμυρος ποταμὸς juxta Myram, apud Strabon. lib. XIV, pag. 666. Apud Melam, et oppido, et amni nomen est Limyra. HARD.

9. *Arycandus.* A quo forte Arycanda oppidum appellatum, cap. 25. In Notitia Eccles. prov. Lyciæ, Ἀρύχναδα, pro Ἀρύκανδα, pag. 31. In altera, pag. 47, Ὀρυκάνδων, pro Ἀρυκάνδων. HARD.

10. *Massycites.* Chiffl. *Massycites, Andria civitas mira.* ED. — Μασίκυτος ὄρος, Ptolemæo loc. cit. apud quem, et Ἀνδριάκη πόλις. Myrensium navale Ἀνδριάκη dicitur Appiano, bell. Civ. lib. IV, pag. 636.

11. *Myra.* S. Nicolai episcopali sede clara : ut Patara, natalibus. Μύρα. HARD. — Vetus nomen hodieque servat. ED.

12. *Apyre.* Ptolemæo Ἀπέρραι dicuntur, in Lycia, lib. V, cap. 3. In Notitia Eccles. prov. Lyciæ hæ sedes eo ordine numerantur, Ἀρπελαί, Φελλὸς, Ἀντίφελλος : haud dubie Ἀρπελαί, pro Ἀπέρραι. Phelli et Antiphelli meminere Strabo, pag. 666, Stephanus, aliique. HARD. —

Haud longe a præsenti promontorio *Phineka*, occidentem versus, vetus exstat castellum. Quod quidem *Apyre* situm occupare docto viro BEAUFORT videtur. ED.

13. *Habessus.* Chiffl. *Habesos.* ED.

14. *Phellus.* Ante hanc vocem legitur in vet. ap. Dalec. *Dionysiopolitis*, cujus in libris editis mentio nulla. ED.

15. *Xanthus.* Lyciæ urbium maxima Ξάνθος dicitur a Strabone, loc. cit. Meminit oppidi cum amne cognomine Ptolemæus, lib. V, cap. 3; Stephanus, pag. 502; Appianus, Civ. lib. IV, pag. 635. Videtur a mari Strabo removere stadiis tantum LXX, quæ passuum vix efficiant millia novem. HARD. — Nunc *Eksenidé.* ED.

16. *Patara.* Mela, lib. I, cap. 16, oram hanc Lyciæ describens : « Atque ut multa oppida, inquit, sic, præter Patara, non illustria. Illam nobilem facit delubrum Apollinis, quondam opibus et oraculi fide, Delphico simile. » Hinc Apollo Patareus nomen accepit. Nunc *Patara.* HARD.

17. *Sidyma.* Dalecampius, qui verba hæc, *et in monte, Sidyma*, legenda conjunctim putavit, ac montis modo nomen indicari, Solyma Pisidiæ montem ex Strabone, lib. XIV, pag. 666, huc transferendum monet in margine editionis suæ. At

II.

Cragus[18]. Ultra[19], par sinus priori : ibi Pinara[20], et quae Lyciam finit Telmessus[21]. Lycia quondam[22] LXX oppida habuit, nunc XXXVI habet. Ex his celeberrima, praeter supra dicta, Canas[23], Candyba[24], ubi laudatur OEnium[25] nemus, Podalia[26], Choma[27] praefluente Adesa[28] : Cyaneae[29], Ascandalis[30], Amelas, Noscopium,

urbem in edito colle positam hac oratione significari, tum per se , tum Stephani auctoritate, apud quem Σίδυμα, πόλις Λυχίας, plane constat, Ptolemaeique in primis, lib. V, cap. 3, ad Cragum montem Σιδύμα collocantis. In Concilio Quinisexto, pag. 1197, Ζήμαρχος ἐπίσκοπος πόλεως Σιδύμων ἐπαρχίας Λυκαονίας : mendose videlicet, pro Λυκίας. Nam in Notitia Eccles. antiqua, pag. 47, inter episcopos provinciae Lyciae, ἐπαρχίας Λυκίας, cum Myris, Telmesso, Corydallis, caeterisque, ὁ Σιτύμων legitur, pro Σιδύμων, uti recte Leuncl. habet, p. 94, et altera Notitia, p. 15. H.

18. *Cragus*. Κράγος ὄρος Λυκίας, Steph. Scylaci, p. 37, ἀκρωτήριον. Nunc *Capo Serdeni*, *o Sette Capi*. H.

19. *Ultra par sinus*. Ultra promontorium sinus est, nunc *Golfo di Makri*, par ingenti illi sinui, de quo dictum est prius, cap. 28, quem Taurus mons disterminat Chelidonio promontorio, *Golfo di Sattalia*. HARD.

20. *Ibi Pinara*. Πίναρα Straboni, lib. XIV, pag. 665, et Ptolemaeo, lib. V, cap. 3. HARD.

21. *Telmessus*. Iisdem verbis Mela, lib. I, cap. 15. Τελμησσὸς est Ptolemaeo, Τελμισσὸς, Straboni, locis cit. HARD. — Haud longe, ut videtur, a *Makri*, quae supradicto sinui nomen suum impertit. ED.

22. *Lycia quondam LXX*. Ita MSS. omnes (non LX) et Martian. lib. VI, cap. de Euphrate, p. 220.

23. *Canas*. Κανὰς in recto Graecis. In Notitia Eccles. antiqua, inter episcopos prov. Lyciae, pag. 15, ὁ Κανοῦ. Et pag. 49, ὁ Κανοῦ, ἤτοι τῆς Ἀκαλείας. Leunclavii Notitia, pag. 94, ὁ Καννοῦ. HARD.

24. *Candyba*. In Notitia Eccles. antiq. prov. Lyciae, Κάνδυβα. Item Stephano. Ptolemaeo, lib. V, cap. 3, forte mendose, Κόνδυβα. H. — Aliis geographis *Condica*. DALEC.

25. *OEnium nemus*. MSS. omnes, *Eunias nemus*. HARD. — Chiffl. ap. Dalec. *OEnias*. ED.

26. *Podalia*. Pineus, *Podalaea*. DALEC. — Ποδάλια in Notitia Eccles. prov. Lyciae. Ptolemaeo, lib. V, cap. 3, Ποδαλλία. Stephano, Ποδάλεια, πόλις Λυδίας, lego Λυκίας.

27. *Choma*. Χῶμα inter Lyciae oppida mediterranea Ptolemaeo, loc. cit. et in Notitia Eccles. antiq. In Conc. Ephes. *Eudoxius Chomatenus*. HARD.

28. *Adesa*. In MSS. *Ædesa* ei amni nomen. HARD.

29. *Cyaneae*. Dalec. *Cyane*, etc. Steph. ap. Dalec. *Ganea, Scari, Ælimala*. ED. — Κυάνεαι, in Notitia Eccles. antiq. prov. Lyciae. Apud Ptolemaeum, lib. V, cap. 3, Κύδνα, pro Κύανα. HARD.

30. *Ascandalis*, etc. In MSS.

LIBER V.

Tlos[31], Telandrus[32]. Comprehendit in mediterraneis 3 Cabaliam[33], cujus tres urbes, OEnoanda, Balbura, Bubon. A Telmesso Asiaticum mare, sive Carpathium, et quæ proprie vocatur Asia[34]. In duas eam partes Agrippa divisit. Unam[35] inclusit ab oriente Phrygia et

Reg. 1, 2, etc. « Ascandiandalis, Amelas, Noscopium. » Forte hic locum habere debet Ἀκαλισσός Lyciæ prov. sedes episc. in Notitia Eccles. antiq. Hieroclis, pag. 15, 31 et 49. Item *Acanda*. Nam in ea ipsa Notitia inter episcopos prov. Lyciæ, pag. 49, censetur ὁ Ἀκάδων, qui pag. 15, ὁ Αὐκάδων mendose nuncupatur: quum et apud Leunclavium, pag. 94, pariter ὁ Ἀκάνδων exstet. Hard. — Ptolem. ap. Dalec. *Nisa* pro *Noscopium*. Ed.

31. *Tlos*. Τλῶς πόλις Λυκίας, Stephano, pag. 659, et Ptolemæo, lib. V, cap. 3. Et in Notitia Eccles. antiq. Τλῶ, pag. 31, et pag. 15, ὁ Τλῶν. pag. 47, Ὁ ὕτλων; pro ὁ Τλῶν, qui error et apud Leunclavium ipsum irrepsit, pag. 94. H.

32. *Telandrus*. Dalec. *Telanorus*. Ed. — Τήλανδρος, quam Stephanus Cariæ adjudicat: quoniam est in confinio utriusque provinciæ posita. Hard.

33. *Cabaliam*. Καβαλίαν, Strabo, lib. XIV, pag. 631, Καβαλίδα vocat. Id regiunculæ in Lycia nomen, etiam Ptolemæo, lib. V, cap. 3, cujus urbes eæ tres, Οἰνοάνδα, Βούων, Βάλβουρα. De his vide Strab. lib. XIII, pag. 631. In Notitia Eccles. Βουβῶν, Ἡνόανδα, Βαλούρα, pro Βαλβούρα, pag. 31. At pag. 17 et 49, ὁ Βαρβούρων, uti et apud Leunclavium, pag. 94, pro ὁ Βαλβούρων. In iisdem Notitiis, pag. 15, ὁ Ὑνούνδων, et pag. 49, ὁ Ὀνούνδων, apud Leunclavium ὁ Ὀνούρδων, loc. cit. ubique mendose, pro ὁ Οἰνωάνδων. Item, pag. 15, ὁ Βόβου ἤτοι Σοφιανόπολις, et apud Leunclavium, ὁ Βώβου ἤτοι Σοφιανοπόλεως, de Bubone accipienda sunt. Stephano Βουβῶν, et τὰ Βάλβουρα, et Οἰνόαν, πόλεις Λυκίας. In Conc. CP. I, pag. 957, « Patricius OEnandensis, et Romanus Bibonensis, » pro *Bubonensis*. Hard. — Vet. ap. Dalec. et *Carbatiam*, pro *Cabaliam*: *Oeniandra*, pro *OEnandra*, Ptol. *OEnandra*; Chiffl. *Dubon*, pro *Bubon*. Ed.

34. *Vocatur Asia*. Hodie *Anatolie* sive *Anadouly* vocant. Ciliciam tamen Bithyniamque, et Lyciam, Paphlagoniam, provinciamque Ponticam; Phrygiam, Lycaoniam, Pamphyliamque, Plinius Agrippam secutus eo Asiæ proprie dictæ nomine negat contineri. Hard.

35. *Unam inclusit*. Exscribit hæc a Plinio Martianus, lib. VI, cap. de Euphrate, pag. 220. Et Missi Theodosii: « Et quæ proprie vocatur Asia, in duas eam partes Agrippa divisit: unam inclusit ab oriente, Phrygia, Lycaonia: ab occidente, mari Ægæo: hujus longitudinem cccclxx, latitudinem, cccxx fecit (sic etiam Pliniani codices MSS. quos inspeximus, et vetus Dalec. ac Chiffl. etsi Martianus cum Plinii typis tantum ccc

Lycaonia, ab occidente Ægæo mari, a meridie Ægyptio, a septemtrione Paphlagonia. Hujus longitudinem CCCCLXX mill. passuum, latitudinem CCCXX mill. fecit. Alteram determinavit ab oriente, Armenia minore : ab occidente, Phrygia, Lycaonia, Pamphylia : a septemtrione, provincia Pontica : a meridie, mari Pamphylio : longam DLXXV mill. pass. latam CCCXXV mill.

XXIX. In proxima ora Caria[1] est, mox Ionia : ultra eam Æolis[2]. Caria mediæ Doridi circumfunditur, ad mare utroque latere ambiens. In ea[3] promontorium Pedalium. Amnis Glaucus[4] deferens Telmessum. Oppida : Dædala[5], Crya[6] fugitivorum. Flumen Axon, oppidum Calynda[7].

---

præferat) : alteram determinavit ab oriente, Armenia minore : ab occidente, Phrygia, Lycaonia, Pamphylia : a septemtrione, provincia Pontica : a meridie, mari Pamphylio : longitudinem, DLXXV, latitudinem, CCCXXV. » HARD.

XXIX. 1. *Caria.* Nunc Doridem Caria includit a continente : reliqua sui parte mari Doris alluitur. HARD.

2. *Æolis Caria... ambiens.* Libentius legisset Dalecampius : *Æolis, media Doride. Circumfunditur mari utroque latere ambiente.* ED.

3. *In ea.* In Caria, unde ipsa post Lyciam incipit. Mela, lib. I, cap. 15 : « Quæ Lyciam finit, urbs Telmessos. » Mox cap. 16 : « Caria sequitur... Promontoria duo : Pedalion, et Crya. » HARD.

4. *Glaucus.* Γλαῦκος quem Q. Calaber, lib. IV, vers. 6 et 11, in confinio Lyciæ recte collocavit, Λυκίης σχεδὸν αἴης. In hunc exonerare se amnem alterum Plinius ait, quem *Telmedium* MSS. omnes, Telmessum maluit Barbarus appellare. HARD.

5. *Dædala.* Δαίδαλα Stephano, πόλις Λυκίας, et Straboni, lib. XIV, pag. 651. Ptolemæo item, lib. V, cap. 3, Δάδδαλα pro Δαίδαλα, in Lycia, citra Telmessum oppidum, quod finem esse Lyciæ proxime antea diximus. Cariæ nimirum, Lyciæque confinia sæpe permixta.

6. *Crya.* Vet. ap. Dale. *Caroea.* Chiffl. *Cyrcia.* ED. — Promontorii nomen est Melæ, loc. cit. Stephano Κρύα πόλις Λυκίας, in Lyciæ nempe vicinio. Ptolemæo, lib. V, cap. 3, Καρύα, mendose. Κρύασσαν in Caria Plutarchus agnoscit, lib. de Virtut. mulier. pag. 246. HARD.

7. *Calynda.* Hermolaus *Calydna* rescripsit, invitis exemplaribus MSS. et vetustis editionibus, Parm. cæterisque, invito quoque Ptolem. lib. V, cap. 3, Κάλινδα scribente pro Κάλυνδα. Stephano item, cui Κάλυνδα, πόλις Καρίας. Denique Herodoto, lib. VIII, ubi de Artemisia, Mausoli Cariæ regis uxore agens, Καλυνδίοις eam imperitasse prodidit. Κάλυμνα tamen Straboni dicitur, lib. XIV, pag. 561. Sed

LIBER V.

(XXVIII.) Amnis Indus[8] in Cibyratarum[9] jugis ortus, recipit LX perennes fluvios, torrentes vero amplius centum. Oppidum Caunos liberum[10], deinde Pyrnos[11]. Portus Cressa, a quo Rhodus insula XX M. Locus Loryma[12]. Oppida : Tisanusa[13], Paridion, Larymna. Sinus Thymnias[14]. Promontorium Aphrodisias. Oppidum Hyda[15]. Sinus Schœnus. Regio Bubassus[16]. Oppidum fuit Acanthus[17], alio magno, ut puto, errore. HARD.

8. *Amnis Indus.* Κάλβιν hunc vocat Strabo, lib. XIV, pag. 651, et Ptolemæus, lib. V, cap. 2. Mela quoque, lib. I, cap. 16 : « Secundum Calbin amnem, inquit, Caunus oppidum valetudine habitantium infame. » Fecit hoc alterum amni nomen Indus quidam in eum ab elephanto dejectus, ita prodente Livio, lib. XXXVIII, cap. 14. Hinc ipsa Caria *Indorum regio* appellatur, 1 Mach. VIII, 8. HARD.

9. *Cibyratarum.* Κιβυράται, quorum oppidum Κιβύρα μεγάλη Straboni, lib. XIII, pag. 630, quam in magnæ Phrygiæ civitatibus mediterraneis collocat Ptolemæus, lib. V, cap. 2, quod et mox Plinius facit, his verbis : « Ipsum oppidum Phrygiæ est. » HARD.

10. *Caunos.* Καῦνος quoque Straboni, lib. XIV, pag. 651. Caunus Livio, lib. XXXIII, cap. 20, et XLV, 25. Hodie *Kaiguez*, ut opinatur D'ANVILLE. ED.

11. *Pyrnos. Portus Cressa.* Πύρνος πόλις Καρίας, Stephano. Κρῆσσα λιμήν Ptolem. lib. V, cap. 2. HARD.

12. *Loryma.* Λώρυμα Ptolemæo, loc. cit. Litus esse asperum ait Strabo, lib. XIV, pag. 552. Stephano oppidum est, Λώρυμα, πόλις Καρίας. In Concilio Quinisexto, pag. 1199, Γεώργιος ἐπίσκοπος πόλεως Ὑλαρίμων, ἐπαρχίας Καρίας. Et in Notitia Eccles. antiqua, pag. 43, inter episcopos provincias Cariæ, ὁ Ὑλαρίμων. Ubi Leunclavius, pag. 94, ὁ Λαρύμων. HARD.

13. *Tisanusa.* Mela, lib. I, cap. 16, ubi de Caria : « Portus duo : Gelos, et cui ex urbe quam amplectitur, Tisanusa cognomen est. Inter eos oppidum Larymna, et Pandion collis in mare emissus. » An Mela ex Plinio emendandus ? an ex Mela Plinius ? MSS. Pliniani omnes, *Parydon :* Pomponiani, *Pandion.* HARD.

14. *Thymnias.* Pomponius Mela, lib. I, cap. 16 : « Tum tres, inquit, ex ordine sinus : Thymnias, Schœnus, Bubessius. Thymniæ promontorium Aphrodisium est. Schœnus ambit Hydam : Bubessius Acanthum : Gnidus in cornu peninsulæ. » HARD.

15. *Hyda.* MSS. omnes, Reg. 1, 2, Colbert, 1, 2, *Hydas.* HARD. — Vet. ap. Dalec. *Hyla.* ED.

16. *Regio Bubassus.* Cui et urbs cognominis, Βύβασσος πόλις Καρίας, apud Steph. HARD.

17. *Acanthus.* Ἄκανθον quoque in peninsula juxta Cnidum Stephanus collocat, pag. 49. HARD. — Vet. ap. Dalec. *Cynethon.* ED.

nomine Dulopolis. Est in promontorio[18] Gnidos[19] libera, Triopia[20], dein Pegusa[21] et Stadia[22] appellata. Ab[23] ea Doris incipit.

3 Sed prius terga, et mediterraneas jurisdictiones indicasse conveniat[24]. Una appellatur Cibyratica. Ipsum oppidum Phrygiæ[25] est. Conveniunt eo xxv[26] civitates (xxix.), celeberrima[27] urbe Laodicea[28]. Imposita est Lyco flumini, latera alluentibus Asopo et Capro : appellata primo Dios-

18. *In promontorio.* Quod nunc *Capo Crio* nautæ vocitant. HARD.

19. *Gnidos.* Κνίδος Straboni, lib. XIV, pag. 656, et aliis. Hodie *Gnido.* Hinc Ctesias, Eudoxius, aliique, de quibus in Auctorum Indice. HARD.

20. *Triopia.* Varia hæc sunt Gnidi, obsoletaque nomina. Triopiam a Triopa rege dictam significat Diodorus Sic. Bibl. lib. V, pag. 331. Hinc Apollo Triopius, templumque Triopium, mare denique Triopium pariter, quo Gnidiorum ager pertingit, apud Herod. Clio, lib. I, num. 144, et num. 174, pag. 72. Stephano, aliisque, Τριόπιον πόλις Καρίας, quod Gnidum deinde translatum est. Scylaci, pag. 36, ἀκρωτήριον, promontorium est juxta Cnidum. HARD.

21. *Pegusa.* Vet. ap. Dalec. *Pegasa.* ED.

22. *Stadia.* Chiffl. *Caudia.* ED.

23. *Ab ea.* A Cnido. HARD.

24. *Conveniat.* Vet. ap. Dalec. *conveniet.* ED.

25. *Ipsum oppidum Phrygiæ.* Cibyra nimirum, de quo nos paulo ante egimus. Cariæ tamen adscribitur in Notitia Eccles. episcop. Et in Conc. CP. I, Leontius Ciby-

rensis subscribit, et prov. Cariæ. Strabo, lib. XIII, pag. 631, inter ea oppida numerat, quæ sunt juris veluti dubii, quod incerti fines essent, Lyciæ, Phrygiæ, Cariæque. Unam e maximis Asiæ præfecturis, διοικήσεσι, Cibyraticam fuisse, idem prodidit. HARD. — *Burnz* hodie dicitur, auctore D'ANVILLE. ED.

26. *XXV.* Chiffl. *XXII.* ED.

27. *Celeberrima urbe.* Ab his verbis novi capitis factum hactenus initium est : quam inepte, sat liquet. ED. —Vet. ap. Dalec. *Celeberrima urbs Laodicæa, imposita,* etc. ED.

28. *Laodicea.* Mediterranea civitas ea fuit, Λαοδίκεια πρὸς τῷ Λύκῳ, Straboni, lib. XII, pag. 578, et Philostr. lib. I, de vitis Sophist. pag. 530. Nunc excisa penitus : vix e ruderibus moletrina una velari superstite. Loco tamen Turcæ fecere nomen *Eski-Hisar*, hoc est, vetus castellum. Errant qui *Laudichia* dici adhuc putant. Phrygiæ a Strabone adscribitur, loc. cit. ubi Capro et Lyco allui urbem ait. Lycum porro Curtius temere confundit cum Marsya, de quo mox, ut Salmasius monuit, pag. 828, in Solin. aliique. HARD.

LIBER V.

polis[29], dein Rhoas. Reliqui in eo conventu, quos nominare non pigeat, Hydrelitæ[30], Themisones[31], Hierapolitæ[32]. Alter conventus a Synnada[33] accipit nomen. Conveniunt Lycaones[34], Appiani[35], Eucarpeni[36], Dorylæi[37], Midæi, Julienses[38], et reliqui ignobiles populi xv. Tertius[39]

29. *Diospolis.* Ceu civitas Jovis. *Rhoas*, α ῥέω, *fluo*, hoc est, ab amnium fluxu urbem circumambientium. HARD.

30. *Hydrelitæ.* Ὕδρηλα τῆς Καρίας, Stephano, pag. 676. Ὕδρηλος Straboni, lib. XIV, pag. 650. Livius, lib. XXXVII, cap. 56 : « Cariam, inquit, quæ Hydrela appellatur, agrumque Hydrelitanum, ad Phrygiam vergentem. » HARD.

31. *Themisones.* Et hi Phrygiæ contributi. Θεμισώνιον χωρίον Φρυγίας, Stephano. Circa Laodiceam positum dicitur Θεμισώνιον oppidum, Straboni, lib. XII, pag. 576, loco *Teseni* vocato, auctore D'ANVILLE. HARD. et ED.

32. *Hierapolitæ.* Ab Hierapoli, Phrygiæ magnæ oppido, inter Cibyra et Apameam, apud Ptolem. lib. V, cap. 2. Cariæ a Stephano attribuitur, Ἱερὰ πόλις Καρίας. In Notitia episcopatuum prov. Phrygiæ Capatianæ, Λαοδίκεια, Ἱερὰ πόλις, Θεμοσόνιος, pro Θεμισόνιος. In Concilio Generali VI, Sisinnius episcopus τῆς Ἱεραπολιτῶν τῆς Φρυγῶν ἐπαρχίας, pag. 1031. HARD. — Illam urbem nunc *Bambuk-Kalasi* a Turcis appellari nos monet D'ANVILLE. ED.

33. *A Synnada.* Chiffl. *a Synnade.* ED.—Synnadica jurisdictio, seu conventus Synnadicus inde dictus. Majoris Phrygiæ mediterraneum oppidum Ptolemæo, lib. V, c. 2, Σύνναδα. Phrygiæ Salutaris, in Notitia episcopatuum, et in Conc. Gener. VI, pag. 1031. Martiali, lib. IX, epigr. 76, *Synnas Phrygia.* HARD.

34. *Lycaones.* Ut dictum est c. 25. HARD.

35. *Appiani.* In Conc. VI, Gener. pag. 1039, Petrus episcopus πόλεως Ἀππίας, cum Ancyrano Phrygiæ episcopo subscribit. In Notitia Eccles. antiq. inter episcopales sedes Phrygiæ Capatianæ, Ἀπία. HARD.

36. *Eucarpeni.* Vet. ap. Dalec. *Cercopeni.* ED. — Ab oppido Phrygiæ, Εὐκαρπία Straboni, lib. XII, pag. 576. Majoris Phrygiæ, ut ipsa Synnada, Ptolemæo, loc. cit. Phrygiæ Salutaris, in Notit. episcop. HARD.

37. *Dorylæi.* Δορύλαιον, ejusdem Phrygiæ majoris et Salutaris, iisdem auctoribus, Μιδάϊον quoque : Ptolemæo, Δορύλειον, Μιδάειον. Antonini Severi nummus apud Spanhem. pag. 905, ΜΙΛΑΕΩΝ. De Dorylao rursum, cap. 31. De Midaio, a quo Midæi, cap. 41. HARD. — Vet. ap. Dalec. *Mudæi*, Chiffl. *Mydæi*, non *Midæi*. ED.

38. *Julienses.* Quorum oppido nomen Ἰουλιόπολις apud Ptolem. lib. V, cap. 2. HARD.

39. *Tertius.* Apamenus conventus ab Ἀπάμεια, quæ prius Κέλαιναι, ut refert Strabo, lib. XII, p. 577,

Apamiam vadit, ante appellatam Celænas, dein Ciboton. Sita est in radice montis Signiæ, circumfusa Marsya[40], Obrima, Orga[41], fluminibus in Mæandrum cadentibus. Marsyas ibi[42] redditur, ortus, ac paulo mox conditus, ubi certavit[43] tibiarum cantu cum Apolline, Aulocrenis[44]: ita vocatur convallis decem mill. passuum ab Apamia, Phrygiam petentibus. Ex hoc conventu[45] deceat nominare Metropolitas[46], Dionysopolitas[47], Euphorbenos, Acmo-

et Stephanus, pag. 91; deinde Κιϐωτὸς, ut idem Strabo ait, p. 576, hoc est, Arca dicta est, quod in arcæ modum a tergemino amne illam ambiente clauderetur. Κέλαιναι, quod ab eo oppido Apameam cives transducti. Magnæ Phrygiæ tum a Strabone accensetur, loc. cit. tum a Ptolem. lib. V, c. 2. Hard. — *Aphiomkara-hisar* hodie dicitur, auctore d'Anville. Ed.

40. *Marsya.* Μαρσύαν et Ὀργᾶν Strabo quoque nominat, lib. XII, pag. 577, quos in Mæandrum labi ait. Obrimæ fontium Livius meminit, lib. XXXVIII, cap. 15. H.

41. *Orga.* Chiffl. *Orba.* Ed.

42. *Marsyas ibi.* Marsyas, inquit, ibi emergit amnis, qui post paulo quam ortus erat, sese in terram abdiderat, in eo loco qui Aulocrene dictus est, αὐλοῦ κρήνη, quasi fontem tibiarum, vel tibiæ dixeris : a quo fonte, et monti deinde, et convalli, et regioni nomen idem est inditum. Ita Maximus Tyrius, dissert. 38, pag. 385. Hæc Plinii verba, de Marsya hominis natali ac sepulcro ridicule interpretatus est Martianus, lib. VI, cap. de Euphrate, pag. 221, et eum, ut solet, secutus Solinus, cap. XL, pag. 70, quum de amne Apamenorum Marsya ea accipi oportere, res sit plane perspicua. Hard.

43. *Ubi certavit.* Lege, *ubi Marsyas certavit.* Ed. — Marsyas nimirum, cujus e sanguine amnem exortum fabulæ narrant. Vide Apollod. de Diis, lib. I, pag. 13; Diodor. Sic. Bibl. lib. III, p. 192; Photium in Biblioth. cod. 190, p. 475; Hygin. fab. 165; Livium, lib. XXXVIII, pag. 472; Ovid. Metam. lib. VI, vers. 390. Hard.

44. *Aulocrenis.* Αὐλοῦ κρήναις. Solinus et Martianus, *Aulocrene.* Salmasius frustra, contra tot testes unus, αὐλοθρενῆς, in Solin. p. 834. Plinius ipse, lib. XVI, cap. 89, regionem Aulocrenen vocat. H.

45. *Ex hoc conventu.* Scilicet Apameno. Hard.

46. *Metropolitas.* Μητρόπολις Φρυγίας, ἀπὸ τῆς μητρὸς τῶν Θεῶν οἰκισθεῖσα, inquit Stephanus, a Deum Matre nomen accepit, quæ sedem ibi habuit. Urbs est Magnæ Phrygiæ, Ptolemæo, lib. V, cap. 2. Phrygiæ Salutaris, in Notitia episcop. In nummis, ΜΗΤΡΟΠΟΛΕΙΤΩΝ. Hard.

47. *Dionysopolitas.* Ab urbe Dionysopoli Phrygiæ, quam Eumenes et Attalus condidere. Auctor Ste-

nenses[48], Peltenos[49], Silbianos. Reliqui ignobiles ix. Doridis in sinu, Leucopolis[50], Hamaxitos[51], Elæus[52], 5 Euthene. Dein Cariæ oppida, Pitaium[53], Eutane[54], Halicarnassus[55]. Sex oppida contributa[56] ei sunt a Magno

phanus, pag. 239. Vide librum, quem dudum edidimus, de Nummis antiquis Populorum et Urbium, verbo ΔΙΟΝΥΣΟΠΟΛΕΙΤΩΝ Phrygiæ. Hard.

48. *Acmonenses.* Vet. ap. Dalec. *Ænonienses.* Ed. — Oppidum magnæ Phrygiæ Ἀκμονία, Ptolem. lib. V, cap. 2, et Stephano, Ἀκμῶνα Phrygiæ Capatianæ, in Notitia episcop. Nummus Agrippinæ Claudii, ap. Patin. p. 109, ΑΚΜΩΝΕΩΝ. H.

49. *Peltenos,* etc. Quorum oppidum Phrygiæ magnæ Πέλται, apud Strabon. lib. XII, p. 576, et Ptolem. loc. cit. ut Silbianorum Σιλβίον. In Notitia episcopatuum Phrygiæ Capatianæ, Σιθλία, permutatis litteris, pro Σιλθία. Peltenorum istorum nummus est ex ære apud D. Sherardum consulem Anglum Smyrnæ; ex una parte caput velatum exhibet, cum epigraphe, ΒΟΥΛΗ ΠΕΛΤΗΝΩΝ, *Curia Peltenorum.* In altera superficie, Mercurius alatus, cum dolio: vini mercatores significat. Inscriptio: ΠΕΛΤΗΝΩΝ ΜΑΚΕΔΟΝΩΝ. *Peltenorum Macedonum,* Macedones hi cognominantur, ut ab aliis Peltenis secernantur superius positis, c. 25. Fuere igitur in hoc tractu, ut in Ionia, Lydiaque, Macedones. Hard. — Oppido Peltis vicinoque campo convenire videtur hodie nomen *Uschak,* ut opinatur d'Anville. Pro *Silbianos,* vet. ap. Dalec. *Sylleanos* legit. Ed.

50. *Leucopolis.* Oppidum videtur in littore fuisse cognomine : Mela enim, lib. I, cap. 16 : « Trans Halicarnassum illa sunt, inquit: Litus Leuca. Urbes, Myndus, etc. » H.

51. *Hamaxitos.* Et alia est ejusdem nominis in Troade. Ἀμαξιτός, *Hamaxitos,* orbitam græce sonat, seu viam quæ ad agendum curriculum patet. Hard. — Nunc *Messi* auctore d'Anville. Ed.

52. *Elæus, Euthene.* Illa Græcis Ἐλαίους, vel potius Ἐλεοῦς, haud procul Lorymis, apud Strabonem, lib. XIV, pag. 655. Hæc vero Εὐθηναί. Stephanus : Εὐθηναὶ πόλις Καρίας. Hard. — Ptol. *Elæa.* Dalec.

53. *Pitaium.* Ptolem. *Pituvium.* Chiffl. *Piatium.* Dalec. — Stephano, p. 552, Πιτάϊον, πόλις Καρίας.

54. *Eutane.* Dalec. *Eutaniæ.* Ed. — Hæc Pomponii Melæ Euthane est, lib. I, cap. 16, inter Cnidum et Ceramicum sinum, in recessu posita. Hard.

55. *Halicarnassus.* Mela, lib. I, cap. 16 : « Halicarnassos, Argivorum colonia, et cur memoranda sit, præter conditores, Mausoleum efficit, regis Mausoli monumentum, unum de miraculis septem, Artemisiæ opus. » Nunc rudera vix supersunt hujus civitatis in deserto loco, cui nomen *Boudron,* contra insulam Coam. Hinc Dionysius Halicarnasseus rerum romanarum scriptor, cui Ælius prænomen fuit, teste Eustathio in Iliad. II, p. 368. Hæc pariter Herodoti patria. H.

56. *Contributa.* Jura petere Ha-

Alexandro, Theangela[57], Sibde[58], Medmassa, Euranium, Pedasum[59], Telmessum[60]. Habitatur[61] inter duos sinus, Ceramicum[62] et Iasium. Inde Myndos[63], et ubi fuit Palæmyndus, Nariandus, Neapolis[64], Caryanda[65], Termera[66] libera, Bargyla[67], et a quo sinus Iasius, oppidum Iasus[68].

licarnassum coacta : sive Halicarnassensi jurisdictioni subjecta. Aliud est quod Strabo refert, lib. XIII, pag. 611, a Mausolo Cariæ rege sex oppidorum cives Halicarnassum esse transductos. HARD.

57. *Theangela.* Θεάγγελα, πόλις Καρίας, Stephano. Apud Athen. lib. VI, pag. 271, Philippus Θεαγγελεὺς historicus. Apud Plutarch. in Alexandro, pag. 691, Χάρης Εἰσαγγελεὺς, pro Θεαγγελεύς. Et apud Strab. lib. XIII, pag. 611, Συναγέλα, pro Θεάγγελα. HARD. — Hodie *Angeli* et *Karabaglar*, auctore D'ANVILLE. ED.

58. *Sibde.* Σίβδα, πόλις Καρίας. Et Μέδμασος, πόλις Καρίας, Stephano. HARD. — Chiffl. *Mednassa*, non *Medmassa*. ED.

59. *Pedasum.* Τὰ Πήδασσα Straboni, lib. XIII, pag. 611, unde regioni nomen Πηδασίς. Apud auctorem libri de mirab. auscult. Πηδασία τῆς Καρίας. Apud Herod. Erato, lib. VI, pag. 340, n. 20, Κάρες Πηδασεῖς. HARD.

60. *Telmissum.* Forte rectius *Telmisum*, per unicum σ, ut a Telmesso Lyciæ hac nota dirimatur. Incolæ Τελμισεῖς a Polemone vocitantur, apud Suidam : ab Halicarnasso stadiis LX disjuncti, hoc est, VII M. D. pass. HARD.

61. *Habitatur.* Halicarnassus nimirum. HARD.

62. *Ceramicum.* Ab oppido Ceramo, quod vetus nomen servat : Κέραμος in Doride, Ptolemæo, lib. V, cap. 2. Nunc *Golfo di Castel Marmora*. De Iasio mox. H. et ED.

63. *Myndos.* Stephanus : Μύνδος, πόλις Καρίας. Ἔςι καὶ πόλις ἄλλη Καρίας, παλαιὰ Μύνδος, hoc est, antiqua Myndos. In Notitia Eccles. Ἀμυνδός. HARD. — Etiamnunc *Mindes*, auctore D'ANVILLE. ED.

64. *Neapolis.* Pomponio quoque, lib. I, cap. 6, et Ptolemæo, lib. V, cap. 2, nota Cariæ civitas : et in Notitia episcopatuum prov. Cariæ. HARD.

65. *Caryanda.* Dalec. *Carianda*. Vet. *Arianda*. ED. — Καρυάνδα Straboni, lib. XIV, pag. 658, et Harpocrat. pag. 192. Hinc ortus Scylax Caryandensis, scriptor rerum Geographicarum. HARD. — Nunc *Karaccion*, auctore D'ANVILLE. ED.

66. *Termera.* Τέρμερον Strabo vocat, pag. 657, juxta promontorium Myndiorum, cui nomen pariter Τερμέριον fuit. Stephano, Τέλμερα, πόλις Καρίας. HARD.

67. *Bargyla.* Stephano, τὰ Βάργυλα, πόλις Καρίας, prope Iasum et Myndum. MSS. Pliniani, *Bargilia*. Straboni, lib. XIV, p. 654, τὰ Βαργύλια. In nummis antiquis Severi et Antonini, ΒΑΡΓΥΛΙΗΤΩΝ. HARD. — Etiamnunc *Barghili*, auctore D'ANVILLE. ED.

68. *Iasus.* Ἰασσὸς Straboni, lib.

LIBER V. 523

Caria[69] interiorum nominum fama prænitet : quippe ibi[70] sunt oppida, Mylasa[71] libera, Antiochia[72], ubi fuere Seminethos[73] et Cranaos oppida : nunc eam circumfluunt Mæander, et Orsinus[74]. Fuit in eo tractu et Mæandropolis[75]. Est Eumenia[76] Cludro flumini apposita, Glaucus amnis, Lysias[77] oppidum, et Orthosia[78] : Berecyntius[79] tractus, Nysa[80] : Trallis, eadem Euan-

XIV, pag. 658. Ptolemæo, lib. V, cap. 2, et Stephano. Melæ, *Iasos*. In Notitia episcop. prov. Cariæ, Ἰασός. Nunc *Askem*, sive *Askem Kalasi* : ut aiunt ii, qui hæc loca proxime viderunt. HARD.

69. *Caria.* Quæ deinceps recensentur, sunt Alabandici conventus. HARD.

70. *Ibi.* Dalecamp. *ubi*, invito Chiffl. ED.

71. *Mylasa.* Straboni, lib. XIV, pag. 658; Ptolemæo, lib. V, c. 2; Dioni, lib. XLVIII, pag. 373, Μύλασσα; Stephano, Μύλασα. Augusti nummus apud Spanhem. p. 905, ΣΕΒΑΣΤΩ. ΜΥΑΣΕΩΝ. H.— Nomen hodieque servat, nonnunquam tamen *Marmora* dicta ex vicinis marmoreis lapidicinis. ED.

72. *Antiochia.* Ssephano, p. 87, Ἀντιόχεια τῆς Καρίας, quam et ab Antiocho Seleuci F. conditam, et Pythopolin prius appellatam tradit. Straboni, lib. XII, pag. 630, et Ptolemæo, lib. V, cap. 2, Ἀντιόχεια πρὸς Μαιάνδρῳ, ab amne quo alluitur. Nummus Trajani Decii, in Gaza Regia, ΑΝΤΙΟΧΕΩΝ ΜΑΙΑΝΔΡΟΣ. HARD. — Hujus locum occupare videtur *Iegni Shehr*, quod nomen oppidum novum sonat. ED.

73. *Seminethos.* MSS. Reg. 1, 2, Colb. 1, 2, Paris. Chifflet. *Simmethos*. HARD.

74. *Orsinus.* Ita MSS. proxime laudati. Editi, *Mossinus*. HARD.

75. *Mæandropolis.* Stephano, Μαιανδρούπολις, Μαγνησίας πόλις, hoc est, Magnetum ditionis. HARD. — Hodie *Guzel-Hissar*. ED.

76. *Eumenia.* Εὐμένειαν, Stephanus; Ptolemæus, lib. V, cap. 2; Strabo, lib. XII, pag. 576, aliique Phrygiæ magnæ Εὐμενίαν adjudicant : Phrygiæ Capatianæ, Notitia episcop. HARD.

77. *Lysias.* Λυσιὰς Straboni, lib. XII, pag. 576, et Ptolemæo, lib. V, cap. 2, in Phrygia magna. Phrygiæ Salutaris, in Notitia episcop. In nummis, ΒΟΥΛΗ ΛΥΣΙΑΔΕΩΝ. HARD.

78. *Orthosia.* Chiffl. *Othrusa*. ED. — Ptolemæo, lib. V, cap. 2, in Caria, Ὀρθωσίας. In Notit. episcop. prov. Cariæ, Ὀρθοσίας. Straboni, lib. XIV, pag. 650, trans Mæandrum, circa Nysam posita, Ὀρθωσία. HARD.

79. *Berecyntius.* Nysæ urbi, Marsyæque amni proximus, in Phrygia. Hesychius : Βερεκύνται, Φρυγῶν τι γένος, Straboni, lib. X, p. 469, Βερέκυντες, Φρυγῶν τι φῦλον. Hinc Cybele Berecyntia mater appellata. HARD.

80. *Nysa.* Νύσα Straboni, lib. XIV, pag. 649, proxime Tralles. Ab Antiocho Seleuci F. de matris

thia[81], et Seleucia[82], et Antiochia dicta. Alluitur Eudone amne, perfunditur Thebaide[83]. Quidam ibi Pygmæos habitasse tradunt. Præterea sunt Thydonos[84], Pyrrha, Eurome, Heraclea, Amyzon, Alabanda[85] libera, quæ conventum eum cognominavit: Stratonicea[86] libera, Hynidos[87], Ceramus[88], Trœzene[89], Phorontis. Longinquiores eodem

nomine Νύσαν appellatam esse, auctor est Stephanus, verbo Ἀντιόχεια. Nummus Antonini Soæmiadis F. Imp. mediæ formæ, ex ære, in Cimelio nostro Paris. ΝΥΚΑΕΩΝ. HARD. — Hodie *Nosli*, auctore D'ANVILLE. ED.

81. *Evanthia*. A copia scilicet florum, qui in agro Tralliano nascuntur. Stephanus: Τράλλις, πόλις Λυδίας, πρὸς τῷ Μαιάνδρῳ ποταμῷ· ἡ πρότερον λεγομένη Ἄνθεια, διὰ τὸ πολλὰ ἄνθη ἐκεῖ πεφυκέναι. Cariæ Ptolemæus adscribit, lib. V, c. 2, Lydiæ Stephanus, et Notitia episcop. Nempe in eo tractu posita fuit, quem Lydi, Cares, et Iones incolerent, ut Strabo monet, lib. XIV, pag. 648. Nummus L. Veri, ΤΡΑΛΛΙΑΝΩΝ. H. — Nunc *Sultan-Hisar*, auctore eodem D'ANVILLE.

82. *Seleucia*. Antiochus Seleuci F. et suum urbi, et patris nomen imposuit. HARD.

83. *Thebaide*. Amne oppidum intersecante. Rectius, ut in MSS. quibusdam, *Thebaite*. HARD.

84. *Thydonos*. De hac cæteri silent. Πύῤῥαν in Caria Ptolemæus agnoscit, lib. V, cap. 2; Εὔρωμον, Ἡράκλειαν, Ἀμυζόνα, Strabo, lib. XIV, p. 658; Stephanus, aliique. Ptolemæo, hæc Ἡράκλεια πρὸς Ἀλβάνῳ dicitur, a monte, ut arbitror, proximo. HARD. — Chiffl. *Aizon*, non *Amison*. ED.

85. *Alabanda*. Unde conventus Alabandicus, Ἀλάβανδα Ptolemæo, loco citato, in Caria. In Notitia episcop. Ἀλάπανδα, mendose. In mediterraneis civitatibus, cum Stratonicea, apud Strabonem, loc. cit. Nummus Augusti apud Spanhem. pag. 644, ΑΛΑΒΑΝΔΕΩΝ. HARD.

86. *Stratonicea*. Legebat Dalec. ex Ptolemæo, *Stratonice*, et *Alinda libera*. ED. — Στρατονίκεια Strabo, loco citato. Ptolemæo, lib. V, cap. 2, in Cariæ mediterraneis urbibus, Στρατονίκη. H. — Hodie *Eski-Hisar*, quod oppidum vetus sonat. ED.

87. *Hynidos*. Forte litteris permutatis Ἴδυμος, quæ urbs Ptolem. loco citato, in Cariæ mediterraneis appellatur, cum Stratonicea, aliisque. Aut Hyniandos, Ἡνιανδὸς, quæ provinciæ Lyciæ ab aliis adjudicatur, ut in Conc. Quinisexto, pag. 1197. HARD.

88. *Ceramus*. Hæc vero quum mediterranea sit, ab ea situ dispar videtur, a qua Ceramicum sinum paulo ante diximus appellari, inter Cnidum et Halicarnassum. HARD.

89. *Trœzene*. In Caria Trœzenios olim habitasse, auctor est Strabo, lib. XIV, pag. 656. Quum autem, Stephano teste, Trœzenis in Græcia Phorbantium mons fuerit, ab eo Φορβαντίδα urbem hic quoque in Caria cognominasse Trœzenios putarim, non *Phorontin*. HARD.

LIBER V. 525

disceptant foro[90], Orthronienses[91], Halydienses[92], seu Hippini[93], Xystiani[94], Hydissenses, Apolloniatæ[95], Trapezopolitæ, Aphrodisienses liberi. Præter hæc sunt Coscinus[96], Harpasa[97] apposita fluvio Harpaso, quo et Trallicon[98] quum fuit, alluebatur.

XXX. Lydia autem perfusa flexuosi[1] amnis Mæandri recursibus, super Ioniam procedit, Phrygiæ ab exortu solis vicina, ad septemtrionem Mysiæ, meridiana parte Cariam amplectens, Mæonia ante[2] appellata. Celebratur

90. *Eodem... foro*. Nempe Alabandico. HARD.

91. *Orthonienses*. Ita MSS. omnes: non *Othronienses*. HARD.

92. *Halydienses*. In MSS. Reg. 1, 2, Colb. 1, 2, etc. *Alidienses*. Forte *Alindienses*, ab oppido Cariæ mediterraneo, Ἄλινδα Ptolemæo, lib. V, cap. 2; τὰ Ἄλινδα Straboni, lib. XIV, pag. 657; et, qui Strabonem transcripsit, Arriano, lib. I de Exped. Alex. pag. 67. HARD.

93. *Hippini*. Forte *Hipsini*: est enim Ἴψος inter episcopales sedes Phrygiæ Salutaris, in Notitia Eccles. antiq. HARD.

94. *Xystiani*. Εὔςις et Ὕδισσος Cariæ civitates, apud Stephanum. Ὕδισσα hoc dicitur Ptolemæo, inter mediterranea oppida. HARD.

95. *Apolloniatæ*. Et hæc inter Cariæ mediterraneas civitates a Ptolem. recensentur, l. V, c. 2 : Ἀπολλωνία πρὸς Λαμβάνω, Τραπεζόπολις, Ἀφροδισίας. In Notitia episcop. Ἀπολλωνίας et Ἀφροδισίας, provinciæ Cariæ: Τραπεζόπολις, Phrygiæ Capatianæ adscribitur. Et in Conc. Quinisexto, pag. 1200 : Eugenius episcopus, πόλεως Τραπεζῶν Παχατιανῆς. Lydiam inter et Cariam, sitam hanc Aphrodisiadem ait Stephanus, p. 144. HARD.

96. *Coscinus*. Pagus est trans Mæandrum positus, Κοσκινία Straboni, lib. XIV, pag. 650. HARD.

97. *Harpasa:* Stephanus, Ἅρπασα, πόλις Καρίας, ἀπὸ Ἁρπάσου ποταμοῦ. In Cariæ mediterraneis oppidis, Ptolemæo, lib. V, cap. 2. Et in Notitia episcop. Ἁρπασά. De fluvio Harpaso, Livius lib. XXXVIII, cap. 13. HARD.

98. *Trallicon*. Legebat Dalec. ex Ptolemæo, *Tralles*. ED.

XXX. 1. *Flexuosi*. Chiffl. *flexuosis*. ED.

2. *Mæonia ante*. Hesychius : Μαιονία, ἡ Λυδία. Ab amne Mæone sic appellatam Stephanus prodidit, ἀπὸ Μαίονος ποταμοῦ. A Mæone rege, Diodorus, Bibl. lib. III, pag. 191. A Lydo Atyis filio, qui Meon prius vocabatur, Herod. Clio, lib. I, n. 7, pag. 4 : Λυδὸς ὁ Ἄτυος, ἀπ' ὅτευ ὁ δῆμος Λύδιος ἐκλήθη ὁ πᾶς οὗτος, πρότερον Μέων καλούμενος. Homero in Catal. vs. 373. Μήονες, Dionys. Halicarn. Antiquit. lib. I, pag. 21, Μηιονία dicitur : nempe Ionico idiomate : nam communis lingua Μαίονας et Μαιονίαν effert. Vide Stra-

maxime Sardibus[3] in latere Tmoli montis, qui antea Timolus[4] appellabatur, vitibus[5] consitus, et ex eo profluente[6] Pactolo, eodemque Chrysorrhoa, ac fonte Tarne: a Mæoniis civitas ipsa Hyde[7] vocitata est, clara stagno Gygæo[8]. Sardiana nunc appellatur ea jurisdictio. Conveniuntque in eam extra prædictos[9], Macedones Cadueni[10],

honem, l. XIII, p. 625. In nummo Juliæ Mamææ, CAP. ΠΡΩ. ΜΑΙΟΝΩΝ. Σάρδεις Πρώτη Μαιόνων. *Sardes prima* civitas *Mæonum.* Hard.— Hodie *Sart.* Ed.

3. *Sardibus.* Σάρδις Ptolemæo in Lydia, lib. V, cap. 2. Αἱ Σάρδεις Straboni, lib. III, pag. 625, et in Notitia episcop. provinciæ Lydiæ. Nummus Musei Parisiensis, ex ære mediocris formæ, Hadriano Principe cusus, ΠΑΦΙΗ ΣΑΡΔΙΑΝΩΝ. Sardibus Tmolus imminet, inquit Strabo, loco citato. Hard.

4. *Antea Tmolus.* Sic Chiffletian. Dalec. autem, *ante Tmolus.* Ed.— Ovid. Metamorph. lib. VI, vers. 15 : « Deseruere sui Nymphæ vineta Timoli. » Et lib. XI, vers. 86 : « Sui vineta Timoli Pactolumque petit. » Hard. — *Bouz Dagh*, hoc est, frigidus mons, a Turcis hodie vocatur. Ed.

5. *Vitibus.* Ovidius, de Ponto : « Africa quot segetes, quot Tmolia terra racemos. » De Tmolite vino dicemus, lib. XIV, cap. 9. Hard.

6. *Ex eo profluente.* Strabo, loco citato, Chrysorrhoam, ab auri ramentis, quæ devehebat olim, appellatum scribit : at ævo suo ea defecisse. Vide et Plutarchum, lib. de Fluviis, pag. 1153. Hard.

7. *Hyde vocitata.* Oppido ipsi alii, alii arci tantum id nomen inditum esse voluerunt, inquit Strabo, loco citato. Hesychius, Ὕδη, πόλις Λυδίας. Hard.

8. *Gygæo.* Γυγαία λίμνη, a Sardibus stadiis XL, seu V mill. pass. teste Strabone, loco citato. Γυγαία λίμνη, Eustathio in Iliad. II, pag. 365, et Scholiastæ Nicand. in Theriac. pag. 30. Circa hunc locum monumenta regum Lydiæ fuisse posita, auctor est Strabo. Hard.

9. *Extra prædictos.* Orthonienses, Alindienses, etc. quos Alabandici conventus esse monuimus. Hard.

10. *Cadueni.* MSS. Reg. 1, 2, Colbert. 1, 2, Paris. etc. *Cadieni.* Nummus antiquus Longinæ Domitiæ, quæ Domitiani Imp. conjux fuit, apud Patin. pag. 169, ΚΑΔΟΗΝΩΝ. Quamquam ipse perperam ΚΑΛΟΗΝΩΝ legit, refertque ex conjectura ad Coloen, quam novo ille errore urbem esse arbitratur Sardibus proximam : quum ipsa Gygæa palus sit Coloe a recentioribus appellata, teste Strabone, l. XIII, p. 626. Ab oppido Cadueni nomen traxere, quod in Notitia episcop. Κάδοι dicitur, et Phrygiæ Capatianæ accensetur ; Mæoniæ, sive Lydiæ, in ipsis Phrygiæ finibus, a Ptolemæo, lib. V, cap. 2. Incolæ Καδηνοί Stephano nuncupantur. In Conc. Quinisexto, pag. 1199, Philippus episcopus πόλεως Κάδων Παχατιανῆς. Porro post *Cadueni*, addunt libri editi *Loreni*,

Philadelpheni[11], et ipsi in radice Tmoli Cogamo flumini appositi Mæonii[12], Tripolitani, iidem et Antoniopolitæ Mæandro alluuntur : Apollonoshieritæ[13], Mesotimolitæ[14], et alii ignobiles.

XXXI. Ionia ab Iasio sinu incipiens, numerosiore ambitu[1] littorum flectitur. In ea primus sinus Basilicus,

quos quum nec MSS. ulli, nec auctorum veterum quisquam agnoscat, idcirco expunximus. Hi porro, alii que quos Plinius pariter *Macedones* appellat, cap. 31 et 32. *Macedones* ii sunt qui commemorantur in epistola Artaxerxis, capite ultimo libri Esther. HARD.

11. *Philadelpheni.* Stephano, Φιλαδέλφεια, πόλις Λυδίας, Straboni quoque, lib. XIII, pag. 628; Ptolemæo, lib. V, cap. 2, et in Notitia episc. provinc. Lydiæ. Græci incolæ nomen antiquum retinent : Turcæ *Alah-Shehr*, hoc est, pulchrum oppidum eam vocant. H. et ED.

12. *Mæonii.* In Notitia episcop. provinc. Lydiæ, tertio loco Τρίπολις, sexto Μεονία, pro Μαιονία, vel Μηονία nominatur : in Conc. Quinisexto, pag. 1194, Ἀναστάσιος ἐπίσκοπος τῆς Μαιονιτοπόλεως τῆς Λυδῶν ἐπαρχίας. Tripolin Cariæ Ptolemæus, et Stephanus accensent. Eam Mæandro allui, præter Plinium, nummus testatur, apud Spanhemium, p. 888, ΤΡΙΠΟΛΕΙΤΩΝ ΜΑΙΑΝΔΡ. HARD.

13. *Apollonoshieritæ.* Oppido nomen Ἀπόλλωνως ἱερὸν, Apollinis fanum : in Notitia epicopatuum provinc. Lydiæ. Hanc vocem in Tullio contra Verrem, non pro oppidi nomine, ut oportuit, sed pro templo Apollinis, seu delubro, eminentiss. Annalium scriptor perperam interpretatus est, ad annum Christi 57, num. 176. Atqui nos Audomari fanum usitato more, et S. Quintini, et alia ejusmodi dicimus : quum oppida divorum cuipiam peculiari mancipata cultu, uomen ab iis sortiuntur. In MSS. Reg. 1, 2, *Apollinihieritæ.* In Chifflet. *Apollinihieritæ.* In nummis, ΑΠΟΛΛΩΝΙΕΡΕΙΤΩΝ. In Concil. Calchedon. act. III, pag. 450, Λεύκιος Ἀπόλλωνος ἱεροῦ. HARD.

14. *Mesotimolitæ.* Qui μέσον Τιμώλον, sive Τμῶλον, incolerent : utraque enim vox scriptoribus antiquis promiscue familiaris fuit, ut suo loco monuimus. In MSS. Reg. 1, 2, etc. *Mysotimolitæ.* In editis, *Mysotmolitæ.* Nos Mesotmolitas restituimus, tum ex animi conjectura, tum ope Notitiæ episcopatuum provinciæ Lydiæ, in qua septimum decimum locum obtinet Μεσοτύμιλλος, pro Μεσοτίμωλος. Altera Notitia eccles. pag. 45, habet Μεσοτύμολον, pro Μεσοτίμωλον. Et in Novella Leonis, apud Leunclav. inter episcop. Lydiæ, pag. 91, ὁ Μεσοτιμώλου. Mysotmolitas nihilominus defendere quis possit, ut ea vox e Mysis Tmolitisque mixtos sonet, ἐκ τῶν Μυσῶν καὶ Τμωλιτῶν. HARD.

XXXI. 1. *Numerosiore ambitu.* Vet. apud Dalec. *numerose;* alii, *numeroso.* ED. — Mela, lib. I, cap.

Posideum promontorium et oppidum, oraculum Branchidarum [2] appellatum, nunc Didymæi [3] Apollinis, a littore stadiis viginti [4]. Et inde centum octoginta, Miletus [5] Ioniæ caput, Lelegeis [6] ante, et Pityusa [7], et Anactoria nominata, super octoginta [8] urbium per cuncta maria genetrix: nec fraudanda cive Cadmo, qui primus [9] prosam orationem condere instituit. Amnis Mæander [10] ortus e lacu in monte Aulocrene [11], plurimisque affusus oppidis,

16: « Post Basilicum sinum Ionia aliquot se ambagibus sinuat, et primum a Posideo promontorio flexum inchoans, etc. » Sinui ac promontorio nomen est hodie a Mylassis, *Golfo di Melasso*, *Capo di Melasso*, Ποσείδιον τὸ Μιλησίων a Strabone oppidum vocatur, lib. XIV, pag. 632. HARD.

2. *Branchidarum.* Ita Mela, lib. I, cap. 17. A Brancho Apollinis sacerdote, posteri Branchidæ, Βραγχίδαι, sunt appellati; quos penes ejus templi, quod Διδυμέως, vel Διδυμαίου Ἀπόλλωνος ἐν Βραγγίδαις dictum est, cura sacerdotiumque mansit. Strabo, lib. IX, p. 421, et alibi passim. HARD.

3. *Didymæi.* A loco in quo oraculum fuit nomen id traxit. Stephanus: Δίδυμα, οὐδετέρως, τόπος καὶ μαντεῖον Μιλήτου, ἀφιερωμένον Διὶ καὶ Ἀπόλλωνι. « Didyma, neutro genere, locus et oraculum Mileti, Jovi sacrum et Apollini. » HARD.

4. *Stadiis.* Sic apud Chiffletian. Dalec. *stadiorum.* ED.

5. *Miletus.* Dalec. *Milletus.* Græcis Μίλητος. Situm ignorari ait D'ANVILLE, illos reprehendens qui locum ejus occupare *Palatskoi*, sive *Palatschia* opinantur. ED.

6. *Lelegeis.* Stephanus de Mileto:

Πρῶτον Λελεγηὶς ἐκαλεῖτο, ἀπὸ τῶν ἐνοικούντων. A Lelegibus incolis id nomen traxit. A copia pinuum, Πιτύουσα. Ab Anactore rege, Ἀνακτορία. Ita cum Stephano, Eustathius in Dionys. v. 825, pag. 109, et vers. 456, pag. 65. Item Scholiastes Apollon. Argon. ad lib. I, vers. 186. Pausan. in Achaic. lib. VII, pag. 398, et Schol. Aristoph. in Pluto, pag. 62. HARD.

7. *Pityusa.* Vet. apud Dalecamp. *Phityusa.* ED.

8. *Super octoginta.* MSS. omnes, Reg. 1, 2, Colb. 1, 2, Paris. Vet. Dalecamp. etc. *super XC.* Seneca tamen, lib. de Consol. ad Helviam, cap. VI, pag. 807: « Atheniensis in Asia urbs est Miletus, LXXV urbium populum in diversa effundit. » H.
— Leg. *super nonaginta.* Ita MSS. Reg. et editio princeps. BROT.

9. *Qui primus prosam.* Id quoque Solinus habet, cap. XL, pag. 70. Vide quæ dicturi sumus, lib. VII, cap. 57. HARD.

10. *Mæander.* Incolis *Mindre*: Turcis, *Boiouc - Mindre*, hoc est, *major Mæander*: Caystrum enim, minorem Mæandrum vocant. H.

11. *Aulocrene.* De eo diximus c. 29, ubi et de Apamena regione et de Eumenia, ac de Bargylis. H.

LIBER V.

et repletus fluminibus crebris, ita sinuosus flexibus, ut saepe credatur reverti: Apamenam primum pervagatur regionem, mox Eumeneticam, ac dein Bargyleticos [12] campos: postremo Cariam placidus, omnesque [13] eos agros fertilissimo rigans limo, ad decimum a Mileto stadium 3 lenis illabitur mari. Inde mons Latmus. Oppida, Heraclea montis ejus cognominis [14]: Carica, Myus [15], quod

12. *Bargyleticos.* Dalec. *Bargylleticos.* Ed.

13. *Omnesque eos.* Ita libri omnes: neque necesse est *Iones*, vel *Ionum agros*, invitis iis supponere, quod Salmasius facit, pag. 826, in Solin. Hard.

14. *Montis ejus cognominis.* Hoc est, ejusdem cum eo monte nominis, Latmos quoque et ipsa vocitata. Est autem mons Latmus, ut ait Mela, lib. I, cap. 17, Endymionis a Luna, ut ferunt, adamati fabula nobilis. Hic locus praepostera interpunctione vitiatus sic ante nos edebatur: « Heraclea montis ejus, cognominis Caricae: Myus, etc. » Quibus verbis haec suberat sententia: Heracleam hanc Ionicam, eodem cum Carica Heracleae nomine frui: quod et per se frigidum est, perinde ac si non aliis plurimis multo insignioribus ea appellatio communis foret: et est praeterea a Plinii mente vehementer abhorrens. Ait enim hoc loco duo, quae sunt maxime observatu digna: primum est, Heracleam esse monti Latmo cognominem: docet id Strabo verbis disertis, lib. XIV, pag. 635: Ἡράκλεια ἡ ὑπὸ Λάτμῳ λεγομένη, πολίχνιον· ἐκαλεῖτο δὲ πρότερον Λάτμος ὁμωνύμως τῷ ὑπερκειμένῳ ὄρει. Hinc Hesychius, p. 588, Λατμὸς, πόλις καὶ ὄρος, ubi legendum est πόλις καὶ ὄρος. Alterum est, Carica deinde, seu Cariae quondam attributa oppida proxime sequi, Myuntem, Prienen, etc. Atque id sane de his asseverat Herodotus, Clio, lib. I, num. 142, pag. 60: Μυοῦς τε καὶ Πριήνη· αὗται μὲν ἐν τῇ Καρίῃ κατοίκηνται, etc. Haec vero duo, quae sunt sane animadversione digna, profligat atque pervertit interpunctio libris hactenus impressis recepta. Quod si vocem *Carica* ad Heracleam nihilominus pertinere quis contendat, eamque originis Caricae esse velit, haud vehementer sane reluctabor: quum probe intelligam, Latmum ipsum montem a nonnullis, atque adeo ab ipso Plinio, lib. VIII, cap. 84, Cariae adjudicari: quod eo magis verum esse necesse est, quo Myus et Priene, quae ulteriora sunt, Cariae ditionis oppida censentur ab Herodoto. In Concil. Quinisexto, pag. 1199: Θεόδωρος ἐπίσκοπος πόλεως Ἡρακλείας Λάτμου, ἐπαρχίας Καρίας. In Notitia Ecclesiast. antiqua, inter episcopos Cariae censetur ὁ Λακύμων. Idem apud Leunclavium, pag. 94, ὁ Ἡρακλείας Λακύμων vocatur: utrobique Λάτμων rescribi scito oportere. In altera Notitia, pag. 17, hoc tantum, Ἡρακλείας Λα. Hard.

15. *Myus.* Μυοῦς, πόλις Ἰωνίας

primo condidisse Iones narrantur, Athenis[16] profecti : Naulochum[17], Priene. In ora quæ Trogilia[18] appellata, Gessus amnis[19]. Regio[20] omnibus Ionibus sacra, et ideo Panionia appellata. Juxta a fugitivis[21] conditum (uti nomen indicio est) Phygela fuit, et Marathesium[22] oppidum. Supra hæc Magnesia[23] Mæandri cognomine insignis, a

Stephano : una de duodecim Ioniæ urbibus, Straboni, lib. XIV, pag. 636. Nec Myuntis, nec Prienes ulla hodie exstant vestigia. Myuntem Iones deduxisse colonos, testis Pausanias in Achaic. lib. VII, pag. 400. HARD.

16. *Athenis*, etc. Id quoque Vitruvius affirmat, lib. IV, cap. 1, p. 60. HARD.

17. *Naulochum, Priene.* Ναύλοχος, Πριήνη. Hæc Biantis patria : quam et Cadmen Strabo vocitatam ait, lib. XIV, pag. 636. HARD. — Hujus rudera nunc a Turcis *Samson-Kalesi* vocari nos docet Mannertus. ED.

18. *Trogilia.* Straboni, loc. citat. Τρωγίλιος ἄκρα πρόπους τις τῆς Μυκάλης ἐστί. Promontorium istud nunc *cap Saint-Marie,* sive *Samson,* vocatur. ED.

19. *Gessus.* Gæsus amnis Melæ, lib. I, cap. 17; Γαίσων Ephoro, l. V, apud Athenæum, lib. VII, p. 311. HARD.

20. *Regio.* Juxta Prienen « est Panonium, inquit Mela, loc. cit. sacra regio, et ob id eo nomine appellata , quod eam communiter Iones colunt. » Straboni, lib. XIV, pag. 639, Πανιώνιον. Ibi Iones solemnem conventum agere soliti, Neptunoque sacra facere Panionia dicta. Urbibus duodecim Panionion constabat, teste Herod. Clio, lib. I, num. 143, pag. 61. Certamina, ad quæ admitterentur ex tota Ionia pugiles ΠΑΝΙΩΝΙΑ ΠΥΘΙΑ appellantur, in nummo vetere Saloninæ Aug. a Milesiis percusso. Nummus alter ex una parte caput Jovis exhibet, cum epigraphe, ΖΕΥC ΑΚΡΑΙΟC : ex altera pugilem, ΣΜΥΡΝ. ΠΑΝΙΩΝΙΟC. Σμυρναίων Πανιώνιος, subintellige, ἀγών. H.

21. *A fugitivis.* Dalec. *fugitivis*, neglecta vocula *a.* ED. — Mela pereleganter: « Ibi a fugitivis, ut aiunt, condita (nomen famæ annuit) Phygela. » Strabo, loco citato, Stephanusque eum secutus, et Suidas, tomo II, pag. 653, non a Φυγάς quæ vox fugitivum sonat, Φύγελα, sed Πύγελα scribunt. Suidas appellationis originem trahit a morbo τῶν πυγῶν, quo socii Agamemnonis laborantes, ibi manserunt. Vinum Phygelites οἶνον Φυγελίτην, ab hoc loco commendat Dioscorides, lib. V, cap. 12. Hodie *Figela.* HARD.

22. *Marathesium.* Scylaci, pag. 35, Μαραθήσιον, inter Ephesum et Magnesiam. Ephesiorum urbs a Stephano appellatur, quod his parebat. HARD.

23. *Magnesia.* Magnesia quæ super Mæandrum, Livio, l. XXXVII, cap. 45. Straboni, lib. XIV, pag. 636, Μαγνησία ἡ πρὸς Μαιάνδρῳ.

LIBER V.

Thessalica Magnesia orta. Abest ab Epheso xv mill. passuum : Trallibus eo amplius MMM [24]. Antea Thessaloce et Androlitia nominata : et littori apposita [25] Derasidas insulas secum abstulit mari. Intus et Thyatira [26] alluitur Lyco, Pelopia aliquando, et Euhippa [27] cognominata.

In ora autem Manteium [28], Ephesus [29] Amazonum [30] opus, multis antea [31] expetita nominibus : Alopes, quum pugnatum apud Trojam est, mox Ortygia [32], et Morges

Μαγνήτων ἀποικία τῶν ἐν Θετταλίᾳ, καὶ Κρητῶν, Magnetum Thessaliæ, Cretensiumque colonia. Idcirco πόλις ἑλληνίς, urbs Græcanica a Scylace vocatur, pag. 35. A Lacedæmoniis colonos eo missos scribit Velleius, lib. I, pag. 3. HARD. — *Guzel-Hisar* a Turcis hodie vocatur quod pulchrum castellum sonat. ED.

24. *M M M.* Vet. apud Dalec. *CCC.* ED.

25. *Littori apposita.* Quum in littore esset, plurimum limi deferente amne, junctæ sunt continenti, oppidoque ipsi, Derasidæ insulæ. Hoc antea Plinio jam memoratum, lib. II, cap. 91. HARD.

26. *Thyatira.* Vet. apud Dalec. et Chiffl. *Tyana.* ED. — Lydiæ a Stephano accensetur : Θυάτειρα, πόλις Λυδίας, ἡ πρότερον Πελόπεια. A Ptolemæo item, lib. V, cap. 2, et in Notitia episcopatuum. In nummo Juliæ Titi, apud Patinum, p. 155, ΘΥΑΤΕΙΡΗΝΩΝ. Turcis hodie *Akhissar*, hoc est, album castellum. Quidam affinitate nominis decepti, *Tiria* esse putaverunt, quæ urbs Epheso distat xxv mill. pass. Sed hanc recenter esse conditam constat. HARD.

27. *Euhippa.* Εὔιππος, equitatu præstans : quod equos generosos aleret. MSS. *Euhippia.* Stephanus : Εὐΐππη, δῆμος Καρίας. HARD.

28. *Manteium.* Μαντεῖον, hoc est, oraculum. HARD. — Chifflet. *Matium.* Vet. apud Dalecampium, *Mantæum.* ED.

29. *Ephesus.* Nunc pagus est, Turcis, *Aiosoluc* : Italis, *Efeso.* In nummis, ΕΦΕCΙΩΝ. Prioris denique appellationis meminit Hyginus, fab. « Echion, inquit, Mercurii filius, ex urbe Alope, quæ nunc vocatur Ephesus. » HARD.

30. *Amazonum.* Unius Amazonum nomine Ἔφεσον appellatam scribit Heraclides, lib. de Politiis, tit. Ἔφεσος. Mela, lib. I, cap. 17, non ipsam Ephesum, sed templum eas struxisse scribit, Dionysium Perieg. et alios secutus. HARD.

31. *Multis antea.* Ex iis hæc Stephanus habet : Ἐκαλεῖτο δὲ καὶ Σμύρνα, a Smyrne Amazone : Ἐκαλεῖτο δὲ καὶ Σάμορνα, καὶ Τριχία (lege Τραχεῖα, ex Eustathio eadem referente ad Dionysii vers. 827, pag. 109), καὶ Ὀρτυγία, καὶ Πτελέα. Hesychius: Σαμονία, οἱ δὲ Σαμορνία, ἡ Ἔφεσος. Smyrnæ quoque nomen inditum Epheso auctor est Strabo, l. XIV, pag. 633. Ab ulmorum frequentia, Pteleæ nomen traxit. HARD.

32. *Ortygia, et Morges*, etc.

vocata est, et Smyrna cognomine Trachea[33], et Samornion, et Ptelea. Attollitur monte Pione[34], alluitur Caystro[35] in Cilbianis jugis[36] orto, multosque amnes deferente, et stagnum Pegaseum[37], quod Phyrites[38] amnis expellit. Ab his multitudo limi est, qua terras propagat, mediisque jam campis Syrien[39] insulam adjecit. Fons in urbe Callipia[40], et templum Dianæ complexi e diversis regionibus duo Selenuntes[41]. Ab Epheso Manteium aliud Colophoniorum, et intus ipsa Colophon[42], Haleso[43] affluente. Inde Apollinis[44]

Chiffl. *Ortygia. Morges, vocata et Smyrna est.* ED.

33. *Trachea.* Vet. apud Dalec. *Trichia.* ED.

34. *Monte Pione.* Τοῦ Πίονος τοῦ ὄρους in Ephesio agro fertilitatem commendat Pausanias, in Achaic. lib. VII, pag. 406. HARD.

35. *Caystro.* Amne, qui Κάΰςρος Græcis, Turcis accolis hodie *Karasou*, quod flumen nigrum sonat; illum etiam nonnumquam minorem Mæandrum vocant, ut sup. diximus. ED.

36. *Cilbianis jugis.* Dalec. *Cylbianis.* ED. — Sic juga montium appellantur, quæ Caystro sunt proxima : et circumjecto pariter agro id nomen fuit. Eustathius in Dionys. vers. 837, pag. 111, ἀπὸ δὲ τοῦ Καΰςρου καλεῖται καὶ πεδίον Καΰςριον, ᾧ συνεχές τὸ Κιλβιανόν. HARD. — *Durgat* hodie vocatur tractus ille. ED.

37. *Pegaseum.* Πηγάσειον, cujus appellationis ratio eadem, quæ fontis illius, quem ungulæ ictu Pegasus aperuisse dicitur, ut ait Festus, verbo *Pegasides Musæ.* H.

38. *Quod Phyrites.* MSS. Reg. 1, 2, etc. *Pyrrhites*, quod sincerius videtur. HARD.

39. *Syrien insulam adjecit.* Et hoc jam dicere antevertit, lib. II, cap. 91. HARD.

40. *Callipia.* Ita MSS. omnes. Rectius *Calippia.* Sed *Aliteam* non ausim reponere cum Pintiano, etsi id fonti nomen est apud Pausaniam, loc. cit. HARD. — Vet. ap. Dalec. *Callipea templum Dianæ complexa, e diversis*, etc. ED.

41. *Duo Selenuntes.* Σελληνοῦντες Xenophonti, lib. V de Exped. Cyri, pag. 350. Σεληνοῦντες Diogeni Laertio, in Xenophontis vita, pag. 46. HARD.

42. *Colophon.* Κολοφὼν Græcis. Nunc diruta. HARD.

43. *Haleso.* Leg. *Halete.* DALEC. — Ἄλης Pausaniæ dicitur, totius Ioniæ amnis frigidissimus, lib. VII in Achaic. pag. 406, et Schol. Lycophr. pag. 125 : Ἄλεντος ποταμοῦ Κολοφῶνος. HARD.

44. *Apollinis Clarii.* Tacitus, Annal. lib. II, de Germanico : « Appellit Colophona, ut Clarii Apollinis oraculo uteretur. Non femina illic, ut apud Delphos, sed certis e familiis, et ferme Mileto accitus sacerdos, etc. » Pausaniæ est Ἀπόλλωνος ἱερὸν ἐν Κλάρῳ, loc. cit. HARD.

Clarii fanum, Lebedos[45] : fuit et Notium[46] oppidum. Promontorium Coryceon[47], mons Mimas[48] ccl mill. passuum excurrens, atque in continentibus campis residens. Quo in loco Magnus Alexander intercidi planitiem eam jusserat vii mill. d. pass.[49] longitudine, ut duos sinus jungeret, Erythrasque[50] cum Mimante circumfunderet. Juxta eas[51] fuere oppida Pteleon[52], Helos, Dorion : nunc est Aleon fluvius[53], Corynæum[54] Mimantis promontorium, Clazomenæ[55], Parthenie[56], et Hippi[57], Chytrophoria[58]

45. *Lebedos.* Λέβεδος, a Colophone distans stad. 120, hoc est, xv m. p. Nummus in Museo Parisiensi, ΛΕΒΕΔΙΩΝ : Antonini Severi est. Hard.

46. *Notium.* Νότιον, juxta Colophonem Stephano, Suidæ, Harpocrationi, et Livio, lib. XXXVII, cap. 26. Hard.

47. *Coryceon.* Κωρύκειον, aliud a Mimantis montis promontorio, quod Corinæum deinde vocatur. Stephanus : Κώρυκος ὄρος πλησίον Τέω τῆς Ἰωνίας. Juxta Erythras, Straboni, lib. XIV, pag. 645. H. — Nunc *cap Curco.* Ed.

48. *Mimas.* Leg. *Mimas CL mill.* Ita editio princeps. Brot. — Μίμας pariter Straboni, lib. XIV, pag. 645; Ptolemæo, lib. V, cap. 2, et Solino, cap. xl, pag. 70. Hard.

49. *D.* In Chiffl. non legitur.

50. *Erythrasque.* Ut Erythras oppidum, Mimantemque montem circumfuso mari insulam faceret. De Erythris, Pausanias, lib. VII, pag. 401. Incolæ Ἐρυθραῖοι Herodoto, Clio, lib. I, num. 18. Hinc Sibylla creditur Erythræa dicta, teste Strab. lib. XIV, pag. 645. Hard. — Nomen servare videtur etiamnunc *Erethri.* Ed.

51. *Juxta eas.* Ita MSS. omnes : nec Pintiani conjectura placet, sic legentis : *Juxta Teos : fuere oppida*, etc. Teos enim, Τέως, Anacreontis patria, multis nominibus adeo celebrata veteribus fuit, ut a Plinio quidem prætermittenda omnino fuisse non videatur : sed neque prætermissa fuit, quum perhonorificam illius mentionem faciat, cap. 38, ut suo loco vidimus. H. — Chiffl. *fuerunt*, non *fuere*. Ed.

52. *Pteleon.* Græcanicis urbibus hæ cognomines fuerunt, de quibus egimus libro superiore, cap. 7. Πτελεόν, Ἕλος, Δώριον. Stephanus : Πτέλεον, πόλις Ἰωνίας. Item Thucydidi, lib. VIII, pag. 571. Hard.

53. *Nunc est Aleon fluvius.* Lib. XXXI, cap. 10. *Erythris Aleos amnis*, etc. Hard.

54. *Corynæum.* Κορυναῖον. Coryna oppidum in peninsula, prope Clazomenas, apud Melam, lib. I, cap. 17. Hard.

55. *Clazomenæ.* Dalec. *Clazomene.* Ed. — Κλαζομεναί Græcis scriptoribus. In Notitia Episcop. Κλαζομενή. H. — *Vourla* hodie dicitur, auctore d'Anville. Ed.

56. *Parthenie.* Mons mari circumdatus. Hoc montis jugum de-

appellatæ quum insulæ essent : Alexander idem per duo stadia continenti annexuit. Interiere intus Daphnus et Hermesia, et Sipylum[59], quod ante Tantalis vocabatur, caput Mæoniæ, ubi nunc est stagnum Sale : obiit[60] et Archæopolis substituta Sipylo, et inde illi Colpe[61], et huic Lebade.

7 Regredientibus inde[62] abest XII mill. passuum ab Amazone[63] condita, restituta ab Alexandro, in ora Smyrna, amne Melete[64] gaudens, non procul orto. Montes Asiæ

scribit paulo obscurius Nicander in Theriac. pag. 44 : Παρθένιον ναίουσι λέπας, τόθι Κλέζος ἀεργοὶ Ἵπποι χιλεύουσι, καὶ ἀνατολαί εἰσι Καύςρου. Quem locum Scholiastes non intellexit : sed refellere, nec otii nostri est, nec hujus loci : errorem digito commonstrasse nunc abunde est. HARD.

57. *Hippi.* Ἵπποι. Sic Veteres appellarunt insulas quatuor, contra portum Erythrarum positas, antequam continenti necterentur, ducto ad eas insulas aggere a Clazomenis: Pausanias, Achaic. lib. VII, pag. 402. HARD.

58. *Chytrophoria.* Dalec. *Chytophoria.* ED. — Locum ipsum, ubi positæ olim Clazomenæ fuerunt, Χύτριον appellabant, teste Strabone, lib. XIV, pag. 645, cujus vocis ad insulas, quæ erant his adversæ, similitudo quædam translata est. HARD.

59. *Et Sipylum.* Σίπυλον. Hæc quoque Solinus, cap. XL. Plinius ipse, lib. II, cap. 91 : « Devoravit terra Sipylum in Magnesia: et prius in eodem loco clarissimam urbem, quæ Tantalis vocabatur. » Eversam terræ motu Sipylum et Strabo prodidit, lib. XII, pag. 579. Tantalis

a Tantalo Niobæ filio nomen traxit. HARD.

60. *Obiit.* Interiit et Archæopolis, quæ substituta Sipylo fuerat : obiit et Colpe, quæ in locum successerat Archæopolos: sed et Colpæ substituta Lebade similiter periit. Sic loquitur iterum cap. 39 : *Et Agamede obiit*, etc. Prius legebatur, *ob id.* HARD.

61. *Colpe.* Dalec. *Colpæ.* ED.

62. *Regredientibus inde.* A Clazomenis. HARD.

63. *Ab Amazone.* Ἀπὸ Σμύρνης Ἀμαζόνος, inquit Stephanus, verbo Σμύρνα. Hodie nautis Gallisque, *Smyrne*; Turcis, *Ismir*. ED.

64. *Melete.* Μέλης Straboni dicitur, lib. XIV, pag. 646, et Pausaniæ, Achaic. lib. VII, pag. 407, cujus ad fontes antrum ait esse, in quo fama sit carmina sua Homerum scripsisse. Statius, Silvar. lib. III, de Homero : « Smyrna tibi gentile solum, potusque verendo Fonte Meles. » Herod. lib. de vita Homeri, pag. 559, Melesigenem inde Homerum appellatum tradit. In nummo Sabinæ, apud Spanhem. pag. 891, ΜΕΛΗC. CΜΥΡ. In Smyrnæis suburbiis oriri Himerius scribit apud Photium, cod. 243.

nobilissimi in hoc tractu fere explicant se, Mastusia a tergo Smyrnæ, et Termetis[65], Olympi radicibus junctus. Is in Dracone desinit, Draco in Tmolo, Tmolus in Cadmo[66], ille in Tauro. A Smyrna[67] Hermus[68] campos facit, et no- 8 mini suo adoptat. Oritur juxta Dorylæum[69] Phrygiæ civitatem, multosque colligit fluvios, inter quos Phrygem, qui nomine genti dato, a Caria eam disterminat : Hyllum[70], et Cryon[71], et ipsos Phrygiæ[72], Mysiæ, Lydiæ amnibus repletos. Fuit in ore ejus[73] oppidum Temnos : nunc in

Nunc exiguus rivus est, vix versandis duabus molis, rigandisque hortis vicinis sufficiens, nisi quum increvit imbribus. Ad fontes amnis natum esse Homerum, docet nummus antiquus ex Gaza Regia, jamdudum laudatus a Spanhemio, pag. 488. In parte antica, caput senile vitta cinctum pingitur, cum titulo, ΟΜΗΡΟC. In aversa pagina, fluvius decumbens urnam tenet, unde aqua profluit : citharam dextra : infra, ΜΕΛΗC. supra, ΑΜΑCΤΡΙΑΝΩΝ. Amastriani gloriantur usos se fuisse Homero hospite aliquamdiu : sed ne quis Amastrianum ortu dici eum aliquis existimaret, Meletem amnem pingi curarunt, cum cithara, ut ibi carmina sua scripsisse Homerus intelligeretur. Si CΜΥΡΝΑΙΩΝ potius quam ΜΕΛΗC scriberetur, duarum potius civitatum ὁμόνοια designaretur, quam vatis patria. Hard.

65. *Et Termetis.* Id oppidi nomen interpretor : montis, Ortelius, et Pinetus. Hard.

66. *Cadmo.* Κάδμος ὄρος, quem montem urbi Laodicenæ imminere auctor est Strab. lib. XII, p. 578. H.

67. *A Smyrna.* Ἕρμος Smyrnensium passim amnis vocatur, quoniam Smyrnæorum ditionem alluit, rigatque Cumanos, Phocaicos, et Smyrnensium agros, qui Hermi inde appellabantur, τὸ τοῦ Ἕρμου πεδίον, Straboni, lib. XIII, p. 626. H. — *Sarabat* nunc dicitur. Ed.

68. *Hermus.* Dalec. *Hermus amnis*, addita voce *amnis*, quæ in Chiffl. non legitur. Ed.

69. *Dorylæum.* Δορύλειον in Phrygia, Ptolemæo, lib. V, cap. 2. Δορυλάειον, Stephano. In nummis, ΔΟΡΥΛΑΕΩΝ MSS. *Dorylaum.* De eo egimus jam ante cap. 29. H.

70. *Hyllum.* Quem in Hermum delabi testatur quoque Herod. lib. I, Clio, n. 80, pag. 33 ; Strabo, lib. XIII, pag. 626. Et hunc Phrygium quoque Strabo et Livius vocant. Hard.

71. *Cryon.* Κρυός, a frigiditate summa nomen habet. Hard.

72. *Et ipsos Phrygiæ.* Chiffl. et *Hippos Phrygiæ.* Ed.

73. *Fuit in ore ejus... Temnos.* Vet. ap. Dalec. *fuit in ora*, etc. In ore, seu ostiis Hermi amnis posita Temnos fuit, loco nunc *Menemen* dicto, auctore d'Anville, sed jam Plinii ævo interierat. Ed.

extremo[74] sinu Myrmeces scopuli, oppidum Leuce[75] in promontorio, quod insula fuit, finisque Ioniæ Phocæa.

9 Smyrnæum conventum magna pars Æoliæ, quæ mox dicetur, frequentat : præterque, Macedones Hyrcani[76] cognominati, et Magnetes[77] a Sipylo. Ephesum vero alterum lumen Asiæ, remotiores conveniunt Cæsarienses[78], Metropolitæ[79], Cilbiani inferiores[80] et superiores, Myso-

74. *In extremo sinu.* Vet. ap. Dalec. *in extremo sinu Smyrnæ Cheseopolis;* anteponebat Pint. *Chesium oppidum Ioniæ.* ED. — Smyrnæo, *le golfe de Smyrne.* HARD.

75. *Leuce.* Mela, lib. I, cap. 17 : « In sinu Smyrnæo est Hermus amnis, et urbs Leuca. Extra, Phocæa Ioniæ ultima. » Φωκαία καὶ λιμήν, urbs cum portu, Scylaci, pag. 35. Φωκαία πόλις Ἰωνίας, Stephano. Nunc *Fochia Vecchia.* HARD.

76. *Hyrcani.* Meminit horum Tacitus, Annal. lib. II, cap. 47 : « Quique Mosteni, aut Macedones Hyrcani vocantur » : nempe ab urbibus Mostene et Hyrcania, quas ætate Tiberii nocturno terræ motu collapsas esse diximus, lib. II, cap. 86. Ad hos nummi pertinent Philipporum Impp. patris, ac filii, quorum ectypa Patinus exhibet, pag. 383 et 388, cum epigraphe ΥΡΚΑΝΩΝ. Hos ille nummos ad Hyrcanos Caspii maris accolas parum certe caute arbitratus est referri oportere. HARD.

77. *Magnetes a Sipylo.* A Sipylo monte cognomen ei Magnesiæ fuit, Μαγνησία πρὸς Σιπύλῳ, Ptolemæo, lib. V, cap. 2, inter Lydiæ civitates. Straboni, lib. XIII, pag. 621, ἀπὸ Σιπύλου. Et in nummis apud Spanhem. pag. 894, ΜΑΓΝΗΤΩΝ ΑΠΟ ΣΙΠΥΛΟΥ. Magnesia quæ ad Sipylum est, Livio, lib. XXXVI, cap. 43. Etiamnunc *Manisa.* ED.

78. *Cæsarienses, Metropolitæ.* Hæc disjunctim legenda censuimus cum editione Parmensi, aliisque vetustis ac probatissimis ; consentientibus etiam codicibus MSS. Ptolemæo, lib. V, cap. 2, Ἱεροκαισάρεια dicitur in Lydia oppidum, prope Thyatiram. Pausanias item Hierocæsaream conjungit Hypæpis, quæ pariter ad hunc conventum spectant: in Eliac. prior. sive lib. V : Ἱεροκαισάρεια καλουμένη πόλις, καὶ Ὕπαιπα. HARD.

79. *Metropolitæ.* In Ionia positi, quorum urbs Μητρόπολις a Ptolemæo, lib. V, cap. 2. Lydiæ adscribitur in Notitia episcopatuum Asiæ provinciæ. Nummus Gordiani III, apud ERIZZO, pag. 507, et alter Antonini Severi, apud Patin. pag. 304, ΜΗΤΡΟΠΟΛΕΙΤΩΝ ΤΩΝ ΕΝ ΙΩΝΙΑ. HARD.

80. *Cilbiani inferiores.* In libris hactenus editis locum hunc sic interpunctum vidimus : « Cilbiani, superiores et inferiores Mysomacedones », ut hæ voces *superiores et inferiores,* non jam ad Cilbianos pertinerent, sed ad Mysomacedonas. Errorem detegit nummus Juliæ Domnæ, quem vidimus in Cimelio Bibl. Regiæ, cum epigra-

macedones[81], Mastaurenses[82], Briullitæ, Hypæpeni[83], Dioshieritæ[84].

XXXII. (xxx.) Æolis[1] proxima est, quondam Mysia appellata, et quæ Hellesponto adjacet Troas. Ibi a Phocæa[2], Ascanius portus. Dein fuerat Larissa[3] : sunt Cyme,

phe, ΚΙΛΒΙΑΝΩΝ ΤΩΝ ΑΝΩ, hoc est, Cilbianorum superiorum. Ad inferiores spectat alter, qui in Cimelio Parisiensi nostro asservatur, Antonino Severo principe percussus, forma mediocri, cum hac epigraphe, ΚΙΛΒΙΑΝΩΝ ΝΙΚΑΕΩΝ : quo concordia, ὁμόνοια, sive societas Cilbianorum et Nicæensium indicatur. Cilbianum agrum incolebant, de quo paulo superius dictum est. Hard.

81. *Mysomacedones.* Hoc est, Mysis permixti Macedones. Hos majori Phrygiæ Ptolemæus accenset, lib. V, cap. 2. Tzetzæ, Chiliad. XI, hist. 396, v. 978 Μυσοεμμαδόκες. Hard.

82. *Mastaurenses.* Chiffl. Metaurenses. Ed. — Μάςαυρα et Βιούλα Strab. lib. XIV, pag. 650, ultra Mæandrum oppida : sed mendose, pro Βρίουλα. Vulgati libri habent *Brullitæ.* MSS. Reg. 1, 2, Colb. 1, 2, et Paris. *Briulitæ* : recte. Nam in Conc. Calched. act. III, pag. 456, alibique passim, Ῥουφίνος Βριούλων subscripsit, ex provinc. Asiæ. Et in Notitia episcopatuum ejusdem provinciæ, pag. 27, Πρίουλλα, Μάςαυρα legitur, pro Βρίουλα. Nam pag. 43 legitur, ὁ Βριούλων. Frustra Ortelius, *Biulum*, *Briullum*, et *Brullitas*, ceu tria diversa oppida diversis locis repræsentat, quo Thesaurum suum copia nominum locupletet. Hard.

83. *Hypæpeni.* Ὕπαιπα Lydiæ a Stephano tribuuntur, et a Ptolemæo, lib. V, cap. 2. Ovidius, de Arachne, lib. VI, Metam. v. 13 : « Orta domo parva, parvis habitabat Hypæpis. » De his Tacitus, lib. IV Annal. cap. 55. In Notitia episcop. Ὕπαπα pro Ὕπαιπα. In Conc. CP. Gener. III, pag. 1035. Ἀντώνιος ἐπίσκοπος τῆς Ὑπαιπηνῶν πόλεως, τῆς Ἀσιανῶν ἐπαρχίας. Nummus Juliæ Domnæ in Parisiensi nostro Museo, ΥΠΑΙΠΗΝΩΝ. Hard. — Hypæparum locum occupat *Berki*, auctore d'Anville. Ed.

84. *Dioshieritæ.* Διὸς ἱερὸν Jovis fanum in Lydia, Ptolem. lib. V, c. 2 ; in Ionia, Stephano : provinciæ Asiæ, in Notitia episcop. In Conc. CP. pag. cit. Ζώντος ἐπίσκοπος Χρισουπόλεως, ἤτοι Διὸς ἱεροῦ τῆς Ἀσιανῶν ἐπαρχίας. Incolæ, Διοσιερῖται, ex Phlegonte apud Steph. In nummo vetere Parisiensis nostri Musei ΔΙΟϹΙΕΡΕΙΤΩΝ. Hard.

XXXII. 1. *Æolis.* Hæc iisdem verbis Mela, lib. I, cap. 18. : « Proxima regio, ex quo ab Æoliis incoli cœpit, Æolis facta : ante Mysia : et qua Hellespontum attingit, Trojanis possidentibus, Troas fuit. » Hard.

2. *A Phocæa.* Vet. ap. Dalec. *Ab ea Phocæa.* Ed. — Quæ postrema Ionicarum urbium, ut dictum est sup. cap. unde Æolis incipit. H.

3. *Larissa.* Stephanus : Λάρισσα

Myrina[4], quæ Sebastopolim se vocat : intus Ægæ[5], Attalia[6], Posidea, Neontichos[7], Temnos[8]. In ora autem Titanus[9] amnis, et civitas ab eo cognominata. Fuit et Grynia[10], nunc tantum portus soli[11], insula apprehensa. Oppidum Elæa[12], et ex Mysia[13] veniens Caicus amnis. Oppidum Pi-

Αἰολίδος περὶ Κύμην. Ab Ilio distabat mille stadiorum intervallo, hoc est, cxxv m. pass. Auctor Strabo, lib. XIII, pag. 620. H. — Nunc *Larusar*, auctore d'Anville. Ed.

4. *Cyme, Myrina*. Mela, loc. cit. « Primam urbium Æolidis a Myrino conditore Myrinam vocant : sequentem Pelops statuit victo OEnomao reversus ex Græcia : Cymen nominavit, pulsis qui habitabant, dux Amazonum Cyme. » Κύμη et Μύρινα, Ptolem. lib. V, cap. 2; Scylaci, pag. 35, et Stephano. Cyme Ephorum tulit, de quo in Auctorum Indice. H.—Cymæ vestigia reperi ait d'Anville loco dicto *Nemourt;* Myrinæ, ubi nunc *Sanderlic.* Ed.

5. *Ægæ*. Αἰγαὶ in Æolide, Straboni, lib. XIII, pag. 621, ἐν μεσογείᾳ, hoc est, in mediterraneo, Scylaci, pag. 35, Αἰγαι. In nummo vet. apud Patin. pag. 5, ΑΙΓΑΕΩΝ. Apud Herod. Clio, lib. I, n. 149, Αἰγαῖαι. Hard. — Nunc *GuzelHisar*, ut vult d'Anville. Ed.

6. *Attalia*. Pineus *Satalia*. Dalec. — Ἀτταλία Stephano, qui Lydiæ accenset. Ab aliis ejusdem nominis diligenter secernenda. In Notitia Eccles. episcopatuum prov. Lydiæ, pag. 29, Ἀτταλία. Hard.

7. *Neontichos*. Νέον τεῖχος τῆς Αἰολίδος Stephano : hæc vox oppidum novum sonat. Distare ait a Larissa, sive *Larusar*, Strabo, lib.

XIII, pag. 621, stadiis xxx. Hard.

8. *Temnos*. Τῆμνος πόλις Αἰολίδος Stephano : et Straboni, loc. cit. Prov. Asiæ in Notitia episcopat. In nummis Philippi patris, apud Patin. pag. 386. ΤΗΜΝΕΙΤΩΝ. Apud Herod. loc. cit. legitur Τῆνος, pro Τῆμνος. Hard.

9. *Titanus*. Vet. *Mitanus*. Ptol. *Pitana*. Dalec.

10. *Grynia*. Chiffl. *Grya*. Ed. — Stephano Γρῦνοι, et Γρύνεια, πολίχνιον Μυριναίων, Myrinæorum oppidulum. Hinc Apollo Grynius, et Gryneus dictus, Γρύνειος, et Γρυνεύς. Herodoto, lib. I, Clio, n. 149, est Γρύνεια. Hard.

11. *Portus soli*. Hoc est, deserti ex utroque latere portus, annexa continenti insula, vel maris recessu, vel aggesto limo. Legebat Dalec. *portus, solo insulæ apprehenso.* Scylaci, p. 35, Γρύνειον, Ἀχαιῶν λιμήν. Hard. et Ed.

12. *Elæa*. Pineus, *Jalea*. Dalec. — Hanc oram similiter describit Scylax, loc. cit. ἐπὶ θάλατταν λιμήν Πιτάνη, καὶ ποταμός, Κάϊκος, μετὰ Πιτάνην Ἐλαία, Γρύνειον, etc. Ptolemæus quoque, lib. V, cap. 2, et Strabo, lib. XIII, pag. 622. Elæa Pergamenorum navale fuisse Stephano dicitur. Etiamnunc *Ialea*. Hard. et Ed.

13. *Ex Mysia*. Hoc est, ex Mysia proprie dicta, sive Teuthrania, quæ pars Æolidis est, et Mysiæ

LIBER V. 539

tane, Canaius amnis. Intercidere Canæ[14], Lysimachia[15], Atarnea[16], Carene[17], Cisthene[18], Cilla[19], Cocylium[20], Thebe[21], Astyre[22], Chrysa, Palæscepsis[23], Gergithos[24],

laxius acceptæ, ut dicetur c. seq. HARD. — *Caicus Girmasti*, seu *Grimakhi*, nunc dicitur. ED.

14. *Intercidere Canæ*, etc. Κάναι, πόλις Τρωάδος Stephano : unde, ut videtur, amni Canaio nomen. « In promontorio est Cana oppidum », inquit Mela, lib. I, c. 18. Sed Canen a Canis diversam facit Strabo, lib. XIII, pag. 615. H.

15. *Lysimachia.* Λυσιμαχία, et Λυσιμάχεια, a Lysimacho Agathoclis F. HARD.

16. *Atarnea.* Ἀταρνεὺς, oppidum contra Lesbon insulam positum dicitur Harpocrationi, pag. 53. Straboni, lib. XIII, p. 614, prope Pitanen. In Notitia Eccles. antiq. prov. Hellesponti, Ἀρτέμεα, pro Ἀτάρνεα. Stephano, Ἀτάρνα πόλις μεταξὺ Μυσίας καὶ Λυδίας. Plinio ipsi Atarne, lib. XXXVII, c. 56. Incolæ, Ἀταρνεῖται, Pausaniæ, Achaic. lib. VII, pag. 400. HARD.

17. *Carene.* Καρήνη, πόλις Μυσίας, Stephano ex Herod. apud quem Polymn. lib. VII, pag. 400, num. 42, Καρίνη perperam pro Καρήνη scribitur. HARD.

18. *Cisthene.* Κισθήνη πόλις ἔρημος Straboni, lib. XIII, pag. 604. H. — *Castel Rosso*, auctore D'ANVILLE. ED.

19. *Cilla.* Κίλλα, unde Κιλλεὺς et Κίλλαιος Apollo. Strabo, pag. 612. HARD.

20. *Cocylium.* Hactenus *Cocillum* mendose legebatur. Nos *Cocylium* ex Xenophonte, Hist. Græc. lib. III, pag. 483, hujus oræ populos recensente : Οἱ μὲν οὖν Νιανδρεῖς, καὶ Ἰλιεῖς, καὶ Κοκυλῖται ἐπείθοντο... οἱ δ᾿ ἐν Κέβρηνι, etc. HARD.

21. *Thebe.* Θήβη ἔρημος, et παλαιὰ Χρύση apud Strabonem, pag. 613. Θήβη, πλησίον τῆς Τροίας, juxta Trojam, Stephano. Ab Eustathio ad Homeri Iliad. I, vers. 366, Θήβη Ὑποπλάκιος : qua de appellatione vide Strab. lib. XIII, p. 614, Θήβης πεδίον Thebani campi in hoc tractu apud Herodotum, Clio, lib. I, num. 42. HARD.

22. *Astyre.* Astyram et Chrysam vocat Mela, lib. I, c. 18. Græci, τὰ Ἄςυρα, ut Strabo, lib. XIII, p. 591. Stephanus, Scylax, p. 35, etc. In nummis, ΑϹΤΥΡΗΝΕΙΩΝ. HARD.

23. *Palæscepsis.* Παλαίσκηψις, hoc est, Vetus Scepsis. Ptolemæo, lib. V, cap. 2, prope Adramyttion. Inde transducti cives ad novam Σκῆψιν, quæ in Notitia episc. prov. Hellesponti Σκέψις dicitur. HARD.

24. *Gergithos.* Xenophonti, Hist. Græc. lib. III, p. 482, τὰ Γέργιθα. Herodotus, Terpsich. lib. V, pag. 334, num. 122, τοὺς Γεργίθας vocat. Γέργηθος est Plutarcho, in Phocione, pag. 750. Stephano, Γέργις πόλις Τροίας, et ἡ Γέργιθος. Prope fontes Caici statuitur a Strabone, lib. XIII, pag. 616. Gergitum Livius vocat, lib. XXXVIII, pag. 480. HARD. — De Gergitho conf. Tit. Liv. tom. VII, pag. 273 edit. nostr. ED.

Neandros[25] : nunc est Perperene[26] civitas, Heracleotes[27] tractus, Coryphas[28] oppidum : amnes, Grylios, Ollius[29]. Regio Aphrodisias[30], quæ antea Politice Orgas. Regio Scepsis[31]. Flumen Evenum[32], cujus in ripis intercidere Lyrnessos[33], et Miletos. In hoc tractu Ida mons. Et in ora quæ sinum[34] cognominavit et conventum, Adramytteos[35] olim Pedasus dicta. Flumina : Astron, Cormalos,

25. *Neandros.* Νεανδρία Straboni, pag. 604, cujus cives Alexandriam translati. Νεάνδρεια et Νεάνδριον Stephano. HARD.

26. *Perperene.* Περπερήνα, Straboni, pag. 607. In Notitia Eccles. pag. 43, Θεοδοσιούπολις ήτοι Περπερίνη, prov. Asiæ. In Nummo Cimelii Pariensis, ΗΓΕΜΟΝΙΑ ΠΕΡΠΕΡΗΝΩΝ. Apud Ptolem. in Lydia, lib. V, cap. 2, Τερμέρη, pro Περπέρη, ut recte monuit Sirmondus noster in eo libello, qui *Antitristanus II* inscribitur, pag. 27. HARD.

27. *Heracleotes.* Ab Heraclea pago, quem Mitylenæi condiderunt, inquit Strabo, lib. XIII, p. 607. HARD.

28. *Coryphas.* Κορυφαντίς Straboni, loc. cit. HARD.

29. *Grylios, Ollius.* Sic MSS. Reg. 1, 2, Colb. 1, 2, Chiffl. Editi, *amnis Chryliosolius.* HARD. — Sic Pintianus legit : « amnes, Grylios, Solus : regio Aphrodisias, quæ antea, Politice. Orgas regio, Scepsis. » Man. vero : « amnis Grylios. Ollius regio. Aphrodisias, quæ ante Politice. Orgas regio. Scepsis. » DALEC.

30. *Aphrodisias.* Ἀφροδισιάς, seu Veneri sacra. HARD.

31. *Quæ antea Politice Orgas. Regio Scepsis.* Dalec. *quæ antea Politiceorgas,* una voce. ED. — Priori utique regioni cognomen Politices adjectum remur, ut ab altera cognomine secernatur, quæ in Attica est, pariterque Ὀργάς a Pausania appellatur. Altera voce indicari agrum, in quo Palæscepsis fuit, novaque deinde Scepsis urbs, ex qua Demetrius Scepsius cognomen tulit. Plinius, lib. XI, cap. 80 : « Asiæ regio Scepsis appellatur, etc. » HARD.

32. *Evenum.* Εὔηνος ποταμός, ex quo ductam canalibus aquam sibi Adramytteni comparant. Strabo, lib. XIII, pag. 614. HARD.

33. *Lyrnessos.* Λυρνησσός πόλις Τρωϊκή, Stephano. Ex ejus ruinis crevit Adramyttium. Notitia Eccles. pag. 27 : Ἀδραμύττιον, ἡ ποτὲ Λυρνησσός. HARD.

34. *Quæ sinum.* Adramyttenum, *golfe d'Adramyti.* ED.

35. *Adramytteos.* Stephano Ἀδραμύττειον et Ἀδραμύττιον πόλις τῆς κατὰ Κάϊκον Μυσίας, urbs Mysiæ quæ juxta Caicum amnem. Refert hoc loco Dalecampius ex Herodoto, aliisque, vel ex Rhodigino potius, Pedasensium barbam crescere tum prolixe solitam, quum adversi quidpiam civibus immineret. Verum, præterquam onerare his nugis Plinianos Commentarios haud operæ pretium erat, non de Adramytte-

LIBER V. 541

Eryannos[36], Alabastros, Hieros[37] ex Ida. Intus mons Gargara[38], eodemque nomine oppidum. Rursus in littore Antandros[39], Edonis prius vocata, deinde Cimmeris: et Assos[40], eadem Apollonia. Fuit et Palamedium oppidum. Promontorium Lecton[41] disterminans Æolida et Troada. Fuit et Polymedia[42] civitas, et Chrysa[43], et Larissa alia[44]. Smintheum[45] templum durat. Intus Co-

nis Pedasiis hæc Herodotus refert, sed de Pedasensibus qui supra Halicarnassum incolunt, οἱ δὲ Πηδάσεες οἰκέουσι ὑπὲρ Ἁλικαρνάσσου, quorum oppidum Pedasium, de quo dictum est c. 29. Vide Herod. Uran. lib. VIII. HARD.

36. *Eryannos.* Alii codd. *Cryanos*, atque ita Reg. 1, 2, Colb. 1, 2, Chiffl. Paris. HARD.

37. *Hieros.* Ex Ida is profluit: superiores non item. Sic Hard. Licet autem ignota sint hodie hæc flumina, ex Ida tamen aut connexis cum eo montibus omnes istius regionis aquas defluere constat. ED.

38. *Gargara.* Multorum testimonio comprobat Macrobius, Saturn. lib. V, cap. 20, pag. 56, Gargara appellari, montis Idæ verticem unum, et oppidum sub eodem monte positum. Hesychius, pag. 210 : Γάργαρον, ἀκρωτήριον ὄρους Ἴδης, καὶ πόλις Τροίας πλησίον Ἀντάνδρου. Adi et Strabon. lib. XIII, p. 583, qui Γάργαρα id oppidum vocat: et Stephanum : Γάργαρα πόλις, καὶ Γάργαρα ἄκρα. HARD.

39. *Antandros.* Stephanus : Ἄντανδρος πόλις ὑπὸ τὴν Ἴδην, πρὸς τῇ Μυσίᾳ τῆς Αἰολίδος... Ἀριστοτέλης φησὶ ταύτην ὠνομάσθαι Ἠδωνίδα, Κιμμερίων ἐνοικούντων ἑκατὸν ἔτη. « Antandros urbs sub Ida, prope Mysiam Æolidis... Aristoteles ait hanc vocari Hedonidem, Cimmeriis eam per annos centum incolentibus. » HARD.

40. *Assos.* Nunc quoque *Asso*, Ἄσσον Ptolem. lib. V, cap. 2. In Notitia episcopatuum prov. Asiæ, Ἄσσος. HARD.

41. *Lecton.* Λεκτὸν τῆς Τρωάδος, Plutarcho in Lucullo, pag. 493. Λεκτὸν ἄκρον Ptolem. juxta Assum. Nunc *Cabo Buba*, vel *S. Maria.* H.

42. *Polymedia.* Πολυμήδιον pagus, Straboni, lib. XIII, pag. 606. H.

43. *Chrysa.* Dalec. *Cryssa.* ED.

44. *Larissa alia.* Alia Chrysa, inquit, alia et Larissa, ab iis de quibus initio hujus cap. diximus. Hanc Larissam Strabo, lib. XIII, pag. 604, prope Χρύσην novam, et Κολωνὰς locat. Eadem Λάρισσα ἡ καθ' Ἁμαξιτόν : illa prior Λάρισσα ἡ περὶ Κύμην, a vicinis oppidis appellantur, teste eodem Strabone, p. 620. Λάρισσα Τρωάδος Stephano dicitur hæc quam modo tractamus. Τρωϊκὴ Λάρισσα, Athenæo, lib. II, pag. 47. HARD.

45. *Smintheum.* Apollini Smintheo sacrum, cui nomen factum aiunt a fugatis ejus loci muribus: sunt enim σμίνθαι mures Cretensium lingua. Vide Eustath. in Homer. Iliad. I. Scylaci, pag. 34, ἱερὸν Ἀπόλλωνος, ἵνα Χρύσης ἱερᾶτο. In nummo vetere Troadis, Alexandriæ

lone[46] intercidit. Deportant[47] Adramytteum negotia, Apolloniatæ a Rhyndaco amne, Erezii[48], Miletopolitæ[49], Pœmaneni[50], Macedones Aschilacæ[51], Poli-

dictæ, ex argento, in gaza Regia, ΑΛΕΞΑΝΔΡΕΩΝ. ΠΕΙΣΙΣΤΡΑΤΟΥ. ΑΠΟΛΛΩΝΟΣ. ΣΜΙΘΕΩΣ. *Alexandrinorum* magistratu *Pisistrato*, *Apollinis Smithei* effigies. Sic enim in eo numismate legitur, non Σμίνθεως. HARD.

46. *Colone.* Κολωναὶ Straboni, loco citato, et Xenophonti, rerum Græc. lib. III, pag. 482, ubi Λάρισσαν, Ἀμαξιτὸν, et Κολωνὰς jungit, quod et Scylax facit, p. 34. HARD. — Dalec. mutata interpunctione : « Colone intercidit, deportata Adramytteum negotia. Apolloniatæ, etc. » quæ lectio sententiam Plinianam vitiat. ED.

47. *Deportant.* Adramyttenæ, inquit, jurisdictioni subjiciuntur Apolloniatæ, etc. Ἀπολλωνία πρὸς Ῥυνδάκῳ ποταμῷ, in Phrygiæ majoris mediterraneis civitatibus, Ptolem. lib. V, cap. 2. In nummo L. Veri apud Sphanhem. pag. 889, ΑΠΟΛΛΩΝΙΑΤΑΝ ΠΡΟΣ ΡΥΝΔΑΚΩ. Ἀπολλωνία ἐπὶ Ῥυνδάκῳ, Stephano. HARD.

48. *Erezii.* In libris omnibus MSS. impressisque, *Eresii.* At Eresios Lesbi insulæ incolas locum hic habere non posse, res est plane perspicua. Erezios potius Plinium scripsisse remur, ab ipso oppido, vel ei cognomine, quod in Notitia episcopatuum prov. Cariæ, p. 33, Ἔρεζος scribitur, alibi Ἔριζος. Indiscretos enim Cariæ, Mysiæ, Lydiæque fines fuisse, sæpe est a nobis animadversum in hoc Asiæ descri-

bendo tractu. In Synodo Quinisexto, p. 1199 : Μάγνος ἐπίσκοπος πόλεως τῶν Ἐρίζων, καὶ Καρίας ἐπαρχίας. Et in Conc. Gener. CP. III, p. 1040 : Ἰωάννης ἐπίσκοπος πόλεως Ἐρίζων. Apud Ptolem. lib. V, c. 2, gens esse dicitur juxta Phrygiam ΕΡΙΖΗΛΟΙ, haud dubie pro ΕΡΙΖΗΝΟΙ : unde Erizena Asiæ regio Plinio dicitur, lib. X, c. 60. Circa Rhyndacum Mysiæ amnem positi hi videntur, perinde atque Apolloniatæ et Miletopolitæ. HARD.

49. *Miletopolitæ.* Μιλητούπολιν Strabo, lib. XIV, pag. 681, circa Cyzicum locat, et Stephanus eum secutus. In Notitia Eccles. p. 45, provinciæ Hellesponti adscribitur. Ad hos spectat Commodi nummus apud ERIZZO, pag. 270, et alter Gordiani Pii, apud Patin. p. 373, ΜΕΙΛΗΤΟΠΟΛΕΙΤΩΝ. De Miletopoli rursum cap. 40. HARD. — Illius locum occupare eam, quæ hodie *Balikesri* vocatur, opinatur D'ANVILLE. ED.

50. *Pœmaneni.* Ποιμάνινον oppidi nomen et loci prope Cyzicum, Stephano teste. In Notitia episcop. prov. Hellesponti, pag. 27, Ποιμάνεντος. In altera, pag. 45, ὁ Ποιμανίου. HARD.

51. *Macedones Aschilacæ.* In MSS. Reg. 1, 2, Colb. 1, 2, Paris. etc. *Ausculacæ.* Ut superius cap. 30. Macedones Cadueni, ita et hi Asculacæ cognominantur. An a Σκέλεντα oppido, cujus mentio est in Notitia episcopatuum provinciæ

chnæi[52], Pionitæ[53], Cilices Mandacadeni[54]: in Mysia Abrettini[55], et Hellespontii[56] appellati, et alii ignobiles.

XXXIII. Troadis primus locus Hamaxitus[1]: dein Cebrenia[2]: ipsaque Troas[3], Antigonia dicta, nunc Alexandria, colonia romana. Oppidum Nee[4]. Scamander[5] amnis

Hellesponti? HARD. — Leg. *Macedones Asculacæ.* Ita MS. Reg. 1. In editione principe, *Macedones Ascylacæ.* Macedones ibi coloniam condiderant. Inde cognomen. BROT. — Dalecamp. *Macedones, Aschilacæ.* ED.

52. *Polichnæi.* Stephanus : Πολίχνα, πόλις τῆς Τρωάδος, οἱ πολῖται, Πολιχναῖοι. In Notitia episcop. Hellesponti, Πολίχνα. Straboni quoque, lib. XIII, pag. 603, et Thucyd. lib. VIII, pag. 571. HARD.

53. *Pionitæ.* Πιονία Strab. juxta Scepsin et Gargara. Item in Notitia episcopatuum prov. Hellesponti, Πιονία. HARD.

54. *Mandacadeni.* Μανδακαδηνοί. In libris hactenus editis, *Mandagandeni.* In MSS. Reg. 1, 2, Colb. 1, 2, *Mandaeandeni.* At in Notitia episcopatuum prov. Hellesponti, p. 27, Μανδακάδα vigesimo octavo loco nominatur. Hi porro Cilicum, ut Macedonum Asculacæ, coloni fuere. HARD.

55. *Abrettini.* Stephanus: Ἀβρεττίνη, χώρα Μυσίας, etc. Straboni, lib. XII, pag. 576, dicitur Ἀεττήνη. Et MSS. Reg. 1, 2, Colb. 1, 2, *Abretteni,* recte. HARD.

56. *Hellespontii.* Idem Olympii quoque appellati, teste Strabone, lib. XII, pag. 566, qui circa Olympum degebant Mysi, Bithynis ad austrum adjacentes. HARD.

XXXIII. 1. *Hamaxitus.* Dalec.

Amaxitus. ED. — Stephanus: Ἀμαξιτὸς, πολίχνιον τῆς Τρωάδος, ex Strabone, lib. XIII, p. 604. Statim occurrit post Lecton promontorium, quo ab Æolide disterminatur. HARD. — *Messi* hodie vocatur, auctore D'ANVILLE. ED.

2. *Cebrenia.* Κεβρηνία χώρα τῆς Τρωάδος, Stephano. Oppido nomen Κέβρην, apud Suidam, p. 1427, et Harpocrat. pag. 166. Inter Scepsios ac Cebrenios Scamander medius labitur. Strabo, lib. XIII, p. 596. HARD.

3. *Troas.* Ἀλεξάνδρεια Τρωὰς Ptolemæo, lib. V, cap. 2, et Livio, lib. XXXV, p. 433, et l. XXXVII, pag. 460. Ab Antigono Ἀντιγόνεια, Ἀλεξάνδρεια appellata est ab Alexandro M. Vide nummum ΑΛΕΞΑΝΔΡΕΩΝ a nobis proxime laudatum. Deinde et Romanos eo colonos deductos esse jam ævo suo Strabo testatur, lib. XIII, pag. 593, Augusto nimirum Principe, ut nummus declarat Antonini Severi ex ære, in Parisiensi nostro Cimelio asservatus, COL. AVG. TROAS. HARD. — *Eski Stamboul* vocantur rudera ejus. ED.

4. *Nee.* Νέη, vel Νέα, de qua jam lib. II, cap. 97. Straboni, lib. XIII, pag. 603, Νέα κώμη, inter Polichnam et Palæscepsin. HARD.

5. *Scamander.* Mela eleganter, lib. I, cap. 18: « Huc ab Idæo monte demissus Scamander exit,

navigabilis, et in promontorio quondam Sigeum[6] oppidum. Dein portus Achæorum, in quem influit Xanthus Simoenti junctus : stagnumque prius faciens Palæscamander. Cæteri Homero[7] celebrati, Rhesus, Heptaporus, Caresus, Rhodius vestigia non habent. Granicus diverso tractu in Propontida fluit. Est tamen et nunc Scamandria civitas parva, ac M. D[8] passus remotum a portu Ilium[9] immune, unde omnis rerum claritas. Extra sinum[10] sunt Rhœtea littora, Rhœteo, et Dardanio, et Arisbe, oppidis habitata. Fuit et Achilleon[11], oppidum juxta tumulum Achillis conditum a Mitylenæis, et mox Atheniensibus, ubi classis[12] ejus steterat in Sigeo[13]. Fuit et Æantium[14], a Rho-

et Simois : fama, quam natura, majora flumina. » Idem etiam Xanthus appellatus, ex Homero, Iliad. XX, v. 74 : Ὃν Ξάνθον καλέουσι θεοί, ἄνδρες δὲ Σκάμανδρον. HARD. — *Tumbrechtchai* hodie vocatur et, de quo mox, Simois *Mendéré-sou*. ED.

6. *Sigeum*. Σίγειον Straboni, lib. XIII, pag. 595. Et mox eidem λιμὴν Ἀχαιῶν, ita dictus, quod eo appulerint Græci Trojam obsessuri, ad ostia Simoentis. HARD.— *Jeni-scher* hodie vocatur. ED.

7. *Homero*. Iliad. XII, vers. 20 : Ῥῆσός θ', Ἑπτάπορός τε, Κάρησός τε, Ῥόδιός τε. De Granico, cap. 40. H.

8. *M. D passus.* Leg. *M. D passibus.* Ita editio princeps. In MS. Reg. 1, MM. D. P. id est, duobus millibus quingentis passibus. BROT.

9. *Ilium immune.* A vetere Ilio Iliensium pagum ævo suo stadiis omnino XXX, hoc est, III M. DCCL pass. dissitum fuisse auctor est Strabo, lib. XIII, pag. 597. De Iliensium immunitate, Livius, lib. XXXVIII, cap. 39, ubi Rhæteum,

de quo mox et Gergithum oppida eis a Romanis addita monet. ED.

10. *Extra sinum.* Hæc Mela totidem verbis, lib. I, c. 18, Ῥοίτειον et Δαρδάνον vocat Herod. Polym. lib. VII, pag. 400, n. 43 ; Δαρδάνιον Strabo, lib. XIII, pag. 595 ; Ἀρίσβην πόλιν Τρωάδος, Stephanus, a Mitylenæis conditam. HARD. — Ignotus omnino est horum oppidorum situs; a Dardanio tamen nomen suum traxisse videntur castella, quæ *Dardanelles* hodie vocantur. ED.

11. *Fuit et Achilleon.* Hæc Solinus iisdem verbis, cap. XL, p. 70. Stephanus : ἔςι καὶ πόλις ἐν τῷ Σιγείῳ Ἀχίλλειον. HARD.

12. *Ubi classis ejus,* etc. Dalec. *ubi classis ejus steterat. In Sigeo fuit,* etc. ED.

13. *In Sigeo.* Ita Stephanus mox citatus. Solinus haud levi errore, in Rhœteo cornu. HARD.

14. *Fuit et Æantium.* Transcripsit hæc quoque Solinus loco citato. HARD.

LIBER V.   545

diis conditum in altero cornu[15], Ajace ibi sepulto, xxx stad.[16] intervallo a Sigeo, et ipso statione[17] classis suæ. Supra Æolida[18], et partem Troadis, in mediterraneo est, quæ vocatur Teuthrania[19], quam Mysi antiquitus tenuere. Ibi Caicus amnis jam dictus[20] oritur. Gens ampla per se, etiam quum totum[21] Mysia appellaretur. In ea Pioniæ[22], Andera, Cale[23], Stabulum, Conisium[24], Tegium[25], Balcea[26], Tiare[27] Teuthranie[28], Sarnaca, Haliserne[29],

15. *In altero cornu.* Nempe in Rhœteo. Αἰάντειον ibi locante Mela, lib. I, cap. 18, et Strabone, lib. XIII, cap. 595. Hard. — Loco ubi nunc est castellum *Nouveau Château* dictum. Ed.

16. *XXX stad.* Ita MSS. Solinus, *XL.* Hard.

17. *Et ipso statione.* Et in eo ipso cornu classis Ajacis stetit. Ita MSS. omnes. Editi tenebras huic loco offuderunt, vocula superaddita, « et ipso in statione. » Hard.

18. *Supra Æolida.* Habet hæc quoque Solinus, c. xl, pag. 71. H.

19. *Teuthrania.* Τευθρανία a Theutrante dicta, Pandionis filio, Mysiæ rege, regio est inter Pergamum et Elæam sita. Strabo, lib. XII, pag. 571. Martianus, lib. VI, cap. de Phrygia, p. 221 : « Supra Troadem in mediterraneo Teuthrania est, quæ regio Mysorum fuit. » Ita etiam Scylax, pag. 35, et Scholiast. Pind. p. 168 : εἰς τὴν γῆν τοῦ Τευθραντος, ἤγουν εἰς τὴν Μυσίαν. Hæc igitur proprie dicta Mysia est Plinio. H.

20. *Jam dictus.* Cap. 32 : « Ex Mysia veniens Caicus amnis. » H.

21. *Quum totum.* Tota Æolis, cujus pars Teuthrania est. Plinius, c. 32 : « Æolis... quondam Mysia appellata. » Hard.

22. *In ea Pioniæ*, etc. Πιονίαι, vel Πιοναί, unde Pionitæ appellati, superiore capite. Ἄνδειρα Straboni, lib. XIII, pag. 610, juxta Scepsin, Pioniam, et Gargara : Stephano quoque, pag. 82. Hard.

23. *Cale, Stabulum.* In MSS. *Tales, Tabulum.* Forte hic locum habet Κάλον, cujus mentio in Notitia episcop. provinc. Asiæ, pag. 43, cum Gargaris, et Pergamo. Eadem videtur esse, quæ, pag. 27, Κιλοστή. Hard.

24. *Conisium.* In Notitia eccles. provinc. Hellesponti, pag. 27, Κονιοσίνη. Hard.

25. *Tegium.* MSS. Teium, Τήϊον. Hard.

26. *Balcea.* Βάλκεια, urbs circa Propontidem, Stephano. Hard.

27. *Tiare.* Ita MSS. Hinc Tiareni, vel Tyareni incolæ, paulo post appellandi. Hard.

28. *Teuthranie.* Τευθρανία Μυσίας πόλις, Stephano : ab ea datum regioni nomen. Martianus, loc. cit. « Civitas vero Teuthrania Caico flumine alluitur. » Hard.

29. *Haliserne.* Stephan. Ἀλίσαρνα, πόλις Τρωάδος χώρας, ex Theopomp. Xenophon, lib. VII de Expedit. Cyri, p. 426, meminit Ἐλισάρνης (lege Ἁλισάρνης) καὶ Τευθρανίας. H.

II.

Lycide, Parthenium, Thymbre[30], Oxyopum[31], Lygdamum, Apollonia[32], longeque clarissimum Asiæ Pergamum[33], quod intermeat Selinus[34], præfluit Cetius profusus Pindaso monte. Abest haud procul Elæa[35], quam in littore diximus[36]. Pergamena vocatur ejus tractus jurisdictio. Ad eam conveniunt[37] Thyatireni[38], Mygdones[39], Mosyni[40],

30. *Thymbre.* Chifflet. *Cambre.* Ed.—Θύμβρα, πόλις Τρωάδος Stephano: ubi Apollinis Thymbræi fanum. Conf. Strab. lib. XIII, pag. 598. Hard.

31. *Oxyopum.* Ὀξυωπόν. In Notitia episcop. provinc. Hellesponti, pag. 45, nominatur Ὦκη, cui forte locus hic debetur: Lygdamum vero (sic enim MSS. legunt, non *Lygdanum*) a Lygdami Sardium expugnatore nomen traxisse videtur: de quo Strabo, lib. I, pag. 61. H.

32. *Apollonia.* Ex urbibus ejus nominis, quas Stephanus recenset, hæc octava est, Ἀπολλωνία Μυσίας, ab Apollonia quæ propter Rhyndacum amnem est, diversa. Pergamo hæc ad ortum objacet, teste Strabone, lib. XIII, pag. 625. Hard.

33. *Pergamum.* Galeni patria: Attalicorum regum sedes: τὸ Πέργαμον, Straboni, lib. XIII, pag. 623. Hard. — *Bergamo* nunc dicitur. Ed.

34. *Selinus... Cetius.* Ille Σελεινὸς, non Σελινοῦς, ut Ortelius existimavit: iste Κήτειος, cujus accolæ Κήτειοι appellati ab Homero, Odyss. XIII, vers. 520, ubi Eustathius monet Cetios a nonnullis dici Pergamenos, quod juxta Pergamum amnis ille laberetur. Hesychius Mysos, in quibus Pergamum fuit, sic appellat: Κήτειοι, γένος Μυσῶν, ἀπὸ τοῦ παραρρέοντος ποταμοῦ Κήτεως. Nummus M. Aurelii, apud Spanhem. pag. 485, fluvii nomen exhibet: cujus epigraphe hujusmodi est: ΕΠΙ CΤΡΑ. ΚΑΛΛΙCΤΕΟ. CΕΛΕΙΝΟC ΚΗΤΕΙΟC ΠΕΡΓΑΜΗΝΩΝ Β. ΝΕΩΚΟΡΩΝ. Hoc est, ἐπὶ στρατηγοῦ Καλλιστέος, Σελεινὸς, Κήτειος, Περγαμηνῶν δὶς Νεωκόρων. «Sub prætore Callisteo, Selinus, Cetius, Pergamenorum bis Neocorum » nummus. Potuit et Caicum addere, quem non procul inde fluere, auctor est Strabo, lib. XIV, p. 624, campumque rigare, qui Κάϊκος vocetur. Hard.

35. *Elæa.* Pineus, *Ialea.* Dalec.

36. *In littore.* Initio cap. superioris. Hard.

37. *Eam.* Vet. apud Dalecamp. *eamdem.* Ed.

38. *Thyatireni.* A Thyatira, quæ alluitur Lyco, ut dictum est cap. 21. Hard.

39. *Mygdones.* Mygdonum, Phrygum, Troumque fines, inter se dirimere haud proclive esse Strabo fatetur, lib. XII, pag. 564. Idem Olympi Mysiæ montis incolas Mygdones facit, pag. 575. Phrygiæ majori Stephanus Μυγδονίαν adjudicat. Hard.

40. *Mosyni.* Dalec. *Mossini.* Ed. — Ab oppido, cujus mentio in Notitia episcopatuum provinciæ Phrygiæ Capatianæ, p. 27, Μόσυνα. Leunclavius, pag. 98, ὁ Μοσύνων.

LIBER V.

Bregmenteni[41], Hieracometæ[42], Perpereni[43], Tiareni, Hierolophienses[44], Hermocapelitæ[45], Attalenses[46], Pantaenses, Apollonidienses[47], aliæque inhonoræ civitates. A Rhœteo Dardanium[48] oppidum parvum abest stadia LXX[49]. Inde XVIII M. promontorium Trapeza[50], unde primum concitat se Hellespontus. Ex Asia interiisse gentes tradit Eratosthenes, Solymorum[51], Lelegum, Bebrycum,

Ptolemæo, lib. V, c. ΜΟΞΙΑΝΟΙ, pro ΜΟΣΥΝΟΙ. Hard.

41. *Bregmenteni.* Leg. *Bregmeni.* Ita MSS. et editio princeps. Brot.

42. *Hieracometæ.* Dalecampius, *Hieracomitæ.* Ed. — Ἱεραχωμῆται, Polybio in Excerptis, pag. 69, ab ἱερὰ κώμη, quæ vox *sacrum pagum* sonat: sed Cariæ ab eodem adscribitur. Ultra Mæandrum sita, apud Livium, lib. XXXVIII, c. 12. H.

43. *Perpereni.* Perpereni, a Perperene, de qua cap. sup. Tiareni, a Tiare, de qua proxime dictum est. Hard. — Dalecamp. *Tyareni*, non *Tiareni.* Ed.

44. *Hierolophienses.* Sic restituimus admonitu codicum Reg. 1, 2, Paris. etc. In Parm. edit. *Hierapolienses.* In reliquis, *Hierapolenses*: quæ vox nec græcum idioma refert, nec latinum. Barbarus *Hydropolienses* confinxit, quos hoc loco nobis objiceret. Accedit eo quod Hierapolis non hujus Pergameni conventus sit, sed Cibyratici, ut dictum est cap. 29. Id nomen ab oppido factum videtur, cujus mentio in Notitia episcop. provinciæ Bithyniæ, pag. 45, ὁ Γάλλου, ἤτοι Λόφων. Vox ea ἱερὸς λόφος *sacrum collem* sonat. H.

45. *Hermocapelitæ.* Ἑρμοκαπηλῖται, quasi Mercurii caupones. Eorumdem codicum ope, et quod tutius est, adstipulante Notitia vetere episcopatuum provinciæ Lydiæ, in qua ὁ Ἑρμοκαπηλίας legitur, pag. 45 et p. 13, Ἑρμοκαπηλίας, hanc vocem sanavimus, quæ in edit. Parmens. in *Hermacopolitæ*: auctore deinde Hermolao Barbaro, in *Harmatopolitæ* commutata erat. Quamquam Lydiæ ea Notitia Hermocapelitas accenset, Pergamenæ tamen illi, ut et Thyatireni, jurisdictioni paruerunt. Neque huc pertinet Ἁρματοῦς oppidum, cujus Thucydides meminit, lib. VIII, p. 626, ut Ortelio visum est: nam ex eo Hermatuntopolitas dici oportuisset. Hard.

46. *Attalenses.* Ab Attalia, de qua cap. 32. Pantaenses, in MSS. *Pataenses.* Hard.

47. *Apollonidienses.* Ἀπολλωνὶς urbs est Straboni, lib. XIII, pag. 625, a Pergamo stadiis XXX, totidemque a Sardibus. Hard.

48. *Dardanium.* De quo proxime hoc cap. Hard.

49. *LXX.* Vet. apud Dalecamp. *LXX mill.* Ed.

50. *Trapeza.* Hodie *capo de Janisseri*, unde fit arctius mare, nec jam alluit terras, ut ait Mela, lib. I, cap. 18; sed rursus dividens, angusto Hellesponti freto littus obvium findit. In Conc. Quinisexto, pag. 119: Εὐγένιος ἐπίσκοπος πόλεως Τραπέζων Παχατιανῆς. Hard.

51. *Solymorum.* Solymi olim Pi-

Colycantiorum, Trepsedorum. Isidorus Arimos[52] : et Capretas, ubi sit Apamia[53] condita a Seleuco rege, inter Ciliciam, Cappadociam, Cataoniam, Armeniam. Et quoniam ferocissimas gentes domuisset, initio Dameam[54] vocatam.

XXXIV. (xxxi.) Insularum ante Asiam prima est in Canopico ostio Nili, a Canopo Menelai[1] gubernatore (ut ferunt) dicta. Altera juncta ponte Alexandriæ, colonia Cæsaris Dictatoris, Pharus[2] : quondam diei navigatione distans ab Ægypto : nunc e turri nocturnis ignibus cursum navium regens. Namque fallacibus vadis Alexandria, tribus omnino aditur alveis mari, Stegano[3], Posideo, Tauro.

In Phœnicio deinde mari est, ante Joppen Paria[4],

sidæ appellati, ut diximus c. 24. Leleges, Λέλεγες, Cariam tenuere, Strabo, lib. XIII, pag. 611. A Bebrycibus Bithynia olim Bebrycia appellata : idem, lib. XII, p. 541, et Eusebius in Chronic. pag. 104. De Colycantiis, Trepsedisque, vel ut codd. MSS. Trypsedis, nihil compertum. Hard.

52. *Arimos.* Vet. apud Dalecamp. *Arimœos.* Ed. — Sedes horum incertas fuisse Strabo fatetur, l. XIII, pag. 627; a quibusdam in Phrygia collocatos, lib. XII, pag. 579. H.

53. *Apamia.* De qua cap. 29. A Seleuco Nicatore condita, et uxoris nomine appellata. Hard.

54. *Dameam.* A δαμάω, subigo, perdomo. Id vero nomen Asiæ potius hæsisse arbitramur, quæ ferocissimarum gentium victrix fuit, quam Apameæ, etsi aliter Ortelio visum, et auctoribus Indicis Pliniani, ante hunc diem. Hard.

XXXIV. 1. *A Canopo.* Tacitus, Annal. lib. II, c. 60 : « Condidere Canopum oppidum Spartani, ob sepultum illic rectorem navis Canopum, qua tempestate Menelaus Græciam repetens, diversum ad mare, terramque Libyam est delatus. » Hard.

2. *Pharus : quondam diei,* etc. Vide quæ diximus, lib. II, c. 87. Nunc annexa continenti est : ejus portus gemina arce clauditur, vulgo *les Farillons.* Hard. — Tabulam vide Alexandriæ veteris et novæ in primo Q. Curtii tomo, pag. 350 edit. nostræ. Ed.

3. *Stegano,* etc. Dalec. *Tegamo.* Ed.—Στεγανῷ, clauso, sive munito : Ποσειδίῳ, sive Neptunio : et Ταύρῳ. De Posideo, cui a Neptuni templo nomen est inditum, Strabo, lib. XVII, pag. 764. Hard.

4. *Ante Joppen Paria.* Unde Παριανοί dicti apud Josephum, Antiq. Jud. lib. XIV, cap. 17, pag. 487. Paria porro id saxum est, quod

LIBER V. 549

tota oppidum, in qua objectam[5] belluæ Andromedam ferunt : et jam dicta[6] Arados: inter quam et continentem, quinquaginta cubita alto mari (ut auctor est Mucianus[7]), e fonte dulcis[8] aqua tubo coriis facto, usque[9] a vado trahitur.

XXXV. Pamphylium mare, ignobiles insulas habet.[1] Cilicium ex quinque maximis[1], Cyprum, ad ortum occasumque Ciliciæ, ac Syriæ objectam, quondam IX regnorum[2] sedem. Hujus circuitum Timosthenes CCCCXXVIII[3]

Joppæ civitati projacere ante dixit, c. 14, in quo vinculorum Andromedæ vestigia servari aiebant. Ita libri omnes, ex quibus emendandus Mela, lib. II, c. 7 : « Arados etiam in Phœnice est parva, quantum patet, tota oppidum. » Lege, « Arados etiam in Phœnice est, et Paria, quantum patet, tota oppidum. » Nec Vossio assentimur, aienti, Annotat. in Melam, pag. 202, ex eo Pomponii textu Plinium potius, quam ex Plinio Melam emendandum esse. Nam præterquam, quod Josephus, ut dixi, Antiquitat. Jud. lib. XIV, c. 17, p. 487, Παριανῶν prope Joppen meminit, Notitia antiqua ecclesiastic. pag. 85, inter suffraganeos archiepiscopi Tyrensis, Accanensem habet, Sidoniensem, Berytensem, et quarto loco *Paris*. qua voce mutila, ut apparet, num Pariensis pro Joppensi sedes intelligatur, æstimandum aliis relinquimus. HARD.

5. *Objectam*. Vet. apud Dalec. *subjectam*. ED.

6. *Et jam dicta*. Cap. 17. HARD.

7. *Mucianus*. Adde et Arist. Hist. Anim. lib. VIII, cap. 3, pag. 865; Strabonem, lib. XVI, pag. 753 et 754, et Ælianum, Histor. Animal.

lib. IX, cap. 64. De ratione ea eliciendæ aquæ dulcis ex ipso mari Plinius iterum infra, lib. XXXI, cap. 37. HARD.

8. *E fonte dulcis aqua*. De fontibus aquæ dulcis in ipso mari jam diximus supra lib. II, c. 106, n. 11. ED.

9. *Usque a vado*. Vet. apud Dalec. *usque ad vadum*. ED.

XXXV. 1. *Ex quinque maximis*. Interni maris septem insulas maximas Strabo numerat, lib. XIV, p. 654: Sardiniam, Siciliam, Cyprum, Cretam, Eubœam, Corsicam, Lesbum. Plinius Eubœam et Lesbum accenset minoribus, quæ Ptolemæi quoque sententia est. HARD.

2. *IX regnorum*. Mela, lib. II, cap. 7. Id quomodo accipiendum sit, ex Strabone liquet, aiente lib. XIV, p. 684, singulas urbes singulis olim tyrannis paruisse : præcipuas nimirum. HARD.

3. *CCCCXXVIII*. Strabo, lib. XIV, pag. 682, stadiis definit ambitum insulæ ter mille et quadringentis, quæ sunt omnino passuum millia *CCCCXXV*. Dissentit ab aliis Isidorus, quod is sinuum lacinias omnes non ingreditur. HARD. — Dalecamp. *CCCCXXIX*. Pineus, *CCCCXXVII*. ED.

M. D. prodidit. Isidorus CCCLXXV M. Longitudinem inter duo promontoria, Dinaretum[4] et Acamanta, quod est ad occasum, Artemidorus[5] CLXII D. Timosthenes CC. Vocatam[6] ante Acamantida[7], Philonides : Cerastin[8] Xenagoras, et Aspeliam[9], et Amathusiam, et Macariam[10] : Astynomus Crypton[11], et Coliniam[12]. Oppida in ea XV. Nea[13]

4. *Dinaretum.* Hodie *Capo S. Andrea.* Acamantidi, cui ab Acamante Thesei F. Hesychio teste, nomen est inditum, nunc nomen est, *Capo S. Arnaut,* sive *S. Pifano,* hoc est, S. Epiphanii. Ἀκάμας ἄκρα Ptolemæo, lib. V, cap. 14, et Straboni, loco citato. Hesychio, p. 47, Ἀκάμαντον ὄρος ἐν Κύπρῳ. HARD.

5. *Artemidorus CLXII D.* Sic libri MSS. Reg. 1, 2, Colb. 1, 2, Paris. et vet. Dalec. Adstipulatur Artemidorus ipse, qui in Epitome quam Agathemerus fecit, Geogr. lib. I, cap. 5, longitudinem Cypri ait esse stadiorum, α' τ' MCCC, quæ passuum omnino efficiunt, CLXII M. D. In editis hactenus, CLX M. D. HARD.

6. *Vocatam ante... et Aspeliam.* Dalec. *vocatam ante Acamantida, Philonides Cerastin, Xenagoras et Aspeliam.* Præterea in vet. ap. Dal. legitur *Timosthenes vocavit,* etc. ED.

7. *Acamantida.* Vel ab Acamante promontorio, vel ab Acamante Thesei F. HARD.

8. *Cerastin.* Κεραστίς est Stephano, aliisque : Κερασία Lycophroni, pag. 72. Quem in locum Tzetzes animadvertit duplicem esse hujus nominis rationem : alteram ab Androcle excogitatam, quod essent cornuti incolæ : quod secutus videtur Ovidius, Metam. lib. X, vs. 223 : « Atque illos, gemino quondam quibus aspera cornu Frons erat, unde etiam nomen traxere Cerastæ. » Alteram a Xenagora, quem Plinius laudat, ob crebra promontoria, quæ Græci κέρατα appellant : ὡς δὲ Ξεναγόρας ἐν τῷ Περὶ νήσων, διὰ τὸ ἔχειν πολλὰς ἐξοχὰς, ἃς κέρατα καλοῦσι, Κεραστία ὠνομάσθη. HARD.

9. *Et Aspeliam.* Forte, et *Spheciam,* Σφήκειαν : sic enim a Lycophrone vocitatur, loc. citat. et a Stephano. HARD.

10. *Et Macariam.* A felicitate, seu ubertate soli, cælique temperie. HARD.

11. *Crypton.* Stephanus : Ἀςυνόμος δέ φησι Κρυπτὸν κεκλῆσθαι, διὰ τὸ κρύπτεσθαι πολλάκις ὑπὸ τῆς θαλάσσης, quod sæpe a mari absconditur. Sic Eustath. in Dionys. H.

12. *Coliniam.* MSS. *Coloniam.* An *Corineam, Coroneamve,* a Corineo oppido, vel Corone, de quo mox ut ab Amathunte Amathusiam? An Κολωνία potius a crebris collibus et promontoriis? HARD.

13. *Nea Paphos.* Νέα Πάφος, καὶ ἡ πάλαι Πάφος, nova et antiqua Paphos. Utriusque meminit Strabo, lib. XIV, pag. 683. Voculam *Nea,* ex MSS. Reg. 1, 2, Colbert. 1, 2, Paris. addidimus. A vetere nova distabat stadiis LX, teste Strabone, in occidentali latere insulæ. *Bofo,* sive *Bafa,* nomen servat. H. et ED.

LIBER V. 551

Paphos, Palæpaphos, Curias [14], Citium [15], Corineum [16], Salamis, Amathus [17], Lapethos [18], Solœ [19] : Tamaseus [20], Epidarum [21], Chytri [22], Arsinoe [23] : Carpasium [24], Golgi [25].

14. *Curias.* Stephano, Κούριον, πόλις Κύπρου, ἡ χώρα Κουριάς Ptolemæo, lib. V, cap. 14, in latere est meridionali insulæ. Nunc *Audimo*, sive, ut ait D'ANVILLE, *Piscopia*, juxta promontorium, quod Ptolemæo Κουριὰς ἄκρα dicitur, nunc est *Capo delle Gatte.* HARD. et ED.

15. *Citium.* Κίτιον πόλις, Ptolemæo, loc. citat. in australi littore. Nunc *Chiti :* et vicino promontorio nomen inde *Capo di Chiti.* Hinc Zeno Κιτιεὺς, perperam aliter statuente Cujacio, Observ. lib. III, c. 38. HARD.

16. *Corineum, Salamis.* In Notitia Eccles. Provinciæ Cypri insulæ, quinto loco Κόρην nominatur, pag. 35, quod Plinii Corineum est. Decimo tertio, Κυρηνία quæ Scylacis, pag. 39, Κερύνεια est, Ptolemæi Κερωνία, Boreæ obversa, quæ nunc *Cerines.* Plinii Corineum, austro : littus enim australe in præsenti legit : mox flectit cursum ad solis exortum, ubi Salamis a Ptolemæo collocatur, l. cit. Hæc postea Constantia, Κωνςάντεια, dicta, S. Epiphanii sede clara. Ex ejus deinde ruinis haud procul a vetere oppido, quod *Costanza* nomen servat, excitata *Famagousta* est. Non est autem Plinii Corineum, Stephani et Porphyrii Κορώνη, ut Meursio visum, in Cypro : quum Κορώνη, vetus ipsa Salamis sit. H.

17. *Amathus.* Ἀμαθοῦς, Ptolem. in meridionali ora. Nunc *Limisso*, sive, ut ait D'ANVILLE, *Linmeson antica.* ED.

18. *Lapethus.* Λάπηθος, πόλις Κύπρου, Stephano : in boreali insulæ latere a Ptolemæo collocatur, hodieque *Lapito* dicitur. HARD.

19. *Solœ.* Pineus *Solus.* DALEC. — Σόλοι, Ptolemæo, loco cit. contra Boream jacet. H. — Nunc *Solia* auctore D'ANVILLE. ED.

20. *Tamaseus.* In mediterraneis Cypri oppidis, Ταμασσὸς Ptolemæo, lib. V, cap. 14, et in Notitia Eccl. Ovid. Metam. lib. X, vers. 644 : « Est ager, indigenæ Tamasenum nomine dicunt, Telluris Cypriæ pars optima. » H. — Vet. apud Dalec. *Tamasus.* ED.

21. *Epidarum.* Vet. apud Dalec. *Epidaurum.* Lusignano, *Pitareuil.* HARD. et ED.

22. *Chytri.* Χύτροι Stephano, et Harpocr. In Notitia Eccles. p. 35, Κύθροι. Ptolemæo, Χύτρος, in civitatibus mediterraneis. HARD. — Nunc *Citria*, sive *Palæo-Chitro* dicitur, auctore D'ANVILLE. ED.

23. *Arsinoe.* Gemina eo nomine fuisse videtur in Cypro civitas : altera in boreali ora, quæ nunc *Alessandretta*, sive, ut vult D'ANVILLE, *Poli*, Ptolemæo memorata, lib. V, cap. 14 ; mediterranea altera, de qua nunc Plinius : incolis *Arzes.* Stephano, Μάριον ut mox dicemus.

24. *Carpasium.* Vet. apud Dalec. *Carphalium.* Καρπασία Stephano : Scylaci, pag. 39, Καρπάσεια. In Notitia Eccles. Καρπασήν. Latere insulæ orientali collocatur a Ptolemæo, lib. V, cap. 14. H. et ED.

25. *Golgi.* Vet. apud Dal. *Golga.*

35.

Fuere et ibi Cinyria [26], Marium [27], Idalium [28]. Abest ab Anemurio [29] Ciliciæ quinquaginta M. passuum. Mare, quod prætenditur, vocant Aulona [30] Cilicium. In eodem situ [31] Eleusa insula est : et quatuor, ante promontorium [32] ex adverso Syriæ, Clides [33] : rursusque ab altero capite [34] Stiria. Contra Neam Paphum Hierocepia [35]. Contra Salamina, Salaminiæ [36].

Nomen habet a duce Golgo, inquit Stephanus. Veneri sacrum oppidum. Catullus, in Epith. « Quæque regis Golgos, quæque Idalium frondosum. » Incerti plane situs. H. et Ed.

26. *Cinyria.* Cui nomen a Cinyra rege datum, teste Nonno, lib. XIII; Dionys. p. 378. Non est Scylacis Κερύνεια, aut Κερωνία Ptolemæi, ut visum Spanhemio. Hard.

27. *Marium.* Vet. apud Dalec. *Murium.* Scylaci, pag. 39 : Μάριον πόλις ἑλληνίς. Ex ipsius ruinis crevisse mediterraneam Arsinoen, ex Stephano colligimus : Μάριον, inquit, πόλις Κύπρου, ἡ μετονομασθεῖσα Ἀρσινόη. Et verbo Ἀρσινόη· Ἀρσινόη Κύπρου, ἡ πρότερον Μάριον λεγομένη. Hard. et Ed.

28. *Idalium.* Ἰδάλιον, πόλις Κύπρου, Stephano. Veneri, ut diximus, sacrum. H. — Ejus nomen servare locum *Dalin* vocatum opinatur d'Anville. Ed.

29. *Abest ab Anemurio.* De quo cap. 22. Hard.

30. *Aulona.* Chiffl. *Aulona Cilicum.* Αὐλῶνα Κιλίκιον pariter id fretum Ptolemæus vocat, lib. V, cap. 14, hoc est, *canalem Cilicium* : hodie *mer de Caramanie*, sive *de Cypre*. Hard. et Ed.

31. *In eodem situ.* In Cilicio mari. Insulæ nomen Ἐλέουσσα, apud Strabonem, lib. XIV, pag. 651, et alibi passim : a Rhodo dissidet stadiis CXX, hoc est, passuum mill. XV. Stephano eadem, ut videtur, Ἐλαιοῦσσα, νῆσος Κιλικίας, nisi mendum sit librariorum. H. — Dalec. *Elæusa*, non *Eleusa*. Ed.

32. *Ante promontorium.* Dinaretum scilicet, quod Syriæ obvertitur. H. — Vet. apud Dalec. *ante promontoria. Ex adverso.* Ed.

33. *Clides.* Κλεῖδες Ptolemæo, lib. V, cap. 14, quasi claves. Straboni duæ tantum exiguæ insulæ, lib. IV, pag. 682, sed saxa verius appellaveris. Herodoto, Terpsich. lib. V, pag. 330, num. 108, Κληΐδες τῆς Κύπρου. H. — *Clides*, id est, *claves*. Ad eas insulas, nummum, in quo clavis antiqua expressa est, merito retulit Cl. Pellerin, *Recueil de médailles de peuples et de villes*, tom. III, pag. 53. Brot.

34. *Ab altero capite.* Altero videlicet promontorio, Acamante, quod occasum spectat. Adversam huic interpretationem ab aliis allatam nil moror. Styriam porro intelligi arbitror, cujus incolæ ab Herodot. Uran. lib. VIII, n. 1, pag. 464, et n. 46, pag. 477, Στυρέες appellantur. Hard.

35. *Hierocepia.* Ἱεροκηπία, seu sacer hortus Straboni, juxta Neam Paphum, lib. XIV, pag. 684, sed num insula ea sit, non satis plane dicit. Hard.

36. *Salaminiæ.* Dalec. *Salamina.*

LIBER V.

In Lycio[37] autem mari Illyris, Telendos[38], Attelebussa, 3 Cypriæ tres steriles, et Dionysia, prius Caretha dicta. Deinde contra Tauri promontorium pestiferæ navigantibus Chelidoniæ totidem[39]. Ab iis cum oppido Leucolla[40], Pactyæ : Lasia[41], Nymphais, Macris, Megista[42], cujus civitas interiit. Multæ deinde ignobiles. Sed contra Chimæram Dolichiste[43], Chirogylium[44], Crambussa[45], Rho-

---

Contra Salamin, sive Famagustam, et Carpasium sitæ : unde et Καρπασίαι νῆσοι appellatæ a Strabone, lib. XIV, p. 682, et a Ptolemæo, lib. V, cap. 14. Hard. et Ed.

37. *In Lycio.* Ex iis hæ cæteris scriptoribus memoratæ. Ἀττελέβουσα, sic appellata, a copia bruchorum : est enim Græcis ἀττέλεβος, *bruchus.* A Ptolemæo, lib. V, cap. 5, inter Pamphyliæ insulas collocatur. Διονυσιὰς vero νῆσος a Scylace, p. 37, prope Chelidonias. Vide etiam Stephanum, verbo Διονουσία. II.

38. *Telendos.* Vet. apud Dalec. *Tolandros.* Ed.

39. *Chelidoniæ totidem.* Dalec. mutata interpunctione, *Chelidoniæ: totidem ab iis.* Quot Cypriæ, nempe tres. Χελιδονέαι, Straboni, lib. XIV, pag. 666. Mela, lib. II, cap. 7 : « Quæ contra Tauri promontorium importune navigantibus objacent, Chelidoniæ nominantur. » Festus Avienus, vs. 694 : « Inde Chelidoniæ tres sese gurgite tollunt. » Hard.

40. *Cum oppido Leucolla.* Dalec. *Leucola*, non *Leucolla.* Pactyas insulas pagis vicisque solum constare, non oppidis significat : oppidum aliud ibi nullum esse, quam quod in promontorio vicino Pamphyliæ situm, cui Leucolla pariter nomen esse diximus, cap. 26. Ed.

41. *Lasia*, etc. Vet. apud Dalec. *Elysia, Nymphalis, Meris.* Λασία, quod sylvis agrestibus horrens et hirsuta : Νυμφαῖς, quod Nymphis sacra : Μακρίς, quod in longum porrecta : hæc quatuor insularum nomina, quæ Pactyæ appellantur. Quarta enim Megiste est. H. et Ed.

42. *Megista.* Ptol. *Maxima.* Dal.
— Ptolemæus, lib. V, c. 3, et Stephanus : Μεγίστη, πόλις καὶ νῆσος τῆς Λυκίας. Scylaci, pag. 37, νῆσος Ῥοδίων, Rhodiorum juris. Μεγίστη maximam sonat. H. — *Kastelorizo* nunc esse videtur. Ed.

43. *Dolichiste.* Vet. apud Dalec. *Dolichiæ.* Inter Lycii maris insulas Δολιχίστη Ptolemæo, loco citato, hoc est, *in longum porrecta.* Hodie *Kakava.* Hard. et Ed.

44. *Chirogylium.* MSS. proxime laudati, cum Chifflet. *Chirodilion*, quod sincerius arbitror : ut sit χειροδείλιον nomen insulæ factum, ab incolarum timiditate et ignavia. Hard.

45. *Crambussa.* Vet. apud Dalec. *Crambis.* Stephano, Κράμβουσα, νῆσος περὶ Σελεύκειαν τῆς Ἰσαυρίας. Straboni, lib. XIV, p. 680, juxta Corycum promontorium, Κραμβοῦσα νῆσος. Etiamnunc *Grambousa* dicitur. H. et Ed.

ge⁴⁶, Enagora VIII mill. passuum, Dædaleon⁴⁷ duæ, Cryeon tres, Strongyle, et contra Sidyma⁴⁸ Antiochi, Glaucumque versus amnem Lagusa⁴⁹, Macris⁵⁰, Didymæ, Helbo, Scope, Aspis⁵¹ : et in qua oppidum interiit, Telandria⁵² : proximaque Cauno Rhodussa⁵³.

1 XXXVI. Sed pulcherrima et libera Rhodos¹, circuitu CXXV² mill. passuum : aut si potius Isidoro credimus, CIII. Habitata urbibus, Lindo³, Camiro, Ialyso, nunc Rhodo.

46. *Rhoge.* Vet. apud Dal. *Aroge.* Ῥώγη, νῆσος ἐπὶ τῇ Λυκίᾳ, Stephano. H. et Ed.

47. *Dedaleon.* Δαιδαλέων, hoc est, contra illud Cariæ oppidum, quod Dædala diximus, cap. 29, insulæ duæ Dædalensium appellatæ in alto objacent : contra Crya, Cryensium tres : contra Σίδυμα Lyciæ, Antiochi nomine una, Sic inferius, cap. 38 : « Insulæ quæ Pisistrati vocantur. » Tamen MSS. Reg. 1, 2, Colb. 1, 2, et Paris. pro *Cryeon tres*, habent *Cypron tres.* H. — Vet. apud Dalec. *Cryeon tres Strongylæ.* Ed.

48. *Sidyma.* Strab. *Solima.* Dal.

49. *Lagusa.* Stephanus : Λάγουσα, νῆσος περὶ Κρήτην, post Strab. lib. X, pag. 404. A copia leporum nomen accepit. De Glauco amne diximus in Caria, c. 29. Hard.

50. *Macris.* Μακρίς, a longitudine : a numero, et paritate, Δίδυμαι. In MSS. deinde Reg. 1, 2, Colb. 1, 1, 2, et Paris. unica voce, *Helboscope*, forte pro *Helioscope*, Ἡλιοσκόπη. Sic enim Ἡλιοτρόπιον Thessaliæ urbem novimus. Hard.

51. *Aspis.* Stephanus, verbo Ἀσπίς· Ἔστι καὶ νῆσος πρὸς τῇ Λυκίᾳ. Hard.

52. *Telandria.* Vet. apud Dalec. *Cyllandria.* Contra Telandrum Lyciæ, Cariæve oppidum, de quo cap. 28; unde et insulæ nomen impertitum. H. et Ed.

53. *Rhodussa.* Ῥόδουσσα. Hard.

XXXVI. 1. *Libera Rhodos.* Rhodiis concessum ut libertatem ac suas leges haberent, auctor est Strabo, lib. XIV, p. 652, ἀπὸ Ῥωμαίων αὐτόνομος διετέλεσε. Sueton. in Claudio, cap. xxv : « Libertatem Rhodiis ob pœnitentiam veterum delictorum reddidit. » Quo αὐτονομίας beneficio ut fruerentur, pependisse didrachmon videntur : quod Judæos quidem fecisse ut eodem jure gauderent, scimus ex Dione, lib. LX. Hard.

2. *Circuitu XXV.* Strabo, lib. XIV, pag. 655, stadia habet DCCCCXX, hoc est, CXV mill. pass. H. — Dal. *CXXX*, invito Chiffl. Ed.

3. *Lindo*, etc. Complexus est versiculo eas Homerus, in Catal. v. 163, Λίνδον, Ἰηλυσσόν τε, καὶ ἀργινόεντα Κάμειρον. In unam deinde coaluisse urbem, Rhodum nomine, auctor est Conon apud Phot. in Bibl. cod. 186, pag. 456; Diodorus, Bibl. lib. XIII, pag. 196; Strab. loco cit. H. — Nota tamen et nunc sunt nomina *Lindo* et *Camiro* in ea insula, auctore D'Anville. Ed.

LIBER V.

Distat ab Alexandria Ægypti DLXXVIII[4] mill. ut Isidorus tradit : ut Eratosthenes, CCCCLXIX mill. ut Mucianus[5], D. a Cypro CLXVI. Vocitata est antea Ophiusa[6], Asteria, Æthræa, Trinacria, Corymbia, Pœeessa, Atabyria ab rege : deinde Macaria[7], et Oloessa. Rhodiorum[8] insulæ, Carpathus, quæ mari[9] nomen dedit: Casos, Achne[10] olim: Nisyros distans ab Gnido XII mill. D, Porphyris[11] antea dicta. Et eodem tractu media inter Rhodum Gnidumque Syme[12]. Cingitur XXXVII[13] mill. D. Portus benigne præbet

4. *DLXXVIII mill.* Chifflet. *DLXXXIII mill.* ED.

5. *Ut Muc. D.* Muciano Strabo suffragatur, lib. II, p. 125, quum a Rhodo Alexandriam trajectum ait esse stadiorum quater mille. H.

6. *Ophiusa.* Ὀφίουσα Straboni, pag. 653. Ὀφίουσσα Stephano, a copia serpentium, ut ait Heraclides, cap. de politia Rhodiorum. Ἀϛερία, vel ab Asterio rege: vel quod a longe aspicientibus cerneretur, instar sideris, ὡς ἀϛὴρ, quod in simili alterius oppidi nomine Stephanus conjectat. Αἰθραία Stephano quoque Rhodus appellata, ob aeris serenitatem: Rhodi enim nunquam tanta nubila obduci, ut non aliqua hora Sol cernatur, diximus lib. II, cap. 62. Τρινακρία, a forma, quæ illi triquetra, teste Constant. Porphyr. lib. I, them. 14. Κορυμβία, quod emineat: vel quod ederæ corymbos referat. Ποιήεσσα, quod herbosa sit et frugifera. Ἀταβυρία, vel a rege, vel a monte qui Rhodi celeberrimus. Ἀταβύριον ὄρος Ῥόδιον, apud Tzetzem, Chiliad. 4, Hist. 138, vers. 390, ubi Jovis templum, qui Ἀταβύριος inde et ipse dictus est. Ταβυρίου Διὸς ἱερὸν in insula Rhodo, apud Appian. in Mithrid. p. 187, pro Ἀταβυρίου. Μακαρία, ob cæli solique temperiem, teste Mela, lib. II, cap. 7, et Diodor. Sic. lib. V. Ὀλόεσσα denique, hoc est, malefica, exitiosa, ob serpentium, quibus scatebat olim, venenum. HARD.

7. *Macaria.* Dalec. *Macria.* ED.

8. *Rhodiorum insulæ.* Has quoque complexus Homerus, Iliad. B, in Catal. vs. 183 : Οἱ δ' ἄρα Νίσυρόν τ' εἶχον, Κράπαθόν τε, Κάσον τε. H.

9. *Quæ mari.* Carpathio. Ipsa nunc *Scarpanto* dicitur : et ab ea mari nomen. HARD.

10. *Achne olim.* Vet. apud Dal. *Casos ac duæ Calymnæ, Gyros;* alii *Suyros.* Ἄχνη Græcis maris asperginem, spumamque significat: atque id insulæ nomen fortassis inditum, quod marinis fluctibus crebro illidatur. Nunc *Casa.* H. et ED.

11. *Porphyris.* A purpurarum multitudine. Stephanus : Νίσυρος, μία τῶν Κυκλάδων... ἐκαλεῖτο καὶ Πορφυρίς, ἀπὸ τῶν ἐν αὐτῇ πορφυρῶν. Sic etiam Eustath. in Iliad. B, p. 318. H.—*Nicero* hodie vocatur. ED.

12. *Syme.* Straboni, lib. XIV, pag. 656, Σύμη plane eodem situ. Stephano quoque, et Scylaci, pag. 38, et ante omnes Herodoto, Clio, lib. I, pag. 72, num. 174. H.

13. *XXXVII mill.* Ex recentioribus *XXX mill.* ED.

octo. Præter has circa Rhodum, Cyclopis[14], Steganos, Cordylusa, Diabetæ[15] iv. Hymos[16], Chalce[17] cum oppido, Seutlusa[18], Narthecusa[19], Dimastos, Progne : et a Gnido, Cisserussa, Therionarce[20] : Calydne[21] cum tribus oppidis, Notio, Nisyro, Mendetero : et in Arconneso[22] oppidum Ceramus. In Cariæ ora, quæ vocantur Argiæ[23], numero viginti, et Hyetussa[24], Lepsia, Leros.

3 Nobilissima autem in eo sinu Cos[25], ab Halicarnasso quindecim mill. passuum distans, circuitu centum : ut

---

14. *Cyclopis*, etc. Κυκλωπίς, Στεγανὸς, Κορδύλουσα. Pamphyliæ urbs est Κόρδυλος apud Stephanum, sed longe ea hinc dissita. H. — *Cordylusa*, *Sainte-Catherine* hodie vocatur, cæteræ ignorantur. Dalec. *Teganon*. Pro *Steganos*, vet. *Tergamon*. Ed.

15. *Diabetæ*. Chiffl. *Diabate*. Ed. — Circa Symen positæ. Stephan. Διαβῆται, νῆσοι περὶ Σύμην· τὸ ἐθνικὸν, Διαβηταῖος. Hard.

16. *Hymos*. Ita Reg. 1, 2, Colb. 1, 2, etc. Chifflet. *Hyrmos*. Forte *Irmos*, Εἱρμός. Hard.

17. *Chalce*. Inter insulas circa Rhodum habitatas a Scylace hæc numeratur : pag. 37 : Κατὰ δὲ τὴν Ῥόδον αἵδε νῆσοί εἰσιν οἰκούμεναι, Χάλκεια, Τῆλος, Κάσος. Thucydidi, lib. VIII, pag. 582, Χάλκη. Eadem Chalcia Plinio, lib. XVII, cap. 3. Hard.

18. *Seutlusa*. Attice Τεύτλουσσα Stephano : Thucydidi, loco citato, Τεύγλουσσα mendose. Insula Ioniæ est, haud procul Halicarnasso. H.

19. *Narthecusa*, etc. Chiffl. *Marthecusa*. Infra autem Dal. *Ciserussa*, pro *Cisserussa*. Ed. — Ναρθηκόεσσα, a ferularum læto proventu : Δίμαςος, a duplici montis jugo. Πρόκνη, ab hirundinum copia. Κισσηρόεσσα, a pumicum multitudine. Θηριονάρκη, ab insita terræ vi, serpentibus quæ littus attigerint, torporem inferendi. Hard.

20. *Therionarce*. Vet. apud Dal. *Terion*, *Archia*. Ed.

21. *Calydne*. Libentius *Calydnæ* agnoverim, numero multitudinis : ut tres omnino fuisse videantur, et suum cuique oppidum assignetur. Et certe sunt, quas Homerus describit loco proxime citato : Οἱ δ' ἄρα Νίσυρόν τ' εἶχον, Κράπαθόν τε, Κάσον τε, Καὶ Κῶν Εὐρυπύλοιο πόλιν, νήσους τε Καλύδνας. Vide quæ de Calydnis diximus libro sup. cap. 23, not. 53. Hard.

22. *In Arconneso*. Ἀρκόννησος, contra Halicarnassum posita, Straboni, lib. XIV, pag. 656. Hard.

23. *Vocantur*. Vet. apud Dalec. *vocatur*. Ed.

24. *Hyetussa*. Chifflet. *Hæthusa*. Vet. apud Dal. *Hethecusa*. Ὑετόεσσα, obnoxia imbribus. Ληψία. Λέρος Straboni, lib. XIV, pag. 635. H.

25. *Cos*. Κῶς, Hippocratis patria. Nautis *Lango* dicitur. Græcis *Stan-Co*, derivata voce ab εἰς τὴν Κῶ. H.

plures existimant, Merope[26] vocata : Cea[27], ut Staphylus: Meropis[28], ut Dionysius : dein Nymphæa[29]. Mons ibi Prion[30] : et Nisyron[31] abruptam illi putant[32], quæ Porphyris antea dicta est. Hinc Caryanda[33] cum oppido. Nec procul ab Halicarnasso Pidosus. In Ceramico autem sinu Priaponnesos[34], Hipponnesos, Psyra, Mya, Lampsemandus[35], Passala[36], Crusa[37], Pyrrhe[38], Sepiussa, Melano : paulumque a continente distans, quæ vocata est Cinædopolis, probrosis ibi relictis a rege Alexandro.

XXXVII. Ioniæ ora Tragias[1], et Corseas[2] habet, et

26. *Merope.* A Merope quodam, qui eam insulam tenuerit : ab ejus deinde filia, Coon appellatam, auctor est Hygin. Astron. Poet. lib. II, cap. de Aquila, p. 67. Coenses Homerus in hymno Apollinis, Μέροπες vocat. H. — Pint. ex Strab. et Hygin. *Meropis vocata, ut Staphylus, Cos, Meropis, ut Dionysius.* ED.

27. *Cea, ut Staphylus.* Ita MSS. omnes : non *Cos.* HARD.

28. *Meropis.* Stephano quoque, et Straboni, lib. XV, pag. 686, Μεροπίς. Vide et Eustath. in Iliad. B, p. 318. HARD.

29. *Nymphæa.* Ab uxore Meropis, cui nomen Ethemea : ortus a Nympharum genere, Hygin. loco cit. HARD.

30. *Mons ibi Prion.* Πρίων Græcis dicitur. HARD.

31. *Et Nisyron.* De qua dictum est proxime ante, hoc cap. Hanc insulæ Coo abruptam putavere, Apollodorus, de Diis, lib. I, p. 21, et Eustathius ad Dionys. vs. 526, p. 76 : ἡ Νίσυρος... οὕτω καλουμένη ἀπὸ τοῦ νέω καὶ τοῦ σύρω, διότι ἀποκοπεῖσα τῆς νήσου τῆς Κῶ... ἐπεσύρη τῷ Γίγαντι. HARD.

32. *Illi.* Proponebat Dalecamp. *illinc.* ED.

33. *Caryanda.* MSS. *Cartanda.* H. — Dalec. *Carianda.* ED.

34. *Priaponnesos.* Πριάπου νῆσος· Ἱππόνησος, πόλις Καρίας Stephano, qui πόλιν pro νήσῳ sæpe usurpat. Ψύρα, νῆσος μικρὰ, πλησίον Χίου, Stephano : Hesychio Ψυρίη, Homero Ψυρία, Odyss. lib. III. HARD.

35. *Lampsemandus.* In MSS. Reg. 1, 2, Colb. 1, 2, etc. *Lampsæmyndus.* Forte, *Lampsis, Myndus* : Λάμψις, Μύνδος. H. — In editione principe, *Lampsa, Emyndus.* BROT.

36. *Passala.* Πάσσαλα, Μυλασσέων ἐπίνειον, Mylassensium navale, Stephano. HARD.

37. *Crusa.* In MSS. *Crysa.* Forte pro *Chrysa*, Χρύση. HARD.

38. *Pyrrhe.* In MSS. *Pyrrhæusa,* Πυρραίουσα. Mox Σηπίουσα, a frequentibus in eo mari sepiis. *Melano,* vel Μέλαινα, a nigredine, ut videtur. HARD.

XXXVII. 1. *Tragias.* Ita rescripsimus, pro *Ægeas,* quæ in hoc tractu nullæ fuerunt. At ibi Τραχίαν agnoscit Thucydides, lib. I, pag. 75. HARD.

2. *Corseas.* Κόρσεαι, νῆσος τῆς

Icaron[3], de qua dictum est : Laden[4], quæ prius Late vocabatur : atque inter ignobiles aliquot, duas Camelidas[5] Mileto vicinas : Mycalæ[6], Trogilias tres : Psilon, Argennon, Sandalion : Samon[7] liberam, circuitu octoginta septem mill. passuum : aut, ut Isidorus, centum : Partheniam[8] primum appellatam Aristoteles tradit : postea Dryusam[9], deinde Anthemusam. Aristocritus adjicit Me-

Ἰωνίας, ἀντικρὺ Σάμου, ex adverso insulæ Sami posita, Stephano. Κορσίας appellat Strabo, lib. XIV, pag. 636. Hard.

3. *Icaron, de qua*. Libro IV, cap. 23. Hard.

4. *Laden*. Λάδη, νῆσος Αἰολίδος, Stephano. Herod. Erato, lib. V, p. 336, n. 7, ἡ δὲ Λάδη, ἔςι νῆσος μικρὴ ἐπὶ τῇ πόλι τῇ Μιλησίων κειμένη, contra Miletum objacens. Herod. sequitur Strabo, lib. XIV, p. 635, et Pausan. Attic. lib. I, p. 66. H.

5. *Camelidas*. A protuberante, camelorum instar, dorso traxisse nomen videntur, καμηλίδες. H.

6. *Mycalæ*. Sic rescripsimus admonitu codicum Reg. 1, 2, Colb. 1, 2, et Paris. H. — Dalec. *Mycalen, Trogilias, Trepsilion, Argennon*. Chiffl. *Mycalæ Trogiliam, Trogilias tres, Phylion, Argennon*. Ed. — Habet, inquit, Ioniæ ora Mycalæ vicinas insulas tres, Trogidias appellatas : quarum hæc nomina : Ψιλός, id est, glabra, seu arboribus et fruticibus vacua. Ἀργεννός, id est, candida. Σανδάλιος, vel Σανδαλιώτις, a forma, qualem esse Sardiniæ diximus libro superiore. Ante Τρωγίλιον promontorium, de quo cap. 31. Τρωγιλίαν νῆσον agnoscit Strabo, lib. XIV, p. 836. Est autem Μυκάλη locus in continente Ioniæ contra Samum, teste Herodoto, libro I, num. 148, et Strabone, lib. XIV, pag. 637. Hard.

7. *Samon liberam*. Hieronym. in Chron. ad Olymp. 190, an. 5 : « Augustus Samiis libertatem dedit. » Nomen hodie servat. Strabo, lib. XIV, p. 637, ait esse ambitum stadiorum ἑξακοσίων, DC, quæ passuum efficiunt LXXV M. Addit Agathemerus, lib. I, cap. 5, stadia XXX, quæ efficiunt fere M. P. LXXVIIII. Quamobrem aut denarii notam in Pliniano numero abundare; aut, quod verius puto, apud Strabonem ἑπτακοσίων legi oportere, censendum est. H. — Leg. *LXXXVII mill. pass. D. pass.* Ita MSS. Reg. et editio princeps. Habent quoque mox, *centum mill. pass*. Brot.

8. *Partheniam*. Παρθενία Straboni, lib. X, pag. 457, a Parthenio amne : sic enim Imbrasum Cares, quum ibi rerum potirentur, appellaverunt. Lactantius, Instit. lib. I, cap. 17 : « Samum, inquit, insulam scribit Varro prius Partheniam nominatam, quod ibi Juno adoleverit, ibique etiam Jovi nupserit. » H. — Rhodig. 48, *Parthenum*. Ed.

9. *Dryusam*. A quercuum copia, Δρυόεσσα, et contracte Δρύουσα. Stephanus, verbo Σάμος · Ἐκλήθη δὲ

LIBER V. 559

lamphyllum, dein Cyparissiam : alii Parthenoarusam[10], Stephanen. Amnes in ea, Imbrasus[11], Chesius, Ibettes[12]. Fontes[13] : Gigartho, Leucothea. Mons Cercetius[14]. Adjacent[15] insulæ, Rhypara, Nymphea, Achillea.

XXXVIII. Par claritate ab ea distat XCIII M. passuum, cum oppido Chios libera[1], quam Æthaliam[2] Ephorus prisco nomine appellat : Metrodorus et Cleobulus Chiam, a Chione nympha[3] : aliqui a nive : et Macrin[4], et Pityu-

πρότερον Παρθενία, καὶ Ἀνθέμουσα, καὶ Μελάμφυλλος. Sic Eustathius quoque, ad Dionysium, vs. 534, pag. 77. Apollonii vero Schol. ad lib. II, vers. 874, Μελάνθεμος, Παρθενία, καὶ Ἀνθεμοῦσα. Hesychius, pag. 627, Μελάμφυλλος, ἡ Σάμος. Straboni, lib. X, pag. 457, Ἄνθεμὸς et Μελάμφυλλος. Cyparissiam a frequentibus cupressis dictam facile credimus. H. — Strabo hæc nomina omnia tribuit Samothraciæ, non Samo. Dalec.

10. *Parthenoarusam*. Heraclides, lib. de Politiis, cap. de Samiis : Παρθενία, inquit, ὕστερον δὲ Ἀρυοῦσα. Quo ex loco conflata e duabus vox ista Pliniana videri forsan possit, pro *Parthenon*, *Aryusam*. Sed in Heraclidis textu mendam latere suspicor : nec Ἀρυοῦσαν, sed Δρυοῦσαν legi oportere. H. — Pintian. *Parthenorosam*. Chiffl. *Parthenarrusam*. Dalec.

11. *Imbrasus*. Ἴμβρασος, Χήσιος. Inde Χησιάδες Νύμφαι apud Nicandr. in Alexiph. p. 139. Inde Dianæ cognomina, apud Callim. hym. in Dian. vers. 228, p. 22, Χησιὰς, Ἰμβρασίη, etc. ab utroque nimirum amne. Nam Scholiasten hallucinari arbitror, qui Χήσιον τῆς Σάμου ἀκρωτήριον interpretatur,

quum ποταμὸν dicere satius fuisset. Eidem Scholiastæ, Ἴμβρασος, ποταμὸς τῆς Σάμου. Athenæo quoque, lib. VII, p. 283. Hard.

12. *Ibettes*. In MSS. quibusdam, *Hybettes*. Hard.

13. *Fontes*, etc. Γιγαρθὼ, Λευκοθέα. Hard.

14. *Cercetius*. Cercetius Nicandro, loco citato, amnis esse, et montis nomen videtur : Κερκετέω νιφόεντος ὑπὸ σχοινώδεσιν ὄχθαις. « Juxta Cercetii juncosa fluenta nivosi. » Hard.

15. *Adjacent*. Ῥυπαρὰ, sordida, lutulenta, Νυμφαία, Ἀχίλλεια. H.

XXXVIII. 1. *Chios libera*. Nunc Scio. Hard.

2. *Æthaliam Ephorus*. Stephanus quoque, p. 40, Δύναται τὸ Αἰθαλίτης ἀντὶ τοῦ Χίος· οὕτω γὰρ ἡ Χίος ἐλέγετο. « Potest accipi Æthalites, pro Chius : sic enim Chios insula dicebatur. » Hard.

3. *A Chione*. Stephanus, p. 720 : Χίος... ἢ ἀπὸ τῆς χιόνος τῆς ἐκεῖ γινομένης πολλῆς· ἢ ἀπὸ Νύμφης τῆς Χιόνος. Hard.

4. *Et Macrin*, etc. Μακρὶς, quod longa foret : Πιτυοῦσα, quod pinuum ferax. Mirum est existimasse Livium, lib XXXVII, pag. 453 et 458, Æthaliam, Chion, et Macrin,

sam. Montem habet Pellenæum[5], marmor Chium. Circuitu cxxv[6] mill. passuum colligit, ut Veteres tradidere, Isidorus ix millia adjicit. Posita est inter Samum, et Lesbum, ex adverso maxime Erythrarum[7].

2   Finitimæ sunt, Thallusa[8], quam alii Daphnusam[9] scribunt : OEnussa[10], Elaphitis, Euryanassa, Arginusa cum oppido. Jam hæ[11] circa Ephesum, et quæ Pisistrati vocantur : Anthinæ, Myonnesos, Diarrheusa[12]. In utraque oppida intercidere. Poroselene[13] cum oppido : Cerciæ[14],

tres insulas, ut nomine, ita re ipsa dispares fuisse. HARD.

5. *Pellenæum.* Πελληναῖον ὄρος Χίου Stephano, verbo Πέλιννα, et Dionysio, vers. 535. Straboni, lib. XIV, pag. 645, Πελιναῖον ὄρος. Hesychio, Πελλινναῖος ὁ Ζεὺς ἐν Χίῳ. HARD.

6. *CXXV mill.* Strabo, lib. XIV, pag. 545, stadia DCCCC, hoc est, CXII M. D. pass. H. — Ex recentioribus *CXII M. D.* DALEC.

7. *Erythrarum.* De quibus cap. 31. HARD.

8. *Thallussa.* Θάλλουσα, hoc est, florens ac virescens. Ea forte est quæ Pelus a Stephano dicitur : Πηλοῦς, νῆσος περὶ Χίον. Nam in MSS. Reg. 1, 2, Colb. 1, 2, *Tellusa* scribitur. Δάφνουσα sive Δαφνήεσσα, laurifera. HARD.

9. *Daphnusam.* Male Dalec. *Dapnusam.* ED.

10. *OEnussa.* Vini proventu læta, Οἰνοῦσαι, νῆσος τῇ Χίῳ προσεχὴς, inquit Stephanus. Herod. quoque, Clio, lib. I, num. 165, pag. 68. Nunc *Spalmadori.* Ἐλαφῖτις, a cervorum multitudine. Εὐρυάνασσα, hoc est, late imperitans. Ἀργινοῦσα, hoc est, alba. H. et ED.

11. *Jam hæ.* Basil. *jam hæc.* DAL. — Proxime memoratæ, OEnussa, et reliquæ. Ἄνθιναι, floridæ : Μυόννησος, inquit Stephanus, post Strabonem, pag. 643, μεταξὺ Τέω καὶ Λεβέδου. Nunc *Ialanghi - Liman.* Διαρρέουσα, dilabens, sive irrigua. Hæc fuere duarum Anthinarum nomina. Teiorum ditionis Myonnesos fuit, teste Thucydide, lib. III, pag. 190. H. et ED.

12. *Darrheusa.* Dalec. *Diareusa.* Vet. *Clareusa.* ED.

13. *Poroselene.* Ποροσελήνη, Straboni, lib. XIII, p, 619, quæ prius, inquit, obsceno nomine Πορδοσελήνη. Ita post Strabonem, Stephanus. Hesychius : Πορδοσελήνη, μεταξὺ Μυσίας, καὶ Λέσβου, νῆσος. Scylaci, pag. 34 : καὶ πόλις Πορδοσελήνη. HARD.

14. *Cerciæ,* etc. Strabo, p. 618, ait Poroselenen insulis viginti, aut etiam XL, ut Timostheni placet, esse finitimam : quæ Lesbum inter Asiamque interjacent. Ex his duarum et XX nomina Plinius recitat. Κέρκιαι. Ἁλώνη, de qua lib. II, cap. 89. Nunc *Aloni.* Λεπρία, aspera. Προκοῦσαι, hinnulis aut damis referta. Σίδουσα, πόλις Ἰωνίας, Stepha-

LIBER V. 561

Halone, Commone, Illetia, Lepria, et Rhesperia [15], Procusæ, Bolbulæ, Phanæ, Priapos, Syce, Melane, Ænare [16], Sidusa, Pela, Drymusa [17], Anhydros, Scopelos, Sycussa, Marathussa, Psile [18], Perirrheusa, multæque ignobiles. Clara vero in alto Teos [19] cum oppido, a Chio [20] LXXI mill. D. passuum, tantumdem ab Erythris.

Juxta Smyrnam sunt Peristerides [21], Carteria, Alopece, Elæussa, Bachina, Pystira, Crommyoncsos, Megale. Ante Troada, Ascaniæ [22], Plateæ III. Dein Lamiæ, Plitaniæ [23] duæ, Plate, Scopelos, Getone, Arthedon, Cœlæ [24], Lagussæ, Didymæ.

no : νῆσον voluit dicere. Πήλην, καὶ Μαραθοῦσαν, καὶ Δρίμυσσαν ἐπικειμένας ταῖς Κλαζομέναις νήσους, memorat Thucydides, lib. VIII, p. 569. Rectius Stephanus Δριμοῦσαν vocat, ἀπὸ τῶν δρύμων, a vepretis. De Drymusa Livius, lib. XXXVIII, cap. 39. Σύκη et Συκόεσσα, a ficubus nomen habent. Melane, a colore. Ἀνύδρος, ab aquarum penuria. Ψίλη, a nuditate, seu sterilitate. Περιρρέουσα, ab aquis circumfluentibus. H.

15. *Rhesperia.* Legebat Pint. *Æthræa, Hesperia,* quod Harduino placet. ED.

16. *Ænare.* Vet. apud Dalec. *Cœnare.* ED.

17. *Drymusa.* Vet. apud Dalec. *Dilemusa* ; nunc *Vourla.* Idem vet. apud Dalec. *Anydros* pro *Anhydros.* Scopelos nunc *Koutali.* ED.

18. *Psile.* Vet. apud Dalecamp. *Phile.* ED.

19. *Teos.* Vet. apud Dal. *Theos.* Τέως, quam in peninsula positam Strabo, lib. XIII, pag. 644, cæterique scriptores docent : atque adeo continenti annexam : sed ita ut æstuante mari, insulæ in morem,

tota circum allueretur aquis. Hæc Anacreontis patria. Incolæ Teii appellati. Nomen hodieque servat. H. et ED.

20. *LXXI mill.* Dalec. *LXXXI mill.* ED.

21. *Peristerides.* Περιςερίδες, ob multitudinem columbarum ibi degentium : ut mox Λαγοῦσσαι, ob leporum copiam, sic appellatæ : Ἀλωπεκή, vulpium, Κρομμυόννησος, cæparum. Καρτερία, arduam insulam, et munitam sonat : Μεγάλη magnam ; nunc *Antigona* : Ἐλαιοῦσα, oleæ feracem. Elæam, et Bachium appellat istas Livius, lib. XXXVII, cap. 21, Pystira, obscuræ originis. In MSS. *Piscyra.* HARD.

22. *Ascaniæ,* etc. Ἀσκανίαι, Πλατεῖαι, Λαμίαι. HARD.

23. *Plitaniæ.* Forte Πλινθανίαι, quod lateres ibi οἱ πλίνθοι coquerentur. Mox Πλάτη, Σκόπελος, Γειτώνη, Ἀρθηδὼν, Κοῖλαι, Λαγοῦσσαι, Δίδυμαι, seu gemellæ. De Lagussis, Eustathius in Iliad. B, pag. 306, Νῆσοι Λαγοῦσσαι, ἀπὸ τῶν ἐν τοῖς ἐκεῖ λαγωῶν, etc. HARD.

24. *Cœlæ.* Dalec. *Cela.* ED.

II. 36

XXXIX. Clarissima autem Lesbos¹, a Chio² LXV M. passuum: Himerte³ et Lasia⁴, Pelasgia, Ægira⁵, Æthiope⁶, Macaria⁷ appellata fuit, novem⁸ oppidis inclyta. Ex iis Pyrrha⁹ hausta est mari, Arisbe¹⁰ terrarum motu subversa. Antissam¹¹ Methymna traxit in seipsam: novem¹² urbibus Asiæ in XXXVII¹³ mill. passuum vicina. Et Agamede¹⁴ obiit, et Hiera. Restant Eresos¹⁵, Pyrrha¹⁶, et

XXXIX. 1. *Lesbos*. Hodie *Metelin*, ab oppido, quod ibi maxime insigne est, Mitylene. HARD.

2. *A Chio LXV*. A Chio, Lemno, Tenedo, æquali fere intervallo Lesbon distare Strabo prodidit, lib. XIII, pag. 619; stadiis nempe quingentis, hoc est, LXII M. D. pass. HARD.

3. *Himerte*. Ἱμερτὴ desiderabilis. Hactenus male, *Hemerte*. Fuit et ἱμέρα nomen urbis in Lesbo, teste Stephano, verbo Ἴσσα: quæ et Πελασγία deinde, ut ipsa Lesbos, cognominata fuit. HARD.

4. *Et Lasia*. Λασία, horrida silvis agrestibus. Forte rectius, *Et Issa*. Id enim Lesbo nomen fuit. H.

5. *Ægira*. Αἴγειρα. An idcirco id ei nomen inditum, quod arboris populeæ ferax sit? αἴγειρος enim nigra populus est. Methymnæi agri pagus fuit Αἴγειρος, teste Strabone, lib. XIII, pag. 617. HARD.

6. *Æthiope*. Hesychius, pag. 39, Αἴθιοψ, ὁ Λέσβιος. HARD.

7. *Macaria*. A Pyrrha, quæ et Μακαρία nuncupata est, nomen id traxit. Hujus filia Agamede, oppido dedit. Stephan. verbo Ἀγαμήδη. A Macare Criasii F. Macariam appellatam putat Dionysius Halicarn. Antiq. Rom. lib. I, pag. 15. HARD.

8. *Novem*. Ita MSS. omnes: editi, *octo* tantum. At statim appellantur novem. HARD.

9. *Ex iis Pyrrha*. Strabo, lib. XIII, pag. 618, ἡ δὲ Πύρρα κατέστραπται. HARD.

10. *Arisbe*. Ἀρίσβα Straboni, πόλις ἐν Λέσβῳ, libro XIII, pag. 590. HARD.

11. *Antissam*. Ἄντισσαν Thucydides vocat, lib. III, pag. 183. Plinius, lib. II, cap. 91: « Rursus abstulit insulas mari, junxitque terris: Antissam Lesbo, etc. » Hodie *Castel Petra*. Antissa diruta, transductos Methymnam Antissæos, auctor est Livius, lib. XLV, pag. 482. L. Æmilio Paulo II, C. Licinio Crasso coss. anno U. C. DLXXXVI. HARD.

12. *Novem urbibus*. Dalec. edit. *VIII urbibus*. Hæc verba Dalecampio supervacanea videbantur. ED.

13. *In*. Hæc vox non legitur in vet. apud Dalec. ED.

14. *Agamede*. Ἀγαμήδη, τόπος περὶ Πύρραν τῆς Λέσβου, inquit Nicol. Damasc. in Excerptis, p. 494, et Stephanus. HARD.

15. *Eresos*. Ἔρεσος, πόλις ἐν Λέσβῳ, Stephano: Straboni, lib. XIV, p. 618, Ἐρεσσός. Theophrasti, ut volunt, patria. Hodie *Geremia*. H.

16. *Pyrrha*. Pyrrhæ, quæ hausta

libera Mitylene[17], annis M. D.[18] potens. Tota insula circuitur, ut Isidorus, CLXVIII[19] mill. passuum : ut Veteres, CXCV mill. Montes habet Lepethymnum[20], Ordymnum[21], Macistum[22], Creonem, Olympum. A proxima continente abest VII M. D.[23] passuum. Insulæ appositæ, Sandaleon[24], Leucæ[25] quinque. Ex iis Cydonea, cum fonte calido. Argenussæ[26] ab Æge[27] IV mill. passuum distant. Dein Phellusa[28], Pedna. Extra Hellespontum adversa Sigeo littori adjacet Tenedus[29], Leucophrys dicta, et Phœnice, et

mari fuerat, suburbium. Strabo, loco citato, ἡ δὲ Πύρρα κατέςραπται· τὸ δὲ προάςειον οἰκεῖται, καὶ ἔχει λιμένα, etc. HARD.

17. *Libera Mitylene.* « Mitylenæis libertas, in unius Theophanis gratiam, a Pompeio restituta est,» inquit Velleius, lib. II, num. 18, pag. 10, et Plutarchus in Pompeio, pag. 641. Nunc *Metelino.* In nummis Musei nostri Parisiensis, et apud Spanhem. pag. 350 et 901, ΜΙΤΥΛΗΝΑΙΩΝ. HARD.

18. *Annis M. D.* Sic MSS. omnes, Reg. 1, 2, Colb. 1, 2, Paris. etc. Editi solum *D.* HARD.

19. *CLXVIII mill.* Dalecamp. *CLXXIII mill.* ED. — Artemidorus apud Agathemerum, Geogr. lib. I, cap. 5, et Strabo, lib. XIII, pag. 616, stadiis centum supra mille ambitum insulæ circumscribunt, quæ sunt passuum millia CXXXVII et D. pass. HARD.

20. *Lepethymnum.* Dal. *Lepethymum.* ED. — Antigonus, in Histor. Mirab. Λεπέτυμνος. Hodie *Leptimo,* et *le Mont S. Théodore.* HARD.

21. *Ordymnum.* Ὄρδυνον vocat Theophrast. Histor. lib. III, cap. 18. HARD.

22. *Macistus,* etc. Μάκιςος. Mox Κρέον, Aristoph. in Ranis, Λευκαὶ περὶ τὸν Κρέων'. HARD.

23. *VII M. D.* Omnino hæc mensura cum Strabone congruit, qui lib. XIII, pag. 616, LX stadiis intervallum id definit. HARD.

24. *Sandaleon.* MSS. libri, et vetustæ editiones habent, *Sandalion.* HARD.

25. *Leucæ.* Λευκαί, albæ. Κυδώνεια, cotoneis malis abundans. H.

26. *Argenussæ.* Ἀργινοῦσαί Straboni, lib. XII, pag. 617, tres exiguæ insulæ, littori proximæ, juxta Canas, de quibus cap. 32. Nunc sunt duæ tantum, nec ullius nominis. Harpocration, pag. 45 : Ἀργινοῦσαι, νῆσοι κείμεναι ἔναντι τῆς Λέσβου, ἀπὸ Ἀργίνου τινός. Arginusas pariter vocat Valerius Maximus, lib. III, cap. ult. pag. 189, et Diodor. Bibl. lib. XIII, pag. 217. H.

27. *Ab Æge.* In vet. apud Dal. deest vox *Æge.* ED. — Quæ una est e quinque iis, quas Leucas antea nominavit. HARD.

28. *Phellusa.* Vet. apud Dalec. *Phesula.* ED. — A subere quod gignit, nomen invenit. Φελλὸς suber est Græcis. Πέδνα deinde, obscuræ originis. HARD.

29. *Tenedus.* Forte a Tene, qui

Lyrnessos. Abest a Lesbo LVI mill. passuum, a Sigeo XII M. D.

XL. (XXXII.) Impetum deinde sumit Hellespontus, et mare incumbit, vorticibus limitem fodiens, donec Asiam abrumpat Europæ. Promontorium id appellavimus[1] Trapezam[2] : ab eo decem mill. passuum, Abydum[3] oppidum, ubi angustiæ septem stadiorum[4]. Deinde Percote[5] oppidum : et Lampsacum[6], antea Pityusa dictum. Parium[7] colonia, quam Homerus[8] Adrastiam appellavit. Oppidum

apud Tenedios sanctissimus Deus habebatur, ut ait Cicero in Verrem. Hodie *Tenedo*, notissima fama insula, ut cecinit Maro, Æneidos libro II. Λεύκοφρυς prius appellata, teste Stephano, Suida et Hesychio, verbo Λεύκοφρυς. Deinde Φοινίκη et Λυρνησσὸς, eadem nuncupata. HARD.

XL. 1. *Appellavimus*. Cap. 33.
2. *Trapezam*. Chiffl. *Trasziam*.
3. *Abydum*. Ἄβυδος contra Seston Thraciæ posita. Utriusque communis appellatio, *les Dardanelles*. HARD.
4. *Angustiæ septem stadiorum*. Sive, quod idem est, passuum DCCCLXXV. HARD.
5. *Percote*. Περκώτη Homero, Iliad. B, vers. 835; Straboni, lib. XIII, p. 590; Arriano, lib. I de Exped. Alexandr. pag. 34. Incolæ Περκώσιοι. Nunc *Bergase*, auctore D'ANVILLE. H. et ED.
6. *Lampsacum, antea Pityusa*. Græcis Λάμψακος, πάλιν Πιτύουσα λεγομένη, inquit Stephanus, vel ob pinuum, πιτύων, multitudinem, ut ait Schol. Aristoph. in Pluto, p. 62, vel ob thesaurum ibi a Phryxo defossum, ut Schol Apollonii, ad Argon. lib. I, vers. 933, Θρᾷκες γὰρ

τὸν θησαυρὸν πιτύην λέγουσι. Πιτυόεσσαν vocat Plutarchus, lib. de Virt. mul. pag. 255. Vide et Eustath. in Iliad. B, pag. 355. Distat ab Abydo stadiis CLXX, inquit Strabo, l. XIII, p. 589, hoc est, XXI M. CCL pass. Cur Lampsacum vocitatum sit, disces a Mela, libro I, cap. 19, et a Plutarcho, lib. de Virt. mul. H.—Hodie non est *Lampsaki*, ut plerique crediderunt. Mavult, haud longe a *Lampsaki* situm, *Tcherdak* vicum mediocrem BARBIÉ DU BOCAGE. ED.

7. *Parium colonia*. Πάριον Straboni, lib. XIII, pag. 588, et Ptolemæo, lib. V, cap. 2. Hujus coloniæ meminit etiam Ulpianus, Digest. lib. L, tit. 5, de Censibus : « In Provincia Asia, inquit, duæ sunt juris Italici: Troas et Parium. » H. — Nunc *Camanar*, ut ait D'ANVILLE. ED.

8. *Homerus*. In Catalogo, Iliad. B, vers. 335, Οἳ δ' Ἀδρήστειάν τ' εἶχον. Ubi Eustathius, pag. 355, adnotat Ἀδράστειαν inter Parion et Priapon sitam fuisse : μεταξὺ Πριάπου καὶ Παρίου τοῦ κατὰ Προποντίδα. Ab Adrasto rege id factum nomen colligimus ex Harpocrat. pag. 8, verbo Ἀδράστεια. HARD.

LIBER V.

Priapos[9], amnis Æsepus[10] : Zelia[11]. Propontis[12] : ita appellatur, ubi se dilatat mare. Flumen Granicum[13], Artace[14] portus, ubi oppidum fuit. Ultra insula[15], quam continenti junxit Alexander, in qua oppidum Milesiorum Cyzicum[16], antea vocitatum[17] Arctonnesos[18], et Dolionis[19], et Dindymis[20], cujus a vertice mons Dindymus. Mox oppi-

9. *Priapos*. Habet a numine, quod ibi colitur, nomen : Πρίαπος. Thucydides, lib. VIII, pag. 629, et Strabo, lib. XIII, pag. 587. Ab ipso Priapo conditum ait Scholiast. Theocriti, ad vers. 21, Idyl. A. H. — Ubi nunc *Caraboa* est, sita fuit. Ed.

10. *Æsepus*. Vet. apud Dalec. *Absepus*. Ed. — Αἴσηπος Straboni, loco citato, Appiano, in Mithrid. pag. 222, et ante eos Homero, in Catal. vers. 331. Hard. — Nunc *Satal-déré*. Ed.

11. *Zelia*. Oppidi nomen. Homero, loco citato, et Stephano, Ζέλεια, πόλις Τρωάδος. Cyzicenorum ditionis, ex Strabone, pag. 583. H. — Haud longe ab oppido *Biga* sita fuit, auctore d'Anville. Ed.

12. *Propontis*. Hodie *Mer de Marmara*. Hard.

13. *Granicum*. Γρανικὸς ex Ida monte profluens. Strabo, lib. XIII, pag. 602. Hodie *Oustvola*. « Hic primum, ut ait Mela, lib. I, c. 19, inter Persas et Alexandrum pugna fuit nobilis. » Ed.

14. *Artace*. Ἀρτάκη, Straboni, lib. XIV, p. 634, post Herodotum, Terpsich. lib. V, pag. 344, num. 33. Artacii fontis prope Cyzicum, meminit Schol. Apollon. ab lib. I, Argon. vs. 957. H. — Nomen servat *Artaki*. Ed.

15. *Ultra insula*. Cyzicenorum insula dicitur Straboni, loco citato, ipsaque Κύζικος Milesiorum colonia appellatur. Quare Miletum Cyzici solum genitale vocat Velleius, lib. II. Continenti annexam gemino ponte Strabo prodidit, lib. XII, p. 575. Hard.

16. *Cyzicum*. In Priapeis Cyzicos ostreosa divam Proserpinam frequentat, veneratur, colit, pro cunctis aliis numinibus. Dalec. — Nomen servant vestigia ejus. Ed.

17. *Antea vocitatum*. Leg. *ante vocitatum*. Ita MSS. Reg. et editio princeps. Brot.

18. *Arctonnesos*. Dalecampius, *Arconnesos*. Ed. — Hoc est, ursorum insula. Stephanus, verbo Κύζικος. Ἐκαλεῖτο δὲ καὶ ἄρκτων νῆσος. Et p. 111, Ἄρκτων νῆσος· οὕτως ἡ Κύζικος ἐκαλεῖτο. Mons imminebat oppido, in quo ursi frequentes : unde ipsi monti nomen : τὸ Ἄρκτων ὄρος. Auctor Strabo, lib. XII, pag. 475. H.

19. *Dolionis*. Hinc Δολίονες apud Strabonem vocati, qui circa Cyzicum degebant ab Æsepo amne usque ad Rhyndacum, et Dascylitidem regionem : atque hæc veluti præfectura Δολιονίς vocabatur. Δολιονία Callimacho, apud Schol. Apollonii, ad lib. I Argon. v. 975. Stephanus quoque : Δολίονες, οἱ τὴν Κύζικον οἰκοῦντες, etc. Hard.

20. *Dindymis*. Chiffl. « Didymis, cujus a vertice mons Didymus. »

da : Placia[21], Ariacos[22], Scylace, quorum a tergo mons Olympus, Mysius[23] dictus : civitas Olympena. Amnes : Horisius[24], et Rhyndacus, ante Lycus vocatus. Oritur in stagno Artynia juxta Miletopolim[25] : recipit Maceston[26], et plerosque alios, Asiam Bithyniamque disterminans. Ea[27] appellata est Cronia, dein Thessalis, dein Maliande, et Strymonis. Hos Homerus[28] Halizonas dixit, quando præ-

En. — Ab altero monte qui urbi proximus Δίνδυμος vocatur etiam a Strabone, pag. 575, quo in monte fanum Dindymenes fuit deorum matris, ab Argonautis dicatum. Scholiastes Apollon. ad Argon. lib. I, vers. 985 : Δίνδυμον, ὄρος Κυζίκου, ἱερὸν τῆς Ῥέας. Scholiastes Nicandri in Alexiph. pag. 51, Δίδυμον ὄρος ἐν Κυζίκῳ vocat : sed negat ita recte vocari Strabo, loco citato. Hard.

21. *Placia.* Mela, lib. I, cap. 19 : « Post Cyzicum Placia, et Scylace, parvæ Pelasgorum coloniæ : quibus a tergo imminet mons Olympus, ut incolæ vocant, Mysius. Is flumen Rhyndacum in ea quæ sequuntur, emittit, etc. » Πλακίη Ionica dialecto, Herodoto, Clio, l. I. Stephano, Πλάκη, πόλις Ἑλλησποντία. Incolæ Πλακιανοί apud Dionysium Halic. Antiquitatum Romanarum lib. I, pag. 23. Hard.

22. *Ariacos*, etc. MSS. omnes, Reg. 1, 2, Colb. 1, 2, etc. *Ariace, Scylace.* Hæc Melæ memorata, loco citato. Herod. quoque Σκυλάκη, Clio, lib. I, num. 57, p. 21. Nunc *Siki.* Hard. et Ed.

23. *Mysius.* Dalecamp. *Mæsius.* Vet. *Mysus.* Ed. —Ὄλυμπος Μύσιος, Herod. Clio, lib. I, num. 36, p. 15, et Ptolemæus, lib. V, cap. 1. Potest et *Mœsius* scribi. Hard.

24. *Horisius*, etc. Ὁρίζιος, Ῥύνδακος. Hujus meminere Mela, loco citato, Scylax, pag. 33, aliique. *Lartacho* hodie vocatur. H. et Ed.

25. *Miletopolim.* Unde Miletopolitæ dicti de quibus c. 32. Stephanus : Μιλητούπολις, μεταξὺ Κυζίκου καὶ Βιθυνίας, περὶ τὸν Ῥύνδακον. Hard.

26. *Maceston.* Amnem Μάκεστον, Strabo vocat, lib. XII, pag. 576, aitque per Abrettenam Mysiam fluere, de qua egimus cap. 32. H.

27. *Ea.* Bithynia scilicet. Κρονία, quod se priscos jactarent, et quemadmodum Arcades, προσελήνους. Θεσσαλίς, vel a Thessalo rege, vel quod ibi rerum potiti sint aliquando Thessali. Pro *Maliande,* forte *Mariandyne* rescribendum, quæ pars Bithyniæ fuit, de qua dicemus lib. VI, cap. 1. In Græco Chron. ad annum 594 : Βιθυνία ἐκτίσθη ὑπὸ Φοίνικος · ἣ τὸ πρὶν Μαριανδύνη καλουμένη. Στρυμονὶς denique ab aliquo insigniore amne, cui Thessali, dum ibi imperitarent, Strymonis Thessaliæ amnis nomen dederint. Hesychius : Στρυμόνιοι, οἱ Βιθυνοὶ τὸ πρότερον. Hard.

28. *Homerus.* Iliad. II, vs. 856, Αὐτὰρ Ἁλιζώνων. Ephorus apud Stephanum, pag. 63, auctor est Halizones eam regionem obtinuisse, quæ inter Mysiam, Cariam, et Lydiam

cingitur gens mari. Urbs fuit immensa Attusa nomine: nunc sunt XII[29] civitates, inter quas Gordiu-come[30], quæ Juliopolis vocatur, et in ora Dascylos[31]. Deinde flumen Gebes[32]: et intus Helgas oppidum, quæ Germanicopolis[33], alio nomine Booscœte: sicut Apamea[34], quæ nunc Myrlea Colophoniorum: flumen Etheleum, antiquus Troadis finis, et Mysiæ initium. Postea sinus[35], in quo flumen Ascanium[36]: oppidum Bryllion[37]: amnes, Hylas, et Cios,

jacet. Paphlagoniæ Hesychius adjudicat; minus recte. HARD.

29. *XII.* Sic apud Chiffl. Dalec. *XV.* ED.

30. *Gordiu-come.* Γορδίου κώμη. Ptolemæo, lib. V, c. 1, Ἰουλιόπολις. Ex Gordo pago Cleo prædonum dux urbem condidit, et Juliopolim nominavit. Auctor Strabo, l. XII, pag. 574. Livio, lib. XXXVIII, pag. 472, est Gordiu-tichos, Γορδίου τεῖχος. In Conc. Quinisexto, pag. 1194: Ἰσίδωρος ἐπίσκοπος Γορδοσέρβων τῶν Βιθυνῶν ἐπαρχίας. « Isidorus episcopus Gordoservorum civitatis, Bithynorum provinciæ. » HARD.

31. *Dascylos.* Mela, lib. I, cap. 19: « Trans Rhyndacum est Dascylos, et quam Colophonii collocavere, Myrlea. » Δασκύλειον Straboni, p. 575. Stephano: Δασκύλιον, περὶ Βιθυνίαν. Dionysio Halicarn. Antiq. lib. I, p. 38: Γῆ Δασκυλῖτις. In Conc. Quinisexto, pag. 1194: Ἰωάννης ἐπίσκοπος πόλεως Δυσκολίας τῶν Βιθυνῶν ἐπαρχίας. Corrige, Δασκυλίας. HARD. — Nominis vestigia servat *Diaskillo* nunc dicta. ED.

32. *Gebes* MSS. omnes. Reg. 1, 2, Colbert. 1, 2. Editio princeps et Elzev. *Gelbes.* HARD. et ED.

33. *Germanicopolis.* Nummum vidi cum epigraphe, ΓΕΡΜΑΝΙΚΟΠΟΛΕΩΣ. Nomen alterum *Helgas* sermonis barbarici est: tertium Booscœte, Græcanici: Βοὸς κοίτη, *Bovis cubile.* In Not. Eccles. p. 37, provinciæ Isauriæ attribuitur. H.

34. *Apamea, quæ nunc Myrlea,* etc. Leg. *Apamia.* Per e in Chifflet. perpetuo legitur. DALEC.—Ptolem. apud Dalec. *Myrtea,* pro *Myrlea.* ED.— Nomen hæc habet ab uxore Prusiæ regis, qui Hannibalem recepit. Auctor Strabo, lib. XII, p. 563. Stephanus: Μύρλεια, πόλις Βιθυνίας, ἡ νῦν καλουμένη Ἀπάμεια. Colophoniorum coloniam Mela quoque appellat, loco citato. Quum Plinius *sicut Apamea* dicit, intus quoque positam innuit, ut Germanicopolim, hoc est, a mari sejunctam. HARD. — Nunc *Moudania* dicitur auctore D'ANVILLE. ED.

35. *Postea sinus.* Sine nomine. Mela, lib. I, cap. 19: « Myrlea: duo sunt inde modici sinus: alter sine nomine Cion amplectitur, Phrygiæ haud longe jacentis opportunissimum emporium: alter, Olbianus. » HARD.

36. *Ascanium.* Ἀσκάνιος ποταμὸς, et ab eo dicta Ἀσκανία Φρυγίας, Stephano, pag. 122. HARD.

37. *Bryllion.* Βρύλλιον Stephano.

cum oppido[38] ejusdem nominis, quod fuit emporium non procul accolentis Phrygiæ, a Milesiis quidem conditum, in loco tamen qui Ascania Phrygiæ vocabatur. Quapropter non alibi aptius de ea dicatur[39].

XLI. Phrygia[1] Troadi superjecta, populisque a promontorio Lecto ad flumen Etheleum prædictis, septemtrionali sui parte Galatiæ contermina : meridiana Lycaoniæ, Pisidiæ, Mygdoniæque : ab oriente Cappadociam attingit. Oppida ibi celeberrima, præter jam dicta[2], Ancyra[3], Andria[4], Celænæ[5], Colossæ[6], Carina[7], Cotyaion[8],

---

38. *Cum oppido.* Mela, loco cit. Κῖος, hodie incolis *Chorasia.* Turcis, *Cheris*, a cerasorum copia. Κίου ποταμοῦ ὁμωνύμου meminit Schol. Apollonii, ad lib. I Arg. v. 1321. Ἀσκανίη Φρυγῶν locus est Homero, Iliad. II, 863. HARD.

39. *Dicatur.* Vet. apud Dalec. *dicetur.* ED.

XLI. 1. *Phrygia Troadi.* Transcribunt hæc Solinus, cap. XL, p. 70, et Capella, lib. VI, c. de Phrygia, pag. 221. HARD.

2. *Præter jam dicta.* Cap. 29 et 30. HARD.

3. *Ancyra.* Hæc Ancyra Phrygiæ, a Galatica longe diversa, ut animadvertit Strabo, lib. XII, pag. 567, etsi e duabus unam Stephanus temere conflare videtur. In Notitia Episcop. Phrygiæ Capatianæ, pag. 2, Ἄγκυρα, XXIV locum obtinet. In provincia Galatiæ, pag. 33, Ἄγκυρα μητρόπολις, primum. Hæc Ptolem. lib. V, cap. 2, Ἄρκυρα Φρυγίας. H.

4. *Andria.* Stephano, *Andrira*; Ptolemæo, *Andraca.* DALEC. — Cave credas esse τὰ Ἄνδειρα Strabonis et Stephani. Hæc enim Æolidis civitas, juxta Astyren et Pitanen est. HARD.

5. *Celænæ.* Κελαιναί, unde transducti Apameam cives, ut dictum est cap. 29. De his Arrianus, lib. I de Exped. Alex. pag. 79. HARD.— Huic oppido successit Apamea Cibotos proxime versus occasum solis sita, et nunc *Aphium-Kara-Hissar* dicta. ED.

6. *Colossæ.* Κολοσσαί Straboni, lib. XII, pag. 576. Colossenses Divi Pauli epistola nobilitavit. H. — Urbs illa *Chonos* postea dicta, quod quidem nomen servat. ED.

7. *Carina.* In Notitia Ecclesiast. pag. 49, inter episcopos provinciæ Phrygiæ Capatianæ censetur, ὁ Καρίας : unde *Caria* forte legi apud Plinium, præstabilius fuerit. H.

8. *Cotyaion.* Dalecamp. *Cotiaion.* Chifflet. *Cottion.* ED. — Κοτυάειον πόλις Φρυγίας, Straboni, loco citato, et Ptolemæo, lib. V, cap. 2. In nummis est ΚΟΤΙΑΕΩΝ et ΚΟΤΙΑΕΙΣ. *Kutahieh* nunc dicitur, principemque in provincia *Anadouli* dicta obtinet locum, utpote quæ præfecti sedes. HARD. et ED.

# LIBER V. 569

Ceranæ[9], Conium[10], Midaion[11]. Sunt auctores[12], transisse ex Europa Mysos, et Brygas, et Thynos, a quibus appellantur Mysi, Phryges, Bithyni.

XLII. Simul dicendum videtur et de Galatia, quæ superposita, agros majori ex parte Phrygiæ tenet, caputque quondam ejus Gordium[1]. Qui partem eam insedere Gallorum, Tolistobogi[2], et Voturi, et Ambitui[3] vocantur: qui Mæoniæ et Paphlagoniæ regionem Trocmi[4]. Præten-

9. *Ceranæ.* An Κοιρανή? At in MSS. Reg. 1, 2, etc. *Cera* tantum legitur. Arbitror esse Κερετάπα, cujus mentio in Notitia Episcopatuum provinciæ Phrygiæ Capatianæ. HARD.

10. *Conium.* Prius *Iconium* legebatur, quo nomine nullum in Phrygia oppidum apud cæteros scriptores occurrit. At Conii mentio est in Notitia Episcopatuum provinciæ Capatianæ, p. 27, Κονίου πόλις. H.

11. *Midaion.* Μιδάειον, πόλις Φρυγίας, Dioni, lib. XLIX, pag. 403, et Stephano, et Ptolemæo, lib. V, cap. 2; Straboni, pag. 576, Μιδάιον. HARD.

12. *Sunt auctores.* Quorum princeps Herod. Polymn. lib. VII, n. 73, pag. 409. Bryges olim Macedonibus finitimi: Thyni, Strymonis accolæ fuere, et inde Strymonii appellati, teste eodem Herod. Scholiastes Apollonii ad lib. II Argon. vers. 462, ait esse Thraciæ partem, quæ Θυνὶς vocetur. Mida duce, eo videlicet cui asininas aures fabulæ dederunt, Brigas in Mysiam transmeasse, atque exigua vocis immutatione Phrygas ibi esse appellatos, auctor est Conon in Bibliotheca Photii, cod. 186, pag. 424. H.

XLII 1 *Gordium.* Hæc Midæ regia. Stephanus: Γορδίειον, ἀπὸ Γορδίου τοῦ πατρὸς Μίδου, a Gordio Midæ patre. Hic Alexander Gordium nodum solvit. Urbem Sangarius amnis alluebat, teste Arriano, Expedit. Alexand. lib. I, pag. 80, ubi Γόρδιον oppidum vocat. In nummis, apud Spanhem. pag. 907, ΓΟΡΔΗΝΩΝ. Livius, l. XXXVIII, cap. 18: « Gordium haud magnum quidem oppidum est, sed plusquam mediterraneum, celebre et frequens emporium: tria maria pari ferme distantia intervallo habet, etc. » H.

2. *Tolistobogi.* Chiffl. *Tolostobagi.* ED. — Solino, cap. XLI, pag. 71, *Tolistobogi.* Floro, lib. I, cap. 11, *Tolostobogi.* Ptolemæo quoque, lib. V, cap. 4, Τολιστόβογοι; Livio, lib. XXXVIII, cap. 15, Tolistobogi, cum Trocmis et Tectosagis appellantur, ubi de Gallorum expeditione in Asiam prolixe disserit. Strabo quoque, lib. XII, pag. 566. HARD.

3. *Ambitui.* Vet. apud Dalecamp. *Ambiani.* Vide notam 5 hujus capitis. ED.

4. *Trocmi.* Ptolemæus, *Troemi.* Strabo, *Træmi.* DALEC. — Stephanus: Τρόκμοι, ἔθνος Γαλατικὸν, ἐκαλοῦντο δὲ καὶ Τροκμηνοί. Appianus in Syriac. p. 107: Τεκτοσάγαι, Τρόκμοι, Τολιστόβιοι. HARD.

ditur Cappadocia, a septemtrione et solis ortu, cujus uberrimam partem occupavere Tectosages, ac Teutobodiaci. Et gentes quidem hæ. Populi vero ac tetrachiæ omnes, numero cxcv. Oppida : Tectosagum, Ancyra [5] : Trocmorum, Tavium [6] : Tolistobogorum, Pesinus [7]. Præter hos celebres, Attalenses [8], Arasenses [9], Co-

---

5. *Ancyra.* Ἄγκυρα μητρόπολις, Ptolemæo, lib. V, c. 4. Tectosagum oppidum Straboni, lib. XII, pag. 567. Galatiæ metropolis, in Notitia Ecclesiastica. A Phrygiaca, de qua superius, diversa. Ab Augusto Cæsare conditam, Dejotaro rege devicto, prodidit Tzetzes, Chiliad. I, vers. 132. Nunc *Angora.* Destituit memoria Photium, ut arbitror, dum Memnonis scripta redigens in epitomen, Bibl. cod. 224, pag. 721, permutat horum oppidorum sedes: ἐδείμαντο δὲ πόλεις, Τρωγμοὶ μὲν Ἄγκυραν, Τολιστοβόγιοι δὲ Ταβίαν, Τεκτόσαγες δὲ Πεσινοῦντα. Nam Plinium ut omittam, ex Strabone et Ptolemæo constat, ut vidimus, Ancyram esse Tectosagum : Tavium Trocmorum, Tolistobogorum Pesinuntem. Tectosages Ancyranos etiam commemorat nummus antiquus ex ære apud D. Sherard, nuper consulem anglum Smyrnæ : ΑΝΚΥΡΑΝΩΝ ΤΕΚΤΟΣΑΓΩΝ. Quod porro ad hæc Galaticarum gentium nomina attinet, solam Tectosagum appellatione a Celtica gente derivatam esse, de qua egimus lib. V, c. 3. Strabo admonet, lib. XII, p. 566, cæteras a ducibus suis nomen habuisse, cujusmodi sunt Trocmorum gentes, et Tolistobogorum. Horum ego numero censendos puto, et Voturos, sive Veturos, et Ambituos, quos MSS. omnes, Reg. 1, 2, Colbert.

1, 2, Paris. *Ambituutos* appellant : ut a ducibus ad gentes eas translata sint ea nomina, nec Celticorum umquam populorum propria fuerint. Incidimus tamen in MSS. aliquos, in quibus ea vox *Ambituuti* ferme in litura esset, sic tamen ut fraus pateret : superinjectumque ei voci glossema *Ambiani.* Sed id ab interpolatore aliquo, amore fortassis patriæ, factum merito suspicamur : quamquam et in Gelenii editionem vox ea irrepsit. Hard.

6. *Tavium.* Ταούϊον in Trocmis, Ptolemæo, lib. V, c. 4, et Straboni, lib. XII, p. 567. In Notitia Eccles pag. 33, Ταβία. Stephano, Ταυία. Hard. — Nunc *Tchoroum.* Ed.

7. *Pesinus.* Πεσσινοῦς in Tolistobogis, Ptolemæo, loco citato. In Notitia Eccles. provinciæ Galatiæ Salutaris, p. 33, Πισινοῦς. De vocis originatione, vide Ammianum, l. XXII, pag. 219. Hard. — Nunc *Nalikan.* Ed.

8. *Attalenses.* Forte *Adadenses :* ab Ἄδαδα Pisidiæ mediterraneo oppido, apud Ptolemæum, lib. V, c. 5, et in Not. Eccles. p. 29. Hard.

9. *Arasenses.* Chifflet. *Alassenses.* Ed. — Vel ab Ἄραζος, quæ Stephano urbs in Ponto dicitur : vel ab oppido, quod in Notitia Ecclesiastica provinciæ Isauriæ, pag. 37, Δαρασὸς perperam scribitur, pro Ἀρασός. Pisidiæ tribui videtur ab Artemi-

LIBER V. 571

menses[10], Dioshieronitæ[11], Lystreni[12], Neapolitani[13], Œandenses, Seleucenses[14], Sebasteni[15], Timoniacenses[16], Thebaseni[17]. Attingit Galatia et Pamphyliæ[18] Cabaliam[19]: et Milyas[20], qui circa Barin sunt, et Cyllanticum[21], et

doro, apud Strabonem, lib. XII, pag. 570. HARD.

10. *Comenses.* Vet. apud Dalec. et Chiffl. *Commenses.* ED. — Rectius *Chomenses*, a Choma mediterraneo Lyciæ oppido, de quo egimus cap. 28. HARD.

11. *Dioshieronitæ.* Sic Frobenius veterem lectionem pessumdedit, tum MSS. codicum, tum edit. Parmensis et cæterarum, in quibus legitur *Didyenses, Hieronenses.* In Reg. 1, *Hierorenses.* De Didyensibus nihil habemus sane comperti; nisi forte Dictienses legi placet, quoniam Galatarum Tectosagum Διϰτὶς oppidum fuisse dicitur apud Ptolemæum, lib. V, cap. 4. At pro *Hierorenses* scribi oportere *Æorienses* nihil propemodum dubitamus: quod in Notitia Eccles. provinciæ Galatiæ Salutaris, pag. 33, Αἰώριον legitur. Sane ἀναλογίας ratio Dioshieronitas dici non patitur, sed a Διὸς ἱερὸν, Dioshieritas, ut alibi vidimus. HARD.

12. *Lystreni.* Ab oppido cujus meminit Paulus, 2, Tim. III, 11; et sæpius Lucas in Actis, qui et Lystram, et plurali numero Lystris habet. HARD.

13. *Neapolitani.* Quorum oppidum Νεάπολις in Notitia Ecclesiast. provinciæ Isauriæ, p. 37. Œnandenses pro Oenoandenses perperam scriptum existimo: est enim Oenoanda, ut diximus c. 28, Cabaliæ oppidum, quæ Galatiæ, ut mox dicetur, contributa fuit. HARD.

14. *Seleucenses.* A Seleucia Pisidiæ, Phrygiæ alias contributa, ut ait Ptolemæus, lib. V, cap. 5. H.

15. *Sebasteni.* De quibus Gruteri inscriptio, pag. 427, si tamen est genuina: Η ΒΟΥΛΗ ΚΑΙ Ο ΔΗΜΟC CΕΒΑCΤΗΝΩΝ ΤΕΚΤΟCΑΓΩΝ.

16. *Timoniacenses.* Τιμώνιον, φρούριον Παφλαγονίας, inquit Stephanus: nempe in ea Paphlagoniæ parte, quam Bithyniæ confinem ait esse Strabo, lib. XII, pag. 562, et Τιμωνίτην vocat. HARD.

17. *Thebaseni.* Dalecamp. et Elz. *Tebaseni.* Vet. apud Dalec. *Tarbaseni.* ED. — Ab oppido Lycaoniæ Θέβασα, de quo diximus cap. 25. HARD.

18. *Pamphyliæ* Dalecamp. *Pamphylia.* ED.

19. *Cabaliam.* Dalec. *Gabaliam.* ED. — Quæ Καρβαλία Pamphyliæ pars appellatur a Ptolemæo, lib. V, cap. 5. HARD.

20. *Et Milyas.* De his egimus c. 25. Βάρις est Pisidiæ oppidum mediterraneum, Galatiæ vicinum, ap. Ptolemæum, loco citato, et in Notitia Eccles. provinciæ Pisidiæ, p. 29. HARD.

21. *Cyllanticum et Oroandicum.* Chiffl. *Cyllanicum.* Vet. ap. Dalec. pro *Oroandicum, Crondicum.* ED. — MSS. *Cyllanicum.* Oroandicum vero tractum Isauriæ Ptolemæus adjudicat, lib. V, cap. 4. De oppido, unde Oroandico tractui nomen, dictum est superius cap. 24. HARD.

3 Oroandicum Pisidiæ tractum. Item Lycaoniæ partem Obigenen. Flumina sunt in ea, præter[22] jam dicta, Sangarium, et Gallus[23], a quo nomen traxere Matris Deum sacerdotes.

XLIII. Nunc reliqua in ora, a Cio intus in Bithynia Prusa[1], ab Hannibale[2] sub Olympo condita : inde Nicæam[3] xxv millia passuum interveniente Ascanio lacu. Deinde Nicæa in ultimo Ascanio sinu, quæ prius Olbia : et Prusa[4] item altera sub Hypio monte. Fuere Pythopolis[5],

22. *Præter jam dicta.* Caystrum, Rhyndacum, Cion, etc. De Sangario dicemus lib. VI, cap. 1. H.

23. *Et Gallus*, etc. Ita Martianus, lib. IV, cap. de Phrygia, p. 221. Festus : « Galli qui vocantur Matris Magnæ Comites, dicti sunt a flumine, cui nomen est Gallo : quia qui ex eo biberint, in hoc furere incipiant, ut se privent virilitatis parte, etc. » Vide etiam Stephanum, verbo Γάλλος. Hard.

XLIII. 1. *Prusa.* Προῦσα ἡ πρὸς τῷ Ὀλύμπῳ, Ptolemæo, lib. V, cap. 1. Nunc *Brousa.* Hard.

2. *Ab Hannibale.* Operi fortasse is præfuit, dum apud Prusiam regem versaretur, qui eum patria profugum excepit hospitio. A Prusia ipso Nicomedis F. conditam scribit Tzetzes, Chiliad. III, Hist. 143, vers. 963 : Οὗτος ὁ τοῦ μονώδοντος τούτου πατὴρ Προυσίου, Τοῦ κτήτορος τῆς πόλεως Προύσης τῆς παρ' Ὀλύμπῳ Ὁ Νικομήδης, etc. Hard.

3. *Inde Nicæam.* Hodie *Isnich.* Νίκαια Ptolemæo, lib. V, cap. 1, et Straboni, lib. XII, pag. 565, ad Ascaniam paludem, ἐπὶ τῇ Ἀσκανίᾳ λίμνῃ. Recte hic geminam a Plinio Nicæam designari Surita vidit, in Notis ad Anton. Altera semota a mari est, ad quam a Prusa xxv pass. millia numerantur, Ascanio interveniente lacu, quem ab oculatis testibus accepimus, toto unius diei itinere a mari abesse : hodie *Lago di Nicea.* Hæc Concilio I Generali notissima. Altera in ora, de qua deinde Plinius : Ptolemæo, lib. V, cap. 1, Ὀλβία appellatur. Hard.

4. *Et Prusa item altera.* Sicut gemina, inquit, ibi Nicæa, sic et Prusa gemina. In nummo Diadumeniani, e Cimelio nostro Parisiensi, ΠΡΟΥCΙΕΩΝ ΠΡΟC ΥΠΙΩ. Montem Plinius vocat : amnem Ptolemæus, lib. V, cap. 1, Προῦσα πρὸς τῷ Ὑπίῳ ποτ. falso : nisi forte ex eo monte amnis cognominis fluat. Sic in Actis Latinis Concilii Nicæani, p. 54, subscribit « Hesychius Prusensis, juxta Hypium fluvium. » Hæc Straboni, lib. XII, pag. 563, Προυσιὰς dicitur : in nummis antiquis etiam ΠΡΟΥCΙΕΩΝ ΤΩΝ ΠΡΟC ΘΑΛΑCCΑΝ, « Prusiensium, qui sunt ad mare. » H.— Male Dalec. *Hippio* pro *Hypio* scribit. Prusæ locum tenere nunc *Uskubi* opinatur d'Anville. Ed.

5. *Pythopolis.* Πυθόπολις, Menecrati, qui historiam Nicææ Bythinicæ scripsit, ut auctor est Plutar-

LIBER V.

Parthenopolis, Coryphanta. Sunt in ora amnes, Æsius[6], Bryazon, Plataneus, Areus, Æsyros[7], Gendos, qui et Chrysorrhoas. Promontorium, in quo Megarice[8] oppidum fuit. Unde[9] Craspedites sinus vocabatur, quoniam id oppidum velut in lacinia erat. Fuit et Astacum[10], unde et ex eo Astacenus[11] idem sinus. Fuit et Libyssa[12] oppidum, ubi[13] nunc Hannibalis tantum tumulus. Est in intimo sinu Nicomedia[14] Bithyniæ præclara. Leucatas[15] promontorium, quo includitur Astacenus sinus, a Nicomedia XXXVII[16] M. D. Rursusque coeuntibus terris

chus in Theseo, pag. 12. HARD.

6. *Æsius*, etc. Αἴσιος, Βρυάζων, Πλατανεὺς, Ἄρειος, Αἴσυρος, etc. Bryazonti alterum nomen Olachas videtur fuisse, ut dicemus l. XXXI, cap. 18. HARD.

7. *Æsyros.* Dalec. *Syros.* ED.

8. *Megarice.* Stephanus : Μεγαρικὸν πολίχνιον, ὃ συγκαταλέγεται ταῖς Βιθυνῶν πόλεσιν, oppidulum, quod inter Bithynorum urbes numeratur. Megarenses certe hanc oram tenuisse, testis est Mela, lib. I, cap. 19, et Strabo, l. XII, p. 563. Uterque enim Astacon ipsam a Megarensibus conditam scribit. Promontorio nomen est hodie *Capo Fagona*, ut aiunt. HARD.

9. *Unde Craspedites.* Dalec. *inde Craspedites.* ED. — Idem Olbianus Melæ dicitur, lib. I, cap. 19, ab Olbia oppido, de quo supra. Est autem Græcis κράσπεδον, quod Latinis fimbria, sive lacinia. Translate vero tum littoris margo, tum veluti limbi et extremæ montium oræ ac radices κράσπεδα appellantur : quod laciniarum recessibus ac prominentiis similitudinem referunt. HARD.

10. *Astacum.* Ἀστακὸς Straboni, lib. XII, pag. 563, a Lysimacho deleta. Vide Pausaniam in Eliac. prior. sive lib. V, pag. 310. HARD.

11. *Astacenus.* *Le golfe de Comidia*, ab urbe Nicomediensi. HARD.

12. *Libyssa.* Stephanus : Λίβυσσα, φρούριον Βιθυνίας ἐπιθαλάσσιον, castellum maritimum. Nunc *Gebiseh*, ut credi vulgo Busbequius asseverat, epist. 1, pag. 30. HARD.

13. *Ubi nunc Hannibalis.* Referunt id quoque Plutarchus in Flaminio, pag. 380; Appianus, in Syriac. p. 92; Ammianus, lib. XXII, pag. 219; Eutropius, lib. II, p. 766; Martianus, lib. VI, c. de Phrygia, pag. 221, et Solinus, cap. XLII, pag. 72. Etiamnum superesse hunc Hannibalis tumulum, testis est oculatus Petr. Bellonius, lib. I de Admir. oper. antiq. cap. 33. H.

14. *Nicomedia.* Νικομήδεια, hodieque *Comidia*, sive *Is-Nikmid.* HARD. et ED.

15. *Leucatas.* Idem Ptolemæo, lib. V, cap. 1, Ἀκρίτας. HARD. — Nunc *Akrita.* ED.

16. *XXXVII.* Sic Harduinus ex MSS. Chifflet. *LXII.* Dalecampius, *XLII.* ED.

angustiæ [17] pertinentes usque ad Bosphorum Thracium. In iis Calchedon [18] libera, a Nicomedia LXII [19] D. Procerastis antea dicta, dein Colpusa [20], postea Cæcorum [21] oppidum, quod locum eligere nescissent, septem stadiis distante [22] Byzantio, tanto feliciore omnibus modis sede. Cæterum intus in Bithynia colonia Apamena [23], Agrippenses, Juliopolitæ, Bithynion [24]. Flumina [25]: Syrium, Lapsias, Pharmacias [26], Alces, Crynis, Lilæus [27], Scopius, Hieras, qui Bithyniam et Galatiam determinat. Ultra Calchedona Chrysopolis [28] fuit. Deinde Nicopolis, a qua nomen etiam-

17. *Angustiæ.* Canal de Constantinople. ED.

18. *Calchedon.* Stephanus verbo Καρχηδών. Χαλκηδών, τῆς Βιθυνίας, διὰ τοῦ λ. χ. Tamen nummi veteres, cujusmodi est eximius Caracallæ, in Parisiensi nostro Museo, ΚΑΛΧΑΔΟΝΙΩΝ. Alter item Trajani, apud Patinum, pag. 186, atque ita constanter omnia vetustiora paulo monumenta. Dalec. tamen hic et infra *Chalcedon, Chalcedona, Chalcedone* scribit. Hodie Græcis *Chalcedona*: Turcis, *Kadi-keuei*. A civitate Scutari, tribus passuum millibus distat. HARD. et ED.

19. *LXII. D. Procerastis antea dicta, dein Colpusa.* Chiffl. *LXXII M. D. pass. Cerastis antea dicta, dein Colpoessa.* Dalec. *LXXII D. Procerastis antea dicta, dein Compusa.* ED.—Προκεραστίς, idcirco, opinor, quod ex adverso sit posita illius promontorii, in quo Byzantium est conditum: cui promontorio Chrysoceras nomen fuit, ut dictum est lib. IV, cap. 18. HARD.

20. *Dein Colpusa.* Κολπόεσσα, contracte Κολποῦσα, sinuosam significat. HARD.

21. *Cæcorum.* Vide quæ dicturi sumus, lib. IX, c. 20. De egregio Byzantii situ, multa Polybius, lib. IV, pag. 425 et 433. Tacitus quoque, Annal. lib. XII. HARD.

22. *Distante.* Vet. apud Dalec. *distans a.* ED.

23. *Apamena.* Sive Myrlea, de qua superius, cap. 40, ubi et de Juniopoli egimus, unde Juliopolitæ dicti. In nummis antiquis, ΙΟΥΛΙΟΠΟΛΕΙΤΩΝ. De Apamea, Ulpianus, Digest. lib. L, tit. 5 de Censibus: « Est et in Bithynia colonia Apamena. » HARD.

24. *Bithynion.* Vet. apud Dalec. *Bithynniatæ.* ED. — Βιθύνιον Straboni, lib. XII, pag. 505, in mediterraneis Bithyniæ urbibus. Ptolemæo, lib. V, cap. 1, Κλαυδιόπολις, καὶ Βιθύνιον. Hæc Antinoi patria qui Hadriani Augusti ex concubina filius. HARD.

25. *Flumina.* Omnia ea cæteris scriptoribus incognita. HARD.

26. *Pharmacias.* Dalec. *Pharmicas.* ED.

27. *Lilæus.* Dalec. *Lylæus.* ED.

28. *Chrysopolis.* Χρυσόπολις, πλησίον Χαλκηδόνος, Stephano: apud quem et Νικόπολις Βιθυνίας legitur, hodie *Scutari.* HARD.

num sinus retinet : in quo portus [29] Amyci : deinde Naulochum [30] promontorium : Estiæ [31] templum Neptuni. Bosphorus D. passuum intervallo Asiam Europæ iterum auferens, abest a Calchedone XII mill. D. passuum. Inde fauces primæ VIII mill. DCCL [32] passuum, ubi Phinopolis [33] oppidum fuit. Tenent [34] oram omnem Thyni, interiora Bithyni. Is finis Asiæ est, populorumque CCLXXXII, qui ad cum locum a sinu [35] Lyciæ numerantur. Spatium Hellesponti et Propontidis ad Bosphorum Thracium esse [36] CCXXXVIIII [37] mill. passuum diximus. A Calchedone Sigeum Isidorus CCCXXII M. D. passuum tradit.

29. *Portus Amyci.* Bebrycum regis. Plinius, lib. XVI, cap. 89. In Ponto « portus est Amyci, Bebryeum rege interfecto clarus, etc. » Vide Servium in illud Æneid. lib. V, vers. 245 : « Qui se Bebrycia veniens Amyci de gente ferebat. » HARD.

30. *Naulochium.* Pint. ex Strabone, lib. VII, *Naulochos.* DALEC. — Ναύλοχος, statio navium est. HARD.

31. *Estiæ.* Ἑστία promontorii nomen esse videtur, quod simile ei sit, cui sedem in opposita Bosphori Thracii ripa statuit Polybius, lib. IV, pag. 433, τὰ περὶ τὰς Ἑστίας ἄκρα καλούμενα τῆς Εὐρώπης. Ei loco nomen est hodie *Algiro.* Ibi templum Neptuno Timosthenes : cæteri scriptores, diis duodecim dicatum aiunt : Mela lib. I, cap. 9, Jovi. H.

32. *DCCL.* Dalec. *CCL.* ED.

33. *Phinopolis.* A Phineo fabulis notissimo. At codd. MSS. Reg. 1, 2, Colbert. 1, 2, *Spiropolis*, multo sincerius : nam Phinopolin in Europa diximus, lib. IV, cap. 18. H. —Vet. apud Dalec. *Sphyropolis.* ED.

34. *Tenent oram*, etc. Consentit Eustathius fere, in Dionys. v. 795, pag. 105. HARD.

35. *A sinu Lyciæ.* Dalec. *Lydiæ.* ED. — De quo cap. 28 : « Ultra, par sinus priori. Ibi Pinara, et quæ Lyciam finit, Telmessus... A Telmesso Asiaticum mare, et quæ proprie vocatur Asia. » Neque enim Lycia, ut diximus, Ciliciave, aut Cappadocia, Asiæ propriæ nomine censebatur. HARD.

36. *Esse.* Hæc vox in Dalecamp. deest. ED.

37. *CCXXXVIIII.* Libro nimirum quarto, ut monuimus, c. 24, his verbis : « Tota ab Hellesponto longitudo CCXXXVIIII mill. passuum. » Sic enim eo loci animadvertimus maximo consensu codices omnes MSS. impressosque, Martianumque ipsum, Plinii transcriptorem, scribere. Quamobrem præpostera hujus numeri lectio hoc loco CLXXXVIIII, quæ hactenus in libris impressis obtinuit, centenarii nota perperam in quinquagenarium detorta, a nobis merito animadversa, emendataque est. HARD. — Animadvertendum est in Harduini textu, librarii

XLIV. Insulæ in Propontide ante Cyzicum Elaphonnesus[1], unde Cyzicenum marmor : eadem Nevris[2] et Proconnesus dicta. Sequuntur Ophiusa[3], Acanthus, Phœbe, Scopelos, Porphyrione, Halone cum oppido, Delphacia, Polydora. Artacæon cum oppido. Est et contra Nicomediam Demonnesos[4]. Item ultra Heracleam[5] adversa Bithyniæ Thynias[6], quam barbari Bithyniam vocant. Est et

certe errore, ccxxxiiii legi pro ccxxxviiii, quæ quidem menda in ejus nota non apparet. Ed.

XLIV. 1. *Elaphonnesus.* Scylax, p. 33, a Plinio dissidere prima facie videtur : nam Proconnesum ab Elaphonneso diversam facit. Circa Cyzicum, inquit, νῆσός ἐστι καὶ πόλις Προκόννησος, καὶ ἑτέρα νῆσος Ἐλαφόννησος... γεωργοῦσι δ' αὐτὴν Προκοννήσιοι. « Proconnesus insula cum oppido, aliaque præterea insula Elaphonnesus, commodo instructa portu : hujus agrum colunt Proconnesii. » Sed nodum solvit Strabo, geminam Proconnesum agnoscens, lib. XIII, pag. 588, novam ac veterem, modico forte euripo ambas inter se discretas : nomine alioqui similes: nam appellationis ratio par, πρὼξ enim et ἔλαφος, cervini generis animalia significat, quibus ea insula videtur fuisse referta. Docet id pluribus Apollonii Scholiastes, ad lib. II Argon. vs. 279, cujus verbis huic libro coronidem imponere, operæ sane pretium fuerit. Διονύσιος δέ φησιν ὁ Ἀθηναῖος, inquit, ἐν ταῖς κυήσεσι τὰς ἐλάφους λέγεσθαι πρόκας · ὅθεν καὶ Προκόννησος · ἐπεὶ καὶ ἐν ταύτῃ πληθύουσιν ἔλαφοι... οἱ δὲ Προκόννησον ἐτυμολογοῦσι, καθὸ πρότερον οὖσα νῆσος προσεχώθη. Quum prius esset insula, aggesto

solo alteri insulæ, nempe Elaphonneso, annexa est : unde eadem Proconnesus quibusdam est, quæ Elaphonnesis: ὑπό τινων δὲ Προκόννησος καὶ Ἐλαφόννησος ἐκλήθη. Φιλήτας δέ φησι, πρόκας λέγεσθαι τὰς ἐλάφους τὰς πρώτως τικτούσας, οἷον πρωτοτόκους. Sunt igitur πρόκες, cervæ primiparæ. Sed et quum eadem Elaphonnesos et Neuris vocitata fuisse dicatur; apparet Νεβρίς a Stephano scribi oportuisse, ab hinnulis : non ut scripsit imperite, Νευρίς. Est enim νεβρὸς *hinnulus*, ut ἔλαφος *cervus.* H. — *Marmara* hodie vocatur. Ed.

2. *Nevris.* Νευρίς et Προκόννησος. Νευρίς et Προχῶνη apud Stephanum, cognomina sunt Ἁλώνης insulæ : sed hallucinari probe hominem puto. Hard.

3. *Ophiusa*, etc. Ὀφιοῦσα, Ἄκανθος, Φοίβη, Σκόπελος, Πορφυριών, Ἁλώνη, Δελφακία, Πολυδώρα. De hac postrema Stephanus : Πολυδώρα, νῆσος πρὸς τῇ Κυζίκῳ. Hard. — Ophiusa nunc *Afzia* dicitur, auctore d'Anville. Ed.

4. *Demonnesos.* Stephanus : Δημόνησος, περὶ Χαλκηδόνα νῆσος, ἀπὸ Δημονήσου τινός. Hard. — Hodie *ile des Princes*, auctore d'Anville. Ed.

5. *Ultra Heracleam.* De qua libro seq. cap. 1. Hard.

6. *Thynias.* Dalec. *Thynnias.* Ed.

LIBER V.

Antiochia[7] : et contra fauces Rhyndaci Besbicos[8] decem et octo mill. circuitu. Est et Elæa[9], et duæ Rhodussæ[10], Erebinthodes[11], Megale, Chalcitis, Pityodes.

—— Stephanus : Θυνιὰς, νῆσος, πρὸς τῷ στόματι τοῦ Πόντου. De ea Schol. Apollonii, ad lib. II Argon. vers. 178 : Ἔστι δὲ καὶ ἑτέρα Βιθυνία, νῆσος μετὰ τὸν Πόντον, ἐν ᾗ ἐστιν Ἀπόλλωνος ἱερόν. Et idcirco Apollonia Thynias vocabatur, ut dicemus lib. VI, cap. 13. Mela, lib. II, cap. 7 : « Thynias ... quam quia Bithyni incolunt, Bithynida appellant. » HARD.

7. *Antiochia.* Vet. apud Dalec. *Antiochiæ.* ED.

8. *Besbicos.* Straboni, lib. XII, pag. 577, et Stephano : Βέσβικος, νησίδιον περὶ Κύζικον. H. — Nunc *Kalo-Limno.* ED.

9. *Elæa.* Ἐλαία, ab olea : Ῥοδοῦσσαι, a rosarum copia : Ἐρεϐινθώδης, a cicerum ubere proventu : Μεγάλη, magna : Χαλκῖτις, cujus Stephanus meminit, æraria : Πιτυώδης, pinaria. Hesychio, pag. 244, Χαλκῖτις et Πιτυοῦσα communi vocabulo Δημόννησοι appellantur. Num vero pro *Erebinthus*, vel *Erebinthodes*, legi oporteat *Terebinthos*, quo nomine insulam circa Byzantium agnoscunt Nicetas, Zonaras, aliique, amplius considerandum. HARD.

10. *Rhodussæ.* Vet. apud Dalec. *Rhodiussæ.* ED.

11. *Erebinthodes, Megale.* Dalec. *Erebinthus, Magale.* Erebinthodes nunc dicitur *Prota*, Chalcitis *Karki*, auctore D'ANVILLE. ED.

C. PLINII SECUNDI
NATURALIS HISTORIÆ
LIBER VI.

I. (1.) Pontus Euxinus, antea ab inhospitali feritate Axenos appellatus[1], peculiari invidia naturæ sine ullo fine indulgentis[2] aviditati maris, et ipse inter Europam[3] Asiamque funditur. Non fuerat satis Oceano ambisse terras, et partem earum aucta inanitate[4] abstulisse: non irrupisse fractis montibus, Calpeque Africæ avulsa tanto majora absorbuisse, quam reliquerit, spatia: non per Hellespontum Propontida infudisse, iterum terris devoratis: a Bosphoro[5] quoque in aliam vastitatem[6] panditur nulla satietate, donec exspatianti lacus Mæotii[7] rapinam suam jungant. Invitis hoc accidisse terris, indicio sunt tot angustiæ, atque tam parva naturæ repugnantis intervalla, ad Helles-

I. 1. *Axenos appellatus.* Dalec. *Axenos appellatus est.* Auctor Peripli Ponti Euxini, pag. 13: τὸν Πόντον τὸν πρὶν Ἄξενον λεγόμενον διὰ τὰς ἐπιθέσεις τῶν βαρβάρων, etc. Vide quæ diximus, lib. IV, capite 24. Hard. et Ed.

2. *Indulgentis.* Rapacitati maris tanta subinde terrarum spatia absorbenda et obtegenda permittentis. Hard.

3. *Inter Europam.* Pinet. *in Europam.* Ed.

4. *Aucta inanitate.* Sic MSS. omnes: editi perperam, *aucta immanitate*: est enim familiare Plinio, ut observavit ante nos Pintianus, quæ non habitentur, ea inania appellare. Sic igitur intelligenda sunt hæc verba, nempe: aucto vehementer eo spatio, quod incoli jam propter aquarum illuvionem non potest. Hard.

5. *Bosphoro.* Elzev. hic et infra pluribus locis, *Bosporo.* Ed.

6. *In aliam vastitatem.* In vastissimum mare, quem Pontum Euxinum vocant. Hard.

7. *Lacus Mæotii*, etc. Basil. *lacus Mæotis rapinam suam jungat.* Dalecamp. *lacus a Mæoti rapinam suam jungant.* Ed.—Per fretum Cimmerium suas aquas miscent, quo terras sorbent. Hard.

pontum octingentorum[8] septuaginta quinque passuum : ad Bosphoros[9] duos, vel bubus meabili transitu : unde nomen ambobus, et jam quædam[10] in dissociatione germanitas concors. Alitum quippe cantus, canumque latratus invicem[11] audiuntur: vocis etiam humanæ commercia, inter duos orbes manente colloquio[12], nisi quum idipsum auferunt venti. Mensuram Ponti a Bosphoro ad Mæotium lacum quidam fecere $\overline{XIV}$[13] triginta octo mill. D. passuum.
3. Eratosthenes centum[14] minorem. Agrippa a Calchedone[15] ad Phasin $\overline{X}$[16] mill. Inde Bosphorum Cimmerium trecenta sexaginta mill. Nos intervalla generatim ponemus comperta in nostro ævo, quando etiam in ipso[17] ore Cimmerio pugnatum est. Ergo[18] a faucibus Bosphori est amnis Rhebas[19],

8. *Octingentorum*, etc. Chiffl. xxv. ED.—Sive, quod idem est, septem stadiorum intervallo, ut dictum est lib. IV, c. 18, aliasque sæpius. H.

9. *Bosphoros*. Elzevir. ut supra, *Bosporos*. ED. — Thracium, Cimmeriumque. Græcis βόσπορος, a bovis transitu, propter freti angustias. HARD.

10. *Et jam quædam*. Chiffl. *etiam quædam*. Dalec. *et tanquam*. ED.

11. *Invicem audiuntur*. Ab utroque littore. HARD.

12. *Manente*. Pint. *manante*, alii *meante*. ED.

13. $\overline{XIV}$ *triginta octo mill. D. pass.* Chiffl. et Harduinus : $\overline{XIV}$ triginta octo mill. passuum. ED. — Numerus D. in recentioribus editionibus omissus est. Quod sæpe contigit, ut jam superius monui. Numerum hunc habent MSS. et editio princeps. BROT.

14. *Centum minorem*. Hoc est, centum millibus passuum minorem facit mensuram, ut sint tantum mill. D. pass. omnino tredecies centena triginta octo. HARD.

15. *Calchedone*. Dalec. *Chalcedone*. ED.

16. $\overline{X}$ *mill*. Hoc est, decies centena passuum millia. Strabo enim lib. XII, pag. 548, a fano Calchedonio, usque ad Phasin navigationem ait obtinere stadiorum millia octo, ἀπὸ τοῦ ἱεροῦ μέχρι Φάσιδος περὶ ὀκτακισχιλίους σταδίους εἰσίν. Quamobrem Agrippæ et Strabonis mensura fere cum Eratosthenica congruit. HARD.

17. *In ipso ore Cimmerio*. In mensura definienda angustiarum Cimmerii freti. HARD.

18. *Ergo a faucibus*. Hæc Solinus, cap. XLIII, pag. 72, et Martianus, lib. VI, c. de Phrygia, p. 221. H.

19. *Rhebas*. Ρήβας, Arriano in Periplo ; Stephano ; Scylaci, pag. 32. Festus Avienus, in descriptione orbis, v. 964 : « Rhebas, cyanei qui dissicit æquora Ponti, Rhebas, argento similem qui porrigit un-

quem aliqui[20] Rhesum dixerunt. Deinde Psillis[21], portus Calpas[22]. Sagaris[23] fluvius ex inclytis : oritur in Phrygia[24], accipit vastos amnes, inter quos Tembrogium[25] et Gallum[26] : idem Sangarius a plerisque dictus : a[27] quo

dam. » H. — Nunc *Riva*, auctore d'Anville. Ed.

20. *Aliqui Rhesum.* Ita Solinus et Martianus. Sed vereor magnopere, ne ii qui Rhesum hunc vocarunt, Ῥῆσον Homericum, de quo Strabo, lib. XIII, p. 602, quem Ida mons effundit, affinitate vocis, cum Rheba confuderint. Hard.

21. *Psillis.* Chifflet. *Syris.* Ed. — Ψίλλις Ptol. l. V, c. 1. Ψίλλης Strab. l. XII, p. 543 ; cæteris Ψίλις. H.

22. *Portus Calpas.* Stephano, p. 347, Κάλπη λιμήν. Et Arriano item in Periplo ex Xenoph. A cognomine, ut apparet, amne influente, portui nomen inditum. Meminit amnis illius Strabo, cum Psillide et Sangario, loc. cit. Item Ptolemæus. Nunc, ut vult d'Anville, *Kerbek.* Hard. et Ed.

23. *Sagaris.* Chifflet. *Sangaris.* Solinus, loco citato : « Sagaris fluvius, dictusque a plerisque Sangarius. » Strabo, loc. citat. Σαγγάριος. *Sakaria* hodieque dicitur apud indigenas. Hard. et Ed.

24. *In Phrygia.* Stadiis circiter cl a Pesinunte. Hard.

25. *Tembrogium.* Qui Liv. Thymbres, lib. XXXVIII, c. 18 : « Sangarius, inquit, ex Adoreo monte per Phrygiam fluens, miscetur ad Bithyniam Thymbreti fluvio. Inde major jam geminatis aquis per Bithyniam fertur, etc. » *Sursac* hodie dicitur. Non is est Θύμβριος de quo Strabo, lib. XIII, pag. 598, uti perperam Ortelius censuit. Is enim Trojanus amnis est in Scamandrum influens per campum sibi cognominem, a quo et Thymbræus Apollo cognominatus est. Sed neque Coralius, de quo mox, cum amne Sangario commiscendus, ut idem Ortelius fecit. Hard. et Ed.

26. *Et Gallum.* Γάλλος Straboni, loco citato. Claudianus, in Eutrop. lib. II, vers. 263 : « Dindyma fundunt Sangarium, vitrei qui puro gurgite Galli Auctus Amazonii defertur ad æquora Ponti. » Hard.

27. *A quo incipiunt Mariandyni sinus, oppidumque Heraclea.* His verbis voculam *Coralius* præfigunt libri plerique : ab iis haud dubie confictam, qui Sangarii nomen alterum quærebant, quum illud alterum non esse quam Sagarim, perspicua res sit. Hanc certe vocem in sua paraphrasi non agnoscit Solinus, cap. XLIII, pag. 74 : « Sagaris fluvius, inquit, ortus in Phrygia, dictusque a plerisque Sangarius, exordium facit Mariandyni sinus, in quo oppidum Heraclea, etc. » Neque Martianus, lib. VI, cap. de Phrygia, p. 221 : « Amnem Rhesum, Sagarimque sinus Mariandyni, etc. » Horum auctoritati nisi concedendum aliquid putarem, locum hunc Plinianum interpungendum pronunciarem in hunc modum, « a quo incipiunt Mariandyni. Sinus, oppidumque Heraclea, etc. » Hard.

incipiunt Mariandyni[28] sinus, oppidumque Heraclea[29] Lyco[30] flumini appositum. Abest[31] a Ponti ore millibus ducentis : portus Acone[32], veneno aconito dirus, specus Acherusia[33]. Flumina : Pædopides[34], Callichorum[35], So-

28. *Mariandyni sinus.* Chiffl. *Mariandrini.* Dalec. *Maryandini.* ED.— Nomen ei sinui dedere finitimi Μαριανδυνοί, de quibus Pausanias, Eliac. prior. lib. I, pag. 340. Μαριανδυνία χώρα, Stephano, p. 444. Hodie *le golfe de Sakaria*, cui nomen oppidum fecit in ipso ostio cognominis fluvii positum. HARD.

29. *Heraclea.* Ponti cognominata, a vicino mari, Ponticaque provincia. Mariandynorum urbs a Mela vocatur, lib. I, cap. 19 : « Ab Argivo, inquit, Hercule condita, cui famæ fidem adjecit, quæ juxta est Acherusia palus », de qua mox. Nunc *Erekli*. Vetus Gordiani tertii nummus, quem Occo perperam legit, ΠΡΑΚΛΕΩΤΩΝ ΠΟΝΤΩ, pro ΗΡΑΚΛΕΙΑΣ ΕΝ ΠΟΝΤ. Hercules ibi effingitur canem ex antro extractum mactans. Hodie *Penderachi*. Alius ejusdem oppidi nummus, caput Herculis exhibet laureatum ; parte altera, clavam Herculis erectam : cum epigraphe, ΗΡΑΚΛΕΟΣ ΣΩΤΗΡΩΣ, latere sinistro : dextro, ΗΒ pro Ἡράκλεια Βιθυνίας, ut nunc quidem videtur. Infra, ΤΡΑΚΩΝ, nomen magistratus. Est ex ære mediocri, apud D. Abb. DE FONTENU. HARD.

30. *Lyco flumini appositum.* Ita MSS. omnes, et excusi libri ante Dalecampium, qui *oppositum* maluit. Quid vero sit *oppositum flumini oppidum*, fateor me non satis percipere. Appositum autem, seu juxta positum intelligo, quod modico a ripa fluminis distat intervallo : quemadmodum ipsis vicenis stadiis Heracleam a Lyco dissitam esse scribit Arrianus in Periplo Ponti Euxini : Ἀπὸ δὲ Λύκου εἰς Ἡράκλειαν πόλιν... ςάδιοι εἴκοσι. Impositum vero amni oppidum dicimus, quod est in ripa positum. Solinus, loc. cit. Ovidius, de Ponto, lib. IV, eleg. 10, vers. 47 : « Huc Lycus, huc Sagaris, etc. » HARD.

31. *Abest.* Abest Heraclea millibus pass. ducentis, ab ipsis Ponti angustiis. A fano Calchedonio, in ipsis Bosphori faucibus posito, Strabo distare ait stadiis circiter mille et quingentis, hoc est, passuum millibus centum octoginta octo. HARD.

32. *Acone.* Acone Solino, et Martiano. Stephano, Ἀκόναι, πολίχνιον πλησίον Ἡρακλείας, ubi multa ille et de cotibus quas ἀκόνας vocant, et de aconito. HARD.

33. *Acherusia.* Mela, lib. I, cap. 19 : « Juxta Heracleam specus est Acherusia, ad Manes (ut aiunt) pervius : atque inde extractum Cerberum existimant. » Ita et Solinus, loc. cit. HARD.

34. *Pædopides.* Ita Reg. 1, 2, Colb. 1, 2, Chiffl. et Paris. Editi, *Pedopyles.* HARD.

35. *Callichorum.* Vet. ap. Dalec. *Callichæum.* ED. — Ποταμὸς Καλλίχορος, Paphlagoniæ attributus a Scylace, pag. 42. Martiano Heracl.

LIBER VI. 583

nautes[36]. Oppidum Tium[37], ab Heraclea[38] triginta octo
millibus passuum. Fluvius[39] Billis.

II. (II.) Ultra quem[1] gens Paphlagonia, quam Pylæmeniam[2] aliqui dixerunt, inclusam[3] a tergo Galatia. Oppidum Mastya[4] Milesiorum, deinde Cromna[5]. Quo loco
Henetos[6] adjicit Nepos Cornelius, a quibus in Italia ortos

pag. 103, et Arriano in Periplo, Ὀξείνης. De eo Ammianus, l. XXII, p. 214 : « Flumina Callichori, ex facto cognominati : quod superatis post triennium Indicis nationibus, ad eos tractus Liber reversus, circa hujus ripas virides et opacas, orgia pristina revocavit, et choros, etc. » HARD.

36. *Sonautes.* Contracte dictum pro *Soonautes.* Acheronti flumini in Mariandynis id nomen dedisse, Σοωναύτης, Nisæos Megarenses, qui Heracleam condiderunt, auctor est Apollonius Rhod. Argonaut. lib. II, v. 748. Vocis etymon Scholiastes explicat : ἐπειδὴ πάντας τοὺς ναυτιλλομένους διασώζειν, ἀπαθεῖς ἔχων καὶ ἠρεμαίους λιμένας, quod nautis salutem portus sui opportunitate afferat. HARD.

37. *Tium.* Ptolemæo, lib. V, c. I, Τίον. « Tios oppidum, inquit Mela, loc. cit. Milesiorum quidem colonia, sed jam soli gentisque Paphlagonum. » Steph. pag. 657, Τίος, πόλις Παφλαγονίας. At Straboni Τήϊον, lib. XII, pag. 543. Philetæri patria, a quo Attalici reges. HARD.—Illud esse nunc *Falios*, sic dictum a vicino flumine cognomine quod Billim esse affirmat, opinatur D'ANVILLE. ED.

38. *Ab Heraclea.* Scribit Menippus in Paphlagoniæ Periplo, apud Steph. loco citato distare Tium ab Heraclea stadiis CCCLXX, ἀπὸ Ἡρακλείας ἐς Τίον πόλιν, καὶ ποταμὸν Βίλαιον, ςάδιοι τριακόσιοι ἑδδομήκοντα. Hæc milliaria efficiunt XLVI et ducentos passus. HARD.

39. *Fluvius Billis.* Ita libri MSS. omnes. Steph. Βίλαιος. Scholiastes Apollonii, ad Argon. lib. II, vers. 791, Βιλλαῖος ποταμὸς Παφλαγονίας. Martianus Heracl. pag. 102 : Βίλλαιος · οὗτος ὁ ποταμὸς ὁρίζει Βιθυνίαν. H. — Nunc *Falios*, ut modo diximus. ED.

II. 1. *Ultra quem.* Martianus, loc. cit. HARD.

2. *Pylæmeniam.* Chiffl. *Pylæmoniam.* ED. — Ut Ægypti Ptolemæi, Bithyniæ Nicomedes, sic Paphlagoniæ reges Pylæmenes vocabantur, ab antiquo illo Pylæmene, cujus Homerus meminit in Bœotia, Iliad. II. Hinc regio ipsa Pylæmenia dicta. Strabo, pag. 543. Vide et Livium, lib. I, cap. 1. HARD.

3. *Inclusam.* Martian. loco cit. iisdem verbis. Sensus est, Paphlagoniam ab ortu Galatia, quam attingit, claudi. HARD.

4. *Mastya.* Μαςύα a Milesiis condita, ut Tium. Forte Μόσον vel Μόςον Ptolemæi, in Galatia, lib. V, cap. 6. HARD.

5. *Cromna.* Κρώμνα πόλις Παφλαγονίας, Steph. pag. 390. Κρώμνα χωρίον, Martiano Heracl. pag. 104.

6. *Henetos adjicit.* Vet. ap. Dal.

cognomines eorum Venetos credi postulat[7]. Sesamum oppidum, quod nunc Amastris[8]. Mons Cytorus[9] a Tio LXIII[10] 2 mill. passuum. Oppida: Cimolis[11], Stephane[12]: amnis Parthenius[13]. Promontorium Carambis[14] vasto excursu,

Venetos. ED. — Ἐνετοί... ᾤκουν παρὰ Παφλαγονίαν, Steph. Primariam Paphlagonum gentem Strabo appellat, loc. cit. Hunc locum dum raptim legit Martianus, neque intellexit, et fœdum commentus est simul errorem: « Henetosa civitas, inquit, a cujus civibus in Italia ortos Venetos asserunt. » Hausit hoc a Solino, qui cap. XLIV, pag. 72, Paphlagoniam ait insignem esse loco Heneto, a quo Paphlagones in Italiam transvecti, mox Veneti sunt nominati. HARD.

7. *Credi postulat.* Chiffl. *credere putat.* Nepoti Strabo subscribit, lib. XII, pag. 544, qui lib. IV abire in alias partes videbatur. Subscribit et Scymnus, pag. 16. Curtius item, lib. III, num. 5, Liviusque: et Solinus, cap. XLIV, pag. 72. Alii a Venetis Galliæ populis, quorum Cæsar meminit, duci originem Venetorum Italiæ malunt. HARD.

8. *Amastris.* Dionysii Heracleæ tyranni uxor Amastris suo nomine urbem insignivit, e quatuor pagis conflatam, Sesamo, Cytoro, Cromna, Tio. Strabo, lib. XII, pag. 544. Ipsa arx Sesamus Melæ, lib. I, cap. 19, Σήσαμος ἀκρόπολις Straboni. Nummi vet. ΑΜΑΣΤΡΙΑΝΩΝ. HARD. — Nomen hodieque servat *Amasreh* dicta. ED.

9. *Cytorus.* Cujus Virgilius meminit, Georg. lib. II, vers. 437: « Et juvat undantem buxo spectare

Cytorum. » HARD. — Nunc *Kudros.* ED.

10. *LXIII mill. pass.* Ita Reg. 1, 2, etc. ac Solinus, cap. XLIV, pag. 72. Dalecampius, *LXIV mill. passuum.* ED.

11. *Cimolis.* Κίμωλις Straboni, lib. XII, pag. 545. Κιμωλὶς Martiano Heracl. pag. 105. HARD. — Nunc *Kinoli.* ED.

12. *Stephane.* Στεφάνη κώμη Martiano Heracl. loco cit. Στεφανὶς, πόλις Μαριανδυνῶν Stephano, pag. 617. HARD. — Nunc *Istefan* vocatur. ED.

13. *Parthenius.* Παρθένιος ποταμὸς ἐν μέσῳ τῆς Ἀμαςριανῶν πόλεως ῥέων, Stephanus, pag. 528. Strabo, pag. 543; Mela, lib. I, cap. 19. Nomen servat *Partheni.* ED. — Scylacem hinc emendabis, qui Παρσίνιον hunc amnem vocat, pro Παρθένιον, pag. 32, ubi hanc oram describit. Μετὰ δὲ Ἀσσυρίαν Παφλαγονία ἔθνος· ἔςι δὲ ἐν αὐτῇ Στεφάνη λιμήν· Κόλουσσα πόλις ἑλληνίς· Κάραμβις πόλις ἑλληνίς· Κύτωρος πόλις ἑλληνίς. Σησαμὸς πόλις ἑλληνίς, καὶ Παρσίνιος (lege Παρθένιος) ποταμός. HARD.

14. *Carambis.* Κάραμβις Strab. p. 545. Huic promontorio alterum opponitur, versus boream, quod Κριοῦ μέτωπον, cen frontem Arietis vocant. His duobus Euxinum mare in duo veluti maria dispescitur. H. — Carambis etiam hodie nominis vestigia servat *Kerempeh* vocatum. ED.

LIBER VI.   585

abest a Ponti ostio CCCXXV [15] mill. passuum : vel, ut aliis placuit, CCCL mill. Tantumdem [16] a Cimmerio, aut ut aliqui maluere, CCCXII M. D. Fuit et oppidum eodem [17] nomine, et aliud inde Armene [18] : nunc est colonia Sinope [19], a Cytoro CLXIV millibus. Flumen Evarchum [20] : gens, Cappadocum, oppidum Gaziura [21], et Gazelum [22] : amnis Halys [23], a radicibus Tauri per Cataoniam Cappadociam-

15. *CCCXXV mill.* Ita Reg. 1, 2, Colb. 1, 2, etc. Dal. *CCCXV.* Martianus, lib. VI, cap. de Phrygia, pag. 221, legit CCXX tantum, sed vitiose, ut constat, deficiente, ut minimum, centenarii nota. HARD. et ED.

16. *Tantumdem.* Martianus, loc. cit. HARD.

17. *Eodem nomine.* Κάραμβις πόλις ἑλληνὶς, Scylaci, pag. 32. HARD.

18. *Armene.* Dalec. *Armine.* ED. — Ἀρμένη κώμη Martiano Heracl. pag. 105. Ἀρμένη πόλις ἑλληνὶς καὶ λιμήν, Scylaci, p. 32. Sinopensium pagus Straboni, pag. 545. Et Armenen et Carambin intercidisse jam inde ab ævo suo Plinius contestatur familiari illo suo, *fuit.* Mela, lib. I, c. 19 : « Quæ Paphlagoniam finit, Armene. » HARD.

19. *Sinope.* Σινώπη Diogenis Cynici patria : Mithridatis quoque Eupatoris appellati, ortu, regno, sepulcroque nobilis. Coloniæ eo deductæ testes sunt nummi veteres, Antonini Severi : « C. I. AV. SINOP. Colonia Julia Augusta Sinopensis », apud Patinum, pag. 229, et Getæ, p. 317 : « C. I. F. SINOPES. Colonia Iulia Felix Sinope », vel *Sinopensis* Ulpianus item, Dig. lib. L, tit. 15 de Censibus. HARD. — Nomen hodieque retinet. ED.

20. *Evarchum.* Corruptum hujus amnis nomen, quod editi hactenus libri sic repræsentant, *flumen Varetum*, restituimus admonitu Martiani Heracleotæ, in Periplo, pag. 106, eum ipsum hoc terrarum tractu collocantis. Ἀπὸ Σινώπης, inquit, εἰς Εὔαρχον ποταμὸν ςάδια π'. Οὗτος ὁ ποταμὸς ὁρίζει Παφλαγονίαν, etc. Disterminat hic amnis Paphlagones a Cappadocibus. Plinius sane similiter post Sinopen Evarchum, post hunc Cappadocum gentem, ut amni proximam, appellat. Subscribit et Menippus apud Stephanum, verbo Καππαδοκία · Εὔαρχος ποταμός, inquit, ὃς ὁρίζει Παφλαγονίαν καὶ Καππαδοκίαν. Quamobrem Varetum a suo Indice expungat Ortelius. H.

21. *Gaziura.* Τὰ Γαζίουρα παλαιὸν βασίλειον, antiqua regia, Straboni, lib. XII, pag. 447, 547. Dio, lib. XXXV, pag. 5 : ὁ μὲν Μιθριδάτης τῷ Τριαρίῳ πρὸς Γαζιούροις ἀντεκάθητο. « Mithridates ad Gaziursa Triario castra opposuit. » Scribe, Γαζιούροις et *Gaziura.* HARD. — Nunc fortasse *Gueder*, auctore D'ANVILLE. ED.

22. *Gazelum.* Γάλωρον, ut arbitror, Ptolemæi, lib. V, cap. 6, inter Sinopen, et Halys fluminis ostia. HARD. — Nunc, ut vult D'ANVILLE, *Aladgiam.* ED.

23. *Halys.* Scholiast. Apollon. ad Argon. lib. II, vers. 366 : Ἅλυς

3 que decurrens. Oppida : Gangre[24], Carusa[25], Amisum liberum[26], a Sinope CXXX[27] mill. passuum. Ejusdemque nominis[28] sinus tanti recessus, ut Asiam paene insulam faciat, CC mill.[29] passuum aut amplius per continentem ad Issicum Ciliciae sinum. Quo in omni tractu proditur, tres tantum gentes Graecas jure dici, Doricam, Ionicam, Æolicam, caeteras Barbarorum[30] esse. Amiso junctum fuit oppidum Eupatoria[31], a Mithridate conditum.

ποταμὸς Παφλαγονίας. H. — Nunc *Nizil-Ermak*, quod rubrum flumen sonat. HARD.

24. *Gangre.* Γάγγρα Stephano, pag. 191. Hic synodus Gangrensis habita. Postea Theodosiam Gangrorum aiunt appellatam. HARD.— Nunc dicitur *Kiangari.* ED.

25. *Carusa.* Ita Reg. 1, 2, Colb. 1, 2, Paris. In editis perperam, *Carissa:* quamquam ita Ptolemaeus, lib. V, cap. 6. Sed is ex Scylace, apud quem pag. 32, Κάρουσσα πόλις ἑλληνίς : ex Martiano Heracl. pag. 106, apud quem, p. 106, Καροῦσα legitur: ex Arriano, aliisque emendandus. ED.

26. *Amisum liberum.* Ab Augusto Caesare post Actiacam victoriam libertate donatum, ut auctor Strabo, lib. XII, pag. 547. Ἀμισὸς Ptolemaeo, lib. V, cap. 6, et Straboni, aliisque. Amisum Plinius de more dixit, quoniam *oppidum* subintellexit. Nummus Hadriani, AMICOY ΕΛΕΥΘΕΡΑC. HARD. — Nunc *Samsoun.* ED.

27. *CXXX mill. pass.* Incuria librariorum irrepsisse hoc loco mendum suspicamur : qui quum in primitivis codicibus scriptum offendissent, *centum tr. mill. triginta* pro *tredecim* posuerint. Strabo enim, lib. XII, pag. 547, dissitam esse Sinopen ait ab Amiso stadiis omnino nongentis, περὶ ἐννεακοσίους ϛαδίους. Strabonem sequitur Stephanus, p. 74. Efficit autem haec mensura passuum millia CXII, cum quingentis pass. HARD.

28. *Ejusdemque nominis.* Sinus Amisenus, tam vasto recessu in ortum secedens, et in meridiem reflexus, ut Asiam quam minorem vocamus (veteres Asiam intra Halym dixere), paene insulam faciat, etc. HARD.

29. *CC mill. passuum aut amplius.* Optime sic MSS. Reg. 1 et 2, editio princeps et Chiffl. Perperam in recentioribus editionibus, quas secutus est Harduinus, emendatum *haud amplius.* Quod manifeste falsum est: quum Amisenus sinus ab Issico distet, ut minimum CCC mill. pass. BROT. et ED.

30. *Barbarorum.* Vernaculo ac proprio, non graeco fere sermone utentium. HARD.

31. *Junctum fuit oppidum Eupatoria.* A Mithridate, cui Eupatoris nomen fuit. Solin. cap. XLIV, pag. 72; Martianus, libro VI, pag. 222. HARD.

LIBER VI.

Victo[32] eo, Pompeiopolis[33] utrumque appellatum est.

III. (III.) Cappadocia[1] intus habet coloniam Claudii Cæsaris Archelaidem, quam præfluit Halys. Oppida : Comana[2], quod Sarus : Neocæsaream[3], quod Lycus[4] : Amasiam[5], quod Iris in regione Gazacena[6]. In Colopena[7] vero

---

32. *Victo eo*. A Pompeio. Vide, lib. VII, cap. 27. Igitur urbes duæ junctæ, Eupatoria et Amisos, in Pompeii nomen transiere. Eupatoria nova urbs adtexta veteri fuit a Mithridate. Sic Appian. in Mithrid. Utrumque Pompeiopoleos nomine appellatum. Πομπηϊούπολις, πόλις Παφλαγονίας, ἡ Πομπηϊόπολις. Steph. pag. 558. HARD.

33. *Pompeiopolis utrumque*. Chiffl. *utrumque Pompeiopolis*. ED.

III. 1. *Cappadocia*. Hæc totidem verbis Solinus, cap. XLV, pag. 73; Martianus, lib. VI, c. de Cappad. pag. 222. Nomen habet Ἀρχελαΐς ab Archelao Cappadociæ rege, cujus regnum Tiberius in provinciæ formam redegit, teste Suetonio in ejus vita, cap. XXXVII. HARD. — *Erekli* nunc dicitur. ED.

2. *Comana, quod Sarus*. Hoc est, quod oppidum Sarus amnis præfluit. Τὰ Κόμανα, Straboni, lib. XII, pag. 535, et Appiano in Mithrid. pag. 214. Διὰ μὲν οὖν τῆς πόλεως ταύτης ὁ Σάρος ῥεῖ ποταμός, inquit Strabo, qui hanc Cataoniæ urbem adjudicat : alteram deinde ejusdem nominis ab ea discriminat, quæ Iri amni erat imposita. De vocis etymo multa ibi digna scitu : et de Iphigeniæ gladio, quem penes se esse utraque urbs gloriatur. Nummi veteres ΚΟΜΑΝΕΩΝ. Colonia eo missa est sub Severo Imp. et a conjuge Julia Pia Felice Aug. nomen accepit. Unde sunt nummi Antonini Severi, COL. IVL. AVG. F. COMANORVM. HARD. — Locum occupasse videtur qui nunc *El-bostan*, sive *Hortus*, dicitur. ED.

3. *Neocæsaream*. Georgii Thaumaturgi episcopali sede nobilem. Nunc *Niksar*, ut ait D'ANVILLE, quæ quidem urbs haud ignobilis est; non autem *Tocat*, ut Harduino videtur. ED.

4. *Lycus*. Fluviolus, qui in Irim amnem labitur, ut dicetur initio cap. seq. HARD.

5. *Amasiam*. Strabonis hæc patria, quam ille pereleganter describit, lib. XII, p. 561 : Ἀμάσεια... δι' ἧς ὁ Ἶρις φέρεται ποταμός. Priscum retinet nomen, oppidum hodieque insigne. Describitur a Tavernerio, in Itiner. tom. I, pag. 9. HARD.

6. *Gazacena*. Γαζακηνὴ regio Straboni lib. XII, pag. 553, qui hanc vocem Paphlagonicam esse, et barbaram ait. HARD.

7. *In Colopena*. Ab urbe Χολόη regio nomen traxisse videtur : quæ inter mediterranea oppida Ponti Galatici, ut et Sebastopolis, a Ptolemæo describitur, lib. V, cap. 6. Sebastia vero, Σεβάςεια, inter ea quæ Polemoniaci Ponti dicebantur. Hæc hodie *Sivas* appellatur. Vide Tavernerium, tom. I, Itiner. p. 11. In Notitia Eccles. Hieroclis, pag. 15, inter episcopos primæ

Sebastiam et Sebastopolin. Hæc parva, sed paria supra dictis. Reliqua sui parte Melitam[8], a Semiramide conditam, haud procul Euphrate : Diocæsaream[9], Tyana[10], Castabala[11], Magnopolim[12], Zelam[13] : et sub[14] monte Argæo Mazacam[15], quæ nunc Cæsarea nominatur. Cappadociæ pars prætenta Armeniæ majori, Melitene[16] vocatur :

Armeniæ, ὁ Σεβαϛείας, et Σεβαϛουπόλεως appellantur. Et pag. 35, Σεβάϛεια et Σεβαϛούπολις. Sic etiam Leunclavius, pag. 92. HARD.

8. *Melitam.* A qua Melitene, de qua mox. Ptolemæo, lib. V, cap. 7, Μελιτήνη. A Semiramide conditam auctor est quoque Martianus, lib. VI, pag. 222, Solinus, cap. XLV, pag. 73, et Strabo, lib. XII, pag. 573. Juxta Euphratem positam, παρὰ τὸν Εὐφράτην ποταμὸν, Ptolem. loco citato. De ea diximus libro superiore, cap. 20. HARD.

9. *Diocæsaream.* Διοκαισάρεια in Garsauritide Cappadociæ præfectura, de qua mox dicetur, Ptolemæo loco citato. HARD.

10. *Tyana.* Τὰ Τύανα, Philostrato lib. I, cap. 4, de vita Apollonii, cui patria Tyanei nomen fecit. HARD.

11. *Castabala.* Vet. apud Dalec. *Castabalam.* ED. — Τὰ Καϛάβαλα Straboni, lib. XII, p. 537, prope Tyana. HARD.

12. *Magnopolim.* Hæc Eupatoria primum est appellata, ab alia ejusdem nominis, de qua sup. cap. dictum est diversa : ad confluentes Lyci et Iris posita : quam imperfectam a Mithridate relictam Pompeius agro et civibus additis, Magnopolim de suo nomine appellavit. Strabo, lib. XII, pag. 556, et Appianus in Mithridate, p. 251.

HARD. — Nunc *Tchenikeh*, ut quidem opinatur D'ANVILLE. ED.

13. *Zelam.* Armeniæ locum hunc adjudicant Stephanus et Strabo. Ille, p. 289, Ζῆλα τόπος Ἀρμενίας. Iste lib. XII, p. 559, in Armenia, Ζηλῖτις ἔχει πόλιν Ζηλὰ, ἐπὶ χώματι Σεμιράμιδος τετειχισμένην, etc. H.

14. *Et sub monte Argæo.* Mart. lib. VI, p. 222, et Solin. cap. XLV, pag. 13, Ἀργαῖον ὄρος Straboni, p. 538, unde in utrumque mare prospectum esse aiunt, in Euxinum et Issicum. HARD. — Etiamnunc *Ardgeh-Dagh*. ED.

15. *Mazacam.* Τὰ Μάζακα ἡ μητρόπολις, καλεῖται δ' Εὐσέβεια καὶ αὕτη, etc. Strabo, loco citato, et Stephanus. Ptolemæus, lib. V, cap. 6, Μάζακα ἡ καὶ Καισάρεια Basilii M. sedes episcopalis. Non a Claudio Cæsare Cæsarea dicta, ut ait Niceph. Callist. Eccl. Histor. lib. X, pag. 15, sed a Tiberio potius, ut ait Suidas tom. II, pag. 903. Hieronymus quoque in Chron. pag. 157 : « Tiberius multos reges ad se per blanditias evocatos numquam remisit : in quibus et Archelaum Cappadocem, cujus regno in provinciam verso, Mazacam nobilissimam civitatem Cæsaream appellari jussit. » H. — Huic successit *Kaisarieh*, sed paulum, ut videtur, ab ea dissita. ED.

16. *Melitene.* Hæ quoque Cap-

LIBER VI.   589

Commagenæ, Cataonia[17] : Phrygiæ, Garsauritis, Sargarausene[18], Cammanene : Galatiæ, Morimene : ubi disterminat eos Cappadox[19] amnis, a quo nomen traxere, antea Leucosyri[20] dicti. A Neocæsarea supradicta minorem Armeniam Lycus amnis disterminat. Est[21] et Ceraunus intus clarus. In ora autem ab Amiso oppidum et flumen Chadisia[22], Lycastum[23], a quo Themiscyrena[24] regio.

IV. Iris[1] flumen deferens Lycum. Civitas Ziela[2] intus,

padociæ præfecturæ Straboni memorantur, lib. XII, pag. 534, Μελιτηνή, καὶ Καταονία. Ἰσαυρῖτις (lego Γαρσαυρῖτις) Καμανηνή, vel ut pag. 540, Κωμμανηνή, Μοραμηνή, pro Μοριμηνή. HARD.

17. *Cataonia.* Cujus oppidum Claudiopolim esse diximus, lib. V, cap. 20. HARD.

18. *Sargarausene.* In unica voce bis peccarunt Plinii editores, qui sic curarunt scribi (*Phrygiæ, Garsauritis* : subintellige, *prætenditur*, ex superioribus) : *Sargaurasanæ, Cammanene.* Nam et præfecturæ nomen vitiatum est, pro Sargarausene, uti ex Strabone diximus : et corrupta interpunctione perturbatus situs : est enim ipsa Sargarausene e Cappadociæ quoque præfecturis una, cum Garsauritide et Cammanene : ut loci hujus plane sententia sit Phrygiæ prætendi ex æquo tres illas, Garsauritidem, Sargarausenen, Cammanenen. Σαργαραυσηνή Straboni, pag. 537, et Ptolemæo, lib. V, cap. 6. HARD.

19. *Cappadox.* Fluviolum esse satis indicat, qui in interiore Cappadocia fluat, atque in Halyn deinde labatur. HARD.

20. *Leucosyri.* Λευκόσυροι Straboni, p. 545, hoc est, Syri albi. H.

21. *Est et Ceraunus.* In Reg. 1, *Cœranus*, κοίρανος. Suspecta mihi vero pariter vox utraque : quum haud alibi, quod sciam, exstet. *Caruanis* forte legi satius fuerit, quo nomine oppidum appellatur in hoc ipso terrarum tractu, Ponti nempe Polemoniaci præfectura, Καρουανὶς a Ptolemæo, lib. V, c. 6. Amnis id, non oppidi nomen, Κεραυνός. Id enim orationis textura postulat. H.

22. *Chadisia.* Χαδισία, πόλις Λευκοσύρων, hoc est, Cappadocum, Stephan. p. 708, ex Hecatæo, qui Themiscyræ inde regionis initium ducit, Martianus Heracl. pag. 106, εἰς κώμην καὶ ποταμὸν Χαδέσιον. H.

23. *Lycastum.* Oppidum. Mela, lib. I, cap. 19, pag. 22 : « Secundum Halyn urbs est Lycasto. Ad Thermodonta, campus : in eo fuit Themiscyrium oppidum, etc. » H.

24. *Themiscyrena.* Dal. *Themiscyra. Djanik* hodie vocatur hæc regio, quam barbaræ gentes incolunt. ED.

IV. 1. *Iris flumen.* Strab. l. XII, p. 556. Nunc *Iechil-Ermak.* ED.

2. *Ziela.* Ζίηλα, quæ a conditore Ziela Nicomedis F. nomen tulit. Stephanus, pag. 289. Ζήλαν Plutarchus in Cæsare, pag. 731. Ζέλειαν Dio vocat, lib. XLII, pag. 107. H. — Etiamnunc *Zileh.* ED.

nobilis clade Triarii[3], et victoria C. Cæsaris[4] : in ora amnis Thermodon[5], ortus ad castellum, quod vocant Phanarœam[6], præterque radices Amazonii montis lapsus. Fuit oppidum eodem[7] nomine, et alia quinque : Amazonium[8], Themiscyra[9], Sotira, Amasia, Comana : nunc Manteium[10]. (IV.) Gentes Genetarum[11], Chaly-

3. *Triarii.* Romani ducis, qui cum Lucullo in Asia Mithridatico bello interfuit. Ingenti prælio a Mithridate victum referunt Dio, l. XXXV, pag. 5; Plutarchus in Lucullo, p. 515; Appianus in Mithr. pag. 249. Insigni hallucinatione Gallicus interpres Pinetus, editoresque Pliniani, qui indicem totius operis confecerunt, Triarium a Cæsare superatum opinati sunt, hoc scripto lemmate, « Ubi Cæsar Triarium superavit, » remisso ad hunc locum lectore. Hunc nos errorem in observationibus nostris abunde confutavimus. Hard.

4. *C. Cæs.* Dictatoris, qui Pharnacem Mithridatis F. superavit, tropæumque statuit ei adversum, quod eo ipso in loco de Triario devicto Mithridates fixerat : quoniam istud evertere, quod erat belli Diis dedicatum, nefas putabatur. Dio, lib. XLII, p. 207. Hard.

5. *Thermodon.* Dalec. *Thermodoon.* Θερμώδων, Straboni, lib. XII, pag. 547, ῥέων ἐκ τῆς καλουμένης Φαναροίας. Nunc *Termeh*, auctore d'Anville. Hard. et Ed.

6. *Phanarœam.* Regioni quoque inditum fuisse nomen illud, ait d'Anville, nescio qua fretus auctoritate. Ed.

7. *Eodem nomine.* Thermodontis nomine : sed fuit, hoc est, intercidit. Quare apud cæteros scriptores nulla fit hujus mentio. Hard.

8. *Amazonium.* Phamizonium libri editi exhibent : at Reg. 1, et alii, *Amazonium*: atque hanc lectionem, quod multo est certius, Mela ipse constabilit, lib. I, cap. 19: « Ad Thermodonta, inquit, Themiscyrium oppidum : fuere et Amazonum castra, et ideo Amazonium vocant. » Et vero Phamizonium, ut Stephanus quidem scribit, vel potius Phazemonium, ut Strabo, lib. XII, pag. 560; Phazemonitisque regio longo hinc fuit intervallo dissita, trans Thermodontem et Irin. Hard.

9. *Themiscyra.* Straboni, p. 547, ἡ Θεμίσκυρα. Reliquæ, Σώτειρα, Ἀμάσεια, Κόμανα, quæ quum jam tum interierint, ab aliis scriptoribus prætermissæ sunt : præter τὰ Κόμανα τὰ ἐν τῷ Πόντῳ a Comanis Cappadocicis, de quibus supra, diversa : de his Strabo multa, pag. 557. Hard.

10. *Nunc Manteium.* Nunc, inquit, solum superest μαντεῖον, id est, oraculum. Hard.

11. *Genetarum.* Id eis a cognomine promontorio nomen, ὁ Γενέτης Straboni, lib. XII, pag. 548, ubi et portus fluviusque cognominis, teste Stephan. pag. 204. Juxta Tibarenorum gentes Γενηταίου Διὸς ἄκρην locat Apollonius lib. II, Argon. vs. 1011. Hard.

bum[12]. Oppidum Cotyorum[13]. Gentes: Tibareni, Mossyni[14] notis signantes corpora. Gens, Macrocephali[15], oppidum Cerasus[16], portus Chordule[17]. Gentes: Bechires[18], Buzeri. Flumen Melas. Gens, Macrones[19]: Sidene[20], flumenque Sidenum, quo alluitur oppidum Polemonium[21] ab Amiso

12. *Chalybum.* Χάλυβες περὶ τὸν Πόντον ἔθνος ἐπὶ τῷ ποταμῷ Θερμώδοντι. Chaldæos Χαλδαίους vocat Plutarchus in Lucullo, pag. 500. Lustrat hanc oram Festus Avienus in descriptione orbis, vers. 947: « Inde Tibareni, Chalybes super, arva ubi ferri Ditia vulnifici crepitant incudibus altis. » Vide Poet. Lat. Min. t. V. Cujus nominis vestigia retinet hodiernum regionis vocabulum *Keldir* dictæ. H. et ED.

13. *Cotyorum.* Κοτύορος Straboni, lib. XII, pag. 548; Κοτύωρα πρὸς τῷ Πόντῳ, Stephano, pag. 381, et Arriano in Periplo Ponti. HARD.

14. *Mossyni.* Μόσυνοι Nicolao Damasc. in Excerptis, pag. 517. Iidem Μοσύνοικοι appellati a Strabone, lib. XII, pag. 549, et Diodoro, lib. XIV, pag. 260, hoc est, turricolæ. Mela, lib. I, cap. 19, p. 22: « Tibareni Chalybas attingunt, quibus in risu lusuque summum bonum est. Ultra Mossyni turres ligneas subeunt, notis corpus omne persignant, propatulo vescuntur, etc. » HARD.

15. *Macrocephali.* Mela, loco citato: « Minus feri, verum et hi inconditis moribus, Macrocephali, Bechiri, Buzeri. » HARD.

16. *Cerasus.* Κερασοῦς Straboni, lib. XII, pag. 548, unde cognominata cerasa, ut ait Ammianus, lib. XXII, p. 213. Ego vero de arbore magis patriam, quam de patria arborem nomen traxisse crediderim. Dicemus ea de re, lib. XV, cap. 30. H.—Etiamnunc *Kerasoun.* ED.

17. *Chordule.* Prius *Cordulæ* scribebatur. At Χορδύλη est Ptolemæo, V, cap. 6. Arriano, in Periplo, Κορδύλη. HARD.

18. *Bechires, Buzeri.* Illi Scylaci, pag. 31, Βέχειροι dicuntur, et Apollonio, lib. II, vs. 395; Stephano, Βέχειρες. Isti Straboni, lib. XII, p. 549, Βύζηρες: *Buzeres* Prisciano in Periegesi, pag. 386. HARD.

19. *Macrones.* Μάκρωνες sive Σάννοι, de quibus Strabo, p. 548. De his iterum cap. 11. HARD.

20. *Sidene.* Ita rescripsi ex Strabone, apud quem loco citato, Σιδηνὴ regio reperitur Themiscyrenæ juncta, atque ab ipso orationis contextu admonitus. Nam si *Sideni,* uti ante nos editum fuit, potius foret, *Gentes: Macrones, Sideni,* Plinius dixisset haud dubie, ut proxime antea, *Gentes: Bechires, Buzeri;* non *gens.* HARD.

21. *Polemonium.* Chiffl. *Palemonium.* ED. — Quod a Polemone rege nomen habet, ac Ponti certæ parti dedit, Ponti Polemoniaci. Ejus regis ditio Neronis tantum principatu in Romanorum ditionem venit. Πολεμώνιον, Stephanus, pag. 557. In Notitia Eccles. p. 35, inter sedes episcopales provinciæ Ponti Polemoniaci, Τολεμόνιον, pro Πολεμώνιον. Rectius apud Leuncla-

3 cxx mill. passuum. Inde flumina ; Iasonium[22], Melanthium[23] : et ab Amiso lxxx mill. passuum, Pharnacea[24] oppidum, Tripolis[25] castellum et fluvius. Item Philocalea[26], et sine fluvio Liviopolis : et a Pharnacea centum[27] mill. passuum, Trapezus[28] liberum, vasto monte clausum. Ultra[29] quod gens Armenochalybes, a majore[30] Armenia xxx mill. passuum distans. In ora ante Trapezunta flumen Pyxites[31] : ultra vero gens Sannorum[32] Heniochorum.
4 Flumen Absarum[33], cum castello cognomine in faucibus,

vium, p. 94, ὁ τοῦ Πολεμωνείου. H. —*Vatisa*, sive *Fatsa*, hodie dictum videtur, quod nomen a vicino promontorio quondam Phadisana dicto. Ed.

22. *Iasonium*. Straboni, p. 548, et Arriano in Periplo, Ἰασόνιον promontorium est, cujus nominis et flumen fuisse conjicitur : ut Heracleum in ea ora, et promontorii idem et amnis nomen fuit, ut mox dicetur. Hard.

23. *Melanthium*. Μελάνθιος ποταμὸς Arriano in Periplo, a Cotyoris, de quibus superius, stadiis dissitus lx. Hard.

24. *Pharnacea.* Φαρνακία Ptolemæo, lib. V, cap. 6, et Straboni, pag. 555. Φαρνάκεια Arriano. H.

25. *Tripolis*. Meminit hujus loci Arrianus, quem a Philocalea distare centum ac decem stadiis ait. Nunc *Tireboli*. H. et Ed.

26. *Philocalea*. Vet. apud Dalec. *Cocalia*. Dal. *Philocalia*. Castellum et fluvius. Φιλοκάλεια Arriano, in Periplo Ponti. Ptolemæo, lib. V, c. 6, perperam Κωκάλια. H. et Ed.

27. *Centum mill. pass.* Ab Amiso autem Pharnacea distat lxxx mill. Sunt omnino igitur clxxx mill. pass. terrestri scilicet ac recto itinere : nam mari navigatio, per sinuum anfractus, duum millium est stadiorum cum ducentis, ab Amiso Trapezuntem usque, ut Strabo monet, lib. XII, pag. 548, hoc est, milliarium ducentorum et xxv. Hard.

28. *Trapezus.* Τραπεζοῦς Græcis. Nobis, *Trébizonde*. Græcorum imperii quondam sedes. Trapezunta insulam Ammianus vocat, lib. XXII, p. 213, quoniam peninsulæ cum insulis sæpe confundi solitæ. Hard.

29. *Ultra quod.* Versus orientem, a mari longius. Hard.

30. *Majore Armenia.* Dalec. et major *Armenia*. Ed.

31. *Pyxites.* Vet. apud Dalec. *Pysites*. Πυξίτης Arriano in Periplo. Hard. et Ed.

32. *Sannorum Heniochorum.* Ex Heniochis, Sannisque, qui et Macrones, mixti, ut Armenochalybes ex Armenis et Chalybibus. Σάννους, et Λάζους, de quibus mox dicetur, etsi Romanis subactos armis, Romanis tamen unquam legibus serviisse negat Theodoretus, serm. 9, de legibus. Hard.

33. *Flumen Absarum.* Ἄψαρος ποταμὸς Scylaci, p. 31. Ptolem. lib.

LIBER VI.

a Trapezunte CXL[34] mill. passuum. Ejus loci a[35] tergo montium Iberia est : in ora vero Heniochi, Ampreutæ[36], Lazi. Flumina : Acampsis[37], Isis, Mogrus, Bathys. Gentes Colchorum. Oppidum Matium[38], flumen Heracleum[39], et promontorium eodem nomine, clarissimusque Ponti Phasis[40]. Oritur in Moschis[41] : navigatur quamlibet magnis navigiis XXXVIII mill. D. passuum. Inde minoribus longo spatio, pontibus CXX pervius. Oppida in ripis habuit[42]

V, cap. 6, Ἄψορρος. Castellum vero Ἄψαρον vocat Arrianus in Periplo Ponti, positum in ipsis fluvii faucibus. HARD.

34. *CXL mill. passuum*. Dalec. CL. ED.

35. *A tergo*. In mediterraneo, versus ortum a mari recedendo. II.

36. *Ampreutæ*. Ampreutarum loco Zydretas habet Arrianus in Periplo, quos Heniochos inter et Lazos collocat, Ἡνιόχων ἐχόμενοι Ζυδρεῖται· Ζυδρειτῶν δὲ Λαζοί. Hi Λαζαὶ Ptolemæo dicti, lib. V, c. 10, maritima Colchidis obtinent, ad utramque Phasidis ripam appositi, teste Procopio, Belli Pers. lib. II, cap. 29, pag. 164. Hodie *Guria*, sive *Guriel*. In Notitia Eccles. p. 19 et 51, Ἐπαρχία Λαζικῆς· ὁ Φάσιδος· ὁ Ῥοδουπόλεως· ὁ Πετρῶν, etc. HARD. et ED.

37. *Acampsis*, etc. Libri hactenus editi, *Flumina: Campseonysis, Nogrus*. Errorem detexit, et emendationem nobis suggessit Arrianus in Periplo, horum fluminum nomina ita scribens, Ἀκαμψις, Ἶσις, Βαθύς, Μώγρος. Scylax hinc emendandus pariter, pag. 81, apud quem Ἶρις amnis in Colchis pro Ἶσις legitur. HARD. — Bathys *Tchorok* hodie dicitur; cæteri ignorantur. ED.

38. *Matium*. Dalec. *Marium*. ED. — Forte Μαδία Ptolemæi, lib. V, cap. 30, in mediterraneis Colchidis civitatibus. HARD.

39. *Heracleum*. Aliud hoc promontorium est ab Heracleo, cujus Strabo meminit, lib. XII, p. 548, quod oram maritimam ab Amiso legentibus, etiam ante Jasonium, de quo supra, primum occurrit : quum hoc Plinianum ab Amiso millibus pass. distet amplius trecentis et sexagenis. HARD.

40. *Phasis*. Argonautarum navigatione celebratus. Nostris, *le Phase* sive *Rione*. H. et ED.

41. *Oritur in Moschis*. Ita Solinus, cap. XV, pag. 35. Strabo, lib. XI, p. 498, ἐξ Ἀρμενίας τὰς ἀρχὰς ἔχων, hoc est, ortum habet ex ea Moschicæ regionis parte, quam Armeni obtinent. Est enim Moschica tripartita : pars Colchis, pars Iberis, pars Armenis cedit : ἡ δ᾽ οὖν Μοσχικὴ, inquit idem Strabo, pag. 499, τριμερής ἐστι· τὸ μὲν γὰρ ἔχουσιν αὐτῆς Κόλχοι, τὸ δὲ Ἴβηρες, τὸ δὲ Ἀρμένιοι. HARD. — Regionem quæ nunc *Imérétie* dicitur, occupasse videntur. ED.

42. *Habuit complura*. Familiaris hæc Plinio formula præteriti temporis, *habuit, inclaruit*, desiisse jam

complura : celeberrima[43], Tyndarida[44], Circæum, Cygnum[45], et in faucibus Phasin. Maxime autem inclaruit Æa[46], xv mill. passuum a mari, ubi Hippos[47] et Cyaneos vasti amnes e diverso in eum confluunt. Nunc habet Surium[48] tantum, et ipsum ab amne influente ibi cognominatum, usquequo[49] magnarum navium capacem esse 6 diximus. Et alios accipit fluvios, magnitudine numeroque mirabiles, inter quos Glaucum[50]. In[51] ore ejus, insulæ sine nomine, ab Absaro[52] LXX M. Inde aliud flumen Charien[53].

tum oppida illa significat. HARD.

43. *Celeberrima.* Chiffl. *celeberrimum.* ED.

44. *Tyndarida, Circæum.* Prius *Tyritacen* legebatur cujus urbis in hoc tractu nullum apud cæteros scriptores vestigium : nisi cui Stephani Τυριτακίτη pertinere huc videatur. At MSS. Reg. 1, 2, Colb. 1, 2, Paris. Chiffl. vet. Dalec. etc. habent, *Tyndaridaceum;* unde nos *Tyndarida, Circæum*, effingi curavimus, Dionysii Periegetæ admonitu persuasi, qui Tyndaridarum regionem, Circæumque campum, ad Phasis ripas in intimo Ponti recessu, juxta Colchos collocat, vers. 688. HARD.

45. *Cygnum, et in faucibus Phasin.* De Cygno inferius. De Phasi Mela, lib. I, cap. 19, p. 23 : « Hic Phasis erumpit: hic eodem nomine, quo amnis est, a Themistagora Milesio deductum oppidum. » Stephan. Φᾶσις, πόλις πρὸς τῷ Φάσιδι ποταμῷ ἐν Κόλχοις. Instaurata denuo, hodieque præampla civitas est, *le Phase.* HARD.

46. *Æa.* Αἴα Stephano, pag. 30, sed paulo a mari remotius, quam Plinius statuit : nempe CCC ipsis stadiis, ςάδια τριακόσια, quæ millia passuum efficiunt XXXVII cum pass. quingentis. HARD.

47. *Hippos et Cyaneos.* Dalecamp. *Cyanos.* ED. — Stephano et Ptolemæo lib. V, cap. 10, Ἵππος καὶ Κυάνεος, ille a celeritate, quod incitatissimi equi more fertur : a colore iste cæruleo, nomen invenit. Uterque in Phasin influit. HARD.

48. *Surium.* Σούριον in mediterraneis Colchorum oppidis Ptolemæo, loco cit. HARD.

49. *Usquequo.* Hoc est, influente ibi Surio amne in Phasin, ubi, vel quo usque magnis navigiis Phasin diximus navigari, hoc est, a mari, XXXVIII mill. D. pass. HARD.

50. *Glaucum.* Γλαῦκος Straboni, lib. XI, pag. 498. HARD.

51. *In ore ejus.* Ubi se Phasis in mare devolvit. HARD.

52. *Ab Absaro LXX M.* Ita Reg. 1, 2, Colb. 1, 2, Chifflet. Paris. Nonnulli alii, *LXXV.* HARD. — Vet. apud Dalec et Chiffl. *ab Asmo LXX.* Dalec. *LXXV.* ED.

53. *Charien.* Neutro id genere expressit, quia flumen præfatus. Arriano in Periplo, Χαρίεις ποταμός. Ptolemæo, loco citato, Χάριστος.

LIBER VI.

Gens Salæ, antiquis Phthirophagi[54] dicti, et Suani[55]. Flumen Cobum[56] e Caucaso per Suanos fluens. Dein Rhoas. Regio Ecrectice[57]. Amnes: Singames[58], Tarsuras, Astelephas, Chrysorrhoas. Gens Absilæ[59], castellum Sebastopolis, a Phaside[60] centum mill. passuum. Gens Sannigarum[61], oppidum Cygnus[62], flumen et oppidum

Straboni, pag. 499, ὁ Χάρις. HARD. — Hodie *Enguri*, auctore D'ANVILLE. ED.

54. *Phthirophagi*. Φθειροφάγοι Straboni, loco citato, quos ait a sordibus et squalore nomen habere. Horum et Mela meminit, lib. I, c. 19. HARD.

55. *Et Suani*. Σούανοι Ptolemæo, lib. V, c. 9. Σόανες iidem Straboni, loco citato, et Stephano. HARD. — Nomen horum etiamnunc servare quam tenuerunt regionem *Suaneti* dictam, auctor est D'ANVILLE. ED.

56. *Cobum*. Arriano in Periplo, Κῶβος ποταμός, nunc *Khobis*. HARD. et ED.

57. *Ecrectice*. Ptolemæus, lib. V, cap. 10, ex Palatino cod. Ἐκρηκτικὴν χώραν appellat: quæ germana vocis hujusce scriptura est. Invenisse nomen ea regio videtur, vel quod abrupto salebrosoque solo est, vel quod frequentibus fluviorum ac torrentium alveis excavato, vel denique crebris imbrium eruptionibus obnoxio, ταῖς συρῤοαις τῶν ποταμῶν, καὶ ἐκρήγμασι τῶν ὑδάτων, καὶ χαράδραις. Unde et ejus oræ fluvio Ῥόας inditum nomen. Ecrectices et Mela meminit lib. I, cap. 19. Pars est Mingreliæ borealis. HARD.

58. *Singames*, *Tarsuras*, *Astelephas*. Nomina hæc amnium refinximus ex Arriano, ita ea repræsentante in Periplo Ponti: Σιγγάμης, Ταρσούρας, Ἀστέλεφος. In Plinianis libris ita hactenus editum, *Sigania*, *Tersos*, *Atelpos*. In MSS. Reg. 1, etc. *Sigania*, *Thersos*, *Asthelpus*. H. — Singames vocatur nunc, auctore D'ANVILLE, *Hati-Scari*; Tarsuras *Ochum*; Astelephas, *Mokis-Scari*. ED.

59. *Absilæ*. Ἀψίλαι Arriano in Periplo. Horum castellum Sebastopolis, in urbis deinde amplitudinem crevit, hodieque *Savatopoli*, retento utcumque vetusto nomine, appellatur. HARD.

60. *A Phaside*. Ab oppido scilicet, in ore amnis cognominis posito, distat id castellum, cui Sebastopoleos nomen fuit. HARD.

61. *Sannigarum*. Vet. apud Dalec. *Samnigarum*. ED. — Arriano Σανίγαι, in Periplo Ponti. Stephano, Σαννίγαι, ἔθνος Σκυθίας. HARD.

62. *Cygnus*. Ab altero ejusdem nominis oppido, de quo superius, longe diversum: etsi nomenclaturæ par forte ratio. Illud enim in Phasidis ripa, istud a Phaside centum amplius passuum millibus disjunctum: illud sua ætate interiisse, istud integrum superesse significat. De appellationis occasione Mela, lib. I, cap. 19: « Oppidum est, inquit, quod Græci mercatores constituisse, et quia quum cæca tempestate agerentur, ignaris quæ terra esset, cygni vox notam dederat, Cygnum appellasse dicuntur. » H.

Penius[63]. Deinde multis[64] nominibus Heniochorum gentes.

V. (v.) Subjicitur Ponti regio [1] Colica, in qua juga Caucasi ad Riphæos montes torquentur, ut dictum [2] est, altero latere in Euxinum et Mæotin devexa, altero in Caspium et Hyrcanium mare. Reliqua[3] littora feræ nationes tenent, Melanchlæni[4], Coraxi[5] urbe Colchorum

63. *Penius.* Sic antiqua omnis, recentiorque lectio ante Hermolaum qui *Pityus* rescripsit : quamquam veterum codicum, quos secuti sumus, Reg. 1, 2, Colb. 1, 2, Paris. etc. auctoritatem constabilit ipse Naso, lib. IV de Ponto, eleg. 10, vers. 47 : « Huc Lycus, huc Sagaris, Peniusque, Hypanisque, Cratesque Influit, et crebro vertice tortus Halys. » Et vero sane de Pityunte dicetur suo loco inferius. HARD.

64. *Multis nominibus.* Ex his Sanni Heniochi superius memorati. H.

V. 1. *Regio Colica.* Ita diserte scriptum vidimus in Reg. 1, 2, Colb. 1, 2, et Paris. tum hoc loco, tum in Indice hujus libri. Vidit et Pintianus in suis codd. quos ab eo neglectos miror, ut *obliqua* mallet rescribere. Editores Pliniani, quibus esset ignota regio Colica, *Colchica* posuerunt: quum de Colchis a Plinio nondum oratio instituatur. Sane Colices in hoc tractu meminere Mela, lib. I, cap. 19: « Reliquæ, inquit, feræ incultæque gentes, vasto mari, adsidentes tenent, Melanchlæni, Ecrectice, Colice, Coraxi, etc. » Stephanus, ex Hecatæo in Asiæ descriptione: Κῶλοι, ἔθνος πρὸς τῷ Καυκάσῳ · αἱ δὲ ὑπώρειαι τοῦ Καυκάσου καλοῦνται Κωλικὰ ὄρη · ἡ χώρα Κωλική, etc. Certe non alia Colice, præter istam, nota Hecatæo fuit : nam is Alexandri tempora antecessit, cujus expeditione detecta primum ora Indiæ est, quæ Colias similiter est appellata. Hinc Scylacem emendabis, p. 30 : Μετὰ δὲ Ἡνιόχους Κοραξοὶ ἔθνος. Μετὰ δὲ Κοραξοὺς Κορικὴ (lego Κωλικὴ), ἔθνος. Μετὰ δὲ Κορικὴν (similiter Κολικὴν) Μελάγχλαινοι. Id enim ipse situs locorum postulat. Subjicitur hæc regio supradictæ Ecrectricæ, versus meridiem, ubi Caucasii montes ad Boream flectuntur ac veluti resiliunt, usque ad Riphæos. Hic igitur sese juga findunt, serie eorum altera versus Euxinum, Mæotinque deflexa, altera versus Hyrcanum mare abscedente, ut duo maria geminis veluti brachiis attingere videantur. HARD.

2. *Ut dictum est.* Libro sup. cap. 27. HARD.

3. *Reliqua littora.* Dalec. *reliqua littorum.* ED. — Sic et Pomponius Mela, lib. I, cap. 19. HARD.

4. *Melanchlæni.* Μελάγχλαινοι. Scylax, pag. 30 : Μετὰ δὲ Κοραξοὺς Μελάγχλαινοι · μετὰ δὲ τούτους Κόλχοι ἔθνος, καὶ Διοσκουριὰς πόλις, etc. His atra vestis, et ex ea nomen. Auctor Mela, lib. I, cap. 19. HARD.

5. *Coraxi.* In Colchis, inquit, Coraxi sunt, quorum oppidum Dioscurias. Stephanus Κόραξοι, ἔθνος Κολχῶν. HARD.

Dioscuriade[6], juxta fluvium Anthemunta[7], nunc deserta: quondam adeo clara, ut Timosthenes[8] in eam CCC nationes[9], dissimilibus linguis, descendere prodiderit. Et postea a nostris CXXX interpretibus negotia ibi gesta. Sunt[10] qui conditam eam ab Amphito et Telchio, Castoris ac Pollucis aurigis putent, a quibus ortam Heniochorum gentem feram constat. A Dioscuriade oppidum Heracleum : distat a Sebastopoli[11] LXX[12] mill. passuum. Achæi[13], Mardi[14], Cercetæ : post eos[15] Serri, Cephalo-

6. *Dioscuriade.* Hodie, vix mutato nomine, *Iskuriah*, ut ait D'ANVILLE, non *Prezonde*, aut *Sevastopoli*, ut aliis visum. Nummus antiquus ex ære minimo, cujus effigies est ad nos transmissa ex urbe Roma, duos exhibet τῶν Διοσκούρων, hoc est, Castoris et Pollucis pileos : in altera parte clavam Herculis erectam, cum hac epigraphe ΔΙΟΣΚΟΥΡΙΑΔΟΣ : ubi forma litteræ Σ tempora denotat Cæsaribus vetustiora. HARD. et ED.

7. *Anthemunta.* Ab Ἀνθεμοῦς, Ἀνθεμοῦντα. HARD.

8. *Ut Timosthenes.* Et Strabo quoque lib. XI, pag. 498. HARD.

9. *Nationes, dissimilibus linguis.* Dalec. « nationes, quæ dissimilibus linguis uterentur. »

10. *Sunt qui conditam.* Solinus, cap. XV, pag. 35, aliique. Ab ipsis Castore et Polluce, cum Jasone Pontum ingressis conditam esse Dioscuriodem, Mela est auctor, lib. I, cap. 19, pag. 23. Pro Amphito et Telchio, Amphitrastum et Rhecam, scribi putat oportere Pintianus, ex Strabone, lib. XI, p. 496, cui addere etiam Eustathium potuit, qui Strabonem secutus est in Dionysium, vers. 685, pag. 92.

Verum Ammianus, lib. XXII, p. 215; Solinus, cap. XV, pag. 35, et Isidorus ex Solino, Origin. lib. XV, Amphitum et Bercium vocant: quamquam Ammianus, ex P. Castelli recensione, Telchium præ Cercio mavult. HARD.

11. *A Sebastopoli.* Castello, de quo superiore capite, mox urbe, *Sevastopoli.* Nunc aquis obruta interiit. Heraclei promontorii, a quo et oppido nomen, meminit Arrianus in Periplo. HARD.

12. *LXX mill. pass.* Ita Reg. 1, 2, Colb. 1, 2, Paris. Chifflet. Alii quidam, inter quos Dalec. *LXXX.*

13. *Achæi,* etc. Hos quoque Scylax enumerat, pag. 30 : Κερκέται· ἔθνος... μετὰ δὲ Κερκέτας, Ἀχαιοὶ ἔθνος· μετὰ δὲ Ἀχαιοὺς Ἡνίοχοι ἔθνος, etc. Tenuere hi olim intimum Ponti Euxini recessum, angulumque eum, qui maxime spectat ortum, et in Boream flectitur. Hodie *l'Avogasie.* HARD.

14. *Mardi.* Non unius gentis hæc propria appellatio est, sed communicatur cum pluribus, quibus eadem feritas morum par nomen asseruit. Alios in hoc ipso libro Mardos offendemus. HARD.

15. *Post eos.* Hoc est, a tergo,

tomi. In intimo [16] eo tractu Pityus oppidum opulentissimum, ab Heniochis direptum est. A tergo [17] ejus Epageritæ [18], Sarmatarum populus in Caucasi jugis : post quem 3 Sauromatæ. Ad hos [19] profugerat [20] Mithridates [21] Claudio principe, narravitque Thallos [22] iis esse confines, qui ab oriente Caspii maris fauces attingerent : siccari eas æstu recedente. In ora [23] autem juxta Cercetas, flumen Ica-

versus ortum. Legendum porro forte conjunctim, *Serri Cephalotomi*, ut eo cognomine discriminentur hi Serri ab alia gente cognomine, cujus montes arduos et inaccessos in Dacia memorat Ammianus, lib. XXVII, pag, 341. Hi vero ab ingenii feritate, quod captos hostes capite statim minuerent, Κεφαλοτόμοι dicti videntur. HARD.

16. *In intimo.* In recessu Ponti, sinuque maris ejus ultimo, in Colchidis ora, ἐν τῇ Κολχίδος παραλίᾳ, Pityus est: Πιτυοῦντα τὸν μέγαν Strabo vocat, lib. XI, pag. 496, a Dioscuriade stadiis CCCLX, hoc est, mill. pass. LXV. Id oppidum est, quod hodie *Pitchinda* nomen habet, auctore D'ANVILLE. HARD. et ED.

17. *A tergo ejus.* Versus ortum, et Caspium mare. HARD.

18. *Epageritæ.* Ἐπαγειρῖται, sic appellati, quod vel ad arma, vel ad concionem vocati statim convolarent, et congregarentur : ἐπαγείρω *congrego* : vel quod hæc Sarmatarum portio in certos collecta pagos, non sparsa, ut cæteri, et vaga foret. HARD.

19. *Ad hos.* Ad Sauromatas. Hi Sarmatis supradictis ad orientem adjacent, versus Hyrcanum mare. De his, et de Thallis Solinus, cap. XV, pag. 35 : « Ultra Sauromatas,

qui Mithridati latebram, et quibus originem Medi dederunt, confines sunt Thalli his nationibus quas ab oriente contingunt. » Obtinuere ii Sauromatæ partem Georgiæ borealem, qua in ortum inclinat. Ab aliis Sauromatis, qui ultra Tanaim panduntur in latitudinem, hos recte discriminat Ammianus, lib. XXII, pag. 215. HARD.

20. *Profugerat.* Dalec. *confugerat.* ED.

21. *Mithridates.* Non ille Ponti, quem Pompeius devicit, ut satis ipsa diversitas temporum admonet, sed Iberiæ rex, de quo Tacitus, Annal. lib. VI, cap. 32, et alibi passim. HARD.

22. *Thallos iis.* Erant, inquit, Sauromatis Thalli confines, ultimique tractus illius populi, qui Caspii maris fauces attingerent, unde a Scythico (ut credebatur olim), irrumpit oceano. Hinc Plinii locum, ut alia multa, perperam Solinus accepit. Thallos nunc dici arbitror qui provinciam Astracani, ut appellant, obtinent. HARD.

23. *In ora autem.* In ora boreali Ponti, qua versus Bosphorum Cimmerium reflectitur : nam, ut Ammianus monet, loco citato : « Post terga Cercetarum Cimmerii agitant incolæ Bosphori, ubi Milesiæ sunt

LIBER VI.

rusa[24], cum oppido[25] Hiero et flumine, ab[26] Heracleo cxxxvi mill. Inde promontorium Crunœ[27], a quo[28] supercilium arduum tenent Toretæ[29]. Civitas Sindica[30], ab Hiero[31] LXVII[32] M. D. passuum. Flumen Setheries[33]. (VI.) Inde ad Bosphori[34] Cimmerii introitum[35] LXXXVIII mill. D. passuum.

VI. Sed ipsius peninsulæ inter Pontum et Mæotim lacum excurrentis, non amplior LXVII[1] mill. D. passuum longi-

civitates, Panticapæum, etc.» Pars hæc est *Avogasiæ*, ut vocant, occidentalior. HARD.

24. *Icarusa*. Vet. apud Dalec. *Tarusa*. *Ukrach* hodie dicitur, auctore D'ANVILLE. ED.

25. *Oppido Hiero*. Λιμὴν ἱερὸς, Arriano in Periplo Ponti. HARD.

26. *Ab Heracleo CXXXVI mill*. Arrianus ibidem ab Heracleo ad Hierum stadia numerat omnino MDCCLXXX, quæ mensura efficit M. P. CXLVII, cum quingentis pass. sed forte longiora quærit navigando sinuum diverticula et anfractus. H.

27. *Crunœ*. Ita Reg. 1, 2, Colb. 1, 2, Paris. Chiffl. Græcis Κροῦνοι. HARD.

28. *A quo*. Vet. apud Dalecamp. *cujus*. ED.

29. *Toretæ*. Τορέαται, ἔθνος Ποντικὸν, Stephano. Iidem Τορεᾶται Straboni, inter Mæoticos populos, lib. XI, pag. 495, et Melæ, lib. I, cap. 19. Prisciano in Periegesi, p. 383, *Oretæ* mendose hi appellantur, pro *Toretæ*, vel *Toreatæ*. Festus item Avienus similiter emendandus, in Descriptione Orbis, v. 877: « Cercitia gens est Atque Oretarum propter genus : indeque Achæi Ab Xanthi ripis, atque Idæo Simoente Transvexere larem, etc.»

Scribe, *Cercetia*, et *Toretarum*. H.

30. *Sindica*. Civitas Sindos Melæ, lib. I, cap. 19, a quo et Sindones populi in confinio Mæotidis collocantur. Σίνδους hos Strabo vocat, lib. XI, p. 495. A meridie paludi subjici eos scribit Stephanus, verbo Σινδοί. Ptolemæo, lib. V, cap. 9, Σίνδα κώμη. Arriano Σινδικὴ, ut et Straboni. HARD.

31. *Ab Hiero LXVII*, etc. Ita Reg. 1, 2, Colb. 1, 2, Chiffl. Paris. At Arrianus in Periplo, Sindicæ ab Hiero intervallum statuit dimidio fere minus, stadiorum scilicet trecentorum : hoc est, milliarium XXXVII D. pass. HARD.

32. *LXVII M. D. passuum*. Dal. *LXVII M. passuum*. ED.

33. *Setheries*. Unde *Sceaceriges* Plinii editores hauserint, aut qua vi ingenii excuderint, non video. MSS. certe proxime appellati, *Setheries* legunt. HARD.

34. *Bosphori*. Elzev. ut supra et modo infra, *Bospori*. ED.

35. *Introitum*. Bosphori angustias, seu fauces. HARD.

VI. 1. *LXVII mill. D. passuum*. In libris hactenus editis, repetito perperam superiore numero, hic rursum legebatur *LXXXVIII mill. D. passuum*. Verum Reg. 1, 2, Colb.

tudo est: latitudo nusquam infra² duo jugera. Eionem³ vocant. Ora ipsa Bosphori, utrimque ex Asia atque Europa, curvatur in Mæotin. Oppida, in aditu⁴ Bosphori, primo Hermonassa⁵, dein Cepi⁶ Milesiorum. Mox Stratoclia⁷, et Phanagoria⁸, et pæne desertum Apaturos⁹, ultimoque in ostio Cimmerium¹⁰, quod antea Cerberion¹¹ vocabatur. (VII.) Inde Mæotis lacus, in Europa dictus¹².

1, 2, Chiffl. Paris. aliorumque codicum admonitu, LXVII, quæ vera mensura est, restituimus: congruit enim ea mirum in modum cum Arriani mensura, qui stadiis omnino quingentis et XL spatium illud definit, quod per totam peninsulam a Sindica ad Bosphorum excurrit: hoc est, LXVII mill. D. passuum. HARD.

2. *Infra.* Vet. apud Dalecamp. *intra.* ED.

3. *Eionem.* Chiffl. *Eonem.* Ἠϊόνα, quæ vox oram et littus sonat. H. et ED.

4. *In aditu.* In ipsa peninsula, qua iter est ad Bosphorum. Mela, lib. I, cap. 19: « Obliqua tunc regio, et in latum modice patens, inter Pontum paludemque Mæotin, ad Bosphorum excurrit: quæ duobus alveis in lacum et in mare profluens, Corocondamam peninsulam reddit. Quatuor urbes ibi sunt, Hermonassa, Cepæ, Phanagoria, et in ipso ore Cimmerion. » H.

5. *Hermonassa.* Ἑρμώνασσα Straboni, loco citato. HARD.

6. *Cepi Milesiorum.* Κῆποι, hoc est, Horti: ab amoenitate loci nomen effictum. Phanagoriam et Hermonassam, colonias esse Ionum, seu Milesiorum, auctor est Dionysius Periegetes, vers. 553, atque id de vicinis Cepis affirmat auctor Peripli Ponti Euxini, p. 3: Κῆπος ἀποικισθεῖσα ὑπὸ Μιλησίων. HARD.— Fortasse hodie *Kepil.* ED.

7. *Stratoclia.* Στρατόκλεια. H.

8. *Phanagoria.* Φαναγόρια Straboni et Stephano: Φαναγορία auctori Peripli Ponti Euxini, pag. 1. H.

9. *Apaturos.* Ἀπάτουρον fanum fuit, ubi Venus Ἀπάτουρος, hoc est, *Dolosa* colebatur, ob interfectos dolo gigantes. Strabo, libro XI, pag. 495, et ex Strabone Stephanus. HARD.

10. *Ultimoque in ostio Cimmerium.* Κιμμερὶς πόλις, auctori Peripli, pag. 2. Ad hos Cimmerios densissimarum tenebrarum fama pertinere credita, quæ venit in adagium. Ea de re vide Bochartum in Geog. lib. I, parte 2, pag. 653, et Eustathium in Odys. Λ, vers. 14, pag. 1670. HARD.

11. *Cerberion.* Cimmerios quidem Cerberios Crates appellabat, ut docet Eustathius, loco citato, p. 1651, et Hesychius: Κερβέριοι... φασὶ δὲ τοὺς Κιμμερίους Κερβερίους, καὶ τὴν πόλιν οἱ μὲν Κερβερίαν καλοῦσιν, οἱ δὲ Κιμμερίην. HARD.

12. *In Europa dictus.* Libro IV, cap. 24. HARD.

LIBER VI.

VII. A Cimmerio accolunt Mæotici[1], Vali, Serbi, [1] Arrechi[2], Zingi, Psesii. Dein Tanain amnem, gemino ore[3] influentem, colunt Sarmatæ[4], Medorum (ut ferunt) soboles, et ipsi[5] in multa genera divisi. Primo Sauromatæ Gynæcocratumeni, Amazonum[6] connubia. Dein Evazæ[7], Cottæ[8],

VII. 1. *Mæotici.* Vel Mæotæ, Μαιῶται, quorum plura genera: Vali, Serbi, Σέρβοι Ptolemæo, lib. 5, c. 9. Arrechi, Ἀῤῥηχοὶ ἔθνος Μαιωτῶν Stephano, pag. 114, ex Strabone, lib. XI, p. 495. Zingi, Psesii Ψησσοὶ Stephano, pag. 726. Quam hi regionem obtinuere olim, nunc *la Coumanie.* HARD.

2. *Arrechi.* Dalec. *Archi.* ED.

3. *Gemino ore influentem.* Strabo, lib. XI, pag. 493, gemina Tanais ostia stadiis ait sexagenis inter se distare. HARD.

4. *Sarmatæ, Medorum.* Sauromatas, quæ Sarmatarum natio est, a Medis trahere originem auctor est Solinus, cap. xv, pag. 35. HARD.

5. *Et ipsi.* Ut Mæotæ in plura genera nominaque gentium divisi, sic et Sarmatæ, in Sauromatas, aliosque: Sauromatæ rursus in Gynæcocratumenos, etc. Sic etiam Mela, lib. I, cap. 19: « Tanais ripas, inquit, Sauromatæ, et ripis hærentia possident. Una gens, aliquot populi, et aliquot nomina. Primi Mæotici γυναικοκρατούμενοι, Amazonum regna. » Scylax quoque, pag. 29: Σαυροματῶν δέ ἐστιν ἔθνος, Γυναικοκρατούμενοι. Τῶν Γυναικοκρατουμένων ἔχονται Μαιῶται, etc. HARD.

6. *Amazonum connubia.* Editiones antiquæ Romana et Parmensis, et Dalec. quas secutus est Harduinus, temere ut nobis quidem visum est, unde *Amazonum connubia* scripserunt: hanc autem vocuulam *unde* MSS. Reg. 1, 2, Colb. 1, 2, Paris. nec ulli quos vidimus, nec Elzev. agnoscunt; illam igitur alioquin prorsus inutilem expunximus. Vet. apud Dalec. *Amazonum regna.* Cum his Sauromatis, inquit, coiere Amazones e prælio reduces ad Thermodontem amnem commisso: unde Γυναικοκρατούμενοι appellati, quod victricibus obsequantur ad procreandam eis sobolem. Sic auctor Peripli Ponti Euxini, pag. 1: Τούτοις δὲ ἐπιμεμίχθαι τὰς Ἀμαζόνας τοῖς Σαυρομάταις λέγουσιν, ἐλθούσας ποτὲ ἀπὸ τῆς περὶ τὸν Θερμώδοντα ποταμὸν γινομένης μάχης· ἐφ' οἷς ἐπεκλήθησαν οἱ Σαυρομάται Γυναικοκρατούμενοι. Hæc quoque Dionysius in Periegesi, vers. 656, cujus mentem carmine Avienus expressit, v. 865. Sunt hi porro Sauromatæ, qui nunc communi nomine *Cosaques du Don* vocantur a Moscovitis, quorum ditioni parent. HARD. et ED.

7. *Evazæ.* Forte ab εὐάζω dicti, quasi Bacchi orgia celebrantes, vel ut Maro canit, *Evantes orgia.* In Reg. tamen 1, 2, Colb. 1, 2, Paris. etc. legitur, *dein Navazæ,* forte pro *Eunazæ* ab εὐνή. HARD.

8. *Cottæ.* In MSS. *Coitæ.* Vet. apud Dalec. *Choatræ.* An a κοίτη, quæ vox, ut εὐνή cubile et coitum sonat? HARD. et ED.

Cicimeni[9], Messeniani[10], Costobocci, Choatræ, Zigæ[11], Dandari[12], Tussagetæ[13], Turcæ, usque ad solitudines saltuosis convallibus asperas : ultra quas[14] Arimphæi, qui ad Riphæos pertinent montes. Tanain ipsum Scythæ Silin vocant[15], Mæotin Temerinda, quod[16] significant matrem maris[17]. Oppidum in Tanais quoque ostio

9. *Cicimeni.* Forte Ciccimeni, a κίκκη, quæ συνουσία. HARD.

10. *Messeniani.* Vet. apud Dalec. *Messeneiani.* ED.

11. *Zigi.* Neque sunt hi Straboni Ζύγοι, lib. XI, pag. 495, nec Plinii Ptolemæique Sindi, ut Nicolosio visum : Herculis, part. 3, pag. 280, aliisque. Nam Zigæ Tanais, Sindi, Zygique Ponti oram accolunt : et a Zygis Ζυγόπολις appellata, a Stephano ex ipso Strabone, prope Trapezuntem esse dicitur, παρὰ Τραπεζοῦντα. HARD.

12. *Dandari.* Δανδάριοι Straboni, lib. XI, pag. 495, inter Mæoticas gentes : Stephano item, pag. 221. Ex Plinio, Strabone, ac Stephano, Plutarchi librariorum mendam agnoscimus, in Lucullo, p. 501 : Γένος δ' εἰσὶν οἱ Δαρδάριοι βαρβάρων τῶν περὶ τὴν Μαιῶτιν οἰκούντων. Legendum, Δανδάριοι. H. — Eorum nomen servat, auctore D'ANVILLE, locus editus, *Dandars* dictus, haud longiore a mari intervallo, inter *Iskuriah* et *Pitchinda.* ED.

13. *Tussagetæ, Turcæ.* Thyssagetæ Pomponio, et Turcæ, prope Amazonum regna et Gelonos, vastas silvas occupare dicuntur, alique venatu. Tanais oram coluisse mihi videntur ii, in eo amnis flexu, qua maxime ad Volgam fluvium, et Caspium mare curvatur. HARD.

14. *Ultra quas Arimphæi.* Et hi quoque nunc Moscovitici juris, Tanais olim riparum incolæ, juxta illius fontes : nam is ex Riphæo monte dejicitur, ut Mela testatur, lib. I, cap. 19, pag. 24, quem ad montem usque pertinent Arimphæi. HARD.

15. *Silin vocant.* Dalec. *Silyn vocant.* Atque ad hujus similitudinem id quoque nomen ad alios majores amnes transtulerunt. Nam et Jaxartem iidem Selin vocavere, uti dicemus c. 18. De Tanai Eustathius in Dionysio, vs. 17 : Ἰςέον δὲ ὅτι ὁ ποταμὸς οὗτος, διὰ τὸ τεταμένως ῥεῖν Τάναϊς ἑλληνιστὶ καλούμενος, Σίλις, ὥς φασί τινες, παρὰ τοῖς παροικοῦσι βαρβάροις ὠνόμασται. HARD.

16. *Quod significant.* Sic bene MSS. et editio princeps; frustra emendatum in recentioribus editionibus, quas sequitur Hard. *quod significat.* BROT. et ED.

17. *Matrem maris.* Quoniam aquas in Euxinum effundit, et perennes eidem sufficit, ipso pæne mari haud minor lacus : idcirco ἡ Μαιῶτις οὐ πολὺ ἐλάττων τοῦ Πόντου ἐςί, λεγομένη καὶ Μήτηρ τοῦ Πόντου, inquit Eustathius in Dion. Perieg. vers. 17, ex Herodoto. Temerinda Maris finem potius significare auctor est Delrio, in Comment. ad Hercul. Furent. Καρπαλούκ a Scythis vocari, eaque voce Matrem intelligi ac veluti piscium obstetri-

LIBER VI.

fuit[18]. Tenuere finitima[19] primi Cares, dein Clazomenii et Mæones, postea Panticapenses[20].

Sunt qui[21] circa Mæotin ad Ceraunios montes[22] has tradant gentes : a littore Napitas[23] : supraque Essedones Colchis junctos, montium[24] cacuminibus. Dein[25] Carmacas, Oranos, Autacas, Mazacas, Cantocaptas, Agamathas, Picos, Rhymozolos, Ascomarcos : et ad juga Caucasi Icatalas, Imaduchos[26], Ramos[27], Anclacas, Ty-

cem, quorum palus tota feracissima est, scribit Jo. Tzetzes, Chiliad. 8, Histor. 224, vers. 773, parem proinde vim esse Scythicæ vocis Καρπαλοὺκ, et Græcæ Μαιῶτις, a Μαιόομαι, quod est *obstetricor*, et Μαιευτρία, *obstetrix*. Μαιῶτις δ᾽ ἐ παρ᾽ Ἕλλησιν αὐτῇ πλουτεῖ τὴν κλῆσιν, Ὡς μήτηρ καὶ Μαιευτρία γένους παντὸς ἰχθύων. HARD.

18. *In Tanais quoque ostio fuit.* Et est hodieque ex integro instauratum et *Azof* vocatum, ex quo Mæoti nomen *Mer d'Azof*. Τάναϊς πόλις Ptolemæo, lib. III, cap. 5, μεταξὺ τῶν ϛομάτων. H. et ED.

19. *Tenuere finitima.* Paruere, inquit, diversis subinde populis tractus hi terrarum, qui Tanais ostiis ripisque adjacent. De Carum migrationibus, Strabo, lib. I, pag. 61. HARD.

20. *Panticapenses.* Chiffl. *Ponticapenses*. ED.

21. *Sunt qui.* Quæ circa Mæotin habitant gentes, inquit, ad Ceraunios usque montes, supra Caspium mare, aliis alii distingunt nominibus : ac primum quidem statim in ipso Mæotidis littore Napitas, etc.

22. *Montes.* Dalec. *montes altiores*. ED.

23. *Napitas.* Dalec. *Napæas*. Napitas autem restituit Harduinus ex Stephano : Νάπις κώμη Σκυθίας· ὁ οἰκήτωρ Ναπάτης ἢ Ναπίτης τῆς κώμης, καὶ Ναπίται ἐθνικόν. ED.

24. *Montium.* Dalecamp. *ac montium*. ED.

25. *Dein Carmacas, Oranos, Autacas, Mazacas, Cantocaptas, Agamathas, Picos, Rhymozolos, Ascomarcos... Ramos... Authiandas.* Aliter paulo libri hactenus editi : « Dein Carmacas, Oranos, Antacas, Mazacas, Ascanticos, Acapeatas, Agagammatas, Phycaros, Rhimosolos. » Ignota perinde fere et barbara, fateor, utrimque nomina : sed quæ nos exhibemus, ea plane ex fide codicum Reg. 1, Colb. 1, 2, Paris. Chiffl. repræsentamus. Inconsulti sane Plinii editores, Phycaros Indiæ populos, de quibus lib. XXXVII, c. 33, huc transvexerunt. Pro *Agamathas* rectius forsan *Agametos* scripseris, quasi connubia hæ gentes nesciverint, ἀγαμήτους. Rhymozoli, quod sordes olerent, ῥυμοζόλοι vel ῥυμμοζόλοι dici potuerunt. Cætera, atque hæc forte ipsa, Scythicæ potius videntur esse nomina, quam Græcanicæ originationis. H.

26. *Imaduchos.* Vet. apud Dalec. *Modacas*. ED.

27. *Ramos.* Dalec. *Ranos*. ED.

dios, Carastaseos²⁸, Authiandas²⁹. Lagoum amnem ex montibus Catheis, in quem defluit Opharus : ibi³⁰ gentes Caucadas, Opharitas : amnes³¹, Menotharum, Imityem ex montibus Cissiis, inter Acdeos, Carnas, Uscardeos, Accisos, Gabros, Gogaros. Circaque fontem Imityis, Imityos, et Aparthenos. Alii influxisse eo Scythas Auchetas, Atarncos, Asampatas. Ab his Tanaitas et Inapæos viritim deletos. Aliqui flumen Ocharium³² labi per Cantecos et Sapeos : Tanaim vero transisse Phatareos, Herticeos, Spondolicos, Synhietas, Amassos, Issos, Catazetos, Tagoros, Catonos, Neripos, Agandeos, Mandareos, Satarcheos, Spaleos.

VIII. (VIII.) Peracta est interior ora, omnesque accolæ: nunc reddatur ingens in mediterraneo sinus : in quo multa aliter, ac veteres, proditurum me non eo inficias, anxia perquisita cura, rebus nuper in eo situ

---

28. *Carastaseos*. Dalec. *Carastascos*. Ed.

29. *Authiandas*. Vet. apud Dal. *Antiandas*. Dalec. *Asuciandas*. Ed.

30. *Ibi gentes*. Dalec. *ubi gentes*. Ed.

31. *Amnes, Menotharum*, etc. Certiora multo sinceræ lectionis vestigia secuti sumus, quæ in laudatis proxime exemplaribus deprehendimus, quam quæ libri hactenus editi repræsentarunt, nempe hujusmodi : « Amnem Menotharum, Imituenis ex montibus scissum, inter Agedos, Carnapas, Gardeos, Accisos, Gabros, Gregaros. Circaque fontem Imityis (*sive* Imitissi), Imityos, et Aparthenos. Alii influxisse eo Suitas, Auchetas, Satarneos, Asampatas. Ab his Tanaitas et Nepheonitas viritim deletos. » Nihilominus, etsi *Gegaros* laudati mox codices exhibent, præter Chiffletianum, qui *Gogaros* habet : huic uni magis tribuendum duximus, quoniam inter Colchos et Iberos orientales Γωγαρηνὴ regio a Stephano collocatur, pag. 217. De Scythis vero Auchetis cognominatis dictum jam superius est, lib. IV, c. 26. Cætero nihilo meliora sunt quæ retenta librorum publicorum scriptura edi mox sivimus, quam quæ conditivi habent, in hunc fere modum : « Tanain vero transisse Satareos, Herticleos, Spondolicos, Synhictas, Anasos, Issos, Catetistagoras, Caronos, Neripos, Agandeos, Meanduræos, Satarcheos, Spalæos. » Digna Cimmeriis tenebris, quas prope adsident, ea nomina. HARD.

32. *Ocharium*. Dalec. et Elzev. *Opharium*. Ed.

gestis a Domitio[1] Corbulone, regibusque inde missis supplicibus, aut regum liberis obsidibus. Ordiemur[2] autem a Cappadocum gente. Longissime hæc Ponticarum omnium introrsus[3] recedens, minorem Armeniam, majoremque, et Commagenen lævo[4] suo latere transit : dextra[5] vero omnes in Asia[6] dictas gentes, plurimis superfusa populis : magnoque impetu scandens ad ortum solis et Tauri juga, transit Lycaoniam, Pisidiam, Ciliciam : vadit super Antiochiæ tractum, et usque ad Cyrrhesticam ejus regionem, parte sua, quæ vocatur Cataonia, contendit. Itaque ibi longitudo Asiæ XII[7] quinquaginta mill. passuum efficit : latitudo, DCXL mill.

IX. (IX.) Armenia autem[1] major incipiens a Paryadris[2] montibus, Euphrate amne (ut dictum est[3]) aufertur Cappadociæ : et qua discedit[4] Euphrates, Mesopota-

VIII. 1. *A Domitio.* Quem retinendæ Armeniæ Nero præfecerat. Vide Tacit. lib. XIII, cap. 8, et toto fere lib. XIV. HARD.

2. *Ordiemur autem.* Hæc totidem ferme verbis Martianus exscripsit, lib. VI, cap. de Cappadocia, pag. 222. HARD.

3. *Introrsus.* In medias terras irrumpens, a Coro versus Eurum, hoc est, ab Euxino Ponto ad Syriæ limites. HARD.

4. *Lævo sub latere.* Qua spectat orientem. HARD.

6. *Dextra.* Proponebat Dalec. *dextro.* ED.

7. *XII quinquaginta.* Hoc est, duodecies centena quinquaginta millia passuum. Martianus, lib. VI, cap. de Cappadocia, p. 222, utrumque numerum minuit, scribens dumtaxat, *undecies centena quadraginta.* Sed nostri nobis pluris sunt codices Reg. 1, 2, Colb. 1, 2, Paris.

Chifflet. etc. quam unus Martianus. HARD.

IX. 1. *Armenia autem major*, etc. Martianus, loco citato. Nunc etiam *Arménie.* HARD.

2. *A Paryadris.* Dalec. *Pariedris.* Horum montium juga eminent paulo supra Claudiopolim Cappadociæ, ubi Euphrates sese flectens cursum ad occasum et meridiem agit. HARD. et ED.

3. *Ut dictum est.* Libro V, cap. 20 : « Fluit Euphrates, inquit, Armeniæ regiones a Cappadocia excludens, » ab occasu nimirum. H.

4. *Et qua discedit.* Qua parte maxime a Tigri occasum versus abscedit Euphrates, ibi latius se extendens Armenia, atque ultra Tigrim in ortum provecta, a Mesopotamia ipso amne Tigri dispescitur. Nam utrumque amnem fundit ipsa, ac simul Mesopotamiæ initium facit, jam tum a Tigris amnis fontibus :

miæ, haud minus claro amne Tigri. Utrumque fundit ipsa, et initium [5] Mesopotamiæ facit, inter duos amnes ituræ. Quod iter est ibi, tenent Arabes Orei. Sic finem usque in Adiabenen [6] perfert. Ab ea transversis jugis inclusa, latitudinem in læva pandit ad Cyrum amnem : transversa [7] in Araxem : longitudinem vero ad minorem usque Armeniam, Absaro amne in Pontum defluente, et Paryadris [8] montibus, qui fundunt Absarum, discreta ab illa.

1 X. Cyrus oritur in Heniochiis [1] montibus, quos alii Coraxicos vocavere : Araxes [2] eodem monte, quo Euphrates, VI mill. passuum intervallo : auctusque amne [3] Musi,

est enim μεσοποταμία spatium inter duo flumina. Quantum autem terrarum ibi primum interjacet, inter utrumque amnem, Arabes Orei tenent, quorum urbes Edessa, et Carrhæ, ut diximus libro sup. cap. 20. HARD.

5. *Et initium Mesopotamiæ facit, inter duos amnes*, etc. Rectius vetustiss. cod. « et initium Mesopotamiæ facit inter duos amnes sitæ. Terræ quod interest ibi tenent Arabes, etc. » DALEC.

6. *In Adiabenen.* Assyriam attingunt Armeniæ fines. Ab ea Niphatis montis jugis disclusa, latitudinem a meridie ad Boream pandit usque ad Cyrum amnem, qui in Caspium mare volvitur, trans ipsum Araxem fluvium provecta. H.

7. *Transversa Araxem.* Ita MSS. omnes. Forte rectius, *Transvecta :* vel ut libri veteres editi, *transversa in Araxem.* HARD.

8. *Paryadris.* Dalec. hic ut supra *Pariedris.* ED.

X. 1. *In Heniochiis.* Moschici iidem appellati, ea ex parte, unde Phasis oritur, in Georgia. Amni vetustum hodieque nomen *Kour*. A Cyro rege nomen habere, auctor est Ammianus, lib. XXIII, p. 254, abolito vetere, quum ereptum ire regna Scythica destinaret. Frustra sunt igitur, qui Κύρρον vel Κύρνον scribunt, ut Ptolemæus, et Dio. H.

2. *Araxes.* Ἀράξης, ex eodem monte, quo Euphrates, profluens. Hujus amnis cursus, mox placidus et silens, mox citus, eleganter a Mela describitur lib. III, cap. 5, p. 54. Hodie *Aras.* Virgilio, « Pontem indignatus Araxes. » Solinus hæc raptim legens, de eo monte, de quo proxime sermo erat, accipienda hæc verba ratus, « Heniochorum montes, inquit, Araxem fundunt, etc. » At fallitur : eodem tamen quo Cyrus : sed Capote, ut dictum est, sive Abo, lib. V, cap. 20, quod et ipse Solinus agnoscit, c. XXXVII, pag. 66 ; Strabo, lib. XI, pag. 527 : ὁ Ἄβος, ἀφ' οὗ καὶ ὁ Εὐφράτης ῥεῖ καὶ ὁ Ἀράξης. HARD.

3. *Amne Musi.* MSS. omnes, *Amne Usi.* HARD.

LIBER VI.

et ipse (ut plures existimavere [4]) a Cyro [5] defertur in Caspium mare.

Oppida celebrantur in minore [6], Cæsarea [7], Aza [8], Nicopolis [9] : in majore, Armosata [10] Euphrati proximum, Tigri Carcathiocerta [11] : in excelso [12] autem Tigranocerta :

4. *Ut plures existimavere.* Strabo, lib. XI, pag. 529, et Plutarchus in Pompeio, pag. 637, receptum a Cyro Araxem in Caspium mare devolvi aiunt; proprio se ore effundere Mela est auctor, loco citat. scilicet proprio alveo fertur in mare, sed altero veluti brachio Cyrum petit, cum quo rursum conjunctis aquis idem mare petit. Ita Ptolemæus, lib. V, cap. 13. HARD.

5. *A Cyro.* Tolet. et Salmas. *de Cyro.* ED.

6. *In minore.* Armenia scilicet minore, quæ ab ortu Euphrate clauditur, Cappadocia ab occasu : a septemtrione, Paryadra monte : Amano, a meridie. HARD.

7. *Cæsarea.* Hanc esse Neocæsaream existimo, quam in Euphratis ripa conditam ait Niceph. Caliistus, Eccles. Histor. lib. VIII, p. 560. HARD.

8. *Aza.* Hanc habet Antoninus in Itiner. a Satala Armeniæ civitate, cujus alii meminerunt, M. P. XXVI. HARD. — Nunc *Ezaz*, auctore D'ANVILLE. ED.

9. *Nicopolis.* In minore Armenia a Pompeio Magno posita, eo ipso loco quo de Mithridate victoriam retulit, ex qua factum oppido nomen, ut referunt Strabo, lib. XII, pag. 555, et Dio, lib. XXXVI, p. 25. Stephanus, pag. 496, Νικόπολις τῆς μικρᾶς Ἀρμενίας. HARD.— Nunc *Dioriki* appellatur. ED.

10. *Armosata.* In Plinianis libris *Arzamote.* Apud Tacitum, Annal. lib. XV, et Ptolem. lib. V, cap. 13, *Arsamosata* vocatur id oppidum. Verum et in illis transpositas, et apud istos supervacuas ac redundantes hac in voce litteras agnoscimus ex Polybii excerptis, pag. 26 : Ὅτι Ξέρξου βασιλεύοντος πόλεως Ἀρμόσατα, ἣ κεῖται πρὸς τῷ καλῷ πεδίῳ καλουμένῳ μέσον Εὐφράτου καὶ Τίγριδος, etc. HARD.

11. *Carcathiocerta.* Strabo lib. XI, pag. 527, Βασίλειον δὲ τῆς Σωφηνῆς Καρκαθιόκερτα, Sophenes regia hæc fuit. H. — Illam eamdem esse quæ deinceps Amida vocata est, et quæ etiamnunc *Kara-Amid*, sive *Diar-Bekir* dicitur, opinatur D'ANVILLE. ED.

12. *In excelso autem Tigranocerta.* In ipso fere Armeniæ Assyriæque confinio, loco montano et præupto a Tigrane conditore Τιγρανόκερτα, nomen invenit. Nam Parthorum lingua ea vox Tigranopolim sonat, inquit Stephanus, pag. 655. Et Hesychius, pag. 521 : Κέρτα, πόλις ὑπὸ Ἀρμενίων. Aliam ejusdem nominis versus Iberiam et septemtrionem agnoscit Strabo, lib. XI, pag. 532. Hæc ad Austrum sita, unde mox ad Iberiam usque latitudo petatur totius Armeniæ : quo in situ et ab ipso Ptolemæo locatur, lib. V, capite 13. HARD.

at in campis juxta Araxem Artaxata[13]. Universæ[14] magnitudinem Aufidius quiquagies centena mill. prodidit. Claudius Cæsar longitudinem a Dascusa[15] ad confinium Caspii maris, $\overline{XIII}$[16] mill. passuum: latitudinem dimidium ejus[17], a Tigranocerta ad Iberiam. Dividitur (quod certum est) in præfecturas, quas[18] ϛρατηγίας vocant, quasdam ex iis vel singula regna quondam, barbaris[19] nominibus cxx. Claudunt[20] eam ab oriente montes, sed non statim, Ceraunii, nec Adiabene regio[21]. Quod interest spatii, So-

13. *Artaxata.* Ἀρταξάται Dioni, lib. XXXVI, p. 25; Straboni, lib. XI, pag. 528, Ἀρταξάτα, eadem Ἀρταξίασατα appellata Armeniæ regia, ab Hannibale condita regis gratia, cui Artaxias nomen fuit, in campo cognomine, πρὸς τῷ Ἀρταξηνᾶ πεδίῳ Steph. p. 117. Ingentis olim oppidi tenue modo superesse vestigium, scribit Tavernerius tom. I Itin. p. 33, testis αὐτόπτης. Nunc *Ardek.* Hard. et Ed.

14. *Universæ magnitudinem*, etc. Majoris ac minoris Armeniæ ambitum. De Aufidio, in Præf. ad Titum diximus. Hard.

15. *A Dascusa.* Quum sit hæc urbs posita ad Euphratis ripam, ut superiore libro vidimus, cap. 20, Armeniæ majoris dumtaxat inde ad Caspium mare longitudinem peti perspicua res est. Hard.

16. $\overline{XIII}$ *mill.* Hoc est, ter et decies centena mill. pass. Justinus, lib. XLII, cap. 2, pag. 306, angustiore definit spatio: « Armenia, inquit, a Cappadocia usque mare Caspium undecies centum millia patet: sed in latitudinem millia passuum septingenta porrigitur. » Hard.

17. *Ejus, a Tigranocerta ad Iberiam. Dividitur,* etc. MS. vet. apud Dalec. *ejus. A Tigrane ad Iberiam dividitur,* etc. Ed.

18. *Quas* ϛρατηγίας *vocant.* Dal. ex codd. Salmas. et Tolet. *quas ii strategias vocant.* Ed.

19. *Barbaris nominibus.* Hujusmodi hæc sunt Armeniæ provinciarum nomina apud Strabonem, lib. XI, pag. 527: Σωφηνή, Ἀκιλισηνή, Γοργοδυλινή, Σακασσηνή, Γωγαρηνή, Φαννηνή, Κωμισηνή, Ὀρχιϛενή, Χορζηνή, Καμβυσηνή, Ὀδομαντίς, etc. H.

20. *Claudunt eam.* Dalec. *cludunt eam.* Claudunt, inquit, Armeniam ab ortu æquinoctiali montes Ceraunii (quæ Caucasii pars est), et Adiabene a brumali ortu: non tamen Adiabenen Armenia statim attingit: sed spatium interest aliquod, ubi Sophene regio: deinde Ceraunia juga sequuntur, ultra quæ Adiabene, quæ pars Assyriæ, posita. In horum montium convallibus, ab Armeniæ latere, Menobardi incolunt, et Moscheni. Assyriam hodie *Kourdistan* vocant, qua scilicet parte in Boream vergit. Hard. et Ed.

21. *Regio.* MS. apud Dalecamp. *regionis.* Ed.

LIBER VI.

pheni tenent : ab his juga [22] : ultra Adiabeni tenent. Per convalles autem proximi Armeniæ sunt Menobardi, et Moscheni. Adiabenen Tigris, et montes [23] invii cingunt. Ab læva ejus regio Medorum est, et prospectus [24] Caspii maris. Ex Oceano hoc (ut [25] suo loco dicemus) infunditur, totumque Caucasiis montibus cingitur. Incolæ [26] per confinium Armeniæ nunc dicentur.

XI. (x.) Planitiem [1] omnem a Cyro usque, Albanorum gens [2] tenet : mox [3] Iberum, discreta ab iis amne Alazone [4], in Cyrum e Caucasiis montibus defluente. Prævalent oppida, Albaniæ, Cabalaca [5] : Iberiæ, Harmastis [6] juxta flumen, Neoris [7] : regio Thasie, et Triare usque ad [8] Paryadras

22. *Juga.* Vet. apud Dalec. *juga Ceraunia.* Ed.
23. *Et montes invii.* Ita Reg. 1, 2, Paris. etc. Chiffletan. *sinus multi montes invii.* Dalecamp. *montium sinus.* Hard. et Ed.
24. *Est, et prospectus.* Toletan. *est ad prospectum.* Dalec.
25. *Ut suo loco.* Cap. 15. H.
26. *Incolæ.* Dalec. *Horum incolæ.* Regionum earum, inquit, quæ Caspium inter mare et Caucasios montes interjacent, quibus illud cingitur, incolæ nunc dicentur, ducto ab Armeniæ limitibus initio. Hard. et Ed.

XI. 1. *Planitiem.* Chiffletan. *per planitiem.* Ed.
2. *Albanorum gens.* Quos hodie Georgianos appellamus, et Zuirianos, qui Caspii maris littus accolunt, et præterea Georgiæ partem illam obtinent, quæ magis in Austrum vergit, Armeniamque contingit. Planities ea porro a Strabone describitur, lib. XI, p. 500. H.
3. *Mox Iberum.* Ἴβηρες, ad Albaniæ occasum : communi fere cum Albanis Georgianorum appellatione continentur. Vide quæ de Moschis diximus cap. 4. Unde hæc ei genti recens nomenclatio Georgianorum obtigerit, incompertum : a Georgis Plinii Melæque deducere imperitorum est : a S. Georgio Martyre, mendacium ac fabulatorum. H.

4. *Alazone.* Vet. apud Dalecamp. *Alagone,* nomen hodie servat. Ed. — Ἀλαζώνιος Straboni, lib. XI, p. 500. Hard.

5. *Cabalaca.* Vet. ap. Dalecamp. *Chabala.* Ed. — Χαβάλα Ptolemæo, lib. V, cap. 12, Albaniæ oppidum. Nunc *Kablavar.* Hard. et Ed.

6. *Harmastis.* Inter Iberiæ oppida Ἁρμαχτίκα Ptolemæo, lib. V, c. 11, forte pro Ἁρμαςίκα. Hard.

7. *Neoris.* Forte Οὐάριχα Ptolemæi, inter Iberiæ oppida, loco citato. Hard.

8. *Ad Paryadras.* Unde Absarum flumen prodit, ut diximus, quod in Pontum per Cholchos labitur. MSS. tamen, Reg. 1, 2, Colb. 1, 1, Chiffl. *Parteodoros* hoc loco legunt. Dalec. *Parteodoros,* Hard. et Ed.

montes. Ultra⁹ sunt Colchicæ solitudines, quarum a latere ad Ceraunios¹⁰ verso, Armenochalybes habitant et Moschorum tractus ad Iberum amnem in Cyrum defluentem : et infra eos¹¹ Sacassani, et deinde Macrones¹² ad flumen Absarum. Sic plana¹³ ac devexa obtinentur. Rursus ab Albaniæ¹⁴ confinio, tota montium fronte gentes Silvorum feræ, et infra Lubienorum : mox Diduri et Sodii.

1 XII. (XI.) Ab iis¹ sunt portæ Caucasiæ, magno² errore multis³ Caspiæ dictæ, ingens naturæ opus montibus interruptis repente : ubi fores⁴ obditæ ferratis trabibus, subter medias amne diri⁵ odoris fluente, citraque in rupe castello (quod vocatur Cumania) communito ad arcendas transitu gentes innumeras : ibi loci, terrarum orbe portis discluso, ex adverso maxime Harmastis⁶ oppidi Iberum. A portis Caucasiis per montes Gordyæos⁷,

9. *Ultra sunt Colchicæ solitudines.* Versus occasum, et Pontum, ubi Cholchidis ora est. HARD.

10. *Ad Ceraunios.* Ad Cerauniorum montium, hoc est, Caucasi partem illam quæ Boream defendit ab Iberia. HARD.

11. *Et infra eos.* Meridiem versus. Σακασσηνὴ regio dicta Straboni, lib. XI, pag. 528. Albaniam attingit, et Cyrum amnem. HARD.

12. *Macrones.* Qui et Μάκρωνες et Σάννοι dicti a Strabone, lib. XII, p. 548. De flumine Absaro, cujus ad ripam regio Macronum illa pertinuit, dictum est superius. HARD.

13. *Sic plana.* Hæ quas modo appellavimus, gentes, planitiem totam eam obtinent, quæ Ceraunios sive Caucasios inter montes, et Caspium mare includitur. HARD.

14. *Rursus ab Albaniæ.* Qua vero Iberiam contingit Albania, ibi series montium ab occasu in ortum obtenditur, quam veluti frontem obtinent primo Silvi, infra quos Lubieni : Silvos deinde sequuntur ad ortum Diduri, et Sodii. Δίδουροι Ptolemæo cogniti, lib. V, c. 9. H.

XII. 1. *Ab iis.* Post Diduros et Sodios. Hæc iisdem ferme verbis Martianus, lib. VI, cap. de Assyria, p. 222. HARD.

2. *Magno errore.* De quo dicetur uberius cap. 15. Albaniæ portæ, Ptolemæo dictæ, lib. V, c. 12. H.

3. *Multis.* Dalec. *a multis.* ED.

4. *Ubi fores obditæ.* Chifflet. *ubi fores additæ.* ED. — Hodieque exstare fores eas, recentiores historici aiunt. HARD.

5. *Diri odoris.* Dalecamp. *Dyriodori.* ED.

6. *Harmastis.* Chiffletan. *Hermasti.* ED.

7. *Gordyæos.* Chiffl. *Gordynios.*

LIBER VI.

Valli, Suarni[8] indomitæ gentes, auri[9] tamen metalla fodiunt. Ab iis ad Pontum[10] usque Heniochorum plura genera, mox Achæorum. Ita se habet terrarum sinus[11] e clarissimis.

Aliqui inter Pontum et Caspium mare CCCLXXV[12] mill. passuum, non amplius interesse tradiderunt : Cornelius Nepos CCL[13] mill. Tantis iterum[14] angustiis infestatur Asia. Claudius Cæsar a Cimmerio Bosphoro ad Caspium mare CL mill. prodidit[15] : eaque perfodere cogitasse[16] Nicatorem[17] Seleucum, quo tempore a Ptolemæo Cerauno sit

---

Dalec. *Gordyeos*. Γορδυαῖα ὄρη Ptolemæo, lib. V, cap. 13. Sic juga ea montium appellantur, in quibus sunt portæ Caucasiæ. Hard.

8. *Suarni*. Haud dubie hi sunt Ptolemæi, lib. V, c. 9, Σουενόχαλκοι, Suanorum gens ea videlicet, quibus a metallis fodiendis cognomen fuit: habent enim ii, ut Plinius animadvertit, a latere Pontum versus, Heniochos, et Achæos, de quibus actum superius, cap. 5. Hard.

9. *Auri tamen*. Dalecamp. *auri tantum*. Ed.

10. *Ad Pontum*. Chiffletan. *ad portum*. Ed.

11. *Terrarum sinus*. Vet. ap. Dal. *terrarum sinus*. Ed. — Longus ille terrarum in mediterraneo tractus, cujus descriptionem exorsus est iis verbis cap. 8 : « Nunc reddatur ingens in mediterraneo sinus, etc. » Hard.

12. *CCCLXXV mill.* Sive, ter mille stadia, ut Strabo ait, lib. XI, pag. 491, quæ mensura plane cum Pliniana congruit, et vero proxima est. Hard. et Ed.

13. *CCL mill.* Sic scripsimus, pro *CL mill.* admonitu codicum Reg. 1, 2, Colb. 1, 2, et eorum quos Pintianus vidit, ne foret inter Cornelium Nepotem, cæterosque scriptores, sententiarum tanta dissensio. Nam et Posidonium Strabo ait, hujus isthmi intervallum definiisse mille et quingentis stadiis, lib. XI, pag. 491, quæ mensura efficit CLXXXVII mill. D. pass. quamquam id brevius spatium Straboni et angustius videtur. Hard.

14. *Tantis iterum*. Arctatis jam semel pari modo terris, Asia pæne insula facta, vix cc millibus passuum a Ponto Euxino per continentem ad Issicum Ciliciæ sinum relictis, ut dictum est cap. 2. H.

15. *CL mill. prodidit*. Centena modo quinquaginta millia passuum. Hard.

16. *Cogitasse*. Dalecamp. *excogitasse*. Ed.

17. *Nicatorem*. A quo Seleucidæ appellati Syriæ reges. Hunc Ptolemæus Ceraunus, Ptolemæi Lagidæ Ægypti regis F. Philadelphi frater, occidit per insidias. Qua de re videndus Memnon apud Photium in Bibliothec. cod. 224, capite 13, pag. 715. Hard.

interfectus. A portis [18] Caucasiis ad Pontum CC mill. passuum esse constat fere.

XIII. (XII.) Insulæ in Ponto Planctæ[1], sive Cyaneæ, sive Symplegades. Deinde Apollonia[2], Thynias dicta, ut distingueretur ab ea quæ est in Europa[3]. Distat a continente[4] passibus mille : cingitur[5] tribus mill. Et contra Pharnaceam[6] Chalceritis[7], quam Græci Ariam[8] dixerunt, sacramque Marti, et in ea volucres cum advenis pugnasse, pennarum ictu[9].

XIV. Nunc omnibus, quæ sunt interiora Asiæ, dictis, Riphæos montes[1] transcendat animus, dextraque littori[2]

18. *A portis.* Hæc Martianus ad verbum, lib. VI, cap. de Assyria, pag. 222. HARD.

XIII. 1. *Planctæ.* Vet. apud Dal. *Planetæ.* ED. — Πλάγκται Homero dictæ, quæ aliis Κυάνεαι et Συμπληγάδες, inquit Strabo, lib. I, p. 21. De his egimus lib. IV, cap. 27. Utrumque enim Ponti ostium obsident, et quod Europam alluit, et quod Asiam : unde Europææ aliæ, aliæ Asiaticæ appellantur. HARD.

2. *Deinde Apollonia, Thynias dicta.* De qua dictum est lib. sup. cap. 44. HARD.

3. *Ab ea quæ est in Europa.* Ab ea scilicet Apolloniatarum insula, quam in Ponto pariter esse, sed circa Istrum, atque adeo in Europa, diximus lib. IV, cap. 27. HARD.

4. *A continente.* Dalec. *a continenti.* ED.

5. *Cingitur.* Circuitu colligit milliaria tria. HARD.

6. *Et contra Pharnaceam.* De qua dictum cap. 4. HARD.

7. *Chalceritis.* MSS. *Achalceritis.* ED.

8. *Ariam dixerunt.* Hæc Ἄρεος

νῆσος Stephani, pag. 106, πρὸς τοῖς Κόλχοις ἐν τῷ Πόντῳ, ex Scymno in Asia. Mela, lib. II, cap. 7, p. 42 : « Non longe a Colis Aria, quæ Marti sacrata, ut fabulis traditur, tulit aves cum summa clade advenientium, pennas quasi tela jaculantes. » Ea νῆσος ἀρητιὰς Apollonio dicitur, Argon. lib. II, vs. 1033, ubi hanc de avibus fabulam, pennas ceu jacula mittentibus, fuse tractat. Ab avibus, quas χαλκήρεις et σιδηροπτέρους fabulati sunt, χαλκηρίτιν insulam fuisse cognominatam, simile veri est. HARD.

9. *Pennarum ictu.* Ita Reg. 1, 2, Colb. 1, 2, Paris. At Chiffl. *jactu.* Dalec. *pinnarum ictu.* H. et ED.

XIV. 1. *Riphæos montes.* In Moscoviæ fere umbilico, ut nunc res sunt, assurgunt ii, supra Tanais fontes : inter ipsum, et Rham sive Volgam amnem. Erumpit enim ex Riphæo monte Tanais, teste Mela, lib. I, cap. 19. HARD.

2. *Littori Oceani.* Ita Reg. 1, 2, Colb. 1, 2, Paris. etc. non *littore*, ut Dalec. vel *littora*, ut vet. apud eumdem Dalec. H. et ED.

Oceani incedat. Tribus hic e partibus cæli alluens Asiam : Scythicus a septemtrione, ab oriente Eous, a meridie Indicus vocatur, varieque per sinus et accolas in complura nomina dividitur. Verum Asiæ quoque magna portio apposita septemtrioni, injuria sideris rigentis, vastas solitudines habet. Ab extremo Aquilone³ ad initium orientis æstivi, Scythæ sunt. Extra eas ultraque⁴ Aquilonis initia ₂ Hyperboreos aliqui posuere, pluribus in Europa⁵ dictos. Primum inde⁶ noscitur promontorium Celticæ⁷ Lytarmis⁸, fluvius Carambucis⁹, ubi lassata¹⁰ cum siderum vi Riphæorum montium deficiunt juga. Ibi Arimphæos¹¹ quosdam accepimus, haud dissimilem Hyperboreis gentem. Sedes illis nemora, alimenta baccæ, capillus juxta feminis ₃ virisque in probro existimatur : ritus clementes. Itaque sacros haberi narrant, inviolatosque esse etiam feris accolarum populis : nec ipsos modo, sed illos quoque¹² qui

3. *Ab extremo Aquilone.* Quem spirare diximus, lib. II, cap. 46, inter septemptrionem, et exortum solis æstivum. Hic Scytharum regio est : ubi nunc Moscoviæ pars septemtrionalis. HARD.

4. *Ultraque Aquilonis.* Ad septemptrionem propius, inter Volgam, et mare quod nunc Album vocant. Hæc Solinus iisdem cum Plinio verbis, c. XVI, p. 36. HARD.

5. *In Europa dictos.* Libro IV, cap. 26. HARD.

6. *Primum inde.* Ab Hyperboreorum littore. HARD.

7. *Celticæ.* Celticam, τὴν Κελτικὴν Veteres appellabant, totum illud terrarum spatium quod ab Herculis freto ad Scythicum usque Oceanum continetur, adeoque Europam universam. Ita Plutarchus in Mario, pag. 411, et Strabo, lib. XI, pag. 507. HARD.

8. *Lytarmis.* Fortasse hodie, ut D'ANVILLE opinatur, *Cande-Noss*, sive *Kanin-Noss*. Ad mare quod Album vocant, *la mer Blanche*. Incolis *Bielamore*. ED.

9. *Carambucis.* Qui nunc fortasse *Dwina* in Moscovia : is in Album mare, infra oppidum *Archangel* devolvitur. H. et ED.

10. *Ubi lassata.* Ibi Riphæorum montium, inquit, juga deficiunt: ibi vis quoque lassatur ac deficit rigentium siderum : molliore jam et clementiore videlicet cæli temperie. HARD.

11. *Ibique Arimphæos.* Hæc quæ deinceps de Arimphæis dicuntur, et Hyperboreis, Solinus totidem verbis habet, capite XVII, pag. 37, et Martianus, lib. VI, pag. 214. HARD.

12. *Illos quoque.* Dalecamp. *illos etiam.* ED.

ad eos profugerint. Ultra eos[13] plane jam Scythæ, Cimmerii[14], Cissianthi[15], Georgi, et Amazonum gens. Hæc usque ad Caspium et Hyrcanium[16] mare.

XV. Nam et irrumpit[1] e Scythico Oceano in aversa Asiæ[2], pluribus nominibus accolarum appellatum, celeberrimis duobus, Caspio et Hyrcanio. Non minus hoc esse quam Pontum Euxinum, Clitarchus putat[3]. Eratosthenes[4] ponit et mensuram : ab exortu[5] et meridie, per Cadusiæ

13. *Ultra eos.* Adjacent Arimphæis, inquit, ad ortum Scythæ jam supra memorati : deinde Cimmerii, etc. Sic Martianus, loco citato, pag. 215. HARD.

14. *Cimmerii.* Oceani Asiæque oram ultimam occupabant, teste Plutarcho in Mario, pag. 411, quo a Scythis pulsi ex Mæotidis paludis littore migravere. Ab his orti Cimbri, quos Marius profligavit. H.

15. *Cissianthi.* Dalec. *Cicianihi.* Mela, lib. I, c. 2 : « Super Amazonas, inquit, et Hipperboreos Cimmerii, Cissianthi, Achæi, Georgi. » Cissianthos, Georgosque et Amazonas, arbitror tenuisse eas regiones, quæ nunc *Gouvernemens d'Archangel et de Vologda* dicuntur, in Europæ Asiæque confinio In MSS. omnibus, *Gerorgi* legitur; in Chiffl. *Cherorgi.* H. et ED.

16. *Et Hyrcanium.* Vet. apud Dalec. *seu Hyrcanum.* ED.

XV. 1. *Nam et irrumpit*, etc. Vet. ap. Dalec. *Nam et erumpite Scythico.* Ipse Dalec. *Namque id erumpit Scythico.* ED. — Fuit ea Veterum sententia, usque ad Ptolemæum, si Herodotum, Aristotelem, et Diodorum excipias, Caspium mare angusto fluento connecti cum Scythico, seu septemtrionali : quem fere ad modum ex meridiano Oceano Persicus effluit. Dedit huic errori ansam Patrocles, Macedoniæ classis præfectus, qui Volgæ fluminis ostium, fretum esse angustum credidit, quo se Scythicum mare sive septemtrionale, in Caspium effunderet. HARD.

2. *In aversa Asiæ.* A tergo Asiæ illius, quæ hactenus descripta est : quam priorem Asiæ partem appellat Strabo, lib. XI, pag. 507. HARD.

3. *Clitarchus putat.* Et Patrocles apud Strabonem, lib. XI, p. 508. HARD.

4. *Eratosthenes.* Hunc ipsum Eratosthenis locum recitat Strabo, lib. XI, pag. 507. HARD.

5. *Ab exortu et meridie per Cadusiæ.* Ita Reg. 1, 2, Colbert. 1, 2, Paris. Tolet. etc. Dalec. *ab exortu ad meridiem*, etc. ED. — A latere, inquit, meridionali Caspii maris, qua spectat solis exortum, ducta mensura per Cadusios Albanosque, spatium est quinque millium et cccc stad. Καδούσιοι oram Mediæ montuosam tenent, fere per quinque stadiorum millia, inquit Patrocles apud Strabonem, loco cit. pag. 508, quem locum Stephanus non intellexit, qui Cadusios inter

LIBER VI.

et Albaniæ oram quinquies mille cccc stad. Inde[6] per Anariacas, Amardos, Hyrcanos, ad ostium Oxi[7] fluminis, quater mille dccc[8] stad. Ab eo ad ostium Jaxartis, mm. cccc. Quæ summa efficit quindecies centena septuaginta[9] quinque mill. passuum. Artemidorus hinc detrahit viginti quinque mill. passuum. Agrippa Caspium mare, gentesque quæ circa sunt, et cum his Armeniam determinans, ab oriente Oceano Serico, ab occidente Caucasi jugis, a meridie Tauri, a septemtrione Oceano Scythico, patere qua cognitum est, ccccLxxxx m. passuum, in[10] longitudinem:

Pontum et Caspium mare a Strabone locari existimavit. Mediæ quoque a Ptolemæo adjudicantur, lib. VI, cap. 2. Hard.

6. *Inde per Anariacas, Amardos*, etc. Depravata hæc gentium nomina restituimus, ex Strabone, lib. XI, pag. 508, ubi Ἀμάρδους et Ἀναριάκας Caspii maris accolas facit. Ptolemæus, lib. VI, cap. 2, pro Ἀμάρδους, Μάρδους corrupte, et Ἀμαριάκας pro Ἀναριάκας habet. A cognomine fluvio, cujus meminit Ptolemæus, nomen Amardi sortiti videntur. Mardi hinc longo terrarum spatio disjuncti. Librorum hactenus editorum vitiosa hæc scriptura fuit, *Inde per Aratiaticos, Amarbos*, etc. A Cadusiorum finibus, inquit, Anariacæ incipiunt, mox Amardi, deinde Hyrcani, per meridionale Caspii maris latus, qua in ortum boreamque reflectitur. H.

7. *Ad ostium Oxi. Ad ostium Zoni* perperam libri MSS. impressique exhibent: ac paulo post, ad ostium Jaxartis, *mille CCCC* pro *bis mille*. Quem errorem non modo calculi ratio detegit, defuturis alioqui mille stadiis summæ sequenti: sed et Strabo ipse, lib. XI, p. 507,

ubi hæc plane Eratosthenica verba, qualia afferuntur a Plinio, idem recitat: Φησὶ δ' Ἐρατοσθένης τὸν ἀπὸ τῶν Ἑλλήνων γνώριμον περίπλουν τῆς θαλάττης ταύτης, τὸν μὲν παρὰ τοὺς Ἀλβανοὺς καὶ τοὺς Καδουσίους εἶναι πεντακισχιλίων καὶ τετρακοσίων· τὸν δὲ παρὰ τὴν Ἀναριάκων καὶ Ἀμάρδων καὶ Ὑρκανῶν, μέχρι τοῦ στόματος τοῦ Ὄξου ποταμοῦ, τετρακισχιλίων καὶ ὀκτακοσίων· ἔνθεν δ' ἐπὶ τοῦ Ἰαξάρτου δισχιλίων τετρακοσίων. Hard.

8. *DCC.* Chiffl. *DCCCC*. Ed.

9. *Quindecies centena septuaginta*. Plane calculi ratio constat. Male vet. apud Dalec. *quindecies centena quadraginta millia stadia*. H. et Ed.

10. *CCCCLXXXX M. P. in longitudinem: CCLXXXX in latitudinem*. Quum hunc locum exscriberent Missi Theodosii, excidit iis ab utroque hoc numero denarii nota: sic enim illi: « Armenia major, et mare Caspium, et quæ circa gentes sunt ad Oceanum, finiuntur ab oriente, Oceano Serico: ab occidente jugis montis Caucasi, et mari Caspio: a septemtrione, Oceano: a meridie, monte Tauro: in longitudinem, m. passuum ccccLxxx, in latitudinem, ccLxxx. »

CCLXXXX M. in latitudinem prodidit. Non desunt vero qui ejus maris universum circuitum a freto $\overline{XXV}$ mill.[11] passuum tradunt.

3   Irrumpit autem[12] arctis faucibus, et[13] in longitudinem spatiosis. At ubi cœpit in latitudinem pandi, lunatis obliquatur cornibus : velut ad Mæotium[14] lacum ab[15] ore descendens, sicilis[16] (ut auctor est M. Varro) similitudine. Primus sinus[17] appellatur Scythicus : utrimque enim[18] accolunt Scythæ, et per angustias inter se commeant : hinc Nomades[19], et Sauromatæ multis nomi-
4 nibus, illinc[20] Abzoæ non paucioribus. Ab introitu[21] dex-

11. $\overline{XXV}$ M. pass. Hoc est, vicies et quinquies centenis millibus pass. HARD.

12. *Irrumpit autem.* Mela, lib. III, cap. 53 : « Mare, inquit, Caspium, ut angusto, ita longo etiam freto primum terras, quasi fluvius, irrumpit : atque ubi recto alveo influxit, in tres sinus diffunditur : contra os ipsum, in Hyrcanium : ad sinistram, in Scythicum : ad dextram, in eum quem proprie et totius nomine Caspium appellant.» HARD.

13. *Et.* Hæc vox in Dalecamp. deest. ED.

14. *Mæotium.* Dalec. *Mæotin.* ED.

15. *Ab ore descendens.* Dal. *ab ore discedens.* ED. —Veluti ab eo freto (qua irrumpere a Scythico mari in terras credebatur), hoc est, ab ostio Volgæ fluminis, Mæotium lacum petat mucrone. HARD.

16. *Sicilis.* Hic interpolatores Plinii, quibus hæc vox haud familiaris fuit, pro *sicilis*, felici, ut quidem rebantur, conjectatione, *Scythici arcus* similitudinem, ex Ponto Euxino ab Hyrcanium mare trans-

tulerunt. Nos eam vocem admonitu codicum Reg. 1, 2, Colbert. 1, 2, Paris. et Salmant. restituimus. Quævis sit illius, Festus explicat : « Sicilices, inquit (malim ego *Siciles*), hastarum spicula lata. Ennius : Incedit veles volgo sicilibu' latis. » Sic enim MSS. habent, Vossio teste in Etymol. HARD.

17. *Primus sinus.* Qui ad sinistram, sive ad ortum curvatur. H.

18. *Utrimque enim.* Ab utroque freti illius, sinusque, et angustiarum latere. HARD.

19. *Hinc Nomades.* Ab occasu, et juxta Rham sive Volgam amnem. Strabo, pag. 507. Mela, lib. III, c. 5, pag. 53 : « Ad introeuntium dextram Scythæ Nomades freti littoribus insident. » Videntur ii esse, aut ex iis certe qui Thalli superius dicti sunt, cap. 6. HARD.

20. *Illinc.* Ab ortu, trans fretum. HARD.

21. *Ab introitu.* Qua se incipit mare in latitudinem pandere in ipso freti mucrone, ac promontorio. Non sunt hi *Udini*, qui *Vidini* Ammiano, lib. XXXI, p. 438. H.

tra, mucronem ipsum faucium tenent Udini Scytharum populus. Dein [22] per oram Albani (ut ferunt) ab Jasone orti : ante quos mare quod est, Albanum nominatur. Hæc gens superfusa montibus Caucasiis [23], ad Cyrum amnem, Armeniæ confinium atque Iberiæ, descendit, ut dictum [24] est. Supra [25] maritima ejus Udinorumque gentem, Sarmatæ, Utidorsi, Aroteres [26] prætenduntur : quorum a tergo indicatæ [27] jam Amazones Sauromatides. Flumina 5 per Albaniam decurrunt in mare, Casius [28] et Albanus : deinde Cambyses [29] in Caucasiis ortus montibus : mox Cyrus in Coraxicis, ut diximus [30]. Oram [31] omnem a Casio præaltis rupibus inaccessam, patere ccccxxv mill. passuum auctor est Agrippa. A [32] Cyro Caspium mare vocari incipit : accolunt Caspii.

Corrigendus est error [33] in hoc loco multorum, eorum [34] 6 etiam qui in Armenia res proxime cum Corbulone gessere.

22. *Dein per oram.* Occiduam scilicet, ubi Albania est. Solinus, cap. xv, pag. 34 : « Albani in ora agentes, qui posteros se Jasonis credi volunt, albo crine nascuntur, etc. » HARD.

23. *Caucasiis.* Dal. *Caucaseis.* ED.

24. *Ut dictum est.* Cap. 11. H.

25. *Supra maritima ejus.* Sic et Chiffl. Dalec. *super maritima ejus.* Supra maritimam Albaniæ oram. H. et ED.

26. *Aroteres.* Ἀροτῆρες Herodoto, Melpom. lib. IV, pag. 231, n. 17, hoc est, aratores. HARD.

27. *Indicatæ jam.* Sub finem capitis superioris. Aliæ sunt Amazones Sauromatides pariter nuncupatæ ab Ephoro apud Steph. prope Thermodonta fluvium, de quibus alias egimus, cap. 4. HARD.

28. *Casius et Albanus.* Dalecamp. *Cassios et Abanos.* Κάσιος et Ἀλβανος Ptolemæo, lib. V, cap. 12. H. — Albanum id esse flumen, quod hodie *Samura* vocari ait, opinatur D'ANVILLE : Mannertus autem Albanum hodie *Bilbana* appellari ait, Casiumque *Samur,* sive *Emur.* ED.

29. *Et Cambyses.* Forte qui Σόανας alio nomine in Albania loquatur a Ptolemæo, loc. cit. Fortasse hodie *Iora.* H. et ED.

30. *Ut diximus.* Cap. 10. H.

31. *Oram omnem.* Sic Reg. 1, 2, Colbert. 1, 2, Paris. etc. situsque hujus oræ postulat : editores Plinii, « Oram omnem a Caucaso præaltis rupibus inaccesso. » HARD.

32. *A Cyro.* Ante Cyri ostia, Albanum vocabatur, ut dictum est superius. HARD.

33. *Corrigendus est error.* Quo in errore et Strabo fuit, lib. XI, p. 523. HARD.

34. *Eorum.* Dalec. *et eorum.* ED.

Namque hi Caspias appellavere portas[35] Iberiæ, quas Caucasias diximus vocari; situsque depicti et inde missi, hoc nomen inscriptum habent. Et[36] Neronis principis comminatio, ad Caspias portas tendere dicebatur; quum peteret illas, quæ per Iberiam in Sarmatas tendunt, vix[37] ullo propter appositos montes aditu ad Caspium mare. Sunt autem aliæ[38], Caspiis gentibus junctæ: quod dignosci non potest, nisi[39] comitatu rerum Alexandri Magni.

XVI. Namque Persarum regna, quæ nunc Parthorum intelligimus, inter duo maria, Persicum et Hyrcanium Caucasiis jugis[1] attolluntur. Utrimque[2] per devexa laterum Armeniæ majori, a frontis parte, quæ vergit in Commagenen, Sophene (ut diximus) copulatur, eique Adiabene Assyriorum initium: cujus[3] pars est Arbelitis, ubi Darium Alexander debellavit, proxima[4] Syriæ. Totam

35. *Portas Iberiæ.* Quæ et Albaniæ portæ: de his egimus cap. 12. HARD.
36. *Et Neronis.* Vide Sueton. in Nerone, cap. XIX. HARD.
37. *Vix ullo,* etc. Dalec. *vix ullo propter appositos montes aditu. Ad Caspium mare sunt aliæ,* etc. *Appositos* in Chiffl. deest. ED.
38. *Sunt autem aliæ,* etc. Sunt aliæ portæ, Caspiæ verius appellandæ. HARD.
39. *Nisi comitatu.* Nisi relatu eorum qui comites fuerunt expeditionum Alexandri. HARD.
XVI. 1. *Jugis attolluntur.* In Persarum regnis crebra occurrunt montium Caucasiorum juga, quibus tota regio veluti sublimis attollitur. Strabo, de Media lib. XI, pag. 525 : ἡ πολλὴ μὲν οὖν ὑψηλή ἐςι, καὶ ψυχρά. Plinius de Epheso, lib. V, cap. 31 : « Attollitur monte Pione. » HARD.

2. *Utrimque per devexa.* Eadem juga, inquit, Caucasia pariter a quibusdam appellata, quæ Tauri sive Antitauri pars quædam est, longa serie latus obvertunt Armeniæ majori, qua fronte, sive qua parte vergit illa in Commagenen Syriæ. Devexa sive convalles horum montium ex utraque parte Sopheni tenent, ut dictum est cap. 10. Sophenen attingit Adiabene, quæ Assyriorum regio ibi primum sese offert, etc. Sophene Dioni lib. XXXVI, pag. 26, Σωφανίνη χώρα τοῖς Ἀρμενίοις πρόσορος. De ejus situ Strabo, lib. XI, pag. 527. H.
3. *Cujus pars est.* Hæc iisdem verbis Solinus, cap. XLVI, pag. 74. Vide quæ dicturi sumus cap. 30. Arbelitidis caput Ἄρβηλα, vicus, quem Persidi Stephanus attribuit. HARD.
4. *Proxima Syriæ.* Osroenæ nimirum, et Mesopotamiæ, quæ Sy-

LIBER VI. 619

eam⁵ Macedones Mygdoniam cognominaverunt, a⁶ similitudine. Oppida: Alexandria⁷, item Antiochia⁸, quam Nisibin vocant. Abest ab Artaxatis DCCL M. passuum. Fuit⁹ et Ninus imposita¹⁰ Tigri, ad solis occasum spectans, quondam cla-

riæ quondam attributa, ut dictum est lib. V, cap. 15. HARD.

5. *Totam eam.* Adiabenen videlicet. HARD.

6. *A similitudine.* Ad similitudinem Macedonici in Europa imperii, iisdem nominibus provincias orientis signabant, quæ nota in Europa erant. De Mygdonibus Macedoniæ dictum est, lib. IV, c. 17. De Assyriis, Strabo, lib. XVI, pag. 747. HARD.

7. *Alexandria.* De hac cæteri scriptores silent. Ibi condita, ubi Darium Alexander vicit, sane videtur. HARD.

8. *Antiochia.* Plutarch. in Lucullo, pag. 514 : Νισίϐιν, οἱ δ' Ἕλληνες Ἀντιόχειαν Μυγδονικὴν προσηγόρευον. Mesopotamiæ Stephanus adscribit: Ἀντιόχεια... τρίτη, Μεσοποταμίας, Μυγδονία καλουμένη... ἥτις Νισίϐη λέγεται, καὶ Νισιϐίς. Strabonem videlicet secutus, lib. XI, pag. 527, et lib. XVI, pag. 747. Hodie vetusto nomine servato, *Nisibin* vocant, et *Nesbin*, insignis olim oppidi tenue nunc vestigium. Vide TAVERNER. Itiner. lib. II, p. 172. HARD.

9. *Fuit et Ninus.* Quæ et Ninive, Herodoto quoque Νῖνος. Excidium urbis signat obiter Plinius suo illo familiari vocabulo, *Fuit.* Instaurata denuo tamen, quamquam non eodem fortassis loco, quo steterat primum, floruit Ammiani ævo. « In Adiabena, inquit, lib. XXIII, pag. 251, Ninus est civitas, quæ olim Persidis regna possederat, nomen

Nini potentissimi regis quondam Semiramidis mariti, declarans, et Arbela, et Gaugamela, etc. » Stephanus : Νῖνος, πόλις Ἀσσυρίων. H.

10. *Imposita Tigri.* Herodotus, Clio, lib. I, num. 102, et Euterpe, lib. II, num. 150, pag. 148. Fallitur Diodorus, qui Bibl. l. II, p. 92, ad Euphratem locat, ἐπὶ τὸν Εὐφράτην ποταμόν. Diruta nunc et exhausta, vicinitate *Mosal* oppidi in parte fluminis opposita ad solis exortum conditi, solo ponte intermedio, ut vulgo suasit Benjamin Jud. « Inter Almosal et Niniven pons tantum intercedit : hæc devastata est : attamen multos pagos et vicos habet. » Reipsa tamen *Moussul* (sic enim Tavernerius appellat, lib. II, pag. 173), ad occasum Tigris amnis est, atque adeo ubi Ninive olim fuit. Quod Plinius addit fuisse quondam clarissimam, confirmat Jonas, cap. III, 3, 4 : « Ninive erat, inquit, civitas magna itinere trium dierum. Et cœpit Jonas introire in civitatem itinere diei unius, etc. » Erat Ninive civitas magna, inquit, cujus vicos omnes pererrare nemo posset nisi itinere trium dierum. Neque enim murorum ambitum dicit esse itinere trium dierum, sed civitatem ipsam; in quam non perhibetur Jonas introisse nisi itinere diei unius. Si murorum ambitus intelligeretur trium dierum esse, diametros vix esset itineris diei unius; atque adeo ingressus Jonas per portam unam, emensusque iter

rissima. Reliqua vero fronte, qua tendit ad Caspium mare, Atropatene[11], ab Armeniæ Otene regione discreta[12] Araxe. Oppidum[13] ejus Gazæ, ab[14] Artaxatis ccccl m. passuum: totidem ab Ecbatanis Medorum, quorum pars sunt Atropateni.

1 XVII. (XIV.) Ecbatana[1] caput Mediæ Seleucus[2] rex

diei unius, jam et civitate pedem extulisset per portam oppositam. Ergo iter trium dierum in ipsa civitate intelligendum est, et per vicos civitatis singulos ea mensura accipienda est. Clamavit Jonas per vicos quot potuit deambulare itinere unius diei: id quod tertiam urbis partem efficit. Inde rumor ad cæteros pervasit; ac postridie ad regem ipsum. Hard.

11. *Atropatene.* Subintellige ex superioribus, Armeniæ majori copulatur, a cujus parte orientali, quæ Otene vocatur, solo amne Araxe dispescitur. Ὠτηνὴ Eusebio, Præp. lib. VI, pag. 277. Quadrato item, Parth. lib. II et III, apud Stephan. verbo Ὠτηνή. Apud Ptolemæum perperam scriptum Μωτηνή, et *Totene.* Atropatene vero, Ἀτροπατηνή, Mediæ regio est, ab Atropato duce cognominata, qui ne pars ea in Macedonum potestatem veniret, Alexandro mortuo, arte effecit. Vide Strabon. lib. XI, pag. 522, et Stephan. p. 156. Hard.

12. *Discreta Araxe.* Strabo, pag. 523: τοῦ Ἀράξου ποταμοῦ τοῦ ὁρίζοντος τήν τε Ἀρμενίαν καὶ τὴν Ἀτροπατηνήν. Ptolemæo mendose, Τροπατηνή, lib. V, cap. 2. Huic regioni quæ nunc Persici imperii provincia est, nomen est *Aderbidjan.* H. et Ed.

13. *Oppidum ejus.* Non Otenes

regionis Armeniæ, ut visum Ortelio, sed Atropatenes Mediæ: ut ipsa orationis structura admonet, atque ipse etiam Strabo lib. XI, pag. 523, cui hæc Γάζα Atropatenes βασίλειον, seu Regia dicitur. Porro Gazæ nomen oppido Parthi imponebant, in quo belli opes et pecuniam vellent asservari. Nam Gaza pecunia regia est lingua Persarum, teste Curtio, lib. III. Hanc urbem *Ganzak* etiamnunc Armenii vocant, *Tebriz* appellant incolæ aut, ut nos dicimus, *Tauris.* H. et Ed.

14. *Ab Artaxatis CCCCL.* Ab Araxe, cui Artaxata imposita sunt, stadiis bis ille cccc distare Strabo affirmat, loco citato, hoc est, passuum dumtaxat trecentis millibus.

XVII. 1. *Ecbatana.* Non *Casbin,* ut quidam volunt, sed *Hamadan,* ut censent d'Anville et Mannertus. Græcis τὰ Ἐκβάτανα. Fuit etiam Ecbatana montis nomen, multo citra oppidum istud: quo in monte posita fuit *Rages civitas* tunc ditionis *Medorum,* quatuor tantum dierum itinere distans a civitate Ninive: unde post triduanam quietem redux esset Tobias junior *undecimo die,* Tob. V, 8, et XI, 1. H. et Ed.

2. *Seleucus.* Is qui Σέλευκος Νικάτωρ est cognominatus, primus regum Syriæ: tametsi auctor est Charax, apud Stephanum verbo Ἀγβάτανα, Epiphaneam vocatam Ecba-

LIBER VI. 621

condidit[3] : a Seleucia magna DCCL M. passuum : a[4] portis vero Caspiis XX M. Reliqua Medorum oppida, Phazaca, Aganzaga[5], Apamia[6] Rhaphane cognominata. Causa[7] portarum nominis eadem, quæ supra, interruptis angusto transitu jugis, ita ut vix singula meent plaustra, longitudine VIII mill. passuum, toto opere manu facto. Dextra lævaque ambustis similes impendent scopuli, sitiente tractu per[8] XXVIII mill. passuum. Angustias impedit corrivatus salis e cautibus liquor, atque eadem emissus. Præterea serpentium multitudo, nisi hieme, transitum non sinit.

tanam fuisse a Seleuco Epiphane fortassis, Antiochi Magni filio. H.

3. *Condidit.* Quum aliquo bello dirutum illud oppidum fuisset, quod antea condiderat eo nomine Deioces primus rex Medorum, Astyagis proavus, teste Herodoto, Clio, lib. I, num. 98, pag. 43, et Euseb. in Chron. p. 119, ad Olymp. XVIII. Quin si Diodoro fides, qui Ctesiam sequi se profitetur, jam inde ab ævo Semiramidis exstabant Ecbatana. H.

4. *A portis vero Caspiis.* Sic vocantur interrupta angusto transitu juga Caspii montis in confinio Parthiæ Mediæque XX M. hoc est, vicies centenis millibus passuum. H. — Broter. hunc errorem absurdum notat, et proponit CCCM pass. ED.

5. *Phazaca, Aganzaga.* Libri hactenus editi habent, *Phausia, Agamzua.* Tolerabilius vero fuisset, si *Phaunia* edidissent : quod oppidi esse potuit illius nomen, unde Φαυνίτη regio suum traxerit, quam Medis ereptam, et adjunctam Armeniæ ab Artaxia rege, auctor est Strabo, lib. XI, p. 528. Sed conjecturæ locus esse non debet, ubi se veritas ipsa patefacit. In Reg. 1, 2, Colb. 1, 2, etc. legitur *Phiscanzaga*, unico, ut perspicua res est, ex duobus conflato vocabulo. Laudantur a Ptolemæo, lib. VI, cap. 2, hæ Mediæ civitates, Φαζάκα et Ἀγανζαυά vel Ἀγανζαγαύα. HARD.

6. *Apamia.* Ἀπάμεια Straboni, lib. XI, pag. 324, una e Græcanicis urbibus, quas in Media Macedones condiderunt. HARD.

7. *Causa portarum nominis eadem.* Describit hæc Solinus, cap. XLVII, p. 75. HARD.

8. *Per XXVIII.* Solini paraphrasis : « In his angustiis etiam illud asperum, quod præcisorum laterum saxa, liquentibus inter se salis venis, exundant humorem affluentissimum; qui constrictus vi caloris, velut in æstivam glaciem corporatur : ita labes invia accessum negat. Præterea octo et XX M. passuum tractus omnis, quoquo inde pergitur, nullis puteis vel fontibus sine præsidio sitit : tum serpentes undique gentium convenæ, verno statim die illuc confluunt. Ita periculi ac difficultatis concordia, ad Caspios, nisi hieme, accessus negatur. » In Plinianis libris

2 (xv.) Adiabenis connectuntur Carduchi[9] quondam dicti, nunc Cordueni, præfluente[10] Tigri: his[11] Pratitæ, Paredoni[12] appellati, qui tenent Caspias portas. Iis[13] a latere altero occurrunt deserta Parthiæ, et Citheni juga. Mox ejusdem Parthiæ amœnissimus[14] sinus, qui vocatur Choara[15]. Duæ urbes ibi Parthorum, oppositæ[16] quondam Medis: Calliope[17], et alia in rupe Issatis quondam. Ipsius vero Parthiæ

perperam editum, xxxviii, MSS. invitis, et Solino. Hard.

9. *Carduchi.* Καρδοῦχοι, quos Mediæ Stephanus adjudicat, pag. 356. Parthiæ Strabo, lib. XVI, p. 747, iidem appellatione in mollius deflexa a Macedonibus Γορδυαῖοι a Gordye, ut volunt, Triptolemi F. appellati. Regionem ipsam Gorduenen vocat Ammianus, lib. XVIII, pag. 125. Κορδουηνήν Dio, lib. XXXVII, pag. 31, de qua Tigrani cum Phraate, sub judice Pompeio lis fuit. Igitur hi Adiabenis, sive Assyriis, ab occasu æstivo junguntur. Hard.

10. *Præfluente Tigri.* Gordyenen Tigris præterlabitur. Strabo, loco citato. Haud sane procul a fontibus ipsius amnis, ut monet Ptolemæus, lib. V, cap. 13. Hard.

11. *His Pratitæ.* Corduenis Pratitæ connectuntur. Πρατίαι et Πρατῖται, *mercatores.* Sunt ii e Medorum populis. Hard.

12. *Pared.* Ita libri omnes editi. Pintianus emendat, παρ' ὁδὸν, voce hic nihil significante. Hi tenere Caspias portas dicuntur, quamvis hinc longe positas: quoniam eorum custodiæ a Medorum regibus commissæ sunt hæ portæ. In quibusdam MSS. nostris legitur *Paredoti.* H.

13. *Iis a latere altero.* Portis Caspiis, inquit, a latere altero, hoc est, ab exortu brumali connectuntur deserta Parthorum, et longa Citheni juga. Huc enim usque Parthia pertinet, quæ ab occasu, ut dicetur cap. 29, habet Pratitas Medos, ubi Parthia citerior, deserta et occidentalis vocatur. Hard.

14. *Amœnissimus sinus.* Dalec. *amœnissimus situs.* Sic longum terrarum in mediterraneo tractum passim appellat, ut diximus cap. 12. H. et Ed.

15. *Choara.* Non est hæc regio vel Strab. Χοαρινή, lib. XV, p. 725, vel Χοροανή Ptolemæi, lib. VI, cap. 5, ut Ortelio visum est: hæc enim ex omnibus provinciis, quæ sunt Parthicæ ditionis, Indiæ maxime finitima dicitur, ad solis proinde exortum: *Choara* ab occasu Parthiæ esse tum hoc loco dicitur, tum c. 29, ubi ejus regionis oppida, Issatis et Calliope, ab occasu Parthiæ collocantur. Hæc igitur Χωρομιθρήνη Ptolemæi est, lib. VI, cap. 2, quam ille Mediæ adjudicat, etiamnunc dicta *Kauar,* auctore d'Anville. Hard. et Ed.

16. *Oppositæ.* Chifflet. cod. *appositæ.* Ed.

17. *Calliope.* Καλλιόπη, πόλις Παρθυαίων, Steph. p. 347, et Appiano in Syriac. p. 125. Hard.

LIBER VI. 623

caput Hecatompylos[18] abest[19] a portis CXXXIII mill. passuum. Ita Parthorum quoque regna foribus discluduntur. 3 Egressos portis excipit protinus gens[20] Caspia, ad littora usque, quæ nomen portis et mari dedit. Læva, montuosa[21]. Ab ea gente retrorsus[22] ad Cyrum amnem produntur CXXV[23] mill. passuum. Ab eodem amne si subeatur ad portas, DCC[24] millia passuum. Hunc[25] enim cardinem Alexandri Magni itinera fecere[26], ab iis portis ad Indiæ principium, stadia[27] XV M. sexcenta octoginta prodendo:

18. *Hecatompylos* Græca appellatione, ob centum portas, ἑκατὸν πύλας. Parthorum hæc Arsacidarum regia Straboni, lib. XI, pag. 514. De ea rursum, cap. 29. *Damaghan*, sive *Damegan* hodie vocatur, ut aiunt D'ANVILLE et Mannertus. H. et ED.

19. *Abest a portis.* Caspiis videlicet, quo eorum olim ditio pertinuit, inquit Strabo, loco citat. De intervallo a Plinio dissidet Apollodorus apud eumdem Strabonem, pag. 514, qui spatium illud esse censet stadiorum M. CCLX, χίλιοι διακόσιοι ἑξήκοντα: quæ millia passuum efficiunt CLVII, cum quingentis passibus. Brevius aliquanto facit Ammianus, lib. XXIII, pag. 254, mille duntaxat, et XL stadiorum, hoc est, millium pass. CXXX, quod propius ad Plinianam mensuram accedit. Eratosthenis mensura apud Strabonem in mendo cubat, ἐννεακοσίους, pro ἑπτακοσίους, manifesto errore scribens, quem prodit summa quæ ex singulis intervallis colligitur. HARD.

20. *Gens Caspia.* Ad Caspium littus, in Armeniæ confinio, Ptol. lib. VI, cap. 2. HARD.

21. *Montuosa.* Dalecamp. *montosa.* ED.

22. *Retrorsus ad Cyrum amnem protenduntur.* Versus septemtrionem. HARD.

23. *CXXV.* Chiffl. *CXX.* Dal. *CCXX.* ED.

24. *DCC mill.* Eratosthenes apud Strabonem, loco citato, stadia numerat quinquies millia, et LX; ἀπὸ τοῦ Κύρου ἐπὶ Κασπίας πύλας, πεντακισχιλίους ἑξακοσίους. Colligit autem hæc mensura millia passuum fere DCXXXIII. HARD.

25. *Hunc enim cardinem.* Dalec. *hunc enim deinde cardinem.* Hinc videlicet duci omnis mensuræ initium, hinc intervalla dignosci voluerunt ulteriorum regionum. HARD. et ED.

26. *Fecere, ab iis portis ad Indiæ principium*, etc. Vet. cod. apud Dalec. *fecere. Ab iis portis ad Indiæ principium octoginta procedendo ad Bactra*, etc. ED.

27. *Stadia quindecim*, etc. Eratostheni loco cit. sunt tantum stadia quindecim millia cum quingentis, ὁμοῦ, μύριοι πεντακισχίλιοι φ'. Sunt passuum millia amplius decies novies centena. HARD.

ad Bactra oppidum, quod appellant Zariaspa[28], MMM. septingenta. Inde[29] ad Jaxartem amnem, v.

XVIII. (XVI.) A Caspiis[1] ad orientem versus regio est, Apavortene[2] dicta, et in ea fertilitatis inclytæ locus Dareium[3]. Mox gentes Tapyri[4], Anariacæ[5], Stauri, Hyrcani,

28. *Zariaspa.* Strabo, loco citato, εἶτ᾽ εἰς Βάκτραν τὴν πόλιν, ἣ καὶ Ζαριάσπα καλεῖται, τρισχίλιοι ἑπτακόσιοι, sic enim legendum ex Plinio. Efficit hæc summa fere CCCCLXIII mill. passuum. De Zariaspis etiam Steph. HARD.

29. *Inde ad Jaxartem.* Strabo, ex MSS. loc. cit. εἶτ᾽ ἐπὶ τὸν Ἰαξάρτην ποταμὸν ἐφ᾽ ὃν Ἀλέξανδρος ἧκεν, ὡς πεντακισχιλίους. Stadiorum quinque millia, efficiunt DCXXV mill. pass.

XVIII. 1. *A Caspiis.* A Caspiorum gente, et littore Caspio. Solinus hæc descripsit a Plinio, cap. XLVIII, pag. 75. HARD.

2. *Apavortene.* Ita MSS. omnes. Isidorus Characenus in Σταθμοῖς, p. 188, Ἀπαυαρκτικὴν et Ἀπαυαρκτικηνὴν appellat ab urbe cognomine. Justinus mox laudandus, *Zapavortene,* quod et in Dalecamp. legitur. *Asterabad* et *Ghilan* hodie dicitur hæc regio. HARD. et ED.

3. *Dareium.* Versatus est in hujus loci illustrando situ Salmasius satis infeliciter. Dareium, ut ex Plinii verbis apparet, ultra Caspiam gentem ad solis exortum situm est, atque adeo supra Mediam, ad littus Hyrcanii maris, versus ipsam Hyrcaniam. At Salmasius in Solin. p. 982, Mesopotamiam eo transfert, quum Procopii Daras eumdem existimat locum esse cum Plinii Dareio. Procopius enim, Pers. lib. I, Daras ait distare Nisibi stadiis XCVII, a Persarum vero finibus octo et XX. Evagrius, lib. III, cap. 37, disertis verbis affirmat, Daras locum esse Mesopotamiæ, in finibus Romani imperii situm, et utriusque ditionis velut limitem, quem ex agro oppidum fecerit Anastasius, et suo nomine Anastasiopolim appellarit. Dareium vero Plinii Justinus describit, lib. XLI, cap. 5, pag. 303, ubi de Arsace Parthorum rege : « Urbem, inquit, nomine Daram, in monte Zapaortenῶν condit : cujus loci ea conditio est, ut neque munitius quidquam esse, neque amœnius possit. Ita enim et præruptis rupibus undique cingitur, ut tutela loci nullis defensoribus egeat : et soli circumjacentis tanta ubertas est, ut propriis opibus expleatur. » Ab hac urbe Dareium potius, quam Darieum, ut libri editi habent, circumjacenti agro nomen fuit. Et sane Dareium exhibent MSS. Reg. 1, 2, Colb. 1, 2, Paris. Chiffl. etc. HARD.

4. *Tapyri.* Ταπύρους et Ἀναριάκας Strabo quoque cum Hyrcanis copulat, lib. XI, p. 514. De Stauris apud cæteros silentium. De Anariacis superius, cap. 15. De Tapyris, Dionys. in Perieg. vers. 733. Hircaniæ vicinos facit Polybius, lib. V, p. 542. Alii sunt Ptolemæi in Margiana Τάποροι, l. VI, c. 10. H. — A Tapyris etiamnunc nonnumquam *Tabaristan* vocatur hæc regio, quæ sæpius *Mazanderan* dicitur. ED.

5. *Anariacæ.* Dal. *Anariaci.* ED.

a quorum littoribus idem mare Hyrcanium vocari incipit, a[6] flumine Sideri. Citra[7] id amnes Maxeras[8], Stratos, omnia ex[9] Caucaso. Sequitur[10] regio Margiane[11], apricitatis inclytæ, sola in eo tractu vitifera, undique inclusa montibus amœnis, ambitu[12] stadiorum mille quingentorum, difficilis aditu propter arenosas solitudines per CXX mill. passuum, et ipsa contra Parthiæ tractum sita : in qua[13] Alexander Alexandriam condiderat. Qua diruta a barbaris, Antiochus[14], Seleuci filius, eodem loco restituit[15]

6. *A flumine Sideri.* In extrema Hyrcania versus ortum citra Oxum amnem. H. — Veteris nominis vestigia servat, auctore D'ANVILLE, hodiernum nomen *Ester* sive *Aster*, cui quidem flumini impositum est oppidum *Asterabad*, quod suum nomen toti regioni impertitur. ED.

7. *Citra id.* Chifflet. *Cira id.* Dal. *circa id. Citra* rescripsimus, tum ex locorum situ ad Tabularum omnium fidem exacto, tum ex admonitu codicum proxime laudatorum : ubi editi mendose *circa* exhibebant. Et sane qui possint intelligi *circa* flumen amnes, haud promptum est agnoscere : at *citra* flumen alios amnes decurrere, res est in primis obvia. Citra id flumen, retrorsus versus occasum in eadem Hyrcania amnes sunt, Maxeras, Μάξηρας, Ptolemæo, lib. VI, cap. 9, unde et accolis nomen Μάξηραι. Et Stratos, eidem Ptolemæo Στράτων e Media per Anariacas in Caspium fluens. H. et ED.

8. *Maxeras.* Dalecamp. *Mazeras.* Maxeras restituit Hard. tum e Ptolemæo proxime laudato, tum ex Ammiano, lib. XXIII, p. 256. ED.

9. *Ex Caucaso.* Id nomen commune montibus iis quibus Persarum regna omnia veluti prætexuntur. HARD.

10. *Sequitur regio.* Hæc iisdem verbis Solinus, cap. XLVIII, p. 75, et Martianus, lib. VI, cap. de Assyria, pag. 222. Sequitur porro Margiana Hyrcaniam ab oriente. HARD.

11. *Margiane.* Chiffletan. *Margiana.* ED.

12. *Ambitu stadiorum.* Consentit et Strabo, lib. XI, p. 516. HARD.

13. *In qua Alexander.* In Margiana videlicet, ut recte Solinus intellexit, loc. cit. HARD.

14. *Antiochus.* Ejus nominis primus, Seleuci Nicatoris F. Soter cognominatus. Strabo loc. cit. H.

15. *Restituit Syriam. Nam interfluente Margo.* Hæc sincerissima lectio est codicum omnium, Reg. 1, 2, Colbert. 1, 2, Paris. etc. quam interpolatores ita corruperant, *restituit Syrianam interfluente Margo*, qua lectione stante tota loci sententia pessumdatur. Sed fœdius a Salmasio deformatur, ita legente, in Exercit. ad Solinum pag. 983 : « Quam dirutam a barbaris Antiochus, Seleuci filius, eodem loco restituit, Syrii amne eam interfluente Margo... maluerunt illam Antio-

Syriam. Nam, interfluente Margo, qui corrivatur in[16] Zotale, is maluerat illam Antiochiam[17] appellari. Urbis amplitudo circuitu[18] LXX[19] stad. In[20] hanc Orodes Romanos Crassiana clade captos deduxit. Ab hujus excelsis per juga Caucasi protenditur ad Bactros usque gens[21] Mardorum, 3 fera, sui juris. Ab[22] eo tractu gentes Ochani, Chomari[23], Berdrigei, Harmatotrophi[24], Bomarei, Comani[25], Marucæi,

chiam appellari. » Vel sic potius: « Eodem loco restituit. Seleuciam, interfluente Margo, qui corrivatur ab incolis: maluere et illam Antiochiam appellari. » At tantam in permutandis verbis, evertendisque scriptorum sententiis licentiam quis porro ferat, aut patiatur? Loci sententia hæc est: Alexandria diruta a barbaris, eodem loco urbem Antiochus instauravit, ac Syriam repræsentare voluit, hoc est, Syrio nomine insignire. Antiochiam igitur potius quam Alexandriam jussit appellari, quod eam Margus amnis interflueret, ad similitudinem Antiochiæ Syriæ, quæ Oronte amne dividitur, ut dictum est lib. V, c. 18. HARD. et ED.

16. *In Zotale.* Agri nomen id est, ubi Margus in rivos deducitur, ad irrigandam regionem. Atque hinc est quod Isidorus Characenus, in Σταθμοῖς, pag. 188, irriguam hanc Antiochiam vocat, ἐν Μαργιανῇ Ἀντιόχεια ἡ καλουμένη ἔνυδρος. A Margo amne Margianæ nomen. HARD. — Margus nomen hodieque servat, *Marg-ab* dictus. ED.

17. *Antiochiam.* Ἀντιόχεια Μαργιανὴ Ptolemæo, lib. VI, cap. 10, et Stephano, p. 88. Martianus, loco citato, ut furtum dissimularet, et eum secutus Solinus, Seleuciam aiunt fuisse appellatam de familiæ nomine. *Marw-Shahi-Gian* hodie vocatur, auctore D'ANVILLE. HARD. et ED.

18. *Circuitu.* Chiffl. *circuitur.* ED.

19. *LXX stad.* Ita libri omnes, etiam MSS. Martianus tamen et Solinus quinque addunt stadia. Porro LXX stadiis fere millia passuum novem continentur. HARD.

20. *In hanc.* Solinus, cap. XLVIII, pag. 75. De Orode Parthorum rege, et Crassi clade, Plutarchus in Crasso. HARD.

21. *Gens Mardorum.* In parte Margianæ orientali, qua Bactros contingit. Ab Amardis, de quibus superius cap. 15, et appellatione et situ diversi. H. — Quam incoluerunt regionem *Deilem* hodie vocari, ait D'ANVILLE. ED.

22. *Ab eo tractu.* Versus boream, et exortum solis æstivum. Ex his Mela hos nominat, lib. I, cap. 2, Candaros, Parianos, Harmatotrophos, Comaros, Choamanos. H.

23. *Chomari.* Χόμαροι Ptolemæo, in Bactriana, lib. VI, cap. 11. H.

24. *Harmatotrophi.* Qui curules equos alunt, unde ἁρματοτροφεῖν, et ἁρματοτροφία. HARD.

25. *Comani.* Vet. apud Dalec. *Coammani.* Dalec. *Commani.* Idem atque Κῶμοι Ptolemæi, loc. citat.

LIBER VI.

Mandrueni [26], Iatii [27]. Flumina: Mandrum, Gridinum: ultraque Chorasmii [28], Candari [29], Attasini [30], Paricani [31], Sarangæ [32], Parrhasini [33], Maratiani [34], Nasotiani, Aorsi [35], Gelæ, quos Græci Cadusios [36] appellavere, Matiani [37]. Oppidum [38] Heraclea, ab Alexandro conditum: quod deinde

et Melæ *Comari.* Nisi forte *Thomanii* satius legi fuerit, Θωμάνιοι, quos Herod. Thalia, lib. III, num. 117, cum Chorasmiis, Hyrcanisque junxit. Forte hæc Κομανία Xenophontis est, Expedit. Cyri, lib. VII. pag. 426. Marucæorum nomen servare videtur, ut quidem animadvertit d'Anville, regio quæ nunc *Marushak* dicitur. H. et Ed.

26. *Mandrueni.* Vet. apud Dalec. *Mandradani.* Ab amne Mandro. Μαρδυηνοί, credo, Ptolemæi, lib. VI, cap. 12, in Sogdiana. Hard.

27. *Iatii.* Ἴάτιοι Ptolem. l. c. H.

28. *Chorasmii.* Χωράσμιοι Dionysio Perieg. vers. 746. Athenæo, lib. II, pag. 70, aliisque. Ptolemæo, loco citato, in Sogdiana. Hi patria pulsi in Syriam penetravere olim, unde Francos fugarunt, anno 1244. Vinc. Bellov. lib. XXIX et XXXI. Straboni, lib. XI, pag. 513, Χωρασμιουσινοί. Eorum nomen servat etiamnunc regio, quam incoluerunt, hodie dicta *Kharasm* sive *Khoaresm.* Hard. et Ed.

29. *Candari.* Et hi quoque in Sogdiana Ptolemæo, Κάνδαροι. Alii sunt ab istis Gandari Indiæ populi: de quibus Hesychius: Γάνδαρος ὁ ταυροκράτης παρ' Ἰνδοῖς, a fortitudine sic appellati. Salmasius, ut hos cornutos faceret, legit ταυροκέρατος.

30. *Attasini.* Ἀττάσιοι Straboni, lib. XI, pag. 513. Hard.

31. *Paricani.* Stephanus. Παρικάνη, πόλις Περσική . . . τὸ ἐθνικὸν. Παρικάνιοι, καὶ Παρίκανοι. Forte ii sunt quos Βαρκανίους vocat Ctesias apud Photium in Bibl. cod. 73, p. 109. Παρικάνιοι Herodoto, Thalia, pag. 200, n. 93, et Polymn. lib. VII, pag. 408. Hard.

32. *Sarangæ.* Σαράγγαι Herod. loco posterius appellato Hard.

33. *Parrhasini.* Solinus et Strabo *Parrhasios* vocant. Hard.

34. *Maratiani.* In Reg. 2, *Marotiani.* Verum haud dubie *Maruciani* scribi oportuit, ab oppido Μαρούκα, quod juxta Oxum amnem in Sogdiana a Ptolemæo collocatur, lib. VI, cap. 12. Hard.

35. *Aorsi, Gelæ.* Vet. apud Dal *Asilegi.* Gentes illis fortasse cognomines, quæ alio in tractu terrarum nominantur. Namque sunt e Aorsi ad Tanaim, et Gelæ ac Legæ prope Albaniam et Amazones. Sunt et prope Jaxartem fluvium Ἄορσοι apud Ptolem. lib. VI, cap. 14, de quibus modo Plinius. Hard. et Ed.

36. *Cadusios.* Non illos quidem, quos Albanis esse confines diximus, cap. 15, sed in Sogdiana sitos, ultra Caspium mare, Gelas cognominatos. Hard.

37. *Matiani.* Ματιανοί quos cum Καδδουσίαις conjungit Polybius, lib. V, pag. 542. Hard.

38. *Oppidum Heraclea.* Solinus, c. XLVIII, p. 75. Hæc Steph. Ἡράκλεια, μεταξὺ Σκυθίας καὶ Ἰνδικῆς. H.

subversum ac restitutum, Antiochus[39] Achaida[40] appellavit: Derbices[41], quorum medios fines secat Oxus[42] amnis, ortus in[43] lacu Oxo: Syrmatæ[44], Oxydracæ[45], Heniochi, Bateni[46], Saraparæ[47], Bactri, quorum oppidum Zariaspe[48]

39. *Ant.* Seleuci F. de quo supra.

40. *Achaida.* De Achæi fratris sui nomine, quem alicui Syriæ parti regio titulo præesse post obitum suum Seleucus pater jusserat: et ut φιλάδελφον se Antiochus probaret, de ejusdem paulo postea defuncti nomine urbem Ἀχαΐδα nuncupavit. Exstat hujus Achæi nummus eximius ex ære minimo in thesauro regio, ΒΑΣΙΛΕΩΣ ΑΧΑΙΟΥ. Aquila coronæ laureæ et fulmini insistit. In aversa parte, caput Achæi est, tectum pelle leonina: quod tegmen extra Seleucum Nicatorem, Achæi patrem, nullus regum Syriæ gestat in nummis. Hunc exhibet etiam D. VAILLANT, in Hist. regum Syriæ, pag. 150. Diversa porro hæc Achais est ab Achaia Strabonis, lib. XI, p. 516, quæ urbs Ariæ, ad Margianæ meridiem sitæ: hæc eidem Margianæ provinciæ ad septemtrionem superjacet, prope Oxum amnem. Tota adeo provinciæ unius, aut alterius etiam, latitudine ambæ inter se dissident: nequicquam eas confundente Salmas. in Solin. p. 984. H.

41. *Derbices.* Δέρβικες Straboni, lib. XI, pag. 514, in Hyrcania: in Margiana circa Oxum iidem Δερβίκκαι appellati a Ptolemæo, lib. VI, cap. 10. HARD.

42. *Oxus amnis.* Ὦξος Græcis: quem Araxim appellarunt alii, quos inter Herodotum, Strabonemque recenset D'ANVILLE. Male nonnulli cum Armeniæ Araxe eum confuderunt. RENNELL, *geographia of Herodotus;* BARBIÉ DU BOCAGE, *carte des marches et de l'empire d'Alexandre-le-Grand, et analyse de cette carte,* et MANNERT alteram profitentur opinionem. Araxem enim Herodoti et Jaxartem hodie *Sir* vel *Sihon,* unum et idem esse, consentiunt. Oxus non in lacu Oxo ortus, ut Noster ait, sed e montibus *Belour* dictis defluens in lacum *Aral* nunc cadit, sed prioris alvei quo in Caspium mare deferebatur nonnulla exstant vestigia. *Gihon* et *Gichon* amnem eum Arabes vocant, ut recte monet Paulus Rhamnusius in Geogr. In latus orientale Caspii maris delabitur. In ostio urbs est hodieque insignis *Zahaspa,* Avicennæ Philosophi, ut creditur, patria. H. et ED.

43. *In lacu Oxo.* Chifflet. *in lacu Axo.* Vet. apud Dalec *in lacu Oxia.* Solin. cap. XLIX, p. 76, Ὀξειανὴ λίμνη Ptolemæo, lib. VI, c. 12. H. et ED.

44. *Syrmatæ.* Ibidem Συρμάται Stephano, qui Σαυρομάται. HARD.

45. *Oxydracæ.* In libris editis, *Oxii, Tagæ.* Solinus, cap. XLIX, pag. 76, *Oxistacæ.* Nos ex Ptolemæo, lib. VI, cap. 12. Oxydracæ, Ὀξυδράγκαι. Plut. de Fort. Alex. lib. II, pag. 343, Ὀξυδράκαι. HARD.

46. *Bateni.* Solinus, l. c. HARD.

47. *Saraparæ.* Ita MSS. omnes. Forte Σαλάταραι Ptolem. lib. VI, c. 11, qui Bactrianæ septemtrionalia, juxta Oxum fluvium, tenere dicuntur. HARD.

48. *Zariaspe.* Vid. cap. sup. H.

LIBER VI.

(quod postea Bactrum) a [49] flumine appellatum est. Gens haec [50] obtinet aversa montis Paropamisi, ex [51] adversus fontes Indi: includitur flumine Ocho [52]. Ultra [53] Sogdiani, oppidum Panda [54], et in ultimis eorum finibus Alexandria [55] ab Alexandro Magno conditum [56]. Aræ ibi sunt ab [57] Hercule ac [58] Libero Patre constitutæ, item

49. *A flumine.* Non Bactri a flumine, sed Zariaspis nomen scito traxisse. Idcirco hæc verba, *quod postea Bactrum*, parenthesi inclusimus: ne te, ut Solinum, in fraudem impellerent. Ζαριάσπης, sive Ζαρίασπις amnis a Ptolemæo memoratur, lib. VI, cap. 11. Hard.

50. *Gens hæc.* Bactriana regio, inquit, a tergo est Paropamisi montis, quo monte ea a meridie clauditur: nec toto tamen; sed ea jugorum parte duntaxat, quæ ex adverso mittit Indum amnem. Hæc omnia mire perturbat Solinus, dum illustrare nititur. Aversa sunt latera montis, quæ boream; adversa, quæ meridiem spectant. Hard.

51. *Ex adversus fontes.* Ita MSS. omnes, pro *ex adverso fontis*, quod rescripsit Dalec. Hard. et Ed.

52. *Ocho.* Ὦχος est, qui in Oxum influit, Bactrianamque claudit ab occasu. Ptolem. lib. VI, cap. 11. Nunc fortasse *Bash*. H. et Ed.

53. *Ultra Sogdiani.* « Ultra hos, inquit Solinus, Bactros scilicet, Panda oppidum Sogdianorum, etc. » H. — Sogdianorum nomen servat etiamnunc vallis *Al Sogd* dicta, auctore d'Anville, in Tartaria ultra Oxum amnem, qui Bactrios a Sogdiis dividit, inquit Strabo, lib. XI, pag. 517. Vallem hanc irrigat amnis *Sogd*, Polytimetus quondam dictus, in cujus ripis stant urbes *Samarcand* et *Bukara*; alterutrane sit Panda, an alio requirendus sit locus ejus, omnino ignoratur. Ed.

54. *Panda.* Ita MSS. cum Solino loc. cit. et Martiano, lib. VI, pag. 223. Meminit Paracandæ in Sogdiana Strabo loco citato, et Arrian. Exped. Alex. lib. III. Sed ab Alexandro ea eversa dicitur: Panda stetisse etiam tum videtur. Hard.

55. *Alexandria.* Ἀλεξάνδρειαν ἐσχάτην appellat Ptolemæus, lib. VI, cap. 12, quoniam in finibus Sogdianorum ultima. Appiano in Syriacis, p 125, ἐν Σκύθαις Ἀλεξανδρέσχατα. Stephano, ἐν τῇ Σουγδιανῇ, παρὰ Παροπαμισάδαις. Fortasse hodie *Cogend*, auctore d'Anville. H. et Ed.

56. *Conditum.* MSS. et vet. ap. Dalec. *oppidum.* Ed.

57. *Ab Hercule.* Solinus, loco citato. Has aras Herculei itineris fines esse ea terrarum parte existimant, ut cum columnis quæ sunt ad Gades, simile quiddam habere videantur. Hard.

58. *Ac Libero Patre.* Bacchi expeditiones in Indiam describit Lucianus in Baccho. Columnas ibi arasve statuisse, auctor est præter cæteros Festus Avienus, in Descr. Orbis, pag. 835, quibus pares et in Sogdiana positæ nunc dicuntur:
« Hic adstare procul Bacchi fert

Cyro[59], et Semiramide[60], atque Alexandro[61] : finis omnium eorum ductus ab illa parte terrarum, includente flumine Jaxarte[62], quod Scythæ Silin[63] vocant: Alexander militesque ejus Tanain putavere[64] esse. Transcendit[65] eum amnem Demodamas[66], Seleuci et Antiochi regum dux, quem maxime sequimur in iis; arasque Apollini Didymæo statuit.

1 XIX. (XVII.) Ultra[1] sunt Scytharum populi. Persæ[2]

fama columnas, Ultimus Oceani qua terras alluit æstus, Indica qua rupes tumet extima. » Et vs 1390: «Oceani Eoi prætento denique Bacchus Littore, et extrema terrarum victor in ora Ducit laurigeros post Indica bella triumphos: Erigit et geminas telluris fine columnas, Invisitque dehinc Ismeni fluminis undam. » Accepit hoc a Dionysio Perieg. vs. 624, et Apollod. de Diis, lib. III, p. 175. HARD.

59. *Item Cyro*, etc. Solinus, loco cit. Ubi certe metam expeditionum suarum Cyrus posuit, ibi urbem suo nomine Κυρέσχατα condidit. H.

60. *Et Semiramidis*. Semiramidis columnæ appositam inscriptionem recitat Polyænus, Strateg. lib. VIII, pag. 598. HARD.

61. *Atque Alexandro*. Curtius, lib. IX, Alexandri aræ cujusmodi fuerint, prolixe describit, cap. 9, pag. 361. Sed eæ in India: in Sogdiana Plinianæ. HARD.

62. *Jaxarte*. Ἰαξάρτης. In mare Caspium ab oriente æstivo devolvitur. HARD. — Nunc *Sihon* sive *Sir*. ED.

63. *Scythæ Silin*. Dalec. *Scythæ Silyn*. ED. — Quo nomine appellant et Tanain, ut dictum est cap. 7. H.

64. *Tanain putavere*. Unde Alexandriam, da qua proxime dictum est, ad Tanaim conditam Arrianus ait, hoc est, ad Jaxartem, lib. IV Exped. Alex. Et Stephanus inter urbes, quibus Alexandria nomen est, hanc decimam octavam appellat, ἐπὶ τοῦ Τανάϊδος. Deceptus hac nominum similitudine Ptolemæus, Alexandri aras ad Tanaim Ponticum statuit, lib. III, cap. 3. Cautius Eustathius in Dionys. pag. 10, ad Tanaim Scythicum, hoc est, ad Jaxartem. Suidas, pag. 1212, Ἰαξάρτης, ὁ Τάναϊς ποταμός. Acesinen quoque Tanais nomine signatum in India, Stephanus prodidit, pag. 633. HARD.

65. *Transcendit*. Vet. ap. Dalec. *transgressus est*. ED.

66. *Demodamas*. Ita Martianus, lib. VI, cap. de Assyria, pag. 223. Solinus, cap. XLIX, pag. 76, et quod his certius est, Index hujus libri Demodamantem vocat. Perperam *Demonax* hactenus scribebatur. HARD.

XIX. 1. *Ultra sunt*. Hæc quoque Solinus, cap. XLIX, pag. 76. H.

2. *Persæ illos Sacas*. Solinus, loc. cit. Herod. Polymn. lib. VII, num. 64, pag. 407, quem et Eustathius laudat in Dionys. vers. 750, pag. 99. HARD.

illos Sacas in universum appellavere a proxima gente, antiqui Aramæos[3]. Scythæ ipsi Persas, Chorsaros[4]: et Caucasum montem, Groucasum[5], hoc est, nive candidum. Multitudo populorum innumera: et quæ cum Parthis ex[6] æquo degat. Celeberrimi eorum Sacæ[7], Massagetæ[8], Dahæ[9], Essedones[10], Ariacæ[11], Rhymmici[12],

3. *Aramæos.* Cæterorum scriptorum nemo, qui quidem occurrat, Scythas Aramæos ait fuisse appellatos : id vero Syris nomen fuisse omnes confitentur. Strabo, lib. XVI, pag. 785, sub libri finem : Σύρους οἱ Ἕλληνες Ἀραμαίους ἐκάλουν. MSS. omnes, *Aramos;* Dalec. *Arameos.* Hard. et Ed.

4. *Chorsaros.* Ita libri omnes, et Solinus, loc. cit. At Salmasius, *Chorsacos* mavult : in cujus vocis originatione demonstranda operam male ponit Bochartus, in Geogr. Sacra, lib. IV, cap. 10, pag. 254, quum Persas a Scythis sic appellatos per retaliationem, sic enim ait, hoc est, convitii regerendi causa, conjicit : ut Chorsaci vel Chorsacæ dicti videantur, quasi Φυγοσάκαι, vel Σακόφοβοι, ex quo Cyri contigit in Scythia clades. Id vero ariolari esse, neque aut ex Plinii, aut Solini verbis confici certo posse, haud leve argumentum est, quod sequitur, de Caucaso, quem Groucasum Scythæ dixerunt : an cujusquam, amabo, contumeliæ, irrisionisve causa? Cur probri notam in priore voce latere, quam in posteriore verius suspicere, aut ex scriptorum verbis efficias? Hard.

5. *Groucasum.* Ita Reg. 1, etc. Solinus, *Croucassim.* Hard.

6. *Ex æquo.* Paribus institutis ac legibus. Solinus loc. cit. Hard.

7. *Sacæ.* Strabo, lib. XI, pag. 511. Plerique Scytharum, inquit, qui a Caspio mari incipiunt, Dahæ, Δάαι, appellantur: orienti viciniores Massagetæ et Sacæ, Μασσαγέται καὶ Σάκαι. Reliquos communi nomine Scythas dicunt: quamquam singuli populi sua nomina habent. Sacas Ptolemæo supra Jaxartis fontes, atque adeo in occidentali parte regionis illius sedes habuere, quam nunc *Calmouki* appellamus; qui quidem tractus etiam nunc *Sakita* nomen servat, auctore d'Anville. Cæteri ad boream vergebant, ubi nunc deserta Tartaria est. H. et Ed.

8. *Massagetæ.* Quorum regina Tomyris Cyrum devicit. Herod. lib. I, sub finem. Hard.

9. *Dahæ.* Δάαι, Σκυθικὸν ἔθνος, Stephano. Virg. Æneid. lib. VIII, vers. 728 : « Indomitique Dahæ. » Hard.

10. *Essedones.* Ἰσσηδόνες Herodoto, Clio, num. 201, pag. 84, Solino; *Essedones.* Hard. — Eorum urbem eam fuisse, quam nunc *Hara-Shar* Turcæ vocant, opinatur d'Anville. Ed.

11. *Ariacæ.* Ptolemæo, lib. VI, cap. 14 : Ἀριάκαι παρὰ τὸν Ἰαξάρτην. Hard.

12. *Rhymmici.* Ῥύμμικοι, a Ῥύμμῳ amne cognominati, in Scythia quæ est intra Imaum montem, Ptolemæo, lib. VI, cap. 14. Hard.

Pæsicæ[13], Amardi, Histi[14], Edones, Camæ, Camacæ, Euchatæ, Cotieri, Antariani, Pialæ, Arimaspi, antea Cacidari, Asæi, OEtei. Ibi Napæi interiisse dicuntur, et Apellæi. Nobilia apud eos flumina, Mandragæum et Caspasium[15]. Nec in illa parte major[16] auctorum inconstantia: credo propter innumeras vagasque gentes. Haustum[17] ipsius maris dulcem esse et Alexander Magnus prodidit : et M. Varro, talem perlatum Pompeio, juxta res gerenti Mithridatico bello, magnitudine haud dubie influentium amnium victo sale. Adjicit idem, Pompeii ductu exploratum, in[18] Bactros septem diebus ex India perveniri ad[19] Icarum flumen, quod in Oxum influat : et[20] ex eo per Caspium in Cyrum

13. *Pæsicæ, Amardi.* Dalec. *Pesici, Amordi.* ED. — Et hos pariter Mela conjungit, lib. III, cap. 5, pag. 54. Ptolemæo, lib. VI, cap. 25, haud procul amne Jaxarte, et Oxo, Πασιαι locat, pro Παισίκας, ut arbitror. Iidem Apasiacæ nominati, ut Mardi Amardi quoque dicti sunt. Stephanus: Ἀπασιακαὶ Μασσαγετῶν ἔθνος, ex Strabone, lib. XI; et Polyb. lib. X, οἱ δ' Ἀπασιακαὶ Νομάδες κατοικοῦσι μὲν ἀνὰ μέσον Ὄξου, « habitabant inter Oxum amnem. » Mardorum autem appellationem latronibus omnibus, fugitivisque montium incolis inditam a Persis fuisse jam antea monuimus, cap. 5. HARD.

14. *Histi.* Forte Ἰαςαὶ Ptolemæi, lib. VI, cap. 14, in Scythia quæ est intra Imaum montem, haud procul a Rhymmicis montibus, παρὰ τοῦ Ἰάςου ποταμοῦ, a fluvio cognomine appellati, qui Jaxarti est proximus. De Arimaspis nos alibi. Πιάλαι Ptolemæi in Serica sunt, lib. VI, cap. 16, a Plinianis remotissimi. HARD.

15. *Caspasium.* Chifflet. *Caspasum.* ED.

16. *Major auctorum inconstantia.* Vet. ap. Dalec. *majorem auctorum inconstantiam.* ED.

17. *Haustum ipsum.* Hæc deinceps Solinus iisdem verbis, cap. XIX, pag. 38. De haustu maris ejus dulci, eadem Polycletus apud Strab. lib. XI, pag. 509. HARD.

18. *In Bactros.* Ex India Bactros usque, ubi flumen Icarum in Oxum influit, septem diebus pervenire posse. Plinium Solinus non intellexit, qui Pompeium ipsum existimet in Bactros usque penetrasse. HARD.

19. *Ad Icarum.* Septem amnium nomina, qui in Oxum delabuntur, recitat Ptolemæus, lib. VI, cap. 11; hunc prætermisit : nisi eorum aliquis gemina donatus appellatione sit. HARD. — Is esse videtur qui dicitur hodie *Rocsha*. ED.

20. *Et ex eo.* Ex Icaro ait in Oxum, ex eo in Caspium mare: inde in Cyrum amnem, qui Albaniæ, Armeniæque fines interluit:

subvectas, quinque non amplius dierum[21] terreno itinere, ad Phasin in Pontum Indicas posse devehi merces. Insulæ toto eo mari multæ, vulgata una maxime Tazata[22].

XX. A[1] Caspio mari Scythicoque Oceano, in[2] Eoum cursus inflectitur, ad orientem conversa littorum fronte. Inhabitabilis ejus[3] prima pars, a Scythico promontorio, ob nives : proxima inculta, sævitia gentium. Anthropophagi[4] Scythæ insident, humanis corporibus vescentes. Ideo juxta vastæ solitudines, ferarumque multitudo, haud dissimilem hominum immanitatem obsidens. Iterum deinde Scythæ; iterumque deserta cum belluis, usque ad jugum incubans[5] mari, quod[6] vocant Tabin. Nec ante dimidiam ferme longitudinem ejus oræ quæ spectat æstivum orientem, inhabitatur illa regio.

ex Cyro deinde quinque dierum tantum iter esse terrenum ad Phasin, qui in Pontum decurrit. Strabo, lib. XI, pag. 509. HARD.

21. *Dierum.* Vet. ap. Dalec. *diebus.* ED.

22. *Tazata.* In Reg. 1, 2, Colb. 1, 2. Paris. etc. *Zazata.* Sed ut ut est de nomine, eam esse insulam, quæ Ptolemæo, lib. VI, cap. 9, contra littus Hyrcaniæ Τάλκα appellatur, situs ipse declarat. HARD. — Hodie, ut videtur, *Idak*, una ex insulis *Ogurtchinski* vocatis. ED.

XX. 1. *A Caspio mari.* A Caspio mari, inquit, in Scythicum Oceanum, per angustum illud fluentum, de quo superius diximus : inde in Eoum mare cursus inflectitur, ubi littora ad orientem frontem obvertunt. HARD.

2. *In Eoum.* Ita MSS. omnes. Ipsa quoque oratio postulat hinc novi capitis initium duci. Libri hactenus editi, *in eam.* HARD.

3. *Ejus prima pars.* Sic etiam Mela, lib. III, cap. 7. Ejus maris ora extrema, ubi Scythicum promontorium, ad illas freti angustias, unde in Caspium erumpere Scythicus Oceanus credebatur, versus septemtrionem. Ibi nunc Siberiæ pars occidentalis. ED.

4. *Anthropophagi*, etc. Hæc Solinus a Plinio mutuatur, capite XV, pag. 34, et Martianus, lib. VI, cap. de Perside, pag. 223. HARD.

5. *Incubans mari.* Sic Chifflet ex vet. cod. Dalecamp. dat *incumbens mari.* ED.

6. *Quod vocant Tabin.* Mela Pomponius, lib. III, cap. 7, pag. 58. Ipsius id Oceani nomen esse Solinus putavit, quum sit ea jugi, seu montis appellatio. HARD.

2 Primi⁷ sunt hominum, qui noscantur, Seres⁸, lanicio silvarum⁹ nobiles, perfusam aqua depectentes frondium canitiem : unde geminus feminis nostris labor redordiendi fila, rursumque texendi. Tam multiplici opere, tam longinquo orbe petitur, ut¹⁰ in publico matrona transluceat. Seres mites quidem, sed¹¹ et ipsis feris persimiles cœtum reliquorum mortalium fugiunt, commercia¹² exspectant.
3 Primum eorum noscitur flumen Psitaras¹³, proximum Cam-

7. *Primi sunt hominum.* Transcribit hæc Solinus, cap. L, pag. 77. HARD.

8. *Seres.* Quorum regio Serica, Σηρική, Ptolemæo, lib VI, cap. 16. HARD. — Duas fuisse Sericas nonnulli contendunt, alteram Indicam, cujus urbs præcipua videtur fuisse *Seri-nagar*, sive *Sirei-nagur*, alteram Scythicam multo in septemtrionem et ortum remotiorem. ED.

9. *Lanicio silvarum.* Nobiles, inquit, sunt Serum silvæ, quæ lanicium præbent : sunt enim cuidam arborum generi lanata folia, eaque candida, quæ primum perfunduntur aqua, mox depectuntur : tum ducuntur in fila, ac denique nentur in subtegmina. Hæc Serum texta, quod essent densata pressius, mulieres Europææ solvebant, texebantque rursum : hic illis geminus labor. Horum meminit Virgilius, Georg. lib. II, « Velleraque ut foliis depectant tenuia Seres. » Ammianus item, lib. XXIII, pag. 258, ubi silvas sublucidas vocat. Vide quæ dicturi sumus lib. XI, cap. 26, et lib. XII, cap. 22. HARD.

10. *Ut in publico.* Solinus, cap. L, pag. 77. Seneca egregie, lib. VII de Benef. « Video sericas vestes, si vestes vocandæ sunt, in quibus nihil est, quo defendi corpus, aut denique pudor possit : quibus sumptis, mulier parum liquido nudam se non esse jurabit: hæc ingenti summa ab ignotis etiam ad commercium gentibus accersuntur, ut matronæ nostræ ne adulteris quidem plus sui in cubiculo, quam in publico ostendant. » Vide quæ dicemus lib. XI, cap. 26. HARD.

11. *Sed et ipsis feris.* Si gentis animum, si mores contemplere, nihil neque mitius, neque cultius esse potest. Si legem sancitam, de non admittendis hospitibus, quorum commercia expetant, feri videri merito, ac dici possint. Martianus, lib. VI, cap. de Perside, p. 223 : « Seres aliarum gentium homines aspernantur, et appositione mercium sine colloquio gaudent implere contractum. » Vide et Ammianum, loc. cit. HARD.

12. *Commercia exspectant.* Ita Reg. 1, Colb. 2. *Expetunt*, Colb. 1. Contra fidem codicum, ac scriptorum veterum mentem Salmasius legit, *despectant* : secutus, credo, Solinum, qui Plinii verba perperam intellecta, in alienam, ut solet, torquet sententiam. HARD.

13. *Primum eorum noscitur flumen Psitaras.* Ptolemæo, lib. VI, cap. 16, Οἰχόρδα;. HARD.

bari[14] : tertium Lanos, a quo promontorium Chryse[15] : sinus Cyrnaba : flumen Atianos : sinus, et gens hominum[16] Attacorum, apricis ab omni noxio afflatu seclusa collibus, eadem, qua Hyperborei degunt, temperie. De iis privatim condidit volumen Amometus, sicut Hecatæus de Hyperboreis. Ab Attacoris gentes Phruri[17], et Tochari ; et[18] jam Indorum Casiri, introrsus ad Scythas versi, humanis corporibus vescuntur. Nomades[19] quoque Indiæ vagantur.

14. *Cambari.* Ita Reg. 1, 2, Colb. 1, 2, Paris. Chiffl. Dalec. *Carabi.* Hard. et Ed.

15. *Promontorium Chryse : sinus Cyrnaba : flumen, Atianos : sinus, et gens hominum Attacorum.* Hoc loco omnia susdeque vertit præpostera, quæ recepta est hactenus, interpunctio, in hunc modum : « Promontorium : Chryse sinus : Cyrnada flumen, Attanos sinus. Et gens hominum Attacorum. » Quam lectionem secutus Ortelius, in Thesauro Geographico, multa peccavit. *Chryse* sane soli potius metallo fertilis nomen videtur esse, quam sali. Sinui vero posteriori, ita ut genti, Attacori nomen fuisse Martianus est auctor, lib. VI, cap. de Perside, cap. 223 : « Hinc, inquit, Attacorus sinus, Hyperboreis bonitate consimilis, etc. » quamquam Solinus, cap. li, pag. 77. Plinium, Martianumque depravans, sinum Attacenum vocat. Hard.

16. *Hominum Attacorum.* Hoc est, Attacorarum. Neque enim descendit hoc nomen a recto Attaci, sed ab Ἀττακόραι, qui Ptolemæo, lib. VI, cap. 16, in Serica, Ἠταγουροί. Unde subjungit statim Plinius, *Ab Attacoris,* non *ab Attacis.* Hæc porro de iis totidem verbis narrant Solinus, cap. li, pag. 77, et Martianus, lib. VI, cap. de Perside, pag. 223. Hard.

17. *Phruri, et Tochari.* Φροῦροι et Τόχαροι. Libri hactenus editi, *Thyri et Tochari.* Reg. 1, et Colb. 1, *Thuni et Tochari.* Colb. 2, *Thimi.* Rigaltianus, teste Salmasio, in Solin. pag. 989, *Thyni et Phocari.* Nos permutatis litteris scribimus, *Phruri,* vel *Phryni : et Tochari :* Dionysii Periegetæ auctoritate adducti, v. 752 : Καὶ Τόχαροι, Φροῦραί τε, καὶ ἔθνεα βάρβαρα Σήρων. « Et Tochari, Phrurique, et barbara natio Serum. » Ubi Eustathius animadvertit Phruros a nonnullis Phrynos appellari. Priscianus in Periegesi, pag. 385. « Et Tochari, Phrurique, et plurima millia Serum. » Adde et Jo. Tzetz. Chiliad. XI, hist. 388, vs. 841. Hard.

18. *Et jam Indorum Casiri.* Et Casiri, inquit, qui potius Indicæ videntur ditionis esse, quam Serici juris. Hi sunt quos Κασίους Ptolemæus vocat, lib. VI, cap. 15 et 16, et Κασίαν χώραν. Hi regionis, quam *petite Bucharie* vocamus, occidentalem tenuisse videntur partem, ubi reperitur urbs *Cashgar,* quæ veteris nominis servat vestigia. H. et Ed.

19. *Nomades.* Νομάδες vocantur pecuariæ rei dediti, ubicumque

Sunt qui ab[20] Aquilone contingi ab ipsis et Ciconas[21] dixere, et Brysanos.

XXI. Sed[1] unde plane constent gentes, Emodi montes assurgunt, Indorumque gens incipit, non Eoo tantum mari adjacens, verum et meridiano, quod Indicum[2] appellavimus : quæque[3] pars orienti adversa recto prætenditur spatio, ad[4] flexum et initium Indici maris $\overline{\text{XVIII}}$ xxxv[5] mill. passuum colligit. Deinde qua[6] flectitur in meridiem $\overline{\text{XXVI}}$ LXXV mill. pass. ut Eratosthenes tradit,

demum ii sint, gens vaga, et a pabulis mutandis nomen sortita. H.

20. *Ab Aquilone.* Inter exortum solis æstivum, et septemtrionem. H.

21. *Ciconas dixere, et Brysanos.* Quasi Ciconum, Brysarumque Europæorum colonos, de quibus egimus, lib. IV, cap. 18. HARD. — Dalec. *Cyconas* scribit. ED.

XXI. 1. *Sed unde plane.* Sed in ea parte terrarum, unde gentes, quæ citimæ sunt, plane sunt et liquido exploratæ, Emodi, Ἠμωδοὶ, montes, nunc *Himalaya*, assurgunt, et gens ibi Indorum incipit. Terruit hujusmodi forma loquendi contracta et concisa Plinii editores, qui quum haud satis perciperent, quæ vis subesset his vocibus, sic interpolarunt, « Sed inde (ut plane consentiunt omnes), etc. » Salmasius in Solin. pag. 991: « Sed inde, ut plane constat inter omnes. » Nos fidem secuti, ut solemus, codicum primitivorum, Reg. 1, 2, Colb. 1, 2, Paris. Tolet. et Salmant. Nec multo post, *non Eoo tantum mari*, rescripsimus, pro *non eo*. Nam quis *eo mari adjacens*, pro *ei mari* ferat, qui vel prioribus labris latini sermonis præcepta degustarit? HARD.

2. *Indicum appellavimus.* Cap. 14. HARD.

3. *Quæque pars.* Et quæ pars Indicæ regionis orienti obvertitur, rectoque ac longo prætenditur spatio, usque ad eum locum, ubi es mare flectit, curvatque ad meridiem, et incipit Indicum appellari: id, inquam, ejus oræ spatium colligit xvIII, hoc est, decies et octies centena septuaginta quinque millia passuum. Strabo, lib. XV, pag. 689, ait esse μυρίων καὶ ἑξακισχιλίων ϛαδίων, sedecim millium stadiorum, quæ millia passuum efficiunt omnino vicies centena millia. H.

4. *Ad flexum.* Dalec. codex *at flexum.* ED.

5. $\overline{\text{XVIII}}$ *XXXV.* Dalec. et Elz. $\overline{\text{XVIII}}$ *LXXV.* ED.

6. *Qua flectitur.* Latere meridiano obtinet vicies et quater centena LXXV millia passuum. Strabo, loc. cit. ex Eratosthene, novem et decem millia stadiorum, quæ efficiunt vicies et ter centena LXXV millia pass. ut in Pliniano contextu pro $\overline{\text{XXIIII}}$ scribendum sit fortasse $\overline{\text{XXIII}}$. HARD. — Dalec. et Elz. ex MSS. et editione principe $\overline{\text{XXIV}}$ LXXV dant. ED.

usque ad Indum amnem[7], qui est ab occidente finis Indiæ. Complures autem totam ipsius longitudinem XL dierum noctiumque velifico navium cursu determinavere : et a septemtrione ad meridiem $\overline{\text{XXVIII}}$[8] quinquaginta mill. passuum. Agrippa longitudinis $\overline{\text{XXXIII}}$, latitudinis $\overline{\text{XXIII}}$[9] prodidit. Posidonius[10] ab æstivo solis ortu ad hibernum exortum metatus est eam, adversam Galliæ statuens, quam ab occidente æstivo ad occidentem hibernum metabatur totam a Favonio[11]. Itaque[12] adversam ejus venti afflatu juvari Indiam, salubremque fieri, haud dubia ratione docuit. Alia illius cæli facies, alii siderum ortus : binæ[13] æstates in anno, binæ[14] messes, media inter illas hieme Etesiarum flatu : nostra[15] vero bruma lenes ibi auræ, mare navigabile. Gentes[16]

7. *Amnem.* Hæc vox in Dalec. dest. ED.

8. $\overline{\text{XXXVIII}}$ *quinquaginta*. Dalec. *XXVII*. ED. — Hoc est, vicies et octies centena quinquaginta millia pass. Vide Strab. lib. XV, cap. 690. Sic Agrippæ mensura accipienda est : longitudinis quidem, tricies et ter centenum millium passuum : latitudinis vero, ter et vicies. HARD.

9. $\overline{\text{XXIII}}$. Chiffl. $\overline{\text{XIII}}$. ED.

10. *Posidonius.* Hæc similiter Solinus ex Posidonio, cap. LII, cap. 78. HARD.

11. *A Favonio*. Ita MSS. omnes. placet tamen Salmasio hæc scriptura : sed expuncta litterula, interpunctionem, sententiamque pervertit. Sic enim legendum monet : « Quam ab occidente æstivo, ad occidentem hibernum metabatur totam. Favonio itaque obversam, ejus venti afflatu juvari Indiam, etc. » Fecunda errorum emendatio; uno partu geminos edit : et litterulam enim expungit, quam et MSS. et structura orationis exigit : et Favonio deinde Indiam facit esse obversam, quod nec MSS. aiunt, nec veritas patitur, aut locorum situs. Spirat enim ab occidente æquinoctiali Favonius : India ad ortum patet. H.

12. *Itaque adversam*. Ita MSS. omnes, Reg. 1, 2, Colb. 1, 2, Paris. etc. Dalec. *obversam*. Forte, *aversam*. Spirat enim a tergo Indiæ Favonius, nempe ab occasu æquinoctiali. HARD. et ED.

13. *Binæ æstates*, etc. Dalec. *binæ messes in anno, binæ æstates.* ED.

14. *Binæ messes.* Martiani paraphrasis, lib. VI de India, pag. 223 : « Secunda æstate annis singulis vegetatur, bisque frugem mittit : pro hieme Etesias perfert. » Diximus de Etesiis, lib. II, cap. 48. HARD.

15. *Nostra vero.* Quum nobis bruma est. HARD. — Dalec. *nostra vero brumali. Lenes*, etc. ED.

16. *Gentes ibi*, etc. Chifflet. *gen-*

ibi et urbes innumerabiles, si quis omnes persequi velit. Etenim [17] patefacta est non modo Alexandri Magni armis, regumque qui ei successere, circumvectis etiam in Hyrcanium [18] mare, et Caspium, Seleuco et Antiocho, præfectoque classis eorum Patrocle [19] : verum et aliis auctoribus Græcis, qui cum regibus Indicis morati (sicut Megasthenes, et Dionysius a Philadelpho missus ex ea causa) vires quoque gentium prodidere. Non [20] tamen est diligentiæ locus,

4 adeo diversa et incredibilia traduntur. Alexandri Magni comites in eo tractu Indiæ, quem armis [21] subegerant, scripserunt quinque [22] millia oppidorum fuisse, nullum [23] Co minus, gentes [24] ix, Indiamque [25] tertiam partem esse

tes ibi, urbesque. Dalec. gentes et urbes. ED.

17. *Etenim patefacta.* Exscripsit hæc Solinus, cap. LII, pag. 78. H.

18. *Hyrcanium.* Dalec. *Hyrcanum.* HARD.

19. *Patrocle.* Quem Ptolemæi Lagidæ triremium quoque præfectum appellat Pausanias, lib. I in Attic. pag. 1. De Megasthene et Dionysio diximus in Auctorum Indice. HARD.

20. *Non tamen est.* Ita MSS. omnes, Reg. 1, 2, Colb. 1, 2, Paris. Chiffl. Tolet. Dalec. *non tamen deest.* Quamvis, inquit, Alexandri, et aliorum postmodum regum diligentia peragrata India, penitus cognitioni nostræ addita videatur (verbis Solini utor,) nihilominus adeo sunt diversa et incredibilia, quæ inde ad nos perferuntur, ut nulla extricari, illustrari, probarive diligentia nostra possint. HARD. et ED.

21. *Armis.* Hæc vox in Dalec. deest. ED.

22. *Quinque millia.* Solinus, cap. LII, pag. 78. HARD.

23. *Nullum Co minus.* Chifflet. *nullum cogi minus.* Vet. ap. Dalec. *nullumque minus.* Ipse Dalec. *nullum cominus.* ED. — Nullum ex iis oppidis circuitu minore fuit, quam ejus insulæ oppidum, quæ Cos vocatur, Hippocrate alumno nobilis : cujus insulæ ambitum diximus esse, ut plures quidem existimant, centum millium pass. confer. lib. V, cap. 36. HARD.

24. *Gentes novem.* Habent libri omnes, *gentium novem :* perinde ac si subintelligi *millia* oporteat, ex superioribus repetenda. Quod quidem Solinus existimavit, locum hunc transcribens, cap. LII, cap. 78 : « Tradunt ergo in India, inquit, fuisse quinque millia oppidorum præcipua capacitate, populorum novem millia. » Quis credat plures in eo tractu non gentes modo, sed et populos fuisse, quam oppida ? Non habuit universa India gentes omnino plures, quam cen-

LIBER VI. 639

terrarum omnium, multitudinem populorum innumeram, probabili sane ratione. Indi enim prope gentium soli numquam[26] migravere finibus suis. Colliguntur a Libero Patre ad Alexandrum Magnum reges[27] eorum CLIV, annis[28] VI M. CCCCLI adjiciunt et menses tres. Amnium mira vastitas. Proditur Alexandrum nullo die minus stadia[29] sexcenta navigasse in Indo, nec potuisse ante menses quinque enavigare, adjectis paucis diebus : et tamen minorem[30] Gange esse constat. Seneca[31] etiam apud nos tentata Indiæ commentatione sexaginta amnes ejus prodidit, gentes duodeviginti centumque. Par[32] labor sit montes enumerare. Jun-

tum et octodecim, auctore Seneca, quem Plinius ipse in præsenti laudat: et quisquam putet in eo tractu, quem Alexander peragravit, millia gentium novem fuisse ? Detegit errorem Strabo, sub ipsum initium libri XV : « Apollodorus, inquit, qui Parthica scripsit, affirmat Macedones sub se habuisse gentes, quæ sunt numero novem inter Hydaspem et Hypanin, atque urbium quinque millia, quarum nulla Κῶ τῆς Μερώπιδος, Co Meropide minor esset : αὐτὰ τὰ μεταξὺ ἔθνη τοῦ τε Ὑδάσπου καὶ τοῦ Ὑπάνιος τὸν ἀριθμὸν ἐννέα, etc. » HARD.

25. *Indiamque.* Solinus ex Plinio, loc. cit. Vide et Strab. lib. XV, pag. 689. HARD.

26. *Numquam migravere.* Dalec. *numquam emigravere.* ED. — Solinus loc. cit. HARD.

27. *Reges eorum CLIV, annis VI M. CCCCLI.* Reg. 1, 2, Colb. 1, 2, et Paris. *Reges eorum CLIII.* Totidem numerat Arrianus in Indicis, pag. 528, a Libero Patre ad Androcottum quem Alexander vicit. Annorum numerum ex iisdem codicibus, atque ex Solino refinximus, ita scribente, cap. LII, pag. 78 : « A Libero Patre ad Alexandrum Magnum numerantur annorum sex millia, quadringenti quinquaginta et unus, additis et amplius tribus mensibus. » Annos numerat Arrianus tantum VI M. XLII. δύο καὶ τεσσαράκοντα, καὶ ἑξακισχίλια. H.

28. *Annis VI M.* Dalec. *annis quinque mill.* ED.

29. *Stadia sexcenta.* Id est, CLXXV mill. pass. HARD.

30. *Minorem Gange.* Arrianus in Indicis, pag. 514. HARD.

31. *Seneca etiam.* In iis libris, qui temporum injuria interciderunt. Hauserat id a Megasthene, ut intelligimus ex Arriano in Indicis, pag. 521, ita scribente : ἔθνεα δὲ Ἰνδικὰ εἴκοσι καὶ ἑκατὸν τὰ ἅπαντα λέγει Μεγασθένης, δυοῖν δέοντα. H.

32. *Par labor sit.* Ut gentes ac urbes, sic montes etiam enumerare par labor fuerit. Respondent hæc superioribus illis capitis hujusce verbis : « Gentes et urbes innumerabiles, si quis omnes persequi velit. » Quæ dum Salmasius in Solin.

guntur inter se Imaus[33], Emodus, Paropamisus, Caucasus, a[34] quibus tota decurrit in planitiem immensam, et Ægypto similem.

6 Verum ut terrena[35] demonstratio intelligatur, Alexandri Magni vestigiis insistamus. Diognetus et Bæton itinerum ejus mensores, scripsere, a portis Caspiis Hecatompylon Parthorum, quot[36] diximus millia esse : inde Alexandriam[37] Arion, quam urbem is rex condidit, DLXVI[38] mill. Inde ad Prophthasiam[39] Drangarum CXCIX mill. Inde ad[40] Ara-

pag. 991, sic immutat, « Gentes est urbesque numerare, si quis omnes persequi velit », nec Plinii stylum sapit, nec mentem capit. H.

33. *Imaus.* Cingitur fere montibus India : claudit Imaus ab Aquilone : Emodus, a septemtrione : Paropamisus, a Coro : a Favonio, Caucasus. HARD.

34. *A quibus tota.* India. HARD.

35. *Terrena.* Itineris terrestris. HARD.

36. *Quot diximus.* Cap. 17. H.

37. *Alexandriam Arion.* Hoc est, in Aria conditam, τὴν ἐν Ἀρίοις. Dicemus de ea, cap. 25, ad ea verba, « Arius amnis, qui præfluit Alexandriam, etc. » HARD.

38. *DLXVI mill.* MSS. Reg. 1, 2, Colb. 1, 2, Chiffl. et Elz. *DLXXV*, Dalec. *DLXV.* Eratosthenis mensura, quam Plinius sequitur, apud Strabonem exstat, lib. XI, pag. 514, εἰς δ' Ἀλεξάνδρειαν τὴν ἐν Ἀρίοις, τετρακισχιλίους πεντακοσίους τριάκοντα. Stadiorum quatuor millia, cum quingentis et triginta, efficiunt millia passuum, DLVI cum CCL pass. non vero, ut Salmasius ait, in Solin. pag. 792, DLXI mill. HARD.

39. *Inde ad Prophthasiam.* De quo oppido, cap. 25. Mensura Eratosthenis stadiorum est mill. et DC, εἶτ' εἰς Προφθασίαν τὴν ἐν Δράγγῃ, χιλίους χ', hoc est, mill. pass. DC. Uno milliari minor est Pliniana. H.

40. *Ad Arachosiorum.* De hoc oppido cap. 25, ad ea verba *Arachosia cum oppido et flumine.* Intervallum porro idem apud Strabonem, εἰς Ἀραχωτοὺς τὴν πόλιν τετρακισχιλίους ἑκατὸν εἴκοσιν. Quater millia stad. efficiunt plane millia pass. DXV. HARD. — MSS. editio princeps et Elz. *ad Arachosiorum* oppidum DLXV. Harduinus quidem ex Strabone emendavit DXV; at non animadvertit vir eruditus ipsum Plinium monere diversos esse numeros in quibusdam exemplaribus. Non ergo Plinius ex Strabone erat corrigendus, sed observanda potius exemplarium diversitas. BROT.

41. *Inde Ortospanum.* Dalec. *inde Orthospanum.* ED. — Oppidum Paropamisadarum Ptolemæo, lib. VI, cap. 18, in confinio Bactrianorum. Strabo, lib. VI, pag. 514 : εἶτ' εἰς Ὀρτόσπανα, ἐπὶ τὴν ἐκ Βάκτρων τρίοδον, δισχιλίους. Inde ad Ortospana

LIBER VI. 641

chosiorum oppidum DXV mill. Inde[41] Ortospanum CCL mill. Inde[42] Alexandri oppidum quinquaginta mill. In quibusdam exemplaribus diversi numeri reperiuntur: hanc urbem sub ipso Caucaso esse positam. Ab ea ad[43] flumen Copheta, et oppidum Indorum Peucolaitin[44], CCXXVII mill. Inde ad flumen Indum et oppidum Taxila[45], sexaginta mill. Ad[46] Hydaspen fluvium clarum, CXX mill. Ad[47] Hypasin non ignobiliorem, XXIX[48] CCCXC, qui[49] fuit Alexandri itinerum terminus, exsuperato tamen amne, arisque[50] in adversa ripa dicatis. Epistolæ quoque regis ipsius consentiunt his. Reliqua[51] inde Seleuco Nicatori peragrata

---

ad trivium e Bactricis. Stadia bis mille omnino sunt millia passuum CCL. HARD. — MSS. editio princeps et Elz. *Inde Ortospanum CLXXV.* Hard. adhuc ex Strabone frustra emendavit CCL. ED.

42. *Inde Alexandri.* Oppidum illud intelligit, de quo cap. 25: *Ad Caucasum.... oppidum ab Alexandro conditum.* HARD.

43. *Ad flumen Copheta.* Ita restituimus, pro *Flumen Chepta*, admonitu Reg. 1, 2, Colb. 1, 2, Paris. atque adeo Tolet. et Salmant. quos Pintianus vidit. De amne dicemus cap. 24. HARD.

44. *Peucolaitin.* Πευκελαΐτις Arriano in Indicis, pag. 516, qua in regione oriri Cophenem scribit. H.

45. *Taxila.* Πόλιν Τάξιλα εὐμεγέθη appellat Strabo, lib. XV, pag. 691. Τὰ Τάξιλα Philostrato, lib. II de vita Apoll. cap. 9, pag. 79, ubi eam prolixe describit : Τάξιλλαν idem vocat, cap. 6, pag. 76. Inter Indum pariter et Hydaspen, ab Arriano ponitur, lib. V de Exped. Alex. pag. 328. HARD. — Nunc *Attok*, ut ait D'ANVILLE. ED.

46. *Ad Hydaspen.* Ὑδάσπην, ubi Pori regio, ἡ Πώρου χώρα. Strabo, loc. cit. In Indum amnem decurrit. HARD. — Nunc *Shantrov*, ut eum vocat D'ANVILLE, vel, ut alii aiunt, *Chumab.* ED.

47. *Ad Hypasin.* Ita Reg. 1, 2. *Hypanim* Colb. 1, 2, cum Strabone, loc. cit. et Diod. Bibl. lib. II, pag. 122. Ὕφασιν vocat Arrianus in Indicis, pag. 515, et Philostr. qui Danubio parem eum facit, lib. III de vita Apoll. cap. 1, pag. 108. De eo rursum cap. seq. HARD.

48. *XXIX CCCXC.* Ita Reg. 1, 2, Colb. 1, 2, Paris. Hoc est, novem et viginti milliaria, cum trecentis et XC pass. HARD. — Chiffl. *XXIX CCCLXXX;* Dal. *XLIX CCCXC.* ED.

49. *Qui fuit Alexandri,* etc. Hæc quoque Solinus, cap. LII, pag. 78. HARD.

50. *Arisque.* De quibus et nos ex Curtio diximus, cap. 18, et Philostratus agit pluribus, lib. II de vita Apoll. cap. 14, pag. 96. HARD.

51. *Reliqua inde.* Quæ neque ab Alexandro Magno peragrata, nec

II. 41

sunt: ad Hesidrum, CLXVIII[52] mill. Jomanem amnem tantumdem. Exemplaria aliqua adjiciunt quinque millia passuum. Inde ad Gangem CXII mill. Ad Rhodapham CXIX[53] mill. Alii CCCXXV mill. in hoc spatio produnt. Ad Calinipaxa oppidum, CLXVII D. Alii CCLXV[54] mill. Inde ad confluentem Jomanis amnis, et Gangis, DCXXV mill. plerique adjiciunt XIII[55] mill. ad oppidumque Palibothra CCCCXXV. Ad ostium Gangis[56] DCXXXVIII mill. passuum.

9 Gentes, quas memorare non pigeat, a montibus Emodis, quorum[57] promontorium Imaus vocatur, incolarum lingua nivosum significante, Isari, Cosyri, Izgi, et per juga Chisiotosagi[58], multarumque gentium cognomen Brachmanæ[59], quorum Maccocalingæ. Flumina: Prinas[60], et Cainas (quod in Gangem influit) ambo navigabilia. Gentes: Calingæ proximi mari, et supra Mandei, Malli[61], quorum mons Mallus, finisque ejus tractus est Ganges.

1 XXII. (XVIII.) Hunc' alii incertis fontibus, ut Nilum,

---

ab ullo alio scriptore prodita. H.
52. *CLXVIII.* Elz. *CLIX.* ED.
53. *CXIX.* Chiffl. *DLXIX.* ED.
54. *CCLXV mill.* etc. Chiffl. *CXCLV.* ED.
55. *XIII mill.* Elz. *XIII mill.* D.
56. *Ad ost. Gangis DCXXXVIII mill. passuum.* Sic Dalec. MSS. Reg. 1 et 2, *DCXXXVII.* Edit. princeps *DCCXXXVII mill.* D *passuum;* quam lectionem sequitur Broterius, quod, ut ipse ait, magis accedat ad Strabonem, lib. XV, pag. 689, qui stadiorum sex millia numerat: quod efficit *DCCL* millia passuum. ED.
57. *Quorum promontorium.* Pars in Aquilonem, et Eoum mare prosiliens. HARD.
58. *Chisiotosagi.* Elzev. exhibet *Chirotosagi.* ED.

59. *Brachmanæ.* Dalec. *Bracmanæ.* ED. — Non Philosophorum generis et sectæ nomen id fuit (cujusmodi est hodie nomen Bramarum, vel, ut alii vocant, Braminorum), sed gentis diffusissimæ, cujus et Ptolemæus meminit, lib. VII, cap. 1, et Porphyrius, lib. IV, περὶ ἀποχῆς, ubi Brachmanum maximam partem degere in montibus ait, reliquos circa Gangem. HARD.
60. *Prinas et Cainas.* Ita Reg. 1, 2, Colb. 1, 2, Chiffl. Paris. Dalec. *Pumas et Cainas.* Arriano in Indicis, pag. 514, Καϊνὰς in Gangem influit. HARD.
61. *Malli.* Μαλλοὶ Arriano, lib. VI de Expeditione Alexandri, pag. 387. HARD.
XXII. 1. *Hunc alii.* Hæc Solinus iisdem verbis, cap. LII, pag. 78. H.

LIBER VI. 643

rigantemque vicina eodem modo, alii in Scythicis montibus nasci dixerunt. Influere in eum xix amnes. Ex iis navigabiles, præter² jam dictos, Condochatem³ „Erannoboam, Cosoagum, Sonum. Alii cum magno fragore ipsius statim fontis erumpere, dejectumque per scopulosa et abrupta, ubi primum molles planities contingat, in quodam lacu hospitari: inde lenem fluere, ubi⁴ minimum, VIII millia passuum latitudine : ubi modicum, stadiorum centum : altitudine nusquam minore passuum xx (xix) novissima⁵ gente Gangaridum Calingarum: regia⁶ Parthalis

2. *Ex iis navigabiles, præter jam dictos.* Cap. præced. Cainan et Jomanem. HARD.

3. *Condochatem,* etc. Libri hactenus editi, *Canucam, Vamam.* Sed posteriorem vocalam manuscriptorum nullus agnoscit : ex utraque conflari oportere arbitratus sum Condochatem, Κονδοχάτην, quem cum cæteris hoc loco commemoratis amnibus influere in Gangem auctor est Arrianus, qui in Indicis, p. 514, nominat Κονδοχάτην, Ἐραννοβόαν, Κοσσόανον, Σῶνον. Condochatem hodie *Kandak,* sive *Gunduk,* opinatur D'ANVILLE, Erannoboam eumdem esse amnem ac Jomanem, hodie *Jumnah,* Sonumque etiamnunc vocari *Sonn.* Cosoagus autem fortasse nunc *Cousy.* ED.

4. *Ubi minimum.* Conferri hæc possunt cum iis quæ ex Megasthene eodem de argumento Strabo refert, lib. XV, 702; Martianus, lib. VI, cap. de India, pag. 223, et Solinus, cap. LII, pag. 78. HARD.

5. *Novissima gente.* Quæ gens postrema omnium occidentali latere Gangis ripas insidet, in ipsis amnis faucibus. Gangaridum Calingarum vocatur. In ulteriore ripa etiam Gangaridæ sedes habuerunt, sed non iidem Calingæ cognominati. De Gangaridum situ, cave Curtio credas, homini in Geographicis rebus haud satis perito. De nomine consentiunt præter Virgil. Georg. III, 37, Ptolemæus, VII, 1, Γαγγαρίδαι. Vibius Sequester, pag. 346, aliique. Solus, opinor, Dionysius Perieg. vers. 1144, Γαργαρίδας vocat. Diodorus Γανδαρίδας, Bibl. lib. II, pag. 122. Virgilius certe sic habet, libro III Georg. versu 26 : « In foribus pugnam ex auro, solidoque elephanto Gangaridum faciam. » Hoc est, ex ebore Indico optimo, cujus copiam subministrabunt elephanti, qui sunt apud Gangaridas maxime conspicui : quam ob causam septingenti excubare regi dicuntur hoc loco a Plinio. HARD. — Male vet. codex apud Dalecampium dat *Gandaridum.* ED.

6. *Regia Parthalis.* Non est *Bengala:* hæc enim ultra Gangem posita : Parthalis cis amnem fuit : etsi nunc quoque Bengalicæ ditionis. HARD.

vocatur. Regi⁷ LX mill. peditum, equites mille, elephanti DCC in procinctu bellorum excubant.

2 Namque⁸ vita mitioribus populis Indorum multipartita degitur. Alii tellurem exercent, militiam alii capessunt, merces alii suas evehunt⁹ : res publicas optimi ditissimique temperant, judicia reddunt, regibus assident. Quintum genus celebratæ illic, et prope in religionem versæ sapientiæ deditum, voluntaria semper morte vitam accenso¹⁰
3 prius rogo finit. Unum¹¹ super hæc est semiferum ac plenum laboris immensi, et¹² quo supra dicta continentur, venandi elephantes domandique. Iis arant, iis vehuntur¹³, hæc maxime novere pecuaria : iis militant, dimicantque pro finibus. Delectum¹⁴ in bella, vires, et ætas, atque magnitudo faciunt.

4 Insula¹⁵ in Gange est magnæ¹⁶ amplitudinis gentem

7. *Regi LX mill.* Ita MSS. omnes et Solinus, qui hæc totidem deinceps verbis refert, cap. LII, pag. 78. Editi, LXX mill. HARD.

8. *Namque vita.* Solinus, loc. cit. Apuleius, Florid. lib. I, pag. 7; Diodorus, Bibl. lib. II. In septem omnino genera hominum describit ac digerit Arrianus in Indicis, pag. 530, 1. Sophistarum ac Sapientum; 2. Agricolarum; 3. Armentariorum; 4. Opificum et Negotiatorum; 5. Militantium; 6. Inspectorum; 7. Senatorum. Eadem habet Strabo, lib. XV, pag. 703. Hæc porro de mitioribus populis accipienda, qui vitam bonis artibus excultam degunt. De semifero genere deinde seorsim. HARD.

9. *Evehunt : res publicas,* etc. Dalec. *evehunt, res externas invehunt; res publicas,* etc. ED.

10. *Accenso prius rogo.* Chegam Indum id fecisse Strabo refert, lib. XV, pag. 720; Calanum Gymnosophistam, Cicero, de Divin. lib. I, num. 47, et Arrianus, libro VII de Expeditione Alexandri, pag. 444. HARD.

11. *Unum super hæc est.* Tolet. et Chiffl. *Unum super est.* ED.

12. *Et quo supra dicta.* Sine quo stare cæteræ reip. partes nequeunt : nam et ad militiam, et ad vecturam, et ad arationem, elephantorum opera non modo perutilis, sed necessaria est. HARD.

13. *Vehuntur.* Dalecamp. *invehuntur.* ED.

14. *Delectum in bella.* Rectius quam *in bellua,* quod apud Dalec. legitur. ED.

15. *Insula in Gange.* Solinus, loc. cit. HARD.

16. *Magnæ amplitudinis.* Dalec. *amplæ magnitudinis.* ED.

continens unam, Modogalingam [17] nomine. Ultra [18] siti sunt Modubæ, Molindæ [19], Uberæ [20] cum oppido ejusdem nominis magnifico, Galmodroesi, Preti, Calissæ [21], Sasuri, Passalæ [22], Colubæ, Orxulæ, Abali, Taluctæ. Rex [23] horum peditum L. M. equitum IV [24] mill. elephantorum [25] CCCC in armis habet. Validior deinde gens [26] Andaræ, plurimis vicis, XXX oppidis, quæ muris turribusque muniuntur, regi præbet peditum C. M. equitum MM. elephantos M. Fertilissimi sunt auri Dardæ [27], Setæ [28] vero argenti.

Sed [29] omnium in India prope, non [30] modo in hoc

17. *Modogalingam.* Ita Reg. 1, 2, Colb. 1, 2, Paris. Chiffl. non, ut libri editi, *Modogalicam.* Quasi Galingis proximam, vel Galingarum ditionis. Sunt enim, ut diximus, in citeriore Gangis ripa Galingæ.

18. *Ultra.* Ulteriorem jam Gangis ripam strictim cursimque lustrat: ubi regnum, quod hodie *Bengala* vocant. ED.

19. *Molindæ.* Forte Μορούνδαι Ptolemæi, lib. VII, cap. 2, quos in India extra Gangem locat, et ad Gangaridas usque pertinere ait. H.

20. *Uberæ.* Libri impressi «ubere cum oppido ejusdem nominis magnifico», quod Latinæ aures vix ferant; nos secuti codicum omnium fidem, in *Uberæ* commutavimus, latere sub ea voce rati gentis nomen, cui oppidum ejusdem nominis magnificum fuisse diceretur. Sed Reinesio cave assentiare, qui Var. lect. lib. II, cap. 7, p. 169, Umbras populos in hunc locum e capite seq. hoc est, ab Indo ad Gangem transfert. HARD.

21. *Calissæ.* Chiffl. *Aclissæ.* ED.

22. *Passalæ.* Πασσάλαι Ptolem. loc. cit. extra Gangem, parte Indiæ boreali; Παζάλαι Arriano in Indicis, p. 515, ad confluentem Oxymagis et Gangis. Cætera gentium portenta verius quam nomina, nusquam alibi adhuc a me comperta. HARD.

23. *Rex horum.* Ad insulæ Gangeticæ incolas perperam hæc transfert Solinus, cap. LII, pag. 79, quæ ad *Taluctas* pertinent. Hodie, quantum ex situ licet conjectare, *le royaume d'Arracan.* HARD.

24. *Equitum IV mill.* Dalecamp. *equitum III mill.* ED.

25. *Elephantorum CCCC.* Dalec. *elephantos CCCC.* ED.

26. *Gens Andaræ.* Fortasse hodie *le royaume de Pegu.* ED.

27. *Dardæ.* Stephano, Δάρδαι, Ἰνδικὸν ἔθνος. Straboni, lib. XV, pag. 706, Δέρδαι, quorum in agro formicæ aurum egerunt e cavernis, teste, præter Strabonem, Plinio, lib. XI, cap. 36, qui septemtrionales Indos hos appellant: Montanos, et ad ortum positos, προσώους καὶ ὀρεινοὺς, Strabo. HARD.

28. *Setæ vero argenti.* Chiffl. *Setæ vero et argenti.* ED.

29. *Sed omnium.* Hæc Solinus totidem ferme verbis, cap. LII, pag. 79, et Strabo, pag. 702.

30. *Non modo in hoc tractu.* Indiæ

tractu, potentiam claritatemque antecedunt Prasii[31], amplissima urbe ditissimaque Palibothra[32] : unde quidam ipsam gentem Palibothros[33] vocant, immo vero tractum universum a [34] Gange. Regi[35] eorum peditum sexcenta M. equitum xxx M. elephantorum ix M. per omnes dies stipendiantur : unde conjectatio ingens opum est. Ab iis in interiore situ Monedes[36] et Suari, quorum mons[37] Maleus, in quo umbræ ad septemtrionem cadunt hieme, æstate in austrum, per senos menses. Septemtriones eo tractu semel

quæ ad Gangem. De hac voce *non modo*, vide quæ diximus lib. V, cap. 15. HARD.

31. *Prasii.* Πράσιον, Stephano, pag. 562. Horum regio Gange claudebatur, et ad Indum usque pertinebat. Eorum in finibus, hoc est, ad Gangis ripam in confluente Erannoboæ amnis, sita Παλίμβοθρα, ut scribit Arrianus in Indicis, pag. 529, et Stephanus : sive Παλίβοθρα, ut Strabo, lib. XV, pag. 689, a Gangis ostiis, fere DCC mill. pass. Urbis amplitudinem et Arrianus, et Strabo, describunt. Curtius, lib. IX, cap. 5, pag. 356, manifesto errore ulteriorem Gangis ripam colere dixit Parrhasios. Et *Prasios* dicere oportuit, et in citeriore collocare, inter Indum et Gangem, ut ex Mela cæterisque docuimus. Salmasius, in Solin. pag. 994, qui Prasios cum Curtio ultra Gangem relegat, expedire se a Plinianis verbis nequit, quæ sub finem capitis hujus leguntur : « Indus statim a Prasiorum gente » : nec Pomponiana, quem in sensum accipienda sint, vidit. HARD.

32. *Palibothra.* Dalec. *Palibotra.* Nunc, ut ait D'ANVILLE, *Allahabad.* ED.

33. *Palibothros.* Dal. *Palibotros.* Quin et reges Palibothros communi appellatione, ut Ægypti Ptolemæos, appellatos esse auctor est Strabo, lib. XV, pag. 702. HARD. et ED.

34. *A Gange.* Retrorsus nimirum a Gange ad Indum. Mela Pomponius, lib. III, cap. 7, pag. 59 : « Oras tenent ab Indo ad Gangem Palibothri. » Et Plinius ipse mox : « Indus statim a Prasiorum gente. » HARD.

35. *Regi eorum peditum sexcenta mill.* Solinus, loco citato, *sexaginta millia.* Tamen MSS. *DC mill.* H.

36. *Monedes et Suari.* Ubi hodie regna *Nurvar*, et *Gwalior*, et *Agra*, inter Indum et Gangem. Suari Ptolemæo, lib. VII, c. 1, Σαβάραι appellantur : Σουρασηνοί Arriano, in Indicis, pag. 523. HARD.

37. *Mons Maleus.* Hæc verbis iisdem Martianus, lib. VI, cap. de India, pag. 224, et Solinus, cap. LII, pag. 79. Esse id tamen a veritate alienum sciunt ii qui vel a limine siderealem scientiam salutarunt, terrarumque situs callent. Quum enim ipsa Gangis ostia tropico Cancri subjaceant, hoc est, ab æquinoctiali linea partibus sive gradibus amplius tribus et vicenis,

LIBER VI. 647

in anno apparere, nec nisi xv diebus, Bæton[38] auctor est: hoc idem pluribus locis Indiæ fieri, Megasthenes. Austrinum polum Indi Dramasa vocant. Amnis Jomanes[39] in Gangem per Palibothros decurrit inter oppida Methora[40] et Clisobora[41]. A Gange versa[42] ad meridiem plaga, tinguntur sole populi, jam quidem infecti, nondum tamen Æthiopum modo exusti: quantum[43] ad Indum accedunt, tantum colore præferunt sidus. Indus statim a[44] Prasiorum gente, quorum in montanis Pygmæi[45] tra-

qui fieri demum potest, ut mons ille ab ipsis fluvii ostiis versus septemtrionem dissitissimus, mittat umbras æstate per senos menses versus austrum, quum id solis contingat terris, quæ solem habent a vertice, « diei noctisque pares quum dividit umbras? » HARD.

38. *Bæton auctor est.* Sed fefellit Bætonem astronomica ratio: India enim fere tota citra Cancri tropicum sita quum sit, totus ei circulus arcticus perinde ac nobis apparet anno toto, et qui eo circulo continentur, septemtriones: vulgus Plaustrum vocat, *le Chariot.* HARD.

39. *Jomanes.* Forte is est, qui Arriano, in Indicis, pag. 515, καὶ Ὤμαλις corrupte vocatur, pro καὶ Ἰώμανις: nam et is in Gangem decurrit. HARD. — Hodie *Jumnah*, ut jam superius diximus. ED.

40. *Methora.* Nunc etiam *Matura* sive *Matra* ad Jomanem amnem, supra oppidum *Agra.* ED.

41. *Clisobora.* Sic emendavimus ex Arriano in Indicis, pag. 523, ubi duas magnas Surasenorum urbes prædicat, δύο πόλιας μεγάλας, Μέθορά τε καὶ Κλεισόβορα. In MSS. *Carisobora.* Ex Ortelii Thesauro dele nunc *Cyrisoborca*, quod apud Dalecamp. legitur. HARD. et ED.

42. *Versa ad meridiem.* In peninsula Indiæ, quæ regna *Golconde*, *Bisnagar*, *Narsinga*, *Decan*, aliaque complectitur: ubi Goa et Coromandel, et ora Malabarica. HARD.

43. *Quantum ad Indum.* Solini paraphrasis, loc. cit. « Indo flumini proximantes, versa ad meridiem plaga, ultra alios torrentur calore: denique vim sideris prodit hominum color. » Quo igitur austrum versus a Gange remotiores fiunt, eo sunt nigriores colore. HARD.

44. *A Prasiorum gente.* Quæ a Gange, ut diximus, ad Indum pertinet. HARD.

45. *Pygmæi.* Solinus, et Martianus, loc. cit. In multas orbis regiones, ut solent vagari fabulæ, minutum hoc genus hominum disseminatum est. Dari tamen integras pumilionum gentes tam falsum est, quam quod falsissimum. Brevis staturæ causa æstus est, et frigus intensum: quamvis diversa ratione. Nec tamen hoc in omni fetu evenit. Plurimi Æthiopes proceri sunt. Qui pusilli ex iis, non Pygmæi tamen, sive cubitales sunt: ad ternos, ut minimum, cubitos excrescunt. HARD.

duntur. Artemidorus inter duos amnes $\overline{\text{XXI}}$[46] interesse tradit.

XXIII. (xx.) Indus[1] incolis Sindus appellatus, in jugo Caucasi montis, quod vocatur Paropamisus, adversus solis ortum effusus, et[2] ipse undeviginti recipit amnes. Sed clarissimos, Hydaspem, quatuor alios afferentem : Cantabram, tres. Per se vero navigabiles Acesinem[3], et Hypasin : quadam tamen aquarum modestia nusquam[4] latior quinquaginta stadiis, aut altior xv passus : amplissimam insulam efficiens, quae Prasiane[5] nominatur : et aliam mi-

46. $\overline{XXI}$. Hoc est, semel et vicies centena millia pass. Etiam ultra tricies centena millia hoc intervallum Theodosii Missi producunt, aliique de quibus cap. seq. HARD. — Dalec. *XXI M.* pass. ED.

XXIII. 1. *Incolis Sindus.* Ita Reg. 1, 2, Colb. 1, 2, Paris. Chifflet. At editi, *Sandus.* Forte, *Sinthus.* Nam auctor Peripli maris Erythraei : Σίνθος, inquit, μέγιςος τῶν κατὰ τὴν ἐρυθρὰν θάλασσαν ποταμῶν. HARD.

2. *Et ipse.* Uti de Gange dictum est, cap. sup. HARD.

3. *Acesinen et Hypasin.* Ἀκεσίνης Arriano, Exped. Alex. lib. VI, p. 386, in Hydaspen influit : in Indum Hydaspes. De Hypasi dictum est sup. cap. Et hic alter Curtii error, qui lib. VIII, cap. 28, p. 329, in Gangem labi Acesinen tradit, caeteris plane omnibus scriptoribus vetustis dissentientibus. Nam praeter Arrianum a nobis jam laudatum, Festus Avienus in descriptione orbis, vers. 1352 : « ubi magnus sorbet Hydaspes Delapsum summa saxorum mole Acesinem. » Delabi vero in Indum Hydaspen Curtius ipse prodidit. HARD.

4. *Nusquam latior.* Contra Ctesias in Indicis, apud Photium in Bibl. cod. 73, pag. 144, amnem ait, qua parte angustissimus est, patere stadia XL, qua se latissime diffundit, ducenta : τὸ δὲ πλατύτερον, καὶ διακοσίων. Stadia porro ducenta, sunt millia pass. XII cum quingentis pass. HARD.

5. *Prasiane.* A Prasiis Indi amnis accolis, quorum ditionis ea fuit, nomen invenit. Haec illa regio est, quam *viridem Ægyptum* Virgilius appellat, illo celebratissimo loco, qui interpretes hactenus mire torsit, Georg. lib. IV, vs. 287 : « Nam qua Pellaei gens fortunata Canopi Accolit effuso stagnantem flumine Nilum, Et circum pictis vehitur sua rura phaselis : Quaque pharetratae vicinia Persidis urget, Et viridem Ægyptum nigra fecundat arena, Et diversa ruens septem discurrit in ora, Usque coloratis amnis devexus ab Indis : Omnis in hac certam regio jacit arte salutem. » Non sunt audiendi profecto illi, qui unam hic eamdemque regionem Ægypti, quam Delta vocant, septem ipsis versibus describi a vate haud certe loquace existimant, et vicinam ei Persidem dici : Nilumque so-

norem, quæ Patale⁶. Ipse⁷ per XII XL M. pass. (parcissimis ²

mniant Veteribus creditum, ipsique Virgilio, ab Indis per Persidem decurrere in Ægyptum; aut ab ortu solis fluere : quam stoliditatem Pindaro quidem, aliisque, nonnemo, sed falso, adscribit. Enimvero duos apertissime diversosque ac disjunctissimos tractus terrarum Virgilius distinguit : alterum, ubi ait : « Nam qua Pellæi gens fortunata Canopi » : alterum ibi : « Quaque pharetratæ vicinia Persidis urget » : deinde tum illos tractus ambos, tum interjacentes regiones colligit ultimo versu, velut epiphonemate : « Omnis in hac certam regio jacit arte salutem. » Sed audaces ii vicissim, qui versum 291 loco mutant, præponuntque versui 290, ut versus priores quatuor Nilum quidem, posteriores autem tres Indum describant : vel qui majore audacia versum illum 291 prorsus expungunt, eo quod ante 290 esse non possit, quin dicatur «gens fortunata Canopi », ut «circum sua rura vehi phaselis » ; sic etiam « Ægyptum fecundare nigra arena»; quod est certe dictu perabsurdum. Utrique tamen, viri alioqui docti, non animadvertunt, *viridem Ægyptum* dici perfrigide, si de Pellæa, hoc est, de Ægypto, quæ Africæ adjacet, intelligitur. Nam quis non omnino insulsus poeta viridem Galliam dixerit, viridem Siciliam, vel Italiam, aliamve regionem ? *Viridem Ægyptum* pereruditus et perquam accuratus vates appellat insulam Prasianen, quam Indus amnis in ostio efficit, ut Nilus Delta : sic enim illam Græci appellavere, qui cum Alexandro Magno ea loca lustrarunt; ut Europæi caput Viride, *le cap Vert*. Et sic certe Virgilius Prasianen intellexit, quoniam græce πράσιος *viridis* est. Auctor Plinius, lib. VI, cap. 23 : « Indus, inquit, in jugo Caucasi montis... adversus solis ortum effusus,... amplissimam insulam efficiens, quæ PRASIANE nominatur : alteram minorem, quæ Patale. » Non igitur exornavit epitheto, sed nomine proprio designavit Virgilius insulam, quum *Viridem Ægyptum* dixit: quum sit reipsa *viridis insula* latine, græce Πρασιανή. Idcirco enim *viridem Ægyptum* acute atque ingeniose Pellææ opponit, quod hanc Indus fecundat, ut Delta Nilus : et quod fuere olim septem Indi amnis alvei, ut Nili : quamvis oppleti limo plures fortassis hodie sunt, quemadmodum ipsiusmet Nili ostia vix hodie tria supersunt : denique quia papyrum Indus, ut Nilus, suppeditat : ex qua « papyraceæ naves, et armamenta Nili », hoc est, Niliacis similia quondam fierent, teste eodem Plinio, c. 24. Adde etiam Patalen insulam, alveo disjunctam a Prasiane, « in ipsis faucibus Indi, TRIQUETRA figura » esse, ejusdemque *Prasianæ gentis*, ut idem docet. Unde (ut quidem refert Arrianus, a nobis laudatus), ob similitudinem Ægyptii Delta, cui magnitudine par est, Patale appellata est, hoc est, Delta, Indorum lingua. Non potuit igitur, ut Prasianæ gentis insulas designaret, quas Indus efficit, uti feliciore translatione aut circumlocutione vates, quam si *viridem Ægyptum* diceret : inanesque de hoc loco auctoribus) navigatus, et quodam solis comitatu in occasum versus, Oceano infunditur. Mensuram in ora ad eum ponam, ut invenio, generatim, quamquam inter se nullæ congruunt[8]. Ab ostio Gangis ad promontorium Calingōn[9], et oppidum Dandagula[10] DCXXV[11] M. passuum. Ad Tro-

Criticorum concertationes sunt, qui secus accipiunt. Indus enim amnis, et *a coloratis usque*, hoc est, ab ea usque regione, in qua sunt Indi nigri, cursum, qui erat versus ortum, ut diximus, abrumpit devexus in Austrum (siquidem, ut Plinius ait, cap. 22 : « a Gange versa ad meridiem plaga, tinguntur sole populi; et quantum ad Indum accedunt, tantum colore præferunt sidus) » : unde *arenam* quoque, quam volvit Indus, poeta *nigram* finxit : et *viridem Ægyptum*, hoc est, insulam Prasianen idem fluvius *fecundat*, et idem denique *vicinia Persidis*, hoc est, non vicinam Persidem, sed vicinam Persidi regionem *urget*. Nam, ut Plinius ait, « Plerique ab occidente Indiam non Indo amne determinant, sed adjiciunt quatuor satrapias ». Persidi utique vicinas, et inter Persidem Indumque positas. Ex eorum se numero esse vates ingeniose admonet. Alioqui si *vicinia* feminino genere in recto casu intelligitur; certe neque quid illa urgeat conjectari excogitando potest; neque utra vicinia Persidis hic designetur, utrum quæ solem occiduum respicit, an quæ exortivum. Quid quod nec tellus urgere quidquam latine dici potest; sed amnis rectissime. Itaque poetico usu *vicinia* neutro genere dixit vates, ut Plinius, lib. V, cap. 12, *confinia*. Quamvis ipsa illius ætas *viciniam* feminino quoque

genere dixerit, teste Horatio, lib. I, epist. XVII, in ipsa clausula, « vicinia rauca reclamat. » HARD.

6. *Patale.* Ipsa insula Πατταληνη, oppidum Πάτταλα Straboni, lib. XV, pag. 701. Πάταλα Ptolemæo, lib. VII, cap. 1. Πατάλη Stephano. Ægyptio Delta magnitudine par, unde et id insulæ ei quoque nomen, Patala Indorum lingua Delta significante. Arrian. lib. de Expedit. Alex. pag. 319. HARD.

7. *Ipse per XII XL.* Navigatur, inquit, Indus, per duodecies centena quadraginta millia passuum : atque hæc quidem brevissima est omnium mensura, quæ apud auctores exstet. HARD.

8. *Congruunt.* Dal. *congruant*. ED.

9. *Calingōn.* Hoc est, Calingarum, quorum nomen servare urbem *Calinga-Patnam* nos monet D'ANVILLE. Promontorio nomen hodie *cap des Palmiers.* ED.

10. *Dandagula.* Chifflet. *Dandaguda.* ED.

11. *DCXXV M. pass. Ad Tropina XII XXV mill. pass.* Priorem numerum DCXXV M. pass. restituimus ex fide Reg. 1, 2, Colb. 1, 2, Paris. Posteriorem intactum reliquimus, etsi duodecies illa centena millia redundare fortassis cuipiam merito videantur : quandoquidem, ut illa penitus detrahantur, ex singularibus tamen summis quæ reliquæ erunt, plane summa illa universa colligitur, semel et vicies

LIBER VI. 651

pina $\overline{\text{xii}}$ xxv^{12} mill. passuum. Ad^{13} Perimulæ promontorium, ubi est celeberrimum Indiæ emporium, dccl^{14}. Ad^{15} oppidum in insula, quam supra diximus, Patalam, dcxx.

Gentes montanæ inter^{16} eum et Jomanem, Cesi^{17}, Ce- 3 triboni silvestres: deinde Megallæ, quorum regi quingenti elephanti, peditum equitumque numerus incertus: Chrysei, Parasangæ,^{18} Asangæ, tigri^{19} fera scatentes. Armant peditum xxx mill. elephantos ccc, equites dccc. Hos includit Indus, montium corona circumdatos et solitudinibus per dcxxv^{20} m. Infra solitudines, Dari, Suræ, iterumque solitudines per clxxxvii^{21} mill. pass. plerumque arenis ambientibus haud alio modo, quam insulas mari. Infra 4

centenum millium: quod spatium interesse Gangem inter et Indum, Artemidorus scripsit, ut dictum est in calce capitis superioris. Laboramus tamen ut inducamus ei numero spongiam, tum quod exemplaria omnia uno illum consensu exhibent, tum quod ipse Plinius admonet, nullas inter se duorum scriptorum in his terris mensuras congruere. Et sane Missi Theodosii id intervallum tricies centenis ac xxx millibus metiuntur. Summa vero Pliniana erit, si valet is numerus, ter et tricies centenum, xxv millium. Hard.

12. *XII XXV mill.* Hoc est, duodecies centena xxv millia pass.

13. *Ad Perimulæ promontorium.* Quod quum interdum ambitur mari, insula fit. Tzetzes, Chil. xi, Hist. 375, vers. 459: Ἐν τῇ θαλάσσῃ τῇ Ἰνδῶν, ἐν νήσῳ Περιμούδη. Περιμούδην quoque vocat Ælianus, Hist. Anim. lib. XV, cap. 8. H.

14. *DCCL.* Subintellige, millia pass. Hard.

15. *Ad oppidum in insula.* Quam Indus facit, ut proxime ante diximus. Hard.

16. *Inter eum et Jomanem.* Inter Indum et Jomanem, versus septemtrionem, amplius duodecies centenis millibus passuum a mari, uti ex cap. superiore colligitur. Hard.

17. *Cesi*, *Cetriboni*, etc. Hi omnes ignorantur, nisi tamen Cesi ii sint populi qui nunc *Seiks* appellantur. Ed.

18. *Asangæ.* Reg. 1, 2, Colb. 1, 2, Paris. *Asmagi.* Gentium deinceps et nominum quæ occurrent plurima, nec certa statui scriptura potest, aliorumve scriptorum suffragio comprobari: nec proprius singulorum designari situs: quum nulla satis clara ejus rei exstent vestigia uspiam. Hard. — Asangæ fortasse regionem nunc *Ajimer* dictam incoluerunt. Ed.

19. *Tigri fera.* Dalec. uno vocabulo *tigrifera*. Ed.

20. *DCCXXV.* Dalecampius, *DCXXXV.* Ed.

21. *CLXXXVII.* Dalecamp. *CLXXXVIII.* Ed.

deserta hæc Maltecoræ, Singæ, Marohæ, Rarungæ, Moruni[22]. Hi[23] montium qui perpetuo tractu Oceani oræ prætenti, incolæ, liberi et regum expertes, multis urbibus montanos obtinent colles. Nareæ[24] deinde, quos claudit mons altissimus Indicorum Capitalia. Hujus incolæ, alio latere late auri et argenti metalla fodiunt. Ab iis Oraturæ[25], quorum regi elephanti quidem decem, sed amplæ vires peditum : Varetatæ[26], qui sub rege elephantos non alunt, fiducia equitum peditumque. Odomboeræ, Salabastræ. Horatæ urbe pulcra, fossis palustribus munita : per quas crocodili, humani corporis avidissimi, aditum nisi ponte non dant. Et aliud apud illos laudatur oppidum Automela[27], impositum littori, quinque amnium in unum confluente concursu, emporio nobili. Regi eorum elephanti M. DC, peditum CL M. equitum quinque M. Pauperior Charmarum rex elephantos LX, parvasque reliquas vires habet. Ab[28] iis gens Pandæ, sola Indorum regnata feminis. Unam Herculi sexus ejus genitam ferunt, ob idque gratiorem, præ-

---

22. *Moruni. Hi montium*, etc. Vet. apud Dalec. *Moruntes, Masuæ, Pagungæ, Lalii. Hi montium qui perpetuo tractu Oceani oram tenent incolæ*, etc. Dal. *Moruntes, Masuæ, Pagungæ. Jam hi montium qui perpetuo tractu Oceani oram tenent incolæ*, etc. ED.

23. *Hi montium.* Enumerati proxime populi, montium incolæ sunt, qui perpetuo tractu oræ Oceani meridionalis Indiæ prætenti sunt. Solinus : « Hi quibus est vicinus Oceanus, sine regibus degunt. » H.

24. *Nareæ deinde.* Qui mox enumerantur populi ad Indum usque, obtinuisse arbitror peninsulam eam meridionalis Indiæ, quæ regna *Bisnagar, Decan, Calicut*, oramque Coromandel, Malabaricamque complectitur. HARD.

25. *Oraturæ.* Reg. 1, 2, *Oratæ*. HARD.

26. *Varetatæ.* Colb. 1, 2, et Dal. *Suarataratæ.* Et qui Salabastræ mox vocantur, ii sunt, opinor, quos Diodorus Sic. Bibl. lib. XVII, p. 568, Σαμβάςας vocat. HARD.

27. *Automela.* Reg. 1, 2, Colb. 1, 2, Paris. *Automula.* HARD.

28. *Ab iis gens Pandæ.* Hæc Solinus iisdem verbis, cap. LII, p. 79, et Martianus, lib. VI, c. de India, p. 224. Arrianus item in Indicis, p. 524, Πανδαίη χώρα. Stephanus, Πάνδαι, ἔθνος Ἰνδικόν. Sedes his olim, ubi nunc peninsula *Guzarate*, Cambayam inter et Indum amnem. H.

cipuo regno donatam. Ab ea deducentes originem imperitant CCC oppidis, peditum CL mill. elephantis quingentis. Post hanc trecentarum urbium Syrieni, Derangæ, Posingæ, Buzæ, Gogiarei, Umbræ, Nereæ, Brancosi, Nobundæ, Cocondæ, Nesei, Pedatriræ[29], Solobriasæ, Olostræ[30] Patalen[31] insulam attingentes : a cujus extremo littore ad Caspias portas $\overline{\text{XIX}}$ XXV[32] mill. produntur.

Hic[33] deinde accolunt Indum[34] adversum evidenti demonstratione Amatæ, Bolingæ[35], Gallitalutæ[36], Dimuri, Megari, Ordabæ[37], Mesæ. Ab[38] his Uri, Sileni: mox deserta in CCL mill. passuum. Quibus exsuperatis Organagæ, Abaortæ, Sibaræ[39], Suertæ : et ab iis solitudines prioribus pares. Dein Sarophages, Sorgæ, Baraomatæ[40], Umbrittæque, quorum XII nationes, singulisque binæ urbes. Aseni[41] trium urbium incolæ. Caput eorum Bucephala[42], Alexan-

29. *Pedatricæ.* Reg. 1, 2, Colb. 1, 2, *Palatitæ, Salobriasæ, Orostræ.* Inter Indum et peninsulam proxime appellatam, hi sedes habuere.

30. *Olostræ.* Chiffl. *Orositæ.* ED.

31. *Patalen insulam.* In Indi ostiis, ut dictum est supra. HARD.

32. $\overline{XIX}$ *XXV.* Hoc est, decies ac novies centena, et XXV millia pass. Dal. *XVIII XXV.* H. et ED.

33. *Hic deinde.* Dalec. *Hinc deinde.* ED.

34. *Indum adversum,* etc. Vet. apud Dalec. *Indum adversus eos evidenti.* Adversi fluminis ripas insident, orientali latere, versus Aquilonem et Eurum, populi, inquit, quorum jam proclivius multo est nomina situsque demonstrare. Hæc Indoscythia Ptolemæi est, l. VII, cap. 1. HARD. et ED.

35. *Bolingæ.* Stephanus, p. 189, Βώλιγγαι, ἔθνος Ἰνδικὸν, ex Dionysio, lib. X Bassaricorum. HARD.

36. *Gallitalutæ.* Taluctæ superiore cap. laudati. HARD.

37. *Ordabæ.* Chiffl. *Ardabæ.* ED.

38. *Ab his Uri.* Ad easdem Indi ripas, adverso flumine, versus amnis ortus, latere orientali. HARD.

39. *Sibaræ.* Forte Σιβαὶ ἔθνος Ἰνδικὸν Stephani. HARD.

40. *Baraomatæ, Umbrittæque.* Vet. apud Dalec. *Baragomatæ, Umbritæ.* Dal. *Baraomatæ, Gumbritæque.* ED.

41. *Aseni.* Non sunt Arriani de Exped. Alexand. lib. IV, pag. 311, Ἀσσακανοί. Hi enim cis Indum amnem, juxta Bactrianos : Aseni trans amnem siti. HARD.

42. *Bucephala.* Τὴν Βουκεφάλαν vocat Arrianus de Exped. Alex. lib. V, pag. 351, trans Indum amnem, ad Hydaspis ripam, quem situm ei et Ptolemæus assignat, lib. VII, cap. 1. Hæc referunt quoque Solinus, cap. XLV, p. 73, et Gellius, lib. V, cap. 5, cap. 2. Eadem Ale-

dri regis equo (cui fuerat hoc nomen) ibi sepulto conditum. Montani super hos Caucaso subjecti, Soleadæ, Sondræ : transgressisque[43] Indum, et cum eo decurrentibus Samarabriæ, Sambruceni, Bisambritæ[44], Osii, Antixeni, Taxillæ[45], cum urbe celebri, jam in plana demisso tractu, cui universo nomen Amandæ. Populi quatuor, Peucolaitæ[46], Arsagalitæ, Geretæ[47], Asoi.

9 Etenim plerique ab occidente non[48] Indo amne determinant, sed adjiciunt quatuor satrapias, Gedrosos, Arachotas, Arios, Paropamisadas, (XXI) ultimo fine Cophete[49] fluvio : quæ omnia Ariorum[50] esse, aliis placet. Nec[51] non

xandria quoque appellata est, ut refert auctor Peripli maris Erythræi. Hard.

43. *Transgressisque Indum.* Ad citeriorem ripam, quæ spectat solis occasum : versus mare secundo flumine occurrunt deinceps qui ripæ insident, hoc ordine populi, Sambruceni, etc. Hard.

44. *Bisambritæ.* Dalecamp. *Bisabritæ.* Ed.

45. *Taxillæ.* Taxilæ regis ditionem inter Cophenem et Indum pariter statuit Arrianus, Exped. Alex. lib. IV, pag. 291, quamquam primaria regni sedes fuerit ultra Indum, ut diximus cap. 21, ripæ, ut credo, orientali imposita. Hard.

46. *Peucolaitæ.* In Reg. 1, 2, Colb. 1, 2, Paris. et Chiffl. *Peucolitæ.* Arriano loc. cit. Πευκελαῶτις χώρα, inter Indum pariter et Cophetem : quam iis sedem Plinius quoque assignat. Hard.

47. *Geretæ.* Forte rectius *Gercatæ*, de quibus Stephanus, p. 208 : Γήσεια, πόλις Ἰνδική... τὸ ἐθνικὸν, Γηρεάτης. Hard.

48. *Non Indo amne.* Non Indiam plerique, inquit, Indo amne claudunt, sed Cophete, qui ab Indo dissitus passuum millibus sexaginta, ut dictum est cap. 21, adscribuntque præterea Indiæ satrapias quatuor, Gedrosos, Arachotas, Arios, et Paropamisadas. De his satrapiis inferius cap. 25. Hard.

49. *Cophete.* Κώφης est Straboni, lib. XV, pag. 697, ubi τὸν Κώφην vocat. Festo Avieno, vers. 1354, *Cophes.* Hard.

50. *Ariorum esse.* Laxiore nunc vocabulo utitur, pro *Arianorum.* Est enim Ariam inter et Arianam, Ariosque et Arianos discrimen. Aria strictius accepta habet ab ortu Paropamisadas, et Arachotas : a meridie Drangas et Gedrosos. Hi postquam ab Ariis subacti sunt, in communem omnes appellationem venere : et Ariorum satrapiæ sive ditionis, Arianique dici cœperunt Gedrosi, Arachotæ, et Paropamisadæ. Ut vero ab Ariis Ariani, sic etiam a Sogdiis Sogdiani, a Bactriis Bactriani, aliique cognominati sunt. H.

51. *Nec non et Nysam.* Sic etiam Mela Pomponius, lib. III, cap. 7,

et Nysam urbem plerique Indiæ adscribunt, montemque Merum, Libero Patri sacrum : unde origo fabulæ, Jovis femine editum. Item[52] Astacanos gentem, vitis, et lauri, et buxi, pomorumque omnium in Græcia nascentium fertilem. Quæ memoranda, et prope fabulosa, de fertilitate terræ, ac genere frugum arborumque, aut ferarum, aut volucrum, et aliorum animalium traduntur, suis quæque locis in reliqua parte operis commemorabuntur. Quatuor vero satrapiæ mox paulo, ad Taprobanen insulam festinante animo.

Sed[53] ante sunt aliæ, Patale, quam significavimus in ipsis faucibus Indi, triquetra[54] figura, CCXX[55] M. passuum latitudine. Extra ostium Indi, Chryse[56], et Argyre, fertiles

p. 59. Accepit a Plinio Solinus, c. LII, p. 74, et Martianus lib. VI, p. 224. Pomponius eleganter : « Urbium, inquit, quas incolunt, Nysa est clarissima et maxima : montium, Meros, Jovi sacer. Famam hinc præcipuam habent, quod in illa genitum, in hujus specu Liberum Patrem arbitrantur esse nutritum : unde Græcis auctoribus, ut femori Jovis insutum dicerent, aut materia ingessit, aut error. » Μηρὸς Græcis femur est. Arriano, de Exp. Alex. lib. V, p. 313, Νύσσα πόλις, inter Cophenem et Indum, μεταξὺ τοῦ Κωφῆνος καὶ Ἰνδοῦ. De ea fabula multi multa dixere, in primisque Philostratus de vita Apoll. lib. II, cap. 4, p. 65; Diodorus, Bibl. lib. II, pag. 123; Theophr. Histor. lib. IV, cap. 2, aliique. H. — Nunc, ut ait BARBIÉ DU BOCAGE, *Noughz* sive *Deva-Naoucha-Nagar*, id est, Divi Bacchi oppidum. ED.

52. *Item Astacanos.* Reg. 1, 2, Colbert. 1, 2, Paris. *Aspaganos.*

Editi, *Aspagonas*. Chiffl. inde *Aspaganos*. Ex Strabone et Arriano Astacanos restituimus, quos illi inter Indum et Cophetem statuunt : quibus amnibus comprehensæ regiones Indiæ, ut Plinius præmonet, adscribebantur a plerisque. H. et ED.

53. *Sed ante sunt aliæ.* Aliæ insulæ prius memorandæ. HARD.

54. *Triquetra.* Unde et Delta ei nomen, ut diximus. HARD.

55. *CXX mill. pass. latitudine.* Vet. apud Dalec. *CXXX.* Insulam facit amnis in ipso ostio in duos alveos divisus : quos in ipsa basi figuræ triquetræ quam exhibent, distare a se invicem mille stadiis et octingentis Nearchus aiebat apud Strabonem, lib. XV, p. 701, hoc est, passuum millibus CCXXV. H. et ED.

56. *Chryse et Argyre.* De utriusque insulæ, et Chryses præsertim, situ, discrepantes auctorum sententiæ faciunt, ut vatum potius somnia mihi quædam esse, quam vera orbis loca videantur. Quin ipse

metallis, ut credo. Nam quod[57] aliqui tradidere, aureum argenteumque iis solum esse, haud facile crediderim. Ab iis xx M. pass. Crocala[58]. Ab ea xii M. pass. Bibaga[59], ostreis et conchyliis referta. Deinde Toralliba[60] ix M. pass. a supra dicta, multæque ignobiles.

1 XXIV. (xxii.) Taprobanen[1] alterum orbem terrarum esse, diu existimatum est, Antichthonum[2] appellatione. Ut liqueret insulam esse, Alexandri Magni ætas resque præstitere. Onesicritus[3] classis ejus præfectus, elephantos ibi majores bellicosioresque, quam in India, gigni scripsit:

Plinius aliorum relatu, ac fama vulgi, cujus nec haberi se sponsorem cupit, non certis auctoribus ea nomina a se commemorari aperte satis significat. Plinium ad verbum hic transcribit auctor libri de Mensura orbis terræ. H. — Hæ insequentesque insulæ fortasse eæ sunt quæ *Laquedives* uno nomine appellantur. ED.

57. *Quod aliqui tradidere.* Etiam Pomponius Mela, lib. III, cap. 7, p. 59 : « Ad Tamum (promontorium est quod Taurus attollit), insula est Chryse : ad Gangem, Argyre. Altera aurei soli (ita Veteres tradidere), altera argentei : atque ita, ut maxime videtur, aut ex re nomen, aut ex vocabulo ficta fabula est. » HARD.

58. *Ab iis XX M. pass. Crocala.* In MSS. *Ab iis XX M. pass. latitudinem Crocala.* Et auctor libri de Mensura orbis terræ : « Plinius Secundus in libro sexto in Oceano Indico insulas fieri ita monet... Ab his xx M. passuum latitudine Crotale, ab eaque xii Bibaga, ostreis ac conchulis referta : deinde Oralliba, viii a supra dicta, multæque ignobiles. » Insulæ nomen Arriano, τὰ Κρόκαλα, νῆσος ἀμμώδης, insula arenosa. Situs, contra Arabii fluminis ostia, ipsamque Carmaniam, atque adeo citra Indum amnem. Sic ille in Indicis, pag. 551. H.

59. *Bibaga.* Βίβακτα νῆσος Arriano, loc. citat. ostreis præcipuæ magnitudinis referta insula. HARD.

60. *Toralliba.* Reg. 1, 2, Colb. 1, 2, Paris. Chifflet. et edit. Elzev. *Coralliba.* HARD. et ED.

XXIV. 1. *Taprobanen.* Ταπροβάνη Straboni, lib. XV, pag. 690. Mela Pomponius, lib. III, cap. 7, p. 59 : « Taprobane, inquit, aut grandis admodum insula, aut prima pars orbis alterius Hipparcho dicitur, etc. » Quum orbem alterum audis, continentem terram intellige, non insulam. A Plinio Solinus hæc descripsit, c. LIII, p. 83. Ipsa porro Taprobane hodie *Ceylan;* non, ut quidam arbitrati sunt, *Sumatra.* H.

2. *Antichthonum.* Hoc est, Antipodum. HARD.

3. *Onesicritus.* Solinus loc. cit. et Martianus, lib. VI, cap. de India, p. 224; Ælianus item, Hist. Anim. lib. XVI, cap. 18. HARD.

LIBER VI.

Megasthenes flumine dividi, incolasque Palæogonos [4] appellari, auri margaritarumque grandium fertiliores, quam Indos. Eratosthenes et mensuram prodidit, longitudinis VII M. stad. latitudinis quinque [5] M. nec urbes esse, sed vicos septingentos [6]. Incipit [7] ab Eoo mari, inter ortum occasumque solis Indiæ prætenta, et [8] quondam credita XX dierum navigatione a [9] Prasiana gente distare : mox, quia [10] papyraceis navibus, armamentisque Nili peteretur, ad nostrarum navium cursus, VII dierum intervallo taxato. Mare interest [11] vadosum, senis non amplius altitudinis passibus, sed certis canalibus ita [12] profundum, ut nullæ ancoræ sidant [13] : ob id navibus utrimque proræ, ne [14] per angustias

4. *Palæogonos.* Hoc est, priscos: quo modo Arcades appellari se προσελήνους volebant. HARD. — Nec mirum incolas dici Palæogonos, quum mons altissimus ibi adhuc dicatur *le Pic d'Adam.* ED.

5. *Longitudinis VII M. stad.* Hoc est, milliarium DCCCLXXV. HARD. — *Longitudinis VII M. stad. latitudinis quinque.* Sic libri omnes editi, et manu exarati. Sic ipse Solinus, cap. LIII, p. 83, et Martianus, lib. VI, cap. de India, pag. 224. Sic etiam Ælianus, Histor. Anim. lib. XVI, cap. 18 : Καὶ μῆκος μὲν ἔχειν ϛαδίων ζ', πλάτος δ'ὲ ἑ. Quamobrem qua fide Strabo, lib. XV, p. 609, ex Eratosthene longitudinem ejus octo millibus stadiorum circumscribat considerandum, μῆκος μὲν, ὡς ὀκτακισχιλίων ϛαδίων. HARD.

6. *Vicos septingentos.* Ælianus, loc. citat. DCCL, κώμας πεντήκοντα καὶ ἑπτακοσίας. HARD.

7. *Incipit.* Hæc iisdem verbis Solinus, loc. citat. Dalecamp. *incidit.* HARD. et ED.

8. *Et quondam credita.* Referenti Onesicrito id creditum testatur Strabo, lib. XV, p. 691. HARD.

9. *A Prasiana gente.* Quæ a Gange ad Indum usque recto cursu protenditur. HARD.

10. *Quia papyraceis.* Quia navibus tantum ex papyro textis, armamentisque, sive funibus, ex libro papyri, qualem Nilus suppeditat, tunc ea insula petebatur, earum tarditas adeo nostrarum, inquit, navium, hoc est majorum, quales sunt Romanæ, celeritate vincitur, ut jam non XX, sed VII dierum intervallo iter istud taxetur a Prasiana gente ad Taprobanen : quod Eratosthenes quidem, qui Ptolemæi tertii temporibus vixit, exploratum habuit, ut Strabo refert, p. 690. HARD.

11. *Mare interest.* Solinus et Martian. loc. cit. HARD.

12. *Ita profundum.* Dalec. *adeo profundum.* ED.

13. *Ancoræ sidant.* Ad profundi illius ima nequeunt pervenire, inquit Solinus, loc. cit. HARD.

14. *Ne per angustias.* Propter

alvei circumagi sit necesse: magnitudo[15] ad terna millia amphorum. Siderum[16] in navigando nulla observatio. Septemtrio[17] non cernitur : sed volucres secum vehunt, emittentes sæpius, meatumque[18] earum terram petentium comitantur. Nec[19] plus quaternis mensibus anno[20] navigant. Cavent a solstitio maxime centum dies, tum illo mari hiberno[21].

4   Hactenus[22] a priscis memorata : nobis diligentior notitia Claudii principatu contigit, legatis etiam ex insula advectis. Id accidit hoc modo : Annii Plocami, qui maris Rubri vectigal a fisco[23] redemerat, libertus circa Arabiam navi-

canalium angustias certis in locis circumagi navigia non poterant: idcirco ita ædificabantur, ut proras utrinque haberent, quo possent utraque fronte appellere. Hard.

15. *Magnitudo ad terna millia amphorum.* Hæc verba sic exhibent MSS. codices, Reg. 1, 2, Colb. 1, 2, Paris. *Magnitudo alterna millia ad forum.* Chifflet. *magnitudo autem ad navium foros.* Eadem, quod nihil sanationis accipere posse viderentur, in omnibus editis libris prætermissa. Plana est et explicatu facilis nostra emendatio : navigia ejusmodi non majoris ponderis capacia fuisse, quam trium millium pondo amphorarum. Sosipater Charisius, Instit. Gram. lib. I, auctor est Plinium, libro sexto Dubii sermonis, *amphorum* dixisse, pro *amphorarum;* quod et Livius dixit lib. I, cap. et Cicer. Epist. lib. III. Capacitatem navium per modios et amphoras explorare, moris fuit olim, hodieque perseverat. Hard.

16. *Siderum.* Solinus et Martianus, loc. cit. Hard.

17. *Septemtrio.* Polus septemtrionalis. Diodorus Sic. Bibl. lib. II, p. 141, præter jam laudatos. H.

18. *Meatumque earum.* Sciunt nautæ aves volatu petere terram solere : quamobrem quo illæ abeunt, in eam partem ipsi quoque cursum dirigunt, flectuntque navigia. Martianus, loc. cit. « Avium quas vehunt, volatus sequuntur, etc. » Hard.

19. *Nec plus quaternis.* Ita Solinus, cap. LIII, p. 83, et Capella, lib. VI, cap. de India, pag. 224. Codices quoque vetusti, Reg. 1, 2, Colbert. 1, 2, Paris. etc. In libris editis hactenus perperam *quam ternis.* Hard.

20. *Anno.* Dalec. *in anno.* Ed.

21. *Hiberno.* Concitato tum maxime tempestatibus mari, ut fit in nostro orbe plerumque per brumam. Hard.

22. *Hactenus*, etc. Solinus hæc totidem verbis, loc. cit. Hard.

23. *A fisco redemerat.* Ab imperatore, cujus pecunia fiscus vocabatur : ut populi ærarium. Fuit Arabia inter eas provincias, quæ Augusto sortito obtigerant, ut fere

LIBER VI. 659

gans, Aquilonibus[24] raptus præter Carmaniam, xv die Hippuros[25] portum ejus invectus, hospitali regis clementia sex mensium tempore imbutus[26] alloquio, percontanti postea narravit[27] Romanos et Cæsarem[28]. Mirum in modum in auditis[29] justitiam ille suspexit, quod pares pondere denarii essent in captiva pecunia, quum diversæ imagines indicarent a pluribus factos. Et hoc maxime sollicitatus ad amicitiam, legatos quatuor misit, principe eorum Rachia. Ex iis cognitum D. esse oppida, portum contra meridiem, appositum oppido Palæsimundo[30], omnium ibi clarissimo,

cæteræ in limitibus imperii constitutæ : permissæ populo reliquæ. Vide Sueton. in Aug. c. XLVII. H.

24. *Aquilonibus.* Non *Aquilone* dixit, ne forte Aquilonem proprie dictum intelligeres, qui inter septemtrionem spirat et exortum solis æstivum : sed Aquilonibus, hoc est tempestatibus, quocumque illæ vento concitentur : quo sensu Maro cecinit, Æn. IV, 310 : « Et mediis properas Aquilonibus ire per altum. » Non Aquilone sane ex Africa in Italiam, sed ex Italia potius in Africam opportuna navigatio est : ex Arabia Taprobanen Coro potius, sive Argeste, quam Aquilone, itur. Sed et hibernus Aquilo Corus dictus est lib. II, cap. 47. HARD.

25. *Hippuros portum ejus.* Taprobanes nimirum, Ἱππούρους portum vocat : qua in voce superesse vestigia nominis Ophir, in græcam speciem sic transformati, credit Bochartus, Geogr. sacr. lib. I, cap. 46. HARD.

26. *Imbutus alloquio*, etc. Sermonem edoctus, inquit Solinus, loco proxime citato. HARD.

27. *Narravit.* Dalecamp. *enarravit.* ED.

28. *Cæsarem. Mirum*, etc. Vet. apud Dalec. Dalec. *Cæsarem. Rex autem mirum in modum inter audita justitiam Romanorum suam suspexit.* ED.

29. *In auditis.* Ex iis quæ audierat, id unum maxime suspexit : quod nimirum pecunia, quæ capta cum ipso erat, ut ait paraphrastes Solinus, tametsi signata disparibus foret vultibus, parem tamen haberet modum ponderis. Quam hæc præpostere Salmasius interpretetur, in Solin. p. 1117, si satis est otii, vide. Legis latæ de probando denariorum pondere, Plinius meminit cap. 46. Nos quoque Romanos denarios plures appendimus, et plane pares pondere, ne levi quidem vel unius grani, ut vocant, discrimine, mirati sumus. HARD.

30. *Palæsimundo.* Id antiquum insulæ universæ nomen fuisse auctor est Marcianus Heracl. in Periplo, pag. 39, Πρώτη μὲν ἡ Ταπροβάνη νῆσος ἡ Πάλαι Σιμούνδου καλουμένη, νῦν δὲ Σαλικὴ. Et p. 32 : Τῆς τε Ταπροβάνης καλουμένης, τῆς Παλ-

ac[31] regia cc mill. plebis. Stagnum intus Megisba, CCCLXXV[32] mill. passuum ambitu, insulas pabuli tantum fertiles complexum. Ex eo duos amnes erumpere : Palæsimundum, juxta oppidum ejusdem nominis, influentem in portum[33] tribus alveis, quinque stadiorum arctissimo, xv amplissimo : alterum ad septemtriones[34] Indiamque versum, Cydara nomine. Proximum esse Indiæ promontorium, quod vocetur Coliacum[35], quatridui navigatione, medio in cursu solis[36] insula occurrente. Mare id colore[37] perviridi, præterea fruticosum arboribus, jubas[38] earum gubernaculis deterentibus. Septemtriones[39] Vergiliasque apud nos, veluti novo cælo, mirabantur. Ne[40] lunam quidem apud ipsos, nisi

λιγεμούνδου (forte Παλαισιμούνδου ut prius), καλουμένης πρότερον. Sic enim habet et auctor Peripli maris Erythræi. HARD. — Male, ut videtur Dalec. hic et infer. *Palesimundo.* Hodie *Jafanapatnam*, ut opinatur D'ANVILLE. ED.

31. *Ac regia CC.* Dalec. *ac regiæ.* Elzev. *ac regiam.* In regia, τῷ βασιλείῳ, fuisse ait ducenta millia plebis : in toto igitur oppido, quanto plura? H. et ED.

32. *CCCLXXV.* Dalecampius, *CCLXXV.* ED.

33. *Portum.* Chiffl. *pontum.* ED.

34. *Septemtriones.* Dalec. *septemtrionem.* ED.

35. *Coliacum.* Non recte hactenus impressi libri *Colaicum* ediderunt. Dionysio Periegetæ, v. 593, est Κωλὶς ἄκρα et Κωλὶς κολώνη. Dionysium Festus expressit, in Descript. Orbis, v. 783 : « Contemplator item qua se mare tendit in Austrum, Inque Notum Oceanus freta ponti cærula curvat, Altaque Coliadis mox hic tibi dorsa patescent Rupis, et intenti spectabis cespitis arces : Pro quibus ingenti consistens mole per undas Insula Taprobane gignit tetros elephantes.» Incolæ inde Coliaci appellati, apud Strab. l. XV, p. 690, Κωνιακοὶ perperam pro Κωλιακοί. Κωλὶς ἄκρα, *le cap de Comorin*, ad fretum Taprobanense, *le détroit de Manar*, *entre la côte de la Pêcherie et l'île de Ceylan.* HARD. et ED.

36. *Solis insula.* Diversa hæc est ab altera ejusdem nominis, de qua dicetur cap. 26, ante Carmaniam, ut recte animadvertit Vossius in Melam, p. 281. Inter Indiam Taprobanenque, insulas alias agnoscit Strabo, lib. XV, p. 690. HARD.

37. *Mare id colore.* Solinus, cap. LIII, p. 84. HARD.

38. *Jubas earum.* Ramos ac frondes. HARD.

39. *Septemtriones.* Solinus, pag. 83. HARD.

40. *Ne lunam quidem.* Ita MSS. omnes. Dal. *lunam quidem.* Solinus, loc. cit. Sed purum id putumque commentum est hominum, de se suisque incredibilia venditantium,

ab octava ad XVI supra terram aspici fatentes. Canopum lucere noctibus, sidus ingens et clarum. Sed maxime mirum iis erat, umbras suas in nostrum cælum cadere, non in suum; solemque [41] a læva oriri, et in [42] dexteram occidere potius, quam e diverso. Iidem narravere, latus insulæ, quod prætenderetur Indiæ, x [43] mill. stad. esse ab [44] oriente hiberno. Ultra [45] montes Emodos, Seras quoque ab ipsis aspici, notos etiam commercio: patrem Rachiæ commeasse eo: advenis sibi [46] Seras occursare. Ipsos [47] vero excedere

ut plane mirum videri debeat, si id vetustis astrologis Taprobanitæ legati persuaserint: iis enim perinde ac nobis, tertio post novilunium die, ac cæteris deinceps luna apparet. HARD.

41. *Solemque a læva.* Taprobanensium scilicet vertici sol, haud multo post æquinoctii tempus incumbit: inde flectit se idem ad septemtriones, tropicumque Cancri: mox rursum ad Æquatorem, unde deflexerat, regreditur: atque hæc omnia senis mensibus peraguntur. Itaque per eos menses ad solem meridianum obverso vultu, oriri a dextra vident, a læva occidere: contrariasque ob causas senis itidem fere mensibus, obversa in austrum facie, e diverso, uti nobis contingit, cæterisque citra lineam, ut aiunt, æquinoctialem positis. HARD.

42. *In dexteram.* Vet. ap. Dalec. *dextera.* ED.

43. *X mill. stad.* Quæ passuum efficiunt duodecies centena quinquaginta millia. HARD.

44. *Ab oriente hiberno.* Indiæ Taprobane prætenditur, qua parte sol Indis oriri hieme cernitur: hæc Indiæ latus obvertit insula, decem mille stadiorum longitudine porrectum. Dalec. dat *ab oriente hiberno ultra montes Emodos.* Alii hodie *Sumatra*, alii *Ceylan.* HARD. et ED.

45. *Ultra montes Emodos.* Commeantibus ultra montes Emodos Taprobanitis, ab iis aspici Seras quoque, qui cæterorum hominum colloquia conspectumque fugerent, ut dictum est cap. 20, quin etiam inter eos esse commercia. HARD.— Hoc ita Solinus accepit, cap. LIII, pag. 84, ut existimarit Sericum latus e Taprobanitarum collibus prospici. « Cernunt, inquit, latus Sericum de montium suorum jugis. » Insigni oculorum acie fuisse necesse est, qui non Indiæ latus, a quo septem dierum navigatione distarent, sed et ultra Gangis ortus, montesque Emodos, Seras prospicerent. HARD.

46. *Sibi Seras occursare.* Qui reliquos advenas aversarentur, ac refugerent. Prius legebatur, *ibi feras occursare.* Vet. apud Dalec. *ibi feras occursare.* ED.

47. *Ipsos vero.* Seras nimirum: etsi Martianus, lib. VI, c. de India, pag. 224, et Solinus, cap. LIII, p. 84, de Taprobanensibus hæc inconsulte acceperunt. HARD.

hominum magnitudinem, rutilis comis, cæruleis oculis, oris sono truci, nullo [48] commercio linguæ. Cætera [49] eadem, quæ nostri negotiatores. Fluminis [50] ulteriore ripa merces positas juxta venalia tolli ab his, si placeat permutatio : non [51] aliter odio justiore luxuriæ, quam si perducta mens illuc usque cogitet, quid, et quo petatur, et quare.

9 'Sed [52] ne Taprobane quidem, quamvis extra orbem a natura relegata, nostris vitiis caret. Aurum [53] argentumque et ibi in pretio. Marmor [54] testudinis simile, gemmæ margaritæque in honore multo præstantiores : et totius luxuriæ nostræ cumulus. Ipsorum opes majores esse dicebant, sed apud nos opulentiæ majorem usum. Servum nemini : non [55] in diem aut interdiu somnum : ædificia modice ab humo exstantia, annonam numquam augeri, non fora litesve esse : coli Herculem : eligi regem a populo

48. *Nullo commercio.* Dalec. *nulli commercio.* ED.

49. *Cætera eadem.* Cætera eadem de Seribus legati Taprobanenses retulere, quæ Romani negotiatores. HARD.

50. *Fluminis ulteriore.* Ad Seras hæc quoque pertinent, quæ Mela breviter, lib. III, cap. 7, p. 58 : « Seres intersunt, genus plenum justitiæ, ex commercio, quod rebus in solitudine relictis absens peragit, notissimum. » HARD.

51. *Non aliter odio.* Nemo luxuriam justius aversetur, etc. Huc pertinent ea quæ Plinius de margaritarum luxuria scribit, lib. IX, cap. 54. HARD.

52. *Sed ne Taprobane.* Jam redit ad Taprobanen, a qua discesserat, ut de Serum moribus ac ritu ageret. HARD.

53. *Aurum*, etc. Hæc deinceps Solinus iisdem verbis, cap. LIII, p. 84. HARD.

54. *Marmor testudinis.* Solini paraphrasis : « Secant marmora testudinea varietate, » hoc est, instar testudinis varia. HARD. — *Marmor testudinis simile.* Salmasius in Solin. p. 1122, jam tum Solini ævo irrepsisse in Plinii verba mendam suspicatur, legique oportere, « Aurum argentumque et ibi in pretio, marmor, testudines. Simili gemmæ margaritæque in pretio, etc. » Sed rem cuivis paulo attentius contemplanti, videbitur is omnino orationi Plinianæ sententiæque vim afferre, et auctoritatem omnium plane codicum, quos summa fide secuti sumus, aspernari. H.

55. *Non in diem.* Reliqua deinceps de Taprobanensium moribus exscripsere a Plinio Martianus et Solinus, loc. cit. HARD.

LIBER VI. 663

senecta clementiaque, liberos non habentem : et si postea gignat, abdicari, ne fiat hereditarium regnum. Rectores ei a populo xxx[56] dari : nec nisi plurium sententia quemquam capitis[57] damnari : sic quoque appellationem esse ad populum; et lxx[58] judices dari: si liberent ii reum, amplius triginta, iis[59] nullam esse dignationem, gravissimo probro. Regi[60] cultum Liberi Patris, cæteris Arabum. Regem, si quid delinquat, morte multari, nullo interimente, aversantibus[61] cunctis, et commercia etiam sermonis negantibus. Festa venatione absumi, gratissimam eam tigribus[62] elephantisque constare. Agros diligenter coli : vitis usum non esse, pomis abundare. Esse et in piscatu voluptatem, testudinum maxime, quarum superficie familias habitantium contegi : tanta reperiri magnitudine. Vitam[63] hominum centum annis modicam. Hæc comperta de Taprobane.

XXV. Quatuor satrapiæ, quas in hunc locum distulimus, ita se habent. (xxiii.) A proximis Indo[1] gentibus, montana. Capissene[2] habuit Capissam urbem, quam diruit

56. *XXX dari.* Ita Capella loc. cit. p. 225. At Solinus, xxxx. H.

57. *Capitis.* Vet. apud Dalec. *capite.* Ed.

58. *LXX.* Elzev. et *septuaginta.* Ed.

59. *Iis nullam esse.* Prioribus nempe rectoribus, qui damnarant, nullum deinceps honorem haberi, sed gravissimum probrum inferri, exauctoratis nimirum, et de rectorum gradu dejectis. Hard.

60. *Regi cultum.* Solini paraphrasis : « Cultu rex dissimilis a cæteris : vestitur syrmate, ut est habitus quo Liberum Patrem amiciri videmus. » Hard.

61. *Aversantibus.* Vet. ap. Dalec. *sed aversantibus.* Ed.

62. *Tigribus,* etc. Idem paraphrastes : « Interdum venatibus indulgent: nec plebeias agunt prædas : quippe quum tigres aut elephanti tantum requirantur. » H.

63. *Vitam hominum.* Diodorus Sic. Bibl. lib. II, p. 139, præter Solinum et Martianum. Hard.

XXV. 1. *A proximis Indo.* Non qua se parte effundit in mare, sed ubi fere exoritur, priusquam ullum amnem excipiat paulo nobiliorem. Accolunt ibi Taxilæ, ut dictum est cap. 23, aliæque gentes, quæ montibus ab occasu clauduntur, et a Paropamisadis Arachosiisque disterminantur. Hard.

2. *Capissene habuit Capissam.* Ita Reg. 1, 2, Colb. 1, 2, Paris. Chiffl. et vet. Dalec. Perperam editi, *Capissenæ habent.* Deterius Solinus, c.

Cyrus. Arachosia[3] cum[4] oppido et flumine ejusdem nominis, quod[5] quidam Cophen dixere, a Semiramide conditum. Amnis[6] Erymanthus præfluens Parabesten Arachosiorum. Proximos iis a meridie ad[7] partem Arachotarum

LIV, p. 85, Caphusam urbem appellat, et proximam Indo facit. Hæc Ptolemæo Κάπισα in Paropamisadarum confinio, l. VI, c. 18. H.

3. *Arachosia*. Ultima olim Persici imperii versus orientem satrapia : pars regni *Kaboul* dicti etiamnunc vocata. H. et ED.

4. *Cum oppido*. Ἀράχωτος oppido et amni nomen est apud Ptolem. lib. VI, cap. 20; oppido Ἀραχωσία, apud Stephanum. Amnis in Indum fluit, uti ex Ptolemæo colligitur. Isidoro Characeno, in Σταθμοῖς, p. 189, Ἀλεξανδρόπολις, μητρόπολις Ἀραχωσίας· ἔςι δὲ ἑλληνίς, καὶ παραρρεῖ αὐτὴν ποταμὸς Ἀράχωτος. Stephano est, Ἀλεξάνδρεια ἐν Ἀραχώτοις. HARD. — Urbem nomen *Rokkhage* servare ait D'ANVILLE; fluminis nunc nomen *Karé*, ut vult BABBIÉ DU BOCAGE. ED.

5. *Quod quidam Cophen*. Id certe oppido nomen fuisse Stephanus auctor est, pag. 98 : Ἀραχωσία, πόλις οὐκ ἄπωθεν Μασσαγετῶν· Στράβων ἐνδεκάτῃ· ὑπὸ Σεμιράμεως κτισθεῖσα, ἥτις καὶ Κωφὴν ἐκαλεῖτο · οἱ πολῖται Ἀραχώσιοι· τῆς δὲ Κωφῆνος Κωφήνιοι. MSS. tamen omnes, Reg. 1, 2, Colb. 1, 2, Paris. Chiffl. *Cutin*, non *Cophen*, legunt : fortasse pro *Cufin*, et id pro *Cofen* vel *Cophen*. Solinus hunc locum strictim præteriens, præpostera codicum suorum interpunctione delusus, Erumando amni impositam Arachosiam scribit. HARD.

6. *Amnis Erymanthus præfluens Parabesten*. Sic postremas voces exhibent plane totidem litteris et apicibus Reg. 1, 2, Colb. 1, 2, Paris. etc. ut Parabeste nomen sit oppidi Arachosiorum. Male editi, per *Abesten*. Simili forma loquendi usus mox paulo, *Arius amnis*, qui *præfluit Alexandriam*. Porro non is est Ἐτύμανδρος Arriani, de Exped. Alexandr. lib. IV, p. 253, qui per Evergetas in Ariæ campis decurrit, ac demum se condit in arenas, quamquam eumdem esse Ortelius existimat, Salmasiusque in Solinum, pag. 1175, quum inter utrumque amnem, et multa passuum millia, et Paropamisi juga intersint. Sed quem Polybius, LXI, p. 908, Ἐρύμανθον vocat, quo transmisso ex Arachosia in Drangianam iter est, inde in Carmaniam : Διελθὼν τὴν Ἀραχωσίαν, καὶ περαιωθεὶς τὸν Ἐρύμανθον ποταμὸν ἧκε διὰ τῆς Δραγγιανῆς εἰς τὴν Καρμανίαν. Magno igitur errore *Hermandus* hactenus appellatus est in libris editis : a Solino, *Erumandus*. Propius a vero abfuit Chifflet. cod. qui *Erymadus* scripsit. HARD.

7. *Ad partem Arachotarum*. Ex parte tantum Arachotarum satrapiam contingunt Gedrosi a meridie. Ita Ptolemæus libro VI, capite 20. Arachosii dicti urbis incolæ, circumjacentesque populi : Arachotæ, totius satrapiæ indigenæ. HARD.

faciunt Gedrosos[8], et a septemtrione Paropamisadas[9]: Cartana oppidum sub Caucaso, quod postea Tetragonis dictum. Hæc[10] regio est ex adverso. Bactrianorum[11] deinde, cujus oppidum Alexandria[12], a conditore dictum. Syndra-

8. *Gedrosos.* Γεδρωσία regioni nomen fuit: nunc *Mekran.* H. et Ed.

9. *Paropamisadas.* Παροπαμισάδαι Straboni, lib. XV, p. 724, a Paropamiso monte, qui iisdem imminet, nomen habuere. Oppidum habent hodieque insigne, *Kaboul*, regni cognominis caput: quod a Plinio Cartana nunc appellari, et Tetragonida, Τετραγωνίδα, a forma quadrata, haud levis suspicio est. Nam quod Ortelius Arachosiæ attribuit Tetragonida, nihil moror: habet vir alioqui eruditus similia non pauca παροράματα. Hard.

10. *Hæc regio.* Nihil est hac sententia planius. Hæc, inquit, Paropamisadarum regio, quæ sub Caucaso, quæ una ex quatuor Satrapiis, quas in hunc locum distulit, ubi Cartana oppidum, ex adverso est Arachosiæ. Bactrianorum deinde regio sequitur, cujus oppidum Alexandria. Præpostera hujus loci interpunctio Salmasium aliosque in summas adduxit angustias: ut quo verterent se, nescirent. Sic enim hactenus est editum, *hæc regio est ex adverso Bactrianorum: deinde, cujus oppidum,* etc. MSS. omnes Reg. 1, 2, Colb. 1, 2, Paris. Chiffl. etc. ita plane, ut nos edidimus, hunc locum exhibent, si interpunctionem exceperis, quam ii nullam præ se ferunt. At Salmasius, p. 1175, in Solin. ita demum se pulchre conjecisse putat, si legat: « Hæc regio est ex adversum Bactrianos. Aria deinde, cujus oppidum Alexandria. » Ac simul admonet Alexandriam hanc a regione ἐν Ἀρίοις cognominatam esse. Perinde quasi nunc de Aria possit esse sermo: qua de regione, atque adeo de ipsa Alexandria ἐν Ἀρίοις, prolixior paulo mox instituitur, hoc ipso capite, his verbis: « Ariana regio ambusta fervoribus... Arius amnis qui præfluit Alexandriam: » ac non de Alexandria potius Bactriana perspicue agatur. Hard.

11. *Bactrianorum deinde*, etc. Dalec. *Bactrianorum: deinde, cujus oppidum Alexandria, a conditore dictum, Syndraci,* etc. Ed.

12. *Alexandria.* Hæc apud Stephanum undecima est urbium ejus nominis, juxta Bactra, quæ Bactrianorum metropolis, de qua dictum est c. 18. Steph. Ἀλεξάνδρεια... ἐνδεκάτη, κατὰ Βάκτρα. Negat Salm. p. 1175, in Sol. pertinere id oppidum ad Paropamisadas. Recte id quidem: sed neque ad Alexandriam in Ἀρίοις pertinet, etsi id ille omni ope contendit. Cur vero ad Paropamisadas referri non oporteat, subjungit rationem, quod in Paropamisadis Alexandria nulla sit. Itane vero? Quid igitur ista volunt quæ Arrianus refert de Alexandro, lib. IV, pag. 290, transmisso Caucaso, pervenisse Alexandriam, quæ apud Paropamisadas condita fuerat? ὑπερβαλὼν δὲ τὸν Καύκασον ἐν δέκα ἡμέραις ἀφίκετο ἐς Ἀλεξάνδρειαν πόλιν, τὴν κτισθεῖσαν ἐν Παροπαμισάδαις. Illam hodie esse *Candahar* opina-

ci[13], Dangalæ[14], Parapiani, Cantaces, Maci. Ad Caucasum, Cadrusi[15] : oppidum ab Alexandro conditum.

2 Infra[16] hæc omnia, ora ab Indo : Ariana regio ambusta fervoribus, desertisque circumdata, multa tamen interfusa opacitate : cultores congregat circa duos maxime fluvios, Tonderon[17] et Arosapen. Oppidum Artacoana[18]. Arius[19]

tur vir eruditissimus BARBIÉ DU BOCAGE. H. et ED.

13. *Syndraci.* Horum regionem ultimum fuisse ea parte expeditionum Alexandri terminum, Plinius auctor est, lib. XII, cap. 12. H.

14. *Dangalæ, Parapiani, Cantaces, Maci.* Chiffl. *Dangale, Patapinæ, Cataces, Mazi.* Dalec. *Dangulæ,* etc. Quid si legendum, *Sangalæ, Parapini, Cathæi, Acinacæ?* Nam Sangala oppidum, et Cathæos, circa Acesinæ fluvii fontes, montemque Caucasum, Arrianus agnoscit, de Exped. Alex. lib. V, p. 357. Acinacas, in Bactris ad meridiem, juxta Paropamisum, Ptolemæus, lib. VI, cap. 11. HARD.

15. *Cadrusi : oppidum,* etc. Dal. *Cadrusi oppidum,* etc. Hæc Alexandria Paropamisadarum est, de qua modo super. nota 12 diximus. Cadrusi gentis nomen est : Alexandria, oppidi. Distinctio male posita fefellit Solinum, qui cap. LIV, p. 85, Cadrusiam oppidi nomen commentus est. H. et ED.

16. *Infra hæc omnia.* Infra Capissenen, Arachosiam, Paropamisadas, et Gedrosos, ab Indo amne ora australi mari prætenta subjacet: atque inde incipit Ariana regio. Sic Eratosthenes apud Strabonem, lib. XV, pag. 723, Arianam ab oriente, Indo : ab austro, mari claudi ac terminari ait. Mela Pomponius lib. III, cap. 7, ubi de Indi ostiis egit : « Regio ob æstus intolerabilis, alicubi cultoribus egens, inde ad principia Rubri maris pertinet. Ipsa invia atque deserta, humus cineri magis fit quam pulveri similis. Ideoque per eam rara et non grandia flumina emanant, quorum Tuberonem, et Arusacem notissima accepimus. » HARD.

17. *Tonderon et Arosapen.* Chiffl. *Tomberon.* ED. — Tuberonem et Arusacem Mela vocat, ut diximus. Qui Oroatim pro *Arusacem* substituere Salmasius tentavit, merito vapulavit a Vossio in Melam, pag. 282. HARD.

18. *Artacoana.* Ita MSS omnes. Dalec. *Artacanna.* Arianæ oppida recensendi capit initium ab iis, quæ septemtrioni Parthiæque propiora sunt. In his Artacoana familiam ducit, quæ Ἀρτακάνα Straboni dicitur, lib. XI, pag. 516. Ἀρτακόανα Arriano, lib. III de Exped. Alex. pag. 222, qui regiam hanc Ariorum fuisse prodit. HARD. — Eadem videtur esse cum Aria, hodie *Fuchendy.* ED.

19. *Arius amnis.* Ἄρειος, ὅτου ἐπώνυμος ἡ τῶν Ἀρείων γῆ ἐςι, a quo Ariorum regio appellationem accepit, inquit Arrianus, lib. IV de Exped. Alex. pag. 253. Ἀρείας ποταμὸς Ptolemæo, lib. VI, cap. 17. Amnis Ἄριας Straboni, lib. XI,

LIBER VI. 667

amnis, qui præfluit[20] Alexandriam ab Alexandro conditam. Patet oppidum stadia[21] xxx, multoque pulcrius, sicut antiquius, Artacabane[22], iterum ab Antiocho munitum, stadia L. Dorisci[23] gens. Amnes: Pharnacotis[24], Ophradus. Pro- 3 phthasia[25] oppidum Zariasparum: Drangæ[26], Evergetæ[27],

pag. 518, regio ipsa Ἀρία, lib. XV, pag. 724, et Ptolemæo. HARD. — Amnis hodie *Hery-Roud* appellatur, regio *Khorassan*. ED.

20. *Præfluit Alexandriam.* Hæc Ἀλεξάνδρεια ἡ ἐν Ἀρείοις cognominata a solo in quo condita, Isidoro Charac. pag. 188; Ptolemæo loc. cit. aliisque. HARD. — Hodie *Hérat* urbs in tota regione præcipua. ED.

21. *Stad. XXX.* Sive millia passuum fere quaterna. Hanc oppidi hujus amplitudinem ad Alexandriam, quæ sub Caucaso fuit, perperam transtulit Solinus, cap. LIV, pag. 85.

22. *Artacabane.* Chiffl. *Artacabene.* ED. — Isidorus Characenus in Σταθμοῖς, pag. 188, Ariæ oppida enumerans: Ἐντεῦθεν, inquit, Ἄρεια... ἔνθα Κανδάχη πόλις, καὶ Ἀρταχαύαν πόλις, καὶ Ἀλεξάνδρεια ἡ ἐν Ἀρείοις. Hæc Ptolemæi, lib. XI, cap. 17: Ἀρτιχαύδνα in Aria est. H.

23. *Dorisci gens.* In MSS. Reg. 1, 2, Colb. 1, 2, et Paris. *Dori gens.* Chiffl. *Dorisdorii.* ED. — Hujus gentis situm, amniumque qui mox appellantur, ex ipsa orationis serie colligere in promptu est, in Ariæ, Carmaniæ, Drangianæque confinio, versus occasum, Parthiamque. Hæc omnia Ortelius perperam ad Indum transfert. HARD.

24. *Pharnacotis.* Hodie, ut videtur, *Ferrahround;* Ophradus fortasse *Kouchround.* ED.

25. *Prophthasia,* etc. Chiffl. *Phroptrasia, oppidum Zaraspadum.* Dalec. *Prophthasia oppidum Zarasparum.* Superius cap. 21, Prophthasia Drangarum appellata: et ab Eratosthene, ut diximus, Προφθασία ἡ ἐν Δράγγῃ. Fuit igitur id oppidum in Drangis, de quibus statim agitur: sed idem a Zariaspis colonis eo deductis conditum. Sic cap. 12, oppidum Mastya Milesiorum dicitur, hoc est, a Milesiis conditum. Sunt autem Zariaspæ iidem qui Bactrorum primarii oppidi cives, ut diximus, cap. 17 et 18. Prophthasia hodie *Zarang* dicitur. HARD. et ED.

26. *Drangæ.* Stephanus: Δράγγαι ἔθνος Περσικῆς. Meminit et Strabo, lib. XI, pag. 516, ubi Drangianam, qua parte contingit Carmaniam, Ariæ partem facit. HARD.

27. *Evergetæ.* Hactenus *Argetæ* libri omnes editi prætulerunt. Nos ex Strabone *Evergetæ* maluimus. Is enim, lib. XV, pag. 724, e Drangis, inquit, Alexander Magnus venit in Evergetas, quibus id nomen Cyrus indidit: Εἶτ' ἐκ Δραγγῶν ἐπί τε τοὺς Εὐεργέτας ἧκεν, οὓς ὁ Κῦρος οὕτως ὠνόμασε, quod ab iis beneficio esset affectus, ut Arrianus refert, libro III de Expeditione Alexandri, pag. 228, ubi et Agriaspas prius vocatos tradit. Vide et Justinum, libro XII, cap. 5. HARD.

Zarangæ[28], Gedrusi[29]. Oppida : Peucolais[30], Lymphorta : Methoricorum[31] desertum. Amnis Manais : Augutturi[32] gens. Flumen[33] Borru : gens Urbi[34]. Flumen navigabile Pomanus[35] Pandarum[36] finibus. Item Cabirus[37] Suarorum, ostio portuosus. Oppidum Condigramma. Flumen[38] Cophes. Influunt in eum navigabilia Sadarus[39], Parospus, Sodinus.

4. Arianæ partem esse Daritin[40] aliqui volunt, mensuram-

28. *Zarangæ.* Ζαραγγαῖοι Arriano, lib. III de Exped. Alex. pag. 223. Pars Drangarum aliqua fuit : quamobrem quæ de Zarangæis Arrianus prodidit, hæc de Drangis Strabo, Curtius aliique. Respondere horum regio videtur ei tractui, regni *Kaboul*, quem nunc *Sigistan*, sive *Sedjestan* vocant. HARD. et ED.

29. *Gedrusi.* Qui et Gedrosi, Γεδρωσοί, de quibus paulo superius actum est. Inter Carmaniam, ab occasu : et Indi fauces, ab ortu : a meridie, mari ipso Indico clauduntur. HARD.

30. *Peucolais, Lymphorta.* Reg. 1, 2, Colb. 1, 2, Paris. Chiffl. *Peucolis, Lyphorta.* Fuere hæc Gedrusorum oppida. Longo hinc intervallo disjuncti Peucolaitæ, de quibus egimus cap. 23. HARD.

31. *Methoricorum desertum.* In codicibus modo laudatis, *Methoreum deserta*, legitur ; in Chiffl. *Metorgum, le désert de Lut*, in Gedrosia.

32. *Augutturi gens.* Reg. 1, 2, Colb. 1, 2, *Aguthri.* Chiffl. *Accutri.* HARD.

33. *Flumen Borru.* Reg. 1, 2, *Flumen Horum.* Chiffl. *Eorum.* H.

34. *Urbi.* Chiffl. *Orbi.* ED.

35. *Pomanus.* Dalecamp. *Ponamus.* ED.

36. *Pandarum finibus.* Vet. ap. Dalec. *Pandorum finibus.* ED. — Igitur gens Pandæ, de qua dictum est cap. 23, etiam citra Indi ostia aliquanto terrarum tractu protulit imperii fines. HARD.

37. *Cabirus Suarorum.* Rectius ita codices modo appellati, quam libri impressi, *Caberon Sorarum* : sequitur enim, *ostio portuosus*, non portuosum. HARD.

38. *Flumen Cophes.* Longe hic amnis diversus a Cophene sive Cophete, de quo cap. 23, qui Ptolemæo Suastus nominatur, in Indumque influit. Hic per se in mare devolvitur, tres alios navigabiles secum afferens, Seddarum, Parospum, Sodinum : sic enim ea nomina in codd. citatis proxime leguntur. Atque ex ipso situ terrarum, quæ describuntur a Plinio (nam in Gedrosiæ ora maritima explananda habitat), perspicua res est, amnem eum esse qui Ptolemæo, lib. VI, cap. 21, Ἀράβιος ποταμός dicitur. Plinio, ipsi lib. IX, cap. 2, Arbis est : « Gedrosos, inquit, qui Arbin amnem accolunt. » Et lib. VII, cap. 2 : « Oritas ab Indis Arbis fluvius disterminat. » H.

39. *Sadarus, Parospus, Sodinus.* Chifflet. *Saddaros, Parospus, Sodanus.* ED.

40. *Daritin.* Quæ Ptomelæo Δα-

LIBER VI. 669

que produnt utriusque longitudine $\overline{XIX}^{41}$ L. latitudine dimidio minore, quam[42] Indiæ. Alii Gedrusos, et[43] Pasires posuere per CLXXXIII[44] mill. passuum. Mox Ichthyophagos[45] Oritas, propria non Indorum lingua loquentes[46], per CC mill. passuum. Inde posuere Arbiorum[47] gentem per[48] CC mill. Ichthyophagos[49] omnes Alexander vetuit piscibus

ρεῖτις χώρα, lib. VI, cap. 2, in Mediæ parte orientali, quæ Carmaniæ confinis est. HARD.

41. *XIX L.* Hoc est, decies et novies centena, et quinquagena millia passuum. Stadia numerat fere bis mille Strabo, lib. XI, pag. 516, hoc est, vicies et quinquies centena millia pass. Libri editi hactenus *XIX L. millia pass.* Sed has voces, *mill. pass.* nulli fere usquam MSS. habent. HARD.

42. *Quam Indiæ.* Cujus de latitudine diximus cap. 21.

43. *Et Pasires posuere.* Libri hactenus editi, *Alii Gedrusos et Scyros posuere.* Reg. 1, Colb. 1, 2, *Et Syros posuere.* Salmasius in Solin. pag. 1176, *Oros* reponit, plane contra scriptoris mentem. Nam quum iidem Ori et Oritæ sint, ultro id ipso fatente Salmasio: Oritæ autem hos sequantur, quorum nunc nomen quæritur, Oros eos esse, probari nulla ratione potest. *Pasires* vero pro *Syros* rescribi potius oportere censuimus, secuti Arrianum, qui in Indicis, pag. 558 et 559, hanc ipsam oram describens, atque ab occasu solis exorsus, contrario quam Plinius ordine, primum Arabiorum gentem, mox Oritas, tum Gedrosos, in mediterraneo locat: infra hos deinde in ora Ichthyophagos, hisque vicinos Πασιρέας. Quin Plinius ipse cap. seq. Pasiras

Ichthyophagis finitimos facit. H.

44. *CLXXXIII.* MS. Reg. 2, et Chifflet. *CXXXVIII.* MS. Reg. 1, ed. princ. et Elz. *CXXXIV.* ED.

45. *Ichthyophagos Oritas.* Infra Gedrosos maritima hi loca obtinebant, teste Arriano in Indicis, pag. 559. Ὠρῖται ἔθνος Ἰνδικὸν αὐτόνομον, liberæ conditionis gens Indica, Stephano. Ab Oreo Eubœæ oppido Ὠρεῖται. Hi Ὠρῖται ab Ὤροις oppido, de quo Arrianus, lib. IV de Exped. Alex. pag. 304. Hos ab Indis differre lingua et institutis scribit etiam Arrianus, pag. 558. HARD.

46. *Loquentes, per CC mill.* etc. Chiffl. *loquentes. Ichthyophagos omnes Alexander vetuit piscibus vivere. Deinde posuere Arabiorum gentem per CC pass. ultra deserta, dein Carmania,* etc. ED.

47. *Arbiorum gentem.* Ἄρβιας vocat Strabo, lib. XV, pag. 720. Ἀραβίτας Stephanus. Ab Arabi sive Arbi amne, terras illas præfluente, nomen invenerunt. De eo dicemus cap. 28. HARD.

48. *Per CC mill. pass.* Brevius iis spatium Strabo assignat, nempe Stadiorum mille dumtaxat: quæ passuum efficiunt millia CXXV. HARD.

49. *Ichthyophagos omnes.* Non Oritas modo, sed qui totam oram occupabant, tam longo tractu, quemadmodum dicetur cap. seq. ut xxx dierum spatio præternavi-

vivere. Ultra[50], deserta : deinde Carmania, ac Persis, atque Arabia.

XXVI. Sed priusquam hæc generatim persequamur, indicare convenit, quæ prodit Onesicritus, classe Alexandri circumvectus in mediterranea Persidis ex[1] India, narrata proxime a Juba : dein eam navigationem, quæ his annis comperta servatur hodie. Onesicriti et Nearchi[2] navigatio nec nomina habet mansionum, nec spatia : primumque Xylenepolis ab Alexandro condita, unde ceperunt exordium, juxta quod flumen, aut ubi fuerit, non satis explanatur. Hæc tamen digna memoratu produntur. Arbis[3] oppidum a Nearcho conditum in navigatione ea. Flumen[4] Nabrum navium capax : contra[5] insulam distans LXX stad. Alexandria condita a[6] Leonnato jussu Alexan-

garentur. Habet hæc quoque Solinus, cap. LIV, pag. 85, et Capella, de India, lib. VI, pag. 225. De piscium esu apud Ichthyophagos dicemus libro sequente, cap. 2. Plura videre est apud Arrianum in Indicis, pag. 565 et 566. HARD.

50. *Ultra, deserta.* Solin. l. c. H.

XXVI. 1. *Ex India.* Vet. ap. Dalec. *et Idinæ.* ED.

2. *Nearchi.* Confer Arriani librum rerum Indicarum, circa medium, et hominis mirare in mendaciis confingendis audaciam. fi. — De ea navigatione vid. Cl. D'ANVILLE, *Mémoires de l'Académie royale des Inscriptions*, t. XXX, p. 132, et in primis Nearchi navigatio doctoris WILLIAM, opus ex Anglorum in Gallorum linguam ab erudito viro BILLECOQ translatum. ED.

3. *Arbis oppidum.* Hoc loco neque MSS. cod. neque impressi, integri omnino illibatique sunt. Impressi quidem sic habent : « Hæc tamen digna memoratu produntur ab eis : oppidum a Nearcho conditum in navigatione ea. » MS. Chiffl. *Abies oppidum* Reg. 1, *Abhis oppidum.* Nos verum oppidi nomen ex his veteris scripturæ vestigiis expressimus, *Arbis oppidum.* Ἀρβις πόλις est Ptolemæo, lib. XI, cap. 21, in Gedrosia maritima. H.

4. *Flumen Nabrum.* Ultra Gedrosiæ fines, prope Indi ostia. HARD.

5. *Contra insulam.* Dalec. et Elz. *contra insula.* ED.

6. *A Leonnato.* Dalec. *a Leonato.* Græcis Λεοννάτος dicitur. De eo rursum, lib. XXXV, cap. 47. Curtius, lib. IX, cap. 32, pag. 383 : « Indos maritimos Ptolemæus, inquit, cæteros ipse rex (Alexander) et alia parte Leonnatus urebant. In hac quoque regione urbem condidit, deductique sunt in eam Arachosii. » Cave tamen credas hanc esse, quæ Stephano, Ἀλεξάνδρεια παρὰ τοῖς Ἀραχώτοις dicitur : quæ-

LIBER VI. 671

dri in finibus gentis, Argenus[7] portu salubri. Flumen[8] Tuberum navigabile, circa[9] quod Pasiræ. Deinde[10] Ichthyophagi tam longo tractu, ut xx[11] dierum spatio prænavigaverint. Insula, quæ Solis[12] appellatur, et eadem cubile[13] Nympharum, rubens, in qua nullum non animal absumitur, incertis[14] causis. Ori[15] gens: flumen Carmaniæ Hytanis[16]

nam ea sit, docuimus superiore capite : docet et Ammianus, lib. XXIII, pag. 259. HARD.

7. *Argenus portu salubri.* Chiffl. *Argenus portus salubris.* ED. — Voce hac *Argenus*, non gentis, sed portus nomen continetur, ubi condita Alexandria, quod tutus ibi foret navium receptus. Gentis, cujus in finibus is fuit, Indorum maritimorum nomen, ut ex Curtio diximus. Portus ipsius, aut certe loci maxime finitimi, Βαγίσαρα, teste Arriano in Indicis, pag. 559, a pago Parsiris appellato, de quo mox, stadiis LX. Καταίρουσιν ἐς Βαγίσαρα· λιμήν τέ ἐςιν αὐτόθι εὔορμος, καὶ κώμη Πασιρὰ, ἀπέχουσα ἀπὸ θαλάσσης ἑξήκοντα ςαδίους. Ariolantur, qui *in finibus gentis Arianæ* legunt, invitis codd. HARD.

8. *Flumen Tuberum.* In Reg. 1, Colb. 1 et 2, *Tormenum.* In Reg. 2, et Chiffl. *Tomberon.* Illud ipsum flumen est, quod cap. sup. Tongeron Plinius, Mela Tuberonem vocavit. Τόμηρος Arriano dicitur in Indicis, pag. 556, inter Indum et Arabim, seu Arbim amnem. H.

9. *Circa quod Pasiræ.* Πασιρέες, de quibus in fine superioris cap. Pliniani libri hactenus *quod circa Parirœ* prætulerunt, mendose. H.

10. *Deinde Ichthyophagi.* A Tuberone amne, ad fauces usque fere Persici sinus, tota Carmaniæ et Oritarum ora comprehensa. HARD.

11. *XX.* Chifflet. *XXX.* ED.

12. *Insula, quæ Solis.* Hæc Soli sacra insula, quam proprio nomine Νόσαλα appellatam esse auctor est Arrianus in Indicis, pag. 569, contra Ichthyophagorum littus, stadiis centum a continente. HARD. — *Sengadip* hodie dicta videtur. ED.

13. *Cubile Nympharum.* Oceanitidum. Nereidum unam hic habitasse scribit Arrianus in Indicis, pag. 570, quicumque eo appulissent solitam in mare projicere. H.

14. *Incertis causis.* Causam Mela suggerit, lib. III, cap. 7, pag. 59 : « Contra Indi ostia, inquit, illa sunt quæ vocant Solis (alii insula quæ vocatur Solis), adeo inhabitabilia, ut ingressos vis circumfusi aeris exanimet confestim. » HARD.

15. *Ori gens.* Invenere hi nomen ab Ὦρα Carmaniæ oppido, cujus Ptolemæus meminit, lib. VI, cap. 8, non ab Ὦρα cujus mentio apud Arrianum, lib. IV, Exped. p. 305, ut putat Salmasius in Solin. pag. 1176. Hi enim circa fontes Indi positi, ingenti plane a Carmania terrarum intercapedine disjuncti Ὦροι fuerunt : quos Plinius hoc loco commemorat, ipsius Carmaniæ pars haud aspernanda : ab Oritis, quorum superius mentio, et nomine et situ diversa, ut ex Arriano colligitur, lib. VII Exped. p. 450, ubi Ὄροις pro Ὦροις scribendum. HARD.

16. *Hytanis.* Martiano, lib. VI,

portuosum, et auro fertile. Ab[17] eo primum Septemtriones apparuisse adnotavere. Arcturum[18] nec omnibus cerni noctibus, nec totis umquam. Achæmenidas[19] usque illo tenuisse.

4 Æris[20] et ferri metalla, et arsenici, et minii exerceri. Inde[21] promontorium Carmaniæ est, ex quo in adversa ora ad gentem Arabiæ Macas trajectus distat L mill. passuum. Insulæ tres, quarum[22] Oracla tantum habitatur aquosa, a continenti XXV mill. passuum. Insulæ IV jam[23] in sinu ante Persida. Circa[24] has hydri marini vicenum cubitorum

cap. de India, pag. 225, *Hypanis*. Solino, cap. LIV, pag. 85 (unde id acceperit, nescio), *Azarium* vocatur. Forte est Ἀχιδάνας Ptolemæi in Carmania, lib. VI, cap. 16, vel Ἀνδανις. Meminit hujus amnis Strabo, lib. XV, pag. 726, in Carmania, traditque ex Onesicrito, auri eum ramenta ferre. HARD.

17. *Ab eo primum.* Solinus, et Capella, locis cit. Nebulosi forte vapores septemtrionalis poli aspectum ulterius præripiunt. HARD.

18. *Arcturum.* Stella est primæ magnitudinis inter Bootæ genua, prope circulum Cancri. HARD.

19. *Achæmenidas.* Solinus, loc. cit. Ab Achæmene, quo gentis suæ principe Darius Hystaspæ filius gloriabatur, ab illo septimus; et a quo cæteri ad Darium usque Achæmenidæ sunt appellati. Herod. Polym. lib. VII, num. XI. HARD.

20. *Æris et ferri*, etc. Strabo, lib. XV, pag. 726. HARD.

21. *Inde promontorium.* Hæc iisdem verbis Solinus, loc. cit. Ἁρμόζον, Harmozon, ei promontorio nomen fuisse Strabo ait ex Eratosthene, lib. VI, pag. 765 : Ἁρμόζοντος τοῦ τῆς Καρμανίας ἀκρωτηρίου, τῆς Ἀραβίας ἀφορᾶται τὸ ἐν Μάκαις. Ammianus, lib. XXIII, pag. 249 : « Persici maris ostia adeo esse perhibentur angusta, ut ex Harmozonte Carmaniæ promontorio contra oppositum aliud promontorium, quod appellant incolæ ἐν Μάκαις, sine impedimento cernatur. » Hodie, *cap Djash.* HARD.

22. *Quarum Oracla. Organa* in libris omnibus impressis legitur. In MSS. Reg. 1, 2, Colb. 1, 2, Paris. Chiffl. *Oracla.* Vet. ap. Dal. *Ogyris.* Salmasius, pag. 1182, *Oaracta* rescribit ex Arriano in Indicis, pag. 179. Verum græci scriptoris Ὀάρακτα ab hac quæ modo describitur, non voce magis, quam situ differre, esseque Ogyrin, de qua cap. 32, ex iis quæ eo loci diximus, perspicuum est. Ὀργάνα ibidem insula Arriano memoratur quidem, sed inculta illa atque deserta, neque in hoc, quem Plinius describit, maris Rubri sinu posita. HARD.

23. *Jam in sinu.* Vet. ap. Dalec. *intimo sinu.* ED. — In ipso sinu Persico, ultra freti angustias. H.

24. *Circa has hydri.* Martianus Capella, lib. VI, cap. de India, pag. 225, quatuor has insulas prætermisit, ac circa tres priores marinos reperiri hydros prodidit : quod

LIBER VI. 673

adnatantes terruere classem. Insula[25] Acrotadus: item Gauratæ, in quibus Chiani[26] gens. Flumen[27] Hyperis in medio sinu Persico, onerariarum navium capax. Flumen Sitiogagus[28], quo Pasargadas[29] septimo die navigatur. Flumen navigabile Heratemis[30]: insula sine nomine. Flumen Granis[31] modicarum navium capax, per Susianen fluit: dextra[32] ejus accolunt Deximontani[33], qui bitumen per-

falsum est. Capellæ tamen errorem toto ore bibit Solinus, cap. LIV, pag. 85. HARD.

25. *Insula Acrotadus*. Ita libri editi. At MSS. Reg. 1, 2, etc. *Athothadrus*. Chiffl. *Athitadrus*. Forte *Caicandrus*, Καίκανδρος. HARD.

26. *Chiani gens*. Chiffl. *Cyani gens*. ED.

27. *Flumen Hyperis*. Quum sit amnis ille onerariarum navium capax, non potest is esse qui Άρεων ab Arriano vocatur in Indicis, pag. 583, ut Salmasius existimat, pag. 1181, in Solin. quum is dicatur minime portuosus, aditu faucium angusto maxime, et vadoso. HARD.

28. *Flumen Sitiogagus*. In MSS. *Sitiogadus*, Reg. 1, 2, Colb. 1, 2. Paris. Chiffl. *Sitioganus*. Σιτακὸς est Arriano in Indicis, pag. 583. H.

29. *Pasargadas*. Stephanus, Πασσαργάδαι πόλις. Eam vocem ipse interpretatur, Περσῶν ϛρατόπεδον, *Persarum castra*, Persagadum Curtius vocat lib. V. De ea rursum inferius, cap. 29. Hodie *Pusa*, sive *Fasa-kuri*. HARD. et ED.

30. *Heratemis*. Sic emendavimus, quum libri omnes editi exhiberent *Phirstimus*. MSS. *Phrystimus*. At certior auctor Arrianus in Indicis, pag. 583, stadiis DCCL a Sitaci ostiis amnem memorat, cui nomen Ἡράτεμις. Phirstimum igitur ex amnium numero expungat Ortelius. HARD.

31. *Flumen Granis*. Dalec. *Flumen Granius*. ED. — Γρανίδα quoque appellat Arrianus in Indicis, p. 584. HARD.

32. *Dextra ejus*. Quæ ortui et austro propiora. HARD.

33. *Deximontani*. Ita libri omnes. Salmasius tamen infectam menda hanc vocem putat, pag. 1181 in Solin. legitque, *Uxii montani*. Placet conjecturæ ejus momentum addere ex Arriano in Indicis, Uxios, Οὐξίους, gentem liberam in Susiis agnoscente ad Άροσιν amnem, quem Oroatim esse diximus. Strabonem quoque juvat adjungere, lib. XV, pag. 729, qui Uxios Oroatidi confines esse prodidit, qui amnis Susianam a Perside disterminat. At non idem me sibi suffragatorem habebit, quum flumen Zarotin, de quo mox Plinius (sic enim legendum ex MSS. codd. Salmasius ipse agnovit, non *Oroatis*), idem esse existimavit cum Arosi Arriani, et Oroati, de quo Plinius cap. 28. Zarotis enim novissimus est amnium eorum qui in Persicum sinum delabuntur, in finibus Susianæ, Euphratis ostio proximus: Oroatis ibi in eumdem sinum influit, unde Susiana incipit, a Perside eo amne discreta. HARD.

II. 43

ficiunt. Flumen Zarotis ostio difficili, nisi peritis: insulæ duæ parvæ: inde [34] vadosa navigatio palustri similis, per euripos tamen quosdam peragitur. Ostium Euphratis. Lacus, quem faciunt Eulæus [35] et Tigris juxta Characem [36]. Inde Tigri Susa [37]. Festos [38] dies ibi agentem Alexandrum invenerunt septimo mense, postquam digressus ab iis fuerat Patalis [39], tertio navigationis. Sic Alexandri classis navigavit. Postea a [40] Syagro Arabiæ promontorio Patalen Favonio, quem Hippalum [41] ibi vocant, peti certissimum videbatur $\overline{XIII}$ [42] XXXII mill. pass. æstimatione.

6 Secuta ætas propiorem cursum tutioremque indicavit [43], si ab eodem promontorio Zigerum [44] portum Indiæ peteret. Diuque ita navigatum est, donec compendia invenit mercator, lucroque India admota est. Quippe omnibus annis navigatur, sagittariorum cohortibus impositis: etenim piratæ maxime infestant [45]. Nec pigebit totum cursum ab

34. *Inde vadosa.* Arrianus in Indicis, pag. 585. HARD.

35. *Eulæus.* De Eulæo amne, et Charace oppido dicetur opportunius c. 31. De lacu quem Tigris et Eulæus, et Choaspes efficiunt, vide Strabonem, lib. XV, p. 728. H.

36. *Characem.* Vet. apud Dalec. *Cariacen.* ED.

37. *Inde Tigri Susa.* Τὰ Σοῦσα, Persarum regia. Ab ostio Tigris ad oppidum Susa navigatio fuit, adverso amne stadiis centum et quinquaginta: deinde rate, per fossam e Tigri in Eulæum amnem ducta, ut docet Arrianus, Expedit. Alex. lib. VII, pag. 453. Strabo, loc. cit. pag. 729. HARD.

38. *Festos dies.* Et suas, et amicorum nuptias. Arrianus, loc. cit. pag. 447. HARD.

39. *Patalis.* Ab insula Patale, de qua diximus sup. cap. 23. HARD.

40. *A Syagro.* De quo diximus cap. 32. HARD.

41. *Hippalum.* Chifflet. *Hypilum.* Dalec. *Hypalum.* ED.—Ab Hippalo quodam classis gubernatore, qui primus ex Arabia in Indiam plenis velis ingressus. Tamen auctor Peripli maris Erythræi, non Favonium, sed Libonotum, sic appellatum scribit. HARD.

42. $\overline{XIII}$. *XXXII.* Hoc est, decies et ter centenum, ac tricenum trium milliarium. HARD. — Chiffl. *XIV XXXV.* ED.

43. *Indicavit* Dalec. et Elzev. *judicavit.* ED.

44. *Zigerum portum.* Ita MSS. omnes. Editi absurde, *Zigerum amnem portum.* HARD.

45. *Infestant.* Dalecamp. *infestabant.* ED.

LIBER VI.

Ægypto exponere, nunc primum certa notitia patescente[46]. Digna[47] res, nullo[48] anno minus H-S[49] quingenties imperii nostri exhauriente India, et merces remittente, quæ apud nos centuplicato veneant. Duo[50] millia passuum ab Alexandria abest oppidum Juliopolis[51]. Inde navigant Nilo Coptum CCCIII[52] mill. passuum, qui cursus Etesiis flantibus peragitur XII diebus. A Copto camelis itur, aquationum ratione mansionibus dispositis. Prima appellatur Hydreum[53], XXXII[54] mill. Secunda in monte, diei itinere. Tertia in altero Hydreumate, a Copto XCV mill. Deinde in monte. Mox ad Hydreum Apollinis, a Copto CLXXXIV mill. passuum. Rursus in monte. Mox ad novum[55] Hydreum a Copto CCXXXIII mill. pass. Est et aliud Hydreum

46. *Patescente.* Vet. apud Dalec. *patescentem.* ED.

47. *Digna res.* Digna res, quæ uberius explanetur, quandoquidem tantum in eo cursu impensæ, tantum lucri fiat. Lipsius legit, *indigna.* Non probo, reclamantibus libris. HARD.

48. *Nullo anno*, etc. Chiffletian. « Nullo anno minus hic DL imperii nostri exhauriente India. » Vet. ap. Dalec. « nullo anno minus hic quingentesimis imperii, exhauriente India. » Ipse Dalec. « Nullo anno imperii nostri minus H-S quingenties exhauriente India. » ED.

49. *H-S quingenties.* Hoc est, sestertium quingenties centena millia. Gallicæ monetæ francorum sunt 35,000,000. ED.

50. *Duo millia passuum ab Alexandria abest Juliopolis. Inde*, etc. Describit hoc iter et Solinus, cap. LIV, pag. 85, non adnotatis tamen locorum intervallis. HARD.

51. *Juliopolis.* Ita Reg. 1, 2, Colb. 1, 2, cæterique MSS. omnes, librique impressi ante Hermolaum, qui Heliopolim libentius se agniturum prædicat. At distat Heliopolis Alexandria sexcentis amplius passuum millibus : Juliopolis duobus. Nam quod in MSS. omnibus legitur *MM. pass.* non mille millia, ut Barbarus putat, sed duo millia his numerorum compendiis exprimuntur. HARD.

52. *CCCIII.* Chifflet. cod. dat, *CCCVIII.* ED.

53. *Hydreum.* Ita libri omnes MSS. Editi hic et inferius pluribus locis, *Hydreuma*, minus recte. Est enim ὑδρεῖον locus aquationis : ὕδρευμα ipsa aquatio. Vide Strabonem, lib. XV, pag. 722, πόρρω δὲ τῶν ὑδρείων ἐστρατοπεδεύοντο, etc. HARD.

54. *XXXII.* Chifflet. cod. dat, *XXII.* ED.

55. *Ad novum Hydreum.* Ita libri omnes, ut ante monuimus. Tamen Antonini Itinerarium, *Cænon Hydreuma*, hoc est, καινὸν ὕδρευμα. Tabula Peuting. *Ceonnidruma*, pro *Cænon Hydreuma.* HARD.

vetus, Troglodyticum nominatur, ubi præsidium excubat diverticulo duum millium. Distat a novo Hydreumate IV[56] mill. passuum. Inde Berenice oppidum, ubi portus Rubri maris, a Copto CCLVIII[57] mill. passuum. Sed quia major pars itineris conficitur[58] noctibus propter æstus, et stativis dies absumuntur, totum a Copto Berenicen iter duodecimo conficitur[59] die.

9 Navigare[60] incipiunt æstate media ante Canis ortum, aut ab exortu protinus: veniuntque circiter XXX die Ocelim[61] Arabiæ, aut[62] Canen thuriferæ regionis. Est et tertius portus, qui vocatur Muza[63], quem Indica navigatio non petit, nec nisi thuris odorumque Arabicorum mercatores.

56. *IV*. Chiffl. scripsit *VII*. Ed.
57. *CCLVIII mill*. Antoninus in Itiner. *item a Copto Berenicen*, M. P. CCLVIII. Hard. — Chiffl. cod. dat, *CCLVII*. Ed.
58. *Conficitur*. Chiffl. *confit*. Ed.
59. *Conficitur die*. Dalec. *die peragitur*. Ed.
60. *Navigare incipiunt*. Solinus, cap. LIV, pag. 86. Auctor Peripli maris Erythræi : Ἀνάγονται δὲ καὶ αὐτοὶ πλέοντες μετὰ τῶν Ἰνδικῶν περὶ τὸν Ἰούλιον μῆνα, ὅς ἐστιν Ἐπιφί. Julio circiter mense navigatio inchoatur. Hard.
61. *Ocelim Arabiæ*. Ὄκηλις ἐμπόριον Arabiæ Felicis, Ptolemæo, lib. VI, cap. 7, in ipso sinu Arabico, paulo supra freti angustias, ut auctor est præterea Strabo, lib. XVI, pag. 769. Gebanitarum portus appellatur ab ipso Plinio, lib. XII, cap. 43. Gebanitas porro juxta fauces Arabici sinus olim sedisse dicemus inferius cap. 32. Castellum est hodie *Ghela*: uti ex situ perspicuum est, quem Oceli tribuit auctor Peripli maris Erythræi, et Ptolemæus,

loco citato. Acilæ Strabo, loc. cit. Hard. et Ed.
62. *Aut Canen*. Dalec. *aut Canan*. Ed. — Κάνη eidem Ptolemæo, ἐμπόριον καὶ ἀκρωτήριον in Adramitis. In thurifera regione ab auctore Peripli maris Erythræi, pariter collocatur: ἐμπόριόν ἐστι παραθαλάσσιον Κανή... χώρας λιβανοτρόφου. Est autem Sabæorum, quorum pars Atramitæ regio thurifera, ut dicetur, c. 32, Arabico sinui prætenta. Hard.
63. *Muza*. Dalec. *Maza*. Ed. — In extremo sinu Arabico, a Berenice versus austrum stadiis XII millibus, ἐν κόλπῳ τῷ τελευταιοτάτῳ... ἐμπόριόν ἐστι νόμιμον παραθαλάσσιον Μούζα, inquit auctor Peripli maris Erythræi, σταδίους ἀπέχον τοὺς πάντας ἀπὸ Βερενίκης, παρ' αὐτὸν τὸν Νότον, πλεόντων, ὡς εἰς μυρίους δισχιλίους. Sunt ea passuum millia quindecies centena. Hodieque *Mosch*, ut ex situ colligimus, quem ei Ptolemæus assignat, lib. VI, cap. 7, et Peripli auctor. Legitur Gen. X, 29, 30 : « Omnes isti, filii Jectan. Et facta est habitatio eorum de Messa, per-

LIBER VI.   677

Intus[64] oppidum, regia ejus appellatur Saphar, aliudque Save[65]. Indos autem petentibus utilissimum est ab Oceli egredi. Inde vento Hippalo navigant diebus quadraginta ad primum emporium Indiæ Muzirim[66], non expetendum propter vicinos Piratas[67], qui obtinent locum nomine Nitrias[68]: neque est abundans mercibus. Præterea longe a terra abest navium statio, lintribusque afferuntur[69] onera, et regeruntur. Regnabat ibi, quum proderem hæc, Cele-

gentibus usque Sephar montem orientalem. Isti filii Sem, etc. » In hunc locum error Bocharti tergeminus est. Primum quidem, quod ex מֵשָׁא Messa, facit Muza: perinde quasi ש mutari possit in Z latinum. Deinde quod Muzam putat ibi designari, de quo Plinius hoc loco agit; quum sit hic portus Arabiæ Felicis, haud procul ipsis sinus Arabici faucibus. Denique quod Sephar putat esse Saphar, de quo Plinius etiam isthic sermonem habet; quum Saphar hic mons non sit, sed nomen regiæ in oppido. Est Messa a מֵשׁ Mes filio Aram, filii Sem: a quo Aramæi, qui et Syri. Itaque Messa in Syria est, ut arbitramur, circa fontem Jordanis, ad orientem. HARD. et ED.

64. *Intus oppidum.* Vet. ap. Dalec. *intus oppido regia ejus unum appellatur*, etc. Dalec. *intus oppida: regia ejus,* etc. Supra Muzam in mediterraneo, duodecim fere dierum intervallo, oppidum est, ejus terræ regia, *Saphar:* aliudque trium dierum dumtaxat spatio a Muza disjunctum, *Save.* Auctor Peripli mox laudatus: Ὑπέρκειται δὲ αὐτῆς (Μούζα) ἀπὸ τριῶν ἡμερῶν πόλις Σαυή, τῆς περὶ αὐτὴν Μαφαρίτιδος λεγομένης χώρας... καὶ μετ' ἄλλας ἐννέα ἡμέρας, Ἀφάρ (lego Σαφάρ, repetito σ ex vocula præcedente) μητρόπολις. Ptolemæo, lib. VI, cap. 7, Σαπφάρ. Hodie in tabulis parum immutato nomine, *Daphar.* H. et ED.

65. *Save.* Dalec. *Sabe.* ED.

66. *Muzirim.* Vet. apud Dalec. *Muzirum.* Μούζιρις auctori Peripli maris Erythræi. Ptolemæo, lib. VII, cap. 1, Μουξίρις pro Μούζιρις. Hodie *Mangalore*, auctore BARBIÉ DU BOCAGE. H. et ED.

67. *Piratas.* Proprium id gentis nomen est proxime laudatis auctoribus. Πειραταὶ, quorum videtur haud procul Goana Indiæ meridionalis ora sedes fuisse, qui quidem locus etiamnunc dicitur *côte des Pirates.* H. et ED.

68. *Nomine Nitrias.* Νιτρίαι ἐμπόριον, Ptolemæo, loco citato. Libri hactenus editi, *nomine Hydras.* Reg. 1, 2, Colb. 1, 2, Paris. Chiffl. *Mydrias,* vel *Mitrias.* Nos *Nitrias,* ex Ptolemæo, lib. VII, cap. 1, Νιτρίαι ἐμπόριον in Piratarum regione collocante, quorum urbes alias, oppidaque commemorat. HARD.

69. *Afferuntur onera, et regeruntur.* Chiffl. *adferuntur onera et egeruntur.* Dalec. *efferuntur onera, quæ geruntur.* ED.

bothras[70]. Alius utilior portus gentis Necanidon[71], qui vocatur Barace. Ibi regnat Pandion, longe ab emporio mediterraneo distante oppido, quod vocatur Modusa[72]. Regio autem ex qua piper monoxylis[73] lintribus Baracen convehunt, vocatur Cottonara[74]: quæ omnia gentium, portuumve, aut oppidorum nomina apud neminem priorum reperiuntur[75]. Quo apparet mutari locorum status. Ex India[76] renavigant mense Ægyptio Tybi incipiente[77], nostro

70. *Celebothras.* Κηπροβότης est auctori Peripli maris Erythræi: quem ex his regum nominibus, quæ apud utrumque sunt paria, Plinio supparem fuisse, colligunt eruditi: nec Arrianum esse, ut vulgo creditur, qui temporibus Antonini vixit, Suida teste. HARD.

71. *Necanidon.* MSS. omnes, Reg. 1, 2, Colbert. 1, 2, Paris. etc. *Neacridon.* Sed libentius legerem *Nelcyndon*. A Nelcyndis enim, quod oppidi nomen est quingentis a Muziri stadiis, in gentem quoque indigenam, quæ Pandioni parebat, derivari appellatio potuit. Ab eo autem oppido, quod a mari distat stadiis centum et xx naves in portum *Bacare*, vel *Burace* potius, non ut scribit Dalec. *Becare*, deferri solebant, ut ibi onera acciperent. Hæc ex auctore Peripli maris Erythræi, Ἡ δὲ Νελκύνδα... βασιλείας ἐςὶν ἑτέρας, τῆς Πανδίονος· κεῖται δὲ καὶ αὐτὴ παρὰ ποταμὸν, ὡσεὶ ἀπὸ ςαδίων ἑκατὸν εἴκοσι τῆς θαλάσσης· ἑτέρα δὲ κατ' αὐτὸ τὸ ςόμα τοῦ ποταμοῦ, πρόκειται κώμη Βαρακὴ, εἰς ἣν ἀπὸ Νελκύνδων ἐπὶ τῆς ἀναγωγῆς προκαταβαίνουσι τὰ πλοῖα, etc. Ex quo Ptolemæus emendandus, lib. VII, cap. 1, apud quem Μελήνδα pro Νελκύνδα legitur. Sed idem portus nomen corruptum effert, Βακάρη.

Quum enim et syllabis permutatis Peripli auctor Βαράκη diserte scribat, et ipse Ptolemæus ad Baris, Βάριος, amnis ostia situm esse affirmet, ab amne vico nomen inditum videtur, Βαράκη. HARD.

72. *Modusa.* Μόδουρα βασίλειον Πανδίονος, in oppidis τῶν Πανδιόνων mediterraneis, apud Ptolem. lib. VII, cap. 1. Hodie *Maduré*, auctore D'ANVILLE. H. et ED.

73. *Monoxylis.* Μονόξυλα πλοῖα μέγιςα auctori Peripli maris Erythræi, alvei nimirum, seu navigia unico e ligno integro fabricata. Addit idem navigia ejuscemodi Σάγγαρα indigenis appellata esse. H.

74. *Cottonara.* Ita MSS. omnes. Prius *Cottona* legebatur. Auctor Peripli jam toties laudatus: Φέρεται δὲ πέπερι, μονογενῶς ἐν ἑνὶ τόπῳ, τούτῳ τῷ ἐμπορίῳ γεννώμενον πολὺ, λεγόμενον Κοτταναρικόν. Solinus, cap. XIV, p. 86, non ex Cottonaris Baracen, sed Barace Cottonara convehi, contra Plinii græcique scriptoris mentem, prodidit. HARD. — Regio est, auctore D'ANVILLE, quæ etiamnunc *Canara* dicitur. ED.

75. *Reperiuntur.* Dal. *inveniuntur.*

76. *Ex India.* Solinus, cap. LIV, p. 86. HARD.

77. *Tybi incipiente.* MSS. *Thibi.* Tybi, quintus est mensis Ægyptio-

LIBER VI.

decembri: aut utique Mechiris[78] Ægyptii intra diem sextum, quod fit intra idus januarias nostras: ita evenit, ut eodem anno remeent. Navigant[79] autem ex India vento Vulturno: et quum intravere Rubrum mare, Africo vel Austro. Nunc revertemur ad propositum.

XXVII. Carmaniæ oram patere duodecies[1] centena L mill. passuum Nearchus scripsit. Ab[2] initio ejus ad flumen[3] Sabin centum mill. passuum. Inde vineas coli et arva ad flumen Andanin[4], xxv mill. spatio. Regio vocatur Armuzia. Oppida Carmaniæ, Zethis[5], et Alexandria.

---

rum, Incipit die 27 dec. Brot.

78. *Mechiris Ægyptii.* Mechir sextus est mensis Ægyptiorum. Incipit die 26 januarii. Dies sextus Mechiris Ægyptii est dies 31 januarii. Addit vero Plinius, « quod fit intra idus januarias, » ut significet naves in India vulgo esse reduces intra idus januarias. Quæ idus januariæ, seu dies 13 januarii, medium quemdam terminum efficiunt inter initium mensis Tybi et sextum diem Mechiris. Hujus loci sensum non satis adsecutus erat eruditus Harduinus. Brot.

79. *Navigant autem.* Solinus, c. LIV, pag. 86. Vulturnus porro ab oriente brumali spirat: a meridie auster: Africus ab occasu brumali, ut dictum est lib. II, cap. 46. H.

XXVII. 1. *Duodecies centena,* etc. Chiffl. *duodecies L centena,* etc. Ed. — Longe brevior navigatio præter oram Carmaniæ, Arriano in Indicis, p. 580, nempe stadiorum quater mille et septingentorum. Μῆκος τοῦ πλόου παρὰ τὴν Καρμανίην χώρην, στάδιοι τρισχίλιοι καὶ ἑπτακόσιοι quæ passuum efficiunt CCCCLXIII millia. Et certe tantæ longitudinis, quanta est duodecies centenum mill. sponsorem se fieri Plinius negat velle, quum eam auctori suo reddat Nearcho. Carmania hodieque vetustum nomen retinet *Kerman.* Hard.

2. *Ab initio ejus.* A faucibus Persici sinus. Hard.

3. *Flumen Sabin.* Mela, lib. III, cap. 8, p. 60, *Sabis per Carmanos* fluit. Σάβις Ptolemæo oppidum Carmaniæ est mediterraneum, lib. VI, cap. 3, ab amne fortassis cognomine. Hard.

4. *Andanin.* Chifflet. cod *Ananin.* Ed. — Ἄνδανις Ptolemæo, loc. cit. Arriano in Indicis, p. 573, Ἄναμις, a promontorio Carmaniæ versus septemtrionem, stadiis DCCC, quæ passuum millia centum efficiunt: regione toto eo spatio rerum omnium ferace, cui nomen Harmozia: ὁ δὲ χῶρος Ἁρμόζεια ἐκαλεῖτο. Hæsit id nomen ad nostrum ævum insulæ *Ormus.* Influit amnis in Persicum sinum. Hard.

5. *Zethis et Alexandria.* Zethis alibi nulla mentio: Alexandriæ, apud Ptolemæum loc. cit. et Ammianum, lib. XIII, p. 255. Hard.

XXVIII. Irrumpit deinde et in¹ hac parte geminum mare in² terras, quod³ Rubrum dixere nostri, Græci Erythræum a⁴ rege Erythra, aut⁵ (ut alii) solis repercussu talem reddi colorem existimantes: alii⁶ ab arena terraque, alii⁷ tali aquæ ipsius natura. (XXIV.) Sed⁸ in duos dividitur sinus. Is qui ab⁹ oriente est, Persicus appellatur, XXV¹⁰

XXVIII. 1. *In hac parte geminum.* Geminum dicit, quoniam bis irrupit, ut ait Mela, hoc est, in duos dividitur sinus, quorum sua quisque propria appellatione distinguitur. HARD.

2. *In terras.* Elz. *terras.* ED.

3. *Quod Rubrum.* Hæc ex Herod. Euterpe, lib. II, num. 11, p. 93; sic et Mela, lib. III, cap. 8. Vossii conjecturæ subscriberem de appellatione maris Rubri, ab Edom, sive Idumæo esse derivatam, quoniam Hebræis אדם rubuit sonat: si Arabico sinui primum, a quo Idumæa haud procul abest, non ipsi Oceano meridiano id nomen esse inditum, scriptores vetustos evolventi constaret. Arabicum tamen sinum Rubri maris nomine et appellatione donant interdum, ut Plinius, lib. V, cap. 12. Persicum Arrianus in Indicis, pag. 548, et Seneca in Troade, act. I. HARD.

4. *A rege Erythra.* Curtius, lib. VIII, aliique post Agatharchidem, in libro singulari quem de Rubro mari edidit, cujus fragmentum Photius refert in Bibl. cod. 250, p. 1321. HARD.

5. *Aut, ut alii.* Refert Agatharchides loc. cit. censuisse quosdam, solem exorientem in eo tractu, non lucidos in mare radios, uti apud nos fit, demittere: sed cruori assimiles: quod cruentam maris speciem intuentibus exhiberet: ἀκτῖσι παρομοίαις αἵματι· ἐξ ὧν τοῖς ὁρῶσιν ὕφαιμον, etc. Hanc illorum sententiam respicit Plinius, Agatharchides improbat. HARD.

6. *Alii ab arena.* Ab ingentibus arenæ et glebæ tumulis, longo per oram spatio ortum versus diffusis, insigniter rufis: Θῖνες ἄμμου γεώδεις ὑπέρυθροι, etc. Agatharchides loco citat. cui neque hæc Rubri maris nomenclaturæ ratio haud satis esse idonea videtur. HARD.

7. *Alii tali aquæ.* A colore aquæ falso repeti hanc appellationem jamdudum Agatharchides docuit, l. cit. experientia ipsa confirmavit. Vide quæ dicturi sumus iterum in eam rem, cap. 35. HARD.

8. *Sed in duos.* Mela, lib. III, cap. 8, pag. 60. A Plinio Solinus, cap. LIV, pag. 86, et Martianus, lib. VI, cap. de India, pag. 225. Persico nomen hodie, *le golfe Persique*: Arabico, *la mer Rouge, ou la mer de la Mecque.* HARD.

9. *Ab oriente.* Chiffletian. *ex oriente.* ED.

10. *XXV mill. pass.* Hoc est, vicies et quinquies centena millia. Corrupti apud Solinum Martianumque numeri. Strabo, lib. XVI, pag. 765, ex ipso Eratosthene, quem sequi se Plinius præ se fert, et Agathemerus, Geogr. lib. I, c. 3, viginti millibus stadiorum Per-

LIBER VI.

M. passuum circuitu, ut Eratosthenes tradit. Ex adverso est Arabia, cujus $\overline{\text{XII}}$[11] mill. passuum est longitudo. Rursus altero ambitur sinu, Arabico nominato. Oceanum[12] qui influit, Azanium appellant. Persicum introitum v mill. passuum latitudinis, alii[13] quatuor fecerunt. Ab eo ad intimum sinum recto cursu $\overline{\text{XI}}$[14] xxv mill. propemodum constat esse, et[15] situm ejus humani capitis effigie. Onesicritus et Nearchus ab Indo amne in sinum Persicum, atque illinc Babylonem[16] Euphratis paludibus, scripserunt $\overline{\text{XXV}}$[17] mill. passuum esse.

In Carmaniæ angulo[18] sunt Chelonophagi[19], testudinum

---

sici sinus ambitum circumscribunt, quæ summa exacte cum Pliniana congruit. HARD.

11. $\overline{XII}$ mill. Hoc est, duodecies centena millia pass. Addit Strabo, lib. II, pag. 100, quinquaginta passuum millia. HARD.

12. *Oceanum qui influit*. Etiam citra ipsius sinus angustias, in ipso sinu. Ab Azania, quæ vicina est Æthiopiæ regio Ptolemæo, lib. IV, c. 8, nomen habet. De eo rursum cap. 34. HARD.

13. *Alii quatuor.* Ab uno littore ad alterum littus facilem esse prospectum Strabo ait, lib. XVI, pag. 765. HARD.

14. $\overline{XI}$ XXV. Undecies centena, et xxv mill. pass. HARD.

15. *Et situm ejus.* Mela, lib. III, cap. 8, pag. 60 : « Persicus sinus, qua mare accipit, utrimque rectis lateribus grande ostium quasi cervice complectitur : deinde terris in omnem partem vaste et æqua portione cedentibus, magno littorum orbe pelagus incingens, reddit formam capitis humani. » HARD.

16. *Babylonem Euphratis.* Dalec.

dat *Babylonem ab Euphratis*. ED.

17. $\overline{XXV}$. *mill. pass.* Vicies et quinquies centena millia passuum. Sane facile est rationes ducere : nam Carmaniæ ora, Nearcho ipso auctore, patet $\overline{XII}$ L. Persicus sinus recto cursu, $\overline{XI}$ XX. Efficiunt hæ summæ millia jam ter et vicies centena LXXXV. Reliqua centum et xv millia, tum ab ultima Carmaniæ ora ad Indum amnem, tum ab Euphratis ostio usque Babylonem recte insumentur. Frustra igitur Chiffl. cod. legit $\overline{XV}$ pro $\overline{XXV}$. H. — Broterius autem ex MSS. Reg. 1 et 2, et edit. principe, $\overline{XVII}$ *mill. pass.* legit ; quæ quidem mensura, licet eam accuratissimam dicat, angustior sane est. ED.

18. *In Carmaniæ angulo.* Juxta sinum Persicum. Mela, loc. cit. et Ptolemæus, lib. VI, cap. 8. Refert hæc quoque Solinus, cap. LIV, p. 86. HARD.

19. *Chelonophagi.* Χελωνοφάγοι, testudinum carne vescentes. Χελώνη, *testudo.* Alii præter istos Chelonophagi sunt in Arabia, de quibus Strabo, lib. XVI, pag. 773, et

superficie casas tegentes, carne vescentes. A[20] flumine Arbi promontorium[21] ipsum inhabitant, præter capita toto corpore hirti, coriisque piscium vestiti. (xxv.) Ab horum tractu Indiam versus Caicandrus[22] deserta insula in Oceano, L mill. passuum traditur: juxtaque eam freto interfluente 4 Stoidis[23], quæstuosa margaritis. A[24] promontorio Carmanis junguntur Armozei. Quidam interponunt Arbios, CCCCII[25] millia passuum toto littore. Ibi portus Macedonum, et aræ Alexandri in promontorio. Amnes: Saganos[26]: dein Da-

Agatharchides apud Phot. cod. 250, pag. 1349. HARD.

20. *A flumine Arbi.* Chiffl. *a flumine Arabi.* Diversus hic Arbis fluvius est ab Arabio Ptolemæi, quem et Cophetem et Arbim quoque appellari superius diximus, cap. 25. Is enim Gedrosos alluit et in Oceanum Indicum ibi delabitur: hic juxta ipsum Carmaniæ promontorium effluit. HARD.

21. *Promontorium ipsum.* Carmaniæ illud promontorium, de quo cap. 26. In ipso sinu Persico habitare istos, auctor est Mela, loco cit. Salmasius in Solin. pag. 1189 et 1190, ut Plinio varios affingat errores, totum hunc locum, invitis MSS. omnibus, pro arbitrio immutat. HARD.

22. *Caicandrus.* Hactenus perperam *Cascandrus.* Vet. ap. Dalec. *Socaicandros.* Arrianus in Indicis, pag. 581: Πρὸ νήσου σμικρῆς καὶ ἐρήμης. Οὔνομα τῇ νήσῳ Καϊκανδρος. HARD. et ED.

23. *Stoidis.* Consentiunt libri editi cum MSS. Reg. 1, 2, Colb. 1, 2, Paris. etc. Plinium scripsisse Tyndin, nec proinde græcum scriptorem intellexisse, unde hæc hauserit, ex auctore Peripli maris Erythræi, contendit Salmasius in Solin. pag. 1191, quum Tyndis Indicum emporium sit, insulam Plinius appellarit. At ego de Tyndi vel somniasse Plinium pernego: quod nomen insulæ, cæteris scriptoribus incompertum, prodiderit, laudo. Salmasii, qui ut calumniam texat, verba sententiasque corrumpit, fidem requiro. Meminit hujus insulæ Arrianus, loc. cit. sed nomen reticet. HARD.

24. *A promontorio.* Post promontorium, inquit, Armuzia regio est, quæ Carmaniæ a tergo connectitur. Quidam tamen Arbios, ab Arbi flumine, de quo nunc egimus, interserunt, toto littore. HARD.

25. *CCCCII.* MS. Reg. 2 et Chifflet. *CCCCXXI.* MS. Reg. 1, edit. princ. et Elz. *CCCCXII.* ED.

26. *Saganos.* Σαγανὸς Ptolemæo, lib. VI, cap. 8. Saganis Ammiano, lib. XXIII, pag. 255: in Carmania Δάρας item Ptolemæo: de quo amne dubitandi tamen locus est aliquis, num ab interpolatoribus Plinianis temere nobis obtrusus sit pro *Cathrapis*, aliove simili: habent enim MSS. codd. Reg. 1, 2, Colb. 1, 2, Paris. Chiffl. etc. *Deinde Ratinus, et Salsum.* HARD.

LIBER VI. 683

ras, et Salsos. Ab [27] eo promontorium Themisteas [28], insula Aphrodisias [29] habitatur. Inde [30] Persidis initium ad flumen Oroatin [31], quo dividitur ab Elymaide. Contra [32] Persidem insulæ, Philos, Casandra, Aracia cum monte præalto Neptuno sacra. Ipsa [33] Persis adversus occasum sita obtinet littora DL mill. passuum : etiam in luxum dives, in Parthorum jam pridem translata nomen [34]. Horum de imperio nunc [35] paucis.

XXIX. Regna [1] Parthorum duodeviginti sunt omnia : ita enim dividunt provincias, circa duo (ut [2] diximus) maria, Rubrum a meridie, Hyrcanum a septemtrione. Ex iis undecim, quæ superiora dicuntur, incipiunt a confinio

---

27. *Ab eo.* Versus septemtrionem, in ipsa Persici sinus ora fere media. HARD.

28. *Themisteas.* Hæc, ut arbitror, Ταρσίη ἄκρη apud Arrianum in Indicis, pag. 580. HARD.

29. *Aphrodisias.* Quia Ἀφροδίτη, hoc est, Veneri sacra. Indigenis Καταίη vocabatur, Arriano teste, loc. cit. HARD.

30. *Inde Persidis.* Arrianus, ibid. Amnis hic Ammiano Oroates, lib. XXIII, pag. 252 ; Arriano, pag. 585, Ἄροσις dicitur, quem ad amnem usque Persæ habitant : μέχρι τοῦδε Πέρσαι οἰκέουσιν, maximus eorum amnium qui in hunc sinum influunt. Nunc *Tab* sive *Endian.* Ultra enim ostia, Susiana est, et quæ modo Persidi, modo Susianæ adjudicatur, Elymais. HARD. et ED.

31. *Oroatin.* Chiffl. *Oratim.* ED.

32. *Contra Persidem.* In ipso sinu. Alii *Psilos* pro *Philos* legunt, quasi glabram incultamque dixeris insulam. In MSS. item *Aracha* pro *Aracia* scribitur : sed perperam, auctore Ptolemæo, lib. VI, cap. 4, apud quem inter insulas Persidi adjacentes, censetur Ἀλεξάνδρου νῆσος, ἡ καὶ Ἀραχία. HARD.

33. *Ipsa Persis.* Hæc Solinus, cap. LIV, pag. 86, et Martianus, lib. VI, cap. de India, pag. 225. HARD.

34. *Nomen.* Chiffletian. cod. dat *numen.* ED.

35. *Nunc paucis.* Chifflet. *nunc in paucis.* ED.

XXIX. 1. *Regna Parthorum.* Solinus iisdem verbis, cap. LV, pag. 86. Hæc porro sunt earum provinciarum nomina, a Plinio recensita, cap. 16 : Atropatene ; cap. 17 : Media, Parthia ; cap. 18 : Apavortene, Hyrcania, Margiane, Bactriana, Sogdiana ; cap. 25 : Capissene, Arachosia, Gedrosia, Paropamisadæ, Ariana, Drangiana ; cap. 27 : Carmania ; cap. 28 : Persis, cum Parætacenis ; cap. 31 : Susiane, Elymais, cujus pars Characene. Dissidere nonnihil a Plinio in his enumerandis videtur Isidorus in Σταθμοῖς, pag. 184. HARD.

2. *Ut diximus.* Cap. 16.

Armeniæ, Caspiisque littoribus : pertinent ad Scythas, cum quibus ex³ æquo degunt. Reliqua septem regna inferiora appellantur. Quod ad Parthos attinet, semper fuit Parthia⁴ in radicibus montium sæpius⁵ dictorum, qui omnes eas gentes prætexunt. Habet ab ortu Arios, a meridie Carmaniam et⁶ Arianos, ab occasu Pratitas Medos⁷, a septemtrione Hyrcanos, undique desertis cincta. Ulteriores⁸ Parthi Nomades appellantur : citra⁹, deserta : ab occasu urbes eorum, quas¹⁰ diximus, Issatis et Calliope : ab oriente æstivo, Europum¹¹ : ab hiberno, Mania¹² : in medio¹³ Hecatompylos, Arsacæ¹⁴

3. *Ex æquo degunt.* Solinus, cap. LV, pag. 86 : *Quibuscum concorditer degunt.* Hard.

4. *Parthia.* Vel ut quidam codices habent, *Parthyæa.* Græcis enim Παρθία et Παρθυαία dicitur, una ex duodeviginti provinciis superius memoratis, quibus Parthorum constitit imperium. Parthiæ nunc nomen est *Comis.* Ed.

5. *Sæpius dictorum.* Caucasiorum. Supra, cap. 16 : « Persarum regna, quæ nunc Parthorum intelligimus, Caucasiis jugis attolluntur. » Hard.

6. *Et Arianos.* Ariani præter Arios complectebantur Drangas, Evergetas, Zarangas, Gedrusos, ut dictum est cap. 26. Quid inter Arios interesset, et Arianos, diximus cap. 23. Hard.

7. *Pratitas Medos.* Vetus apud Dalecamp. *Pratitas, Medos.* De his cap. 27. Ed.

8. *Ulteriores.* Versus solis exortum. Nomades, a permutandis pabulis appellati, ut dictum est lib. V, cap. 2. Hard.

9. *Citra, deserta.* Ab occasu, qua parte contingunt Pratitas Medos, qui tenent Caspias portas. Vide libri hujus cap. 17. Hard.

10. *Quas diximus.* Cap. 17. H.

11. *Europum.* Chiffl. *Pyropum.* Ed. — Strabo, lib. XI, pag. 524, in Media Ῥάγειαν locat, a Nicatore conditore Εὐρωπὸν, a Parthis Ἀρσακίαν vocitatam. Hard.

12. *Mania.* Ita MSS. omnes. Chiffl. *Maria.* Forte Ζαυία, quam Mediæ oppidis mediterraneis Ptolemæus accenset, lib. VI, cap. 2, vel Genonia Ammiani, lib. XXIII, pag. 254 : « Hæc, inquit, potiora sunt Parthorum oppida : Genonia, Mœsia, Charax, Apamia, Artacana, et Hecatompylos. Hard. et Ed.

13. *In medio.* Chiffl. *in Media.* Ed.

14. *Arsacæ regia.* Libri omnes, tum editi, tum manu exarati, *Arsace, regia Nisæa,* exhibent. *Arsacia, regio Nisæa,* scripsit Hermolaus perperam : quum enim Arsacia ab Europo, ut diximus ex Strabone, diversa non sit : nequidquam ea distinguente Ptolemæo, lib. VI, cap. 2, et qui Ptolemæum semper sequitur, Ammiano : Arsacæ autem, primi Parthorum tyranni,

regia : Nisæa[15] Parthyenes nobilis, ubi Alexandropolis a conditore.

(XXVI.) Necessarium est in hoc loco signare et Medo- 3 rum situm, terrarumque faciem circumagere ad Persicum mare, quo[16] facilius deinde reliqua noscantur. Namque Media ab occasu transversa oblique[17] Parthiæ occurrens, utraque[18] regna includit[19]. Habet[20] ergo ipsa ab ortu Caspios, et Parthos: a meridie Sittacenen[21], et Susianen, et Persida: ab occasu Adiabenen: a[22] septemtrione Armeniam. Persæ[23] Rubrum mare semper accoluere, propter 4 quod is sinus Persicus vocatur: regio[24] ibi maritima, Syrtibolos[25]. Qua vero ipsa subit ad Medos, Climax

regia fuerit Hecatompylos, Ἑκατόμπυλος τὸ τῶν Παρθυαίων βασίλειον, ut idem est auctor lib. XI, pag. 514, perspicuum est *Arsacæ regia* legi hic oportere. Hic autem Arsaces Scytha Parthiam invasit, a quo deinde Parthi ipsi Arsacidæ appellati. Hecatompylos hodie *Damégan*, sive *Damgham*, dicitur. Nisæam deinde non regionis, sed oppidi nomen esse in regione Parthyene dicta, perspicuum est. ED.

15. *Nisæa.* Meminit ejus oppidi Isidorus Characenus, in Σταθμοῖς Παρθικοῖς, pag. 188: Αὐλὼν Παρθαύνισα ἡ πόλις· ἔνθα βασιλικαὶ τάφαι· Ἕλληνες δὲ Νισαίαν λέγουσιν. Fuit Παρθήνη teste Ptolemæo, lib. VI, cap. 5, Parthiæ portio. In hac Nisæa exstitit regum sepulcro nobilis. HARD. — Nomen oppidum servat *Nesa* hodie dictum, auctore D'ANVILLE. ED.

16. *Quo facilius deinde.* Chiffl. *quod facilius dein.* ED.

17. *Oblique.* Chiffl. *obliqua.* Vet. ap. Dalec. *obliquæ.* ED. — Parthiæ fines toto latere transverso tegens

ab occasu æstivo ad exortum solis brumalem. HARD.

18. *Utraque regna.* Et undecim quæ superiora dicuntur, quæque incipiunt a confinio Armeniæ Caspiisque littoribus, pertinentque ad Scythas: et reliqua septem, quæ inferiora appellantur. HARD.

19. *Includit.* Ch. *præcludit.* ED.— Superiora quidem a meridie Media includuntur: mari, a septemtrione. Inferiora, nempe Persis, Susiane, Carmania et reliquæ, Mediam habent pro limite a septemtrione: a meridie, Rubrum mare. HARD.

20. *Habet ergo ipsa.* Vet. ap. Dalec. *Habet ipsa.* ED.

21. *Sittacenen.* De qua dicitur cap. 31. HARD.

22. *A septemtrione.* Chiffl. *ad septemtrionem.* ED.

23. *Persæ Rubrum.* Solinus, cap. LIV, pag. 86. HARD.

24. *Regio.* Chiffl. *regia.* ED.

25. *Syrtibolos.* Συρτίβωλος Persidis, inquit, regio maritima Syrtium instar palustris, inde nomen habet: in eadem ipsa qua subit pertinet-

Megale[26] appellatur locus, arduo montis ascensu per gradus, introitu angusto, ad Persepolin[27] caput regni, dirutum[28] ab Alexandro. Præterea habet in[29] extremis finibus Lao-
5 diceam, ab[30] Antiocho conditam. Inde ad orientem Magi[31] obtinent Passagardas[32] castellum, in quo Cyri sepulcrum est : et[33] horum Ecbatana oppidum translatum ab Dario rege ad montes. Inter Parthos et Arianos excurrunt Parætaceni[34]. His[35] gentibus et Euphrate, inferiora regna includuntur[36]. Reliqua[37] dicemus a Mesopotamia, excepto

que ad Medos, Κλίμαξ μεγάλη ab ascensu arduo locus quidam appellatur. Est enim Græcis Κλίμαξ, *scala.* Vide notam 78, cap. 31. HARD.

26. *Climax Megale.* Dalec. *Elymais, Megala.* ED.

27. *Persepolin.* Sic scriptum urbis nomen in MSS. in Dalec. et Elz. Harduinus autem *Persæpolin* ex Strabone, a quo lib. XV, pag. 730, Περσαίπολις dicitur. Hanc urbem ab Alexandro dirutam narrat, præter Nostrum et Strabonem loco cit. Curtius, lib. V, cap. 20. ED.— Persepolis nunc *Estakar;* vulgo quoque dicta *Tchel-Minar*, id est, quadraginta columnæ. Ibi manent egregia maximæ antiquitatis monumenta; multa quoque incognitis litteris exarata. Utinam tam pretiosas antiquissimorum temporum reliquias accuratissime descriptas haberemus! BROT.

28. *Dirutum.* Dal. *dirutam.* ED.

29. *In extremis finibus.* Qua Mediam Persis contingit : unde et adscripta Mediæ a quibusdam Laodicea, confusis, ut fit, regionum limitibus. Stephano, Λαοδίκεια Μηδίας. HARD.

30. *Ab Antiocho.* Ejus nominis primo, Seleuci Nicatoris F. HARD.

31. *Magi.* Stephanus : Μάγοι ἔθνος περὶ Μηδίαν. HARD.

32. *Passagardas.* Chifflet. *Frassargida.* ED.—De hac voce egimus c. 26. De Passagardis et Cyri sepulcro, cujus demandata Magis custodia fuit, multa prolixe Arrianus, Exped. Alex. lib. VI, pag. 435. Πασαργάδαι Dionysio, vers. 1069. Πασσαγάρδαι Anaximeni, apud Stephanum. HARD.

33. *Et horum.* Magorum, inquit, vetustum olim oppidum fuit Ecbatana : unde incolæ postmodum a Dario translati in montes. Alia vero sunt Ecbatana Medorum a regione cognominata. HARD.

34. *Parætaceni.* Παραιταχνοί, quorum urbs Παραίταχα, quam Mediæ Stephanus adscribit, quod in ejus confinio sit posita. HARD.

35. *His gentibus.* Parthis, Arianis, Medis, et Parætacenis. Hi Mediam ab ortu brumali claudunt. HARD.

36. *Includuntur.* Dalecamp. *cluduntur.* ED.

37. *Reliqua dicemus.* Cap. 31, ubi de Susiane, Elymaide, Characene. HARD.

LIBER VI.   687

mucrone ejus, Arabumque populis, in[38] priore dictis volumine.

XXX. Mesopotamia tota Assyriorum fuit, vicatim[1] dispersa, præter Babylona, et Ninum. Macedones eam in urbes congregavere, propter ubertatem soli. Oppida, præter[2] jam dicta, habet Seleuciam[3], Laodiceam[4], Artemitam[5]: item in Arabum gente, qui[6] Orei vocantur, et Mardani[7], Antiochiam, quæ a præfecto Mesopotamiæ Nicanore[8] condita Arabis vocatur. Junguntur[9] his Arabes introrsus Eldamarii[10]. Supra quos ad Pellacontam[11] flumen Bura[12]

---

38. *In priore.* In superiore libro, quinto nimirum hujus operis, cap. 21. HARD.

XXX. 1. *Vicatim.* Vicis populosa magis, quam oppidis. HARD.

2. *Præter jam dicta.* Babylona et Ninum. HARD.

3. *Seleuciam.* A Nicatore conditam, de qua mox plura. ED.

4. *Laodiceam.* Unam e sex urbibus, quas de matris nomine condidisse Seleucus dicitur. Laodiceam tamen hoc loco Chiffletianus codex non habet: habent autem reliqui, Reg. 1, 2, Colb. 1, 2, Paris. etc. H.

5. *Artemitam.* Ἀρτεμίτα πόλις, Strabo, lib. XVI, pag. 744, quingentis a Seleucia stadiis, versus orientem et Sittacenen. HARD.

6. *Qui Orei*, etc. Chiffl. *Arrhoei.* Vet. ap. Dalec. *Errhoei.* De his dictum est cap. 9. ED.

7. *Mardani.* Chiffl. *Vandani.* ED.

8. *Nicanore*, etc. Vet. ap. Dalec. *Nicanoria vel Arbelis.* Hujus Nicanoris meminit Isidorus Characenus in Σταθμοῖς, pag. 186. ED.

9. *Junguntur his Arabes.* Quos ab Oreis Arabibus et cognomen secernit et situs: nam hi Eldamarii cognominantur, et in interiore Mesopotamia sedes habent. HARD.

10. *Eldamarii. Supra quos*, etc. Chiffletan. *Elmari. Supra quos*, etc. Vetus apud Dalec. *Eldamarii. Super quos.* ED.

11. *Pellacontam.* Qui in Euphratem delabitur, quingentis fere stadiis antequam Seleuciam Euphrates alluat. Tantum a Babylone distat versus septemtrionem, quantum a Babylone versus meridiem dissidet Pallacopas amnis, seu verius Euphratis alveus sic appellatus apud Arrianum, Exped. Alexandr. lib. VII, pag. 489, quem cum Pellaconte amne perperam confundit Ortelius. HARD.

12. *Bura oppidum.* Etsi in hujus oppidi nomine libri plerique omnes consentiunt, tenet me tamen suspicio, et quidem, ut arbitror, satis firma, *Dura* potius quam *Bura* scribi oportere. Nam Polybius, lib. V, p. 548, τῶν Δούρων in Mesopotamia meminit, ubi de Molone agens, τὴν μὲν Παραποταμίαν, inquit, μέχρι πόλεως Εὐρώπου κατέσχε· τὴν δὲ Μεσοποταμίαν ἕως Δούρων. Meminit et Stephanus in Δοῦρα. HARD.

oppidum, Salmani[13], et[14] Masei Arabes. Gordyæis[15] vero juncti Aloni[16], per[17] quos Zerbis fluvius in Tigrim cadit, Azones[18], Silici montani, et Orontes, quorum ad occidentem oppidum Gaugamela[19]: item[20] Sue, in rupibus: supra Silici[21] Classitæ, per[22] quos Lycus ex Armenia fertur: Absidris[23] ad hibernum exortum, Azochis[24]

13. *Salmani.* Arabum generis. Horum videtur Stephanus meminisse, p. 582: Σαλμηνοὶ, inquit, ἔθνος μοναδικόν, ὥς φησι Γλαῦκος ἐν Ἀραβικῶν ἀρχαιολογίᾳ. « Gens solitaria, ut ait Glaucus in Arabicorum antiquitatibus. » HARD.

14. *Et Masei Arabes.* In Chiffl. et quibusdam aliis exemplaribus, *Marœi.* HARD.

15. *Gordyæis.* Chiffl. *Condiæis.* Qui Assyriam ab occasu æstivo claudunt, ut diximus cap. 17. HARD. et ED.

16. *Aloni.* Chiffl. *Azoni.* ED. — Ultra Tigrim positi, in confinio Assyriæ, sive Gordyenes, ubi et Azones, et Sicili, et Orontes. H.

17. *Per quos Zerbis.* Id est, quantum ex situ conjicimus, qui Γόργος ποταμὸς græca nomenclatura ob celeritatem cursus, a Ptolemæo vocatur, lib. VI, c. 1, in Tigrimque delabitur. HARD.

18. *Azones, Silici,* etc. Dalec. *Azones Silices,* etc. ED.

19. *Gaugamela.* Γαυγάμηλα Ptolemæo, loc. cit. et Straboni, lib. XVI, p. 737. De hujus originatione vocis, vide Plutarchum in Alexandro, pag. 683, et Strabonem, loc. cit. Ibi verus prælii locus fuit, quo Darium vicit Alexander, non ad Arbela, ut multi volunt. Sed quoniam Arbela Gaugamelis notiora, iis hæc fama hæsit. Ita Plut. loco citato; Strabo, lib. XVI, pag. 737, aliique. HARD.

20. *Item Sue.* Vet. apud Dalec. *item Save.* Chiffl. *item Suet.* ED. — שׁוֹע *Sue* Chaldæis rupem sonat, ut aiunt. HARD.

21. *Silici Classitæ.* Eo cognomine a Silicis montanis secernuntur, de quibus dictum est proxime. H. — Quid si *Calachitæ* legas? Est enim in eodem situ Straboni, lib. XVI, pag. 736, Καλαχηνὴ regio; Ptolemæo, lib. VI, cap. 1, Καλακινὴ dicta. Sed habent codices MSS. *Classis III.* HARD.

22. *Per quos Lycus.* Λύκος ποταμὸς Straboni, lib. XVI, pag. 737, per Aturiæ campos fluens, in quibus Ninus oppidum fuit, et pagus Γαυγάμηλα, de quo supra. Apud Ptolemæum, lib. V, cap. 1, perperam Λευκὸς pro Λύκος. In Tigrim delabitur. H. — Nunc *grand Zab,* sive *Zarb.* ED.

23. *Absidris.* In MSS. *Absitris.* Forte *Absyrtus,* Ἄψυρτος; quod celeri feratur impetu, quasi ἀψορρός, ab αἶψα ῥέειν. Is est qui Κάπρος a Strabone vocatur, loc. cit. tanto ab Arbelis, quanto Lycus, intervallo dissitus: Polybio item, lib. V, p. 551. H. — Nunc *petit Zab,* incolis *Altun-sou,* quæ voces aureum flumen sonant. ED.

24. *Azochis.* Chifflet. cod. dat *Achochis.* ED.

LIBER VI.

oppidum. Mox in [25] campestribus oppida : Diospage, Polytelia [26], Stratonice, Anthemus. In vicinia Euphratis Nicephorion, quod, ut [27] diximus, Alexander jussit condi propter loci opportunitatem. Dicta [28] est in Zeugmate 3 Apamia [29], ex qua orientem petentes excipit oppidum apprime [30] munitum, quondam stadiorum [31] LXX amplitudine, et satraparum regia appellatum, quo tributa conferebantur, nunc in arcem redactum. Durant, ut [32] fuerant, Hebata, et ductu Pompeii Magni terminus romani imperii Oruros [33], a Zeugmate ducentis quinquaginta millibus passuum. Sunt qui tradunt Euphratem Gobaris [34] præfecti opere diductum [35], ubi [36] eum diximus findi, ne præcipiti cursu Babyloniam infestaret : ab Assyriis vero universis appellatum Armalchar [37], quod significat regium flumen.

25. *In campestribus.* In ea planitie, quæ Tigrim inter et Euphratem jacet. Porro Diospage, Διοσπάγη, Jovis locum altum sonat : Hesychio enim πάγη ὑψηλὸς τόπος dicitur. Vel forte Διοσπαγή, pro Διοσπηγή, *Jovis fons* dorice. Πολυτέλεια, ab opportunitate situs mercium causa : Στρατονίκη, a victoria exercitus, invenisse nomen videntur. De Anthemunte (Ἀνθεμοῦς enim Græcis dicitur) egimus lib. V, cap. 21. HARD.

26. *Polytelia, Stratonice, Anthemus.* Vet. apud Dalec. *Polyteba, Stratonigena, Anthemusium.* ED.

27. *Ut diximus.* Libro V, c. 21. Isidorus Charac. ἐν Σταθμοῖς, pag. 185, Νικηφόριον παρ' Εὐφράτῃ πόλις ἑλληνίς, κτίσμα Ἀλεξάνδρου βασιλέως. Forte hinc legendum, « Nicephorion, ut diximus, quod Alexander, etc. » HARD.

28. *Dicta est.* Lib. V, c. 21. H.

29. *Apamia.* Chiffl. *Apamæa.* ED.

30. *Apprime.* Chifflet. *Caphræna.* ED.

31. *Stadiorum LXX.* Octo millium, DCCL pass. H. — Dalec. *stadiorum sexaginta.* ED.

32. *Ut fuerant, Hebata.* Chifflet. *ut fuere Thæbatæ.* ED.

33. *Oruros.* Vet. apud Dalecamp. *Orturos.* ED.

34. *Gobaris.* Chifflet. *Cobaris :* a quo fossam Euphratis ad Tigrin perducti fluvium Chobar כנר, apud Ezech. cap. 1, dici nonnulli putant. HARD.

35. *Diductum.* Elz. *deductum.* ED.

36. *Ubi eum diximus.* Libro V, c. 21, iis verbis, *scinditur Euphrates,* etc. HARD.

37. *Armalchar.* In Plinianis libris corrupta hæc vox existimatur, *Armalchar;* quum Naarmalcha scribi ex Chaldaico נהרמלכא doceant cæteri scriptores. Nam Isidorus Characenus in Σταθμοῖς, pag. 186, Ναρμάλχαν vocat. Ammianus,

II.

Qua derivatur, oppidum fuit Agrani[38] e maximis, quod diruere Persæ.

4 Babylon[39] Chaldaicarum gentium caput diu summam claritatem[40] obtinuit in toto orbe, propter quam reliqua pars Mesopotamiæ Assyriæque Babylonia appellata est, sexaginta millia passuum amplexa, muris ducenos pedes altis, quinquagenos latis, in singulos pedes ternis digitis mensura ampliore, quam[41] nostra, interfluo Euphrate, mirabili opere[42] utroque. Durat[43] adhuc ibi Jo-

lib. XXIV, p. 266, de Euphrate : « Pars fluminis scinditur largis aquarum agminibus, ducens ad tractus Babylonios interiores,.. alia Naarmalcha nomine, quod fluvius regum interpretatur, Ctesiphontem prætermeat. » Et pag. 278 : « Ventum est hinc ad fossile flumen, Naarmalcha nomine, quod amnis regum interpretatur, tunc aridum. » Ptolemæus, lib. V, cap. 18, Βασίλειον ποταμὸν : Polybius, lib. V, pag. 551, Βασιλικὴν διώρυχα vocat. Tamen quum Assyria lingua diversa ab Hebræa sit, nihil mutamus, quamvis *Narmalchan* in MS. Reg. 2, et Elz. legatur. H. et ED.

38. *Agrani.* Chiffl. *Agranis.* ED.

39. *Babylon.* Hæc Solinus iisdem verbis, cap. LVI, p. 87, et Martianus, lib. VI, cap. de Babylonia, p. 225. De hujus urbis amplitudine, situ, opibus, multa accurate Salianus noster in Annal. ad annum mundi 3516, num. 3 et seq. Falluntur porro qui Babylonem *Bagdad* esse existimant, quum Babylon ad Euphratem, ad Tigrim *Bagdad* sit posita, ut refert Texeira testis oculatus. *Babil* vocantur etiamnunc vestigia ejus, in orientali Euphratis ripa contra urbem *Hillah*. Plinii, Pausaniæ, et Ammiani temporibus stabant mœnia quidem integra, sed ea civibus vacua. Vide Pausan. in Arcad. lib. VIII, p. 509. Post a Judæis frequentata. Demum anno Christianæ æræ 1037, solo penitus æquata. H. et ED.

40. *Claritatem obtinuit,* etc. Chifflet. *claritatem inter urbes obtinuit toto orbe, propter quod,* etc. ED.

41. *Quam nostra.* Digitis duodecim pes romanus constabat : Babylonius, undeviginti. HARD.

42. *Opere utroque.* Et mœnibus scilicet, et ipsa interflui Euphratis crepidine, quæ mœnibus ipsis latitudine par, ex utroque fluminis latere, ad stadia centum magnis sumptibus est educta : cuniculo denique ipso, supra quem Euphratis in urbem influentis unda labente, ex una regiæ parte in alteram, flumine non transito, commeari subterraneo itinere tuto posset. Ita Diodorus Sicul. Bibl. lib. II, pag. 97 et 98, ac Philostr. de vita Apollonii, lib. I, cap. 18, p. 36. H.

43. *Durat adhuc.* Tamen Diodorus, loc. cit. vetustate jam tum ævo suo collapsum testatur : a Semiramide conditum scribit : a Nabuchodonosore, alii : instauratum ab

vis[44] Beli templum. Inventor[45] hic fuit sideralis scientiæ. Cæ- 5
tero ad solitudinem[46] rediit, exhausta vicinitate Seleuciæ[47],
ob id conditæ a[48] Nicatore intra nonagesimum lapidem,
in confluente Euphratis fossa perducti, atque Tigris : quæ
tamen Babylonia[49] cognominatur, libera hodie ac sui juris,
Macedonumque moris. Ferunt ei plebis urbanæ DC M.
esse : situm vero mœnium, aquilæ pandentis alas : agrum
totius Orientis fertilissimum. Invicem ad hanc exhaurien- 6
dam, Ctesiphontem[50] juxta tertium ab ea lapidem in
Chalonitide[51] condidere[52] Parthi, quod nunc[53] caput est
regnorum. Et postquam nihil proficiebatur, nuper Volo-

Alexandro M. dum Babylone ageret, ex Hecatæo Josephus adversus Apionem. HARD.

44. *Jovis Beli.* Διὸς Βήλου ἱρὸν, Herodoto, Clio, lib. I, num. 178, p. 74. « Arcem Babylonis antiquissimus rex condidit Belus, » inquit Ammianus, lib. XXIII, pag. 251. Jovem ipsum Babylonii Belum appellant, ut dicemus lib. XXXVII, cap. 55. HARD.

45. *Inventor.* Solinus et Martianus, locis citatis. HARD.

46. *Cætero ad solitudinem.* Vet. apud Dalec. *cætero circuitu solitudinem.* Dal. *cætero in solitudinem.* ED.

47. *Seleuciæ. Al-Modain*, id est, duæ urbes, vocantur confusa hodie Seleuciæ et Ctesiphontis rudera. ED.

48. *A Nicatore intra nonagesimum lapidem. Intra XL* potius, quam *intra XC* scripsisse Plinius videri possit. Strabo enim, lib. XVI, p. 738, trecentis stadiis distare a Seleucia Babylonem scripsit, quæ sunt XXXVII M. D. passuum. MSS. tamen omnes *intra LXXXX* mira consensione exhibent. Ambitiosum opus Seleuci Nicatoris, inquit Ammianus, lib. XXIII, p. 251. Primus hic Syriæ rex post Alexandrum M. HARD.

49. *Babylonia cognom.* A regione circumjacente quæ hodie *Iraq* appellatur. Quin et ipsi illi, qui Seleucia oriundi erant, Babylonii potius quam Seleucienses dicebantur, ut ex Diogene Stoico animadvertit Strabo, lib. XVI, p. 744. Et ipsa Seleucia Babylon a Stephano vocatur. HARD.

50. *Ctesiphontem* Κτησιφῶν in orientali Tigris ripa. HARD.

51. *In Chalonitide.* Καλλωνῖτις Polybio scribitur per κ, lib. V, p. 555. At Straboni, lib. XI, pag. 529, per χ, Χαλωνῖτις. HARD.

52. *Condidere Parthi.* Condidisse priscis temporibus Vardanem ait Ammianus, lib. XXIII, p. 251, amplificasse postea incolarum viribus, mœnibusque, græco etiam Ctesiphontis indito nomine, Pacorum regem. HARD.

53. *Caput est regnorum.* Tacitus, Annal. lib. VI, p. 148 : « Ctesiphon sedes imperii. » Herodianus : ἔνθα ἦν τὰ βασίλεια τοῦ Παρθυαίου.

gesus rex aliud oppidum Vologesocertam[54] in vicino[55] condidit. Sunt etiamnum in Mesopotamia oppida : Hipparenum[56], Chaldæorum[57] doctrina clarum et hoc, sicut Babylonii[58], juxta fluvium Narragam[59], qui[60] dedit civitati nomen. Muros Hipparenorum Persæ diruere. Orcheni[61] quoque, tertia Chaldæorum doctrina, in eodem situ locantur, ad meridiem versi. Ab his Notitæ et Orthophantæ[62], et Græciochantæ.

7 Euphrate navigari Babylonem e Persico mari CCCCXII[63] mill. passuum tradunt Nearchus et Onesicritus. Qui vero postea scripsere, a Seleucia CCCCXL[64] mill. Juba a Baby-

54. *Vologesocertam.* Hoc est, Vologesi urbs : *certa* enim Armeniis urbem sonat, ut diximus cap. 9. Vologessiam Ammianus loc. cit. Stephanus Βολγεσιάδα : Οὐολγεσίαν Ptolemæus appellat, lib. VI, cap. 20. Babyloni subjecta versus meridiem. Mox *in vicino* MSS. libri habent : nullus, *in vicinio*. HARD.

55. *Vicino.* Dalec. *vicinio.* ED.

56. *Hipparenum.* In magno esse nominum ambitu id oppidum videtur. Quum enim ad fluvium Narragam positum id oppidum significetur, qui Maarsares Ptolemæi est, ut mox dicemus : idem illud esse oppidum suspicor, quod Ptolemæo Βάρσιτα ejus amnis ripæ impositum appellatur. Rectius a Strabone, lib. XVI, p. 739, Βόρσιππα : unde Borsippenorum dicta altera Chaldæorum Astronomorum doctrina, sive secta. HARD.

57. *Chaldæorum doctrina*, etc. Chiffl. *Chaldæorum doctrina et hoc.* Dalec. *Chaldæorum et hoc.* ED.

58. *Sicut Babylonii.* Quæ prima Chaldæorum secta. In editis perperam hactenus, *sicut Babylon.* H.

59. *Narragam.* A recto casu Narraga : a Chaldaico נהר רגע *Naar-raga*, quod *flumen scissum* significat : non vero a נהר אגם *Naar-agam*, ut Bochartus existimat, Geograph. lib. I, cap. 8, pag. 40. Alveus est et corrivatio Euphratis, fossa ducta, maxime occidentalis : *Maarsures* Ptolemæo, lib. V, cap. 20; Ammiano, lib. XXIII, pag. 252, *Marsias* appellatus. HARD.

60. *Qui dedit civitati.* Subintellige, alteri, nempe Narragæ. H.

61. *Orcheni quoque.* Ὀρχηνοὶ a Strabone, lib. XVI, p. 739, inter genera Chaldæorum Astronomorum recensentur. HARD.

62. *Orthophantæ.* In MSS. *Orothophanitæ*, et *Gnesiochartæ*. H. — MSS. Reg. 1, edit. princ. et Elzev. *Orthophanitæ et Gneciocanthæ.* ED.

63. *CCCCXII mill.* Strabo, loc. cit. supra tria millia stad. hoc est, supra CCCLXXV mill. pass. H.

64. *CCCCXL.* Chiffletianus, *CCCCLXXX.* Dalecamp. et Elzev *CCCCXC*, quam lectionem servandam judicat Broterius. ED.

LIBER VI. 693

lone Characem CLXXV[65] mill. passuum. Fluere aliqui ultra Babylonem[66] continuo alveo, priusquam distrahitur ad rigua[67], LXXXVII mill. Universo autem cursu $\overline{\text{XI}}$[68] passuum. Inconstantiam mensurae diversitas auctorum facit, quum Persae quoque schoenos[69] et parasangas alii[70] alia mensura determinent. Ubi desinit[71] alveo[72] munire, ad confinium 8 Characis accedente tractu, statim infestant Attali latrones, Arabum gens. Ultra quos Scenitae[73]. Ambitu[74] vero Euphratis Nomades Arabiae, usque ad deserta Syriae, unde in meridiem flecti[75] eum diximus, solitudines Palmirenas[76] relinquentem. Seleucia abest a capite Mesopotamiae Euphratem navigantibus undecies centena XXV mill. passuum. A[77] mari Rubro, si Tigri navigetur, CCCXX[78] mill. a Zeu-

65. *CLXXV mill. pass.* Elzev. *CLXXV mill. D. pass.* Ed.

66. *Ultra Babylonem.* Versus meridiem, et Persicum mare. H.

67. *Ad rigua.* Dalec. *in irrigua.*

68. $\overline{XI}$ *pass.* Hoc est, undecies centenis passuum millibus. H.

69. *Schoenos et Parasangas.* « Parasangae, inquit Festus, apud Persas viarum mensurae sunt. » Parasangam Persicum alii sexaginta stadiorum esse aiunt, alii tricenum, alii quadragenum. In schoenis, σχοίνοις, quae mensura viarum apud Aegyptios in usu est, par inconstantia notatur a Strabone, lib. XI, p. 518. De schoenorum mensura multiplici dicemus lib. XII, cap. 31. Hard.

70. *Alii alia.* In vet. apud Dalec. *alii non* legitur. Ed.

71. *Desinit.* Chiffl. *defit.* Vet. ap. Dalec. *desinunt.* Ed.

72. *Alveo munire.* Vet. ap. Dalec. *Alveum munire.* Ed. — Ubi desinit alveo vasto munire accolas adversus praedonum vim, ibi infestant Attali latrones. Quum unico alveo Tigris hic feratur, uti dicemus c. seq. non placet eorum conjectura, qui contra codicum fidem, scriptorisque adeo mentem, *alveo uno ire*, hoc loco reponere satagunt. H.

73. *Scenitae.* De quibus in Arabia dicetur, cap. 32, ubi et de Nomadum Arabum gente ac situ. H.

74. *Ambitu vero.* Tota occidentali ripa Euphratis. Deserta Syriae solitudines sunt Palmirenae. H.

75. *Flecti eum diximus.* Hoc est, usque eum locum, ubi in meridiem decurrere Euphratem diximus, atque inde in orientem flecti. Confer cum his ea quae superius dicta sunt, lib. V, c. 20 et 21. H.

76. *Palmirenas.* Dalec. *Palmyrenas.* Ed.

77. *A mari Rubro, si Tigri.* Persico sinui Rubri maris nomen accommodat. Ita etiam Sen. Troadis act. I, 10, 11 : « Et qui renatum prorsus excipiens diem Tepidum rubenti Tigrin immiscet freto. » H.

78. *CCCXX.* Chiffl. *CCXX.* Ed.

gmate DXXVII[79] mill. Zeugma[80] a Seleucia Syriæ ad[81] nostrum littus CLXXV[82] mill. passuum. Hæc est ibi latitudo terrarum inter[83] duo maria : Parthici[84] vero regni DCCCC XLIV[85] mill. passuum.

XXXI. Est etiamnum oppidum Mesopotamiæ in ripa Tigris circa confluentes, quod vocant Digbam[1]. (XXVII.) Sed et de Tigri ipso dixisse conveniat. Oritur[2] in regione Armeniæ majoris, fonte conspicuo in planitie. Loco nomen Elegosine[3] est. Ipsius qua tardior fluit, Diglito[4] : unde concitatur, a celeritate Tigris incipit vocari. Ita appellant Medi[5] sagittam. Influit[6] in lacum Arethusam[7] omnia illata pondera sustinentem, et nitrum nebulis exhalantem. Unum genus ei piscium est, idque[8] transcurrentis non miscetur

79. *DXXVII.* Chiffl. *DCCXXIV.*

80. *Zeugma a Seleucia.* Chifflet. *Zeugma abest a Seleucia.* ED.

81. *Ad nostri littus.* Ad nostri maris, hoc est, mediterranei littus, qua Syriam alluit. Intervallum autem adscripsimus, non quale hactenus editum hoc loco est, CXXXII mill. sed quale expressum superius, lib. V, cap. 13. HARD.

82. *CLXXV.* Dal. *CXXXII.* ED.

83. *Inter duo maria.* Mediterraneum et Rubrum. HARD.

84. *Parthici vero.* Subintellige, latitudo inter duo pariter maria, Caspium et Rubrum : quod Martianus hæc transcribens haud satis perspexit, lib. VI, pag. 225. H.

85. *DCCCC XLIV.* Chiffletian. *DCCCC XVIII.* ED.

XXXI. 1. *Digbam.* Varie id nomen apud Ptolemæum scribitur, lib. V, c. 20, in Babylonia, Διγοῦα et Διδουγούα. HARD.

2. *Oritur in.* Solinus hæc totidem verbis, cap. XXXVII, p. 66. H.

3. *Elegosine est.* Ita Reg. 1, 2, Colb. 1, 2, Paris. et vet. Dalec. In editis, *Elongosine.* Solinus : « In loco edito, qui Elegos nominatur. » H.

4. *Diglito.* Transiit deinde in totum amnem hæc appellatio, Διγλὰθ, ut Josephus est auctor, Antiq. Jud. lib. I, cap. 2, p. 5, hodieque accolis est *Daghelé,* ut ab iis didicimus, qui amnem eum navigarunt. HARD.

5. *Medi sagittam.* Solinus, loc. cit. Curtius, lib. IV, cap. 36, p. 149. Strabo, lib. XI, pag. 527 : Μήδων Τίγριν καλούντων τὸ τόξευμα. Adde Eustathium, in Dionys. pag. 124. HARD.

6. *Influit in lacum.* Dalec. *influit lacum.* ED.

7. *Arethusam.* Ita libri omnes, et Solinus loc. cit. Ἀρσηνὴ Straboni loc. cit. Ἀρέουσα Ptolemæo, lib. V, cap. 13. Eadem Θωνῖτις Straboni, et Dionysio, v. 988. HARD.

8. *Idque transcurrentis,* etc. Solini paraphrasis : « Arethusæ pisces

alveo, sicut nec e Tigri pisces in lacum transnatant. Fertur[9] autem et cursu, et colore dissimilis : transvectusque[10] occurrente Tauro monte in[11] specu mergitur : subterque lapsus a latere altero ejus erumpit. Locus vocatur Zoroanda[12]. Eumdem esse manifestum est, quod demersa perfert. Alterum deinde transit lacum, qui[13] Thospites appellatur : rursusque[14] in cuniculos mergitur, et post xxv[15] mill. passuum circa[16] Nymphæum redditur. Tam vicinum 3 Arsaniæ[17] fluere eum[18] in regione[19] Arrhene Claudius Cæsar auctor est, ut quum intumuere, confluant, nec tamen misceantur : leviorque Arsanias innatat iv mill. ferme spatio : mox divisus in Euphratem mergitur. Tigris autem ex Armenia, acceptis fluminibus claris Parthenia[20], ac Nice-

numquam se alveo Tigridis miscent : sicut nec amnici pisces in stagnum transeunt Arethusæ. » H.

9. *Fertur autem.* Et cursus, inquit, celeritate, et dissimilitudine coloris aquæ fluviales a lacustribus discernuntur. HARD.

10. *Transvectusque.* Ultra lacum aliquanto intervallo præterlapsus. Strabo, loc. cit. HARD.

11. *In specu mergitur.* Seneca, Natur. quæst. lib. VI, cap. 8 : « Age, quum vides interruptum Tigrim in medio itineris siccari, et non universum averti, sed paulatim, non apparentibus damnis, minui primum, deinde consumi : quo illum putas abire nisi in obscura terrarum : utique quum videas emergere iterum, non minorem eo qui prior fluxerat ? » H.

12. *Zoroanda.* MSS. et Elzev. *Zoaranda.* Solinus, *Zomada.* In Chalonitide emergere Strabo est auctor loc. cit. HARD.

13. *Qui Thospites.* Chiffl. *Tespites.* Vet. ap. Dal. *Thespites.* Λίμνην Θοσπίαν vocat Ptolemæus, lib. V, cap. 13. ED.

14. *Rursusque.* Solinus loco citato. HARD.

15. *XXV.* Elz. *XXII.* ED.

16. *Circa Nymphæum.* Sic locum appellat, unde bitumen egeritur, ad similitudinem forte Nymphæi Illyrici, de quo dictum est lib. II, c. 110, sub quo liquidi bituminis fontes oriuntur. Ibi Tigrin emergere, ubi naphtha gignitur (genus id bituminis est), prodit etiam Ammianus, lib. XXIII, p. 250 H.

17. *Arsaniæ.* De amne Arsania, lib. V, cap. 20. HARD.

18. *Eum.* Dalec. *cum.* ED.

19. *Regione Arrhene.* Majoris Armeniæ. Incolæ Arrhei ab Epiphanio in Ancoratu appellantur, num. 115, pag. 117, Ἀρμένιοι, Ἄρροι. HARD.

20. *Parthenia, ac Nicephorione.* Ita Reg. 1, 2, Colb. 1, 2, Paris. Chiffl. Tolet. Perperam libri omnes

phorione, Arabas [21] Oreos, Adiabenosque disterminans, et quam diximus Mesopotamiam faciens, lustratis montibus Gordyæorum [22] circa Apamiam [23] Mesenes oppidum, citra Seleuciam Babyloniam cxxv [24] mill. passuum divisus in [25] alveos duos, altero meridiem ac Seleuciam petit, Mesenen [26] perfundens: altero ad septemtrionem flexus, ejusdem [27] gentis tergo campos [28] Cauchas secat. Ubi remea-
4 vere aquæ, Pasitigris [29] appellatur. Postea recipit ex Me-

editi hactenus, *Partheni*, *Agnice*, *Pharione*, et vet. apud Dalec. *Partheni ac Nicephoriani.* Ed.

21. *Arabas Oreos.* Ita laudati proxime codices. Vet. apud Dalec. *Arabas, Oroes.* Dalecamp. *Arabas, Aroeos.* De his egimus libro superiore. Ed.

22. *Gordyæorum.* Sive Corduenorum, ut dictum est cap. 17. Chiffl. *Corydæorum.* Vet. apud Dal. *Corydiorum.* Ed.

23. *Apamiam.* Est hæc Apamia a reliquis ejus nominis civitatibus diversa, quæ hoc passim opere occurrunt. Meminit Stephanus, p. 91 : Ἔςι καὶ ἄλλη Ἀπάμεια, ἐν τῇ Μεσηνῶν γῇ, τῷ Τίγρητι περιεχομένη, ἐν ᾗ σχίζεται ὁ Τίγρης ποταμός, etc. « Est etiam alia in Mesene, fluvio Tigri circumdata, in qua dividitur Tigris, etc. » Ammianus quoque, lib. XXIII, pag. 251 : « In omni autem Assyria multæ sunt urbes, inter quas Apamia eminet, Mesene cognominata, et Teredon, etc. » Hard. — *Digel* hodie vocatur, auctore d'Anville, quod inter brachia spatium Tigris complectitur. Ed.

24. *CXXV.* Chiffl. *CCXXV.* Ed.

25. *In alveos duos.* Dextro quo meridiem petit, Delas: lævo, quo versus septemtrionem flectitur, nomen Tigris fuit : Καὶ ἐν μὲν τῇ δεξιᾷ μοίρᾳ περιέρχεται ποταμὸς Δέλας, ἐν δὲ τῇ ἀριςερᾷ Τίγρις, ὁμωνύμως τῷ μεγάλῳ, inquit Stephanus. Pro Δέλας libentius agnoverim Σύλαξ cum Eustathio in Dionys. pag. 124. Hard.

26. *Mesenen.* Latini Interamnem appellant, quam Græci Μέσην, sive Μεσήνην, regionem inter duo flumina mediam. Philostorgius, lib. III, cap. 7, fluviatilem simul et maritimam insulam vocat, ποταμίαν τε ἅμα καὶ θαλαττίαν, quoniam scilicet duobus Tigridis alveis ad latera, a fronte vero Persico mari ea efficitur, atque includitur. H.

27. *Ejusdem gentis.* Mesenes videlicet. Hard.

28. *Campos Cauchas.* A Coche, sive Seleucia, quæ ad Tigrim condita est, campi adjacentes, maxime versus orientem fusi, nomen id acceperunt. Vide Ammianum, lib. XXIV, pag. 276 et 278. Hard.

29. *Pasitigris.* Πασίτιγρις, quasi ex omnibus Tigris alveis jam coeuntibus, conflatus amnis. Aliam appellationis causam affert Strabo, lib. XV, pag. 729. Hard. — Hunc hodie *Dorach* vocari opinatur Barbié du Bocage. Ed.

LIBER VI. 697

dia Choaspem[30] : atque (ut[31] diximus) inter Seleuciam et Ctesiphontem vectus, in lacus Chaldaicos se fundit, eosque LXX[32] mill. pass. amplitudine implet : mox vasto alveo profusus, dextra Characis oppidi infertur mari Persico x mill. passuum[33] ore. Inter duorum amnium ostia xxv mill. passuum fuere, aut (ut alii tradunt) vii mill. utroque navigabili. Sed longo tempore Euphratem præclusere Orcheni, et accolæ agros rigantes : nec[34] nisi Pasitigri defertur in mare.

30. *Choaspem.* Χοάσπης dicitur Straboni, lib. XV, pag. 697. Qui Choaspem et Eulæum, geminum putant unius amnis nomen esse, cum Salmasio in Solin. pag. 700, haud satis diligenter explorasse ea videntur, quæ de utroque amne Veteres prodiderunt. Nam ut ab ortu incipiam, diversos utriusque fontes Ptolemæus agnoscit, lib. VI, cap. 3. Alveos dispares ipse Plinius, lib. XXXI, cap. 21 : « Parthorum reges, inquit, ex Choaspe et Eulæo tantum bibunt... Et horum placere potum, non quia sunt amnes, apparet : quoniam nec e Tigri, nec Euphrate, nec e multis aliis bibunt. » Denique, id quod caput est, diverso uterque ore, atque inter se dissitissimo, in Tigrim effluit : Choaspes quidem, ut ex hoc ipso Plinii loco perspicua res est, antequam in lacus Chaldaicos se Tigris fundat, hoc est, supra Characem oppidum, centum fere passuum millibus : Eulæus, ad ipsum Characem in Tigrim delabitur : in ipso utriusque amnis confluente oppido condito, ut hoc ipso capite Plinius asseverat. Nec refert, quod ad utrumque amnem imposita Susa apud scriptores quosdam dici videantur : altero enim, nempe Eulæo, arcem circumiri, quum Plinius scribit : alterum intervallo aliquo ab urbe distare, Strabo, lib. XV, pag. 728; an necesse continuo est juncto vel eo loci, vel deinceps alveo utrumque fluere? » HARD.

31. *Ut diximus.* Cap. 26, his verbis : « Lacus quem faciunt Eulæus et Tigris juxta Characem. » H.

32. *LXX.* Elz. *LXII.* ED.

33. *X. mill. pass. ore.* Ita restituimus admonitu codicum Reg. 1, 2, Colb. 1, 2, Paris. Chiffl. etc. quum prius scriberetur *decumo ore :* quod contra Plinii mentem ab interpolatoribus esse vitiatum, liquet omnino ex iis quæ statim subduntur, de simplici utriusque amnis ostio, utroque navigabili. HARD.

34. *Nec nisi Pasitigri.* Dalec. *nec nisi per Tigrin.* ED.—Nec aliæ, inquit, Euphratis aquæ in mare perferuntur, quam quæ ex eo fossa perducto in Tigrim effluunt ad Seleuciam : has enim Tigris, cui paulo post Pasitigris appellatio tribuitur, ob eam causam quam diximus, secum vehit in mare : cæteræ Euphratis aquæ innumeris alveis ad agros rigandos ita distra-

5 Proxima[35] Tigri regio Parapotamia appellatur. In ea dictum est de Mesene. Oppidum[36] ejus Dibitach. Jungitur Chalonitis[37] cum Ctesiphonte, non palmetis modo, verum et olea, pomisque, aliisque arbustis nobilis. Ad eam pervenit Zagrus[38] mons, ex Armenia inter Medos, Adiabenosque[39] veniens, supra Parætacenen et Persidem. Chalonitis abest a Perside CCCLXXX[40] mill. pass. Tantum a Caspio mari et[41] Assyriam abesse compendio itinerum aliqui tradunt.

6 Inter[42] has gentes atque Mesenen Sittacene est, eadem Arbelitis[43], et Palæstine[44] dicta. Oppidum ejus Sittace[45] Græcorum ab ortu est, et[46] Sabata: ab occasu autem Antio-

huntur, ut nullo se ostio in mare flumen exoneret. Hard.

35. *Proxima Tigri.* Vel Pasitigri. Παραποταμία fluminea ripa, vel regio quæ secus amnem. Hujus pars Mesene est, de qua superius quiddam obiter perstrinximus. H.

36. *Oppidum ejus.* Parapotamiæ. Hard.

37. *Chalonitis.* Regio in qua Ctesiphon a Parthis condita, ut diximus cap. superiore. Hard.

38. *Zagrus mons.* Isidorus Charac. pag. 187 : Ἡ Χαλωνῖτις... πόλις δ᾽ ἑλληνὶς Χάλα... ὄρος ὃ καλεῖται Ζάγρος, ὅπερ ὁρίζει τὴν Χαλωνῖτιν χώραν, καὶ τὴν τῶν Μήδων. Sic igitur Tauri montis partem appellant, quæ Mediam sejungit a Babylonia et Chalonitide. Medos discludit ab ortu, ab occasu Adiabenos sive Assyrios: mox supra Persidem et Parætacenen excurrit ab occasu fere brumali in exortum æstivum. Hard. — *Monts de Louristan* in mappis dicti nunc reperiuntur. Ed.

39. *Adiabenosque.* Dalec. *Aliabenosque.* Ed.

40. *CCCLXXX.* Dalecampius, *CCCCLXXX.* Ed.

41. *Et.* Hæc vox in Dalecamp. deest. Hard.

42. *Inter has gentes.* Inter Medos, Adiabenos, Persas, Chalonitidem, atque Mesenen. Σιτακηνὴ Straboni dicitur, lib. XV, pag. 732, eademque pars Susianæ, et Ἀπολλωνιᾶτις cognominata. Hard.

43. *Eadem Arbelitis.* A confinio fortasse Arbelitidis, quæ pars Assyriæ est, ut diximus cap. 16, idem quoque cognomen traxit. In Reg. 1, et Colb. 1, 2, verba hæc desunt, *eadem Arbelitis.* At in Reg. 2 exstant. Hard.

44. *Palæstine.* Ita Reg. 2. At Reg. 1, Colb. 1, 2, *Calestine.* Chiffl. *Palæstina.* Ed.

45. *Sittace.* Σιττάκη Ptolemæo, in Assyria, lib. VI, cap. 1. Hard.

46. *Et Sabata.* Chiffl. *Sabdata.* Ed. —Sabatices Σαβατικῆς regionis caput, quæ sic ab ortu Sittacenes est posita, ut alii Mediæ, Elymaidi alii adjudicandam censuerint, teste Strabone, lib. XI, pag. 524. Σάμ-

LIBER VI. 699

chia[47], inter duo flumina Tigrin et Tornadotum. Item Apamia, cui nomen Antiochus[48] matris suæ imposuit, Tigris circumfunditur. Hæc dividitur Archoo[49].

Infra est Susiane[50], in qua vetus regia Persarum Susa[51], a Dario[52] Hystaspis filio condita : abest a Seleucia Babylonia CCCCL mill. passuum. Tantumdem ab Ecbatanis Medorum per montem Charbanum[53]. In septemtrionali Tigris alveo oppidum est Babytace[54]. Abest[55] a Susis CXXXV mill. passuum. Ibi mortalium soli aurum in[56] odio contrahunt, id defodiunt, ne quo cui sit in usu. Susianis[57] ad orientem versus junguntur Oxii[58] latrones, et Mizæorum

βανα Diodoro, Bibl. lib. XVII, pag. 576. HARD.

47. *Antiochia.* Eadem Apollonia Ptolemæi, loc. cit. ut quibusdam videtur : unde regioni quoque Apolloniatidis nomen est inditum. H.

48. *Antiochus.* Ejus nominis primus, Seleuci Nicatoris primi post Alexandrum Magnum Syriæ regis, et Apames fil. HARD.

49. *Archoo.* Amne. HARD.

50. *Susiane.* Eadem Σουσις Susis dicta Straboni, lib. XV, p. 727. Hodie *Khusistan.* HARD.

51. *Susa.* Σοῦσα, quam urbem ab amœnitate soli sic appellatam ait Athenæus lib. XII, pag. 513, quoniam σοῦσον Græcis lilium appellatur. Alii, quod in campestri planitie et equitabili, vel in regione equis ferace sit posita, quoniam Syri equum σουσίαν vocant. Sic Etymologus. Nunc *Souster*, sive *Chuster.* HARD.

52. *A Dario.* Post Cambysen Persarum rege, Xerxis patre. A Tithono Memnonis patre multo ante ædificata auctor est Strabo, lib. XV, p. 728. *Conditam a Dario*

Susam quum Plinius dicit, muris cinctam intelligit. HARD.

53. *Charbanum.* Reg. 1, 2, Colb. 1, 2, Paris. Chifflet. *Carbantum.* Zagri montis superiori memorati pars quædam est. HARD.

54. *Babytace.* Ita Solinus, cap. LIV, pag. 85, et Stephanus : Βαβυτάκη, πόλις Περσική · ὁ πολίτης, Βαβυτακηνός. Chiffl. *Barbitace.* ED.

55. *Abest a Susis.* Solinus iisdem verbis, loc. cit. Apud Martianum, lib. VI, pag. 225, numeri sunt corrupti. HARD.

56. *In odio.* Ita libri omnes. Hoc est, ex odio. Solini paraphrasis : « A Susis Babytace oppidum... in quo mortales universi odio auri coemunt hoc genus metallum, et abjiciunt in terrarum profunda, ne polluti usu ejus, avaritia corrumpant æquitatem. » HARD.

57. *Susianis ad orientem.* Oram Persici maris legentibus, inquit, orientem versus post Susianos occurrunt Oxii. HARD.

58. *Oxii.* Hoc loco *Oxii* libri omnes agnoscunt, tum manu scripti, tum impressi etiam ante Hermo-

XL populi liberæ feritatis. Supra eos patent[59] Parthusi, Mardi, et Saitæ, Hyi[60], qui prætenduntur supra Elymaida, quam Persidi in ora junximus. Susa a Persico mari absunt CCL mill. passuum. Qua[61] subiit ad eam classis Alexandri Pasitigri, vicus ad lacum Chaldaicum vocatur Aphle : unde Susa navigatione LXV M. D. passuum absunt. Susianis[62] ab oriente proximi sunt Cossæi[63] : supra Cossæos ad septemtrionem Mesabatene[64] sub monte Cambalido, qui est Caucasi ramus : inde mollissimo transitu in Bactros.

9 Susianen ab Elymaide disterminat amnis[65] Eulæus, ortus in Medis, modicoque[66] spatio cuniculo conditus, hac[67] rursus exortus, et per Mesabatenen[68] lapsus, circuit arcem

laum, qui pro *Oxii, Cossæi* substituit. Verum ex Strabone ipso, quem pro se affert, inanis ejus conjectura agnoscitur : is enim, ut diximus superius paulo, c. 26, not. 33, Uxios Susianis ac Persis in ora Persici maris confines facit. Adde Arrianum, a nobis etiam eo loci laudatum. Adde et Plinium ipsum, dicturum mox de Cossæis, qui Susianis quidem proximi sunt et ipsi ad orientem versus, verum non in littore Persici sinus, ut Oxii, et Elymæi : sed in mediterraneo, et in montanis, versus Mediam : Οὔξιοι καὶ Ἐλυμαῖοι Πέρσαις τε καὶ Σουσίοις · Κοσσαῖοι δὲ Μήδοις προσεχεῖς ἦσαν. Strabo, lib. XI, pag. 524, et lib. XVI, pag. 744. HARD.

59. *Patent Parthusi, Mardi.* Chiffl. *parent Parthis Mardi.* ED.

60. *Hyi.* Sic MS. Reg. 1. MS. Reg. 2, *Hii.* Edit. princ. *ii.* Quam quidem editionem sequitur Broterius, qui *Hyi* et *Hii* in MSS. pro *ii* scriptum non semel reperiri contendit, nec ideo fingendum esse populum Hyos. ED.

61. *Qua subiit ad eam.* Ad Susa regiam Persarum, ut dictum est cap. 26. HARD.

62. *Susianis ab oriente.* Susianorum fines, a mari maxime remotos, attingunt ab oriente Cossæi latrones. Stephanus : Κοσσέα, μέρος Περσίδος · οἱ οἰκοῦντες Κοσσαῖοι. Plutarcho in vita Alex. p. 704, Κουσσαῖοι dicuntur. HARD.

63. *Cossæi.* Chiffl. *Cossiæi.* Vet. ap. Dalec. *Oxii.* ED.

64. *Mesabatene.* Ita Reg. 1, 2, etc. Ptolemæo in Perside, lib. VI, cap. 4, Μεσαβάται. HARD.

65. *Amnis Eulæus.* Εὔλαιος Straboni, lib. XV, pag. 728. Chifflet. *Amnis Ilæus.* ED.

66. *Modicoque spatio.* Dalecamp. *medioque spatio.* ED.

67. *Hac rursus.* Hac ipsa regione, unde ortus primum : nempe Media. HARD.

68. *Mesabatenen.* Dalec. *Mesobatenen.* ED.

LIBER VI.   701

Susorum, ac⁶⁹ Dianæ templum augustissimum illis gentibus, et ipse in magna cærimonia. Siquidem⁷⁰ reges non ex alio bibunt, et ob id in longinqua portant. Recipit amnem Hedypnum⁷¹, præter Asylum Persarum venientem, Adunam⁷² ex Susianis. Oppidum juxta eum Magoa, a Charace, xv mill. passuum. Quidam hoc in extrema Susiane ponunt solitudinibus proximum.

Infra Eulæum Elymais⁷³ est, in ora juncta Persidi, a 10

---

69. *Ac Dianæ*. Martianus, lib. VI, cap. de India, pag. 225 : « Oppidum ibi nobile Susa, in quo templum Dianæ. » HARD.

70. *Siquidem reges*. Solinus, cap. XXXIII, pag. 62, Pliniusque ipse, lib. XXXI, cap. 21. HARD.

71. *Hedypnum*. Ἡδύπνουν, quasi suave spirantem. Is ipse est quem Hedyphonta, Ἡδυφῶντα, appellat Strabo, lib. XVI, pag. 744, qui Seleuciam Elymæorum urbem (de qua mox) præterfluit, juxta Susianos : non in Babylonia, ut existimavit Ortelius, quem Seleuciæ nomen in fraudem induxit. HARD.

72. *Adunam*. Ita MSS. omnes. Editi, perperam, *et unum*. Vet. ap. Dalecamp. *ad unum ex Susianis oppidum*. ED.

73. *Elymais*. Ἐλυμαΐς, incolæ Ἐλυμαῖοι Straboni, lib. XI, pag. 524. Pars est australior ejus regionis, quæ nunc *Chusistan* dicitur. Hinc *Elamitæ*, cum Parthis et Medis a Luca copulati, act. 2, etsi D. Hieronymo, libro de loc. Hebr. aliter visum. At alibi olim sedes habuere iidem Elamitæ, nempe temporibus Abrahæ, ut Moses docet, Gen. XIV, 1 : « Factum est autem, inquit, in illo tempore, ut Amraphel rex Sennaar, et Arioch rex Ponti, et Chodorlahomor rex ELAMITARUM, et Thadal rex Gentium, גוים, 2, inirent bellum contra Bara regem Sodomorum, et contra Bersa regem Gomorrhæ, et contra Sennaab regem Adamæ, et contra Semeber regem Seboim, contraque regem Balæ : ipsa est Segor. 3. Omnes hi convenerunt in vallem silvestrem, quæ nunc est Mare salis. 4. Duodecim enim annis servierant Chodorlahomor, et tertiodecimo anno recesserunt ab eo. 5. Igitur quartodecimo anno venit Chodorlahomor, et reges qui erant cum eo..... 8. Et egressi sunt rex Sodomorum, et rex Gomorrhæ, rexque Adamæ, et rex Seboim, nec non et rex Balæ, quæ est Segor..... 9. Scilicet adversus Chodorlahomor regem Elamitarum, et Thadal regem Gentium, et Amraphel regem Sennaar, et Arioch regem Ponti : quatuor reges adversus quinque. » Inter hos reges quatuor, tertium dumtaxat locum obtinet rex Elamitarum ; quod nobiliores essent, et rex Sennaar, ex Nemrodo regum antiquissimo genus ducens, et rex Ponti, hoc est, oræ sinus Persici citra Euphratem, juxta ipsius ostia, ubi postea Arabes Scenitæ. Rex Elam, et rex Gen-

flumine Oroati [74] ad Characem, CCXL [75] mill. passuum. Oppida ejus, Seleucia [76], et Sosirate, apposita monti Casyro [77]. Oram, quæ præjacet, minorum Syrtium [78] vice

tium, inter regem Sennaar et regem Ponti fuere. Rex Sennaar, citra Euphratem, juxta Babylonem et Ur. Primus tamen versu 9 appellatur rex Elamitarum Chodorlahomor, quoniam ipsius causa bellum istud gerebatur. Nulla enim ratio suadet, multo majorem tunc quatuor regum illorum ditionem fuisse, quam fuit eodem tempore ditio regum quinque quos oppugnabant. Idcirco autem Chodorlahomor tributum a regibus illis exigebat, quia se pro primogenito gerebat e filiis Sem et Noe, quippe ex Ælam Semi filio primogenito ortum trahens : atque adeo sibi vectigales volebat esse posteros Chanaan; qui potissimam orbis partem, in qua paradisus esset, occupassent. Ex prisca sede ista Elamitæ postea versus ortum progressi constitere ibi, ubi de eorum nomine Elymais regio nomen accepit, temporibus forte Davidis aut Salomonis, vel ante ea ipsa. H.

74. *Oroati.* Chiffl. *Ora.* Ed.
75. *CCXL.* Dalec. *CCXI.* Ed.
76. *Seleucia.* Ampla civitas, quæ prius Soloce vocabatur, Σελεύκεια μεγάλη πόλις. Σολόκη δ' ἐκαλεῖτο πρότερον, inquit Strabo, lib. XVI, p. 744, in Elymaide. Hard.
77. *Casyro.* MSS. *Chasiro.* H.
78. *Syrtium vice diximus.* Non alibi sane aliud hujusce rei vestigium apparet ullum, præterquam capite libri hujus 29, ubi ita Noster: « Persæ Rubrum mare semper accoluere, propter quod is sinus Persicus vocatur : regio ibi maritima, Συρτίβωλος. » Ubi MSS. Reg. 1, 2, Colb. 1, 2, et Paris. habent *Ceribobus.* Parmensis editio, aliæque vetustiores, *Cyribolus*, ante Hermolaum, qui *Cyropolis* substituit, ratus hic locum habere oportere Κυρέσχατα sive Κύρου πόλιν, quam Stephanus in ultimis Persidis finibus a Cyro conditam scribit. At neque hic oppidi nomen quæritur, sed regionis, oræque maritimæ : neque, si quæreretur, e Sogdianorum finibus, et Jaxarte amne, ubi Cyreschata a Cyro sunt condita, dictaque Cyri ultima, quod ibi suarum expeditionum metam posuit, uti et Alexander, qui Ἀλεξάνδρειαν ἐσχάτην eodem fere in loco condidit, et Κυρέσχατα destruxit: non, inquam, ab longinquis adeo terris et Caspio mari in sinum Persicum Cyropolis apte advehitur. Hermolai tamen scripturam Salmasius approbat, in Solin. pag. 1193, ut Plinium deinde incuset, quod ex male intellectis antiquiorum Græcorum verbis, qui ἐν τοῖς ἐσχάτοις τῆς Περσίδος sitam esse Cyropolim dixerunt, nempe in finibus Persicis imperii, ipse in ora Persidis, Rubri maris littore, oppidum id collocarit. At neque de oppido sermo : et Συρτίβωλος scripsisse Plinium, non Cyropolis, tum veteris scripturæ vestigia clamant, tum locus ipse quem habemus præ manibus : in quo se jam alias perstrinxisse obiter admonet, oram Persidis maritimam Syrtium Liby-

LIBER VI. 703

diximus inaccessam cœno, plurimum limi deferentibus Brixia[79] et Ortacea amnibus : madente et ipsa Elymaide in tantum, ut nullus sit, nisi circuitu ejus, ad Persidem aditus. Infestatur et serpentibus, quos flumina deportant. II Pars ejus maxime invia, Characene vocatur ab oppido, Arabiæ claudente regna[80], de quo dicemus, exposita prius M. Agrippæ sententia. Namque[81] is Mediam et Parthiam, et Persidem ab oriente Indo, ab occidente Tigri, a septemtrione Tauro, Caucaso, a meridie Rubro mari terminatas, patere in longitudinem $\overline{XIII}$ XX[82] mill. pass. in latitudinem DCCCXL[83] prodidit. Præterea per se Mesopotamiam ab oriente Tigri, ab occasu Euphrate, a septemtrione Tauro, a meridie mari Persico inclusam, longitudine octingentorum[84] mill. pass. latitudine CCCLX.

carum instar, cœno limoque inaccessam reddi in dies : quod quidem haud scio an breviore ac significantiore vocabulo exprimi potuerit, quam isto, Συρτίϐωλος. Est enim βῶλος γῆ, terra seu gleba : Σύρτις arenosus locus in mari : ut utriusque vocis nexu intelligatur ora cœno, limo, gleba, arenaque, inaccessa, quæ fluviorum vortices quotidie advehant. Hinc πηλώδης κόλπος sinus cœnosus in Susianæ ora a Ptolemæo locatur, lib. VI, cap. 3, et τέναγος ἀμμῶδες, locus limo obductus et arena, quod vadi tenax cœnum appellat Claudianus. Utrumque pariter in Periplo Susianes Marcianus Heracleotes agnoscit, pag. 49. HARD.

79. *Brixia et Ortacea.* Chifflet. *Brixa et Ortatia.* ED.

80. *Regna.* Chiffl. *regna ea.* ED.

81. *Namque is Mediam.* Hæc iisdem verbis Martianus, lib. VI, cap. de India, pag. 225. HARD.

82. $\overline{XIII}$ *XX.* Hoc est, ut Martianus ait, ter et decies viginti millia passuum. Sic porro libri omnes editi, et manu exarati : tum ii quos ipsi inspeximus, tum ii e quibus Martianus exscripsit. At longe discrepant ab iis quos secuti sunt Missi Theodosii, qui Principis ejus jussu terrarum orbem, quaqua patet, dimensi sunt : eorum hæc oratio est : « Media, Parthia, Persis, finiuntur ab oriente flumine Indo: ab occidente, flumine Tigri : a septemtrione, monte Tauro : a meridie, mari Rubro. Longitudo M. passuum DCCCCXX, latitudo, CCCCXXI. Juxta Plinium Secundum eadem mensura est. » HARD.

83. *DCCCXL.* Chiffl. *DCCCL.* Martianus l. c. legit tantummodo, DCCCCXXX. ED.

84. *Octingentorum.* Adjiciunt ad eam mensuram centena passuum millia Missi Theodosii : « Mesopotamia, Babylonia, Chaldæa : fi-

12 Charax[85] oppidum Persici sinus intimum, a quo Arabia Eudæmon cognominata excurrit, habitatur[86] in colle manufacto inter confluentes, dextra[87] Tigrin, læva Eulæum[88], III mill. pass. laxitate. Conditum est primum ab Alexandro Magno: qui colonis ex urbe regia Durine (quæ tum interiit) deductis, militumque inutilibus ibi relictis, Alexandriam appellari jusserat: pagumque Pellæum, a patria sua, quem proprie Macedonum fecerat. Flumina[89] id oppidum expugnavere. Postea Antiochus restituit quintus[90] regum, 13 et suo nomine appellavit. Iterumque[91] infestatum Pasines Sogdonaci filius, rex finitimorum Arabum, quem Juba satrapen Antiochi fuisse falso tradit, oppositis molibus restituit: nomenque[92] suum dedit, emunito situ juxta, in longitudinem III mill. pass. in latitudinem paulo minus. Prius[93] fuit a littore stadiis x. et[94] maritimum etiam ipsa inde portum habuit: Juba vero prodente, L. mill. pass.

niuntur ab oriente, flumine Tigri: ab occidente, flumine Euphrate: a septemtrione, monte Tauro: a meridie, mari Persico. Longitudo M. pass. DCCCC, latitudo CCCLX. Juxta Plinium Secundum eadem mensura est. » HARD.

85. *Charax*. Χάραξ ad oram intimam sinus Persici conditum oppidum, latere Tigris fluvii orientali. Hinc Geographo Isidoro, Characeni cognomen. HARD. — Hujus locum occupare castellum *Koutmneter*, opinatur BARBIÉ DU BOCAGE. ED.

86. *Habitatur*. Charax nimirum oppidum, non Eudæmon Arabia, manu facto colle habitatur, ut absurde Solinus accepit, c. XXXIII, pag. 62. HARD.

87. *Dextra Tigrin*. Nempe si faciem cives obvertant ad austrum, dextra Tigris, læva Eulæus fluere intelligetur. HARD.

88. *Eulæum III*. Chiffl. *Ileum II.* Elz. *Eulæum II.* ED.

89. *Flumina*. Tigris et Eulæus, aquarum eluvionibus, seu exundationibus id oppidum expugnavere. HARD.

90. *Quintus regum*. Qui et Antiochus Magnus appellatus est, pater Antiochi Epiphanis, sive Illustris, et Nobilis. HARD.

91. *Iterumque infestatum*, etc. Chiffl. *iterum quoque infestatum Spationis Suggodonati filius.* ED.

92. *Nomenque suum.* Χάραξ Πασινοῦ appellatur, tum a Ptolemæo, lib. VI, cap. 3, tum a Marciano Heracl. pag. 48. HARD.

93. *Prius*. Dalec. *primo.* ED.

94. *Et maritimum*. Dalec. *maritimum.* ED.

LIBER VI.

Nunc abesse a littore cxx mill. legati Arabum nostrique negotiatores qui inde venere, affirmant : nec ulla in parte plus aut celerius profecere terræ fluminibus invectæ. Magis id mirum est, æstu longe ultra id accedente non repercussas[95]. Hoc in loco genitum esse Dionysium[96], terrarum orbis situs recentissimum auctorem constat[97], quem ad commentanda omnia in Orientem præmisit Divus Augustus, ituro in Armeniam ad Parthicas Arabicasque res majore filio[98]. Non me præterit, nec sum oblitus, sui[99] quemque situs diligentissimum auctorem visum nobis in introitu hujus operis. In hac tamen parte arma romana sequi placet nobis, Jubamque regem, ad eumdem Caium Cæsarem scriptis voluminibus de eadem expeditione Arabica.

95. *Non repercussas.* Non retractas in mare, vi recedentis æstus. H.

96. *Dionysium.* Periegeten ab opere cognominatum; a natali solo Alexandrinum : non illa quidem Ægypti civitate notissima, sed ista obscurioris famæ, quæ Susianæ fuit, et alio nomine Charax est appellata, ut diximus in Auctorum syllabo. Hard.

97. *Constat.* Hæc vox in Chiffl. desideratur. Ed.

98. *Majore filio.* Caio, Marci Agrippæ et Juliæ Augusti filiæ natura, Augusti adoptione filio : cui minor natu frater, Agrippæ pariter et Augusti filius Lucius fuit. Prius ipse Augustus adversus Parthos feliciter dimicuerat, teste Virgilio, in fine libri Georgicon : et Horatio, versu illo, epistolæ 1, libri II : « Et formidatam Parthis te Principe Romam. » Testis est etiam nummus argenteus perrarus, quem jampridem vidimus apud D. Fontaine Equitem Anglum, qualem Patinus delineavit in Familiis, p. 40. Hinc caput Augusti nudum exhibet, cum epigraphe, dextro latere : PARTHICVS IMP. sinistro deinde, Q. LABIENVS. Sic autem interpretamur : *Parthicus Imperator*, Augustus scilicet, qui anno Urbis dccxxiii, Parthos fugavit, Asiamque recepit; ideoque vere Parthicus Imperator fuit. *Quæstor Labienus.* In aversa nummi parte equus sine sessore est, cum freno, gerens saccum inanem, pecunia (credo) ærarii militaris in bellum exhausta; absque inscriptione. Nummum hunc qui sic exposuere, *Quintus Labienus Parthicus Imperator*, multa finxere absurda, quæ refellere non est hujus loci. H.

99. *Sui quemque situs.* Ait se in introitu hujus operis Geographici, hoc est, lib. III, c. 1, promisisse se secuturum auctores, ut quisque diligentissime situs diceret, in quibus ipse prodebat; nunc eos sequi potius se profitetur, qui bella in iis terris gesta enarraverint, Hard.

XXXII. (XXVIII.) Arabia gentium nulli[1] postferenda, amplitudine longissima, a monte Amano, a regione Ciliciæ Comagenesque descendit, ut[2] diximus, multis gentibus eorum deductis illo a Tigrane[3] magno, sponte vero ad mare[4] nostrum littusque Ægyptiacum[5], ut[6] docuimus: nec non in media Syriæ ad Libanum montem penetrantibus Nubeis[7], quibus junguntur Ramisi. Deinde[8] Taranei, deinde[9] Patami. Ipsa vero peninsula Arabia inter duo maria, Rubrum Persicumque procurrens, quodam naturæ artificio ad similitudinem atque magnitudinem Italiæ mari circumfusa, in[10] eamdem etiam cæli partem nulla differentia spectat. Hæc quoque in illo situ[11] felix. Populos ejus a nostro mari usque ad Palmirenas[12] solitudines diximus : reliqua

XXXII. 1. *Nulli.* Chifflet. *nullis.* ED.

2. *Ut diximus.* Libro V, cap. 20 et 21. HARD.

3. *Tigrane magno.* Illo Armeniæ ac Syriæ rege, qui se Regem Regum, ut tradit Plutarchus in Lucullo, voluit appellari. Hunc Pompeius devicit, ut dicemus libro VII. HARD.

4. *Ad mare nostrum.* Mediterraneum. HARD.

5. *Ægyptiacum.* Chiffletianus, *Ægyptum.* ED.

6. *Ut docuimus.* Libro superiore, cap. 12. HARD.

7. *Nubeis.* Ita MSS. impressique omnes, ipso confitente Salmasio, in Solin. pag. 492, cui tamen hæc vox mendosa videtur. Itaque *Nombæis* reponit, haud sane felici conjectura. Sunt enim Nombæi, non Arabum, sed Judæorum generis, a Libano monte ita semoti, ut nihil fere disjunctius esse possit : Hierosolymis adeo vicini, ut ex eorum oppido Noba, sive Nomba, pro- spici ea possent percommode, ut scribit Hieronymus, in Esaiam, c. 10. Stephanus : Νόμβα, πόλις Ιουδαίας, Ιώσηππος έκτω της Ιουδαϊκής αρχαιολογίας · τὸ εθνικόν, Νομβαΐοι. Quatuor hæc Arabum genera, eam partem obtinuere olim quæ Deserta vocabatur, nunc *l'Arabie déserte*, ultra Palæstinæ fines. HARD.

8. *Deinde Taranei.* Has voces non habent Reg. 1, Colb. 1 et 2. At Reg. 2 et Chifflet. *Dein Teranei, dein Patami.* HARD.

9. *Deinde Patami.* Forte Κατάνιοι Arabiæ desertæ juxta Syriam populi, apud Ptolem. lib. V, cap. 19. HARD.

10. *In eamdem etiam cæli partem.* Arabia, inquit, peninsula, sicut Italia, inter maria duo procurrit, versus exortum solis brumalem. H.

11. *Situ felix. Populos ejus a nostro mari*, etc. Vet. cod. apud Dalecamp. *situ felix ejus populus. A nostro*, etc. ED.

12. *Palmirenas solitudines diximus.* Chiffl. *Palmyrenas solitudines*

nunc [13] peragemus. Nomadas [14] inde infestatoresque Chaldæorum, Scenitæ [15] (ut diximus) claudunt [16] et ipsi [17] vagi, sed a [18] tabernaculis cognominati, quæ ciliciis [19] metantur, ubi libuit. Deinde Nabatæi oppidum [20] includunt Petram [21] nomine in convalle, paulo minus duum mill. passuum amplitudinis, circumdatum [22] montibus inaccessis amne interfluente. Abest a [23] Gaza oppido littoris nostri DC M. a [24] sinu

diximus. Libro superiore, cap. 12 et 21. ED.

13. *Nunc peragemus*. Chiffl. *nunc inde peragimus*. Dalecamp. *nunc inde peragemus*. ED.

14. *Nomadas inde infestatoresque*. Dalec. *Nomadas infestatoresque*. ED.

— Post Palmirenas solitudines, inquit, sequuntur versus orientem statim Nomades Arabes : atque inde ad meridiem refugiunt, ultra Asphaltiten lacum : deinde Attali, infestatores Chaldæorum, qui ad Euphratem pertinent. Utrosque, Nomadas nimirum et Attalos, claudunt a meridie Scenitæ, quos a Cœle Syria usque ad Euphratem sedes habuisse olim auctor est Eustathius in Dionys. pag. 121 : Εἰσὶ Σκηνῖται Ἄραβες περὶ τὰ πέραν Εὐφράτου ἕως Κοίλης Συρίας. Expedire hos populorum situs nititur Salmasius, in Solin. pag. 484, sed conatu irrito. Nobis, Plinioque ipsi Strabo adstipulatur, lib. XVI, pag. 767. HARD.

15. *Scenitæ, ut diximus*. Capite 3o. HARD.

16. *Claudunt*. Chiffl. *cludunt*. ED.

17. *Et ipsi vagi*. Hoc est, et ipsi Nomades quoque. Non omnes Σκηνῖται sunt Nomades : nam Sabæi Scenitæ sunt, aliique plurimi, sub tentoriis degunt, sed non vagantur. Hi sedes mutant, ubi libuit, permutantque pabula : inde nomen ipsis. Strabo, lib. XVI, pag. 767, γεωργοὺς agricolas vocat. HARD.

18. *A tabernaculis*. Quæ Græcis σκηναί. Habet hæc quoque Solinus, cap. XXXIII, pag. 62. HARD.

19. *Ciliciis metantur*. Ut pelles alii, sic isti cilicia tendunt, ad tabernacula facienda. Cilicia sunt, quæ ex pilis caprarum contexta sunt. HARD.

20. *Oppidum includunt*. Ita Reg. 2, Colb. 1, 2, et Chiffl. Editi, *incolunt*. At includendi verbo montes, quibus oppidum circumdatur, coli a Nabatæis eleganti brevitate significat. HARD.

21. *Petram*. Μητρόπολις τῶν Ναβαταίων ἐςὶν ἡ Πέτρα καλουμένη, inquit Strabo, lib. XVI, p. 779. Inde Arabiæ Petrææ nomen. H.
— Nunc dicitur *Kerac*. ED.

22. *Circumdatum*, etc. Strabo totidem verbis loc. cit. HARD.

23. *A Gaza*. Chiffletian. *a Begaza*. ED.

24. *A sinu Persico CXXXV*. Ita libri omnes. Multis igitur partibus breviore spatio dissidet a sinu Persico Petra, quam a littore mediterranei maris. Et sane hæc ipsa Nabatæa Petra versus Babylonem a Strabone statuitur, lib. XVI, pag. 767, ita tamen ut a Hiericunte, quatuor dierum tantum-

Persico cxxxv m. Huc convenit utrumque²⁵ bivium, eorum qui et²⁶ Syria Palmiram petiere, et eorum qui ab Gaza venerunt. A Petra incoluere²⁷ Omani²⁸ ad Characem usque, oppidis quondam claris a Semiramide conditis, Abesamide²⁹ et Soractia. Nunc sunt solitudines. Deinde est oppidum, quod Characenorum regi paret, in Pasitigris ripa, Forath³⁰ nomine, in quod a Petra conveniunt: Characemque³¹ inde xii m. passuum secundo æstu navigant. E Parthico autem³² regno navigantibus vicus Teredon³³, infra³⁴ confluentem Euphratis et Tigris, læva³⁵ fluminis Chaldæi obtinent, dextra Nomades³⁶ Scenitæ. Quidam et alia duo oppida longis intervallis Tigri³⁷ prænavigari tradunt, Barbatiam, mox³⁸ Thumatam: quod abesse a Petra

modo intervallo distaret. Quare in germano illius designando situ Geographorum vulgus errat, Tabulæque omnes, quæ littori nostro propius admovent, a Persico longissime revocant. HARD. — Si non fuerit duplex Petra, hic certe turbati sunt numeri, et restituendum « a Gaza... cxxxv m. a sinu Persico dc m. », ut jam monuere Cellarius, Geog. antiq. lib. III, pag. 418, et SHAW, *Voyages*, tom. II, pag. 45. Nihil mutavi, quod quidam eruditi viri volunt duplicem fuisse Petram. Et in secundo numero diversi sunt libri. In MS. Reg. 2, cxxxv m. In MS. Reg. 1, cxxxii m. In editione principe, cxxii m. BROT.

25. *Utrumque bivium.* Eorum scilicet qui Forath, et Characem, littusque Persici maris petentes, et Syria Palmiram prætergressi, et ab Gaza illuc venere. HARD.

26. *Et Syria Palmiram.* Dalec. *Syriæ Palmyram.* ED.

27. *Incoluere.* Dalecamp. *incoluerunt.* ED.

28. *Omani.* Ab Omanitis Ptolemæi, de quibus inferius, longe hi situ disjunctissimi, utrosque nequicquam confundente Ortelio.

29. *Abesamide*, etc. Chiffletian. *Besannisa et Soractia nunc sunt solitudines.* ED.

30. *Forath.* Chiffl. *Fora.* ED.

31. *Characemque inde.* Vet. apud Dalec. *Choraceni. Inde.* ED.

32. *Autem.* Dalec. *enim.* ED.

33. *Teredon.* Τερηδών Straboni, lib. XVI, pag. 765. Situs hodie ignoratur. ED.

34. *Infra confluentem.* Infra eum locum, ubi restagnatio Euphratis cum Tigri confluit. HARD.

35. *Læva fluminis.* Latere fluminis sinistro, facie ad austrum obversa. HARD.

36. *Nomades Scenitæ.* De quibus dictum est proxime. HARD.

37. *Tigri.* Dalec. *Tigris.* ED.

38. *Mox Thumatam,* etc. Chiffl.

LIBER VI.

decem dierum navigatione, nostri[39] negotiatores dicunt, Characenorumque regi parere: et[40] Apamiam sitam, ubi restagnatio Euphratis cum Tigri confluat. Itaque molientes incursionem Parthos operibus[41] objectis inundatione arceri.

Nunc a Charace[42] dicimus oram Epiphani[43] primum exquisitam. Locus[44] ubi Euphratis ostium fuit: flumen Salsum: promontorium[45] Chaldone: voragini[46] similius, quam mari, per L. M. pass. oræ: flumen[47] Achana: deserta C. M. pass. usque ad insulam[48] Icharam. Sinus Capeus, quem accolunt Gaulopes et Chateni[49]. Sinus[50] Gerraicus. Oppi- 6

mox *Dumatham*, etc. Vet. ap. Dal. « mox Thumatam. Quod abest a Petra decem dierum navigatione. Nostri negotiatores dicunt Characenorum regi parere. » ED. — In Notitia Imperii Rom. cap. 22, p. 37: « Sub dispositione Ducis Arabiæ, Ala prima Valentiniana Thamathæ » metari dicitur. Ptolemæo, lib. VI, cap. 7, in Arabia felice Θουμάτα. HARD.

39. *Nostri.* Hoc verbum in Chiffl. deest. ED.

40. *Et Apamiam.* Non Mesenes oppidum, sed Sittacenes: de quo sup. cap. HARD.

41. *Operibus objectis.* Aggeribus, quibus aquæ arceantur a Chaldæorum ripa, in Parthorum agros eædem effundantur. HARD.

42. *Nunc a Charace.* Vel ab opposito potius Characi littore, et occidentali Tigris Euphratisve ripa. HARD.

43. *Epiphani.* Vet. ap. Dalec. *Epiphanio.* Antiocho Syriæ regi, ut mox Plinius ipse dicet. ED.

44. *Locus ubi Euphratis.* Namque, ut dictum est superiore cap. Euphratem præclusere Orcheni, et accolæ agros rigantes: nec nisi Tigri defertur in mare. Oram deinceps Plinius persequitur Felicis Arabiæ quæ orienti soli obvertitur, ducto itineris initio ab Euphratis ore ad mare Rubrum. HARD.

45. *Promontorium.* Nomen ei esse *Mascat-Saif*, auctor est Geographus Nubiensis, parte sexta secundi Climatis, pag. 56. HARD.

46. *Voragini similius.* Subintellige, mare. Tres in hoc mari voragines describit Geographus Nubiensis, loc. cit. HARD.

47. *Flumen Achana.* In MS. nostro Parisiensi, *Achanum.* In Tabulis, *Cosa.* HARD.

48. *Insulam Icharam.* Ἰχάρα et Ἴκαρος Ptolemæo, lib. VI, cap. 7; Arriano, lib. VII de Exped. Alex. pag. 487, Ἴκαρος. Geographo Nubiensi, loc. cit. *Comar.* De ea Priscianus in Periegesi, pag. 382: « Persicus inde sinus penetratur, et Icaron offert, Insula quæ fertur nimium placere Dianæ. » Ibi Dianæ fanum et Apollinis exstitisse auctor est Strabo, lib. XVI, pag. 766, et Arrianus, loc. cit. HARD.

49. *Chateni.* Dalec. *Chatreni.* ED.

50. *Sinus Gerraicus.* Ab oppido Arabiæ Gerra cognominatus. Thus

dum Gerra quinque mill. pass. amplitudine, turres[51] habet ex salis quadratis[52] molibus. A littore L. M. passuum, regio[53] Attene. Ex adverso Tylos[54] insula, totidem millibus a littore, plurimis margaritis celeberrima, cum oppido ejusdem nominis : juxtaque altera[55] minor, a[56] promontorio ejus XII[57] mill. D. pass. Ultra, magnas aspici insulas 7 tradunt, ad quas non sit perventum. Hujus[58] ambitum CXII M. D. passuum, a Perside longius abesse, adiri uno alveo angusto. Insula Asgilia[59] : gentes; Nocheti, Zurachi, Borgodi, Cataræi, Nomades : flumen[60] Cynos. Ultra

Gerræum a Nicandro laudatur, Γερραίης λιβάνοιο χύσιν, etc. Ubi scholiastes, Γερραίης, Ἀραβικῆς. Γέρρα γὰρ πόλις τῆς Ἀραβίας. Chaldæorum juris fuisse auctor est Strabo, loc. cit. HARD. — Hic sinus esse videtur qui hodie *Golfe de Katif* dicitur. ED.

51. *Turres habet.* Et domos, ἁλίνας τὰς οἰκίας, inquit Strabo, lib. XVI, pag. 766. Vide quæ dicturi sumus lib. XXXI, cap. 39. HARD.

52. *Quadratis.* Chiffletii cod. *quadrati.* ED.

53. *Regio Attene.* Nomen habet ab Ἄττα κώμη, cujus meminit Ptolemæus, lib. VI, cap. 7, ultra Gerræos, versus Rubrum mare. Incolas Ἀιταιεῖς vocat, mendose, pro Ἀτταεῖς. HARD.

54. *Tylos insula.* Τύλος Ptolemæo, loc. cit. Hanc ab Euphratis ostio noctis et diei unius cursu distare scribit Arrianus, lib. VII de Exped. Alex. pag. 488. Contra Eratosthenes, qui Τύρον vocat, apud Strabon. loc. cit. ut et Artemidorus apud Steph. dissitam a Teredone scribit, decem dierum navigatione,

unius a promontorio quod est apud Macas, hoc est, a faucibus Persici sinus. HARD. — Nunc *île de Bahraïn* margaritarum piscatu nobilis. BROT.

55. *Altera minor*, etc. Vet. Dalec. *Altera in ora promontoria.* ED. — Vel altera Tylos, ut Bochartus existimavit, Geogr. parte 2, lib. I, cap. 45, pag. 766, vel altera insula : cujus nomen Ἄραδος a Strabone, et Ptolemæo locis cit. fuisse perhibetur. Nempe ut in Phœnice, sic in mari Persico, unde Phœnices profecti, duas magni nominis insulas, Tyrum et Aradum, exstitisse volunt : unde coloniæ in Phœnicen deductæ. Strabo, lib. XVI, pag. 766. Tylos minor a majore x tantum M. P. distabat, teste Plinio, lib. XII, cap. 21. HARD. — Hæc *Samaki* hodie dicitur. ED.

56. *A promontorio ejus.* Hoc est, a Tyli majoris promontorio. H.

57. *XII mill. D. pass.* Dalec. *XII mill. pass.* ED.

58. *Hujus ambitum.* Nempe minoris illius insulæ, hoc est, Aradi. HARD.

59. *Asgilia.* Chiffl. *Asclie.* ED.

60. *Flumen Cynos.* Κυνὸς ποταμὸς,

LIBER VI.

navigationem incompertam ab [61] eo latere propter scopulos tradit Juba, prætermissa mentione oppidi Omanorum [62] Batrasabbes [63], et [64] Omanæ, quod [65] priores celebrem portum Carmaniæ fecere. Item Omnæ [66] et Athanæ, quæ nunc oppida maxime celebrari a Persico mari nostri negotiatores dicunt. A flumine Canis, ut Juba tradit, mons adusto 8 similis. Gentes Epimaranitæ [67]. Mox Ichthyophagi [68]: insula deserta: gens, Bathymi. Eblitæi montes, insula Omœnus. Portus Machorbe [69]: insulæ Etaxalos, Onchobrice: gens, Chaldæi. Insulæ sine nominibus multæ: celebres vero, Isura, Rhinnea, et proxima in qua scriptæ sunt stelæ lapideæ [70] litteris incognitis. Goboea portus, Bragæ insulæ desertæ. Gens Thaludæi [71]. Dabanegoris regio. Mons Orsa cum portu. Sinus Duatus, insulæ multæ. Mons Tricoryphos [72]. Regio Cardalena, insulæ Solanidæ, Capina. Item Ichthyophagorum. Deinde Glari. Littus Hammæum, ubi

---

hoc est, Canis flumen. Existimo esse *Larem* Ptolemæi, lib. VI, cap. 7. Arabum *Falg*, apud Geogr. Nub. pag. 54. HARD.

61. *Ab eo latere.* Arabiæ orientali, extra sinum Persicum. H.

62. *Omanorum*, etc. Qui Ptolemæo, lib. VI, cap. 7, Ὀμανῖται dicuntur. HARD.

63. *Batrasabbes.* Chifflet. *Batrasavanes.* Forte rectius, *Petræ Sabes.* Nam Omanorum regiam, *Hagiar* vocitatam esse, hoc est, Petram, auctor est Geographus Nubiensis, parte 6 secundi Climatis, pag. 54. HARD. et ED.

64. *Et Omanæ.* Chiflet. *et Ommumæ.* Stephanus: Ὄμανα πόλις τῆς εὐδαίμονος Ἀραβίας. Persidi adscribit auctor Peripli maris Erythræi: ἐμπόριον τῆς Περσίδος ἡ λεγομένη Ὄμμανα. HARD. et ED.

65. *Quod priores.* Vetustiores Geographi. HARD.

66. *Omnæ et Athanæ.* Chifflet. *Homæ et Altanæ.* ED.

67. *Epimaranitæ.* Manaritas Strabo cum Gerræis, de quibus supra, copulat, lib. XVI, pag. 776, quorum hi coloni videntur, Epimaranitæ idcirco dicti. HARD.

68. *Ichthyophagi.* Horum in hoc ipso tractu apud Ptolemæum quoque mentio, lib. VI, cap. 7. Ad Macas usque pertinere ait, de quibus mox dicetur. HARD.

69. *Machorbe.* Dalec. et Elz. *Machorbæ.* ED.

70. *Stelæ lapideæ.* Στῆλαι pilæ sunt, seu columnæ. HARD.

71. *Thaludæi.* Vet. Dal. *Caludæi.*

72. *Tricoryphos.* A triplici vertice nomen effictum: ibi tria fuisse miræ celsitatis Deorum fana refert

auri metalla. Regio Canauna, gentes Apitami, Gasani. Insula Devade[73]: fons Goralus[74]. Insulæ[75] Calæu et Amnamethu: gens[76] Darræ. Insulæ: Chelonitis[77]: Ichthyophagon multæ, Eodanda deserta, Basag, multæ Sabæorum. Flumina: Thamar, Amnon: insulæ Dolicæ: fontes; Daulotes, Dora[78]. Insulæ: Pteros, Labatanis[79], Coboris, Sambracate, et[80] oppidum eodem nomine in continenti. A meridie insulæ multæ[81], maxima Camari[82]: flumen; Mysecros: portus, Leupas. Scenitæ Sabæi. Insulæ multæ. Emporium eorum Acila[83], ex quo in Indiam navigatur. Regio, Amithoscuta: Damnia. Mizi majores et minores. Drimati[84]. Naumachæorum[85] promontorium contra Carmaniam est.

Diod. Sic. Bibl. lib. III, pag. 178. Littoris Hammæi, et Γασανδῶν idem meminit, pag. 179. Insula *Deceadæ*. Philostorgio cognita, cui Διβοῦ dicitur. HARD.

73. *Devade.* Dalec. et Elz. *Devadæ*. ED.

74. *Goralus. Insulæ*, etc. Dalec. Goralus, *Garpheti, insulæ*, etc. ED.

75. *Insulæ Calæu*, etc. Vet. ap. Dalec. *insulæ Alaca*, *Amnameth.* Dalec. *insulæ Aleu, Amnamethu.* ED. — Nos Calæu emendavimus, secuti auctorem Peripli maris Erythræi, qui τὰς Καλαίου λεγομένας νήσους hoc tractu maris agnoscit. H.

76. *Gens Darræ.* Stephanus: Δάρραι ἔθνος πρὸς τῇ ἐρυθρᾷ θαλάσσῃ. *Darrhæ, populi juxta mare Rubrum.* A Ptolemæo præpostere locantur in Arabico sinu. HARD.

77. *Chelonitis.* Χελωνίται, νῆσος ἐν τῇ ἐρυθρᾷ θαλάσσῃ, Stephanus, pag. 718. HARD.

78. *Dora.* Huic fonti cognominem insulam in Persico sinu Stephanus locat: Δῶρα, νῆσος ἐν τῷ Περσικῷ κόλπῳ. HARD.

79. *Labatanis.* Dalec. *Labanis.* ED.

80. *Et oppidum eodem.* A quo myrrha Sembracena cognominatur, lib. XII, cap. 36. Sabæorum oppidum fuisse dicitur ibidem, mari proximum. Scenitarum scilicet Sabæorum, de quibus statim dicetur. HARD.

81. *A meridie insulæ multæ.* Ultra sinus Persici angustias. HARD.

82. *Camari.* Καμαρηνοὶ νῆσοι Ἀραβίων, Stephano. HARD.

83. *Acila.* Chiffl. *Acil.* ED. — Non est Ocelis vel Ocila, de quo cap. 26. Illud enim Arabici sinus, et Gebanitarum juris emporium fuit: istud Scenitarum Sabæorum, Persico mari, quam Arabico propius. HARD.

84. *Dramati Naumachæorum*, etc. Dalec. *Drimati, Macæ. Horum promontorium.* ED.

85. *Naumachæorum.* Chiffl. *Naumacheorum.* ED. — Mela, lib. III, cap. 8, Arabiæ felicis « majorem, inquit, Sabæi tenent partem: ostio proximam, et Carmanis contrariam Macæ. » Vide quæ de Car-

LIBER VI. 713

Distat quinquaginta[86] mill. passuum. Mira res ibi traditur: Numenium ab Antiocho rege Mesenæ præpositum, ibi vicisse eodem die classe, æstuque reverso iterum equitatu contra Persas dimicantem, et gemina trophæa eodem in loco Jovi ac Neptuno statuisse.

Insula[87] in alto objacet Ogyris, clara Erythra rege ibi sepulto. Distat a continente CXXV mill.[88] passuum, circuitu CXII M. passuum. Nec minus altera clara in Azanio[89]

maniæ promontorio diximus cap. 26. HARD.

86. *Quinquaginta.* Chiffl. *quinque.* ED.

87. *Insula in alto objacet Ogyris.* De insulæ ejus situ ac nomine, quæstio gemina est. Desciscere vero a Geographorum communi placito nihil verebor, atque inficias ire fuisse hanc eo situ, quo nunc *Ormuz* est. Quum enim in alto, extra promontorium, fretumque, in mari Rubro jacere Ogyris dicatur: non a Plinio modo, sed et a cæteris scriptoribus mox laudandis: compertissimumque sit Ormuziam intra ipsas sinus angustias positam esse testium αὐτοπτῶν relatu, et nomine et situ dispares esse eas perspicua res est. Jam Ogyris a continente CXXV mill. pass. Vix quaternis millibus distat Ormuzia. Illa circuitu CXII mill. pass. hæc vix duodenis. Nec vero, quos aliis visum, *Socotora* Ogyris esse potest, quæ in Azanio mari posita, procul ab eo situ dissidet, in quo describendo Plinius habitat. Quod porro ad vetustum Ogyris nomen attinet, Ogyrin quidem aperte nuncupant, non modo Reg. 2, codex, sed et vetusti scriptores: Mela, lib. III, cap. 8, pag. 61. Stephan. Ὄγυρις, νῆσος ἐν τῇ ἐρυθρᾷ θαλάσσῃ. Dionysius item, vers. 606,

cujus carmen sic Festus Avienus expressit, in Descript. orbis, vers. 805: « Ogyris inde salo promit caput, aspera rupes Carmanidis qua se pelagi procul invehit undas, Regis Erythræi tellus hæc nota sepulcro. Persicus hinc æstus fauces hiat. » Et Priscianus in Periegesi, pag. 381 : « Ulterius pergas si post Carmanida summam, Ogyris occurret : qui dicitur esse sepulcrum Regis Erythræi, dederat qui nomina Ponto. » Nihilominus in Reg. 1, Colb. 1, 2, et Paris. *Ogenis* legitur, Ὠγενίς, quod quidem tolerabile est, si quasi Ὠκεανῖτις dicitur. Ὀάρακτα dicitur Arriano in Indicis, pag. 579. Forte Δοράκτα Straboni, lib. XVI, pag. 767. Maximam eam esse insulam arbitror, quæ lateri Arabiæ australi objecta, hodie *Mazira.* HARD. — Nobis quidem hic Plinii errore translata fuisse videtur Ogyris insula, si tamen legendum sit nomen Ogyris; nam illum potius meminisse voluisse putamus insulæ istius quæ nunc *grande Maceira* dicitur, ut quidem opinatur Harduinus. ED.

88. *CXXV mill.* etc. Chifflet. cod. dat « cxx mill. pass. circuitu CXII D. » ED.

89. *Azanio mari.* De quo cap. 18 et 34. HARD.

mari Dioscoridu [90], distans a [91] Syagro extimo promontorio CCLXXX mill. pass.

11 Reliqui in continente a [1] Noto etiamnum Ausaritæ [2]: inde in montes VIII dierum transitus. Gentes [3]; Larendani, Catabani [4], Gebanitæ pluribus oppidis, sed maximis, Nagia, et [5] Tamna templorum LXV. Hæc est amplitudinis significatio. Promontorium [6], a quo ad continentem Troglodytarum [7] L. mill. pass. Toani, Ascitæ [8], Chatra-

90. *Dioscoridu.* Vet. ap. Dalec. *Dioscuriada.* ED. — Auctori Peripli maris Erythræi, ἡ Διοσκορίδου καλουμένη νῆσος. Hanc ille pluribus describit. In Rubro mari a Ptolemæo locatur lib. VI, cap. 7, ἡ Διοσκορίδου νῆσος. Stephanus: ἔςι καὶ ἐν τῇ ἐρυθρᾷ θαλάσσῃ νῆσος Διοσκορίδου. Hodie *Socotora.* HARD.

91. *Syagro.* Σύαγρος ἄκρα Ptolemæo, loc. cit. et auctori Peripli, promontorium illud est quod in australis Arabiæ latere medio longissime procurrit versus exortum solis hibernum. Hod. *Cap de Fartak.* H.

1. *A Noto.* A meridie: ut supra, *a meridie insulæ multæ.* HARD.

2. *Ausaritæ. Inde in montes VIII dierum transitus.* Libri ante nos editi, *Autaride in montes VII,* etc. Ausaritas ex Ptolemæo, Plinioque. Voculam *inde,* quam superius vocabulum posterioris sui parte ob affinitatem absorpserat, conjectura restituimus. In hac ipsa meridionali Arabiæ ora, inter Syagrum promontorium, sinumque Persicum, Αὔσαρα πόλις Ptolemæo, lib. VI, cap. 7, unde myrrha Ausaritis dicta apud ipsum Plinium, lib. XII, cap. 35. HARD.

3. *Gentes: Larendani,* etc. Forte scribendum, *Garyndani:* Γαρυνδαῖς enim cum Gerræis, Minæis,

aliisque Arabiæ populis conjungit Diodorus Siculus, Bibl. lib. III, pag 176. Γαρινδαῖοι Straboni, lib. XVI, pag. 758. Sedes his gentibus olim fuere a media ferme ora lateris Arabiæ meridionalis, ad fretum usque Arabicum, cui nomen est hodie *le détroit de Bab-el-Mandeb.* H.

4. *Catabani, Gebanitæ.* Catabanis Gebanitæ, aut Gebanitis vice versa contributi Catabini videntur: quum idem oppidum Tamna, quod Gebanitis Plinius arrogat, tum hoc loco, tum lib. XII, cap. 32, Catabauensium regiam fuisse doceat Eratosthenes apud Strab. lib. XVI, pag. 768. Καταβανεῖς porro ad angustias fretumque Arabici sinus pertinuisse idem est autor: Καταβανεῖς καθήκοντες πρὸς τὰ ςενὰ καὶ τὴν διάβασιν τοῦ Ἀραβίου κόλπου, ingenti errore ad fauces Persici sinus eos locante Ptolemæo, lib. VI, cap. 7. HARD.

5. *Et Tamna.* Τάμνα Eratostheni, loc. cit. Plinio, lib. XII, cap. 32, *Thomna.* Stephanus ex Alexandro Polyhistore: Τάμνα, πόλις Ἀραβική. Ptolemæo, loco cit. Θούμνα. H.

6. *Promontorium.* Syagrum nempe, de quo dictum est proxime. H.

7. *Troglodytarum.* In Africæ littore, quod contra Arabiam est. H.

8. *Ascitæ.* Ἀσκίται Ptolemæo,

LIBER VI.

motitæ [9], Tomabei, Antidalei, Lexianæ, Agræi [10], Cerbani [11]. Sabæi [12] Arabum propter thura clarissimi, ad [13] utraque maria porrectis gentibus. Oppida eorum in Rubro littore: Marane [14], Marma, Corolia, Sabatha [15]: intus oppida, Nascus [16], Cardava, Carnus, et quo merces odorum deferunt, Tomala. Pars [17] eorum Atramitæ [18], quorum caput Sabota [19], LX templa muris includens. Regia [20] tamen omnium est Maria-

lib. VI, cap. 7, juxta Syagrum promontorium: παρὰ δὲ τὸν Σύαγρον τὸ ὄρος μέχρι θαλάσσης, Ἀσκῖται. Prius *Acchitæ* perperam legebatur: quod tamen secutus est Ortelius: qui Plinii Ascitas cum Ἀγχίταις Ptolemæi et nomine perperam, et situ confundit. HARD.

9. *Chatramotitæ*. Chiffl. *Castamotitæ*. ED. — Χατραμωτίτης χώρα πλησίον τῆς ἐρυθρᾶς θαλάσσης, inquit Stephanus. Catabanensibus ad orientem objacere auctor est Strabo, lib. XVI, pag. 768, oppidumque eorum Καβάτανον. HARD.

10. *Agræi*. Ἀγραίους ἔθνος Ἀράβιον ex Strabone, lib. XVI, pag. 767, appellat Stephanus. HARD.

11. *Cerbani*. Stephano Κερδανῖται, ἔθνος τῆς εὐδαίμονος Ἀραβίας. An ex Stephano Plinius, aut versa vice Stephanus ex Plinio corrigendus? Plinius, hoc ipso cap. iterum Cerbanos appellat. HARD.

12. *Sabæi*. Hinc ad Salomonem accessisse Reginam, Philostorgius, lib. III, cap. 4, aliique viri docti scribunt. Favet horum opinioni, quod Sabæis feminæ semper imperitaverint. Claudianus, lib. I in Eutrop. *Medis, levibusque Sabæis Imperat hic sexus.* Iidem propter thura clari: nam ut Maro cecinit: *Solis est thurea virga Sabæeis.* HARD. — *Sabbea* etiamnunc nomen servat eorum oppidum. ED.

13. *Ad utraque maria*. Arabicum, et Rubrum. HARD.

14. *Marane*. Cujus incolæ Μαραναεῖς Diodoro Siculo, Bibl. lib. III, pag. 176. Μαρανῖται Straboni, lib. XVI, pag. 776. HARD.

15. *Sabatha*. Dalec. *Sabatra*. ED. — Sive *Sabota*, ut mox dicetur: idem enim oppidum est, Atramitarum in Sabæis caput. Σάββαθα μητρόπολις, auctori Peripli maris Erythræi. Festus Avienus, in Descript. orbis, pag. 1145, *Minæi, Sabatæque tenent.* HARD. — Hodie *Schibam*, ut ait jam sæpe laudatus eruditissimus vir GOSSELLIN. ED.

16. *Nascus*. Νάσκος μητρόπολις, Ptolemæo, lib. VI, cap. 7. HARD.

17. *Pars eorum*. Sive, pagus eorum, ut dicemus lib. XII, cap. 31. HARD.

18. *Atramitæ*. Ἀδραμῖται Ptolemæo, lib. VI, cap. 7. Hinc myrrha Atramitica, lib. XII, cap. 35. H. — Eorum nomen servat regio quam incoluerunt, dicta hodie *Hadramaut*. ED.

19. *Sabota*. Dalec. *Sobotale*. Plinius ipse, lib. XII, cap. 30. ED.

20. *Regia tamen omnium*. Sabæorum scilicet, et Atramitarum. Strabo, lib. XVI, pag. 768, Σαβαίων μητρόπολις Μαριάβα. Et ex Strabone Stephanus, pag. 443.

ba. Sinum[21] obtinet xciv millibus pass. refertum insulis odoriferis. Atramitis in mediterraneo junguntur Minæi[22]: mare accolunt et Elamitæ[23], oppido[24] ejusdem nominis. 13 Iis juncti[25] Cagulatæ. Oppidum Sibi[26], quod Græci[27] Apaten vocant. Arsi[28], Codani, Vadei[29], oppido magno: Banasasæi, Lechieni[30]: Sygaros[31] insula, quam canes non intrant, expositique circa littora errando moriuntur. Sinus intimus[32], in quo Leanitæ, qui nomen ei dedere. Regia[33] eorum Agra, et[34] in sinu Læana, vel, ut[35] alii, Ælana.

Quæ vis huic voci subsit, mox Plinius ipse aperiet. Porro quæ Mariaba Plinio, hæc Ptolemæo Σάβη. HARD. — Etiamnunc *Mareb*. ED.

21. *Sinum obtinet.* Atramitis regio, inquit, Arabico sinui ab ejusdem faucibus, per xciv pass. millia prætenditur. HARD.

22. *Minæi.* De quibus rursum inferius. HARD.

23. *Elamitæ.* Forte Elaitæ, ab Αἴλου κώμη, quam in hoc ipso tractu Ptolemæus agnoscit, lib. VI, cap. 7. Vel ipsi potius Leanitæ, de quibus mox. HARD.

24. *Oppido.* Dalec. *oppidum*. ED.

25. *Juncti.* Vet. ap. Dalec. *junguntur.* ED.

26. *Sibi.* Dalec. et Elz. *Siby*. ED.

27. *Græci Apaten.* Ἀπάτην, quæ vox fraudem sonat. Incolæ Apatæi, quos Ναπαταίους mendose, ut arbitror, vocat Ptolemæus, lib. VI, cap. 7, juxta Vadenos, de quibus mox dicemus. H. — Vet. apud Dal. *Appoten.* ED.

28. *Arsi, Codani.* Dalec. uno vocabulo *Arsicodani.* ED. — Ptolemæo, lib. VI, cap. 7, Ἄρσαι. H.

29. *Vadei, oppido magno.* Dalec. *Vadei cum oppido magno.* Quod Ptolemæus, loco citato, Βαδέου βασι-

λειον, *Vadei regiam nuncupat.* Regionis incolæ, in mediterraneo, Οὐαδηνοί. H. — Chifflet. ita locum hunc totum legit: « Arsi, Codani, Baræi oppido magno Barasara et Læchiceni Syagros insulam canes non intrant, etc. » ED.

30. *Lechieni.* Ita libri omnes. Λαικηνοὺς Ptolemæus Vadenis jungit, de quibus dictum est proxime. H.

31. *Sygaros.* Ita Reg. 2. At Reg. 1, *Stagnos.* Delicias facit Frobenius, qui *Syagros* scribit: promontorii nomine, quod in Arabiæ latere australi in mare procurrit, cum insula intimi fere sinus Arabici communicato. HARD.

32. *Sinus intimus.* Ultimus est sinus Arabici mucro, qua vergit in exortum solis, et Arabiam Petræam. HARD.

33. *Regia eorum.* In ora sinus Arabici, seu Ælanitæ posita. Stephanus: Ἔγρα, πόλις Ἀραβίας, πρὸς τὸ Ἀϊλανίτῃ κόλπῳ. Alia hæc ab Egra Ptolemaica, Plinianaque, de qua inferius inter oppida mediterranea dicemus. HARD.

34. *Et in sinu.* Insulæ instar, aut peninsulæ, mari circumdata. H.

35. *Ut alii, Ælana.* Philostorgio Ἀειλὰ, lib. III, c. 6. Stephano,

LIBER VI. 717

Nam et ipsum sinum nostri Ælaniticum scripsere, alii Ælenaticum, Artemidorus [36] Aleniticum, Juba Læaniticum. Circuitus [37] Arabiæ a Charace Læana colligere proditur quadragies [38] septies centena LXX [39] M. Juba paulo [40] minus X̄L̄ putat. Latissima est a septemtrione inter oppida Heroum et Characem [41].

Nunc et reliqua mediterranea ejus dicantur. Nabatæis [42] 14 Thimaneos [43] junxerunt Veteres: nunc sunt Taveni [44], Suelleni, Arraceni [45], Areni [46]; oppidum, in quo omnis nego-

aliisque, Ἀίλανον. Notitia imperii subduce Palestinæ, *Aila.* Unde et Petrus Ailensis, in Conc. Nic. I, inter episcopos Palæstinæ, Straboni, lib. XVI, pag. 768, Ἔλανα. H. — Etiamnunc *Ailah* sive *Akaba ila.* Ed.

36. *Artemidorus Aleniticum.* Elaniticum potius, ex Agathemero, qui Artemidori epitomen fecit, Geogr. cap. 3, Ἐλανιτικόν. Tantam attulit in ea voce scripturæ inconstantiam, Arabum, Syrorum, Hebræorumque varius efferendi modus, quem affert Bochartus, Geogr. parte 2, lib. I, cap. 44, pag. 761. Strabo, loco cit. Ἐλανίτης μυχός. H.

37. *Circuitus Arabiæ.* Facta navigatione a Charace, quod oppidum Tigris ostio adjacet, per maria tria, Persicum, Rubrum, Arabicumque, ad intimum usque hujus sinum, oppidumque Læana. H.

38. *Quadragies septies.* Dalec. *quadragies octies*, etc. Chiffletianus X̄L̄V̄Ī. Ed.

39. *LXX.* Chiffl. *LXVI.* Elzev. *LXV.* Ed.

40. *Paulo minus X̄L̄.* Hoc est, paulo minus quadragies centenis, scilicet per viarum navigationumque compendia. Hard.

41. *Characem.* Dal. *Chracem.* Ed.

42. *Nabatæis.* Quorum oppidum Petra, ut dictum est superius hoc ipso cap. Hard.

43. *Thimaneos.* Βυθημανέους vocat Agatharchides, lib. de Rubro mari, cap. 45, pag. 1368, apud Photium in Bibl. cod. 250. H.

44. *Taveni.* Hi sunt de quibus Bardesanes apud Euseb. Præpar. lib. VI, p. 277, Ταινοί (forte pro Ταουϋνοί), Σαρακηνοί. Hard.

45. *Arraceni. Sarraceni* quidem habet editio Basileensis anni 1535, et aliæ eam secutæ. Sed retinenda vetus lectio, quam exhibent editiones priores omnes, et libri manuscripti : atque in his quidem duo e nostris : « Suelleni, Araceni (al. Arraceni), Areni : oppidum, in quo omnis, etc. » Saracenorum nomen ante Marci imp. tempora innotuisse negat Jac. Gothofredus, p. 9, in notis ad ἐξήγησιν anonymi, quem in lucem edidit. Nunc vero nomen Saracenorum dicitur esse in oriente incognitum. De falsa originatione vocis *Saraceni* ex Σάρρα ξένην, vide Cotelerium, in monumentis ecclesiæ græcæ. Hard. — Chiffl. totum hunc locum sic legit : « Thabaeni, Suallini, Anageni,

tiatio convenit. Hemuatæ, Analitæ[47] : oppida, Domatha[48], Egra[49]. Thamudeni[50], oppidum Badanatha. Carrei, oppidum[51] Carriata. Achoali, oppidum Phoda : ac[52] Minæi, a rege Cretæ Minoe (ut[53] existimant) originem trahentes: quorum[54] Charmæi; oppidum xiv mill. pass. Mariaba[55] Baramalacum, et ipsum non spernendum : item[56] Carnon.

oppidum in quo negotiatio ei convenit. Hemnatæ, Analitæ : oppida Domata, Hægra.» Dalec. «Taueni, Suelleni, Sarraceni. Arre oppidum, in quo omnis negotiatio convenit, etc. » ED.

46. *Areni : oppidum.* Ἄῤῥη κώμη in mediterraneis Arabiæ oppidis a Ptolemæo quoque censetur, lib. VI, cap. 7. Cave porro confundas Arram cum Areopoli, de qua in Notitia Romani Imp. Hæc enim Arabiæ Petrææ : Arra, Felicis. H.

47. *Analitæ.* An Acalitæ, ab Ἀκάλη mediterraneo oppido apud Ptolemæum, loco cit. HARD.

48. *Domatha.* Ita MSS. omnes, Colbert. 1, 2, etc. non *Domada*, ut editi. Familiaris ille verborum casus in Arabicis nominibus : Sabotha, Badanatha, etc. Δυμάτιοι τῆς Ἀραβίας incolæ appellantur a Porphyrio, apud Euseb. Præpar. lib. IV, p. 156. HARD.

49. *Egra.* Ἔγρα mediterraneum Arabiæ oppidum Ptolemæo, lib. VI, cap. 7. HARD.

50. *Thamudeni.* Dalec. *Thamudei.* ED. — Θαμυδηνοὶ, Ptolemæo loco cit. Θαμουδηνοὶ, Agatharchidi, loco citato, cap. 47, pag. 1369, et Diodoro Sic. Bibl. lib. III, pag. 177. In Notitia dignitatum imp. Roman. cap. 18, sub dispositione Comitis rei militaris per Ægyptum, *Equites Sarraceni Thamudeni.* Stephano Θαμουδᾶ lacus Nabathæis Arabicus vicinus. H. — *Thamud* etiamnunc dicta videtur quam tenuerunt regio. ED.

51. *Oppidum Carriata.* Dalec. *Chariati.* Χαριάθα Ptolemæo, lib. VI, cap. inter mediterraneas felicis Arabiæ civitates H. — Hodie parum immutato nomine *Cariatain.* ED.

52. *Ac Minæi.* Μιναῖοι μέγα ἔθνος, gens magna, inquit Ptolemæus, loco citato. Hinc myrrha Minæa Plinio, lib. XII, cap. 35, et thus Minæum, cap. 30. HARD.

53. *Ut existimant.* Tam vere scilicet a Minoe Cretensi, Minæi nomen sortiti sunt, quam vicini Minæis Rhadamæi a Rhadamantho. Eo Mythologos adduxit similitudo nominum, ut Minoem in Arabiam usque deveherent. Id tamen Stephanus existimavit, verbo Μινώα. H.

54. *Quorum Charmæi.* Subintellige, pars, vel pagus : ut Atramitæ superius pars Sabæorum dicti. H.

55. *Mariaba Baramalacum.* Elz. *Maribba Baramalacum.* ED. — Mariaba communis est, ut mox dicemus, plurium civitatum in hac regione appellatio : hujus peculiaris Baramalacum. HARD.

56. *Item Carnon.* Κάρνα Ptolemæo, lib. VI, cap. 7, inter oppida Arabiæ mediterranea. Stephano : Κάρνανα, πόλις Μιναίων· ἔθνος πλησίον ἐρυθρᾶς θαλάσσης. Κώρνα quoque

LIBER VI.

Rhadamæi[57], et horum origo Rhadamanthus putatur frater Minois. Homeritæ[58], Massala[59] oppido. Hamirei, Gedranitæ[60],Ампræ, Ilisanitæ, Bachilitæ, Sammei[61], Amathei cum[62] oppidis Nessa et Cennesseri. Zamareni cum oppidis Saiace[63], Scantate, Bacascami. Riphearma oppidum, quo vocabulo hordeum[64] appellant. Autei[65] et Ravi, Gyrei et Mathatæi, Helmodenes cum oppido Ebode. Agacturi in montibus, oppido xx mill. passuum, in quo fons Emischabales, quod significat camelorum oppidum. Ampelone[66] colonia Milesiorum; Actrida oppidum. Ca-

Straboni, lib. XVI, pag. 768. H.

57. *Rhadamæi.* Dal. *Rhammei.* ED.
58. *Homeritæ.* Pars item Sabæorum, unde et a quibusdam scriptoribus cum Sabæis confusi. Ὁμηρίτας ad Rubrum usque mare, uti et Sabæos, pertinere ait Ptolemæus loco cit. HARD.
59. *Massala.* Quod apud Ptolemæum inter oppida mediterranea Felicis Arabiæ, Μασθάλα scribitur. HARD.
60. *Gedranitæ, Ampræ,* etc. Chiffl. « Gedranitæ, Phryæi, Hyrsanitæ, Bacchylitæ, Samnæi, Amaitrei, oppidis Nessa et Chennaesaeri, Zamerini oppidis Sagiatta, Canthace, Bacas Chamiri. Pheaxina oppidum, quo vocabulo, etc. » ED.
61. *Sammei.* Forte Sameni, de quibus Stephanus, p. 584: Σαμηνοὶ, Νομάδων Ἀραβίων ἔθνος. H.
62. *Cum oppidis Nessa.* Agatharchides lib. de Rubro mari, cap. 45, apud Phot. cod. 250, p. 1368, Νῆσσαν ait nomen habuisse, ἀπὸ τῆς τοῦ ζώου πολυπληθίας, ab anatum multitudine. Sed diversa hæc fortassis Pliniana Nessa: illi enim locus ita appellatur longissime mari prætentus: oppidum Plinio mediterraneum: a quo ipsa forte ora nomen acceperit. HARD.
63. *Saiace.* Forte Σοάκα Ptolemæi, in mediterraneis Felicis Arabiæ oppidis. HARD.
64. *Hordeum appellant.* Vocabulo prorsus barbaro, quod nec Hebræos fontes, nec Arabicos sapit: uti et ea quæ proxime sequitur, *Emischabales.* HARD.
65. *Autei et Ravi,* etc. Chifflet. « Autæi et Brani Cyrei Elmata eis oppido xx pass. Chodæ, Lathuri in montibus, etc. » ED.
66. *Ampelone colonia.* Vet. apud Dalec. *Amyclomei colonia.* ED. — Quoniam Milesios eo colonos deduxere Persæ. Eadem Ampe dicta Tzetzæ et Stephano. Ampelonen ab Ampe diversam immerito statuit Ortelius : quum Tzetzes apertissime de Ampe referat, quæ Plinius de Ampelone: depopulatos scilicet Persas regionem Milesiorum, captivos cives Ampen deduxisse, qui colonorum ritu eo loci degerent. Sic enim ille Chiliad. 7, Hist. 156, vers. 993 : Χρόνοις Δαρείου τοῦ πατρὸς τοῦ Ξέρξου τοῦ μεγάλου Δι'

lingii, quorum Mariaba oppidum significat[67] dominos omnium: oppida; Pallon, Vrannimal[68] juxta flumen, per quod Euphratem emergere putant: gentes; Agrei, Ammonii: oppidum Athene[69], Cauranani, quod significat ditissimos armento; Coranitæ, Cæsani, Choani[70]. Fuerunt et græca oppida, Arethusa, Larissa, Chalcis[71] : deleta variis bellis.

17 Romana arma solus in eam terram adhuc intulit Ælius Gallus[72] ex equestri ordine. Nam C. Cæsar Augusti[73] filius prospexit tantum Arabiam. Gallus oppida diruit non nominata ab auctoribus, qui ante scripserunt, Negram[74], Amnestrum, Nescam, Magusam[75], Tammacum, Labeciam, et supra dictam Mariabam[76], circuitu VI mill. passuum.

18 Item[77] Caripeta, quo longissime processit. Cætera explorata retulit : Nomades[78] lacte et ferina carne vesci : reliquos

Ἰσταῖον, Μίλητον ἐπόρθησαν οἱ Πέρσαι. Ἐν Ἄμπῃ δὲ κατῴκισαν πόλει τῇ Ἐρυθραίᾳ. HARD.

67. *Significat dominos.* Non est ea vox, in hac significatione, Arabici sermonis hodierno usu recepti. Primariis urbibus communis, ut diximus, hæc appellatio fuit. H.

68. *Vrannimal.* Dalec. et Elzev. *Murannimal.* ED.

69. *Athene.* Dalecamp. et Elzev. *Athenæ.* ED.

70. *Choani.* Ovid. Metam. lib. V, vs. 165 : « Choanius Molpeus, dextra Nabatæus Ethemon. » Sic enim legendum, non *Chaonius*. H.

71. *Chalcis.* Dalec. *Calcis.* ED.

72. *Ælius Gallus.* Αὖλος Γάλλος, Ægypti præfectus, Straboni familiaris, qui de ejus expeditione Arabica multa scriptis consignavit, lib. II, pag. 118, lib. XVI, p. 780, et lib. XVII, p. 619. Ælium Largum Dio appellat, lib. LIII, pag. 516, insigni hallucinatione. HARD.

73. *Augusti filius.* Agrippæ, ut diximus sup. cap. natura : adoptione Augusti filius. HARD.

74. *Negram,* etc. Ita MSS. omnes. Chiffl. « Negranau, Nestum, Neescan, Masugum, Caminacum, Laba etiam et supra dictam Mariabam... Item Caripetam. » — Prius, *Egram, Annestum, Escam,* etc. At Egræ superius habita mentio est. HARD.

75. *Magusam.* Forte qui Μαργουσαῖοι cives a Bardesane appellantur, apud Euseb. Præpar. lib. VI, p. 275. HARD.

76. *Mariabam.* Calingiorum oppidum. HARD.

77. *Item Caripeta.* MSS. omnes, *Caripetam.* Auctor est Dio, loc. cit. p. 517, Ælium Largum (Gallum voluit dicere) usque Athlula insigne oppidum, bellum protulisse, μέχρι Ἀθλούλων. HARD.

78. *Nomades lacte.* Camelorum lacte et carnibus, teste Artemidoro

LIBER VI.

vinum, ut Indos[79], palmis exprimere, oleum sesamæ. Numerosissimos esse Homeritas: Minæis fertiles agros palmetis arbustisque, in pecore divitias[80]. Cerbanos[81] et Agræos armis præstare, maxime Chatramotitas. Carreis[82] latissimos et fertilissimos agros. Sabæos[83] ditissimos silvarum fertilitate odorifera, auri metallis, agrorum riguis : mellis ceræque proventu. De odoribus suo[84] dicemus volumine. Arabes[85] mitrati degunt, aut intonso crine : barba abraditur, præterquam in superiore labro. Aliis et hæc intonsa : mirumque dictu ex innumeris populis pars[86] æqua in commerciis, aut latrociniis degit : in universum gentes ditissimæ, ut apud quas maximæ[87] opes Romanorum Parthorumque subsistant[88], vendentibus quæ e mari aut silvis capiunt, nihil invicem redimentibus.

XXXIII. Nunc reliquam oram Arabiæ contrariam persequemur. Timosthenes totum sinum quatridui navigatione

---

apud Strabonem, lib. XVI, pag. 777, Γαλακτοπόται, idcirco dicti, apud Columell. lib. VII, cap. 2, p. 249. Hard.

79. *Ut Indos.* Plinius, lib. XIV, c. 19, ubi de vinis factitiis : « Primum, inquit, e palmis, quo Parthi, et Indi utuntur, et Oriens totus. » Et lib. XV, cap. 7, de oleo factitio : « Indi ex castaneis, et sesama, atque oryza facere dicuntur.» Adi et Strabonem, lib. XVI, p. 783. Hard.

80. *Divitias.* Vet. apud Dalec. *divites.* Ed.

81. *Cerbanos et Agræos.* Eodem fere illi ordine superius paulo appellati, hoc ipso capite : « Agræi, Cerbani, Sabæi Arabum propter thura clarissimi.» Unde liquido affirmare jam licet vitiosam esse librorum hactenus editorum scripturam, *Cembanos* et *Arios.* In MSS. *Ceu-*

banos. In vet. apud Dalec. *Cembanus.* Ed.

82. *Carreis.* Sic MSS. omnes. Male Dalec. *Caræis.* De his superius, hoc ipso cap. H. et Ed.

83. *Sabæos.* Strabo, lib. XVI, p. 778. Hard.

84. *Suo dicemus.* Libro duodecimo. Hard.

85. *Arabes.* Solini paraphrasis, cap. xxxiii, p. 63 : « Arabes longe lateque diffusi, diversis moribus vivunt, et cultibus. Plurimis crinis intonsus, capita mitra redimita : pars rasa in cutem barba : commerciis student : aliena non emunt, vendunt sua. » Mitræ porro fasciæ sunt, quibus caput religatur. H.

86. *Pars æqua.* Vet. apud Dalec. *Pars coæqua.* Ed.

87. *Maximæ.* Dalec. *maxime.* Ed.

88. *Subsistant.* Dalecamp. *subsidant.* Ed.

in longitudinem taxavit, bidui in latitudinem, angustias $\overline{\text{VII}}^1$ mill. D. passus. Eratosthenes ab ostio $\overline{\text{XIII}}^2$ mill. in quamque partem. Artemidorus Arabiæ latere $\overline{\text{XVII}}^3$ quinquaginta mill. (XXIX.) Troglodytico vero, XI XXXVII D. pass. Ptolemaida usque. Agrippa XVII XXII^4 mill. passuum, sine differentiis^5 laterum. Plerique latitudinem CCCCLXXV^6 prodiderunt, faucesque hiberno orienti obversas, alii^7 VI mill. alii VII mill. alii XII mill. passuum patere.

2 Situs autem ita se habet. A sinu Ælanitico^8 alter^9 si-

XXXIII. 1. *VII mill. D. pass.* Æqua et plane par isti mensura Strabonis, lib. XVI, pag. 769, angustias illas stadiis sexaginta definientis. HARD. — Dalec. *IV mill. pass.* ED.

2. $\overline{XIII}$ *mill. in quamque.* Hoc est, decies et ter centena millia passuum ab unoquoque sinus latere, tum eo quod Arabiam spectat, tum eo etiam quod Troglodycen alluit. H.

3. $\overline{XVII}$ *quinquaginta.* Decies septies centena quinquaginta millia. In editis exemplaribus, *XIV quinquaginta.* In MSS. Reg. 2, et Chiffl. *XVI quinquaginta.* Nos excidisse librariorum incuria unius numeri notam arbitrati, $\overline{XVII}$ rescripsimus, ipsius Artemidori admonitu, quem Plinius nunc testem advocat. Is enim, referente Agathemero, qui Artemidori epitomen fecit, Geogr. lib. I, c. 3, sinus ejusce latus quod Arabiæ prætenditur, a recessu Ælanitico ad ipsas fauces, ait esse stadiorum 14,000, παρὰ τὴν Ἀραβίαν ἀπ' Ἐλανίτου μυχοῦ, ϛαδίων μυριάδων δ': quæ plane efficiunt XVII L. mill. pass. Artemidoro subscribunt Alexander et Anaxicrates apud Strab. lib. VI, p. 766. Troglodytico vero latere iidem ab Heroum oppido usque Ptolemaidem, aiunt intervallum esse stadiorum paulo amplius novem millium : quæ passuum millia efficiunt XI XXV undecies centena et XXV. Quæ summa accedit ad Plinianam mensuram, XI XXXVII D. pass. sic enim rescripsimus ex Reg. 2, et Chiffl. quum libri editi perperam exhiberent, XII LXXXII. HARD.

4. $\overline{XVII}$ *XXII.* Dalec. cod. $\overline{XIII}$ *XXII.* ED.

5. *Differentiis.* Dalec. et Elzev. *differentia.* ED.

6. *CCCCLXXV.* Dalecampius, *CCCCLXXII.* ED.

7. *Alii VI.* Dalec. *alii IV.* Chif. *alii VII, alii XV patere.* ED.

8. *Ælanitico.* Chiffl. *Læanitico.* ED.

9. *Alter sinus.* Heroopoliticus dictus, lib. V, cap. 12, ab oppido quod Heroum vocabant. Ἡρώων πόλις Straboni, lib. XVI, p. 768. Hodieque vetustum servare nomen creditur, *Herou.* Alii *Sues* esse arbitrantur. De eo egimus libro superiore, cap. 9. Heroopoliticus, qui et occidentalis sinus est Maris Rubri, is est ; qua Israelitæ, duce Mose, ex Ægypto profugi transierunt : quem sinum in acumine ultimo leucam unam latitudine non exce-

LIBER VI.

nus, quem Arabes Æant vocant, in quo Heroum[10] oppidum est. Fuit[11] et Cambysu inter Nelos et Marchadas, deductis eo ægris exercitus. Gens Tyra, Daneon portus: ex quo navigabilem alveum perducere[12] in Nilum, qua parte ad[13] Delta dictum decurrit, LXII mill.[14] passuum intervallo (quod inter flumen et Rubrum mare interest) primus[15] omnium Sesostris Ægypti rex cogitavit: mox Darius Persarum: deinde Ptolemæus[16] sequens: qui et duxit fossam latitudine pedum centum, altitudine XL[17], in longitudinem XXXVII mill. D. passuum usque[18] ad Fontes amaros. Ultra[19] deterruit inundationis metus, excelsiore 3

dere, inde per leucas duodecim paulatim crescere usque ad latitudinem trium leucarum, a teste locuplete et αὐτόπτῃ didicimus. H.

10. *Heroum.* Chiffl. *Heroon.* ED.

11. *Fuit et Cambysu.* Excidisse jam suo ævo innuit hanc Καμβύσου πόλιν. De Cambysæ expeditione Ægyptiaca multa Herodotus, lib. III. HARD.

12. *Perducere in Nilum.* Auctor libri de Mensura orbis terræ: «Hodie in cosmographia, quæ sub Julio Cæsare et Marco Antonio consulibus facta est, scriptum inveni partem Nili fluminis exeuntem in Rubrum mare juxta civitatem Ovilam (*alias* Olivam) et castra Monsei. » HARD.

13. *Ad Delta dictum.* Libro superiore, cap. 9. HARD.

14. *LXII mill. pass.* Chifflet. *LXII mill. D. pass.* ED.

15. *Primus omnium Sesostris.* Ita de Sesostri et Dario Arist. Meteorol. lib. I, cap. 14, pag. 548. Eadem refert et Strabo, lib. XVII, pag. 804. Id vero non ad Sesostrim, sed ad Necum, Νεκῶν, Psammetichi F.

Sesostridis N. referunt Herodotus, Euterpe, lib. II, n. 158, pag. 151; Diodorus Sic. Bibl. lib. I, pag. 29; Tzetzes Chiliad. VII, v. 1477. H.

16. *Ptolemæus sequens.* Hoc est, Ptolemæus secundus, ὁ δεύτερος Πτολεμαῖος, inquit Diodorus loc. cit. Philadelphus is fuit Ptolemæi Lagidæ F. Sic Africanus sequens, pro juniore seu posteriore, a Plinio sæpe appellatur. HARD.

17. *XL.* Dalecamp. et Elzevir. *triginta.* ED.

18. *Usque ad Fontes amaros.* Horum meminit Diodorus Siculus, Bibl. lib. III, prope Arsinoen, ὕδατα πολλὰ πικρᾶς ἁλμυρίδος ἔχοντα γεῦσιν. Lacum efficiunt, cui nomen a vicino oppido, *le lac de Kolzum.* Hodie Mosis fontes vocantur, numero duodecim, teste Bellonio, qui vidit, Observ. lib. II, cap. 57. HARD.

19. *Ultra deterruit.* Sic Arist. l. cit. Ἀλλ' εὗρεν ὑψηλοτέραν οὖσαν τὴν θάλασσαν τῆς γῆς, etc. Diodorus item, loc. cit. Sed inanem hunc metum fuisse recte Strabo admonet loc. cit. et e recentioribus Furnerius

tribus cubitis Rubro mari comperto, quam terra Ægypti. Aliqui non eam afferunt causam, sed ne immisso mari corrumperetur aqua Nili, quæ sola potus præbet. Nihilominus iter totum terendo[20] frequentatur a mari Ægyptio, quod est triplex: unum a Pelusio per arenas, in quo nisi calami defixi regant, via non reperitur, subinde[21] aura vestigia operiente. Alterum vero duobus[22] mill. passuum ultra Casium montem, quod a sexaginta mill. passuum redit in Pelusiacam viam. Accolunt[23] Arabes Autei. Tertium a Gerrho[24] (quod Adipson[25] vocant) per eosdem Arabes sexaginta mill. passuum propius, sed asperum montibus, et inops aquarum. Eæ viæ omnes Arsinoen[26] ducunt, conditam sororis[27] nomine in sinu Charandra[28], a Ptolemæo Philadelpho, qui primus Troglodyticen[29] excussit, et amnem qui Arsinoen præfluit, Ptolemæum[30] appellavit. Mox oppidum parvum est Ænnum,

in Hydrogr. ac Ricciolus, Almag. tom. I, pag. 728, qui mare alterum hac parte negant altius esse altero: nec, si foret tribus, ut volunt, cubitis, idcirco ullum fuisse exundationis periculum. HARD.

20. *Terendo.* Vet. ap. Dalec. *mercaturis.* Chiffl. *terræ.* ED.

21. *Subinde aura.* Vehementiore venti flatu arenas volvente, ac turbante vestigia. HARD.

22. *Duobus,* etc. Dalec. et Elz. *duo.* ED.

23. *Accolunt Arabes Autei.* Viam, inquit, quæ a Casio monte Arabiæ haud procul Pelusio (de quo lib. VI, cap. 12), ad oram proximam ducit Arabici sinus, obsident ab utroque latere Arabes Autei. H.

24. *A Gerrho.* Chiffl. *Accercho.* Dalec. et Elz. *a Gerro.* ED. — Oppidum id est inter Pelusium, Casiumque montem. Γέρρον quoque Ptolemæo, lib. IV, cap. 5. HARD.

25. *Adipson vocant.* Ἄδιψον dicitur, quod sitim exstinguit. Itaque per contrariæ locutionis figuram (ἀντίφρασιν Græci vocant) hæsit id huic loco nomen, qui plane est, ut statim subjungitur, aquarum inops. In MSS. *agipson:* sed vitiose. HARD.— Chifflet. *Agipsium.* ED.

26. *Arsinoen.* Ἀρσινόη Ptolemæo, loc. cit. ad sinum Heroopoliticum: leucis fere XII ab intimo recessu sinus Arabici, versus austrum, Africæ latere. HARD.

27. *Sororis nomine.* Quam etiam duxit uxorem. HARD.

28. *Charandra.* Chifflet. *Carandra.* ED.

29. *Troglodyticen excussit.* Hoc est, perlustravit majore diligentia, quam priores. HARD.

30. *Ptolemæum appellavit.* Diodorus, Bibl. lib. I, pag. 30. H.

LIBER VI.

pro quo [31] alii Philoteram scribunt. Deinde sunt Azarei, ex Troglodytarum connubiis, Arabes feri. Insulæ: Sapirene [32], Scytala: mox deserta ad [33] Myoshormon, ubi fons [34] Tadnos. Mons [35] Æas. Insula Iambe, portus multi. Berenice [36], oppidum matris Philadelphi nomine, ad quod iter a Copto [37] diximus. Arabes [38] Autei, et Gebadei.

31. *Pro quo alii Philoteram scribunt.* Chifflet. *alii pro hoc Philetrias scribunt.* ED. — Φιλωτέρα, πόλις περὶ τὴν Τρωγλοδυτικὴν, Stephano. Ptolemæo vero, lib. IV, cap. 5, inter Arsinoen et Myoshormon, Φιλωτέρας λιμὴν, *Philoteras portus.* Id ei nomen inditum ab altera Ptolemæi Philadelphi sorore Strabo est auctor, lib. XVI, pag. 768. Cave igitur credas Ortelio, qui Philoteram ad Caucasum relegat. HARD.

32. *Sapirene.* Chiffl. *Sarapinæ.* ED. — Ptolemæo, lib. IV, cap. 5. Σαππειρίνη νῆσος. Σαπφειρίνη Stephano, qui sapphirum ibi ait reperiri. HARD.

33. *Ad Myoshormon.* Agatharchides, lib. de Rubro mari, cap. 42, apud Photium in Bibl. pag. 1365, Λιμὴν μέγας, ὃς πρότερον μὲν Μυὸς ἐκαλεῖτο ὅρμος· ἔπειτα δὲ Ἀφροδίτης. «Portus magnus, qui primo quidem Muris, mox Veneris statio est cognominatus.» Meminit hujus stationis Strabo, lib. XVI, pag. 769, εἶτα Μυὸς ὅρμον καὶ Ἀφροδίτης ὅρμον καλεῖσθαι λιμένα μέγαν, etc. Quæ dum interpres Casaubonus ita reddidit, «Deinde Muris statio, aliaque Veneris: hæc vocatur portus magnus, etc.» geminos ex uno portus conflat, contra Strabonis, Agatharchidisque mentem. Hodie *vieux Qoseir*, ut ait GOSSELLIN. ED.

34. *Fons Tadnos.* MSS. Reg. 1, 2, Colb. 1, 2, Paris. et vet. Dalec. *Tamos.* Chiffl. cod. *Statuos.* HARD.

35. *Mons Æas.* Vet. Dal. *Cos.* ED. — In libris hactenus editis, *Mons Eos*: quos secutus Ortelius, hunc montem in thesaurum quoque suum congessit. Verum admonitu MSS. codicum, Reg. 2, Chiffl. et Paris. in quibus *Eas* scribitur, non alium hunc esse intelleximus, quam qui Αἴας ὄρος a Ptolemæo vocatur, statuiturque inter Φιλωτέραν λιμένα, et Μυὸς ὅρμον. Mox item *insula Iambe* edi maluimus, ex eorumdem codicum fide, quam ex impressis *Lambe*: quum præsertim ad hujusce ipsius sinus oram, altero latere, quo Arabiam alluit, in ea quæ Felix cognominatur, Ἰαμνίαν κώμην Ptolemæus agnoscat, lib. VI, cap. 7, quo ex vico nomen hærere et insulæ exadversus positæ proclive fuit. HARD.

36. *Berenice.* Βερενίκη πόλις Straboni, lib. XVI, pag. 770. Hodie, ut egregie demonstrat GOSSELLIN, *Recherches sur la Géogr. des Anciens*, tom. II, pag. 173 seqq. *Port des Abyssins*, sive, ut incolæ vocant, *Minet Belad el-Habesh*. Vicinum huic sinum immundum Strabo vocat, propter cautes et saxa, quibus exasperatur; Anglis etiamnunc *Foul Bay*. H. et ED.

37. *A Copto diximus.* Cap. 26 libri hujus. HARD.

38. *Arabes Autei.* Jam tertium id

XXXIV. Troglodytice[1], quam prisci Michoen, alii Midoen dixere. Mons[2] Pentedactylos: insulæ Stenæ[3] deiræ aliquot, Halonnesi[4] non pauciores: Cardamine[5], Topazos, quæ gemmæ nomen dedit. Sinus insulis refertus: ex[6] iis quæ Mareu vocantur, aquosæ: quæ Eratonos[7], sitientes. Regum[8] ii præfecti fuere. Introrsus[9] Candei, quos Ophio-

Arabum cognomen occurrit. Nam et his cognomines vidimus primum cap. sup. in mediterraneis Felicis Arabiæ populis. Deinde hoc ipso capite, in eo itinere quod est a Casio monte ad oppidum Arsinoen. Ii sunt qui Arabicum Ægypti nomon obtinebant, de quo lib. V, c. 9. Nunc vero denique circa mediam sinus Arabici oram occidentali latere sedes hi novissimi habuere. H. — *Gebadei.* Dalec. *Gnebadei.* Ed.

XXXV. 1. *Troglodytice.* Troglodyticen alii aliis finibus circumscribunt. Strabo, lib. XVI, p. 768, ab Heroum urbe, sive intimo sinus Arabici recessu: ad ipsas fere fauces sive angustias, toto propemodum littore occidentali produci ait. Subscribit et Ptolemæus, lib. IV, cap. 8. Brevioribus spatiis Plinius veram Troglodyticen, quam Michoen prisci dixere, concludit: dum mediam dumtaxat illius oræ partem, australem scilicet, Troglodytices appellatione denotat. A cavernis subeundis, nimii æstus vitandi causa, nomen sortiti sunt: Cavernas enim τρώγλας Græci vocant. *La côte d'Habesh.* Hard.

2. *Mons Pentedactylos.* Ὄρος Πενταδάκτυλον, Ptolemæo, lib. IV, c. 5, juxta Berenicen: quasi in quinque vertices, ceu totidem digitos, mons attolli videatur. H. —Chiffl. « mox Pentedactylos insula est Heneagræ, aliquot Halonessis. » Ed.

3. *Stenæ deiræ.* Στεναὶ δειραί, sic appellatæ, quod alveis admodum angustis, et exiguo intercurrente freto eæ insulæ, seu saxa verius, dispescantur. Tres insulas in hoc tractu agnoscit Agatharchides, lib. de Rubro mari, c. 42, apud Phot. in Bibl. cod. 250, p. 1365. H.

4. *Halonnesi.* Ἀλόννησοι, quo nomine et alias insulas, superioribus libris appellatas vidimus. Hard.

5. *Cardamine, Topazos.* Et sunt hæc pariter insularum nomina. De posteriore rursum, lib. XXXVII, c. 32, ubi et de gemma cognomine. Stephano Τοπάζιος νῆσος Ἰνδικὴ dicitur, pro Ἀραβικὴ. Post Berenicen locatur a Strabone, lib. XVI, pag. 770, a quo et Ὀφιώδης νῆσος vocatur, quod referta olim serpentibus foret. A Ptolemæo quoque lib. IV, cap. 5. Posterior eidem Ptolemæo, lib. VI, cap. 7, Καρδαμύνη. H.

6. *Ex iis quæ Mareu.* Chifflet. *ex his quæ Mara.* Μαρέου νῆσοι. Ptolemæo, lib. IV, cap. 8, Μύρωνος νῆσος. H. et Ed.

7. *Eratonos.* Chiffl. *Eranos.* Ed.

8. *Regum ii,* etc. Chifflet. *regum his præfectis fuere.* Ed.

9. *Introrsus Candei.* Ita libri omnes tum impressi, tum manu exarati. Ita etiam Mela, lib. III, cap. 61. Ultra Berenicen, « Candei habitant, inquit, quos ex facto,

phagos vocant, serpentibus vesci assueti, neque alia regio fertilior earum.

Juba, qui videtur diligentissime prosecutus hæc, omisit [2] in hoc tractu (nisi si exemplarium vitium est) Berenicen alteram, quæ Panchrysos [10] cognominata est : et tertiam, quæ Epidires [11], insignem loco. Est enim sita in [12] cervice

quia serpentibus vescuntur, Ophiophagos vocant. » Pro *Candei* legisse se in Pomponii Melæ MSS. codicibus *Panchæi*, testis est Isaac. Vossius in notis ad Melam, p. 293, cujus quidem viri fidem non ausim hac vice præstare. Panchaiam enim in Troglodytice ultima versus austrum, ac fere ad sinus Arabici fauces, Veterum nemo unus agnovit : ab ea certe longissime disertis verbis Plinius, lib. X, cap. 2, dissitam asseverat, nempe ad Solis urbem, quæ in inferiore Ægypto juxta Delta fuit : quam enim Solis urbem, hoc est, Heliopolim Plinius loco cit. Panchaiæ arrogat, hanc idem lib. V, cap. 9, et isto quem nunc tractamus, cap. 34, non procul Memphi statuit : hanc ipse Mela, cui similia Plinius libro decimo refert, Ægypto inferiori adjudicat, lib. III, cap. 8, pag. 62 : « Quum Phœnix adolevit, inquit, ossa pristini corporis inclusa myrrha Ægyptum exportat, atque in urbem quam Solis appellant, etc. » Quin ipse Græcus auctor, quem Vossius laudat locis cit. Παγχαίας τοὺς μέχρι τῶν τῆς Αἰγύπτου ὁρίων οἰκοῦντας, Ægypti finibus confines facit : Ægypti porro nomine solam inferiorem Ægyptum, non etiam Thebaidem a Veteribus comprehendi, notius est quam ut explicatu egeat, aut argumentis ullis,

et ex iis quæ diximus lib. V, cap. 9, perspicuum abunde est. Qui vero populi hoc loco appellantur a Plinio, ii non modo non in Ægypti vicinio sedes habent, sed ultra ipsam quoque Thebaidem rejecti, longa terrarum intercapedine ab ea Solis urbe disjuncti, versus austrum, et Arabici sinus angustias secedunt. HARD.

10. *Quæ Panchrysos*. Πάγχρυσον Latini totam ex auro dicunt : quod inde auri plurimum eruebatur. Hæc Straboni dicitur Βερενίκη κατὰ Σάβας, lib. XVI, pag. 771. Hodie forte *Malaki*, sive *Solaka*, ut opinatur GOSSELLIN. ED.

11. *Quæ Epidires*. Vet. ap. Dalec. Ἐπὶ Δειρῆς. ED. — Hoc est, Diræ promontorio adjacens. Quo plane modo Antiochiam ἐπὶ Δάφνης cognominari vidimus libro superiore, cap. 18. Meminit Δειρῆς promontorii, oppidique cognominis Strabo, lib. XVI, pag. 169 ; ipsam vero Berenicen, quæ prope Diram fuit, et Ptolemæus, lib. IV, cap. 7, Arsinoen appellant. Frustra sunt qui *Epitheras* legunt, invitis libris omnibus, quod Ptolemaidis, non Berenices, cognomen fuit. H. — Berenice Epidires *Bailul* hodie vocatur, auctore GOSSELLIN, op. cit. ED.

12. *Cervice longe procurrente*. Vet. ap. Dalec. *cervicem longe procurrentem*. ED.

longe procurrente, ubi[13] fauces Rubri maris VII[14] mill. D. passuum ab Arabia distant. Insula[15] ibi Cytis, topazium ferens et[16] ipsa.

3 Ultra[17] silvæ, ubi Ptolemais a Philadelpho condita ad venatus elephantorum, ob id Epitheras[18] cognominata, juxta lacum Monoleum. Hæc est regio secundo[19] volumine a nobis significata : in qua quadraginta quinque diebus ante solstitium, totidemque postea, hora sexta consumuntur umbræ, et in meridiem reliquis horis cadunt, cæteris diebus in septemtrionem : quum in Berenice[20], quam primam posuimus, ipso die solstitii sexta[21] hora umbræ in totum absumantur, nihilque adnotetur aliud novi. DCII mill. passuum intervallo a Ptolemaide, res ingentis exempli, locusque subtilitatis immensæ, mundo[22] ibi depre-

13. *Ubi fauces.* Hodie *le détroit de Bab-el-Mandel.* HARD.

14. *VII mill. D. pass. ab Arabia distant.* Ita Reg. 1, 2, Colb. 1, 2, Paris. Chiffl. Perperam editi *IIII mill. D. pass.* priore binarii nota in quinarium præpostere a librariis permutata. Sic Strabo lib. XVI, pag. 769, et Agathemerus, Geogr. lib. I, cap. 3, angustias hujusce freti ad LX stadia, εἰς ϛαδίους ἑξήκοντα contrahi scribit, quæ prorsus Plinianam mensuram adæquant. Sed et *ab Arabia distans*, libentius multo, quam *distant*, agnoverim : ut ad Berenicen oppidum, non ad fauces quæ Arabicum quoque littus alluunt, vox ea referatur. HARD.

15. *Insula ibi Cytis.* In ipso faucium aditu. Æque ac Topazos supra dicta, quæ plurimum abest ab hisce angustiis, fert et ipsa topazium. Γυθίτης Ptolemæo, lib. IV, cap. 8. Fortasse hodie *Mehun*. Hic autem errare Plinium, quum duas insulas topazium ferentes in Arabico sinu memoret, opinatur GOSSELLIN, quem vide op. c. t. II, p. 210. ED.

16. *Et ipsa. Ultra sylvæ*, etc. Chifflet. *et ipsa ultra sylvas*, etc. ED.

17. *Ultra.* Hoc est, ultra sinum, insulis refertum, cujus facta proxime antea mentio est, citra fauces sinus Arabici. Exstant eæ hodieque silvæ, quibus nomen est in Tabulis Geographicis, *Xumeta silva.* H.

18. *Epitheras.* Ptolemais ἐπὶ θήρας τῶν ἐλεφάντων, ad venatus elephantorum : et πρὸς τῇ θήρᾳ quoque ob id cognominata a Strabone, lib. XVI, pag. 776. Nunc *Buge.* H.

19. *Secundo volumine.* Libro II, cap. 75. HARD.

20. *Quum in Berenice, quam primam posuimus.* In calce superioris capitis. HARD.

21. *Sexta hora.* Hoc est, ipso medio die, quum sol ei oppido supra verticem imminet.

22. *Mundo ibi.* Mundi dimetiendi

LIBER VI.

henso, quum indubitata ratione umbrarum Eratosthenes mensuram terræ prodere inde cœperit[23]. Hinc Azanium 4 mare[24]: promontorium, quod aliqui Hispalum scripsere: lacus, Mandalum: insula Colocasitis[25], et in alto multæ, in quibus testudo plurima. Oppidum Suche[26], insula Daphnidis[27], oppidum Aduliton[28]. Ægyptiorum hoc servi a dominis profugi condidere: Maximum hic emporium Troglodytarum, etiam Æthiopum. Abest a Ptolemaide quinque dierum navigatione. Deferunt plurimum ebur, rhinocerotum cornua, hippopotamorum coria, chelyon[29] testu-

umbrarum beneficio ratione excogitata. HARD.

23. *Cœperit.* Chifflet. *conceperit.* ED.

24. *Azanium mare.* Hinc, inquit, appellari Azanium mare incipit, a Ptolemaide scilicet, cui adjacet Azania Æthiopiæ regio, a qua mari nomen. HARD.

25. *Colocasitis.* Vet. ap. Dalec. *Casitis.* ED.

26. *Suche.* Chifflet. *Sace.* ED. — A Sucho, Σούχου, conditore nomen habet, uti ex Strabone liquet, lib. XVI, pag. 770. HARD. — Hanc urbem eam esse quæ nunc *Suakem* dicitur, opinantur Hard. et D'ANVILLE, *description du golfe Arabique,* p. 172; sed GOSSELLIN illam in interiori regione sitam fuisse judicat: quem vide op. cit. t. II, pag. 207 et 208. ED.

27. *Daphnidis.* Δαφνίνη νῆσος Ptolemæo, lib. IV, cap. 8, quam in Arabico sinu collocat, quo nomine et Azanium quoque mare complectitur. HARD. — Hodie *Seyrman*, auctore GOSSELLIN. ED.

28. *Aduliton.* Ἀδουλειτῶν, hoc est, Adulitarum. Oppido nomen Ἀδούλη, apud Ptolem. lib. IV, cap. 7; Stephano, Ἀδουλις, πόλις Αἰθιόπων. HARD. — Tria fuisse Aduliton oppida demonstrat egregie op. cit. t. II, pag. 176, seqq. GOSSELLIN, quem consulere, si vacat, operæ pretium erit. Hoc autem de quo hic meminit Noster, *Arkiko* esse opinari videtur. ED.

29. *Chelyon testudinum.* Libri plerique omnes *celtium* habent. Hermolaum mirari subit, qui *celetum* κελήτων, tum hoc loco, tum lib. IX, cap. 12, probare summopere videtur: quoniam celetes Græcis sunt, et equitum genus singulis equis currentium in certaminibus, et navigia quædam, quorum similitudine hæ quoque testudines remigio mobilium cornuum in natatu utentes, celetes pariter dici potuerint. Itane vero? Erit igitur in gignendi casu, ut aiunt, vox ea *celetum:* quare quæ proxime antecedit, *coria,* ut ad hippopotamos, sic etiam ad testudines pertinebit. At id quam per se est absurdum! Nam testudinum coria audire æquo animo quis possit? Verum pro testudinis operimento, et

5 dinum, sphingia[30], mancipia. Supra[31], Æthiopes Aroteres: insulæ, quæ Aliæu[32] vocantur, item[33] Bacchias et Antibacchias, et Stratonis[34]. Hinc in ora Æthiopiæ sinus incognitus, quod admiremur, quum ulteriora mercatores scrutentur. Promontorium, in quo fons[35] Cucios, expetitus navigantibus. Ultra Isidis[36] portus, decem dierum remigio ab oppido Adulitarum distans. In eum Troglodytis myrrha confertur. Insulæ ante portum duæ, Pseudopylæ vocantur: interiores totidem, Pylæ: in altera stelæ[37] lapideæ litteris

χέλυον, et χελύνιον, et χελώνιον usurpatum a Græcis constat. « Troglodytæ, inquit idem Plinius, lib. IX, cap. 12, cornigeras testudines habent, ut in lyra, annexis cornibus, sed mobilibus, quorum in natando remigio se adjuvant. Chelyon genus id vocatur testudinis eximiæ, sed raræ. » Hinc testæ illi cornigerarum testudinum Chelyon nomen est datum, quod ei Chelyos, hoc est, lyræ instar, testudinis lata cornua annectunctur. HARD.

30. *Sphingia*. Simiarum id genus Æthiopicarum est, de quo dicemus lib. VIII, cap. 30, quo libro et de hippopotamis et de rhinocerote agemus. HARD.

31. *Supra*. Supra oppidum Adulitarum, sunt Æthiopes ἀροτῆρες, hoc est, aratores dicti. HARD.

32. *Quæ Aliæu*. Vet. apud Dalec. *Elææ*. ED. — Ἀλιαίου, ut superius Μαρέου. Fuerint enim fortassis hæ pariter ejus nomine appellatæ insulæ, qui præfectus Regum fuerat, quemadmodum quæ Μαρέου et Ἐρατωνος, dicebantur. Forte eæ sunt quæ Auctori Peripli maris Erythræi, νῆσοι μικραὶ πλείονες Ἀλαλαίου λεγόμεναι. Aut denique a portu Ἐλαία, quem inter oppidum Suche, de quo proxime dictum est, et Stratonis insulam, de qua mox, Strabo collocat, lib. XVI, pag. 770, accepisse nomen eæ potuerunt. HARD. — Hodie *Dahal-Alley*, ut censet GOSSELLIN. ED.

33. *Item Bacchias*. Βάχχου καὶ Ἀντιβάχχου in Arabico pariter sinu insulæ a Ptolemæo collocantur, lib. IV, cap. 8, et a Stephano. HARD.

34. *Stratonis*. Στράτωνος Straboni, loc. cit. citra fauces Arabici sinus, atque in sinu ipso. Liber de mensura orbis terræ: « Idem Plinius Secundus in sexto libro juxta Æthiopas Aroteras, insulas esse docet: item Bacchias, et Antibacchias, et Stratioton: » quasi ϛρατιωτῶν, hoc est, militum. HARD.

35. *Fons Cucios*. An *Coracios*? Nam Κορακίου χώραν hoc ipso in tractu Strabo agnoscit, lib. XVI, pag. 771. HARD.

36. *Isidis portus*. Aliud est Isidis fanum, cujus Strabo meminit, pag. 770, juxta Ptolemaidem Epitheras cognominatam. HARD.

37. *In altera stelæ lapideæ*, etc. Quales videlicet supra diximus cap. 32. HARD.

ignotis[38]. Ultra sinus[39] Abalites. Insula[40] Diodori, et aliæ desertæ: per continentem quoque deserta: oppidum Gaza, promontorium et portus [41] Mossylicus, quo cinnamomum devehitur. Huc[42] usque Sesostris exercitum duxit.

Aliqui unum Æthiopiæ oppidum ultra ponunt in littore Baragaza. A Mossylico[43] promontorio Atlanticum[44] mare incipere vult Juba, præter Mauritanias suas Gadeis usque navigandum Coro. Cujus[45] tota sententia hoc in loco

38. *Ignotis.* Vet. ap. Dalec. *incognitis.* ED.

39. *Sinus Abalites.* Ultra fauces sinus Arabici idem Ἀυαλίτης κόλπος Stephano, et Ptolemæo, lib. IV, cap. 7. HARD.

40. *Insula Diodori.* In Arabico sinu a Ptolemæo statuitur, lib. IV, cap. 8, Διοδώρου νῆσος. HARD. — Nunc, ut censent D'ANVILLE et GOSSELLIN, *île des Français.* ED.

41. *Portus Mossylicus.* Vet. ap. Dalec. *portus Cossylicus.* Dalec. *portus Mossylites.* ED. — Μόσυλον promontorium Ptolemæo, lib. IV, cap. 7. Cinnamomi Mossylici meminit Theophr. Hist. lib. IX, cap. 5. H. — Promontorio nomen hodie *cap de Mète,* portus autem parvi fluminis nunc *Soul* sive Soal dicti ostium fuisse videtur. ED.

42. *Huc usque Sesostris.* Et aras ibi, columnasve struxit, ceu monumenta quædam expeditionum suarum. Strabo, lib. XVII, pag. 790. HARD.

43. *A Mossylico.* Dalecamp. *a Mossylite.* Refert hæc quoque Solinus, cap. LVI, p. 87, ex Juba. ED.

44. *Atlanticum mare.* Hoc est, ingens illud mare, quod cum occidentali Oceano, sive Hesperio, cui peculiare et proprium Atlantici nomen est, conjungitur et copulatur. Quamobrem, inquit, Juba censuit a Mossylico promontorio navigari id mare Coro primum percommode : atque eodem mari, ora Africæ circumlustrata, præterlegendo demum Mauritanias Gades usque perveniri tuto posse. Corus sive Caurus ab solis occasu solstitiali spirat, ut diximus lib. II, c. 46. — Nihil est interpretatione nostra hoc loco planius, nihil certius : nusquam pariter omnium exemplarium, quam in his verbis, consensio major. Ex iis tamen dum extricare se Salmasius nequit, prolixa Exercitatione in Solin. pag. 1244, usque ad pag. 1266, nec sanæ mentis Plinium fuisse exclamat, dum hæc scriberet, nec Solinum, qui hausit a Plinio. Est et qui Jubam hallucinatum putet : est qui Plinium inconsiderantiæ arguat, qui ΓΑΔΕΙΡΗΣ ΣΤΕΝΑ cursim legerit pro ΤΑ ΔΕΙΡΗΣ ΣΤΕΝΑ, hoc est, Gaditanum fretum, pro Arabico. Sed argutias ejuscemodi falsasque criminationes sensus ipse scriptoris, nostra munitus interpretatione, confutat. H.

45. *Cujus tota sententia hoc in loco,* etc. De navigatione sinus Arabici. HARD.

subtrahenda non est. A promontorio Indorum[46], quod vocatur Lepteacra[47], ab aliis Drepanum, proponit recto cursu præter[48] Exustam, ad Malchu insulam $\overline{\text{xv}}$[49] passuum esse. Inde ad locum quem vocant Sceneos, CCXXV M. Inde ad insulam[50] Adanu, centum quinquaginta mill. passuum. Sic fieri ad[51] apertum mare XVIII[52] LXXV mill.
7 passuum. Reliqui[53] omnes propter solis ardorem navigari posse non putaverunt. Quin[54] et commercia ipsa infestant ex insulis Arabes[55] Ascitæ appellati, quoniam bubulos

46. *A promontorio Indorum.* Indos Juba vocat Æthiopas Troglodytas. HARD.

47. *Lepteacra.* Id, inquit, Æthiopum sive Troglodytarum promontorium alii Lepten acram vocant, alii alterum huic proximum esse aiunt, Drepanum appellatum. Λεπτὴ ἄκρα Ptolemæo, lib. IV, c. 5, juxta Berenicen et Pentadactylum. Δρέπανον juxta Myoshormon. H.

48. *Præter Exustam.* Præternavigantibus insulam, quæ Exusta dicebatur. Eodem ordine tres eæ insulæ recensentur ab auctore Peripli Maris Erythræi : Κατακεκαυμένη : quæ Exusta latine dicitur : Μαλίχου, Ἀδάνου.— Libri hactenus editi, *præter exusta:* quam lectionem avide Salmasius arripit, in Solin. pag. 1240, ac locum hunc reprehensionis ansam habere haud levem putat, perinde quasi Æthiopiæ exusta Plinius intellexerit, non insulam Arabici sinus Κατακεκαυμένην, ut diximus, appellatam ab auctore Peripli maris Erythræi : cujus admonitu pro *insulam Sadanum,* quæ lectio est librorum fere omnium, *insulam Adanu,* Ἀδάνου νῆσον, substituimus. HARD.

49. $\overline{XV}$ *passuum.* Hoc est, quindecies centena millia passuum. Hic enim numerus ad eam summam, quæ mox colligitur, necessarius est : atque ita quidem Solinus habet, cap. LVI, pag. 87. HARD.

50. *Ad insulam Adanu.* Dalec. *ad insulam Sadanum.* ED.

51. *Ad apertum mare.* Ab Adanu insula ad Mossylicum promontorium, unde mare ingens illud et apertum incipere diximus, quod Atlantico committitur. HARD.

52. $\overline{XVIII}$ *LXXV.* Hoc est, Solino ipso interprete, loco cit. decies octies centena, et septuaginta quinque passuum millia, quæ summa ex superioribus numeris recte conficitur. In libris editis perperam scribitur, LXXXV. HARD.

53. *Reliqui omnes.* Cæteri, præter Jubam, Arabicarum rerum scriptores. Solinus, loc. cit. HARD.

54. *Quin et commercia.* Quæ navigantes exercent in Arabico sinu, et ad Mossylicum usque promontorium. HARD.

55. *Arabes Ascitæ.* A græca voce ἀσκὸς, quæ utrem significat. Stephanus : Ἀσκῖται, ἔθνος παροικοῦν τὸν Ἰνδικὸν κόλπον, καὶ ἐπὶ ἀσκῷ πλέων, ὡς Μαρκιανὸς ἐν τῷ περίπλῳ αὐτοῦ. Solinus in hujus loci para-

utres binos sternentes⁵⁶ ponte piraticam exercent sagittis venenatis. Gentes Troglodytarum idem Juba tradit Therothoas⁵⁷ a venatu dictos, miræ velocitatis: sicut Ichthyophagos, natantes⁵⁸, ceu maris animalia: Bargenos, Zageras⁵⁹, Chalybas, Saxinas, Syrecas, Daremas, Domazanes. Quin et accolas Nili a Syene non Æthiopum populos, sed Arabum esse dicit usque Meroen. Solis quoque oppidum, quod non procul Memphi in Ægypti situ⁶⁰ dixi-

phrasi: « Mercantium ibi transitus infestari ex Arabicis insulis dicit Juba: quas Ascitæ habent Arabes, quibus e re nata datum nomen: nam bubulis utribus contabulatas crates superponunt, vectatique hoc ratis genere prætereuntes infestant sagittis venenatis. » De his Ascitis superius dictum est cap. 32. H.

56. *Sternentes ponte.* Hoc est, asseribus, seu crate superposita, quo veluti ponte maria securi, navium vice, percurrant. HARD.

57. *Therothoas a venatu.* A venatu thoum, de quibus libro VIII, Θηροθόαι sunt appellati: iidem aliis Θωσθῆραι, nam et Θῶες et Θόες Græci scribunt: et Θηροθόαι perinde ac Θωσθῆραι, quemadmodum apud Suidam Θηρολέξης et Λεξιθήρης. De his iterum libro subsequente, cap. 2. Martianus, lib. VI, cap. de Babylonia, p. 226: « Feras, inquit, cursu prætereunt. » HARD.

58. *Natantes, ceu maris animalia.* Fuit qui legendum arbitraretur, *venantes sui maris animalia*: quod per se frigidum mihi visum est, quoniam sui maris animalia venari non unius cujuspiam gentis peculiare esse possit, sed cum pluribus commune esse necesse sit. Sane præter consensum codicum ita scripsisse Plinium, uti edidimus, Plinii transcriptores testantur: Martianus, lib. V, c. de Babylonia, pag. 226: « Habitantur etiam, inquit, adusta Troglodytarum, et Ichthyophagorum gentibus. Sed primi feras cursu prætereunt: alteri nando marinas belluas vincunt. » Et secutus eum Solinus, cap. LVI, pag. 87: « Ichthyophagi non secus quam marinæ belluæ nando in mari valent. » Quin ipsa orationis structura lectionem eam mirifice constabilit: quum enim asseverat Therothoas miræ velocitatis esse in venatu, sicut Ichthyophagos, velocitatem haud dubie innuit in venatu sui generis: ut sicuti Therothoæ cursu feras, ita pisces natatu Ichthyophagi assequi existimentur, quasi et ipsi maris animalia quædam forent. Eadem forma loquendi in Cod. Theod. lib. VII, tit. 1, de re militari, lib. XIII, jubentur milites « procul a cunctorum obtutibus vagos natatus animalium exercere », hoc est, animalium more natare. HARD.

59. *Bargenos, Zageras. Bangenos, Zangenas,* in MSS. Colb. 1, 2, etc. HARD.

60. *In Ægypti situ diximus.* Heliopolim intelligit, de qua dictum

mus, Arabas conditores habere. Sunt et qui ulteriorem ripam[61] Æthiopiæ auferant, annectantque Africæ, ripas autem incolere propter aquam. Nos relicto cuique intelligendi arbitrio, oppida quo traduntur ordine utrimque ponemus.

XXXV. A Syene[1], et prius Arabiæ latere, gens Catadupi. Deinde Syenitæ. Oppida: Tacompson[2], quam quidam appellaverunt[3] Thathicen, Aranium[4], Sesanium, Sandura, Nasaudum, Anadoma, Cumara, Peta et Bochiana, Leuphithorga, Tantarene, Mœchindira, Noa, Gophoa, Gystate[5], Megeda, Lea, Rhemnia, Nupsia, Direa, Pataga, Bagada, Dumana, Rhadata, in quo felis[6] aurea pro Deo colebatur. Boron in mediterraneo, Mallos, proximum Meroæ: sic prodidit[7] Bion.

Juba aliter: oppidum in monte Megatichos[8], inter Ægyptum et Æthiopiam, quod Arabes Myrson vocavere. Deinde[9] Tacompson, Aranium, Sesanium, Piden, Mamuda, Corambin, juxta eam bituminis fontem: Hammo-

est lib. V, cap. 9. Arabibus hodieque Bethsemes appellatur, hoc est, *Domus Solis.* Ab Israelitis, dum in Ægypto essent, conditam asseverat Isidorus, Etymol. lib. V. HARD.

61. *Ulteriorem ripam.* Gentes quæ ripam Nili orientalem accolunt. H.

XXXV. 1. *A Syene.* De Syene et Catadupis, lib. V, cap. 10. H.

2. *Tacompson.* Τάκομψος, κώμη ἐν τοῖς ὁρίοις Αἰγυπτίων καὶ Αἰθιόπων, inquit Stephanus: vicus est in confinio Ægypti et Æthiopiæ. Ταχομψὼ Herodoto, Euterpe, lib. II, num. 29, pag. 100. Cætera sunt vetustis scriptoribus ignota prorsus oppidorum nomina: quæ nec nosse operæ pretium, nec plane nesciisse ullum rerum dispendium fuerit: quum vel ante Augusti tempora nullum ex iis oppidis prorsus exstaret. HARD.

3. *Appellaverunt.* Chifflet. *appellarunt.* ED.

4. *Aranium, Sesanium.* Vet. ap. Dalec. *Araman, Sesamon.* ED.

5. *Gystate.* Dalecamp. et Elzev. *Gystatæ.* ED.

6. *In quo felis.* De cultu felis apud Ægyptios, Eusebius ex Bardesane, Præpar. lib. VI, p. 280. H.

7. *Prodidit Bion. Juba aliter.* Dalec. *prodidit Bion, Juba aliter.* ED.

8. *Megatichos.* Μέγα τεῖχος, voce græca magnum oppidum, castellumve significante. HARD.

9. *Deinde Tacompson.* Eam ipsam nimirum, cujus facta superius mentio: sed alio a Juba, quam a Bione, ordine recensita. HARD.

dara, Prosda, Parenta, Mama, Tessara, Gallas, Zoton, Graucomen¹⁰, Emeum, Pidibotas, Hebdomecontacometas¹¹, Nomadas in tabernaculis viventes: Cysten¹², Pemmam, Gadagalen, Paloin, Primin, Nupsin, Daselin, Patin, Gambreves, Magasen¹³, Segasmala, Cranda, Denna,

10. *Graucomen.* Γράου κώμην, Grai vicum. HARD.

11. *Hebdomecontacometas.* Ἑϐδομηκονταχωμήτας latine septuagintavicanos, satis apte dixeris. HARD.

12. *Cysten*, etc. Vet. ap. Dalec. *Cysteni, Pemmani, Gadagaleni, Paroi, Patrimi.* ED.

13. *Magasen, Segasmala, Cranda, Denna, Cadeuma, Thena, Batha, Alana, Macum,* etc. *Magasen.* Vet. ap. Dal. *Cagasnæ.* ED. — Hæc nomina forte sincerius codices MSS. exhibent, Colb. 1, 2, et Paris. « Magas, Neosegas, Malacram, Dadenna, Cadeum, Mathena, Botta, Alanam, Macuam ». mox ubi legitur, *Pyndis, Magusa;* Parmensis editio, et Romana prior, aliæque vetustæ, habent *Epyndis, Magusa.* Inde inscriptus est Postumi Augusti nummus, HERCVLI MAGVSANO; in quo stat Hercules cum clava, et arcu, et leonis exuviis, apud Tristan. pag. 146. Significatur imitatus Herculem Postumus; quippe qui in regionem, quæ postea Alsatia dicta est, hostem insequens penetrarit, procul a ditione sua : ut Hercules Ægyptius, cujus Herodotus meminit, lib. II, p. 145, ultra Ægyptum et Syenen progressus, ac proinde Magusam usque, quæ ripæ Nili occidentali ulterius apposita erat, pervasisse ferebatur. Similem ob causam inscriptus alter ei nummus est aureus, qui est in Thesauro Regio : HERCVLI LIBYCO : in quo Antæum Hercules brachiis comprimit, ut significetur, compressam similiter ducis aut regis Germanici ferocitatem fuisse : nam rex Antæus fuit. Plinius, lib. V, cap. 1 : « Africam Græci Libyam appellavere... Lixos vel fabulosissime antiquis celebrata. Ibi REGIA Antæi, certamenque cum Hercule.» In alio similiter nummo, qui est ibidem aureus, HERCVLI ERYMANTINO legitur : in eo Hercules humeris gestat aprum in Erymantho Arcadiæ monte captum : ut significetur feritas hominis a Postumo debellati similis apro. Ea similitudine usus est etiam Vates Regius, Psal. LXXIX, vers. 14, ubi de vinea Domini, hoc est, de terra Israelitica, quam Philistæus vastabat, « Exterminavit eam, inquit, APER de silva, singularis ferus depastus est eam. » Neque enim in Galliis aut Erymanthus, aut Libya, aut Magusa quærenda est, aut Creta, aut Argos; nam et HERCVLI CRETENSI et HERCVLI ARGIVO ejusdem numismata quædam feruntur inscripta. Sed Deuso dumtaxat, ubi alia ejusdem Postumi Romani percussa sunt ex ære magno et ex argento, cum hac epigraphe, HERCVLI DEVSONIENSI, sive cum Herculis, sive cum templi effigie : ut apud D. VAILLANT, pag. 187, et apud Tristanum, tom. III, pag.

Cadeuma, Thena, Batha, Alana, Macum, Scaminos, Goram in insula : ab iis Abala, Androcalim, Seren, Mallos, Agocen[14].

3 Ex Africæ latere[15] tradita sunt eodem nomine Tacompsos altera, sive pars prioris : Magora, Sea, Edosa, Pelenaria, Pyndis, Magusa, Bauma, Linitima, Spintum[16], Sydopta, Gensora, Pindicitora, Agugo[17], Orsima, Suasa, Maumarum[18], Urbim, Mulon, quod oppidum Græci Hypaton[19] vocarunt : Pagoargas, Zamnes, unde elephanti incipiant : Mamblia, Berresa[20], Cetuma. Fuit quondam et Epis oppidum contra Meroen, antequam Bion scriberet, deletum.

4 Hæc sunt prodita usque Meroen : ex quibus hoc tempore nullum prope utroque latere exstat. Certe[21] soli-

145, ob templum utique Herculi a Postumo ædificatum Deusone, post victoriam Germanicam, veluti tutatori limitis romani. Est autem *Deuso* oppidum vetus in finibus Lotharingiæ, ubi tum claustra Imperii adversus Germanos Postumus strenue tutabatur. Nomen antiquum hodieque retinet, *Dieuze*, ubi salinæ sunt laudatissimæ; in provincia dicta hodie *département de la Meurthe*. Ipse autem Postumus in suis nummis scribitur, IMP. C. M. CASS. LAT. POSTVMVS P. F. AVG. « Imperator Cæsar Marcus Cassius Latro Postumus Pius Felix Augustus. » *Marcus*, ut ex gente Antonia ; in qua Marci prænomen primogenitorum fuit. *Cassius*, ex Cassia : unde et ille Cassius, cujus sunt nummi inscripti, post Cæsaris Dictatoris necem : CASSI. IMP. LEIBERTAS. HARD.

14. *Agocen*. Chiffl. *Agolen*. ED.
15. *Ex Africæ latere*. A Syene, inquit, Meroen versus et austrum, lateri Nili amnis occidentali, qua spectat Africam, adsident oppida quæ sequuntur. HARD.

16. *Spintum*. Chiffl. *Spinton*. Dal. *Spyntuma*. ED.

17. *Agugo*. Dalec. *Eugoa*. ED.

18. *Maumarum*, *Urbim*, *Mulon*. Ita rescripsimus ex fide codicum Reg. 1, 2, Colb. 1, 2, et Paris. Prius legebatur in impressis, *Maum, Rhuma*, *Urbuma*, *Mulona*. HARD.

19. *Hypaton*. Vet. apud Dalec. *Hypatiton*. ED. — Ὕπατον, quasi supremum et ultimum. HARD.

20. *Berresa*. Locum hic habere fortassis possit Βέρεξ, quod oppidum Timocrates apud Stephanum, Æthiopiam inter Indiamque, laxiore certe nec satis distincto intervallo, collocat. HARD.

21. *Certe solitudines*, etc. Chiffl. cod. *certe solitudines, ut nuper*, etc. Dalecampius dat *cætera solitudines*, etc. ED.

LIBER VI.

tudines nuper renunciavere principi Neroni, missi[22] ab eo milites prætoriani cum tribuno ad explorandum, inter reliqua bella et Æthiopicum cogitanti. Intravere autem et eo arma romana Divi Augusti temporibus, duce P. Petronio[23], et ipso equestris ordinis præfecto[24] Ægypti. Is oppida eorum expugnavit, quæ sola invenerat, quo dicemus ordine: Pselcin[25], Primin[26], Aboccin[27], Phthurin[28], Cambusin[29], Attevan[30], Stadisin[31], ubi Nilus præcipitans se, fragore auditum accolis aufert. Diripuit et[32] Napata.

22. *Missi ab eo milites.* Refert hæc pariter Dio, lib. LXIII, pag. 719. Alias quoque ad Nili fontes explorandos, missos esse a Nerone centuriones duos, qui a rege Æthiopiæ instructi auxilio fuerunt, auctor est Seneca, Natur. quæst. lib. VI, cap. 8, pag. 907. HARD.

23. *P. Petronio.* Caium, non Publium, appellat Dio, lib. LIV, pag. 526, ubi hanc expeditionem susceptam refert anno U.C.DCCXXXII, M. Claudio Marcello Æsernino, L. Aruntio Coss. Γάϊον Πετρώνιον τὸν τῆς Αἰγύπτου ἄρχοντα, etc. H.

24. *Præfecto Ægypti. Is oppida,* etc. Dalec. *præfecto Ægyptiis. Oppida,* etc. Chiffl. *præfecto. Ægyptiis, oppida expugnavit, quæ sola invenimus,* etc. ED.

25. *Pselcin.* Ψελκὶς Ptolemæo, lib. IV, c. 5, e regione Tacompsi oppidi Straboni, lib. XVII, pag. 820. Ψέλκη, ubi de facta ejus oppidi a Petronio expugnatione prolixior oratio instituitur. In Conc. Calched. *Joannes Episc. Pselcis* subscripsit. HARD. — Haud longe ab oppido *Ibrim* stetisse videtur erudito viro BARBIÉ DU BOCAGE. ED.

26. *Primin.* Πρίμις μεγάλη Ptolemæo, lib. IV, cap. 7, in ripa Nili orientali, post Pselcin. Πρῆμνις est Straboni, lib. XVII, p. 820. Πρῖμα Olympiodoro, apud Photium, cod. LXXX. HARD. — Illam in insula *Sai*, aut saltem contra illam sitam fuisse opinatur idem BARBIÉ DU BOCAGE. ED.

27. *Aboccin.* Ἀβουγκὶς Ptolem. loco citato, ab occidentali fluvii parte. HARD.

28. *Phthurin.* Φθοῦρι Ptolemæo, loc. cit. atque eodem situ. HARD.

29. *Cambusin.* Dalec. *Canbusin.* ED. — Καμβύσου ταμιεῖα, Cambysæ ærarium Ptolemæo, loco cit. De Cambysæ expeditionibus Meroen usque susceptis, multa Strabo, lib. XVII, pag. 790. HARD.

30. *Attevan.* Sic enim scribo, pro *Attenan*, quod in Dalec. legitur. Est enim hæc Ptolemæi Αὐτόβα loc. cit. HARD. et ED.

31. *Stadisin.* Τασιτία Ptolemæo, loc. cit. juxta magnum catarracten, ubi Nilus præcipitans se, fragore auditum accolis aufert. HARD.

32. *Et Napata.* Chiffl. et *Neata.* Νάπατα Ptolemæo, loc. cit. latere Nili orientali. Haud longe a *Dongolah*, quæ urbs nunc in ea regione primas tenet, ut noster existimat BARBIÉ DU BOCAGE. ED.

II.   47

Longissime autem a Syene progressus est DCCCCLXX[33] mill. passuum. Nec tamen arma romana ibi solitudinem fecerunt. Ægyptiorum[34] bellis attrita est Æthiopia, vicissim imperitando serviendoque, clara et potens etiam usque[35] ad Trojana bella Mennone regnante : et Syriæ imperitasse eam, nostroque[36] littori, ætate regis[37] Cephei, patet Andromedæ[38] fabulis.

6 Simili modo et de mensura ejus varia prodidere : primus Dalion ultra Meroen longe subvectus : mox Aristocreon, et Bion, et Basilis : Simonides minor etiam[39], quinquennio in Meroe moratus, quum de Æthiopia scriberet. Nam[40] Timosthenes classium Philadelphi præfectus, sine[41] mensura, dierum LX a Syene Meroen iter prodidit : Eratosthenes[42] DCXXV mill. Artemidorus DC mill. Sebosus ab

---

33. *DCCCLXX.* Dalecamp. *DCCCLXX.* ED.

34. *Ægyptiorum bellis.* Sesostri Ægypti rege totam Æthiopiam bello vastante, ut auctor est Strabo, lib. XVII, pag. 790; Diodorus Siculus, Bibl. lib. I, pag. 50, 55 et 59, et prior cæteris Herodotus, Euterpe, lib. II, num. 110, pag. 129. HARD.

35. *Usque ad Trojana.* De Memnone Æthiopiæ rege, multa Philostratus, de vita Apoll. lib. VI, c. 9. Aurora et Tithono genitum ait fuisse Apollodorus, de Diis, lib. III, ante Trojana tempora. In MSS. Plinianis *Mennone* scriptum est; non *Menone,* quod est nomen græcum. In editione romana anni 1470, *Memnone.* Verum in septem sequentibus Plinii editionibus scriptum est *Menone;* quasi hæsitantibus qui edebant, num propter MSS. codices *Mennone* legi oporteret, an propter scriptores græcos *Memnone.* Vide quoque lib. X, cap. 37, et lib. XXXVII, cap. 63. HARD.

36. *Nostroque littori.* Dalecamp. *nostroque littore.* ED. — Mediterranei maris littori, qua Syriam alluit. HARD.

37. *Regis Cephei.* A quo Æthiopia cognomen accepit. Ovid. Metam. lib. IV, vers. 669 : « Æthiopum populos, Cepheia despicit arva. » HARD.

38. *Andromedæ.* Quam bellæ objectam ante Joppen ferunt, Syriæ littore, ut dictum est lib. sup. cap. 34. HARD.

39. *Etiam.* Vet. apud Dalecamp. *ætate.* ED.

40. *Nam Timosthenes.* Dalec. *Nam et Timosthenes.* ED.

41. *Sine mensura.* Locorum intervallo minime notato. HARD.

42. *Eratosthenes DCXXV.* Seu græca mensura, qua usus videtur Eratosthenes,. stadiis quinquies

LIBER VI.

Ægypti extremis sedecies[43] centena LXXV mill. passuum: unde[44] proxime dicti $\overline{\text{XII}}$ L. Verum omnis hæc finita nuper disputatio est, quoniam a[45] Syene DCCCLXXIII mill. Neronis exploratores renunciavere his modis: a Syene Hieran[46] sycaminon LIV mill. passuum. Inde Tama LXXII[47] millia passuum. Regionem Evonymiton[48] Æthiopum primam, CXX, Acinam LIV[49] mill. Pitaran XXV, Tergedum, CVI mill. Insulam[50] Gagauden esse in medio eo tractu. Inde primum visas aves psittacos, et ab altera (quæ vocatur Artigula) animal sphingion[51], a Tergedo cynocephalos. Inde Napata[52] LXXX mill. Oppidum id parvum inter[53] prædicta solum. Ab eo ad insulam Meroen CCCLX mill. Herbas circa Meroen demum viridiores[54], silvarumque aliquid appa-

mille, ut dictum est lib. II, cap. 75. HARD.

43. *Sedecies centena LXXV.* Chiffl. *LXVI LXX.* ED.

44. *Unde proximi dicti $\overline{XII}$.* Libri editi, $\overline{XII}$ LXX. refragantibus MSS. Reg. 1, 2, Colb. 1, 2, Paris. et Chiffl. quos secuti sumus: maxime adstipulante Strabone, qui ab Alexandria Meroen Nili defluxu intervallum esse prodidit stadiorum decies mille, διὰ τῆς τοῦ Νείλου ῥύσεως ἀπὸ Μηρόης ἕως Ἀλεξανδρείας, ϛάδιοι περὶ μυρίους, quæ stadiorum mensura cum numero passuum, quem Pliniani MSS. exhibent, plane congruit. HARD.

45. *A Syene. DCCCLXXIII.* Reg. 1, DCCCLXXIII, Reg. 2, DCCCLXXVI, alii aliter: editi libri DCCCLI. Nos DCCCLXXIII, quoniam hæc summa quadrat cum sequentibus mensuris, detracta ex codicibus MSS. nota centenarii, quæ supervacua est. HARD.

46. *Hieran sycaminon.* Quasi Sacram morum, sive sacram sycomorum latine dixeris. Antoninus a Syene ad Hieran sycaminon passuum millia numerat octoginta: sed longiore, ut apparet, itinere, propter diverticula, flexusque mansionum. HARD.

47. *LXXII.* Dalec. *LXXV.* ED.

48. *Evonymiton.* Εὐωνυμῖται, ἔθνος Αἰγύπτιον πρὸς τῇ Αἰθιοπίᾳ. Stephanus, pag. 281. Agathemerus, Geogr. lib. II, cap. 5, καὶ μετὰ τὸν μέγαν καταῤῥάκτην ἀπὸ μὲν δυσμῶν τοῦ Νείλου Ἐπωνυμῖται. « Post magnum Nili catarracten, ad occidentale fluvii latus, Evonymitæ. » HARD.

49. *LIV.* Chiffl. *LXXV.* ED.

50. *Insulam Gagauden.* Quam Nilus efficit, medio in tractu Syenen inter Meroenque. HARD.

51. *Sphingion.* Simiarum genus, de quo lib. VIII, ubi et de cynocephalis dicetur. HARD.

52. *Napata.* Chiffl. *Naraba.* ED.

53. *Inter prædicta solum.* Cæteris bello deletis, solum id restat. H.

54. *Viridiores*, etc. Chiffl. *viridiores silvarum apparuisse.* ED.

8 ruisse, et rhinocerotum elephantorumque vestigia. Ipsum oppidum Meroen ab introitu insulæ[55] abesse LXX mill. passuum; juxtaque aliam insulam[56] Tadu dextro[57] subeuntibus alveo, quæ portum faceret. Ædificia oppidi pauca. Regnare feminam Candacem[58], quod nomen multis jam annis ad reginas transiit[59]. Delubrum Hammonis et[60] ibi religiosum, et toto tractu sacella. Cæterum quum potirentur rerum Æthiopes, insula ea magnæ[61] claritatis fuit. Tradunt armatorum CCL mill. dare solitam, artificum CCCC[62] mill. alere. Reges Æthiopum XLV et hodie traduntur. (XXX.) Universa vero gens Ætheria[63] appellata est, deinde Atlantia, mox a[64] Vulcani filio Æthiope Æthiopia.

9 Animalium hominumque effigies[65] monstriferas circa extremitates ejus gigni minime mirum, artifici ad for-

55. *Ab introitu insulæ.* Est enim ejus insulæ ingens amplitudo: longitudinis scilicet, trium millium stad. hoc est, CCCLXXV mill. pass. latitudinis stadiorum mille, hoc est, CXXV mill. pass. auctore Strabone, lib. XVII, pag. 821. Ab introitu vero insulæ abesse oppidum Meroen stadiis septingentis idem prodidit, pag. 786, quæ efficiunt LXXXVII M. D. pass. H.—De Meroes situ vid. FR. CAILLIAUD, *Voyage à Méroé et au fleuve Blanc.*

56. *Insulam Tadu.* Ita MSS. omnes. Editi, *Tatu.* HARD.

57. *Dextro.* Qui vergit in Africam. HARD.

58. *Candacem.* Ita Colb. 1, 2, et Paris. non, ut editi libri, *Candaocen*, vel ut Chiffl. *Canagem.* Κανδάκη vocatur a Strabone, lib. XVII, pag. 820, quæ Petronio Ægypti provinciam, bellumque Æthiopicum administrante, legatos ad Augustum Cæsarem misit. H. et ED.

59. *Transiit.* Chiffl. *transit.* ED.

60. *Et ibi.* Vet. ap. Dalec. *est et ibi.* Ut in Libya. ED.

61. *Magnæ claritatis.* Æthiopum regia, Straboni lib. XVII, pag. 821, et alibi. De ea diximus lib. V, cap. 10. HARD.

62. *CCCC mill. alere. Reges*, etc. Chiffl. *III M. alere reges.* ED.

63. *Ætheria.* Ἀερίαν dictam esse olim Æthiopiam auctor est Hesychius, verbo Ἀερία: ab eo fortassis tempore, quo Ægyptus imperitavit Æthiopiæ, ut superius dictum est: nam et Ægypto ipsi inditum id nomen fuisse, auctor est, præter alios, Gellius lib. XIV, cap. 6, pag. 777. HARD.

64. *A Vulcani filio Æthiope.* Aut fortassis a vultus nigredine: Græcis ita appellantibus, ab αἴθω, uro, et ὤψ, *vultus:* quasi vultu solis calore perusto. HARD.

65. *Effigies monstriferas.* Chiffl. *monstrificas effigies.* ED.

manda corpora effigiesque cælandas mobilitate⁶⁶ ignea. Ferunt certe⁶⁷ ab orientis parte intima gentes esse sine naribus, æquali totius oris planitie. Alias superiore labro orbas, alias sine linguis. Pars⁶⁸ etiam ore concreto et naribus carens, uno tantum foramine spirat, potumque calamis avenæ trahit, et grana ejusdem avenæ sponte provenientis ad vescendum. Quibusdam⁶⁹ pro sermone nutus motusque membrorum est. Quibusdam ante Ptolemæum⁷⁰ Lathurum regem Ægypti ignotus fuit usus ignium. Quidam⁷¹ et Pygmæorum gentem prodiderunt inter⁷² paludes, ex⁷³ quibus Nilus oriretur.

In¹ ora autem, ubi desiimus, continui² montes, arden-

66. *Mobilitate ignea.* Cæli Æthiopici calore, vicinioque solis varie agitatas atomos, ad efficiendas multiplices corporum figuras conferre plurimum putat. Nec sane diffiteor, ut alibi vi frigoris nimia, sic in iis terris ignium intemperie multa posse peccare naturam, immo et solere. HARD.

67. *Certe.* Chiffl. *certis.* ED.

68. *Pars etiam.* Solinus, cap. XXX, pag. 56. HARD.

69. *Quibusdam pro.* Solinus loc. cit. Vide notas Lud. VIVES, in lib. XVI; August. de Civit. Dei, cap. 8. Hujuscemodi silvestres homines, qui nutibus pro sermone utantur, ait esse in Hispaniola Occidentalis Indiæ insula, Petrus Martyr. H.

70. *Ptolemæum Lathurum.* Dalec. *Ptolemæum Lathyrum.* ED.—Regum Ægypti ejus nominis septimus is fuit. Refert hoc Solinus pariter loc. cit. HARD.

71. *Quidam.* Aristoteles, Hist. Anim. lib. VIII, et Mela, lib. III, cap. 8 : « Fuere, inquit iste, interius Pygmæi, minutum genus, et quod pro satis frugibus contra grues dimicando defecit. » Ad Nili fontes ab Aristotele pariter collocantur. De Pygmæis diximus cap. 22. HARD.

72. *Inter paludes.* Dalec. *ante paludes.* ED.

73. *Ex quibus.* Chifflet. *a quibus.*

1. *In ora autem.* In ora scilicet Æthiopiæ, cujus capite superiore facta mentio est, his verbis : « Hinc in ora Æthiopiæ, etc. » littore nimirum sinus Arabici, paulo citra angustias et Diren. HARD.

2. *Continui montes.* Ab his cognomen Rubri maris ortum quidam arbitrati sunt, teste Agatharchide, lib. de Rubro mari, cap. 2; apud Phot. in Bibl. cod. 250, pag. 1231, ὅτι τοῦ Ἀραβίου καλουμένου κόλπου, etc. « quod sinus Arabici montes versus occasum siti, dum acres et ignei solis radii eos feriunt, carbonis speciem ac similitudinem referunt : ad ortum vero arenæ et glebæ rubentes tumuli, etc. » Habet id ipsum Strabo, lib. XVI, pag. 779. HARD.

tibus similes rubent. Troglodytis³ et Rubro mari a Meroe tractus omnis superponitur : a Napata tridui itinere ad Rubrum littus, aqua pluvia ad usum compluribus locis servatur, fertilissima regione, quæ interest, auri. Ulteriora⁴ Atabuli, Æthiopum gens tenet⁵. Deinde contra⁶ Meroen Megabari⁷, quos aliqui Adiabaras⁸ nominavere, oppidum habent Apollinis. Pars⁹ eorum Nomades, quæ¹⁰ elephantis vescitur. Ex¹¹ adverso in Africæ parte Macrobii. Rursus a¹² Megabaris Memnones et Davelli¹³, dierumque viginti intervallo Critensi. Ultra eos Dochi, deinde Gymnetes¹⁴ semper nudi. Mox Anderæ, Mathitæ¹⁵, Mesagebes, Hip-

3. *Troglodytis.* Troglodytarum, inquit, agro, et Rubro mari ab ortu, Æthiopiæ tractus ille clauditur : Meroe insula, ab occasu. H.

4. *Ulteriora.* Remotiora a mari, inter Napata et Meroen.

5. *Tenet.* Chiffl. *tenent.* ED.

6. *Contra Meroen.* Ultra Nili ripam, qua Meroen insulam circumambit, orientali latere: hæc insula scuti formæ similis, omnes Nili insulas magnitudine superat. ED.

7. *Megabari.* Vet. ap. Dalec. *Megabri.* ED. — Μεγάβαροι Αἰθίοπες Straboni, lib. XVII, pag. 776; Ptolemæo, lib. IV, cap. 8, mendose Μεγάβραδοι. Rectius Diodoro Siculo, Μεγαβαρεῖς, quos ille Troglodytis accenset. HARD. — Regionem hanc tenuisse videntur quæ dicitur nunc *Kordofan.* ED.

8. *Adiabaras.* Chiffl. *Adiabaros.*

9. *Pars eorum Nomades.* Quos ab Ἐλεφαντοφάγοις secernere Philostratus videtur, de vita Apoll. lib. VI, cap. 12, pag. 300. HARD.

10. *Quæ elephantis.* Unde Ἐλεφαντοφάγοι Αἰθίοπες cognominati sunt, teste Agatharchide, cap. 25 de Rubro mari, apud Phot. cod. 250, pag. 1353, et Agathemero, Geogr. lib. II, cap. 5. HARD.

11. *Ex adverso.* Ex adverso Megabarorum, altero Nili et Meroes latere, versus Africam. De Macrobiis istis, Herod. Thalia, lib. III, pag. 168, n. 17. Mela, lib. III, cap. 9 : « Æthiopum pars, quia vitæ spatium dimidio fere quam nos longius agunt, Macrobii, etc. » Pars est regni, quod Nubiam hodie appellant : non *Bagamedri*, ut Sanutus existimat. HARD.

12. *A Megabaris.* Ultra Megabaros, versus austrum, Μέμνονες πρὸς τῇ Μέροη νήσῳ, juxta Meroen, inquit Agathemerus, Geogr. lib. II, c. 5, et Ptolem. lib. IV, c. 8. H.

13. *Davelli.* Chiffl. *Dabelli.* ED.

14. *Gymnetes semper nudi. Mox Anderæ.* Dalec. *Gymnites*, etc. ED. — Straboni, lib. XVI, pag. 771, Endera locus est, ubi Gymnetes incolunt, viri a nuditate corporum et exercitatione sic appellati : ἦν δέ τις ἐν βάθει Ἐνδέρα Γυμνητῶν ἀνθρώπων κατοικία. HARD.

15. *Mathitæ*, etc. Chiffl. *Mon-*

LIBER VI. 743

poreæ, atri coloris tota corpora rubrica illinunt. At ex Africæ parte Medimni. Deinde[16] Nomades cynocephalorum lacte viventes, Olabi[17], Syrbotæ[18], qui octonum cubitorum esse dicuntur.

Aristocreon Libyæ latere a Meroe oppidum Tolen[19] dierum quinque itinere tradit. Inde dierum duodecim Esar[20] Ægyptiorum oppidum, qui Psammetichum[21] fugerint : in eo produntur[22] annis trecentis habitasse. Contra in Arabico latere Daron oppidum esse eorum. Bion autem Sapen vocat, quod ille Esar, et ipso nomine advenas ait significari : caput eorum in insula, Sembobitin : et[23] tertium in Arabia, Sai. Inter[24] montes autem et Nilum Symbari[25] sunt, Paluogges[26] : in ipsis vero montibus Asachæ[27] multis nationibus. Abesse a mari dicuntur dierum quinque itinere. Vivunt[28] elephantorum venatu. Insula[29] in Nilo

[13]

[14]

---

thes, *Messages*, *Ipsodoro*. ED. — Hi sunt haud dubie Μαςίται Ptolemæi, lib. IV, cap. 8, quos ad Nili paludes usque pertinere ait. HARD.

16. *Deinde Nomades*. Sic dicti a νέμω, *pasco*. Hæc quoque Solinus, cap. XXX, pag. 55. HARD.

17. *Olabi* In MSS. Reg. 1, 2, Colb. 1, 2, Paris. Chiffl. *Aladi*. H.

18. *Syrbotæ* Chiffl. *Syrdotæ*. ED. — Hæc rursum Plinius, libro sequente, cap. 2. Solinus loc. cit. pedes duodecim excedere longitudine scribit, id quod eodem recidit : nam cubitus habet sesquipedem. HARD.

19. *Tolen*. Chiffl. *Tollen*. ED.

20. *Esar*, etc. Chiffl. *Desar oppidum Ægyptiorum*. ED. — Ἐσὴρ et Δαρὼν oppidorum esse nomina in insula Meroe, auctor est Ptolemæus lib. IV, cap. 9, cui num potior habenda fides quam Aristocreonti, alli viderint. HARD.

21. *Psammetichum*. De quo dicemus lib. XXXVI, cap. 19. HARD.

22. *Produntur*, etc. Chiffl. *prodente se CCC habitasse*. ED.

23. *Et tertium*. Primum enim Esar est, sive Sape : alterum, Sembobitis, quod in insula fuit : in latere Arabiæ tertium, Sai. H. — Pro *Sai* in Chiffl. legitur *Sinat*. ED.

24. *Inter montes*. Quos paulo ante dixit ardentibus similes rubere. HARD.

25. *Symbari*. Chiffl. *Barri*. ED.

26. *Paluogges*. Dalec. *Phalanges*. Vet. ap. Dalec. et Elz. *Phaliges*. ED.

27. *Asachæ*. Iidem Asachæi Plinio ipsi, lib. VIII, cap. 23, et Solino, cap. XXX, pag. 55. HARD.

28. *Vivunt*, etc. Solinus, loc. cit. Idcirco ἐλεφαντομάχους Diodorus Siculus, Strabo ἐλεφαντοφάγους appellat. HARD.

29. *Insula in Nilo*, etc. Vet. ap.

Semberritarum, reginæ paret. Ab ea Nubei[30] Æthiopes dierum octo itinere. Oppidum eorum Nilo impositum, Tenupsis. Sambri[31], apud quos quadrupedes omnes sine auribus, etiam elephanti. At[32] ex Africæ parte Ptoembari, Ptoemphanæ, qui canem pro rege habent, motu ejus imperia augurantes: Auruspi[33] oppido longe a Nilo sito. Postea Achisarmi, Phaliges, Marigeri, Casamarri.

15 Bion[34] alia oppida in insulis tradit, a Sembobiti Meroen versus dierum toto itinere viginti. Proximæ[35] insulæ oppidum Semberritarum sub regina: et aliud Asar: alterius oppidum Daron. Tertiam Medoen vocant, in qua oppidum Asel. Quartam eodem, quo oppidum, nomine Garoden[36]. Inde per ripas oppida: Navos[37] Modundam, An-

Dalec. *insula in illo Sembritarum regioni.* Ed. — Ultra Meroen, Strabo, lib. XVII, pag. 786: Ἄλλην δ᾽ εἶναι νῆσον ὑπὲρ τῆς Μερόης, ἣν ἔχουσιν οἱ Αἰγυπτίων φυγάδες οἱ ἀποστάντες ἐπὶ Ψαμμιτίχου· καλοῦνται δὲ Σεμβρῖται, ὡς ἂν ἐπήλυδες· βασιλεύονται δὲ ἀπὸ γυναικός. « Supra Meroen alia insula, quam Ægyptiorum exsules incolant, qui a Psammeticho desciverunt, et Sembritæ, id est, advenæ nominantur, et reginam habent, etc. » Hard.

30. *Ab ea Nubei.* Vet. ap. Dalec. *ab ea Nubæ.* Ed. — Ultra Meroen, Arabiæ latere, Niliqne ripa orientali. Hi Νοῦβαι Ptolemæo dicuntur, lib. IV, c. 8, quos quum Avalitis conjungat ad mare Rubrum, atque adeo Arabiæ latere cum Plinio collocet, perspicuum est falli eos, qui hosce Nubas existimant eos esse quos hodie Nubeos appellamus, *la Nubie*: quum tota horum regio in opposita Nili ripa sit, nec exiguam Africæ partem obtineat. Sunt hi Nubæ Plinii, et Ptolemæi in Troglodytarum confinio et ad Nili usque latus orientale pertinent. H.

31. *Sambri, apud quos.* Id quoque Solinus, cap. xxx, pag. 55, sed *Psambaret* vocat. Hard.

32. *At ex Africæ.* Et ista, tacito tamen populorum nomine, Solinus refert, loc. cit. Hard.

33. *Auruspi.* Elz. *Arusbi.* Ed.

34. *Bion alia.* Ejusdem tractus terrarum, qui proxime est descriptus, alia jam facies ex Bione proponitur: discrepantibus enim inter se de tam semotis regionibus Geographorum sententiis, ullam prætermittere, quæ alicujus momenti sit, religioni Plinius habet. Hard.

35. *Proximæ insulæ.* Ejus quam diximus esse Meroæ proximam. H.

36. *Garoden. Inde per ripas oppida*, etc. Chiffl. *Caro. Deinde Paropas oppidum.* Ed.

37. *Navos*, etc. Hæc forte haud multo saniora nomina, quam quæ hoc loco MSS. codices repræsen-

datim, Secundum, Colligat, Secande, Navectabe, Cumi, Agrospi, Ægipam, Candrogari, Arabam [38], Summaram.

Regio [39] supra Sirbitum, ubi desinunt montes, traditur 16 a quibusdam habere maritimos Æthiopas, Nisicastes, Nisitas, quod significat ternum et quaternum oculorum viros; non quia sic sint, sed [40] quia sagittis præcipua contemplatione utantur. Ab ea vero parte Nili, quæ [41] supra Syrtes majores, oceanumque meridianum protenditur, Dalion vocatos esse dicit, pluvia tantum aqua utentes Cisoros [42], Longoporos. Ab [43] OEcalicibus dierum quinque 17 itinere Usibalcos, Isuelos, Pharusos, Valios, Cispios. Reliqua deserta. Deinde [44] sabulosa. Ad occidentem versus Nigræ [45] quorum rex unum oculum habeat in fronte. Agriophagi [46], pantherarum et [47] leonum carnibus maxime

tant, Colb. 1, 2, Paris. aliique : « Nautis, Madum, Demadatim, Secandum, Collogat, Secande, Cumagro, Psegipta, Candrogori, Arabam, Summaram. » Barbaricæ, ut apparet, appellationis omnia. H.

38. *Arabam, Summaram. Regio*, etc. Vet. ap. Dalec. *Arabum summorum regio.* ED.

39. *Regio supra Sirbitum.* Quod oppidum Nilo impositum, XII, dierum navigatione distare a Meroe, dicetur inferius. HARD.

40. *Sed quia sagittis.* Solini paraphrasis, loc. cit. « Quod et vident plurimum, et manifestissime destinant jactus sagittarum. » Mesiccastas legere Plinium oportuisse, atque in ejus interpretatione vocis hallucinatum putat Bochartus parte 1, Geogr. lib. IV, cap. 26, pag. 303. Sed non ego credulus illi. H.

41. *Quæ supra Syrtes.* In ea scilicet hæresi Dalion fuit, quæ existimaret, post aliquot dierum navigationem Nilo amne peractam, perveniri denique ad Oceanum Æthiopicum, sive meridianum, qui inter nos Australesque populos ibi per Zonam, ut vocant, torridam permearet : in eo Oceano Syrtes esse iis quæ in mediterraneo, majores, vel certe pares. HARD.

42. *Cisoros.* Vet. apud Dalec. *Cisauros.* ED.

43. *Ab OEcalicibus.* De his diximus lib. V, cap. 8. HARD.

44. *Deinde sabulosa.* In confinio maris Æthiopici. *Fabulosa* hoc loco legi quibusdam placet : quoniam fabulis videntur affinia, quæ mox sequuntur. HARD.

45. *Nigræ.* Græco more Νίγροι, ut *Solæ* pro Σόλοι. Iidem Nigritæ appellati, lib. sup. cap. 8. HARD.

46. *Agriophagi*, etc. Transcripsit hæc Solinus iisdem ferme verbis, cap. XXX, pag. 55. HARD.

47. *Et leonum*, etc. Chiffl. *leonumque maxime carne.* ED.

viventes. Pamphagi, omnia mandentes. Anthropophagi, humana[48] carne vescentes. Cynamolgi[49], caninis capitibus. Artabatitæ quadrupedum ferarum modo vagi. Deinde Hesperii, Perorsi, quos in Mauritaniæ confinio diximus[50]. Pars quædam Æthiopum locustis[51] tantum vivit, fumo et sale duratis in annua alimenta : ii quadragesimum annum vitæ non excedunt.

18 Æthiopum terram universam cum mari Rubro patere in longitudinem semel et vicies centena LXX mill. passuum : in latitudinem[52] cum superiore Ægypto duodecies centena XCVIII[53] mill. Agrippa existimavit. Quidam[54] longitudinem ita diviserunt : a Meroe Sirbitum, XII[55] dierum navigationem[56]. Ab ea XII[57] ad Davellos. Ab[58] his ad Oceanum Æthiopicum sex dierum iter. In totum autem ab

---

48. *Humana carne.* Chiffl. *humanam carnem.* Ed.

49. *Cynamolgi.* Ita nominati, quod canum femellas mulgent, et eo lacte nutriuntur, inquit Agatharchides, lib. de Rubro Mari, cap. 29; apud Photium in Bibl. cod. 250, pag. 1357 : τὰς τῶν κυνῶν θηλείας ἀμέλγοντες, τῷ γάλακτι τρέφονται. Nihil Agatharchides de caninis capitibus. Hard.

50. *Diximus.* Libro superiore, cap. 8. Hard.

51. *Locustis tantum.* Idcirco Ἀκριδοφάγοι græca voce nominantur a Strabone, Solino, et aliis. Traduntur eadem ab Agatharchide, lib. de Rubro mari, cap. 27; apud Phot. in Bibl. cod. 250, p. 1356, ubi ea totidem verbis exstant : et apud Diodorum, Bibl. lib. III, pag. 162. Hard.

52. *Cum superiore Ægypto.* Quam Thebaidem appellavit, lib. V, cap. 9. Porro longitudinem Æthiopiæ repetit ab ortu hiberno ad occasum hibernum : latitudinem, ab austro ad septemtrionem. Missi Theodosii locum hunc vitiose exscripserunt : « Juxta Plinium Secundum... longitudinem Ægypti superioris cum sua Æthiopia, centena decies et quater et semel LXX passuum : latitudinem Æthiopiæ et Ægypti superioris, DCCCCLVII M. passuum, Agrippa existimavit. » Hard.

53. *XCVIII.* Dalec. *XCVII.* Ed.

54. *Quidam longitudinem.* Longitudinem, inquit, alii repetunt ab ea parte, unde nos latitudinem ducimus : a Meroe scilicet, et septemtrionali parte, ad austrum. H.

55. *XII.* Chiffl. *XI.* Ed.

56. *Navigationem.* Vet. ap. Dal. *navigatione.* Ed.

57. *XII ad Davellos.* Chiffl. *XV ad Dabellos.* Ed.

58. *Ab his.* Dalec. *ab iis.* Ed.

LIBER VI. 747

Oceano ad Meroen DCXXV[59] mill. passuum esse inter auctores fere convenit : inde Syenen, quantum[60] diximus. Sita[61] est Æthiopia ab oriente hiberno ad occidentem hibernum. Meridiano[62] cardine silvæ ebeno maxime virent : a media ejus parte imminens mari mons excelsus, æternis ardet ignibus, Theon[63] ochema dictus Græcis : a quo[64] navigatio quatridui ad promontorium, quod Hesperion[65] ceras vocatur, confine Africæ juxta Æthiopas Hesperios. Quidam et in eo tractu modicos colles amœna opacitate[66] vestitos Ægipanum[67] Satyrorumque produnt.

XXXVI. (XXXI.) Insulas[1] toto eo mari et Ephorus complures esse tradidit, et Eudoxus, et Timosthenes : Clitarchus vero Alexandro regi[2] renunciatam adeo divitem, ut equos incolæ talentis auri permutarent. Alteram, ubi sacer mons opacus silva repertus esset, distillantibus[3] arboribus odore miræ suavitatis. Contra sinum Persicum

---

59. *DCXXV.* Dalecampius, *DCXXV.* ED.

60. *Quantum diximus.* Hoc ipso capite, ex Neronis exploratorum relatu, DCCCLXXIII mill. pass. H.

61. *Sita est Æthiopia.* Hæc Solinus totidem verbis, cap. XXX, pag. 56, et Missi Theodosii. HARD.

62. *Meridiano cardine.* Medio fere tractu Æthiopiæ, inter ortum solis et occasum, Meroen usque a Syene, inquit ipse lib. XII, cap. 8. HARD.

63. *Theon ochema.* Vet. apud Dalec. *Æthocauma.* Θεῶν ὄχημα, *Deorum currus.* Sic dicta videntur extrema montium *Atlas* dictorum juga, ut id egregie demonstrat Cl. GOSSELLIN, *Recherches sur la géographie systématique et positive des Anciens*, tom. I, pag. 96, quo quidem loco tenebras, quæ veterem totius oræ istius geographiam operiebant, mirum in modum dispulit. ED.

64. *A quo.* Missi Theodosii : « a quo navigatione quatridui, promontorium », et cætera iisdem plane syllabis. HARD.

65. *Hesperion ceras.* Ἑσπέριον κέρας, Hesperium cornu, hodie *Cap de Nun.* ED.

66. *Amœna opacitate.* Missi Theodosii, *capacitate*, male. Plinius cap. seq. *Mons opacus silva.* HARD.

67. *Ægipanum*, etc. De his lib. V, cap. 8. HARD.

XXXVI, 1. *Insulas.* Hæc totidem syllabis apicibusque Missi Theodosii. HARD.

2. *Regi renunciatam.* Chiffl. *rege renuntiat.* ED.

3. *Distillantibus.* Chifflet. *destillante.* ED.

Cerne[4] nominatur insula adversa[5] Æthiopiæ, cujus neque magnitudo, neque intervallum a continente constat, Æthiopas tantum populos habere proditur. Ephorus auctor est, a Rubro mari navigantes in eam non posse propter ardores ultra quasdam columnas (ita appellantur parvæ[6] insulæ) provehi. Polybius[7] in extrema Mauritania contra montem Atlantem a terra stadia octo abesse prodidit Cernen. Nepos Cornelius ex[8] adverso maxime Carthaginis a

4. *Cerne nominatur.* Jactatur, inquit, necdum tamen fidem obtinuit. Satis obscuri nominis, et incerti situs hanc fuisse tum insulam innuit : nec velle se famæ, quæ de ea forte percrebruit, sponsorem fieri. Sic Eustathius ad Dionysii vers. 219, pag. 32, discrepantes refert auctorum de ejus situ sententias : Lycophrone, ad ortum solis : Polybio, ad occasum : ad meridiem Dionysio statuente. Nullus dubito quin hæc Pliniana, sive Lycophroniana, sive Dionysiana Cerne sit ea quam S. Laurentii vocitamus, sive *Madagascar*. Μενουθίας eadem Ptolemæi, lib. IV, c. 9. HARD. — Locum omnem istum cum Pintiano et Salmasio in Solinum, pag. 878, sic legere vult Cl. GOSSELLIN : « Alteram, ubi sacer mons opacus silva repertus esset, distillantibus arboribus odore miræ suavitatis, contra sinum Persicum. Cerne nominatur insula adversa Æthiopiæ, cujus, etc. » Quam quidem interpunctionem sequi non ausus sum; nam ex verbis proxime insequentibus constare videtur Nostrum pugnantibus inter se geographorum sententiis in dubitationem adductum, diversas eorum opiniones retulisse tantum, ex quibus duæ videbantur esse Cerne insulæ, quamvis reipsa una tantum esset, quam in insula parva *Fédal*, haud longe a *Sulé* agnovit eruditissimus vir GOSSELLIN, cujus lucidam disputationem vide opere jam toties laudato, tom. I, p. 78 et seqq. ED.

5. *Adversa Æthiopiæ.* Plane hic situs congruit cum hodierna *Madagascar :* nam extimo promontorio exortum solis æstivum respicit, sinumque Persicum : occidentali latere, Æthiopiæ inferiori ab exortu solis æstivo ad hibernum occasum prætenditur. HARD.

6. *Parvæ insulæ.* Quæ sint istæ insulæ omnino ignoratur. ED.

7. *Polybius.* De Polybii Nepotisque Cerne dicemus inferius, quum de Gorgonum insula sermo erit. H.

8. *Ex adverso maxime Carthaginis.* Id quomodo accipiendum sit, Hanno ipse aperit, a quo Nepos hausit : respondere nimirum Carthagini ex adverso Cernen : quoniam similis est navigatio a Carthagine ad columnas, atque a columnis ad Cernen : ἐῴκει γὰρ, inquit p. 39, ὁ πλοῦς ἔκ τε Καρχηδόνος ἐπὶ στήλας, κἀκεῖθεν ἐπὶ Κέρνην. H. — Quomodo locum hunc explanarit GOSSELLIN vide opere cit. tom. I, pag. 84, seqq. ED.

continente passus mille : non ampliorem circuitu duobus millibus[9]. Traditur et alia insula contra montem Atlantem, et[10] ipsa Atlantis appellata. Ab ea quinque dierum navigatione[11] solitudines ad Æthiopas Hesperios, et promontorium, quod[12] vocavimus Hesperion ceras, inde primum circumagente se terrarum fronte in occasum[13], ac mare Atlanticum. Contra[14] hoc quoque promontorium Gorgades[15] insulæ narrantur, Gorgonum quondam domus bidui navigatione distantes a continente, ut tradit Xenophon Lampsacenus. Penetravit in eas Hanno Pœnorum Imperator, prodiditque hirta feminarum corpora, viros[16] pernicitate evasisse : duarumque[17] Gorgonum cutes argumenti et miraculi gratia in Junonis templo posuit, spe-

9. *Duobus millibus.* Etiam minorem facit Hanno, quinque duntaxat stadiorum : κύκλον ἔχουσαν, ϛαδίων πέντε. HARD.

10. *Et ipsa Atlantis.* Eodem, quo Platonica Atlanti nomine, de qua dictum est lib. II, cap. 92, sed ab ea tamen diversa. Quamquam et nomen hujus et situs, incerta tantum fama traditur. HARD.

11. *Navigatione.* Chiffl. *prænavigationi.* ED.

12. *Quod vocavimus.* Superiore capite. HARD.

13. *In occasum.* Ab Oceano meridiano tum primum se circumagente littore versus eam partem quæ soli occidenti obvertitur : unde Atlanticum incipit mare cognominari. HARD.

14. *Contra hoc quoque.* Dalec. *contra hoc.* ED. — Hesperion scilicet. Hæc iisdem verbis Solinus, cap. LVI, pag. 87. HARD.

15. *Gorgades insulæ.* Quæ Gorgonum insula Melæ nominatur, ea Cerne ipsa est Polybii, Nepotisque : quam Arguinam, *Arguin*, vocari puto, inquit Mariana, Hist. Hisp. lib. I, cap. 22, pag. 41, ultra promontorium Album, circa Æquatorem, vicesima prima orbis cælique parte. Quare verisimile est de numero ac situ insularum, quibus id nomen esset, hallucinatum Xenophontem, quem Plinius laudat, in rebus etiamtum obscuris fidem suam præstare non ausus. HARD.

16. *Viros pernicitate.* Viros non in conspectum colloquiumque venisse, quoniam pernicitate summa avolarint. Alii sic interpretantur, quasi feminæ viros pernicitate evaserint. HARD.

17. *Duarumque Gorgonum.* Chiffl. *duarum Gorgadum.* ED. — Nota de Gorgonibus Phorci filiis fabula, quam prolixe recitat Naso, lib. IV Metam. sub finem : vide nost. Ovidii edit. tom. III, p. 338 et seqq. ED. — Refert hæc pariter Solinus, cap. LVI, pag. 88. HARD.

ctatas usque ad Carthaginem captam. Ultra has etiamnum duæ Hesperidum [18] insulæ narrantur. Adeoque omnia circa hæc incerta sunt, ut Statius Sebosus a Gorgonum insulis prænavigatione Atlantis dierum XL ad Hesperidum insulas cursum prodiderit, ab iis ad Hesperu [19] ceras unius. Nec Mauritaniæ insularum certior fama est. Paucas modo constat esse ex adverso Autololum [20], a Juba repertas, in quibus Gætulicam [21] purpuram tingere instituerat.

XXXVII. (XXXII.) Sunt[1] qui ultra[2] eas Fortunatas[3] putant esse, quasdamque alias: quarum[4] numero idem Sebosus etiam spatia complexus, Junoniam[5] abesse a Gadibus DCCL mill. passuum tradit. Ab ea tantumdem ad occasum versus Pluvialiam[6], Caprariamque: in Pluvialia non esse aquam, nisi ex[7] imbribus. Ab iis CCL mill. passuum Fortunatas contra[8] læva Mauritaniæ in[9] VIIII

---

18. *Hesperidum insulæ.* Quas Hesperides tenuisse perhibentur, inquit Mela, lib. III, cap. 10. Sed incerti, ut Plinius confitetur, situs. HARD.

19. *Hesperu ceras.* Sic libri omnes MSS. scribunt : ἑσπέρου κέρας. H. — Dalec. *Hesperion ceras.* ED.

20. *Autololum.* De his diximus lib. V, cap. 1. Purpurariæ eæ sunt insulæ, de quibus agemus c. 37. H.

21. *Gætulicam.* E conchis seu purpuris, quæ Gætulico Oceani littore legerentur, ut dicemus lib. IX, cap. 60. HARD.

XXXVII. 1. *Sunt qui ultra eas.* Ultra Purpurarias proxime appellatas. HARD.

2. *Ultra eas.* Dalec. *ultra eos.* ED.

3. *Fortunatas.* Quæ nunc Canariæ dicuntur, *les Canaries*; a fertilitate cannarum, in quibus crescit saccharum, ait Rob. Stephanus. Hor. Epod. XVI, 41 ; Flor. III, 22, 2.

4. *Quarum numero.* Chiffl. *quarum numeros.* Dalec. *quorum numero.* ED.

5. *Junoniam.* Hæc Sebosi Junonia ea est quam nos hodie vocitamus *Graciosa*, ut demonstrat opere citato Cl. GOSSELLIN. HARD. et ED.

6. *Pluvialiam*, etc. Pluvialia, nunc *l'île de Fer*, Canariarum maxime ocidentalis, unde primum meridianum Galli quondam auspicabantur.

7. *Ex imbribus.* Chifflet. *ex imbri.* ED.

8. *Contra læva Mauritaniæ.* Ab Oceano meridiano, inquit, navigantibus, versus Mauritanias, ad lævam objacent Fortunatæ. HARD.

9. *In nonam horam solis.* Sitæ sunt, inquit, Fortunatæ inter meridiem, quæ hora diei sexta est Romanis, et solis occasum, quæ duodecima. Nihil est Geographis, nihil rusticæ rei scriptoribus familiare magis, quam per vulgares horas, cæli regiones, situmque ter-

horam solis : vocari[10] Convallem a convexitate, et Planariam a specie: Convallis circuitum[11], CCC mill. passuum. Arborum ibi proceritatem ad centum XIV[12] pedes adolescere.

Juba[13] de Fortunatis ita inquisivit : sub[14] meridie quoque positas esse prope occasum, a[15] Purpurariis DCXXV mill.[16] passuum, sic ut CCL supra occasum navigetur: deinde[17] per CCCLXXV mill. passuum ortus petatur. Pri-

rarum designare. Sic idem Plinius, lib. XVII, c. 16, de arborum situ : « Id quidem, inquit, in horam diei quintam, vel octavam, spectare maluerim. » Quod quum eos fugeret, qui Plinium primum ediderunt, iidemque quum legerent in MSS. exemplaribus, quemadmodum in nostris vidimus Reg. 1, 2, Colb. 1, 2, 3, etc. Paris. *in VIII harum solis*, eo numero millia passuum designari arbitrati, voces eas *millia passuum*, quæ nusquam fere, ne quidem quum de spatiis locorum et intervallis agitur, in MSS. occurrunt, huc quoque temere invexerunt : neque huc tantum, sed in alia etiam loca, ut dicturi sumus l. XXXIII, cap. 13, quæ inconsiderantia miras orationi Plinianæ tenebras offudit. HARD.

10. *Vocari convallem a convexitate, et Planariam a specie: Convallis circuitum, CCC mill.* Legit Salmasius in Solinum, pag. 1298: *Planariam a specie æquali.* Cætero in ea lectione acquiescit, quam libri editi præ se ferunt : « Vocari in convalle a convexitate, et Planariam a specie æquali, circuitu, etc. » At dii boni, quæ commoda erui sententia potest, *vocari in convalle*, etc. Deinde si Fortunatas

Sebosus novit, saltem duas esse intellexit : altera earum Planaria est : altera, quæ tandem, aut quo nomine? Quid ergo nostra emendatio huic loco opis attulerit, per se abunde liquet. Hodie *Ténériffe*. Argumento est, ejus amplitudo, quæ mox circuitu complecti dicitur millia passuum trecenta. HARD.

11. *Circuitum.* Dal. *circuitu.* ED.

12. *Centum XIV.* Dalec. *centum quadraginta quatuor.* ED.

13. *Juba.* Solinus iisdem verbis, cap. LVI, pag. 88. HARD.

14. *Sub meridie quoque.* Chifflet. *ut sub meridie quoque.* Dalec. *sub meridiem.* ED. — Inter meridiem, ut diximus, et Solis occasum. H.

15. *A Purpurariis.* Purpurarias appellavit Juba, in quibus purpuram Gætulicam tingere instituerat: sunt eæ littori proximæ, *Lancerote* et *Fortaventure*, auctore eodem GOSSELLIN. ED.

16. *DCXXV.* Dalec. *DCXXV*, contra librorum omnium fidem et insequentes Plinii numeros summæ huic ad unguem congruentes. ED.

17. *Deinde per CCCLXXV.* Chiffl. *dein per CCCLXXV.* Hard. *deinde per LXXV.* Nos autem cum Chiffl. et Elz. et ab erudito viro GOSSELLIN moniti, *CCCLXXV*

mam [18] vocari Ombrion nullis ædificiorum vestigiis : habere in montibus stagnum, arbores [19] similes ferulæ : ex quibus aqua [20] exprimatur, ex nigris amara, ex candidioribus potui jucunda. Alteram insulam Junoniam [21] appellari, in ea ædiculam esse tantum lapide exstructam. Ab ea [22] in vicino eodem nomine minorem. Deinde Caprariam [23],

reponimus, ne inter se pugnarent Plinii ipsius numeri. Ed.

18. *Primam vocari Ombrion.* Transcripsere hæc Martianus, lib. VI, cap. de Babylonia, p. 226, et Solinus, cap. LVI, pag. 88. Quæ Pluvialia Seboso, hæc Ὄμβριος Jubæ, græco vocabulo idem significante, appellatur *l'île de Fer.* H.

19. *Arbores similes ferulæ.* De cannis saccharinis hæc verba Salmasius accipit, in Solin. p. 1018, quoniam saccharum in Madera insula provenit. Sed neque Madera pluvialia est, neque harum arborum per se ferax. Perpetua enim quondam silva fuit, quam incendio post absumptam patefecere Lusitani, et cannas sacchariferas intulere. Celebris porro est in Fero insula arbor ea, quam Sacram vocant, *l'arbre Saint*: cujus stillatitia aqua universis sufficit insulanis, quamvis unica sit. Sed neque est arbos ea naturæ ferulaceæ : nec vi aqua ex ea exprimitur, sed sponte stillat. H.

20. *Aqua exprimatur.* Sic Chiffl. Dalec. *aquæ exprimantur.* Ed. — Ut cannæ eæ sacchariferæ fuerint (quod nonnullis placere intelligo) non tamen cogendi coquendique sacchari cognita Veteribus ratio fuit : sed hac duntaxat tenus in usum adhibitæ, ut aquam succumve ex iis ad potum exprimerent. Hard.

21. *Junoniam.* A Sebosi Junonia hæc est diversa. Hodie *Palma.* Ed.

22. *Ab ea in vicino eodem nomine minorem.* Eodem nomine, hoc est, Junoniam minorem. Hunc Plinii locum Martianus Capella, quum raptim cursimque legeret, insulæ nomen commentus est sane perlepidum : sic enim scribit, lib. VI, cap. de Babylonia, p. 226 : «Prima Umbriona dicitur : secunda Junonia : tertia Theode : quarta Capraria : alia Nivaria... mox Canaria.» Quum *eodem nomine* apud Plinium scriberetur, *Theodem nomine* vel per se legit, vel audire a liberto putavit. Et hunc Martiani errorem scio Geographos quosdam esse amplexatos. Forte jam aquis obrutam : aut ea sane fuerit, quam Ptolem. lib. IV, cap. 6, Ἀπρόσιτον vocat, sive Inaccessam, *la non Trovada*, et *la Incantata* vocant. Hard. — De hac insula vide quid censeat Gossellin opere citato, tom. I, pag. 155. Ed.

23. *Capraiam, lacertis grandibus refertam.* « Σαυραρίαν potius, inquit Salmasius, in Solin. pag. 1313, si lacertis referta est. Nam σαῦρα lacerta Græcis dicitur. Et forte quum Plinius Cαυραρίαν legeret (nam Σίγμα Veterum hujus litteræ C formam habuit, ut omnes sciunt) : Capraiam putavit scribi. » Verum Σαυραρίαν a σαῦρα, qua demum lege derivari rite approbaverit? Deinde

lacertis grandibus refertam. In[24] conspectu earum esse Nivariam[25], quæ hoc nomen accepit[26] a perpetua nive, nebulosam. Proximam ei Canariam[27] vocari a multitudine canum ingentis magnitudinis, ex quibus perducti sunt Jubæ[28] duo: apparentque ibi vestigia ædificiorum. Quum autem[29] omnes copia pomorum et avium omnis generis abundent, hanc et palmetis caryotas[30] ferentibus, ac nuce pinea abundare. Esse copiam et mellis. Papyrum quoque et[31] siluros in amnibus gigni : infestari eas belluis, quæ expellantur[32] assidue, putrescentibus.

XXXVIII. At[1] abunde orbe terrarum extra[2] intra indicato, colligenda in arctum mensura æquorum videtur. (XXXIII.) Polybius a Gaditano freto longitudinem directo

si vocem hanc σαυραρίαν Plinius perperam legit, et σαύραις idem, quæ vox sequebatur proxime, legere debuit, et *capris*, non *lacertis* vertere. Quin igitur posterioris vocis admonitu, in priore se ipse retexuit? Hodie *Palma*. H. — Hodie *Gomère*, auctore eodem Gossellin. Ed.

24. *In conspectu earum.* Et sane reliquis ante memoratis, hæc fere ob amplitudinem ab oriente tota prætenditur. Hard.

25. *Nivariam.* MSS. omnes, *Ninguariam.* Ptolemæo, lib. IV, cap. 6, Κεντουρία, pro Νιγγουρία, vel Νιγγουαρία. Hodie *Ténériffe.* Quum in cæteris Canariis nullæ umquam visæ sint nives, hæc sola iis abundat. Hard.

26. *Accepit.* Chiffl. *acceperit.* Ed.

27. *Canariam.* Tenariffæ proximam, sed orbi nostro propiorem : *la grande île Canarie.* Hard.

28. *Jubæ.* Vet. apud Dalecamp. *a Juba.* Ed.

29. *Quum autem omnes.* Solinus hæc iisdem verbis, cap. LVI, pag. 88. Hard.

30. *Caryotas.* De his lib. XIII, cap. 9. Hard.

31. *Et siluros in amnibus gigni.* Piscium genus est, de quo lib. IX, cap. 17. Hard.

32. *Quæ expellantur.* Jactatione maris ac tempestatibus. Solini paraphrasis, loc. cit. ubi de Canaria: « Perhibent etiam exspui in eam undoso mari belluas : deinde quum monstra illa putredine tabefacta sunt, omnia illic infici tetro odore. » Hard.

XXXVIII. 1. *At abunde*, etc. Ch. « Et abunde orbe terræ extra intra indicato, colligendam in arctum mensuram. » Ed.

2. *Extra intra.* Lustrata orbis interiore veluti parte, quæ oppida continentis hujus provinciasque complectitur : extima etiam enarrata, quæ insulas ditissimas quasque continet. Hard.

cursu ad os Mæotis $\overline{\text{xxxiv}}$³ xxxvii mill. D. passuum prodidit. Ab⁴ eodem initio ad orientem recto cursu Siciliam $\overline{\text{xii}}$⁵ lx mill. D. passuum, Cretam ccc lxxv mill. passuum, Rhodum clxxxiii⁶ mill. D. passuum : Chelidonias tantumdem : Cyprum cccxxii⁷ mill. D passuum. Inde Syriæ Seleuciam Pieriam cxv mill. passuum. Quæ computatio efficit vicies⁸ quater centena xl mill. passuum. Agrippa hoc idem intervallum a freto Gaditano ad sinum Issicum per longitudinem directam $\overline{\text{xxxiv}}$⁹ xl passuum mill. taxat, in quo haud scio an sit error numeri, quoniam idem a Siculo freto Alexandriam cursus¹⁰ $\overline{\text{xii}}$ l mill. passuum tradidit. Universus autem circuitus per sinus dictos ab¹¹ eodem exordio colligit ad Mæotim lacum, $\overline{\text{c}}$¹² lvi mill. passuum. Artemidorus adjicit dccliii¹³ mill. Idem cum Mæotide

---

3. $\overline{XXXIV}$ *XXXVII.* Hoc est, tricies et quater centena, ac triginta septem mill. pass. Martianus, lib. VI, pag. 226, legit dumtaxat, $\overline{XXXIV}$ xxvii D. pass. Æquorum hæc mensura, non terrarum, vel Europæ, ut Pintianus æstimavit. HARD.

4. *Ab eodem initio.* Gaditano freto. HARD.

5. $\overline{XII}$ *LX.* Duodecies centena sexaginta millia pass. HARD.

6. *CLXXXIII.* Dal. *CLXXXVI.* Elz. *CLXXXVII.* ED.

7. *CCCXXXII.* Dal. *CCCXXV.* Elz. *CCXXII.* ED.

8. *Vicies quater.* Dalec. et Elz. *vicies ter.* ED. — Ita emendavimus, tum MSS. Chiffl. aliorumque admonitu, tum ex ratione postremæ summæ, quæ cum singularibus quæ antecedunt haud alias satis apte congrueret. HARD.

9. $\overline{XXXIV}$ *XL.* Tricies et quater centena, xl millia : 3,440,000 mill. pass. HARD.

10. *Cursus* $\overline{XII}$ *L.* Duodecies centena, quinquaginta millia : 1250000 millia pass. Chiffl. *cursu* XIII L. Elz. *cursu* XII L. ED.

11. *Ab eodem exordio.* A Gaditano freto. HARD.

12. $\overline{C}$ *LVI. mill. passuum.* Martianus, loc. cit. *centum quinquaginta septem millia.* Mendose, scribi enim oportuit, $\overline{C}$ LVII, hoc est, centies centena, et quinquaginta septem millia passuum : 10,057,000 mill. pass. quæ universus littorum sinuumque mediterranei maris ambitus complectitur. HARD. — Chiffl. *CLIX.* ED.

13. *DCCLIII.* Sic erunt omnino centies centena, et octingenta millia passuum, Artemidori mensura, a Gaditano freto usque ad Mæotin lacum. HARD. — Dalec. *DCCLVI.* ED.

LIBER VI.

CLXXIII[14] XC mill. passuum esse tradit[15]. Hæc est mensura inermium[16], et pacata audacia fortunam provocantium hominum. Nunc ipsarum partium magnitudo comparabitur, utcumque difficultatem afferet auctorum diversitas. Aptissime tamen spectabitur ad longitudinem latitudine addita. Est ergo ad hoc præscriptum Europæ[17] magnitudo $\overline{\text{LXXXII}}$[18] XCIV mill. passuum. Africæ (ut media ex omni varietate prodentium sumatur computatio) efficit longitudo $\overline{\text{XXXVII}}$[19] XCIV mill. Latitudo, qua colitur, nusquam ducenta quinquaginta millia passuum excedit. Sed quoniam a Cyrenaica ejus parte, nongentorum[20] decem millium passuum eam fecit Agrippa, deserta ejus ad Garamantas usque, qua noscebantur, complectens; universam mensuram[21], quæ venit in computationem, $\overline{\text{XLVI}}$[22] VIII mill. passuum efficit. Asiæ longitudo in confesso est $\overline{\text{LXIII}}$[23] LXXV mill. passuum. Latitudo sane computetur ab Æthiopico mari Alexandriam juxta Nilum sitam, ut per Meroen et Svenen

---

14. $\overline{\text{CLXXIII}}$ *XC*. Centies septuagies et ter centena, ac nonaginta millia pass. 17,390,000 mill. Martianus legit CLXXXII, quem numerum librarii sic reddidere, *centies octies bis*, pro *octogies bis*. Hard.

15. *Tradit*. Chiffl. *tradidit*. Ed.

16. *Inermium*. Nautarum, qui, ut Juvenalis ait, Satyra 12, vers. 58 : « Dolato Confisi ligno, digitis a morte remoti Quatuor, ac septem, si sit latissima teda. » Hard.

17. *Europæ magnitudo*. Longitudine simul cum latitudine computata. Hard.

18. $\overline{\text{LXXXII}}$ *XCIV*. Ita MSS. omnes, et Martianus, loc. cit. Hoc est, octogies bis centena, nonaginta quatuor millia; 8294000 mill. pass. Alia tamen videtur esse Artemidori sententia, lib. IV, cap. 37, hujus operis Pliniani. Hard. — Dalec. LXXXI XLVIII. Ed.

19. $\overline{\text{XXXVII}}$ *XCIV*. Ita Reg. 1, 2, Chiffl. etc. Martianus ipse. Hoc est, tricies ac septies centena, nonaginta quatuor millia. Hard. — Dalec. XXXVII XLVIII. Elz. XXXVII XCVIII. Ed.

20. *Nongentorum decem*. Martianus, loc. cit. Hard.

21. *Universam mensuram*, etc. Chiffl. *universæ mensuræ quæ veniet in computationem*, etc. Ed.

22. $\overline{\text{XLVI}}$. *VIII*. Quadragies sexies centena, et octo millia. Colb. 1, 2, *XLIII*. Hard.

23. $\overline{\text{LXIII}}$ *LXXV*. Dalec. *LXIII mill. DCCL*. Vide quæ diximus libro superiore, cap. 9. Ed.

mensura currat, $\overline{XVIII}$[24] LXXV mill. passuum. Apparet ergo Europam paulo minus dimidia Asiæ parte majorem[25] esse, quam Asiam. Eamdem altero tanto et sexta parte Africæ, ampliorem quam Africam. Quod si misceantur omnes summæ, liquido patebit Europam totius terræ tertiam esse partem et octavam paulo amplius: Asiam vero quartam et quartamdecimam, Africam autem quintam et insuper sexagesimam.

XXXIX. His addemus etiamnum unam græcæ inventionis sententiam vel exquisitissimæ subtilitatis, ut nihil desit in spectando terrarum situ: indicatisque regionibus noscatur, et cum[1] qua cuique earum societas sit, sive cognatio dierum ac noctium, quibusque inter se pares umbræ et æqua mundi convexitas. Ergo reddetur hoc etiam, terræque universæ[2] in membra cæli digerentur. Plura sunt autem hæc segmenta mundi, quæ nostri circulos appellavere, Græci[3] parallelos.

(XXXIV.) Principium[4] habet Indiæ pars versa ad austrum.

24. $\overline{XVIII}$ LXXV. Decies octies centena, et LXXV millia pass. Martianus legit $\overline{XVIII}$ XXV, sed manifesto errore. Nam ab Æthiopico mari ad Meroen DCXXV mill. passuum esse, inter auctores fere convenire dixit, cap. 35; a Meroe Syenen esse tantumdem spatii ex Eratosthene jamdudum monuit, lib. II, cap. 75, atque hoc ipso libro, cap. 35; a Syene denique Alexandriam ex eodem Eratosthene par esse intervallum, atque a Syene ad Meroen, Strabo est auctor, lib. II, pag. 114. Quæ triplex summa mensuram Plinianam omnino adæquat. Latitudinem porro hanc Asiæ adjudicat, quoniam ab Asia Africam Nilo amne disterminari censet. HARD.

25. *Majorem esse.* Accuratius paulo de partium orbis magnitudine locuti recentiores Geographi: quos tu consule. HARD.

XXXIX. 1. *Et cum qua cuique earum societas sit.* Chiffl. et cum qua cuique societas sit. Dalec. et quæ cuique earum societas sit. ED.

2. *Terræque universæ.... digerentur.* Dalec. terraque universa.... digeretur. ED.

3. *Græci parallelos.* De his parallelis, lib. II, pag. 115, et seq. Ptolemæus, Almag. lib. II, cap. 6. HARD.

4. *Principium.* Hic parallelus per Alexandriam, παράλληλος διὰ Ἀλεξανδρείας ab Antiquis vocabatur: vel διὰ χώρας Ἀλεξανδρείας. H.

LIBER VI. 757

Patet usque Arabiam et Rubri maris accolas. Continentur Gedrosi, Persæ, Carmani, Elymæi, Parthyene, Aria, Susiane, Mesopotamia, Seleucia cognominata Babylonia, Arabia ad Petras usque, Syria Cœle, Pelusium, Ægypti inferiora, quæ Χώρα[5] vocatur Alexandriæ, Africæ maritima, Cyrenaica oppida omnia, Thapsus, Adrumetum, Clupea, Carthago, Utica, uterque[6] Hippo, Numidia, Mauritania utraque, Atlanticum mare, columnæ Herculis. In hoc cæli circumflexu æquinoctii die media, umbilicus, quem Gnomonem vocant, VII pedes longus, umbram non amplius IV[7] pedes longam reddit. Noctis vero dieique longissima[8] spatia horas XIV æquinoctiales habent, brevissima e[9] contrario x.

Sequens circulus incipit ab India vergente ad occasum, vadit per[10] medios Parthos, Persæpolin[11], citima Persidis, Arabiam[12] citeriorem, Judæam, Libani montis accolas. Amplectitur Babylonem, Idumæam, Samariam, Hierosolymam, Ascalonem, Joppen, Cæsaream, Phœnicen[13], Ptolemaidem, Sidonem, Tyrum, Berytum, Botryn, Tripolin, Byblum, Antiochiam, Laodiceam, Seleuciam, Ci-

---

5. *Quæ* Χώρα. Regio. Ita libri MSS. omnes. Editi male, *inferiorque ora*. Ptolemæus, de Delta, et de fluminibus in Ægypto inferiore : Καλεῖται δὲ κοινῶς ἡ περὶ τούτους τοὺς ποταμοὺς Χώρα κάτω. H.

6. *Uterque Hippo.* Dalec. *utraque Hippo.* ED.

7. *IV pedes.* Si Straboni fides, lib. II, pag. 133, gnomon solarii Alexandriæ rationem habet ad umbram quam efficit, qualis est quinarii ad septenarium : quare umbra erit quinque pedum : subintellige, hora sexta, seu meridiana. H.

8. *Longissima.* Chiffl. *longissimæ.* ED.

9. *E contrario.* Chiffl. *ex contrario.* ED.

10. *Medios Parthos.* Cave *Medos*, legas : quibus si locum hic esse oporteret, appellari post Parthos ii deberent, quum ab India in occasum progredientibus Parthi prius, quam Medi occurrant. HARD.

11. *Persæpolin.* Dalec. *Persepolin.* ED.

12. *Arabiam citeriorem.* Quæ Syriæ ad ortum prætenditur, usque ad Euphratem. HARD.

13. *Phœnicen.* Unde hic circulus sive parallelus nomen accepit, διὰ μέσης Φοινίκης, per mediam Phœnicen. HARD.

liciæ maritima, Cypri[14] austrina, Cretam, Lilybæum in Sicilia, septemtrionalia Africæ et Numidiæ. Umbilicus æquinoctio xxxv pedum, umbram viginti quatuor pedes longam facit. Dies autem noxque maxima quatuordecim horarum æquinoctialium est, accedente iis quinta[15] parte unius horæ.

4 Tertius[16] circulus ab Indis Imao proximis oritur. Tendit per Caspias portas Mediæ proximas[17], Cataoniam, Cappadociam, Taurum, Amanum, Issum, Cilicias portas, Solos, Tarsum, Cyprum, Pisidiam, Pamphyliæ Siden, Lycaoniam, Lyciæ Patara, Xanthum, Caunum, Rhodum, Coum, Halicarnassum, Gnidum, Dorida, Chium, Delum, Cycladas medias, Gythium[18], Maleam, Argos, Laconiam, Elin, Olympiam, Messeniam[19] Peloponnesi, Syracusas, Catinam, Siciliam mediam, Sardiniæ austrina, Carteiam, Gades. Gnomonis centum[20] unciæ, umbram septuaginta septem unciarum faciunt. Longissimus dies est æquinoctialium horarum quatuordecim atque dimidiæ, cum trigesima parte unius horæ.

5 Quarto[21] subjacent circulo, quæ sunt ab altero latere Imai, Cappadociæ austrina, Galatia, Mysia, Sardis, Smyrna, Sipylus, Tmolus mons Lydiæ, Caria, Ionia, Tralles, Colophon, Ephesus, Miletos, Samos, Chios,

14. *Cypri austrina.* Sic paulo post, « Sardiniæ austrina, Cappadociæ austrina, etc. » Hard. — Male ergo Dalec. *Cyprum, austrinam*, etc. Ed.

15. *Quinta parte.* Quarta, si Strabonem audimus, lib. II, pag. 134, et Ptolemæum, Almag. lib. II, cap. 6. Hard.

16. *Tertius circulus.* Διὰ Ῥόδου, per Rhodum cognominatus. Traduntur eadem ab Eratosthene, ut Strabo innuit, loc. cit. Hard.

17. *Proximas, Cataoniam.* Chiffl. *proximam Cataoniæ.* Ed.

18. *Gythium.* De quo lib. IV, cap. 8. Hard.

19. *Messeniam.* Chiffl. *Messenam.* Dalec. *Messenen.* Ed.

20. *Centum unciæ.* Centum partes. Hoc est, eamdem habet rationem ad umbram umbilicus horologii, sive gnomon, quam habet centenarius numerus ad lxxvii. H.

21. *Quarto.* Διὰ Σμύρνης, Ptolemæo, loc. cit.

LIBER VI. 759

Icarium mare, Cycladum[22] septemtrionales, Athenæ, Megara, Corinthus, Sicyon, Achaia, Patræ, Isthmos, Epirus, septemtrionalia Siciliæ, Narbonensis Galliæ exortiva, Hispaniæ maritima a Carthagine nova, et inde ad occasum. Gnomoni xxi pedum respondent umbræ xvii[23] pedum : longissimus dies habet æquinoctiales horas quatuordecim, et duas[24] tertias unius horæ.

Quinto[25] continentur segmento ab introitu Caspii maris, Bactra, Iberia, Armenia, Mysia, Phrygia, Hellespontus, Troas, Tenedus, Abydos, Scepsis, Ilium, Ida mons, Cyzicum, Lampsacum, Sinope, Amisum, Heraclea in Ponto, Paphlagonia, Lemnus, Imbrus, Thasus, Cassandria, Thessalia, Macedonia, Larissa, Amphipolis, Thessalonice, Pella, Ædessa[26], Berœa, Pharsalia, Carystum, Eubœa[27] Bœotum, Chalcis, Delphi, Acarnania, Ætolia, Apollonia, Brundisium, Tarentum, Thurii, Locri, Rhegium, Lucani, Neapolis, Puteoli, Tuscum mare, Corsica, Baleares, Hispania media. Gnomoni septem pedes, umbræ sex. Magnitudo diei summa horarum æquinoctialium quindecim.

Sexta[28] comprehensio, qua continetur urbs Roma, amplectitur Caspias gentes, Caucasum, septemtrionalia Armeniæ, Apolloniam supra Rhyndacum, Nicomediam, Nicæam, Chalcedonem, Byzantium, Lysimachiam, Cherronesum, Melanem sinum, Abderam, Samothraciam, Maroneam, Ænum, Bessicam, Thraciam, Mædiam,

---

22. *Cycladum.* Dalec. *Cyclades.*
23. *XVII pedum.* Elz. *XVI pedum.* Ed.
24. *Duas tertias.* Elz. *tertias duas.* Ed.
25. *Quinto.* Διὰ Ἑλλησπόντου. H.
26. *Ædessa.* Ptolemæo, lib. III, cap. 13, Αἴδεσσα urbs Emathiæ in Macedonia juxta Berrhœam. *Edessam Macedoniæ civitatem* vocat Victor Vitensis, de persec. Afric. lib. I, pag. 10. In Notitia Eccles. pag. 21, Ἔδεσα. Hard.
27. *Eubœa Bœotum.* Sive Bœotorum. Avulsa enim Eubœa Bœotiæ, ut dictum est lib. IV. H.
28. *Sexta comprehensio.* Διὰ Μασσαλίας, per Massiliam. Hard.

Pæoniam, Illyrios, Dyrrachium, Canusium, Apuliæ [29] extima, Campaniam, Etruriam, Pisas, Lunam, Lucam, Genuam, Liguriam, Antipolin, Massiliam, Narbonem, Tarraconem, Hispaniam Tarraconensem mediam, et inde per Lusitaniam. Gnomoni pedes novem, umbræ octo. Longissima diei spatia, horarum æquinoctialium quindecim, addita nona parte unius horæ : aut, ut Nigidio placuit, quinta.

8   Septima [30] divisio ab altera Caspii maris ora incipit : vaditque supra Calatim, Bosphorum, Borysthenem, Tomos, Thraciæ [31] aversa, Triballos, Illyrici reliqua, Adriaticum mare, Aquileiam, Altinum, Venetiam, Vicetiam, Patavium, Veronam, Cremonam, Ravennam, Anconam, Picenum, Marsos, Pelignos, Sabinos, Umbriam, Ariminum, Bononiam, Placentiam, Mediolanum, omniaque ab Apennino: transque Alpes Galliam Aquitanicam, Viennam, Pyrenæum, Celtiberiam. Umbilico triginta quinque pedum, umbræ triginta sex, ut tamen in parte Venetiæ exæquetur umbra gnomoni : amplissima dies horarum æquinoctialium quindecim, et quintarum partium horæ trium.

9   Hactenus antiquorum exacta celebravimus. Sequentium diligentissimi, quod superest terrarum tribus assignavere segmentis. A Tanai per Mæotin lacum et Sarmatas usque Borysthenem, atque ita per Dacos partemque Germaniæ, Gallias, Oceani littora amplexi, quod esset horarum sedecim. Alterum per Hyperboreos et Britanniam, horarum

---

29. *Apuliæ extima, Campaniam, Etruriam, Pisas*, etc. Priscianus Grammat. lib. III, pag. 608, hinc Plinii locum affert in medium, ut *extimum* pro *extremo* dictum a Veteribus probet : « Plinius, inquit, in sexto Naturalis historiæ : Dyrrachium, Canusium, Apuliæ extima. » HARD.

30. *Septima divisio.* Parallelus διὰ μέσου Πόντου Ptolemæo, loco citato. HARD.

31. *Thraciæ aversa.* Septemtrioni partem obversam. HARD.

LIBER VI.

decem et septem. Postremum Scythicum a Riphæis jugis in Thulen, in quo dies continuarentur (ut[32] diximus) noctesque per vices. Iidem et ante principia, quæ fecimus, posuere circulos duos. Primum[33] per insulam Meroen, et Ptolemaiden, in Rubro mari ad elephantorum venatus conditam: ubi longissimus dies duodecim[34] horarum esset, dimidia hora amplior. Secundum per Syenem[35] Ægypti euntem, qui esset horarum tredecim[36]. Iidemque singulis dimidia horarum spatia usque ad ultimum adjecere circulis. Et hactenus de terris.

32. *Ut diximus.* Lib. IV, cap. 26. HARD.

33. *Primum per.* Διὰ Μερόης καὶ Πτολεμαίδος τὸ ἐν τῇ Τρωγλοδυτικῇ, Straboni, lib. II, pag. 133. H.

34. *Duodecim.* Immo tredecim, ὡρῶν ἰσημερινῶν τριακαίδεκα Strab.

et Ptolemæus locis citatis. HARD.

35. *Per Syenen.* Διὰ Συήνης : horarum tredecim cum semisse, iisdem auctoribus proxime appellatis. HARD.

36. *Tredecim.* MSS. Reg. 1, 2, et Chiffl. XIIII. HARD.

EXCURSUS I

DE MENSIBUS ÆGYPTIACIS.

Ad ea Plinii verba, cap. 26 :

Ex India renavigant mense Ægyptio Tybi incipiente, nostro decembri : aut utique Mechiris Ægyptii intra diem sextum, quod fit intra idus januarias, etc.

Rei chronologicæ minus peritus fortassis cuipiam Plinius videatur, qui respondere januario mensi romano Mechírem Ægyptium scribat, quem cæteri scriptores omnes februario arrogant. Nam ut auctorem Peripli maris Erythræi omittam, qui dum mensem Epiphi julio mensi adjudicat, Mechirem referri ad februarium oportere, ad januarium vero Tybi aperte declarat; multo disertius vetustus auctor in Anthologia Græca, I, 91, epigr. 11, mensium ordinem seriemque sic digerit, ut Plinianæ sententiæ pugnare omnino videatur. Hujus græca carmina latine Grotius sic expressit :

Menses Ægyptii, quorum primus septembri respondet.

Ordine Thoth primus traxit vineta putando.
Squamigeri generis præda est bona mense Paiphi.
Monstrat Athyr Maiam terris, Maiæque sorores.
Chœac spicigero conspergit semine sulcos.
Tybi magistratus Tyrio producit in ostro.
Pandere vela Mechir jubet, et decurrere ponto.
Armigeras Phamenoth vocat ad fera bella cohortes.
Prata rosis index veris Pharmuthi colorat.
Jam matura Pachon assignat falcibus arva.
Pomifer autumnum dicit venisse Payni.
Implet Epephi sinum vino turgentibus uvis.
Attollit Mesori fecundo flumine Nilum.

Græca, quæ ad Tybi Mechiremque pertinent, sunt hujuscemodi :

Τυϐὶ δὲ πορφύρεον βουληφόρον εἷμα τιταίνει.
Σημαίνει πλωτῆρσι Μεχεὶρ πλόον ἀμφιπολεύειν.

Ut tamen ista sic se habeant, non modo liberationem culpæ, sed eruditionis laudem, ut in cæteris disciplinis, sic in rebus istis chronologi-

EXCURSUS I.

cis, Plinius singularem meretur. Etenim sic se res habet. Annorum Ægyptiacorum ea conditio est, ut quarto quoque vertente, caput anni retro abeat, et unum anticipet diem: ac demum post 1460 Julianos annos, vel 1461 Ægyptiacos, ad eumdem, unde erat profecta, diem Juliani mensis neomenia redeat. Exempli gratia: primus dies Thoth (is primus est Ægyptiorum mensis) incipiat hoc anno kalendis septembris, post annos quatuor incipiet 31 Augusti: post octo, Augusti 30, donec anno 1457 perveniat ad 2 septembris, anno vero 1461 in kalendis septembres rursus incurrat, expletis annis Julianis 1460, qui sunt Ægyptiaci 1461 completi: quæ periodus Sosthiaca dicitur. Hinc annus ille vagus appellari consuevit. Quemadmodum vero Julianus annus diversis ab exordiis sumitur, velut a mundi conditu, aut a Christi natali; sic Ægyptiacus et vagus iste varias habere potest epochas. Quarum celeberrima est, et ab astronomis usurpata veteribus æra Nabonassari, quam Ægyptii a Babyloniis acceperunt. Fuit enim Nabonassarus Chaldæorum rex: ab cujus primordio Babylonii novam æram instituerunt, cujus exordium cadit in annum periodi Julianæ 3967, februarii 25, ante Christum 747. Ita fere Petavius, parte II Ration. Temp. I, 12, qui quum Canone 1 colligat neomeniam Thoth anno periodi Julianæ 4712 cadere in diem 24 Augusti; ex eo perinde nos efficimus, anno ejusdem periodi Julianæ 4790, qui annus est Urbis conditæ DCCCXXX, quo Plinius hæc scribebat, mensis Thoth neomeniam incidisse in diem 7 Augusti. Deinde ex ejusdem Petavii Canone 4 efficimus ejus anni neomeniam Tybi fuisse die 5 decembris: Mechiris, 4 januarii. Quamobrem recte ac subtiliter ex lege popularis illius et vagi Ægyptiorum anni Plinius scripsit, « mense Ægyptio Tybi incipiente, nostro decembri: aut utique Mechiris Ægyptii intra diem sextum, quod fit intra idus januarias nostras. » Neque me fugit Ægyptios, Antonio et Cleopatra sublatis, una cum jugo Romanorum, etiam eorum annum accepisse: hunc tamen quinquennio, quam illud, posterius: ab illo tempore deinceps vagari popularem illorum annum desiisse; et intercalationis fræno revocatum esse quarto quoque anno pristinam in sedem. Verum aut istum morem nondum ævo suo lege lata universe receptum Plinius intellexit, aut veteri instituto standum nihilominus arbitratus est, a quo peritiores mathematici nunquam discedendum putaverunt: quod et subtiliorem quamdam astronomicæ disciplinæ scientiam argueret. Rationem aliam Ægyptiorum mensium affert, ex Beda, explicatque Rosweydus noster in Onomastico, ad vitas Patrum, pag. 1039 et 1040, quem consule.

DE SITU PARADISI TERRESTRIS DISQUISITIO,

SIVE

DE PLINII CUM MOSE CONVENIENTIA IN PARADISI FLUMINIBUS INDICANDIS.

(EX ED. SEC.)

Ne quis temere dictum a nobis existimet, fluvios, a Plinio appellatos libro sexto *Flumen Salsum* et *Flumen Achanum*, eos esse, quos in descriptione Paradisi Moses *Gehon* et *Phison* nuncupat, de ipsius Paradisi situ disquirere hoc loco breviter visum est, ex integro Tractatu de eo argumento, quem habemus prelo paratum, decerptis iis dumtaxat, quae ad Geographiam, sive ad Paradisi et circumjacentis regionis situm statuendum pertinent, ut operis hujus ratio postulat ac permittit. Itaque ad singulos sacrae Scripturae versus, ex secundo capite Geneseos, quo Paradisi descriptio continetur, nostram adjiciemus interpretationem; editionem vulgatam inprimis secuti, quoniam et sic facere Catholicum decet, et est ea in hoc argumento perquam accurata, et caeteris omnibus multo apertior. Intelligent autem ex hac Disquisitione latinarum litterarum studiosi, quique sint, magno divinae Providentiae consilio ac munere factum esse, ut ad nostram aetatem Plinii opus, quamvis hominis a veri Numinis cognitione alienissimi, pervenerit, quum unus omnium antiquorum scriptorum ipse sit, qui flumina Paradisi, in opere suo geographico, commemoraverit, atque eodem ipso situ collocarit, quo ea describuntur a Mose.

§ 1. *Explicatur versus 6 capitis secundi Geneseos:* «*Sed fons ascendebat de terra, irrigans, etc.* »

Nondum aliquis, inquit Moses, decidebat e caelo imber : sed pro imbre fons fuit crebris flexibus omnem illius regionis superficiem irrigans : quem

DE SITU PARADISI TERRESTRIS.

qui homo accoleret, posset ex eo haurire ad rigandos hortos per universam illam regionem. Turpi et gravi labuntur errore, qui sive peritiæ in Hebræo sermone ostentandæ causa, sive alio consilio, *fontis* vocabulum hoc loco repudiant, ut *vaporem* inducant. Vidit acute Vulgatus Interpres, אֵד *ed* Hebræum, esse *fontem;* quippe conjunctum cum verbo שָׁקָה *schacah* irrigare, quod in sacris libris, ut inferius ostensuri sumus, nonnisi de rivo vel amne dicitur, agros permeante, et crebris sinuosisque flexibus eosdem irrigante. Et quum *vaporis* nomen alibi ter occurrat in iisdem libris, nusquam per אֵד *ed* Hebraice exprimitur. Alias præterea causas, sane graves et validas, quamobrem *vapor* hic inepte ponatur, affert Salianus in Annalibus, ad diem mundi tertium, num. 57.

Fons ille Paneas olim fuit, et est hodieque, unde Jordanis fluit, ut Plinius prodidit, v. 15: « Jordanis amnis oritur ex fonte Paneade, qui cognomen dedit Cæsareæ. » Et cap. 16, pag. 263, Tetrarchia « Paneas, in qua Cæsarea, cum supradicto fonte. » In describendo ortu Jordanis, ut mentitus esse Plinius existimaretur, ac fortassis ne *fons* ille, cujus hic Moses meminit, ille esse crederetur, unde Jordanis oritur, ficta gemina fabula est: altera, quæ fontem hunc ipsum Paneadem ex ulteriore lacu, Phiala appellato, per subterraneos meatus erumpere fingeret; altera, quæ ex gemino fonte prodire hunc amnem referret, quorum uni nomen esset *Ior*, alteri vero *Dan*.

Ascendebat e terra. Scatebram sive ebullitionem aquæ surgentis, et e terra exsilientis, vox illa *ascendendi* denotat. Terræ autem nomine, Palæstinam ipsam, ut mox dicemus, Sacer Scriptor intelligit. Sed perquam accurate *terram* dixit, non *paradisum:* ut extra paradisum fuisse fontem eum intelligeremus. Nam primum quidem *fons e terra ascendebat* ad irrigandam superficiem terræ: deinde fluvius egrediebatur, etiam ipse extra paradisum in eo egressu: sed mox paradisum eumdem subiturus et irrigaturus.

Universam superficiem terræ. Hebræi *universam superficiem terræ*, consueto idiomate circumjacentem solummodo regionem appellant, qualem quidem et quantam intelligi orationis argumentum poscit. Unde gallice reddi hanc vocem sic oportet, *toute la surface du pays*. Atque ita persæpe in libris sacris *terra* et *universa terra*, pro tota aliqua regione ponitur, *tout le pays*. Neque profecto terræ universæ, ut eam vocem vulgo intelligimus, irrigare superficiem fons unus potest.

Fontis vero nomine rivus intelligitur e fonte profluens, et amnem efficiens: nam et fontes decurrere per campos et valles dicuntur. Psal. CIII, 10: « Qui emittis fontes in convallibus: inter medium montium pertransibunt aquæ. » Quin etiam Mosis ætate, quem amnem Jordanem dicimus, non habuit is Jordanis nomen ante egressum e mari seu lacu Tiberiadis. Sed quod anterius fluit e fonte Paneade usque ad eum lacum, in quem se immergit, Hebræi *fontem* appellabant, et *fontem Daphnim*; ut apparet ex Num. xxxiv, 11, 12, ubi Terræ promissionis situs et limites describuntur, «ad septemtrionalem plagam a mari magno», sive mediterraneo: «Inde contra orientalem plagam de villa Enan usque Sephama», quod oppidum fuisse oportet circa fontem ipsum Jordanis, unde hi limites orientales procedunt versus Austrum, ut recte Bonfrerius noster animadvertit: «et de Sephama descendunt termini in Rebla contra fontem Daphnim: inde pervenient contra orientem ad mare Cenereth», qui et lacus Tiberiadis est, «et tendent usque ad Jordanem», ubi nimirum emergit e lacu; «et ad ultimum salsissimo clauduntur mari», qui est Asphaltites lacus.

Supremis tamen Josue temporibus, quum ea regio jussu ipsius lustraretur, ad constituendos fines singularum tribuum, etiam aliqua pars superior amnis appellata fortassis Jordanis est; sive, ut a Bonfrerio video appellari, Jordanis minor: ob verba Josue xix, 33; sed fortassis, inquam; neque enim istud ex eo etiam loco liquido colligitur. At prius sub Mose, nonnisi *fons*, et *fons Daphnim* appellata ea pars amnis est, quæ est ante lacum Tiberiadis, ut apparet ex loco Numerorum allato.

Daphnim autem oportet esse, ut cætera omnia quæ in hoc capite appellantur nomina propria, Hebræum nomen: nullum enim in his latinum est. Est igitur, ut nunc quidem videtur, *fons Daphnim*, fons laurorum, ob lauros in ripa consitas. Nam lauros in hoc tractu fuisse (tametsi nullas in reliqua Terra sancta Libri Sacri exhibent), non vicinia quidem Antiochiæ suadet, quæ ad Daphnen dicitur, at hinc videtur abesse plus octoginta millibus passuum, sed quod etiamnum דפנא *daphne* dicunt Rabini pro lauro; quod isti quidem verbum ex græco δάφνη fortassis accepere; sed prius ex Hebræis istud accepisse Græcos verisimiliter ex hoc loco colligimus. Quum autem vox illa *Daphnim* absit ab Hebræis codicibus, ut nunc sunt (nam in iis solummodo legimus, *contra fontem*), argumento istud est, præter alia multa: vulgatum Interpretem multo emendatioribus aliisque usum fuisse exemplaribus Hebræis, quam quæ nunc exstant, ut Præfatio admonet præfixa Bibliis, ac jure videri Judaica esse, quæ nunc habemus, Israelitica sive Galilæa fuisse ea, ex quibus ante ipsam Christi ætatem facta sit latina translatio. Et est fons ille cæteroqui in Galilæa, ac proinde Galilæis notior, quam Judæis; qui ignotum sibi nomen forte neglexerunt. Ut ut est, *fons Daphnim*, ille ipse fons est, qui ab ipso mundi initio «ascendebat e terra, irrigans universam superficiem terræ.» *Universa terra* autem, cujus superficiem fons irrigabat, est tractus ille solummodo, quem amnis alluit, priusquam in lacum Genesaram, sive Tiberiadis, illabatur. Sic enim Gen. XIII, 9 : « dixit Abram ad Lot... Ecce universa terra coram te est : » hoc est, terra seu regio circumjacens in eo tractu.

§ 2. *Explicatio versus octavi :* « *Plantaverat autem Dominus Deus paradisum voluptatis a principio : in quo posuit hominem quem formaverat.* »

Plantaverat. Conseverat plantis seu virgultis, qualia commemorata sunt versu quinto, locum peculiarem, ut esset is hortus seu Paradisus voluptatis ; et quem extra Paradisum hominem condidit, in eo postmodum collocavit.

Paradisum voluptatis. Hebraice, גַּן־בְעֵדֶן *ghan-beeden :* quod verti oportere Hebraizantibus videtur, *Paradisum in Eden :* quoniam illud בְ, quod inquit, latine idem valet ac præpositio *in*, loci situm indicat. Perinde quasi non et qualitatem rei, ac modum peræque designet : cujusmodi illud est, Gen. III, 19 : « In sudore בְּזֵעַת *beseheht* vultus tui vesceris pane. » Et Gen. XXXIV, 13 : « Responderunt filii Jacob Sichem et patri ejus בְּמִרְמָה *bemirmah*, in dolo. » Itaque isto etiam loco qualitatem horti denotat, Paradisum videlicet in voluptate : id quod rectius exprimi sensit vulgatus Interpres, si diceret, *Paradisum voluptatis.* Nec aliam esse sententiam Hebræi ipsius exemplaris inde apparet, quod versu deinde 15 hujus secundi capitis, et capite sequenti, versu 23 et 24, hoc est, ubicumque postea *Paradisus voluptatis* similiter commemoratur, Hebraice est solummodo, absque ea littera servili בְ, גַּן־עֵדֶן *ghan-eden.* Unde et græca ipsa etiam exemplaria habent, παράδεισος τῆς τρυφῆς. Sic Isai. LI, 3 : עֵדֶן *Eden*, deliciæ sunt : « Et ponet desertum ejus quasi delicias, et solitudinem ejus quasi hortum Domini. » Neque vero esset contra leges artis oratio, si quis hoc loco Geneseos verteret, *Paradisum in voluptate :* sic enim apud Basilium legas, in homilia de Paradiso : ἐν Ἐδέμ, φησὶν, ἐφύτευσε· τουτέστιν, ἐν τῇ τρυφῇ.

A principio. Primis diebus, ante formationem hominis. Quo nempe die terra jussa est germinare, et arbores producere virgulta, et herbam : die mundi tertio. Vulgatus Interpres, quem ego virum θεόπνευστον fuisse, quod et Melchior Canus affirmat ; aut certe supra mortales cæteros peritissimum tum linguæ Hebraicæ, tum aliarum disciplinarum, tum vero inprimis traditionis in rebus divinis, vidit perspicacissime, non fuisse hoc loco Hebræam vocem מִקֶּדֶם *mikkedem* vertendam, *ab Oriente*, aut *versus Orientem :* quoniam non esset locus Paradisi ad solis exortum respectu terræ Chanaan sive Palæstinæ, quam Moses spectabat, quum hæc scriberet, siquidem pars ejus terræ Paradisus ipse esset. Alioqui vocem eamdem ille ipse Interpres, cap. xi, 2, *de Oriente* recte interpretatus est: « Quumque proficiscerentur de oriente », nempe familiæ Noe, de quibus sermo fuerat capite præcedenti, versu ultimo, « invenerunt campum in terra Sennaar, et habitaverunt in eo. » Nam Oriens ille, unde isti profecti dicuntur, tractus ille omnis terrarum est, quem Jordanis alluit ab oriente, circa lacum Genesareth: qui orientalis tractus est comparate ad reliquam Palæstinam. In eodem illo Oriente fuit mons Sephar, de quo dictum a Mose fuerat, capite superiore, sive x, 30: « Et facta est habitatio eorum de Messa pergentibus usque Sephar montem orientalem. » Ibi etiam Ammon sive regio Ammonitis fuit; unde olim est accersitus Balaam a Balac rege Moab, Num. xxii, 5: « de Aram, de montibus Orientis, » Num. xxiii, 7, hoc est, de oppido Aram, sito in montibus Orientis. Cujus quidem oppidi mentio est, 1 Paralip. 2, 23, una cum terra Galaad, sive monte Galaad, qui et ipse unus est ex istis *montibus Orientis*; et cum Gessur Syriæ, cujus mentio inprimis est Reg. ii, 15, 8, et ubi de Absalomi secessu agitur, quum fratrem occidisset.

Comparate etiam ad convallem Mambre, ubi degebat Abram, Gen. xiv, 13, *plaga orientalis*, Gen. xxv, 6, appellatur terra *Madian*, quæ ab ipsomet Abrahamo, uni e filiis suis, quem ex Cetura susceperat, assignata est, Gen. xxv, 6, *in regione Moab*, Gen. xxxvi, 35, cum Ismaelitis ibi quoque aut juxta positis, Gen. xxxvii, 28, 36, unde ibi ducem habuere Madianitæ, Num. xxv, 18, vicini admodum Moabitis, Num. xxii, 4, 7, et xxv, 1, 6, iidemque vicini Amorrhæis, Josue, xiii, 21. Unde multo postea excursione facta cum Amalec cæterisque *Orientalium nationum*, ascenderunt in terram Israel, Judic. vi, 3, 8, 33, donec inde pulsi a Gedeone fuerunt. Fuit autem altera præter istam civitas Madian, ultra Idumæam, versus oram orientalem maris Rubri; cujus mentio est Reg. iii, 11, 18. Quo nimirum ex Idumæa fugiens Adad Idumæus, ut in Ægyptum se reciperet, primum advenit: et unde profectus venit in Pharan, deinde in Ægyptum. Ex ista Madianitide regione fuit Sephora uxor prima Mosis. Sed de istis quidem capitibus, quæ in Geographia sacra perdifficilia et impedita nonnullis Interpretibus visa sunt, obiter hæc dicta sunto.

Qui nomen Hebræum מקדם *mikkedem* aiunt geminum posse habere sensum in hoc versu octavo, in quo versamur, ita ut et *a principio* creationis significet, et *ad Orientem* simul, ut inde statuant colligi oportere Paradisi situm ad Orientem; hi volunt deseri vulgatum Interpretem, qui scripsit, *a principio*; quum fieri certe non possit, ut scriptor quisquam voce aliqua una utatur, qua simul et tempus velit, et locum intelligi; aut ut *a principio* qui scripserit, non deseratur, si hic oporteat *ab Oriente* intelligi. Itaque quisquis utrumque isto loco significari hac voce contendit, aut constare idem negat quid sit statuendum, aut editioni vulgatæ vult quamvis aliam anteponi, quæ habeat *ab Oriente;* vulgatam præ ista sperni ac negligi. At quæ causa potuit movere vulgatum Interpretem, ut hic מקדם *mikkedem* verteret *a principio,* quum alibi vertat *de Oriente;* nisi quia perspectum exploratumque haberet, hanc fuisse constantem sententiam, tunc maxime quum huic ipsi interpretationi operam daret, non in Oriente comparate ad Palæstinam, sed in ipsamet Palæstina fuisse Paradisum? Aut cur non reclamarunt eruditi, si verti *ad Orientem* oportere existimarent, ad sensum Mosis exprimendum?

Atqui מקדם *mikkedem* non posse sæpe aliter verti, quam *a principio,* testantur multa Scripturæ Sacræ loca; ut Isai. XLV, 21 : « Quis auditum fecit hoc, מקדם *mikkedem,* ab initio? » Mich. v, 2 : « Et egressus ejus, מקדם *mikkedem,* ab initio a diebus æternitatis. » Habac. I, 12 : « Numquid non tu, מקדם *mikkedem,* a principio Domine Deus meus? » Sic aliis etiam multis locis. Itaque alia alibi hujus vocis vis ac potestas est, pro ratione subjectæ materiæ: quam non habere plane perspectam non potuit Latinus Interpres, quum vertit *a principio.* Siquidem et loco citato, Gen. XI, 2, et Gen. XII, 8, et Gen. XIII, 11, et alibi, illud *mikkedem* recte vertit *ab Oriente,* quoniam ita posceret argumentum. At certe vidit vir eruditus, non posse hic scribi *ab Oriente,* quum nondum Scriptor Sacer aut qua sub mundi plaga ipse scriberet, aut qua in regione terrarum esset is locus, de quo scriberet, designasset.

A quibus autem avide exceptum illud est, *ab Oriente,* ex his multos videmus insulsas anilesque fabulas de Paradisi situ esse amplexos, quas recitat Moses Barcepha, aliique.

« In quo posuit hominem quem formarat. » Circa fontem Daphnim fuisse Adamum a Deo conditum, ut supra diximus, instituta à Mose narrationis series docet. De ligno vitæ et de ligno scientiæ boni et mali satis feliciter Deo donante, ut quidem opinamur, in integro Tractatu diximus : sed Geographica dumtaxat ex eo nos esse excerpturos, meminimus superius nos polliceri : neque hoc volumen scribi hic de eo integro argumento postulat.

§ 3. *Explicatio versus decimi :* « *Et fluvius egrediebatur de loco voluptatis ad irrigandum Paradisum, qui dividitur in quatuor capita.* »

Et fluvius. Jordanis nimirum; quippe qui solus ex omnibus Terræ sanctæ, ut est revera, *fluvius* appellatur, et κατ' ἐξοχήν. Nam cæteri torrentes solum, aut rivuli, non fluvii sunt. Num. XI, 19, sub Mose :

« Misit Israel nuntios ad Sehon regem Amorrhæorum, qui habitabat in Hesebon, et dixerunt ei : Dimitte ut transeam per terram tuam, usque ad fluvium, » hoc est, usque ad Jordanem. Et Josue, XXIV, 2, loquente eo ad tribus Israel: «Trans fluvium habitaverunt patres vestri ab initio, Thare pater Abraham, et Nachor : servieruntque Diis alienis. Tuli ergo patrem vestrum Abraham de Mesopotamiæ finibus : et adduxi eum in terram Chanaan. » Nam ibi *fluvius*, inquam, Jordanis est; ultra quem scilicet, comparate ad Sichem, Mesopotamia ea est, de qua Deus tulisse dicitur Abrahamum. Neque enim in Vetere Testamento alia Mesopotamia est, quam quæ Mesopotamia Syriæ appellatur, Gen. XXVIII, 6, XXXIII, 16, XXXV, 9, 20; Judith, III, 1, et Psal. LIX, 2. In ea Mesopotamia habitarunt Thare, Abraham, et Nachor, patres Israelitarum; siquidem Thare pater Abraham fuit; Nachor autem, alter Thare filius, avus Rebeccæ, matris Jacob, qui et Israel. Itaque patres eorum isti : Abraham paterno genere; Nachor, materno : ambo Mesopotamiæ Syriæ *trans fluvium*, hoc est, trans Jordanem, incolæ. Unde et Rebecca filia dicitur « Bathuelis Syri de Mesopotamia », Gen. XXV, 20.

Itaque Jordane hæc Mesopotamia includebatur et Oronte ab occasu : Euphrate et Babylone ab ortu: ab Aquilone Marsya amne, qui in Euphratem influit. De Marsya et Oronte hæc Plinius, V, 19 : « Syria Cœle habet Apamiam, Marsya amne divisam a Nazerinorum tetrarchia. » Et paulo antea, cap. 18 : « Antiochia libera, Epidaphnes cognominata, Oronte amne dividitur, » quem postea dicit in mediterraneum amnem delabi; *natum* vero esse eumdem « inter Libanum et Antilibanum juxta Heliopolim. » Marsyas in Euphratem influit, ut idem testatur, cap. 21.

Hinc igitur intelligas, Mesopotamiam, et Mesopotamiam Syriæ appellatam esse regionem eam, quæ inter Marsyam et Orontem, Jordanem et Euphratem esset; diversam a Mesopotamia illa, quæ inter Euphratem et Tigrim excurrit. *Haran* proinde, ubi Laban socer Jacobi fuit, non Carrhas esse, quæ sunt hic procul positæ, ut ex Pliniana hujus tractus descriptione liquet, sed Apamiam potius, de qua dictum est proxime, aliudve oppidum haud longe positum, colligere recte ratiocinantes oportet. Ex hac igitur civitate Haran, sive Apamia ea sit, sive altera ei vicina, in ista Mesopotamia Syriæ, sive, ut alii scriptores appellant, et ipsa Genesis, cap. XXVIII, 7, *in Syria*, profectus Jacob, *amne transmisso*, Gen. XXXI, 21, qui influit in lacum Genesaræ, perrexit inde *contra montem Galaad*, qui est ad orientem ejusdem lacus. Nam tota illa regio, quæ Jordani fluvio late prætenditur, *terra orientalis* appellatur, Gen. XXIX, 1; *Oriens*, Gen. XI, 2, et *mons orientalis*, Gen. X, 30.

Ac mihi quidem hic quoque insignis diligentia fuisse videtur vulgati Interpretis, qui *amnem* scripserit, Gen. XXXI, 21, ne quis ibi Euphratem intelligeret; quem *fluvii* nomine κατ' ἐξοχὴν sæpe designat. Neque enim insigniores paulo fluvios amnis appellatione denotat; quales sunt Jordanis, Euphrates, Nilus, Tigris, sed minores dumtaxat tres; nimirum istum ἀνώνυμον hoc loco Gen. XXXI, 21, deinde ne amnem quidem, sed vel alveum Nili unum vel amnis effigiem, quæ dormienti objecta est Pharaoni, Gen. XLI, 3, 18, et postremo alium plane obscurum, Paralipom. I, 1, 48.

Digressum me quidem paulisper a proposito sentio, at non sine aliquo fructu, opinor : quum patefacto quid fluvii, quid amnis nomine Sacra Scriptura intelligat, loca non pauca Sacrorum Librorum, quæ sunt præpostere accepta ab Interpretibus, pertinentque ad situm regionum, oppidorum, ac fluminum, nunc tandem feliciter, ita speramus, illustrentur. *Fluvii* interim nomine in hac descriptione Paradisi intelligi Jordanem oportet, ut diximus : quem etiam *fluminis* nomine David designat, Psal. LXV, 6 : « In flumine pertransibunt pede. » Et hunc denique fluvium, qui Paradisum irrigaret, esse Jordanem, censent etiam Joannes Mariana in eum Geneseos locum, et P. Nicolaus Abramus in tractatu de fluviis et loco Paradisi. Non appellat autem Moses de nomine Jordanem ; quia tunc certe, quum Deus conderet Paradisum, id nomen amnis ille nondum haberet.

Et fluvius egrediebatur. Postquam fons irrigasset universam superficiem terræ sive regionis adjacentis, fluvius etiam egrediebatur e lacu, Tiberiadis postea appellato, quem aquis suis fecerat; ut docet Plinius, V, 15 : « Jordanis amnis oritur e fonte Paneade, qui cognomen dedit Cæsareæ : amnis amœnus, et quantum locorum situs patitur, ambitiosus, accolisque se præbens, velut invitus Asphaltiten lacum dirum natura petit... Ergo ubi prima convallium fuit occasio, in lacum se fundit, quem plures Genesaram vocant, amœnis circumseptum oppidis. » Inde autem egrediens, *fluvii* nomen habet apud Mosem. Verum ut de fonte Jordanis jam ostendimus, sic etiam in ejusdem amnis cursu describendo errarunt ii, qui antequam perveniat ad lacum Genesaram, seu mare Tiberiadis, aliam Jordani convallem occurrere confinxerunt, in qua lacum efficiat Genesaretico longe minorem ; quem alii appellaverunt Σεμεχωνίτιδα λίμνην, alii etiam aquas Merom, de quibus sermo est Josue, XI, 5, 7, quum sint in eo Josue loco aquæ Merom, verius aquæ stagnantes, ubi ubi sint, ut quæ Maserepoth, ibi pariter memoratæ : neque aquæ Merom, hoc est, aquæ altæ, sive altitudinis, dici posse videantur aquæ, quas amnis in convalle colligit : et certissimo denique eorum relatu, qui hæc loca diligenter lustrarunt, didicerimus, nullum omnino in lacum se Jordanem effundere, ante lacum Genesaræ, sive Tiberiadis, quem aquis suis facit.

Ex eo igitur ipso, non ex anteriore alio, quum nullus sit, *fluvius egrediebatur*, qui postea Jordanis est appellatus.

De loco voluptatis. Est enim regio omnis circa lacum Tiberiadis amoenissima. Unde lacum ipsum « amoenis esse circumseptum oppidis » Plinius dixit: id quod et ipsa suadent nomina circumjacentium oppidorum. Et *Genesar* quidem, unde *Aqua Genesar*, uti appellatur Mach. I, 11, 67, sive *stagnum Genesarech*, Luc. v, 11, et *terra Genesar*, Matth. xiv, 34, sive terra Genesareth, quum *hortum* sive *Paradisum felicem*, vel *felicitatis* significet, גן־אשר *ghan-ascher*, quod esse idem videtur, atque *hortus* sive *Paradisus voluptatis*, ipso suo nomine situm Paradisi in sua vicinia indicare nobis videtur, et in eum nos quasi manu ducere. Potest et vox *Genesareth* ex illa derivari, גן־אשרת, ut significet *hortum nemoris*. Est enim אשרה *aschera*, lucus, seu nemus arboribus densum; cujusmodi fuit hortus seu Paradisus, in quo « produxit Dominus Deus de humo omne lignum pulchrum visu, et ad vescendum suave. » Ut ut est autem de illa vocis originatione, nec linguam Hebraicam, nec vim radicalium litterarum probe nosse videntur ii, qui quoniam in libro Numerorum, cap. xxxiv, 11, et alibi, hoc *mare Cenereth* et *Ceneroth* appellatur, כנרת *Cinereth* et כנרת, *Cineroth*, corrupte ex eo factum fuisse Genesareth arbitrantur: quum verius multo sit, alterum istud nomen factum huic mari fuisse ex apposito ei oppido altero. Nam inter oppida tractus illius, in tribu Nephthali, *Cenereth* numeratur, Josue, xix, 35, et alibi. *Genesar* autem inferius versus Austrum posita fuisse videtur, in tribu Zabulon.

Neque vero vestigia priscae amoenitatis in illis locis retinet solum nomen Genesar, sed et *Capharnaum* civitas maritima, lacus illius seu maris lateri boreali apposita, Christi Servatoris nostri civitas appellata, Matth. ix, 1, eo quod ibi habitavit tempore praedicationis suae, Matth. iv, 13, hoc, inquam, oppidum suo etiam nomine regionis illius amoenitatem praedicat; quum nihil aliud sit *Capharnaum*, כפר *caphar* בנע *nahum*, quam *vicus amoenus*, aut *amoena villa*. Similiter civitas Naim, נעים *nahim*, hoc est, *Speciosa*, *Pulchra*. Et *Corozain*, כ־חרוז־עין, idem valet atque, *tanquam monile oculo*, sive *aspectui*. Denique *Magedan*, quod est in littore maris Galilaeae occidentali, Matth. xv, 39, fit a מגד *meghed*, quod *fructus optimos et amoenos* significat, sive *delicias* et *delicatum*.

Inde etiam Jordanis nomen ei fluvio postea factum est; contractum videlicet ex יאור־עדן *Ior eden*, *fluvius voluptatis*; multo verius quam ex יאור־דן: quandoquidem et multo vetustius est nomen Jordanis, quam nomen Dan in illo tractu, quod non occurrit in illis locis ante Josue, xix, 47, et Jud. viii, 29; neque ex gemino fonte fluat amnis ille, ut finxerunt auctores illius originationis, sed ex unico, nempe ex Paneade.

PARADISI TERRESTRIS.

De loco voluptatis. De loco Moses, non *de lacu* dixit; quod ejus ætate non lacus, sed *fontis* adhuc, sed *fontis Daphnim* nomine censeretur dulcis hæc aqua stagnans e fonte; unde Jordanis, jam fluvius, quia jam majore aquarum mole erumpebat, sive *egrediebatur.*

« Egrediebatur de loco voluptatis ad irrigandum. » Hoc verbo, « egrediebatur ad irrigandum », cursus amnis designatur jam inchoatus extra Paradisum, priusquam ad irrigandum eum deveniret. Natus igitur et decurrens fluvius extra Paradisum in eum se deinde influebat. Vidit autem acute Latinus Interpres, עדן *Eden* hoc loco non esse, ut est alibi sæpe in Sacris Libris, nomen proprium, sed appellativum dumtaxat, quum מעדן *me-eden* non *ab Eden* vertit, sed *de loco voluptatis.*

Ob similitudinem aliquam cum hoc loco voluptatis, vicina quoque Paradiso loca quædam, regio Tyri nimirum, Libani, Mesopotamiæ Syriæ, et Syriæ Damascenæ, in Sacris Litteris עדן *Eden* seu voluptatis locus appellatur. Nam Principi Tyri apud Ezechielem, cap. xxvIII, 13, dicitur : « In deliciis, בעדן *be-eden*, Paradisi Dei fuisti. » De Libano, Ezech. xxxI, 16 : « Omnia ligna voluptatis, עדן *Eden*, egregia atque præclara in Libano. » De Mesopotamia Syriæ, ut quibusdam videtur, ibidem cap. xxvII, 23 : « Haran, et Chene, et Eden. » Denique de Syria Damascena, Amos, 1, 5 : « Et conteram vectem Damasci, et disperdam habitatorem de campo idoli, et tenentem sceptrum de loco voluptatis, מבית *mibeth*, עדן *eden.* Quo pertinere etiam illud videtur, Reg. IV, xIx, 12, et Isai. xxxvII, 12 : « Filii Eden, qui erant in Thalassar », sive *Thelassar.*

Ad irrigandum. Irrigatio fluviorum dicitur, quum hi per varios flexus et mæandros prata et campos secant; id quod in Palæstina Jordanem præstare Plinius dixit eleganter : « Jordanis amnis amœnus, ambitiosus, accolisque se præbens, velut invitus Asphaltiten lacum dirum natura petit. » Falso autem putat Lightfootus factam hanc irrigationem esse semel quotannis exundante fluvio, instar Nili. Neque enim hæc exundatio irrigationis nomine apud ullos bonos scriptores censetur. « Auctu magno per totam spatiatus Ægyptum Nilus fecundus innatare terræ » a Plinio dicitur, V, 10, irrigare non dicitur. Irrigat, inquam, amnis agros, quum flexuoso cursu per eos serpit ac labitur. Sic Mæander apud Plin. V, 31 : « Ita sinuosus flexibus, ut sæpe credatur reverti, omnes eos agros fertilissimo rigat limo. » Sic coloni sua rura irrigant, quum in ea rivos deducunt. Quod si de exundatione amnis istud accipi oporteret, dicendum esset, Adamum, quem autumno conditum fuisse ostendimus alibi certis argumentis, aut istam irrigationem non vidisse, quæ fieri soleret mense primo, hoc est, mense Nisan, aut, si vidit, septem saltem vel octo menses in Paradiso egisse; quod vereor ut quisquam probet.

Irrigandi igitur vocabulum de sinuoso per campos cursu fluvii hoc loco intelligendum est; perinde atque isto, Josue, XIII, 2, ubi sermo de torrente Ægypti est, qui et Sehor; «fluvio turbido, qui irrigat Ægyptum.» Et Gen. XIII, 10 : « Elevatis itaque Lot oculis vidit omnem circa regionem Jordanis, quæ universa irrigabatur, antequam subverteret Sodomam et Gomorrham, sicut Paradisus Domini, et sicut Ægyptus. » Ut sententia sit, quemadmodum Nilo Ægyptus, et Paradisi locus primo Jordanis cursu, sic fontibus rivisque multis illa Loti oculis objiciebatur, regio tota irrigabatur; quos illa vel in Jordanem emitteret, vel etiam variis divisos canalibus ebiberet. Sic enim Plinius Damascum dicit, V, 16 : «ex epoto riguis amne Chrysorrhoa fertilem.» Ut ut est, rigandi verbum eo quem diximus sensu accipit manifeste vulgatus Interpres, Eccli. XXIV, 41, 42 : « Ego sapientia effudi flumina. Ego quasi trames aquæ immensæ de fluvio, ego quasi fluvii dioryx, et sicut aquæductus exivi de Paradiso. Dixi: Rigabo hortum meum plantationum, et inebriabo prati mei fructum.»

Paradisum. Jam ex his quæ dicta sunt hactenus de fonte et de fluvii egressu ad irrigandum Paradisum, et de loco voluptatis, constare liquido arbitramur, Paradisum ibi situm fuisse, ubi nunc Tabulæ Geographicæ Ænnon exhibent ad Jordanem in Galilæa, aut certe in vicinia. Ejus loci mentio est Joan. III, 23 : «Erat autem et Joannes baptizans in Ænnon, juxta Salim : quia aquæ multæ erant illic.» Sed ibi fuisse Paradisum ita dicimus, ut utramque tamen Jordanis ipsum permeantis ripam occuparet. Nam et in regione Galaad, quæ est ex adverso Ænnon, in latere Orientali Jordanis, fuisse Paradisum, nobis pæne suadent hæc Osee prophetæ verba, VI, 7, 8, de Israelitis : « Ipsi autem sicut Adam transgressi sunt pactum, ibi (ubi nimirum Adam peccaverat) prævaricati sunt in me. Galaad civitas operantium idolum,» etc.

Henoch translatum fuisse *in Paradisum* Sacer Scriptor affirmat, Eccli. XLIV, 16, non tamen in terrestrem istum : alioqui non diceretur a Paulo translatus, *ne videret mortem*, Hebr. XI, 5, quam utique diluvii aquis obrutus effugere non potuisset; sed in cælum ipsum; non quidem ut ibi jam nunc cælitum beatitudine perfruatur; sed ut ibi vivat usque ad supremum judicii diem, quo die placide morietur, et mox resurgens immutabitur. Nam qui opponunt in græco exemplari non legi hoc verbum, *in Paradisum*, ii tacite additamentum spurium irrepsisse arguunt in editionem vulgatam : id quod dici profecto sine gravi culpa non potest, hoc est, sine contemptu illius Interpretis, quem unum Ecclesia nunc commendat.

« Qui inde dividitur in quatuor capita. » Paradisus utique est, non fluvius, qui sic dividitur. Nam fluvius, inquit Moses, egrediebatur de loco voluptatis ad irrigandum Paradisum : qui Paradisus, qualis est in eo loco voluptatis, dividitur quatuor regionibus, ubi sunt capita totidem fluviorum. Haud dubie enim retulit vulgatus Interpres pronomen relativum *qui*, ad substantivum nomen *Paradisi*, quod proxime antecedit. *Inde* igitur, ubi fluvius totum irrigat Paradisum; non inde ubi se in mare exonerat, leucis a Paradiso triginta, aut eo amplius; sed *inde*, inquam, ubi Paradisum subit et irrigat, dividitur Paradisus ipse; et qualis quamque amoenus ibi conspicitur, est ipse, sed tantum ex parte, *in quatuor capitibus* fluviorum mox assignandorum. Id quod fieri certe nulla ratione potest, si dividi fluvium dicimus; ac si dividi interpretamur, ut vulgo fit, abdere se amnem in terras, ut in quatuor diversis locis postea idem emergat. Nam si ibi se terris condit, sive in ingressu Paradisi, sive in exitu, undenam fluvio deinde sufficient aquae, quas devolvat in mare? Nullae profecto possunt deinde superesse. *Inde* igitur *dividi*, divisumve conspici *in quatuor capitibus* (prave enim et contra leges artis Grammaticae dicitur fluvius esse *in quatuor capita* : sed Grammaticae leges poscunt, dici Paradisum vel *dividi in quatuor capita*, ut recte vulgatus Interpres; vel, ut recte pariter scriptor Hebraeus, « dividi, et esse in quatuor capitibus » fluminum); inde, inquam, *dividi* Paradisum, conspicique eum « esse in quatuor capitibus », alium habere sensum nullum probabilem potest, praeter istum : Illa Paradisi amoenitas, qualis est, ubi fluvius irrigat Paradisum, a Deo dividitur, aspectabilisque sic divisa redditur incolis regionum, ubi sunt quatuor fluviorum capita, ubi hi agros similiter secare incipiunt et irrigare. Nam extra illa *capita* sive initia fluviorum, postquam hi alios accepere amnes, et agros aquis inundant, carent regiones amoenitate illa, quae circa fontes ipsorum, ubi lenius et parcius de suo tantum fluunt, jucunde detinet praetereuntes, aut eminus prospicientes. *Inde* igitur, hoc est, ex ea Paradisi parte amoenissima, ubi nempe ipsum fluvius irrigat, Deus formam et exemplar, imaginem ac similitudinem amoenitatis illius accepit, quam agris quatuor impertiit, fluviorum totidem ortu et irrigatione pariter peramoenis : sed quam ita impertiit, ut eamdem eo dividente, in singulis capitibus fluviorum, e quatuor mox appellandis, quarta tantummodo pars appareret amoenitatis Paradisi.

Eam ob rem usus est Hebraeus scriptor Moses verbo *dividendi;* ubi Graecus Interpres minus apte scripsit ἀφορίζεται, *terminatur:* sed melius alii μερίζεται scribunt, ut infra dicemus. Nihil attinebat certe a Scriptore sacro describi tam prolixe, nempe versibus quatuor, quousque se fluvius diffunderet, per meatus, si credimus, subterraneos. Ad commendationem vero Paradisi plurimum pertinebat exponi, quartam dumtaxat partem amœnitatis illius esse in agris, quos illa capita fluviorum irrigarent, comparate ad eam, quam Paradisus exhiberet.

Itaque *divisus* hic Paradisus, et *esse in quatuor capitibus* fluviorum, a Mose eo sensu dicitur, quo sensu dixit idem, ablatum de spiritu suo fuisse, traditumque septuaginta senioribus. Hoc enim pariter fuit *dividi* spiritum ejus, et *esse* eum spiritum in septuaginta viris. Res ea ita narratur, Num. xi, 16, 17 : « Et dixit Dominus ad Moysen, Congrega mihi septuaginta viros de senibus Israel, quos tu nosti quod senes populi sunt ac magistri... Et auferam de spiritu tuo, tradamque eis. » Iterumque versu 25 : « Descenditque Dominus per nubem, et locutus est ad eum, auferens de spiritu qui erat in Moyse, et dans septuaginta viris. Quumque requievisset in eis spiritus, prophetaverunt, nec ultra cessarunt. » Quasi Deus, inquit Cornelius a Lapide, « ex spiritu Mosis aliquid acceperit, similemque spiritui Mosis spiritum in eos dispertierit. » Hoc fuit ergo *dividi* sive dispertiri spiritum Mosis in septuaginta viros, similem his spiritum dari, ac Mosi fuerat antea inditus. Quod si quis igitur insolitam esse loquendi formam putat, eo sensu dici Paradisum *dividi in quatuor capita;* quum is hanc alteram attente consideraverit, quæ dicit ablatum de spiritu Mosis fuisse, datumque de eo viris septuaginta; idque interpretes omnes accipere de simili spiritu his impertito; desinet certe mirari, dici *inde*, hoc est, ex ipso decursu fluvii in Paradiso, divisum in quatuor capita Paradisum; et similem ea locutione amœnitatem tantummodo, ad exemplar alterius conditam, significari posse fatebitur, atque adeo hic intelligi oportere. Eodem plane sensu facis unius grandioris lux quadrupla dici *divisa* potest in faculas quatuor simplas juxta positas; quoniam quartam partem dumtaxat illius lucis singulæ repræsentant; quamvis non illæ quidem ex illa quadrupla face, sed *inde* tamen, hoc est, ad quamdam illius solummodo similitudinem ex quadrante repræsentandam sint accensæ. Fingamus animo et cogitatione, in cæli regione soli adversa esse stellas quatuor, quarum singulæ quartam fulgoris calorisque solaris partem contineant; quis a latina consuetudine loquendi putet abhorrere, si sol *dividi* aut *divisus* dicatur in quatuor istas stellas, in se tamen ipse indivisus? Vulgari nostro sermone tunc dixeris : *La lumière du soleil est partagée en quatre étoiles, ou dans ces quatre étoiles.* Eodem sensu dispergi Plinius dixit, II, 14 : « In multos dispersa Fortunæ magnitudine. » Ubi Interpres Italus : *La grandezza della Fortuna non era raccolta tutta in uno, ma sparta in molti.* Denique si Paradisus est, qui dividitur, ut certe verum est, dividi aliter quam similitudine aliqua amœnitatis in aliis regionibus posita, omnino non potest.

Hoc itaque verbo, *Qui inde dividitur*, egregie Moses commendat Israelitis præstantiam Terræ sanctæ, quo eos deducebat; quoniam complecteretur ea Paradisum, cujus amœnitatem nonnisi ex quarta parte capita illa singula quatuor fluviorum repræsentarent, quæ supra infraque Terram sanctam essent. Nam in integro etiam Pentateucho illud Mosi propositum fuit, ut Israelitas doceret, reduci se ac revocari a Deo in avitas sedes. Neque hoc tantum: sed has ipsas etiam sedes habere plus amœnitatis et ubertatis, quam circumpositas notasque sibi ex fama regiones; sive illi se ad Aquilonem converterent, ubi duo flumina sunt, Tigris et Euphrates, apud Assyrios; sive ad Austrum, ubi pari intervallo *inde*, hoc est, a Paradiso, sunt Phison et Gehon, apud Æthiopas. Alioqui quorsum hi fluvii isto loco a Sacro Scriptore commemorantur, aut eæ regiones commendantur, quas alluunt; nisi ut longe potiorem his omnibus esse eam regionem Israelitæ discerent, ad quam a supremo Numine vocarentur? Nihil enim certe sine consilio, dictante Spiritu Sancto, scriptum a Mose est.

Quadruplici omnino argumento, quod a nobis exponi hoc loco suscepti nunc laboris ratio postulat; quadruplici, inquam, argumento, in hoc opere Moses Israelitas excitat et inflammat ad quærendam armis Palæstinam.

1. Primum hoc loco attingitur, petitum ab amœnitate regionis: quoniam ibi fuit olim Dei Paradisus; cujus amœnitas nonnisi ex quadrante conspiceretur in regionibus illis, quas totidem fluviorum in circuitu insignium capita irrigarent. Amœnitati deinde ubertatem jungit in Exod. III, 8, et alibi: ubi terra ea dicitur, quæ *fluit lacte et melle*. Viderat intellexeratque Moses nimirum, deterreri Israelitas suos ab invadenda terra Chanaan, ut narrat ipse, Num. XIII et XIV. Et poterant illi fortassis majore inflammari desiderio, sive ad dexteram et Æthiopas Arabiamque Felicem divertendi, ubi Phison et Gehon amnes erant; sive ad sinistram, et ad Assyrios, ubi capita erant Euphratis et Tigris; quoniam esset utriusque illius regionis, ob amœnitatem et ubertatem fama celebratissima. Nam de Arabia Felice, ubi illa Æthiopia est, quis ignorat; quum propterea sit illa beatæ cognomine inclyta? De regione autem Assyriorum sic testatur Rabsaces, in libro IV Reg. 18, 32, ubi Hierosolymitanos his verbis affatur: « Veniam, et transferam vos in terram, quæ similis est terræ vestræ, in terram fructiferam, fertilem vini, terram panis et vinearum, terram olivarum, et olei ac mellis. » Et utrumque amnem tractus illius, Tigrin Euphratemque, esse « in suo cursu et ripis jucundissimum, » præter alios peregrinationum suarum scriptores, narrat P. Philippus Carmelita discalceatus, in Itinerario Orientali, pag. 144 et 146. Ne igitur fama ac desiderium alterutrius regionis istius, Arabiæ vel Assyriæ, ab occupanda terra Chanaan Israelitas avocaret, Paradisi, qui in ista erat, amœnitatem esse tantam refert, ut regiones aliæ

quatuor quartam dumtaxat istius amoenitatis partem singulæ repræsentent. Quæ pars terrarum, inquit Moses, obtigit filio Semi Assur, hæc est, quam Tigris, ubi est amoenissimus, alluit : et quæ amoenior filiis Japheth cessit, hæc est quam Euphrates circa fontes irrigat : et quæ amoenior filiis Chus, nepotibus Cham, hæc est terra Hevilath, et terra Chus, sive Æthiopiæ, circa initia fluminum Gehon et Phison : nulla harum regionum, inquam, amplius habet quam quartam partem amoenitatis illius, quæ est in portione terrarum vobis a Deo reservata, ubi Paradisum primo homini primum plantavit. En cur primum mentio facta sit a Mose horum fluviorum.

II. Alterum argumentum fuit, ex prædictione divina, de exscindendis aliquando Chananæis, terræ illius incolis, Israelitarum armis. Nam hic sensus est illius vaticinii, Gen. IX, 25 : « Maledictus Chanaan, servus servorum erit fratribus suis, » posteris Semi scilicet, hoc est, Israelitis. Quum sit enim « Deus zelotes, visitans iniquitatem patrum in filios, in tertiam et quartam generationem », Exod. XX, 5, nolletque Noe tamen aut ipsi Chamo filio suo, qui fuerat contumeliosus in patrem, male precari, siquidem ei Deus ipse benedixerat, Gen. IX, 1, aut in omnes Chami posteros pœnam extendere; hoc enim fuisset tertiam orbis partem velle funditus delere ac perdere; quartum idcirco ac novissimum eumdem liberorum Chami selegit, cujus exitium prædicit, sive posterorum ejus, ob idololatriam moresque pessimos, ut docent Sacræ Litteræ multis locis. Neque vero aliam ob causam relata a Mose hoc loco est, decreta illa in Chanani posteros castigatio, quam ut ex ea intelligerent Israelitæ, non sibi frustra promitti a Deo, inducendos se esse «ad loca Chananæi, et Amorrhæi, et Pherezæi, et Hevæi, et Jebusæi, » Exod. III, 8. Significat ergo Moses, dum hoc vaticinium refert de Chanaan, decrevisse Deum, pulsis Chananæis idololatris, verum sui cultum restituere in eum locum, in quo eumdem olim cum Paradiso collocarat. Eoque videtur etiam idem Moses spectasse, quum diceret, Exod. XV, 17 : « Introduces eos, et plantabis in monte hæreditatis tuæ, firmissimo habitaculo tuo quod operatus es, Domine : sanctuarium tuum, Domine, quod firmaverunt manus tuæ. »

III. Tertium argumentum, quod in Genesi a Mose profertur, ducitur a promissione facta Abrahæ, Gen. XII, 5, 6, 7, de terra Chanaan : « Semini tuo dabo terram hanc. » De qua nimirum Moses idem dixit, versu 6 : «Chananæus autem tunc erat in terra : » hoc est, jam tunc terram ille, tametsi natus ex postremo genito filiorum Noe, eam occupaverat, quæ primogenito debebatur. Occupaverant enim filii Chanaan Terram sanctam, a Sidone usque Gazam et Sodomam, Gen. X, 19, in diebus Phaleg. Nam quod ibi legitur : « Natique sunt Heber filii duo : nomen uni Phaleg, eo quod in diebus ejus divisa sit terra : et nomen fratris ejus Jectam: » istam occupationem Terræ sanctæ a Chananæis significat: non (ut vulgo creditur) divisionem orbis terrarum inter posteros Noe. Divisio *terræ*, inquam, quæ in diebus Phaleg facta fuisse legitur, confusionem linguarum longe præcessit, ut series ipsa narrationis Mosaicæ admonet. Neque ea divisio totius terræ est, sed terræ illius, in qua Chananæus erat tempore Abrahæ; hoc est, Terræ sanctæ; quæ *terra* simpliciter in Genesi sæpissime, et in Psalmis, et alibi appellatur. Gallice dixeris, *le pays fut divisé*. Divisa igitur terra fuisse tunc dicitur, quum occuparunt eam Chananæi, et paulatim in ea «disseminati sunt populi Chananæorum,» Gen. x, 18, partitique sunt eam inter se, in ipso ortu Phaleg; cui ab ea re datum id nomen est. Quod autem postea Heber cum liberis ac nepotibus, filiis Jectan, fratris Phaleg, perrexit a Sephar monte orientali, ut eodem capite x dicitur, versu 30, usque in terram Sennaar, ut legitur cap. xi, 2, id fieri vix potuit ante annum a diluvio 150, Phalegi 50, quem Heber primogenitum habuit, anno ætatis suæ xxxiv, ut dicitur cap. x, 25, et xi, 16. Secuta est autem confusio linguarum circiter post biennium a profectione in terram Sennaar, uti narratur initio capitis xi, ac proinde circa annum 152, a diluvio, ut quum citissime. At primis ipsis diebus Phaleg, ut diximus, occuparant Chananæi potiorem Terræ sanctæ partem, ac fere universam, eamque falsorum Numinum cultu infecerant.

iv. Quartum est ac postremum, a vaticinio Joseph, Gen. l, 23 : «Locutus est fratribus suis : Post mortem meam Deus visitabit vos, et ascendere vos faciet de terra ista ad terram quam juravit Abraham, Isaac, et Jacob. »

Sed quid argumenta computamus? Totum Geneseos librum si quis diligenter expenderit, eo spectasse Sacrum Scriptorem, præter alia, intelliget, ut alacriores faceret populares suos ad suscipiendam expeditionem in terram Chanaan. Nam ut primo capite Geneseos propositum ei fuit docere, Deum Opt. Max. omnia creasse propter hominem; sic post diluvii narrationem, reliquo fere libri corpore eo tantummodo spectare idem videtur, ut doceat Israelitas a Deo censeri veluti primogenitos omnium gentium, ex primogenitis Noe ac Semi filiis ortos (id quod conceptis verbis Deus ipse profitetur, Exod. iv, 22 : «Filius meus primogenitus Israel»): eoque nomine potiorem eis a Deo in terra datam possessionem esse, data primogenita fuisse, ipsummet Paradisum, jure præcipuo : Galli dicunt, *pour son préciput*. Potior autem, eoque nomine primogenitis debita ea possessio est, quoniam ex illius regionis amœnitate, ut diximus, portio quædam dumtaxat *divisa* esset, versus fluvios Gehonem et Phisonem, in agros filiorum Cham primogenitorum, et posterius genitorum filiorum Sem. Nam filii Japheth longius paulatim abscesserunt ad *insulas gentium*, hoc est, in partes Europæ et Africæ, Gen. x, 5.

Cham autem genuit Chus, Gen. x, 6, a quo nomen accepit Hebræum Æthiopia, ubi flumen Gehon. «Filii Chus, Saba, et Hevila,» a quo nuncupationem accepit regio Hevilath, ubi Phison amnis. «Filii vero Sem, Ælam, et Assur, et Arphaxad,» Gen. x, 32. Horum tertius, ut manifestum est, fuit Arphaxad, natus anno secundo jam desinente, sive *biennio post diluvium*, Gen. xi, 10.

Assur autem secundo genitus, qui Nemrodum secutus fuerat, quum postea ferre non posset ejusdem regium Babylone dominatum, *de terra Sennaar*, sive Babylonia, «egressus est, et ædificavit Niniven,» Gen. x, 11, quæ civitas crevit pariter in caput regni celebratissimi. Ea causa est, quamobrem eo loco post Nemrodum Chami nepotem, Assur Semi filius commemoretur : et ut intelligerent Israelitæ, portionem quæ obtigit ipsi Semi filio secundo genito, tametsi principi gentis famosæ, Assyriam nimirum, habere quartam solummodo partem amoenitatis illius, quæ esset in Palæstina. Idcirco ubi Tigris flumen hoc capite appellatur, mentio simul fit Assyriorum. Ergo portio Israelitis destinata, tanquam primogenitis, potior fuit ea regione, quæ et Chami posteris primogenitis, et aliis Semi liberis obtigit. Eam ob rem ejiciendi e Palæstina fuere Chanaani posteri, a quibus ea fuerat possessio occupata, quum esset ipse tantum novissimus filiorum Cham.

Jam perducta serie generis a Noe usque ad Abraham, ostendit Moses, jure similiter præcipuo ac primogenitorum potiri Israelitas supra cæteros Semi et Abrahæ posteros. Quamvis enim esset Abrahamus solummodo tertiogenitus, data sunt illi tamen primogenita a Deo; prospiciente utique nullam fore ex Aran primogenito ejus sobolem legitimam post Lot. Qua de causa narravit Scriptor Sacer ex incesto tantum natos hunc liberos reliquisse, Moab et Ammon. Similiter Isaac præ Ismaele, filio liberæ præ filio ancillæ, potior hæreditas destinata jure fuit. Denique Jacob fratri Esau sive Edomo prælatus ab ipsomet Isaaco fuit, divino monitu.

Itaque ut sui generis nobilitatem Israelitæ discerent, præ circumpositis gentibus, melioresque se esse, quam essent Assyrii, et Æthiopes, et Palæstini, Moabitæ et Ammonitæ, Ismaelitæ et Idumæi; potioremque idcirco partem hæreditatis assignatam eis a Deo fuisse; scripta est a Mose tum genealogia posterorum Noe, tum narrationes de inverecundia Chami, de incesto Loti, de Agar ancilla, de Jacobi prælatione præ Esau sive Edom, a quo Idumæi: quidquid demum libro Geneseos fere continetur, scriptum eo fine est. Ex quo etiam obiter intelligere est, Semum reipsa primogenitum Noe fuisse : unde primo semper loco inter Noe liberos appellatur, qui sunt, Sem, Cham et Japhet; ac proinde recte et ex rei veritate vertisse vulgatum Interpretem, Gen. x, 21: «De Sem..... fratre Japheth majore :» haud vere autem in græco sic legi, ἀδελφῷ Ἰάφεθ τοῦ μείζονος. Nam Japheti ab ætate commendandi omnino hic locus non fuit: quum locus hic quæ dicuntur omnia ad Semi laudem ea referri postulet. Erat autem causa gravis, et quidem gemina, cur Sem natu maximus fuisse filiorum Noe hic diceretur.

Primum quidem, quod ad Semi commendationem, et jus primogenitorum Israelitis, æque ac omnibus filiis Heber, ex quo Israelitæ prodierant, vindicandum, ætas Semi pertineret. Quæ causa est cur simul utraque Semi prærogativa commemoretur, quoniam altera conjuncta connexaque cum altera est. Dicitur autem « pater omnium filiorum Heber, » ac proinde etiam Israelitarum, idemque propterea pater omnium primogenitorum, quoniam *frater* esset *Japheti major*. Dicere enim Sem *patrem esse omnium filiorum Heber*, et *fratrem Japheti majorem*, hoc fuit dicere, et Sem primogenitum filiorum Noe fuisse, et ipsum jura primogeniti dedisse filiis Heber, quæ Assur et Ælam filiis suis, natu majoribus, quam Arphaxad, qui fuit avus Heberi, ac præ eorum posteris: quemadmodum multo postea Jacob jura primogeniti a Ruben cæterisque transtulit in filios Joseph. Idcirco autem ea in Heberum jura primogeniti Sem proavus transtulit, quod Assur et Ælam, dereiicto veri Numinis cultu, ad idola defecerant.

Similis causa fuit, quamobrem a Deo prælatus fuerit Abrahamus, non Loto tantummodo, qui fuit Arami primogeniti Thare filius, sed et Nachori, qui fuit etiam ipse major eo natu, quippe secundus filiorum Thare. Erat enim tertio genitus, novissimusque Abram. Verum educente Thare familiam suam de Ur Chaldæorum, et de consortio idololatrarum, neglecto patre ibi Nachor restitit, et idola coluit. Nam id manifeste colligitur ex Gen. xi, 31, et xxii, 20. Propterea Nachor primogeniti jure excidit cum liberis posterisque, dejiciente eum patre de gradu ob idololatriam: translatumque demum jus illud est in Abrahamum, post incestum Loti. Hinc se primogenitorum jure supra cæteras gentes gaudere Israelitæ et Judæi prædicabant, Joan. viii, 33 : « Semen Abrahæ sumus, et nemini servivimus umquam. »

Altera causa fuit, cur Sem diceretur natu major esse quam Japheth, quod mirari legentes possent, quamobrem capite x, quum generationes filiorum Noe Moses enumerat, a Japheth incipiat, Sem conjiciat in postremum locum: nisi moneret Sem nihilominus esse primogenitum, natu majorem Japhetho, a quo dicere exorsus fuerat. Id quod non alia causa fecisse videtur, nisi quod quum Noe filios tres eo ordine nominasset, quo nati fuerant, posteros deinde singulorum referre instituit, ducto initio ab eo quem proxime appellasset. « Hæ sunt generationes filiorum Noe: Sem, Cham et Japheth... Filii Japheth, etc. » Deinde ad Cham progreditur, qui fuit medius: novissimo loco Semum appellat.

Alioqui dicendum esset, Semum fuisse novissimum liberorum Noe; quod falsum esse in confesso est.

Nam quod capite quinto, versu 31 legitur: « Noe vero, quum quingentorum esset annorum, genuit Sem, Cham et Japheth; » et xi, 10: « Sem erat centum annorum quando genuit Arphaxad, biennio post diluvium : » indeque nonnulli colligunt, Japheth natum fuisse anno Noe quingentesimo, atque adeo primogenitum fuisse; quandoquidem si Sem natus esset anno Noe quingentesimo, fuisset ipse centum duorum annorum biennio post diluvium : errant illi nescientes scripturas. Neque enim Moses priore loco dicit Noe genuisse liberos anno quingentesimo, quemadmodum nec dicit eum anno quingentesimo liberos procreasse. Subindicat autem satis aperte ex annorum sequentium computatione, Sem, qui primogenitus fuit, nonnisi anno patris quingentesimo secundo ortum fuisse.

Ex his igitur liquet, opinor, eo spectasse in hoc opere Mosem inprimis, ut doceret, Israelitis, quippe primogenitis, potissimam deberi destinarique a Deo hæreditatem in terra. Quamobrem in Sacris Libris, Psalmisque præsertim, terra Chanaan, *hæreditas Israel* nuncupatur. Nunc ad propositum, hoc est, ad verba reliqua versus decimi e capite ii Geneseos explicanda remigremus.

§ 4. *Absolvitur explicatio versus decimi :* « *Dividitur in quatuor capita.* »

Dividitur. Hebraice est וְיִפָּרֵד *ippared :* quæ tertia persona est singularis masculini in futuro Niphal, hoc est, in futuro verbi passivi, quemadmodum Gen. xiii, 11, est וַיִּפָּרְדוּ *ipparedou*, tertia persona pluralis ejusdem generis ac temporis; ubi vulgatus Interpres scripsit, *divisique sunt :* quoniam Hebræi persæpe futuro utuntur pro præterito tempore vel præsenti. Hoc autem loco nihil intererat, sive *divisus est* scriberet, sive *dividitur :* quum Sacer Scriptor Moses vellet intelligi, rem a se narrari, qualis esset reipsa, et qualis ab omnibus esse nosceretur, quum hæc litteris proderet. Neque alia de causa usus est vulgatus Interpres verbo præsentis temporis, quam quod probe nosset, Mosem hoc loco docere, et quid stante Paradiso, et quid sua adhuc ætate cerneretur. Itaque illud præterito imperfecto expressit, istud præsenti tempore. « Et fluvius egrediebatur de loco voluptatis ad irrigandum Paradisum, qui inde dividitur in quatuor capita. » Quod si Mosis ipsius temporibus Paradisus, sive Paradisi amœnitas non divideretur, imperfecto præterito tam illud exprimendum fuit, *dividebatur*, quam quod præcessit, « egrediebatur ad irrigandum Paradisum. » Itaque græca lectio minus est accurata, quæ verbum utrumque in præsenti ponit : Ποταμὸς δὲ ἐκπορεύεται ἐξ Ἐδὲμ, ποτίζειν τὸν παράδεισον· ἐκεῖθεν ἀφορίζεται εἰς τέσσαρας ἀρχάς.

At quisquis vertit, *dividebat se*, is nec Grammaticæ Hebrææ leges observat, dum verbum Niphal vertit per Hithpael, et a Mosis sententia longe aberrat, qui rem suis adhuc temporibus exstantem vult hoc verbo intelligi, non quæ primis illis dumtaxat diebus exstitisset. Consultissime igitur vulgatus Interpres vertit *dividitur*, et post illum etiam Xantes Pagninus: « Et inde dividitur, inquit, et est in quatuor capita: » non autem, ut aliis perperam placuit, *et erat*. Aliquid enim certe tunc superfuisse de pristina Paradisi amœnitate, quum hæc scriberentur a Mose, hic locus aperte significat: siquidem illa proponitur ab ipso Mose in exemplum, ex quo judicari possit de amœnitate agri Sodomitici, priusquam hic a Deo vindice desolaretur. Gen. XIII, 10: « Elevatis itaque Lot oculis vidit omnem circa regionem Jordanis, quæ universa irrigabatur antequam subverteret Dominus Sodomam et Gomorrham, sicut Paradisus Domini, et sicut Ægyptus. » Nihilo minus, inquam, oportet tunc exstitisse vestigia amœnitatis Paradisi, quam erat Ægypti amœnitas ante oculos; siquidem utraque ex æquo in exemplum proponitur.

Qui verbum illud, *dividitur*, aliter interpretati sunt hactenus, nemini erudito, ac ne sibi quidem ipsis fortassis satisfecerunt. Existimarunt enim illi, sive fluvium Paradisi, postquam ex eo egressus esset, perfunctus rigationis officio, sive Jordanem ipsum, postquam in Asphaltiten se lacum immersit, terram subire, et aquas suas in venas quatuor statim ibi dispertire, et in totidem fluviorum capita occultis sub terram meatibus derivare. Atqui profecto res est ea prorsus incredibilis: quum et in Arabicum sinum, qui proximus est, elabi aquas Jordanis multo verisimilius sit, et, quod est magis consideratione dignum, sit illa quæ fingitur aquarum Jordanis sub terris partitio hujusmodi, ut nec consignari eam litteris a Sacro Scriptore, nec sciri ab Israelitis quidquam attineret, etiamsi vera foret: et si se condit in terras amnis aliquis, ex quo capita quatuor illa emicent, non *inde* ubi se condit, sed longe inde ex subterraneo aquarum specu, unde emergit, *dividi* dicendus esset; nec denique verisimile sit, quatuor illa flumina, Tigrin, Euphratem, et alia duo, in suis quæque capitibus æquare dumtaxat quartam partem Jordanis, qualis quantusque est, ubi irrigat Paradisum. Euphratem certe « a suis magnum principiis » esse perhibet testis αὐτόπτης, jam antea laudatus, P. Philippus Carmelita, in Itinerario Orientali, pag. 145, ubi et Tigrin refert « in suo fere principio mœnia Diarbekir nobilis in Mesopotamia civitatis alluere. »

Narrat quidem Plin. VI, 32, esse Arabiæ mediterraneæ oppidum « Urannimal, juxta flumen, per quod Euphratem emergere putant. » Sed dum eo verbo utitur, *putant*, id sibi videri incredibile profitetur. Quin etiamsi fieri istud posse Physici rationibus suaderent, tamen nemo suadebit quidquam causæ fuisse, quamobrem doceret Israelitas suos tam diligenter tamque accurate Moses, quo Jordanis aquæ evaderent, postquam has Asphaltites lacus ebibisset. At erat inculcandum iisdem, neque amœnitatem Armeniæ, quam Tigris et Euphrates alluunt, neque rigua et ubertatem Arabiæ Felicis, quam præterfluunt Phison et Gehon, ad ubertatem et amœnitatem accedere Paradisi ac Terræ sanctæ, quo perducendi erant; quum dispertita esset in quatuor amnes amœnitas illa, quam unus per se Jordanis integram exhiberet. Aquis irrigua regio Israelitis semper in votis fuit, ut ex multis locis constat Exodi, Numerorum ac Deuteronomii. Eam ob rem amœnissimi fluvii facta hic a Mose mentio est; quum alioqui ad peccatum Adæ narrandum nihil illa pertineret. Satis enim fuisset commemorari lignum Adæ alterum datum fuisse ad vescendum, vetitumque eidem alterum.

In quatuor capita. Hoc est, in quatuor initia fluviorum. Unde postea subjicit Moses : « Et nomen fluvii secundi : nomen vero fluminis tertii : fluvius autem quartus. » Capita autem hæc quatuor idcirco a Mose commemorantur, ut diximus, quoniam doceri vellet Israelitas, terram illam, in quam deducturus eos esset, sedem olim Paradisi fuisse, atque etiam tum esse : præ qua non esset alia sive ad Aquilonem, ubi Tigris et Euphrates fluunt, sive ad meridiem desideranda, ubi Gehon et Phison Arabiam Felicem circumeunt : siquidem non haberent eæ regiones nisi suam singulæ partem amœnitatis illius, quæ collecta et integra esset in loco voluptatis, et in Paradiso, hoc est, in parte Terræ sanctæ. Alioqui nihil magis attinebat fieri hoc loco mentionem Tigris et Euphratis, aliorumque fluviorum, quam Sequanæ vel Rheni; nisi hoc Moses spectavit, dum scriberet. At horum ille mentionem idcirco facit, quoniam probe scirent Israelitæ, amœnissimas prædicari regiones, quas amnes isti in suis capitibus alluerent; et essent iidem amnes pari intervallo ab eo loco remoti, in quo Moses dictabat Genesim, atque hoc inprimis caput de Paradiso : ita ut essent bini, Tigris et Euphrates, ad Aquilonem, comparate ad eum locum; ad Austrum vero, Phison et Gehon.

In quatuor autem capita, sive fluviorum initia, dixit valde apposite, ne totos integrosque fluvios intelligeremus, quales quantique se in mare exonerant, receptis multis aliis amnibus; sed quales in ipso sui cursus initio et capite sunt, vel sub initium, antequam aliis fluminibus augeantur. Nam Tigris certe, ubi celeriter fertur, jam non est ibi amœnus, sed circum caput dumtaxat, ubi tardior fluit, quemadmodum ex Plinio dicemus inferius. De amœnitate Ægypti, quum irrigatur a Nilo, nihil similiter dicit hoc loco; quoniam eam dumtaxat amœnitatem prædicat, quæ similis esset amœnitati fluvii per Paradisum labentis, hoc est, amœnitati fluvii circa initium suum sive caput. Caput autem Nili quodnam aut ubi terrarum esset, erat tunc incompertum; nec nobis ipsis, nisi sæculo Christi ipso decimo septimo jam adulto, paulo ante nostram ætatem, innotuit.

Quatuor capita, in quæ *dividi* fluvius dicitur *inde*, hoc est, ex ipso Paradiso, dicere Tigrin esse et Euphratem; ita ut ex his duo censeantur, quos habent ambo alveos, longe priusquam conjunctis aquis immeent in Paradisum (quem propterea scriptores isti in Babylonia collocant); alia vero duo, alvei illi sint, per quos mari iidem amnes illabuntur, postquam iterum se diffiderunt extra Paradisum; et horum uni Phison, alteri Gehon nomen tribuere; sive iste occidentalis sit, alter orientalis, ut Calvino, ac deinde Scaligero placuit, aliisque; sive e converso Gehon orientalis dicatur, occidentalis Phison; est hoc dicere, Sequanam proxime antequam Parisios subeat, accepto jam amne Matrona, « inde dividi in quatuor capita » fluviorum; quorum duo sint Sequana et Matrona leucis supra Parisios duabus in unum amnem illum confluentes; duo alia, alvei duo, quos idem fluvius efficit, sive ad Pontem Mariæ qui dicitur, sive ad Pontem novum; quantumvis nullum aliud quam Sequanæ nomen utrique huic alveo vel fuerit aliquando, vel etiamnum sit. Quod est profecto, si quid unquam fuit, dictu absonum. Nemo enim, aut confluentes amnes duos, ubi confluunt, ibi capita fluviorum esse si dixerit, aut brachia, in quæ se rursum findit amnis unus, capita duorum amnium nuncupaverit, inveniet apud cordatos fidem.

Quod si Paradisus ad alveum situs est, quem Tigris et Euphrates simul efficit, ut isti volunt, hoc est, inter eum locum, ubi hi duo fluvii consociantur, eumque, ubi ipsorum fluenta, antequam in sinum Persicum se evolvant, iterum separantur; quorsum hic, amabo, mentio fit a Mose quatuor capitum, si nihil ea sunt aliud, quam amnis unus e duobus exsistens jam a multis supra leucis, et idem unus post multa passuum millia rursum se findens? Nulla profecto causa fuit commemorandi sive confluentem illum, sive hanc fissuram. Satis omnino fuisset dici, fluvium quo Paradisus rigaretur, Euphratem et Tigrim esse, ubi unum efficiunt alveum, priusquam mare subeant. Cætera essent plane superflua ac redundantia, nec digna proinde Sacro Scriptore. At si sunt reipsa flumina quatuor diversa, magna causa aliqua fuisse potest existimari, quamobrem et nomina eorum indicarentur et situs. Phisonem vero tam esse distinctum flumen a Gehone, quam ab utroque differt Jordanis, satis aperte docet Sacer Scriptor libri Ecclesiastici xxiv, 35, quum e quinque fluminibus primo loco Phisonem, postremo Gehonem appellat. Nec potuit igitur Moses, nec voluit, unius fluminis alveos duos pro duobus fluminibus ponere. Præsertim quum neque ab ipso Ptolemæo, V, 20, alio nomine quam Tigris, sive ostium ejus orientale (quod Plinio septemtrionale est), sive occidentale, appelletur, neque etiamnum aliud nomen habeat uterque alveus sejunctim, quam quod habet idem ipse plenus et integer, antequam findatur, efficiatque in ostio insulam. Nam utrobique *Schat el Arab*, hoc est, fluvius Arabum nuncupatur.

Præterea olim, hoc est, saltem Mosis ætate, extra geminum illum Tigris alveum, Euphratem se peculiari ostio effudisse in mare, testis est Plinius, VI, 32, ut dicturi sumus inferius. Ergo propior fuit Euphrates terræ Hevilath, quæ Phisone amne circumcingi dicitur, quam alveus ille uterque, quem recentiores quidam pro Phisone et Gehone obtrudunt. Non possunt igitur ambo isti alvei esse Phison et Gehon, aut ex quatuor capitibus, quæ hic a Mose memorantur, capita duo ibi esse.

Quantumvis denique hoc loco se torqueant qui a nobis dissident, nunquam efficient, ut hoc loco *capita*, quæ sunt hebraice ראשים *raschim*, et in græcis exemplaribus ἀρχαί, suadeant alio sensu ab aliquo probato scriptore sumi, quam quo ab Horatio vox *caput* accipitur, Sat. I, 10, ubi *Rheni luteum caput* appellat; et a Virgil. Georg. IV, 319, *sacrum caput amnis*; aut quo denique Plinius, XXXI, cap. 19, *caput amnis Danubii* dixit, et VIII, 39, *Nili caput*. Unde etiam Severianus Gabalensis, Homil. v in Hexaem. et Michael Glycas in Annal. parte I, pag. 75, ἀρχὰς istas πηγὰς esse dixerunt : ὁ ἐξερχόμενος ἐκ τοῦ Παραδείσου ποταμὸς, inquit iste, vulgari errore fluvium a Mose dici divisum arbitratus, εἰς τέσσαρας ἀρχὰς μερίζεται, τουτέςι πηγὰς, ἀφ' ὧν οἱ τέσσαρες ποταμοί· « Fluvius qui de Paradiso egreditur, in quatuor capita dividitur, id est, in totidem fontes, ex quibus flumina quatuor oriuntur. » Neque enim certe aliud *capita*, nisi fontes et initia fluviorum sunt. Nec litteris modo imbutus quisque, sed et quilibet e vulgo sic sentit et loquitur. Inde et cognomen nobilis in Armorica familiæ, *a Capite Fontium* dictæ latine, gallice *Cheffontaines*, Aremoricæ *Penfuntuniou*.

In quatuor capita. Hebraice, ויהיו *ve haïa, et erat*, inquit aliquis. At rectius multo Pagninus, *et est*. Nam omnia deinceps per verba præsentis temporis hic exprimuntur; quoniam res Moses describit, ut erant illæ tunc, quum hæc litteris consignaret. Ille autem hebraismus, illa verbi geminatio, « dividitur, et est in quatuor capita », omnino eleganter dividi et perduci usque in eas regiones Paradisi amœnitatem exprimit. Gallice istam versiculi decimi partem, in quo tota hujus loci difficultas est, recte converteris : *Pour arroser le jardin de délices, lequel est (aujourd'hui) partagé vers quatre sources.*

§ 5. *Explicatio versus undecimi et duodecimi.* XI : « *Nomen uni Phison : ipse est qui circuit omnem terram Hevilath, ubi nascitur aurum.* » XII : « *Et aurum terræ illius optimum est : ibi invenitur bdellium, et lapis onychinus.* »

Eo ordine fluvii quatuor hic appellantur, quem situs eorumdem postulat : ducto nimirum initio ab iis duobus, qui sunt versus meridiem; deinde appellatis duobus illis qui sunt ad Aquilonem. Ac primo quidem loco nominatur is qui est in Austrum remotissimus; deinde is qui in eodem tractu est propior Judææ. Postea transit ad eum qui est remotissimus in Boream et in exortum solis æstivum ad oram sinus Persici ; et inde ad citimum venit, seu proximum Palæstinæ, qui est Euphrates. Scriptor Sacer libri Ecclesiastici, in his amnibus appellandis, non situs, sive loci, sed dignitatis ordinem quemdam servare videtur, dum Phisonem primo loco nominat, deinde Tigrim; mox Euphratem, quem Tigris et rigua ea ætate absorberent ; postea Jordanem : postremo loco velut minimum omnium, Gehonem. Eccl. XXIV, 35 : « Qui implet quasi Phison sapientiam, et sicut Tigris in diebus novorum. Qui adimplet quasi Euphrates sensum; qui multiplicat quasi Jordanis in tempore messis. Qui mittit disciplinam sicut lucem, et assistens quasi Gehon in die vindemiæ. » Procedit oratio a die novorum, ad tempus messis, et inde ad diem vindemiæ. At non exigua certe esse hæc flumina, Phison et Gehon, Siracides his verbis significat : qui alioqui dicendus esset, ut annotat Bellarminus, inepte comparasse summam affluentiam divinæ sapientiæ exiguis amnibus ; et eosdem amnes exiguos conjunxisse cum celebratissimis fluminibus, Tigri et Euphrate.

Phison. Illud est quod *flumen Achana* a Plinio appellatur, VI, 32, in descriptione Arabiæ. Nam hunc scriptorem unum idcirco hic sequimur, quoniam ei cum Sacris Litteris in hac parte mirifice convenit, et iisdem in hac quæstione explanandis egregiam lucem affert. Est enimvero accuratissima illa descriptio Arabiæ, quam Plinius exhibet : accepta nimirum, ut ipse testatur, tum ex Dionysio terrarum orbis situs diligentissimo scriptore, quem ad computanda omnia in Orientem præmiserat Cæsar Augustus, ituro ad Parthicas Arabicasque res majore ejus filio Caio Cæsare; tum ex scriptis a Juba rege voluminibus ad eumdem Caium Cæsarem de eadem expeditione Arabica. Sic igitur Plinius loco citato, ducto initio ab intima parte sinus Persici, factoque inde progressu versus oppositam occiduo soli oram ejusdem sinus Persici : « Nunc a Charace dicemus oram Antiocho Epiphani primum exquisitam. Locus ubi Euphratis ostium fuit. Flumen Salsum. Promontorium Chaldone. Voragini similius pelagus quam mari, per quinquaginta millia passuum oræ. Flumen Achana. Deserta centum mill. pass. usque ad insulam Icharam. » Nullum autem amnem, qui se in Rubrum mare, hoc est, in Arabicum sinum effundat, Plinius commemorat; quum in Arabiæ tamen descriptione præsertim nihil eo dici accuratius aut copiosius possit. Minores aliquot amnes in mediterraneo positos prætermisisse potest videri, quod illi distraherentur in rigua. Nam Sabæos idem memorat, cap. eodem, « ditissimos sylvarum fertilitate odorifera, auri metallis, agrorum riguis. » Hos duos amnes unus descripsit annotavitque in suis tabulis geographicis ex Plinio delineatis P. Bertius.

Quod si quis autem miretur, fluvium *Achana*, vel, ut in MS. nostro legitur, *Achanum*, a Plinio appellari eum, qui a Mose Phison vocetur, desinet ille mirari, quum didicerit, Chrysorrhoam pariter Damasci fluvium a Plinio eum vocari, qui Abana et Pharphar, vel alterutro nomine nuncupatur, Reg. IV, 5, 12. Quæcumque sit autem vocis illius originatio, partem illam Arabiæ hic amnis circumfluit, quam odoriferam ac divitem, et Beatæ cognomine inclytam Plinius appellat, V, 12, ut apertius constabit ex his quæ dicturi sumus inferius. De situ Arabiæ totius, cujus in parte septemtrionali sunt fluvii illi duo de quibus est in præsenti quæstio, notanda sunt obiter verba ejusdem scriptoris, VI, 32, ubi eamdem cæli partem spectare, et similis esse Italiæ magnitudine Arabia dicitur. «Ipsa vero, inquit, peninsula Arabia inter duo maria, Rubrum Persicumque, procurrens, quodam naturæ artificio ad similitudinem atque magnitudinem Italiæ mari circumfusa, in eamdem etiam cæli partem nulla differentia spectat. »

Qui circuit. Sic versu 13, *qui circumit.* Quod quidem verbum dici non potest nisi de eo amne, qui regionem aliquam suo ambitu veluti quodam sinu complectatur. Id vero de gemino Tigris ostio dici certe non potest. Quam enim alterutrum terram amplectitur, hanc neque proprie circuit, et insula ea est, neque Æthiopia autem est, neque Hevilath.

Omnem terram Hevilath. Geminus in Genesi vir nomine Hevila se offert, et suum uterque ei, quam primum insedit, nomen regioni dedit. Alter, filius Chus: Gen. x, 7 : «Filii Chus : Saba, et Hevila, et Sabatha, et Regma, et Sabatacha. Filii Regma : Sabo, et Dadan. » Alter filius Jectan, fratris Phaleg, Gen. x, 29. Hunc habitasse apparet, ex Gen. x, 30, et xi, 2 (sed ante linguarum confusionem), ad exortum solis æquinoctialem, respectu Terræ sanctæ : illum autem, quum fuerit filius Chus, et frater Saba, in ea parte Arabiæ Felicis, quæ intimum fere recessum Persici sinus attingit : infra Chus, hoc est, infra regionem de patris nomine appellatam, ab aliis Æthiopiam : magis ipso nimirum recedente in Austrum vel in exortum solis hybernum. Et hæc regio nunc a Mose spectatur, quæ a filio Chus nomen habet, non altera, quæ a filio Jectan fortassis cognominata est : tum quia in ista nullus amnis est, aut nullus certe dignus memoratu, siquidem neglectus a Plinio est, tum quia quam Moses nominat, ea vicina est, ut diximus, Æthiopiæ, cui Chus Hevilæ pater nomen dedit. Alterius, sive prioris Hevilæ, mentio est, Gen. xxv, 18, ubi de Ismaele scriptum est: « Habitavit autem ab Hevila usque Sur, quæ respicit Ægyptum introeuntibus Assyrios, » sive in itinere ad Assur. Et Reg. 1, 15, 7 : « Percussitque Saul Amalec ab Hevila, donec venias ad desertum Sur, quæ est e regione Ægypti. » Nam hæc Hevila sita fuisse videtur latere meridionali Maris mortui, sive lacus Asphaltitæ. Sed verius arbitramur, ab Hevila filio Jectan nulli datum esse regioni nomen, et hanc aliunde appellationem eam accepisse : quod ille non alibi quam in terra orientali, ubi Messa est, cum patre habitasse videatur, usque ad profectionem in terram Sennaar.

Ubi nascitur aurum. De auro Arabiæ testis est unus instar omnium David, Psal. LXXI, 10, 15 : « Reges Arabum et Saba dona adducent..... Et dabitur ei de auro Arabiæ. » Vide et Ezech. XXVII, 21, 22. Vulgatum interpretem veluti divino afflatum numine credas præsagisse animo fore, ut Phisonem aliqui in Tigri quærerent. Quos ut ab eo errore avocaret, scripsit de sententia Mosis, *Ubi nascitur aurum;* ne de Tigris littore cogitarent, ubi aurum non gigni in confesso est.

12. *Ibi invenitur bdellium.* De bdellio Plinius, XII, 19 : « Bdellium... nascitur et in Arabia, Indiaque, et Media, et Babylone. » Gummi genus est, quod in officinis hodie, ut plerique existimant, *l'Anime* nuncupatur.

Et lapis. Hebraice, אבן *heben.* Quæ vox proprie lapidem, aut lapideum quidlibet, non gemmam, designat.

Onychinus. Plinius XXXVI, 12 : « Onychem etiam tum in Arabiæ montibus, nec usquam aliubi, nasci putavere nostri veteres. » Et paulo post, crateras, unguentis asservandis aptos, ex eo lapide commendat, priscis temporibus « ex Arabia tantum advehi solitos. » Quum autem bdellii et onychini lapidis mentio hic fit, et « aurum terræ illius optimum » esse prædicatur, non tam illius terræ, quam ipsiusmet Palæstinæ, ea commendatio est, quæ sita ibi esse dicitur, unde negotiatio expedita nec longi itineris in ditissimas provincias sit. Alioquin enim quorsum Arabiæ et Æthiopiæ tanta prædicatio a Mose fieret, et hoc præsertim loco ?

§ 6. *Explicatio versus tertii decimi :* « *Et nomen fluvii secundi : ipse est qui circumit omnem terram Æthiopiæ.* »

Prius est istud e duobus superius a Plinio memoratis fluminibus, *flumen Salsum.* Quod nomen non adjectivum est, a salsitudine derivatum, sed proprium ac barbaræ originationis; æque atque ille, qui est in Carmania, vicina Persidi regione, amnis *Salsos,* apud eumdem, VI, 28. Unde a nobis, nihil tunc certe de Paradiso terrestri cogitantibus, quum hunc Plinii locum primo ederemus, majuscula priore littera scriptum est nomen illud, *Salsum*.

Phisonis nomen occidentali alveo Tigris amnis, Gehonis orientali, tribuit cum aliis nonnullis, ex mera conjectatione, Kircherus, in descriptione turris Babel, pag. 13. Sed eam opinionem jamdudum Bellarminus refellit, libro de Gratia primi hominis, cap. 12, et Nicolaus Abramus, libro de fluviis et loco Paradisi, pag. 44, ubi hanc *inanem et futilem* sententiam vocat.

Gehonem vero Nilum esse nemo, opinor, in Sacris Libris paulum modo versatus suspicabitur. Nilum enim aut Nili alveum potius, flumen Ægypti ibi appellatum video, Isai. VII, 18, et alibi : flumen Æthiopiæ, nusquam. Quinetiam Mosis ætate non fuit Nilus Hebræis cognitus, nisi ex parte exigua : alveum nimirum unum duntaxat illi novere; sive ostium Taniticum appellatum. Quoniam tunc et Tanis regia Pharaonis, et Taniticum Nili ostium, nondum Pelusiaco vel exorto, vel facto, ultimum versus orientem fuit : uti ex Psalmo, LXXVII, 12, 43, haud obscure colligitur : quandoquidem patrata a Mose prodigia, edita fuisse perhibentur *in campo Taneos :* et ex Isai. XIX, 11, 13, ubi « principes Taneos, consiliarii Pharaonis » vocantur. Neque ipsum proinde Ægypti regnum, ultra regiones, quæ orientale Nili, seu Tanitici ostii littus spectarent usque ad mare Rubrum, et locum ubi se Nilus findit in Delta, saltem sub Mose, pertinuit. Nam id nobis quidem apertissime constare videtur, ex eo quod narrant Sacræ Litteræ, Exod. X, 18, 19 : « Egressusque Moyses de conspectu Pharaonis, oravit Dominum. Qui flare fecit ventum ab occidente vehementissimum, et arreptam locustam projecit in mare Rubrum ; non remansit ne una quidem in cunctis finibus Ægypti. » Nam ex ista narratione colligimus, cunctos fines Ægypti inter ostium Nili maxime orientale et mare Rubrum fuisse circumscriptos, et eosdem satis angustos : alioquin e finibus Ægypti, si Delta, et quod magis occidentale est, ut Alexandria, ad Ægyptum pertinuisset, non omnes locustæ in mare Rubrum, sed in ipsa septem ostia Nili conjectæ vi venti fuissent ex parte maxima.

Deinde quoniam unicus ille Nili alveus esset tunc notus Hebræis, et idem limes Ægyptiacæ sub Pharaone ditionis, idcirco nullo nomine proprio Nilus in Pentateucho, sed tantummodo communi appellatione, ac numero singulari flumen nuncupatur, vel amnis. Quo nomine singularis numeri unicum Taniticum, ut diximus, proximum tunc Palæstinæ alveum, Moses designavit. Neque ipso etiam consequente ævo, quum a Syene et Memphi, et loco ubi Alexandria est, atque Pelusio, fluvius ille Judæis innotuit, ullum ei propterea peculiare nomen Libri Sacri dederunt : sed quot fuere ostia, totidem appellavere *flumina Ægypti*, ut Isai. VII, 24; Ezech. XXIX, 3, 4, 10; XXX, 12, et XXXII, 2. Neque in Ægypto etiam ei fluvio Nili nomen fuit, ipsa Homeri ætate, annis amplius quingentis post Mosem : sed Ægyptus et ipse appellatur : quod etiam Plinius annotavit. Nec denique Nili nomen ante duodecim reges, e quibus unus Psammetichus fuit, sub Manasse rege Juda, videtur inventum.

Ægypti partem illam duntaxat, quam assignavimus, notam fuisse Israelitis Mosis ætate, nemo mirabitur, qui quidem meminerit, ipsis Salomonis temporibus, ultra Saba, quod mare Persicum contingit, inter Phisonem ac Gehonem amnes, regiones remotiores fuisse iisdem incognitas, teste ipsomet Christo Domino, qui, Luc. XI, 31, reginam Saba venisse perhibet *a finibus terræ*.

Denique perangustos fuisse fines Ægypti Mosis temporibus, nec alios, quam quos definivimus, suadet nomen *provinciæ*, quo ditionem illam designant filii Jacob, Gen. XLII, 30 : « Locutus est nobis Dominus terræ dure, et putavit nos exploratores esse provinciæ. » Ex quo haud temere conjicimus, Dynastias Thebæorum regum, Diopolitarum, Memphitarum, Thinitarum, et Elephantinorum, a scriptoribus otiosis fuisse confictas. Certe (quod nunc potissimum quæritur) inter *capita quatuor*, seu flumina, hic a Mose descripta, Nilum annumerari non posse, ex dictis perspicuum est.

Quum autem Æthiopiam ex his quæ mox dicenda sunt, partem Arabiæ esse, constare necesse sit; quis est, qui, quin fluvius ibi repertus ipse sit Gehon, deinde ambigat? Sunt duo in eo tractu qui quæruntur fluvii, a Plinio commemorati, ut vidimus. Ibi sunt, ubi esse Phisonem et Gehonem oportet; hoc est, non longius a Terra sancta, quam Tigris et Euphrates; iidemque tam noti Israeliticæ genti, annis etiam ipsis pæne supremis Antiochi Epiphanis, quo tempore scriptus est liber Ecclesiastici, quam isti duo notissimi omnibus celebratissimique amnes. Hæc sunt igitur *flumina Æthiopiæ*, de quibus Isai. XVIII, 1 : « Væ terræ cymbalo alarum, quæ est trans flumina Æthiopiæ. » Et Sophon. III, 10 : « ultra flumina Æthiopiæ. Inde supplices mei, filii dispersorum meorum deferent munus mihi. » Utrobique enim Æthiopia est כוּשׁ *Chus*, de qua mox dicemus.

Quod autem hic Æthiopiæ, idem *flumen Arabiæ* a Plinio appellatur, XXXII, 4, visumque Jubæ regi narrat, et quadringentorum circiter pedum latitudinis fuisse haud procul mari indicat, his verbis : « Juba in his voluminibus, quæ scripsit ad C. Cæsarem Augusti filium, de Arabia, tradit cetos (τὸ κῆτος) sexcentorum pedum longitudinis, et trecentorum sexaginta latitudinis in flumen Arabiæ intrasse. » Ecquod enim aliud « flumen Arabiæ » visum Jubæ regi, quam flumen Æthiopiæ Arabicæ, potest esse? Nam quid Æthiopiæ nomine intelligi in Sacris Libris oporteat, videamus. Id enim quum constiterit, de situ Gehon et Phison nullus supererit ambigendi locus.

« Qui circumit omnem terram Æthiopiæ. » In hebræo, « omnem terram כוש *Chus*. » Utroque, *Chus* et *Æthiopiæ* nomine, in Sacris Libris Veteris Testamenti pars Arabiæ designatur, quæ Persico sinu alluitur, ab ortu æquinoctiali opposita intimo fere recessui sinus Arabici, ipsique terræ Madian. Habac. III, 7 : « Pro iniquitate vidi tentoria Æthiopiæ, turbabuntur pelles terræ Madian. » Ubi Æthiopia hebraice est, כושן : *tentoria* vero, σκηνώματα, Arabes Scenitas designant, uti appellantur a Plinio, V, 12; sunt enim σκηναὶ *tentoria* e pellibus. Hæc Æthiopia est juxta Saba, quæ pars est Arabiæ Felicis, Isai. XLIII, 3 : « Dedi propitiationem tuam Ægyptum, Æthiopiam et Saba pro te. » Sunt autem Sabæi, inquit Plinius, « Arabum propter thura clarissimi, iidemque « ad utraque maria, » hoc est, ad Arabicum sinum Persicumque, *porrectis gentibus*. Præterea Paralip. II, 21, 16 : « Suscitavit Dominus contra Joram spiritum Philisthinorum, et Arabum, » qui confines sunt Æthiopibus. Sic ubicumque כוש *Chus*, vel Æthiopia, in libris Veteris Testamenti occurrit, Æthiopia hæc Arabica est.

Hinc Mosis uxor *Æthiopissa* כושית *Chusith* nuncupatur, Num. XII, 1. Alteram enim hanc uxorem, diversam a Sephora Madianitide fuisse, non Vulgatus tantum Interpres, sed et hebraica oratio, quæ est eo loco paulo fusior, aperte demonstrat his verbis : « Locutaque est Maria et Aaron contra Moysen, propter uxorem Æthiopissam, quam ceperat, quia uxorem Æthiopissam acceperat. » Ubi etiam in hebræo est articulus demonstrativus ה præfixus nomini, הכושית *Hachusith*: quemadmodum in græco, τῆς Αἰθιοπίσσης; qui nimirum articulus alteram hanc a Sephora fuisse conjugem Mosis etiam ipse suadet. Denique Faustum Manichæum ita sentientem Augustinus, XXII, 4, ne verbo quidem uno refellit; quamvis nihil in eo, quod quidem vel tenui reprehensione dignum sit, prætermittat. Æthiopia igitur, sive כוש, cujus Sacri Libri meminere, hoc situ collocanda est, qui a nobis designatur : e regione quidem Madian illius civitatis, quæ est orientali latere maris Rubri ; sed longo terrarum spatio disjuncta ab altera cognomine Madian regione, quæ est in terra Moab.

Egregie sane peritos in hebræa lingua, et in nominibus ex ea derivandis, oportet eos esse, qui *Chus* esse Susianum putant : quum ex כוש *chus*, deduci שושן *Susan* certe non possit, quod nomen est Susorum; unde Susiana, apud Estherem, Nehemiam, Danielem. Josephus ipse, Antiq. I, 7 : « Ut Ægyptios, inquit, Misraim etiamnum vocamus, sic

Æthiopes, quibus Chus præfuit, nunc quoque tam a seipsis, quam ab Asianis omnibus Chusæi, Χουσαῖοι, nominantur.» Non igitur Chusæi Susiani sunt, de Josephi ipsius sententia; qui Susianæ nomen, quod est multis sæculis ejus ætate vetustius, ac proinde tunc notissimum omnibus, negat Chusæis convenire, quum eosdem alio quam Chusæorum nomine negat agnosci. Nedum vero nomen Cossæorum huc pertinet, qui sunt Susianis magis orientales, atque adeo remotiores a terra Chus, sive Æthiopia. Horum omnium situm describit Plinius, VI, 31: « Susianen ab Elymaide disterminat amnis Eulæus. Susianis ab oriente proximi sunt Cossæi.» Et mox: «Infra Eulæum Elymais est, in ora juncta Persidi, a flumine Oroati ad Characem..... Pars ejus maxime invia, Characene vocatur ab oppido, Arabiæ claudente regna.» Sed de Phisone et Gehone satis, ac de ipsa Æthiopia, quam Gehon, teste Mose, circumit.

§ 7. *Explicatio versus quartidecimi:* « *Nomen vero fluminis tertii, Tigris: ipse vadit contra Assyrios. Fluvius autem quartus, ipse est Euphrates.*»

Tigris. De eo amne Plinius, VI, 31 : « Oritur in regione Armeniæ majoris, fonte conspicuo in planitie..... Ipsius (nomen) qua tardior fluit, Diglito: unde concitatur, a celeritate Tigris incipit vocari. Ita appellant Medi sagittam. » Docet ille his verbis aperte contrariam his nominibus duobus significationem subesse: et alteram quidem appellationem a tarditate repeti, alteram a celeritate: illam Armenicæ linguæ esse, Medicæ alteram. Nam hebraice חִדֶּקֶל *Hiddekel* sive *Chiddekel* appellatur. Ubi cave illos audias scrutatores etymologiarum, qui Tigris nomen ex hebræo *Chiddekel* volunt derivari: primum quidem, excidente (ut aiunt) littera ח sive *ch*: quam tamen excidere in suis nominibus derivatis lingua ea non patitur. Deinde mutato ד sive *d* in *T*: ק sive *K* in *g*: denique ל sive *L* in *r*. Hac profecto arte quidlibet efficias ex quolibet. At Plinius, longe certior auctor quam Strabo, conceptis verbis docet, Tigrin Medicæ originis esse; neque idem esse Diglito et Tigrim. Nec vero *Diglito* ex *Chiddekel* oriri dixerim; quum sit *Chiddekel* nomen Babylonicum, *Diglito* Armeniacum; ut merito conjicimus, eo quod id nomen non habet amnis extra Armeniam, ubi oritur.

Ipse vadit. Hoc est, a suo ipso fonte, sive capite, cursum suum sic dirigit, ut orientalis Assyriis sit. Docet hoc etiam verbo Scriptor Sacer, spectari a se hæc flumina, ut ipse præmonuit, cujusmodi in suis *capitibus*, hoc est, circa initia cursus sui sunt.

« Ipse vadit contra Assyrios. » Hebraice קִדְמַת אַשּׁוּר *Kidemath Assour:* hoc est, ad orientem Assyriorum, sive Mesopotamiæ. Nam, teste Plinio, VI, 30: « Mesopotamia tota Assyriorum fuit, vicatim dispersa, præter Babylona, et Ninum. » Itaque Assyrii ad occidentem Tigris fluvii fuere: et ipsa primaria civitas Assyriorum «Ninus, fuit» intra Mesopotamiam, « imposita Tigri, ad solis occasum spectans, » teste eodem Plinio, VI, 16. Vulgato Interprete neminem aut locorum, aut sacræ traditionis, aut hebraici sermonis peritiorem experti sumus, qui suam cuique voci convenientem significationem pro argumenti ratione admodum apposite tribuit. Neque enim *versus Assyriam*, quod pseudo-hebraizantes hoc loco reponunt, idem valet atque contra Assyrios: quo verbo fluere Tigris dicitur ad orientem Assyriorum; ita ut et caput eorum Ninum, et universam ditionem, qualis tunc fuit, dextrorsum habeat, sive ad occasum solis. Itaque *contra Assyrios* idem hic valet atque *ad orientem* Mesopotamiæ: quum tota ditio Assyriorum, ætate saltem illa, qua Moses scribebat, Mesopotamia fuerit; neque illa solummodo, sed et longe postea consequente ætate; quandoquidem Assyrios aliquid ultra Tigrim obtinuisse Sacræ Litteræ nusquam prodant. Similis huic locutio occurrit, tum alibi passim, tum in primis Gen. xii, 8, ubi de Abram sermo est: « Et inde transgrediens ad montem, qui erat contra orientem Bethel, tetendit ibi tabernaculum suum, ab occidente habens Bethel. » Sic Tigris erat seu vadebat orientalis Assyriis, sive (quod idem est) habens ab occidente Assyrios.

Confirmat hanc nostram de Assyriæ veteris situ sententiam egregium Balaami vaticinium, Num. xxiv, 23, 24: «Assumptaque parabola iterum locutus est: Heu, quis victurus est, quando ista faciet Deus? Venient in trieribus de Italia, superabunt Assyrios, vastabuntque Hebræos, et ad extremum etiam ipsi peribunt. » Vaticinatio enim hæc est de clade quam illaturi essent Romani Judæis sub Vespasiano, quum prius devicissent Syriæ et Mesopotamiæ reges, Seleuci posteros: ipso Romanorum imperio postea ruituro. Reges Syriæ Balaam appellat Assyrios, quoniam Mesopotamiæ imperaturi erant, quæ tunc Assyria vocabatur: quemadmodum Hebræos appellat, de nomine sibi tunc noto, qui reipsa tunc erant dicendi Judæi, quum a Vespasiano vastarentur.

Euphrates. De fonte Euphratis hæc pauca Plinius, V, 20: « Oritur in præfectura Armeniæ Majoris Caranitide, sub radicibus montis. » Proprio se olim alveo ostioque effundebat in mare. Testis idem Plinius, VI, 32: « Locus, ubi Euphratis ostium fuit. » Verum postea derivatus in Tigrim est, et in agros vicinos. Idem, cap. 31: « Sed longo tempore Euphratem præclusere Orcheni, et accolæ agros rigantes: nec nisi Pasitigri defertur in mare. » Id nomen est amni Tigri circa Ctesiphontem. Inscitiam Hebræi sermonis in Josepho, qui nomen Euphratis ex פרד derivet, quod est *florere, germinare*, alii ante nos animadverterunt.

PARADISI TERRESTRIS.

§ 8. *De montibus Armeniæ.*

Gen. VIII, 4, *requievisse Arca* dicitur *super montes Armeniæ.* Hæc sunt juga Antilibani, qua in ortum recedunt, et a Judæa et Jordanis initiis Syriam disterminant. Docet enim hoc verbo Interpres Mosis Latinus, pro sua insigni peritia, regionem eam, quæ Syria a Græcis post confusionem linguarum appellata est, prius Armeniam, quasi Arameniam, vocitatam fuisse, ab Aram filio Sem : et *montes Armeniæ* dictos esse juga illa, quæ diximus, orientalia Antilibani. De his montibus et de Aram vicino cognomine oppido, locutus est etiam Balaam, Num. XXIII, 7 : « De Aram adduxit me Balac rex Moabitarum, de montibus Orientis. »

Id vero perquam probabile ex eo fit, quod haud procul certe ab eo loco requievit Arca, ubi facta postea dicitur « habitatio eorum », hoc est, filiorum Sem, « de Messa pergentibus usque Sephar montem orientalem, » Gen. x, 30. Habet autem Messa manifeste nomen a *Mes* filio Aram, Semi nepote. Ergo non locus, ubi requievit Arca, debuit procul ab ea regione distare, cui nomen dedit et Aram, et qui ab Aram sejungi non debuit Mes filius ejus. Nam prima hæc regio est, quam Moses commemorat post locum indicatum, ubi requievit Arca, quasi ei loco proximam : ac proinde ad radices Antilibani, qua respicit austrum et ortum. Sephar enim *mons orientalis* dicitur, haud dubie comparate ad Judæam et Paradisum terrestrem : quemadmodum tota ea regio *orientalis plaga Eden* appellatur, Gen. IV, 6. Nusquam enim in Libris Sacris *oriens* aut *plaga orientalis* de alia dicitur regione, quam de ea, quæ orientalis Judææ et Galilææ est, et a Jordane in solitudinem et Babyloniam usque protenditur. Neque certe verisimile est, sacrum Scriptorem, postquam de eo loco egit, in quo conquievit Arca, præteriturum fuisse silentio iter filiorum Noe, quod longissimum profecto fuisset a montibus Armeniæ Majoris; dicturumque statim postea, factam habitationem esse filiorum Sem juxta Sephar montem, ad exortum solis ex adverso Judææ, nulla mentione facta illius itineris, per leucas ducentas aut eo amplius. Nec simile veri est, iter illud suscepturum fuisse Noe, qua erat ætate, per montes altissimos, aliasque viarum illarum difficultates maximas, ut in terram Sennaar penetraret. Nec demum apparet in narratione Diluvii ulla tempestas aut vis ventorum, quæ Arcam a loco ubi fabricata est ad leucas amplius ducentas disjecerit : a media scilicet Judæa Trans-Jordanica, aut (ut aliis haud recte visum est) a Babylonia, ad montes Majoris Armeniæ.

Deinde quum dicantur filii Noe, Gen. XI, 2, *profecti de oriente*, ut abirent in terram Sennaar, non potuit profecto Moses velle Armeniam Majorem intelligi, nam hæc prorsus examussim comparate tum ad Terram sanctam, tum ad terram Sennaar, Aquilonaris est. Itaque si Armeniam

Majorem Moses intelligeret, diceret haud dubie: « Quum proficiscerentur de Aquilone. » Sic enim gentes superpositas terræ Babyloniæ, sive terræ Sennaar, Jeremias appellat, *cognationes Aquilonis*, xxv, 9. Nec sunt certe audiendi, sed pæne cum stomacho rejiciendi ii, qui ut hypothesi suæ serviant, hebræum מקדם *mikkedem*, posse verti *versus orientem*, vel *ab antiquo*, hoc est, emendari latinum Interpretem censent oportere.

Denique Gen. VIII, 11 : « columba venit ad Noe portans ramum olivæ virentibus foliis in ore suo. » Et Gen. xi, 20 : « Cœpitque Noe vir agricola exercere terram, et plantavit vineam ; » in solo utique quod prius nosset esse vitiferum. Non igitur in Armenia Majore, tum quia soli ingenium, quale esset ibi, nesciret, si procul illud fuit a loco, ubi primi homines habitarunt, tum quia, ut Strabo quidem refert, lib. XI, pag. 527, 528 : Ἐν αὐτῇ δὲ Ἀρμενίᾳ πολλὰ μὲν ὄρη, πολλὰ δὲ ὀροπέδια, ἐν οἷς οὐδ' ἄμπελος φύεται ῥᾳδίως· πολλοὶ δὲ αὐλῶνες, οἱ μὲν μέσως, οἱ δὲ καὶ σφόδρα εὐδαίμονες· καθάπερ τὸ Ἀραξηνὸν πεδίον, δι' οὗ ὁ Ἀράξης ποταμὸς ῥέων εἰς τὰ ἄκρα τῆς Ἀλβανίας, εἰς τὴν Κασπίαν ἐμπίπτει θάλασσαν. « In ipsa autem Armenia multi sunt montes, multæ sunt montanæ planities; in quibus ne vitis quidem facile nascitur. Multæ etiam convalles; aliæ mediocriter, aliæ admodum uberes : de quarum numero sunt Araxeni campi, per quos Araxes labens ad extrema Albaniæ in Caspium mare se effundit. » Et D. DE TOURNEFORT, scriptor diligens et accuratus, in libro inscripto *Voyage du Levant*, tom. II, pag. 335 et 336, postquam Armeniam a feracitate plurimum commendavit, deesse ibi oleas ait : « Il n'y manque que des oliviers; et je ne sais où la colombe qui sortit de l'Arche fut chercher un rameau d'olivier, supposé que l'Arche se soit arrêtée sur le mont Ararat, ou sur quelque autre montagne d'Arménie. Car on ne voit pas de ces sortes d'arbres aux environs; ou il faut que l'espèce s'en soit perdue : cependant les oliviers sont des arbres immortels. » Non potuit igitur vineam ibi plantare Noe, et inebriari; aut ramum oleæ virentibus foliis columba ibi tam cito invenire. At Judæa vitibus et oleis, et regio circumjacens, abundavit. *Montes Armeniæ* igitur, de quibus hic sermo est, non sunt in Armenia Majore quærendi, sed in Judæa aquilonari, qua orientalis Antilibani juga Syriamque contingit.

Itaque nulli dubitamus, quin ex altero emendatiore exemplari hebræo, quam quod nunc superest, latinus Interpres Pentateuchum, et hunc præsertim versum rescripserit; quum in eo ipso versu, qualis nunc hebraice legitur, mendum alterum jamdudum ab eruditis deprehensum fuerit : nempe dies decima septima, pro vicesima septima: עשר יות בשבעה pro יום בשבעה־עשרים. An enim ubi mendum unum in confesso est, scelus est ibidem et alterum suspicari? An non simili

potuit errore vel fraude fieri, ut pro ארמן, ארדט scriberetur? præsertim ab his, qui fortassis perturbatis locorum nominibus sperarent
fore, ut abjecta spe Paradisi terrestris inveniendi secundum nativum
verborum sensum, allegorice intelligendum eum esse legentes putarent:
iidemque Majorem Armeniam assyriace ארדט *Ararat*, sed multo
postea, appellatam fuisse, ex latino ipso Interprete didicissent, Reg. IV,
19, 37. Certe Mariana noster, in Ezech. XLIV, 15: « Sæpe codices hebræos ex nostris esse castigandos, » haud temere annotavit. Nec videmus
certe, cur appellari non potuerint ea Antilibani orientalia juga, montes
Arman vel Armeniim, contracte ut ורדן *Jarden* Jordanis, non pro
יאור־דן sed pro יאור־עדן: et derivato nomine אדמן ab אדם: ut
קרבן a קרב: quemadmodum in eodem omnino tractu prope Jordanem
mons Hermon et Hermoniim fuit: חרמונים derivato vocabulo ab
חרם: præsertim quum ibi haud dubie Syria incipiat, quæ nomen hebræum habet ab Aram filio Sem, ut dictum est.

Sequuntur in Tractatu integro, unde hæc decerpsimus, expositiones
de serpente, de homine facto ad imaginem Dei, de voce Dei deambu-
lantis in Paradiso, de reditu primorum parentum cum Deo in gratiam,
de loco sepulturæ Adam, aliæque: sed quamvis paratæ, alibi tamen quam
inter Plinianas observationes, edendæ. Faxit Deus Opt. Max. ut sicut
adjuvante eo terrestrem Paradisum nos tandem invenisse credimus, sic
eodem miserante ob Christi Dei et Servatoris nostri merita, ad cælestem
nobis aditus aliquando ingressusque pateat.

FINIS DISSERTATIONIS DE SITU PARADISI TERRESTRIS,
QUI EST EXCURSUS II.

EXCURSUS III

DE VARIORUM STADIORUM, APUD GEOGRAPHOS LATINOS, CONFUSIONE.

P. F. J. GOSSELLIN, *Recherches sur la géographie systématique et positive des Anciens*, tom. IV, pag. 321.

N. B. Eruditissimi viri, qui temporibus nostris in veteris Geographiæ scientia princeps exsistit, P. F. J. GOSSELLIN, benevola in nos voluntate licuit nobis deprompta ex operibus ejus nonnulla hic fragmenta adjicere, quæ in notulis nostris vix cursim indicare potueramus, et in quibus multos ille Plinii locos ad hunc diem plane obscuros interpretari, sæpiusque etiam restituere conatus est. Hæc, ne quid argumentorum ponderi detrahendi periculum adeamus, in ea ipsa qua scripta sunt lingua tradimus; atque ita Plinii tomo secundo finem imponemus.

« Les Romains, en prenant dans les ouvrages des Grecs toutes les bases de leur géographie, ne se doutèrent pas plus qu'eux de la diversité des stades employés dans l'évaluation des distances qu'ils empruntaient ; ils ne distinguèrent pas même le stade qu'Eratosthène et Hipparque avaient dit appartenir exclusivement aux résultats de leurs propres observations : ils crurent tous les stades itinéraires calqués sur la longueur du stade d'Olympie ; et, pour les réduire en mesures vulgaires, ils ne firent que compter cent vingt-cinq pas pour chaque stade, et huit stades pour un mille romain. C'est la méthode constante de Pline et de la plupart de ses compatriotes. Ils n'ont pas soupçonné, qu'en travestissant ainsi toutes les anciennes distances, ils allaient les dénaturer, et les rendre méconnaissables aux yeux de la postérité. En voici quelques exemples :

« Eratosthène donnait à la circonférence de la terre 252,000 stades (1). Vitruve (2) et Pline (3), en se servant des mêmes expressions, ajoutent

---

(1) Eratosth. apud Strab. lib. II, pag. 113, 132.
(2) Vitruv. de Archit. lib. I, cap. 6, pag. 42.
(3) Plin. lib. II, cap. 112, pag. 468, 469.

EXCURSUS III.

que ce nombre de stades, réduit en mesures romaines, représente 31,500 milles, c'est-à-dire, 31,500,000 pas.

« Or, comme il est généralement reconnu aujourd'hui que le mille romain était la soixante-quinzième partie d'un degré du grand cercle de la sphère, si l'on divise 31,500 par 75, on trouvera 420; et il en résulterait de deux choses l'une, ou qu'Eratosthène aurait supposé 420 degrés à la circonférence du cercle, ou que le mille romain était contenu, non pas 75 fois, mais 87 fois et demie, dans l'espace d'un degré.

« L'impossibilité d'admettre de semblables suppositions force à reconnaître que Vitruve et Pline confondent ici deux stades de valeurs inégales, qui différaient entre eux dans la proportion de sept à six, c'est-à-dire, qu'ils ont pris le stade d'Eratosthène de 700 au degré pour le stade olympique de 600 au degré. Dès lors, la mesure romaine a dû se trouver d'un septième trop grande; et, en effet, si des 31,500 milles précédents on ôte le septième, il en restera 27,000, lesquels, divisés par 75, donneront les 360 degrés de la circonférence de la terre, et rétabliront l'inexactitude que la méprise des auteurs romains avait fait disparaître, en donnant au périmètre du globe 450,000 milles, ou 1,500 lieues (1) de plus qu'il ne doit avoir.

« Eratosthène ayant mesuré la distance du parallèle de Rhodes à celui d'Alexandrie, la trouva de 3,750 stades de 700 au degré (2), c'est-à-dire, de 5° 21′ 26″.

« Pline (3), rapportant la même observation, dit qu'Eratosthène trouva le parallèle de Rhodes éloigné de celui d'Alexandrie de 469 mille pas.

« Cette somme est la réduction des 3,750 stades précédents, que Pline a divisés par huit, ou, ce qui revient au même, a multiplié par 125 pas, et qu'il a exprimés en nombres ronds, suivant son usage, pour éviter les fractions : mais, pour être exact, il ne faut compter que 468,750 pas, ou 468 ¾ milles romains. Or, 468 ¾ milles divisés par 75 donnent 6° 15′ de différence en latitude, c'est-à-dire, 53′ 34″ de plus qu'Eratosthène ne l'avait annoncé : donc Pline commet ici la même erreur que dans l'exemple précédent, puisqu'en ôtant un septième de 6° 15′, on retrouvera les 5° 21′ 26″ de l'observation d'Erastothène.

« Cet Ancien avait compté 8,800 stades en ligne droite, depuis le détroit des *Colonnes* jusqu'au méridien de Carthage. Ces stades étaient de 700 au degré, et ils représentaient, sous le trente-sixième parallèle, 15° 32′ 20″ de longitude.

(1) Hic apud Gosselin typographi errore 1,200 legitur pro 1,500. Ed.
(2) Eratosthen. apud Strab. lib. II, pag. 126.
(3) Plin. lib. V, cap. 36, pag. 555.

« En réduisant ces 8,800 stades en mesures romaines, Pline fixe cette distance à 1,100 mille pas (1), lesquels, sous le même parallèle, valent 18° 7′ 44″. Ce résultat d'un septième plus fort que le précédent, annonce clairement que Pline a pris encore ces stades de 700 pour des stades olympiques de 600 au degré.

« Depuis le détroit des *Colonnes* jusqu'à Issus, Agrippa comptait 3,440 mille pas (2), c'est-à-dire, 27,520 stades olympiques, valant, sous le trente-sixième parallèle, 56° 41′ 38″. L'intervalle entre ces points n'étant que de 41° 30′, Agrippa s'est trompé de 15° 11′ 38″.

« Si l'on prend, au contraire, ces 27,520 stades pour des stades de $833\frac{1}{3}$ au degré d'un grand cercle, ils borneront l'espace indiqué à 40° 49′ 9″, l'erreur ne sera plus que de 40′ 51″: et cette grande approximation fait voir qu'Agrippa traduisant en mesures romaines une distance qui était donnée en stades de $833\frac{1}{3}$, a confondu la valeur de ces stades avec celle du stade olympique, le seul connu de ses compatriotes.

« Il serait inutile de s'appesantir davantage sur les nombreux exemples qu'on pourrait ajouter à ceux qui précèdent, etc. etc. »

Sequitur variorum stadiorum in mensuras gallicas recentiores conversorum tabula ex eodem opere deprompta, tom. IV, pag. 374, 375.

(1) Plin. lib. V, cap. 6, pag. 436.
(2) Plin. lib. VI, cap. 38, pag. 754. — Voyez, pour l'intelligence de ce passage, nos *Recherches sur le système géographique de Polybe*, tom. II, pag. 8, 9, 10, 13.

TABLEAU
DE LA VALEUR DES DIFFÉRENTS STADES
EN MYRIAMÈTRES FRANÇAIS.

Nombre des stades.	Stades de $1111\frac{1}{9}$ au degré.	Stades de $833\frac{1}{3}$ au degré.	Stades de 700 au degré.	Stades de $666\frac{2}{3}$ au degré.	Stades de 600 au degré.	Stades de 500 au degré.
Stades.	Myriam. mètres.	Myriam. mètres.	Myriam. mètres.	Myriam. mètres.	Myriam. mètres.	Myriam. mètres.
1	0,0100	0,0133	0,0159	0,0167	0,0185	0,0222
2	0,0200	0,0267	0,0317	0,0333	0,0370	0,0444
3	0,0300	0,0400	0,0476	0,0500	0,0556	0,0667
4	0,0400	0,0533	0,0635	0,0667	0,0741	0,0889
5	0,0500	0,0667	0,0794	0,0833	0,0926	0,1111
6	0,0600	0,0800	0,0952	0,1000	0,1111	0,1333
7	0,0700	0,0933	0,1111	0,1167	0,1296	0,1556
8	0,0800	0,1067	0,1270	0,1333	0,1481	0,1778
9	0,0900	0,1200	0,1429	0,1500	0,1667	0,2000
10	0,1000	0,1333	0,1587	0,1667	0,1852	0,2222
20	0,2000	0,2667	0,3175	0,3333	0,3704	0,4444
30	0,3000	0,4000	0,4762	0,5000	0,5556	0,6667
40	0,4000	0,5333	0,6349	0,6667	0,7407	0,8889
50	0,5000	0,6667	0,7936	0,8333	0,9259	1,1111
60	0,6000	0,8000	0,9524	1,0000	1,1111	1,3333
70	0,7000	0,9333	1,1111	1,1667	1,2963	1,5556
80	0,8000	1,0667	1,2698	1,3333	1,4815	1,7778
90	0,9000	1,2000	1,4286	1,5000	1,6667	2,0000
100	1,0000	1,3333	1,5873	1,6667	1,8518	2,2222
200	2,0000	2,6667	3,1746	3,3333	3,7037	4,4444
300	3,0000	4,0000	4,7619	5,0000	5,5556	6,6667
400	4,0000	5,3333	6,3492	6,6667	7,4074	8,8889
500	5,0000	6,6667	7,9365	8,3333	9,2593	11,1111
600	6,0000	8,0000	9,5238	10,0000	11,1111	13,3333
700	7,0000	9,3333	11,1111	11,6667	12,9630	15,5556
800	8,0000	10,6667	12,6984	13,3333	14,8148	17,7778
900	9,0000	12,0000	14,2857	15,0000	16,6667	20,0000
1000	10,0000	13,3333	15,8730	16,6667	18,5185	22,2222
2000	20,0000	26,6667	31,7460	33,3333	37,0370	44,4444
3000	30,0000	40,0000	47,6190	50,0000	55,5556	66,6667
4000	40,0000	53,3333	63,4921	66,6667	74,0741	88,8889
5000	50,0000	66,6667	79,3651	83,3333	92,5926	111,1111
6000	60,0000	80,0000	95,2381	100,0000	111,1111	133,3333
7000	70,0000	93,3333	111,1111	116,6667	129,6296	155,5556
8000	80,0000	106,6667	126,9841	133,3333	148,1481	177,7778
9000	90,0000	120,0000	142,8571	150,0000	166,6667	200,0000
10,000	100,0000	133,3333	158,7302	166,6667	185,1852	222,2222
20,000	200,0000	266,6667	317,4603	333,3333	370,3704	444,4444
30,000	300,0000	400,0000	476,1905	500,0000	555,5556	666,6667
40,000	400,0000	533,3333	634,9206	666,6667	740,7407	888,8889
50,000	500,0000	666,6667	793,6508	833,3333	925,9259	1111,1111
60,000	600,0000	800,0000	952,3810	1000,0000	1111,1111	1333,3333
70,000	700,0000	933,3333	1111,1111	1166,6667	1296,2963	1555,5555
80,000	800,0000	1066,6667	1269,8413	1333,3333	1481,4815	1777,7778
90,000	900,0000	1200,0000	1428,5714	1500,0000	1666,6667	2000,0000
100,000	1000,0000	1333,3333	1587,3016	1666,6667	1851,8519	2222,2222

EXCURSUS IV

Ad ea Plinii verba, lib. III, Proœm. pag. 2 et 3 :

Quindecim M. pass. in longitudinem, quas diximus, fauces Oceani patent, quinque M. in latitudinem, a vico Mellaria Hispaniæ ad promontorium Africæ Album (1).

P. F. J. GOSSELLIN, *Recherches sur la géographie systématique et positive des Anciens*, tom. *IV*, pag. 28 seqq.

« ..... Des auteurs romains ont rapporté des mesures prises dans l'intérieur du détroit.

«Turannius Gracilis, né dans ces cantons, attribuait à la longueur du détroit quinze mille pas romains, ou douze minutes d'un grand cercle de la terre. Cette mesure, prise en ligne droite, est, à très-peu près, la distance de Gibraltar à Tarifa, c'est-à-dire, la longueur de la partie la plus resserrée du détroit, et la seule à laquelle Turannius et la plupart des Anciens ont borné le nom de détroit, que nous prolongeons aujourd'hui jusqu'au cap de Trafalgar. La preuve que Pline, entre autres, n'étendait pas la dénomination de détroit à l'ouest de Tarifa, l'ancienne *Mellaria*, c'est qu'il fixe à cette ville l'entrée de l'Océan Atlantique, en disant (2) *Mellaria, fretum ex Atlantico mari*, pour distinguer cette extrémité du détroit de l'autre extrémité formée par les *Colonnes* près de *Calpe*, où commençait la Méditerranée; et c'est ce qu'il exprime dans la même phrase par ces mots : ..... *Mons Calpe, dein littore interno oppidum Barbesula, etc.*

«Turannius bornait la largeur du détroit entre *Mellaria* et le promontoire *Album* de l'Afrique à cinq mille pas. D'Anville (3), en discutant cette mesure, a cru pouvoir l'employer dans la construction de ses

---

(1) Confer notas nostras 19, 21, 22 et 23, pag. 2 et 3.

(2) Plin. lib. III, cap. 3, pag. 10.

(3) D'Anville, Mémoire sur *Tartessus* et sur la largeur du *fretum Gaditanum*; Recueil de l'Académie des Inscriptions et Belles-Lettres, tom. XXX, pag. 123 seqq.

cartes, pour resserrer le détroit beaucoup plus qu'on ne l'avait fait avant lui ; mais les travaux entrepris par les Espagnols depuis quelques années n'ont pas justifié l'opinion du géographe français (1).

« Cornélius Népos et Tite-Live donnaient à la moindre largeur du détroit sept mille pas, et dix mille à sa plus grande largeur (2). L'endroit le plus resserré du détroit, d'après les nouvelles cartes espagnoles, se trouve entre la pointe de Gualmési et celle de Cirès : leur distance est de huit minutes, ou de dix mille pas ; elle répondrait à la plus grande largeur indiquée par Népos et Tite-Live.

« Les mesures de Turannius, de Népos et de Tite-Live reparaissent dans Martianus Capella (3); et cet auteur semble s'expliquer plus clairement que Pline, lorsque, distribuant ces mesures d'après l'idée qu'il s'en formait, il assigne à l'endroit le plus resserré du détroit cinq mille pas ; à sa moyenne largeur, sept mille ; et à sa plus grande, dix mille : mais ces indications ne s'accordent pas davantage avec nos cartes : seulement elles font voir que l'opinion des géographes n'avait point varié dans les quatre cents ans écoulés entre le temps de Pline et celui de son copiste. Doit-on croire que toutes ces mesures soient fausses? doit-on soupçonner les auteurs des cartes espagnoles de donner trop de largeur à la portion occidentale du détroit? ou plutôt ne faut-il pas reconnaître que les courants qui portent l'eau de l'Océan dans la Méditerranée, ont insensiblement doublé depuis vingt siècles la largeur de cette partie du détroit? Ptolémée, en élevant *Exilissa* et la côte méridionale du détroit jusqu'au milieu de l'intervalle dont il sépare *Abyla* de *Calpe*, ne laisse-t-il pas entrevoir que, de son temps, le détroit était moitié moins large qu'aujourd'hui, puisque la pointe de Léona, la plus élevée de la côte africaine, ne dépasse presque plus maintenant la hauteur de Ceuta?

« Cette remarque semble indiquer que la côte d'Afrique a seule cédé aux efforts de la mer. La montagne de Ceuta, par sa position un peu écartée de la direction des courants, n'a pas été entamée : la portion du rivage qu'elle domine se trouve à la même distance de *Calpe*, ou Gibraltar, qu'aux temps de Polybe et de Scymnus de *Chios*, c'est-à-dire, à 120 stades olympiques, ou douze minutes de degré (4). »

(1) Confer notam nostram 21, pag. 3.
(2) Corn. Nep. et Tit. Liv. apud Plin. loc. cit.
(3) Mart. Capella, de Nupt. Philolog. lib. VI, pag. 201.
(4) Scymni Chii, Orbis Descript. pag. 6, vs. 138 et 139, inter Geograph. minor. græc. tom. II.

EXCURSUS V

Ad ea Plinii verba, lib. III, cap. 3, pag. 11 :

Carteia, Tartessos a Græcis dicta.

P. F. J. GOSSELLIN, *Recherches sur la géographie systématique et positive des Anciens, tom. IV, pag. 14 seqq.*

« ..... Ce ne fut que vers l'an 639 avant Jésus-Christ, qu'une sorte de hasard fit connaître aux Grecs le détroit des *Colonnes* et l'Océan Atlantique. Hérodote rapporte (1) que des Samiens, partant de l'île de Platée pour aller en Egypte sur un vaisseau commandé par Colæus, furent portés jusqu'au-delà des Colonnes d'Hercule par un vent d'est qui ne cessa pas de souffler, et qu'ils arrivèrent à Tartesse. Comme jusqu'alors ce port n'avait pas été fréquenté par les Grecs, les Samiens firent les plus grands profits sur les marchandises qu'ils en rapportèrent.

« Environ soixante ans après le voyage de Colæus de *Samos*, les Phocéens trouvèrent aussi la route de Tartesse, où régnait Arganthonius, fameux par la longue durée de son règne, par ses grandes libéralités, et surtout par les richesses qu'il tirait des mines abondantes de ses états (2).

« La plupart des géographes modernes se sont occupés de la recherche du lieu où était située Tartesse; mais, comme les Anciens eux-mêmes ont varié sur l'emplacement de cette ville célèbre, sa position est encore une espèce de problème : nous ne devons espérer de le résoudre, qu'en cherchant dans leurs différentes opinions celle qui présentera le plus de probabilités et le plus de liaison avec les faits dont nous avons parlé jusqu'ici (3).

« Eratosthène disait que le pays contigu à *Calpe*, c'est-à-dire, à l'entrée orientale du détroit, portait le nom de Tartesside (4).

(1) Herod. Melpom. lib. IV, § 152, pag. 347.
(2) Herodot. Clio, lib. I, § 163, pag. 77; Plin. lib. VII, cap. 49, pag. 177, 180.
(3) Confer Excursum nostrum XVII, pag. 325 seqq.
(4) Eratosth. apud Strab. lib. III, pag. 148.

« Strabon (1), Mela (2) et Pausanias (3) disent: Quelques auteurs pensent qu'on nommait Tartesse la ville qui aujourd'hui porte le nom de *Carteia*.

« Denys-le-Périégète (4) semble mettre Tartesse près de *Calpe*; Silius Italicus (5) et Appien (6) paraissent croire qu'Arganthonius régnait à *Carteia*.

« Et Pline dit (7) que *Carteia* est la Tartesse des Grecs.

« D'un autre côté, Aristote (8), Strabon (9), Pausanias (10), Aviénus (11), Etienne de Byzance (12), Eustathe (13) rapportent que le *Tartessus* était un fleuve de l'Ibérie, qui, dans la suite, fut appelé *Bætis*; c'est le Wadi-al-Kibir. Ce fleuve avait alors deux embouchures qui renfermaient une île de cent stades, ou d'environ trois lieues de large; et Strabon ainsi que Pausanias ajoutent: *On prétend qu'il y avait autrefois dans cette île une ville nommée Tartesse*. Scymnus de Chio (14) paraît aussi avoir placé Tartesse vers les embouchures du *Bætis*, lorsqu'il dit: *L'or, le plomb et le cuivre de la Celtique arrivent à Tartesse par le fleuve*.

« Une troisième opinion se trouve énoncée avec plus de clarté que les deux premières:

« Eratosthène assurait (15) que le nom de Tartesside s'étendait à l'ouest du détroit, et qu'on l'appliquait aussi à l'île d'Erythie.

« Salluste (16) disait que les Tyriens avaient changé le nom de la ville de Tartesse en celui de *Gadir*.

(1) Strab. lib. III, pag. 151.
(2) Pomp. Mela, lib. II, cap. 6, pag. 203.
(3) Pausan. Eliacor. lib. VI, cap. 19, pag. 498.
(4) Dionys. Perieget. Orbis Descript. vs. 335-337.
(5) Silius Italicus, lib. III, vs. 396.
(6) Appian. Alex. de bell. Hispan. tom. I, pag. 424, 425.
(7) Plin. loc. cit.
(8) Aristot. Meteorol. tom. I, lib. I, pag. 545.
(9) Strab. lib. III, pag. 148.
(10) Pausan. Eliacor. lib. VI, cap. 19, pag. 497.
(11) Ruf. Fest. Avienus, Ora maritima, vs. 225, 283-285; ed. nost. inter Poetas latinos minores, tom. V, pag. 431 et 439.
(12) Stephan. Byzant. de Urbib. verbo Τάρτησσος.
(13) Scymnii Chii Orbis Descriptio, pag. 10, vers. 160-165, inter Geog. min. græc. tom. II.
(14) Eustath. in Dion. Perieg. vs. 334-338.
(15) Eratosth. apud Strab. lib. III, pag. 148.
(16) Tartessum Hispaniæ civitatem, quam nunc Tyrii, mutato nomine, Gadir habent. Sallust. fragment. e lib. II, pag. 378 edit. nostræ. ED.

EXCURSUS V.

« Pline (1), en parlant d'Arganthonius, l'appelle *Gaditain*, et il dit que les Romains donnaient à *Gades* le nom de Tartesse.

« Arrien (2), en rapportant que Tartesse avait été fondée par les Phéniciens, et qu'ils y avaient bâti un temple à Hercule, donne à entendre qu'il regardait Tartesse et *Gadir* comme une seule et même ville.

« Enfin, Aviénus dit et répète que le nom primitif de la ville de *Gadir* avait été celui de Tartesse (3).

« De ces différentes opinions il me semble que l'on peut conclure deux choses :

« D'abord, qu'avant et même quelques siècles après l'arrivée des Tyriens dans ces cantons, le *Wadi-al-Kibir* d'aujourd'hui portait le nom de *Tartessus*, et qu'il communiquait celui de Tartesside à toute la contrée environnante ; comme lorsque les Tyriens eurent changé le nom de *Tartessus* en celui de *Bœtis*, la même contrée prit, du nouveau nom de ce fleuve, celui de Bétique ;

« Ensuite, que la grande célébrité de ce pays a porté les premiers navigateurs grecs et romains à donner successivement, et comme par antonomase, le nom de Tartesse aux principales villes maritimes qu'ils fréquentaient dans la Tartesside.

« Les premiers ports que les Grecs y rencontrèrent, après avoir passé les Colonnes, étant *Calpe* et *Carteia*, ces villes durent être aussi les premières qu'ils ont appelées ou surnommées Tartesse. Il est vraisemblable que c'est dans l'une de ces deux villes qu'abordèrent Colæus de Samos et les Phocéens dans leurs premiers voyages : il serait possible aussi que *Carteia* eût été la résidence d'Arganthonius ; mais il ne s'ensuivrait pas, comme le veut M. de la Nauze (4), que *Carteia* pût être prise

(1) Plin. lib. IV, cap. 36, pag. 392 ; lib. VII, cap. 49, pag. 180.

(2) Arrian. de Expedit. Alexand. lib. II, cap. 16, pag. 151.

(3) Ruf. Fest. Aviennus, Ora maritima, vers. 85, 265-270, inter Geogr. minor. græc. tom. IV, pag. 3, 7, et edit. nostr. inter Poetas latinos minores, tom. V, pag. 414 et 436 :

> Hic Gaddir urbs est, dicta Tartessus prius.
> . . . .
> Hic ora late sunt sinus Tartessii.
> Dictoque ab amne in hæc locorum, puppibus
> Via est diei, Gaddir hic est oppidum :
> Nam Punicorum lingua conseptum locum
> Gaddir vocabat. Ipsa Tartessus prius
> Cognominata est.

(4) De la Nauze, Position de quelques anciennes villes romaines vers le

proprement pour Tartesse. Les auteurs, à qui l'on doit le souvenir de cette opinion populaire, ne l'ont rapportée qu'en termes vagues, sans en donner de preuves, sans l'adopter eux-mêmes, et sans qu'on puisse la rattacher à aucun fait connu. On sait, au contraire, par Timosthène(1), que le premier nom de *Carteia* était Héraclée; ce qui indiquerait une origine tyrienne postérieure à la fondation de *Gadir,* puisqu'on voit dans Strabon(2) que la première colonie n'avait pu s'établir près de *Calpe.* D'ailleurs, l'emplacement de Carteia, éloigné de tous les fleuves qui auraient pu faciliter l'arrivée des productions de l'intérieur du pays dans son port, n'a jamais permis qu'elle devînt une ville commerçante telle que fut la véritable Tartesse; et si *Carteia* a été célèbre dans l'antiquité, c'est seulement, comme le dit Strabon (3), sous le rapport de sa marine militaire, à peu près comme Gibraltar l'est de nos jours. »

Post hæc disertissime demonstrat eruditissimus GOSSELLIN, in insula Gadi, sive Cotinussa, stetisse Tartessum urbem, quæ cum Gadibus una eademque fuit: sed hæc ad Plinii locum, de quo hic agitur, non pertinent.

détroit de Gibraltar; Mémoires de l'Académie des Inscriptions, tom. XXX, pag. 97-100.

(1) Timosthen. apud Strab. lib. III, pag. 140.
(2) Strab. lib. III, pag. 169.
(3) Strab. lib. III, pag. 140.

EXCURSUS VI

Ad ea Plinii verba, lib. IV, cap. 17, pag. 271 :

Thessalonica, liberæ conditionis. Ad hanc a Dyrrachio CXIV mill. pass.

P. F. J. GOSSELLIN, *Géographie des Grecs analysée*, p. 20.

« Cette distance ainsi donnée par Pline, fait 912 stades ; ce qui ne diffère pas beaucoup des 900 stades donnés par Strabon (1). Mais elle prouve que Pline n'a pas toujours bien choisi ses matériaux : car, depuis long-temps on avait construit la voie Egnatienne, qui d'*Epidamnus* passait par Thessalonique, et Polybe avait écrit (2) que la distance entre ces deux villes avait été mesurée et trouvée de 267 mill. p. qui font 2,136 stad. du calcul de Pline (3). »

(1) Lib. II, pag. 93 et 106.
(2) Strab. lib. VII, pag. 323.
(3) Confer notam nostram 6, pag. 271 et 272. ED.

EXCURSUS VII

Ad capita 27 et 28 lib. IV Plinii, pag. 345-353 :

P. F. J. Gosselin, *Recherches sur la géographie systématique et positive des Anciens*, tom. *IV*, pag. 107 seqq.

«On trouve dans le quatrième livre de Pline la première description suivie des contrées maritimes situées à l'orient de l'Elbe. Cet auteur y rassemble non seulement les connaissances que les Romains avaient acquises de son temps, mais encore une partie des traditions transmises par les Grecs sur les rivages plus éloignés que ceux où les Romains étaient parvenus. Il en a formé une espèce de Périple, très-incomplet sans doute et beaucoup trop concis, mais fort important à éclaircir pour l'histoire de la géographie ancienne. Nous allons le suivre pas à pas, pour reconnaître les lieux dont il a parlé ; et, en discutant son récit, nous intercalerons des faits qu'il en a séparés, faute d'avoir suffisamment reconnu que ces faits appartenaient aux côtes et aux contrées qu'il décrivait.

PÉRIPLE DE PLINE.

«Après avoir suivi les côtes méridionales de l'Europe depuis l'Espagne jusqu'aux Palus-Méotides, Pline ajoute (1) :

« Il convient de partir de ce point pour décrire les contrées extérieures de l'Europe ; et après s'être transporté au-delà des monts Riphées, jusque sur les bords de l'Océan septentrional, il faut, en laissant ses rivages sur la gauche, les suivre jusqu'à ce qu'on parvienne à Gadès.

« Dans ce trajet on rencontre plusieurs îles sans nom, parmi lesquelles il en est une située vis-à-vis et à une journée de navigation de la Scythie sur-

---

(1) Cap. 27, pag. 348 : « Exeundum deinde est, seqq. »

nommée *Raunonia*, sur les bords de laquelle, selon Timée, la mer dépose de l'ambre au printemps.

« On n'a que des notions incertaines sur le reste de ce rivage.

« L'Océan septentrional, depuis le fleuve *Paropamisus* qui arrose la Scythie, est appelé *Amalchium* par Hécatée; et ce nom, dans la langue du pays, signifie *congelé*.

« Philémon dit que les Cimbres donnent à cette mer, jusqu'au promontoire *Rubéas*, le nom de *Morimarusa*, c'est-à-dire, *mer morte;* au-delà ils l'appellent *Cronium*.

« Xénophon de Lampsaque rapporte qu'à trois journées de navigation des côtes de la Scythie, il y a une île d'une immense étendue, appelée *Baltia*.

« Pythéas nomme la même île *Basilia*.

« On parle des îles *Oonœ*, dont les habitants se nourrissent d'œufs et d'avoine ; d'autres îles dont les hommes sont appelés *Hippopodes*, parce qu'ils naissent avec des pieds de chevaux : on cite encore les îles des *Fanesii*, dont les habitants seraient nus, s'ils n'avaient les oreilles assez grandes pour s'en couvrir tout le corps.

« Mais on a des notions plus certaines sur les contrées ultérieures, à prendre depuis la nation des *Ingœvones*, qui, de ce côté, est la première de la Germanie.

« Ici l'immense mont *Sevo*, qui ne le cède point en hauteur aux monts Riphées, forme, jusqu'au promontoire des Cimbres, le vaste golfe *Codanus*, qui est rempli d'îles. La plus célèbre est celle de *Scandinavia*, dont on n'a pas encore découvert toute l'étendue : la portion que l'on en connaît est habitée par les *Hilleviones*, qui possèdent cinq cents villages, et qui l'appellent un autre monde.

« *Eningia* passe pour n'être pas moins grande.

« Quelques-uns disent que les côtes, jusqu'à la Vistule, sont habitées par les *Sarmatæ*, les *Venedi*, les *Sciri* et les *Hirri*.

« On trouve ensuite le golfe *Cylipenus*, et l'île *Latris*, qui est à son entrée;

« Immédiatement après, le golfe *Lagnus*, qui touche au pays des Cimbres;

« Puis le *promontoire des Cimbres*, qui, en s'étendant au loin dans la mer, forme une péninsule appelée *Cartris*;

« Ensuite vingt-trois îles que les victoires des Romains ont fait connaître : les principales sont *Burchana*, que nos Latins ont nommée *Fabaria*, parce qu'elle produit spontanément un fruit semblable à la fève; *Glessaria*, ainsi appelée par nos soldats, à cause du succin qu'ils y ont trouvé. Les Barbares la nomment *Austrania*; enfin l'île *Actania*.

« Toutes les côtes de cette mer, jusqu'au fleuve *Scaldis*, sont habitées par des nations germaniques, dans une étendue difficile à déterminer; tant les auteurs varient sur ce sujet!

« Les Grecs et quelques Romains donnent aux côtes de la Germanie 25 mille pas.....

« Les principaux fleuves (1) qui se jettent dans cette partie de l'Océan, sont le *Guttalus*, le *Vistillus*, ou *Vistula*, l'*Albis*, le *Visurgis*, l'*Amisius*, le Rhin et la Meuse.

---

(1) Cap. 28, pag. 353.

EXCURSUS VII.   811

« Pour tirer quelque parti de ces passages isolés, il faut suivre la marche de Pline, se transporter des bords de la mer Noire sur ceux de la mer Baltique, à laquelle il donne le nom d'Océan septentrional, et avancer le long de son rivage, d'orient en occident.

« Les monts Riphées que Pline est censé rencontrer, sont les hauteurs de la Pologne et de la Prusse, qui, sans être des montagnes proprement dites, donnent néanmoins naissance à de très-grands fleuves. Les Anciens n'ayant eu que des idées incertaines sur ces contrées, ont souvent prêté à la suite des monticules qui les traversent une élévation gigantesque ; mais Solin, mieux instruit sur ce point, appelle les monts Riphées, dont nous parlons, des collines : *mons Sevo ingens, nec Riphæis minor collibus* (1); et l'épithète d'*ingens* qu'il applique au *Sevo*, ou celle d'*immensus* que lui donne Pline (2), n'ont de rapport qu'à la grande étendue qu'ils supposaient à cette chaîne, en la prolongeant depuis les environs de l'Oder jusqu'à l'extrémité nord du Jutland ou de la Chersonèse cimbrique : car il n'existe dans cette dernière contrée que des dunes sablonneuses.

« Il est à regretter que Pline n'ait pas indiqué plus clairement le point précis de la côte où il croyait arriver sur les bords de l'Océan septentrional. Mais, comme à la fin de sa description il nomme les principaux fleuves qui se jettent dans cet Océan, savoir *Guttalus*, *Vistula*, *Albis*, *Visurgis*, *Amisius*, *Rhenus*, *Mosa*, toujours en suivant la direction de l'orient à l'occident, on doit se persuader qu'il regardait le *Guttalus* comme le plus oriental des fleuves que les Romains avaient reconnus sur les bords de la Baltique.

« Cluvier (3), en rapportant le *Guttalus* à l'Oder, prête gratuitement à Pline l'erreur d'avoir placé ce fleuve à l'est de la Vistule : il convient néanmoins que Junius avait indiqué le *Guttalus* dans la rivière de Alle ou Alla, qui se joint au Prégel à huit ou neuf lieues de Konigsberg. La raison que Cluvier oppose à Junius, est que l'Alle est une rivière secondaire qui ne se rend pas directement dans la Baltique, et qui, pour le volume de ses eaux, n'est pas comparable à l'Oder, dont Pline n'aurait fait aucune mention, si on n'appliquait pas à ce fleuve le nom de *Guttalus*.

« Mais il n'est pas ici question de l'étendue de ces fleuves; il suffit d'observer que les Romains, en pénétrant par terre au-delà de la Vistule,

---

(1) Solin. Polyhist. cap. 20.

(2) Cap. 27, pag. 347.

(3) Cluver. Germania antiqua, lib. III, pag. 228; quem sequitur Harduin. cujus notam retulimus pag. 353, not. 24. ED.

ont nécessairement rencontré l'Alle long-temps avant d'arriver au Prégel; et comme ces deux fleuves sont à peu près égaux dans leur cours, il est naturel de penser que les Romains auront prolongé jusqu'à l'Océan le nom du premier, en regardant le Prégel comme une rivière qui venait se jeter dans le *Guttalus*. Quant à l'oubli que Pline aurait fait de l'Oder, nous observerons qu'il passe également sous silence le *Viadus*, le *Suevus*, le *Chalusus*, que Ptolémée a connus sur cette côte.

« Nous ajouterons que sur les bords de l'Alle il existe une très-ancienne ville appelée *Gutt-stadt*, c'est-à-dire, la ville de Gutt; de sorte qu'en réunissant le nom de ce lieu à celui du fleuve qui le baigne, on retrouve la dénomination entière de *Guttalle* ou *Guttalus* qu'il portait au temps de Pline, et que cet Ancien nous a transmise.

« L'Alle et le Prégel réunis se perdent dans l'extrémité orientale du Frische Haff. Ce golfe reçoit aussi une portion des eaux de la Vistule; et comme ses bords paraissent avoir toujours fourni plus de succin que les autres rivages de la Baltique, on ne doit pas s'étonner si les Anciens ont eu plus de connaissance des environs de la Vistule que des autres cantons situés à l'orient ou à l'occident des embouchures de ce fleuve.

« C'est donc vers le Frische Haff que Pline nous paraît s'arrêter, en arrivant sur les bords de la Scythie européenne baignés par l'Océan septentrional. Il dit qu'à une journée de navigation de cette Scythie surnommée *Raunonia*, il y a une île où l'on trouve de l'ambre.

« Ce surnom de *Raunonia* n'est connu que dans Pline, et les géographes modernes ne savent à quelle partie des côtes de la Baltique ils doivent le rapporter. Il nous semble que deux lettres altérées dans ce nom sont la cause qui fait méconnaître le canton auquel il appartient, et qu'en lisant *Raudania*, l'on aperçoit que cette portion de l'ancienne Scythie est celle qui avoisinait le fleuve Raudane près Dantzik. Ainsi les renseignements recueillis par le naturaliste romain nous ramènent à l'Eridan d'Hérodote (1), et l'île qui était à une journée de navigation de cette Scythie paraît répondre à quelque partie du Frische Nérung.

---

(1) Herodot. Thal. lib. III, § 115, pag. 254. « Cet historien, inquit idem Gosselin, opere citato, tom. IV, pag. 102, avait appris que l'*electrum*, c'est-à-dire, le succin ou ambre jaune, substance très-recherchée des Anciens, se trouvait sur les bords d'un fleuve que les Barbares nommèrent *Eridan*, et qui se jetait dans la mer du Nord. Etonné de trouver un nom grec appliqué à un fleuve de ces contrées lointaines, Hérodote s'est refusé à croire à son existence. Néanmoins les géographes s'accordent depuis deux siècles à reconnaître cet Eridan dans la Vistule, ou plus exactement dans une petite rivière

EXCURSUS VII.

« Les bouches de la Vistule n'étaient cependant pas le terme le plus oriental des connaissances de Pline dans ces parages ; et il indique ailleurs des lieux situés plus à l'est que ce fleuve. Après avoir parlé des nations asiatiques qui habitaient entre la mer Caspienne et le Pont-Euxin, il ajoute (1) :

« Transportons-nous en imagination au-delà des monts Riphées..... au-delà des points où commence l'aquilon; c'est là que quelques auteurs placent les Hyperboréens, quoique la plupart des auteurs les mettent en Europe. Sur ce rivage on rencontre d'abord le promontoire *Lytarmis*, qui appartient à la Celtique, puis le fleuve *Carambucis*, à l'endroit où finit la rigueur du climat, et où se termine la chaîne des monts Riphées.

« Ce n'est pas tout : pour compléter l'ensemble des opinions que les Anciens s'étaient faites sur la disposition des côtes septentrionales de l'Europe, il faut placer un peu à l'est du *Lytarmis* une embouchure qu'on supposait au Tanaïs dans la mer du Nord.

« Plusieurs écrivains de l'antiquité ont cru que ce fleuve, en séparant l'Europe d'avec l'Asie, servait de communication entre l'Océan septentrional et les Palus-Méotides (2) ; et l'on voit Pline ne pas oser encore les contredire (3), quoique Hérodote, mieux instruit, eût annoncé que le Tanaïs prenait ses sources dans un grand lac (4). Selon Pline, les Scythes donnaient aux Palus-Méotides le nom de *Temerinda*, qui dans leur langue signifiait *mater maris* (5), la mère ou la source de la mer ; d'où l'on voit qu'il regardait le *Tanaïs* comme un canal par lequel les eaux de l'Océan septentrional se réunissaient dans la Méotide pour former ensuite le Pont-Euxin et la Méditerranée. Straton de Lampsaque (6)

nommée Raudane ou Radaune que reçoit ce fleuve près de Dantzik, à une lieue de la mer, et dans les environs de laquelle on trouve encore aujourd'hui beaucoup de succin. » Ed.

(1) Vide lib. VI, cap. 14, pag. 613.
(2) Periplus maris Erythræi, pag. 37.
(3) Plin. lib. II, cap. 67, t. I, p. 377.
(4) Herodot. Melpom. lib. IV, § 57, pag. 306.
(5) Plin. lib. VI, cap. 7, pag. 602.
(6) Strat. Lamps. apud Strab. lib. I, p. 49 et 50.

paraît avoir eu des idées semblables ; et c'est visiblement d'après cette même opinion que Pythéas, à son prétendu retour de *Thule*, crut pouvoir assurer qu'il avait parcouru toutes les côtes de l'Europe baignées par l'Océan, depuis *Gadès* jusqu'au *Tanaïs* (1).

« En rapportant ce dernier fait, Polybe et Strabon, qui ne connaissaient pas d'autre Tanaïs que celui des Palus-Méotides, semblent avoir cru que Pythéas voulait parler de ce dernier fleuve. De là on a supposé que Pythéas, après être revenu de *Thule* à *Gadès*, était reparti de *Gadès* pour aller au *Tanaïs* des *Palus*, c'est-à-dire, qu'il avait entrepris deux voyages très-différents, l'un dans l'Océan, l'autre dans la Méditerranée. Mais nulle part chez les Anciens il n'est question de ce second voyage (2); et d'ailleurs, si Pythéas avait voulu indiquer le *Tanaïs* des *Palus*, n'aurait-il pas dit que pour y aller de *Gadès*, il avait parcouru toutes les côtes de l'Europe *baignées par la Méditerranée*, et non les côtes de cette partie du monde *baignées par l'Océan ?* Il paraît donc évident que Pythéas n'avait décrit qu'un seul et même voyage, durant lequel il se vantait d'avoir visité dans l'Océan, d'abord les îles Britanniques jusqu'aux environs de *Thule*, puis, en revenant de cette île, les côtes septentrionales de l'Europe jusqu'à l'embouchure d'un fleuve nommé *Tanaïs*.

« Quoi qu'il en soit, comme l'opinion qui donnait deux embouchures si différentes au Tanaïs s'est maintenue pendant plusieurs siècles, il est à croire qu'elle devait en partie son origine à une méprise causée par la ressemblance du nom de quelque fleuve de la Baltique avec le nom du Tanaïs des Palus-Méotides. Leibnitz (3) a observé que les mots *Tana*, *Dana* entraient dans la composition des noms des principaux fleuves de l'ancienne Scythie européenne, et qu'on en avait formé les noms de *Tanaïs*, de *Danaper*, de *Danaster*, de *Danubius*. Dès-lors, ne doit-on pas reconnaître dans le nom de Duna, appliqué maintenant au fleuve qui se perd au fond du golfe de Livonie, une simple altération des mots primitifs *Tana* ou *Dana*, semblable à celle qui fait donner aujourd'hui le nom du Don au *Tanaïs* des Palus-Méotides?

(1) Pythéas apud Strab. lib. II, pag. 104.

(2) Seulement un scholiaste d'Apollonius de Rhodes, sur le vers 761 du IVe livre des Argonautiques, en parlant des îles *Lipara* et *Strongyle*, ajoute : *Pythéas, dans son Période de la terre, dit que dans cet endroit la mer bout.* Mais le récit de ce fait ne prouve nullement que Pythéas ait été dans ces îles, et ne peut faire rapporter à un fleuve de la Méditerranée ce qu'il dit d'un fleuve de l'Océan septentrional.

(3) G. G. L. (Leibnitz) Miscellan. Berolinens. tom. I, pag. 5.

EXCURSUS VII.

« Ainsi, c'est à la Duna que nous rapportons le *Tanaïs* de la Baltique, et c'est aussi dans cette même mer que doivent se trouver le promontoire *Lytarmis* et le fleuve *Carambucis*, que Cluvier (1), d'Anville (2) et d'autres (3) ont transportés sur les bords de la mer Blanche, et même jusqu'à l'embouchure de l'Oby.

« Le promontoire *Lytarmis* nous paraît être le Domes-ness, ou le cap septentrional de la Curlande. Cette petite contrée ainsi que la Samogitie faisait autrefois partie de la Lithuanie ; et ce nom moderne conserve assez de ressemblance avec celui de *Lytarmis*, pour rappeler l'ancienne dénomination du pays auquel ce promontoire appartenait.

« On sait d'ailleurs par Ptolémée (4) que jadis l'Europe portait en général le nom de Celtique ; et c'est pourquoi le promontoire *Lytarmis*, qui passait pour l'un des points les plus orientaux de cette partie du monde, et pour le premier qu'on rencontrait en quittant les côtes septentrionales de l'Asie, se trouve spécialement désigné dans Pline pour appartenir à la Celtique, c'est-à-dire, à l'Europe.

« Le fleuve *Carambucis*, qu'on trouvait après le *Lytarmis*, est probablement le Niémen. L'île *Elixoia*, qu'Hécatée (5) disait être à l'embouchure du *Carambucis*, au-dessus de la Celtique, et dans laquelle il plaçait les Hyperboréens, répond au Curische Nérung, langue de terre d'environ vingt lieues de longueur, et que différentes coupures détachent du continent. Cette étendue, que l'éloignement des lieux portait à augmenter encore, est ce qui aura fait dire qu'*Elixoia* était aussi grande que la Sicile.

« Mithridate, suivant Pline (6), indiquait une île nommée *Osericta*, située sur la côte de la Germanie, et dans laquelle le succin, disait-on, découlait de certains arbres. Cluvier (7), d'après la ressemblance des noms, a cru que cette île devait être celle d'Osel, à l'entrée du golfe de Livonie. Il oubliait, pour un moment, que le nom de Germanie ne

---

(1) Cluver. German. antiq. lib. I, cap. 1, pag. 13.

(2) D'Anville, Géogr. anc. abrég. tom. I, pag. 333.

(3) Quos inter et nos recensendi sumus, qui, inclyti D'ANVILLE auctoritate moti, eamdem proposuimus opinionem in notis nostris 8 et 9, p. 613, nonnihil tamen dubii de ea exprimentes. ED.

(4) Ptolem. de judiciis, lib. II, cap. 3, pag. 447.

(5) Hecat. apud Diodor. Sicul. Biblioth. tom. I, lib. II, cap. 47, pag. 158, et apud Stephan. Byzant. verbo Ἐλίξοια.

(6) Mithrid. apud Plin. lib. XXXVII, cap. 11.

(7) Cluver. German. antiq. lib. III, cap. 44, pag. 199.

s'est pas étendu au-delà de la Vistule, et que l'île d'Osel étant à quatre-vingt-dix lieues plus loin que ce fleuve, et sur les côtes de l'ancienne Sarmatie, ne pouvait pas représenter *Osericta*. Cette dernière île nous paraît être celle que Timée, sans la nommer, plaçait vis-à-vis la Scythie *Raudanienne* (1), et que nous avons rapportée au Frische Nérung (2), grande île située à l'embouchure de la Vistule et de la Raudane, dans les limites de la Germanie, et renommée par la quantité de succin que l'on y trouve encore.

« Revenons au point où Pline nous avait d'abord conduits; il faut reprendre le Périple de cet auteur, et continuer de suivre, comme il le dit, sa direction vers l'occident.

« A l'ouest de la Scythie *Raudanienne* il indique un fleuve *Paropamisus*, où commençait, selon Hécatée, l'*Amalchium mare*, ou la mer *Congelée*. Les Cimbres, suivant Philémon, donnaient à cette mer le nom de *Morimarusa*, c'est-à-dire, de mer *Morte*; et ils étendaient ce nom jusqu'au promontoire *Rubeas*, à l'orient duquel était la mer *Cronienne*.

« Tel est le sens littéral du passage de Pline, que Cluvier (3) et le P. Hardouin (4) nous paraissent avoir mal interprété dans l'une de ses parties. Ces auteurs, en préférant au texte de Pline le sens que Solin lui a donné (5), se sont crus autorisés à intervertir la marche du naturaliste romain, et à placer le *Paropamisus*, le promontoire *Rubeas* et la mer *Morte* loin de la Baltique, au-dessus de la Norwège, à près de quatre cents lieues du pays occupé par les Cimbres, tandis que la direction du Périple de Pline, l'ordre de sa description, l'ensemble des connaissances de son siècle, celles du siècle suivant, que Ptolémée a recueillies, ne permettent pas de chercher ce fleuve, ce promontoire et cette mer ailleurs que dans la Baltique et à l'orient de la Chersonèse cimbrique.

« En effet, la Scythie *Raudanienne*, ou les environs du Raudane et de la Vistule, étant le point d'où Pline s'avance vers l'ouest pour indiquer le *Paropamisus* et le commencement de la mer *Morte* ou *Congelée*, ce fleuve ne peut être que l'Oder; et nous croyons entrevoir l'ancien nom de ce fleuve dans celui de Poméranie, que conserve la contrée maritime qui entoure ses embouchures. De même, la mer *Congelée* doit être cette

---

(1) Supra, pag. 809.
(2) Supra, p. 812.
(3) Cluver. German. antiqua, lib. III, cap. 37, pag. 152.
(4) Harduin. notæ in Plin. tom. I, pag. 220; edit. nostræ tom. II, pag. 346. Ed.
(5) Conf. Plin. lib. IV, cap. 27, pag. 346, et Solin. cap. 19. Ed.

EXCURSUS VII.

portion de la Baltique depuis l'Oder jusque vers le cap de Grinéa, dans le Jutland, qu'habitaient les Cimbres. Cet espace est en partie occupé par les îles de Wollin, d'Usedom, de Rugen; par celles de Falster, de Laland, de Langeland, de Funen, de Séland, etc. séparées entre elles et du continent par des Belts, ou des détroits que les glaces obstruent tous les ans; et nulle part le phénomène de la congélation des mers n'a pu se faire mieux remarquer par les Anciens.

« Observons de plus que le nom de *Morimarusa* appartenant à la langue des Cimbres, n'avait pu être appliqué par ces peuples à moitié sauvages, sans navigation et sans commerce, qu'à la mer qui touchait immédiatement leur territoire. Aussi resserraient-ils un peu plus qu'Hécatée la dénomination de mer *Morte*, en fixant ses limites orientales au promontoire *Rubeas*, le cap Rutt de la Poméranie, qui séparait alors la Germanie de la Scythie européenne, comme on le verra bientôt. A l'orient du cap Rutt, des îles de Rugen, d'Usédom et de Wollin, la Baltique en s'élargissant prenait chez les Anciens les noms d'Océan scythique, de mer *Cronienne*, ou plus généralement d'Océan septentrional.

« A trois journées des côtes de la Scythie il existait une île immense appelée *Baltia* ou *Basilia*; et il faut joindre à cette simple indication du Périple les détails suivants, également extraits de Pline (1):

« Pythéas rapporte que les *Guttones*, peuple de la Germanie, habitent les bords d'un golfe de l'Océan appelé *Mentonomon*, qui a 6,000 stades d'étendue.

« Qu'à une journée de navigation de ce golfe il y a une île nommée *Abalus*, sur les bords de laquelle les flots déposent du succin, et que cette substance est une déjection de la mer *Concrète*. Les habitants le brûlent au lieu de bois, ou le vendent aux Teutons, dont ils sont voisins. Timée rapporte la même chose; mais il donne à l'île le nom de *Basilia*.

« Or, en suivant la marche de Pline d'orient en occident, en partant du cap Rutt, et en longeant les côtes sinueuses du Holstein et du Jutland, on arrive, après avoir mesuré 6,000 stad. de 1111 1/9 au degré, au cap de Grinéa, qui termine le vaste golfe où se trouvent les îles du Danemarck; et ce golfe doit représenter le *Mentonomon* de Pythéas.

(1) Plin. lib. XXXVII, cap. 11.

« Les auteurs (1) qui rapportent le *Mentonomon* au golfe de Dantzik, ou au Curische Haff, parce que le Curische Nérung, ou langue de terre qui sépare ce dernier golfe de la mer, porte en estonien le nom de *Mendäniemi*, n'ont pas fait attention,

« 1° Que *Mendäniemi* signifiant *cap des Pins*, est une dénomination trop vague, trop incertaine sur les bords de la Baltique, couverts de forêts de pins dans une infinité d'endroits, pour qu'on puisse conclure une identité de lieu de l'affinité apparente de ces noms anciens et modernes ;

« 2° Qu'aucun des deux golfes précédents n'offre à beaucoup près, en y comprenant même la circonférence et toutes les sinuosités des Haffs, l'étendue de côtes que Pythéas attribuait au *Mentonomon* ;

« 3° Qu'il faut trouver à une seule journée de navigation, c'est-à-dire, à peu de distance des bords du *Mentonomon*, une île qui ait pu porter le nom de *Baltia*, une autre appelée *Abalus*, ou une île à laquelle ces deux noms puissent avoir été appliqués ;

« 4° Qu'il faut enfin qu'un golfe aussi considérable que le *Mentonomon* reparaisse dans les descriptions des géographes de l'antiquité.

« Ces différentes circonstances ne se trouvent réunies que dans le golfe compris entre le cap Rutt et celui de Grinéa. Ses bords sont en grande partie couverts de forêts de pins ; son étendue, comme on vient de la voir, est égale à celle que lui donnait Pythéas ; et ses rivages, ainsi que ceux des îles qu'il renferme, produisent encore du succin.

« Si cependant on doutait qu'au temps dont parle Pline, les limites occidentales de la Scythie fussent au cap Rutt, nous rappellerions, d'après ce naturaliste, que les Grecs donnaient aux côtes de la Germanie 250 mille pas (2); et, comme les Grecs ne se servaient pas de mesures romaines, il est visible que ces 250 mille pas étaient conclus d'une distance de 20,000 stades ; et, en les comptant à 1111 1/9 au degré, comme ceux qui avaient servi pour mesurer l'étendue du *Mentonomon*, ils représenteront dix-huit degrés de l'échelle des latitudes, ou 360 lieues marines. Or, comme la Germanie commençait à l'embouchure septentrionale du Rhin, c'est-à-dire, au passage actuel de Vlie, si de ce point on mesure la côte en faisant le tour du Jutland, on arrivera au cap Rutt, après avoir compté 370 lieues, et l'on reconnaîtra que ce promontoire était la limite qui séparait alors la Germanie de la Scythie européenne.

« Maintenant, pour retrouver l'île *Baltia*, qui doit être à trois journées de navigation de la Scythie, il faut se placer sur les bords de cette contrée, vers le cap Rutt ; et de là, à vingt-cinq lieues en ligne droite,

---

(1) Büsching, Géographie universelle, tom. II, pag. 405.
(2) Plin. lib. IV, cap. 28, pag. 349.

ou à une quarantaine de lieues en s'éloignant peu des côtes, on rencontre l'île Funen, située toute entière entre les deux détroits nommés *Belt* ou *Balt*. Cette dénomination très-ancienne signifie encore *une ceinture* dans la langue de ces contrées ; et comme Funen est la seule grande île qui soit entourée, et, pour ainsi dire, enfermée par les Belts, il est très-vraisemblable qu'elle en avait pris jadis le nom de *Baltia*, dont quelques écrivains grecs auront fait ensuite celui de *Basilia*.

« A environ six lieues du petit Belt, c'est-à-dire, du point le plus remarquable du *Mentonomon*, et en longeant les côtes septentrionales de Funen, on trouve, vers le milieu de leur longueur, une petite île couverte de forêts, qui, en conservant le nom d'*Æbel*, rappelle celui d'*Abal*, ou d'*Abalus* que citait Pythéas. Cet îlot s'étend au midi sous la forme d'une bande de sable fort étroite, et se joint par des bas-fonds à l'île de Funen, dont il peut avoir été séparé par quelque secousse violente de la mer. Il serait donc possible que le nom d'Abal eût aussi appartenu à Funen, en même temps que celui de *Baltia* qu'elle devait à sa position entre les Belts ; et en supposant que les îles ne dussent pas être distinguées, on entreverrait la raison pour laquelle Pythéas et Timée avaient indiqué Funen sous deux noms différents.

« Observons que l'ambre recueilli sur les rivages d'*Abalus* et de *Baltia* passait chez les Anciens pour être une production de la mer *Concrète* ou *Congelée*, et que c'est une nouvelle preuve qu'il ne faut pas chercher ailleurs que dans les environs de ces îles, et de celles qui les accompagnent, la *Morimarusa* de Philémon et l'*Amalchium* d'Hécatée.

« Quant aux îles *Oonæ*, celles des *Hippopodes* et des *Fanesii*, dont Pline n'indique pas la situation, nous verrons bientôt Méla les placer sur les côtes de la Sarmatie, et donner quelque moyen de les reconnaître.

« Des renseignements nouveaux, dus aux progrès des flottes et des armées romaines sous la conduite de Tibère, avaient appris à Pline (1), qu'après les limites occidentales de la Scythie, qui, dès-lors, avait pris le nom de Sarmatie, la première nation germanique que l'on rencontrait était celle des *Ingævones*, qui comprenait les *Cimbri*, les *Teutoni* et les *Chauci*, c'est-à-dire, les peuples qui habitaient dans le Mecklenbourg, dans le Holstein, dans la Saxe et dans l'Oest-Frise modernes, depuis les environs du cap Rutt jusqu'à l'Ems.

« Dans cet intervalle il place le mont *Sevo*, qu'il dit être égal en

---

(1) Plin. lib. II, cap. 67, tom. I, pag. 376, et lib. II, cap. 112, tom. I, pag. 468. Ed.

EXCURSUS VII.

hauteur aux monts Riphées, et qu'il étend jusqu'à l'extrémité nord de la Chersonèse cimbrique, où était le promontoire des Cimbres, connu aujourd'hui sous le nom de cap Skagen. Nous avons vu les monts Riphées n'être que de simples collines (1); et le *Sevo*, que Pline compare à ces monts, ne peut représenter que les hauteurs qui se prolongent dans le Jutland, et qui servent de points de partage aux rivières qui se jettent d'un côté dans l'Océan, et de l'autre dans la Baltique.

« Ces hauteurs sont en général plus rapprochées de la côte orientale du Jutland; et c'est pourquoi Pline dit que le *Sevo* forme le vaste golfe qu'il appelle *Codanus*, où se trouvaient plusieurs îles, dont la plus célèbre était celle de *Scandinavia*.

« Il est visible que ce golfe, par son emplacement et sa grande étendue, est le même que le *Mentonomon* de Pythéas; et l'île de *Scandinavia*, renfermée dans ce golfe, doit être la *Baltia* de cet Ancien, ou l'île actuelle de Funen. Les noms seuls avaient changé, et nous retrouvons des preuves de l'identité des lieux dans la partie septentrionale de Funen, voisine d'Æbel, où un *Herred*, c'est-à-dire, un district considérable, conserve encore, dans le nom de Skam ou Skan, les vestiges de celui de *Scandinavia*, qu'on avait appliqué autrefois à toute l'étendue de Funen.

« Il y a plus, les *Hilleviones*, qui possédaient la partie connue de *Scandinavia* au temps de Pline, et que Ptolémée (2), en les appelant *Leveni*, place au milieu de l'île *Scandia*, la même que la *Scandinavia* de Pline, ont laissé leur nom à deux villages situés au centre de Funen, et appelés maintenant Hillerslov et Hillerslev; de sorte qu'il paraît impossible de ne pas y reconnaître les traces de l'ancien séjour des *Hilleviones*.

« Nous apporterons dans la suite de nouvelles preuves de l'identité de Funen avec la *Scandia* de Ptolémée. On voit déjà combien on s'est égaré jusqu'aujourd'hui en prenant cette dernière île pour la Suède, ou seulement pour une portion de cette vaste contrée, et les *Hilleviones* pour les habitants du Halland. L'origine de ces erreurs, qui en ont entraîné une infinité d'autres, et qui ont bouleversé toute l'ancienne géographie du nord de l'Europe, n'a d'autre base que l'opinion de Jornandès, auteur du sixième siècle, qui, en paraphrasant le peu de mots que Ptolémée avait dits sur *Scandia*, a prétendu que cette île représentait la Suède, la Norwège, la Finlande, la Laponie, et que c'est de là que sont sortis tous les peuples barbares qui ont inondé l'Europe jusqu'au règne de Justinien (3).

(1) Supra, pag. 811.
(2) Ptolem. Geograph. lib. II, cap. 11, pag. 61.
(3) Jornandes, de rebus Geticis, pag. 81-83.

EXCURSUS VII.

« M. Pinkerton (1) s'est élevé avec force contre une partie de ces assertions opposées à tous les monuments de l'histoire. Mais, en cherchant à placer sur les bords de Baltique les peuples que l'antiquité y a connus, M. Pinkerton nous paraît s'être mépris sur plusieurs points, en donnant aux descriptions et aux positions indiquées par les auteurs un sens et une direction qu'elles ne peuvent avoir. Il continue d'ailleurs de rapporter l'île de *Scandia* ou *Scandinavia* à la Suède, quoique rien, jusqu'au temps de Pline, de Tacite et de Ptolémée, ne laisse entrevoir que les Grecs ou les Romains aient eu la plus légère notion du vaste continent qui renferme la Baltique au Nord, depuis son entrée jusqu'au fond du golfe de Finlande.

« Nous nous sommes déja écartés plusieurs fois des opinions de M. Pinkerton, de celles de Cluvier et de d'Anville, et nous nous en écarterons encore, sans toujours en prévenir, afin d'éviter les longueurs. Ce n'est pas sur des discussions isolées que nous établissons nos recherches, mais sur l'ensemble des faits, des indications, et sur la disposition physique des contrées, qui tracent, mieux que tous les raisonnements, la marche qu'il convient de suivre pour entendre et pour expliquer les anciens géographes. Continuons l'examen du Périple que nous avons commencé.

« Méla (2) décrit aussi le *sinus Codanus*, et il en donne quelques détails qu'il est bon de rapporter. Ce golfe, selon lui, renferme six îles, grandes et petites, dont la plus considérable est appelée *Codanonia* dans plusieurs manuscrits et d'anciennes éditions; mais comme il en est aussi où ce nom est écrit *Candanovia*, on a reconnu qu'il ne pouvait pas être dérivé de *Codanus*, et qu'il fallait lire *Scandinavia*. Méla ajoute que, de son temps, les Teutons habitaient encore cette île; et, si l'on se rappelle que, suivant Pythéas, les habitants d'*Abalus* vendaient leur succin aux Teutons, dont ils étaient voisins (3), on trouvera, dans ces rapprochements, une nouvelle preuve de l'identité des îles actuelles d'Æbel et de Funen avec celles d'*Abalus*, de *Baltia* et de *Scandinavia*.

« Les *Guttones*, dont parlait encore Pythéas, étaient une portion des Scythes, qui, dans les siècles suivants, ont été connus sous le nom de Goths, et qui ont occupé, à diverses époques, presque toutes les côtes et les îles de la Baltique, depuis son entrée jusqu'à la Samogitie d'une part, et jusqu'à la Sudermanie de l'autre.

---

(1) Pinkerton, Recherches sur l'origine et les divers établissements des Scythes ou Goths, pag. 36 et suiv.
(2) Pompon. Mela, lib. III, cap. 3, pag. 251; cap. 6, pag. 267-271.
(3) Supra, pag. 817.

« Selon Méla (1), le *sinus Codanus* ne ressemblait point à une mer ; il était fort resserré et rempli d'îles, qui ne laissaient entre elles que des détroits semblables à des canaux : d'où l'on doit conclure encore que ce golfe ne s'étendait pas plus loin que le cap Rutt (2), et que c'est une erreur des Modernes de prolonger sa dénomination dans le reste de la Baltique, où la mer est vaste et la navigation libre. On a vu d'ailleurs (3), que, vis-à-vis les côtes de la Sarmatie et de la Scythie, les Anciens plaçaient l'Océan septentrional, qu'ils nommaient aussi mer *Cronienne*.

« On trouve encore dans Méla (4) que les îles *Oonæ*, celles des *Hippopodes* et celles des *Paneti* ou *Fanesii*, dont Pline avait fait mention (5), étaient des îles basses et marécageuses situées sur les côtes de la Sarmatie. Dès-lors, elles doivent répondre aux îles de Rugen et à celles d'Usédom et de Wollin, qui se trouvent à l'embouchure de l'Oder.

« Après avoir parlé de l'île *Scandinavia*, Pline ajoute : *Eningia passe pour n'être pas moins grande*. Et tous les commentateurs, tous les géographes ne connaissant point d'île à laquelle ils pussent appliquer le nom d'*Eningia*, se sont réunis pour changer ce mot en celui de *Finningia*, et pour le rapporter à la Finlande moderne.

« Mais c'est encore bouleverser toutes les notions que les Anciens avaient acquises sur la Baltique, que de transporter dans le continent, et à deux cents lieues de sa vraie place, une île qui devait être, comme celle de *Scandinavia*, dans le *sinus Codanus*. Les expressions de Pline nous semblent indiquer clairement que cette île ne pouvait être que celle de Séland; et nous en acquerrons la certitude, en retrouvant l'ancien nom d'*Eningia* dans celui d'Heininge, village situé près de la côte occidentale de Séland, par 55° 24' de latitude, à trois quarts de lieue de la mer, vis-à-vis Funen, près du grand Belt et du point le plus resserré de ce détroit. Comme c'est par ce côté que les Romains ont dû avoir connaissance de Séland, il ne serait pas étonnant qu'ils eussent donné à cette île le nom du premier lieu qu'ils y rencontraient, et qui vraisemblablement dominait alors dans ce canton.

« Pline ayant terminé ce qu'il avait à dire du *sinus Codanus* et des îles qu'il renferme, se replace sur le continent aux anciennes limites orientales de la Germanie, vers le cap Rutt, pour annoncer que sur la

(1) Pompon. Mela, lib. III, cap. 3, pag. 251.
(2) Supra, pag. 821.
(3) Supra, pag. 820.
(4) Pompon. Mela, lib. III, cap. 6, pag. 268-271.
(5) Plin. lib. IV, cap. 27, pag. 346 et 347, et supra, pag. 809 et 819. En

droite, et jusqu'à la Vistule, les côtes sont habitées par les Sarmates, les *Venedi*, les *Sciri*, les *Hirri*, et que sur la gauche on trouve le golfe *Cylipenus*, l'île *Latris*, et le golfe *Lagnus*, qui touche au pays des Cimbres.

« Cette marche est si simple, qu'il est surprenant qu'on ait pu s'y tromper au point de rapporter le *Cylipenus* au golfe de Livonie, situé bien loin au nord et à l'est de la Vistule (1), tandis que le *Cylipenus* est visiblement indiqué à l'ouest de ce fleuve, puisqu'il n'était séparé du pays des Cimbres que par le *Lagnus*.

« Les Sarmates de Pline sont les mêmes peuples que l'on nommait Scythes aux temps de Xénophon de Lampsaque et d'Hécatée, et qui depuis ont été appelés Germains (2). Ils représentent les anciens habitants de la Poméranie. On sait que les *Venedi* occupaient, aux embouchures de la Vistule, les bords du golfe actuel de Dantzik, ceux du Frische Haff, et même ceux du Curische Haff, où ils ont laissé leur nom à la petite ville de Winden-bourg, vis-à-vis l'embouchure principale du Niémen. Nous retrouvons également des traces du séjour des *Sciri* réunis aux *Venedi* dans le nom de la ville actuelle de Schir-windt, située au midi du Niémen, sur la rivière de Szeszuppe, qui se jette dans ce fleuve. L'emplacement des *Hirri* nous échappe : des commentateurs (3) croient que ce nom est une répétition vicieuse de celui des *Sciri*; mais c'est une simple conjecture.

« A l'ouest du cap Rutt, le golfe de Travemunde représente le *Cylipenus* de Pline; l'île Fémeren, à son entrée occidentale, est l'île *Latris*, et le golfe qui lui succède immédiatement, et qui s'étend jusqu'à la ville de Kiel, près de laquelle l'Eyder sépare le Holstein du Jutland, ou de la Chersonèse cimbrique, est le *Lagnus sinus* de cet auteur, qui confinait, comme il le dit, au pays des Cimbres.

« Plus loin il indique le promontoire des Cimbres, ou le cap Skagen d'aujourd'hui, et il appelle *Cartris* la longue péninsule du Jutland, au bout de laquelle on trouve ce promontoire; puis achevant le tour de la Chersonèse, il vient, sur les côtes de la Frise, reconnaître les îles nombreuses qui la bordent. Il nomme *Burcana* la principale de ces îles,

---

(1) Inter eos, qui errorem hunc admiserunt, numerandus est Harduinus, qui Latrim quoque insulam *OEsel* nunc vocari male opinatur; vide not. 45, pag. 348 edit. nostræ. ED.

(2) Scytharum nomen usquequaque transit in Sarmatas atque Germanos. Plin. lib. IV, cap. 25. Supra, pag. 26-29.

(3) Vide Harduin. pag. 348, not. 44 edit. nostræ. ED.

qu'on sait avoir été prise par Drusus (1); et l'on croit que la petite île de Borkum, vis-à-vis l'embouchure de l'Ems, en présente au moins les débris.

« Toutes ces îles sablonneuses et basses paraissent avoir essuyé de grands changements dans leurs formes, leur étendue, et peut-être dans leur nombre, par la violence de la mer, qui, de temps en temps, fait, à travers le terrain mobile de ces cantons, des ravages effroyables. Nous n'avons aucun moyen pour reconnaître la *Glessaria* et l'*Actania*, dont Pline nous a conservé les noms : elles faisaient partie des vingt-trois îles qui se prolongeaient depuis l'Elbe jusqu'à l'embouchure septentrionale du Rhin. »

(1) Strab. lib. VII, pag. 291.

EXCURSUS VIII

Ad ea Plinii verba, lib. IV, cap. 30, pag. 355 :

Circuitu vero patere (Albion) tricies octies centena viginti quinque M. Pytheas et Isidorus tradunt.

P. F. J. Gossellin, *Géographie des Grecs analysée*, pag. 47 et 48.

«.....Ou 30,600 stades. Nous soupçonnons quelque erreur dans le texte de Strabon, lorsqu'il dit que Pythéas lui donnait 40,000 stades de tour (1), et plus de 20,000 de longueur (2) : 1° parce que ces sommes devraient différer davantage entre elles; 2° parce que cette excessive étendue porterait la Bretagne beaucoup au-delà du parallèle de *Thule*, quoique sa partie septentrionale doive en être à six journées de navigation (3). Quand Pythéas disait que la Bretagne devait être plus au nord que le parallèle où le plus long jour est de 19 heures (4), il ne pouvait parler que de sa partie septentrionale : car ce parallèle est au 61° degré de latitude, ou à 42,700 stades de l'équateur. »

(1) Lib. II, pag. 104.
(2) Lib. I, pag. 63.
(3) Plin. lib. II, cap. 77, tom. I, pag. 397 ; Strab. lib. I, pag. 63.
(4) Strab. lib. II, pag. 75.

EXCURSUS IX

Ad ea Plinii verba, lib. IV, cap. 30, pag. 355, 356:

Agrippa longitudinem (Britanniæ) DCCC M. pass. esse : latitudinem CCC M. credit. Eamdem Hiberniæ latitudinem, sed longitudinem CC mill. passuum minorem.

P. F. J. GOSSELLIN, *Recherches sur la géographie systématique et positive des Anciens, tom. IV, pag. 218, 219.*

« . . . . Agrippa est le premier qui nous ait transmis la mesure de l'Hibernie : il lui donne 600 mille pas de longueur; et les 480 minutes de degré qu'ils représentent sont, à quelques lieues près, en comptant toutes les sinuosités, l'étendue des côtes orientales de l'Irlande, depuis le cap Mizen, le plus méridional, jusqu'au cap Malin, le plus septentrional de l'île.

« Mais les 300 mille pas, ou les 240 minutes qu'Agrippa attribuait à la largeur de l'Hibernie, excèdent d'environ moitié celle qu'on lui connaît. Il paraît que les mesures avaient été prises avec des modules différents : la première, le long des côtes, pouvait être l'ouvrage des Romains; et la seconde, à travers les terres, ne devait pas leur appartenir, puisqu'à l'époque d'Agrippa, et plus d'un siècle après lui, ils n'étaient pas encore maîtres de cette île. La différence d'environ moitié que présente la mesure d'Agrippa, nous fait soupçonner qu'elle est la réduction, en milles romains, d'une mesure plus ancienne. Nous avons trouvé le périmètre de la Bretagne donné par Pythéas en stades de 1111 1/9 au degré (1); il est très-vraisemblable que le même stade avait aussi été employé dans l'Hibernie, et que des navigateurs romains, en s'informant de la largeur de cette île, dans laquelle il ne leur était pas encore permis de pénétrer, auront appris qu'elle était de 2,400 stades. Alors, divisant cette somme par huit, selon leur usage, pour en former des milles, ils en auront conclu les 300 mille pas précédents. Mais comme ces stades étaient de 1111 1/9 au degré, c'est-à-dire, beaucoup plus petits que le stade olympique avec lequel ils le confondaient, la mesure ne présentait réellement que 162 mille pas, ou la valeur de 129' 36" de degré ; et c'est à très-peu près la largeur de l'Irlande prise à la hauteur de Dublin. »

(1) Pag. 169 et 170 disputationis, cujus hic partem tantum referimus. ED.

EXCURSUS X

Ad cap. 3o, lib. IV, pag. 356-358 :

De insulis circa Britanniam et in Germanicum mare sparsis.

P. F. J. GOSSELLIN, *Recherches sur la géographie systématique et positive des Anciens*, tom. *IV*, pag. 226 seqq.

« Pline indique six îles, qu'il dit être situées entre l'Hibernie et la Bretagne : il nomme d'abord les deux plus grandes, *Mona*, aujourd'hui Mon ou Anglesey, et *Monapia*, la *Monaœda* de Ptolémée, connue maintenant sous le nom de Man ; puis les îles *Ricina*, *Vectis*, *Limnus* et *Andros*.

« *Ricina*, ou plutôt *Ricnea*, comme portent les manuscrits et les anciennes éditions, nous paraît, ainsi qu'à Camden (1), répondre à l'île Rachlin, située près de l'extrémité septentrionale et orientale de l'Irlande. Mais nous ne pensons pas que cette île puisse être confondue avec la *Rhicina* de Ptolémée, placée parmi les *Ebudæ*.

« Nous ne pensons pas non plus que la *Vectis*, indiquée positivement par Pline entre la Bretagne et l'Hibernie, puisse être rapportée à l'île de Wight située entre la Bretagne et la Gaule, quoique cette dernière ait aussi porté le nom de *Vectis*. Mais ce n'est pas une raison pour attribuer une erreur à Pline, d'autant plus que cet Ancien a connu l'île de Wigth sous le nom altéré de *Mictis* (2). Il ne paraît pas douteux que cette île *Mictis*, ou plutôt *Victis* ou *Vectis*, placée par Timée *en deçà*, c'est-à-dire, *au midi* de la Bretagne, à six jours de navigation d'un port qu'il ne nomme point, et dans laquelle on trouvait du plomb blanc ou de l'étain, ne soit l'île *Ictis* de Diodore, qui servait d'entrepôt aux habitants du cap *Bolerium* pour l'étain qu'ils destinaient à être transporté sur le continent (3). Il faut donc chercher ailleurs une île qui ait porté aussi un nom approchant de celui de *Vectis* ; et il nous semble que la petite île située à l'entrée de la baie de Wigtown peut la représenter. La dernière dénomination, et même celle de White-horn ou de *corne*

---

(1) Camden, Britannia, pag. 847.
(2) Loc. cit. pag. 358.
(3) Diodor. Sicul. Bibl. lib. V, § 22, pag. 347.

blanche, que portent maintenant cette île et une ville voisine, peuvent être des altérations successives de l'ancien nom *Vectis*.

« L'île *Limnus* de Pline, appelée *Limni deserta* par Ptolémée, est rapportée par Camden (1) à l'île de Ramsey, près du cap Saint-David, parce qu'il a trouvé que Ramsey avait été nommée *Lemenia* dans les bas siècles; et il place *Andros*, ou l'*Edri deserta* de Ptolémée, à l'île Enhli ou Bardsey, voisine du cap Braich-y-Pwll, au midi de Mon ou Anglesey. Nous observerons que l'emplacement donné à ces îles par Ptolémée semble s'opposer à l'opinion de Camden. Le géographe grec, en plaçant *Edri* près de l'Hibernie, entre *Eblana* ou Dublin, et *Buuinda* ou la Boyne, paraît indiquer *Edri* dans l'île de Lambay, et conséquemment celle de Limni, un peu plus méridionale, dans l'île Dalkey, à l'entrée sud de la baie de Dublin (2).

« Au nord de l'Hibernie et de la Bretagne on trouvait, selon Pline (3), trois groupes d'îles : les *Orcades*, au nombre de quarante; les *Acmodæ*, au nombre de sept, et les *Hœbudes*, au nombre de trente.

« Méla (4) et Ptolémée (5) portent les *Orcades* à trente environ, et Solin (6) à trois seulement. Le premier de ces auteurs parle de sept îles appelées *Æmodæ*, que Ptolémée ne connaît point; et Méla, à son tour, ignore le nom des *Hœbudes* ou *Ebudæ*, que Ptolémée, Solin et Etienne de Byzance (7) réduisent à cinq, quoique Pline en ait compté trente.

« Ainsi, les Anciens diffèrent non seulement sur le nombre de ces îles, ce qui n'est pas bien important, mais encore sur le nombre des groupes qu'elles doivent former; et dès-lors la recherche en devient plus incertaine.

« Les *Orcades* se reconnaissent aisément dans les îles Orkney, situées vis-à-vis et près du cap Duncansby, que, pour cette raison, les Anciens nommaient *Orcas* (8).

(1) Camden, Britannia, pag. 838.

(2) Les tables latines de Ptolémée placeraient *Edri* sous la même latitude que le promontoire *Hieron* de l'Hibernie, et la feraient répondre au rocher de Tusker, près du cap Carnsore, l'ancien *Hieron*. Mais l'ordre dans lequel le texte de Ptolémée nomme ces îles nous semble s'opposer à ce qu'on fasse *Edri* plus méridional que *Limni*.

(3) Plin. loc. cit. pag. 356.

(4) Pompon. Mela, lib. III, cap. 6, pag. 266, 267.

(5) Ptolem. Geogr. lib. II, cap. 3, pag. 38.

(6) Solin. Polyhist. cap. 22, pag. 31.

(7) Steph. Byzant. verbo Αἰβοῦδαι.

(8) Diodor. Sicul. Biblioth. tom. I, lib. V, § 21, pag. 346; Ptolem. Geogr. lib. II, cap. 3, pag. 35.

EXCURSUS X.

« Camden (1), Saumaise (2) et d'autres se sont aperçus que le nom d'*Acmodæ* était corrompu dans Pline, et qu'il devait être le même que celui d'*Aemodæ* ou d'*Æmodæ* du texte de Méla. Mais les *Æmodæ* et les *Ebudæ* sont-elles les mêmes îles, comme Saumaise penche à le croire ? ou faut-il en faire deux groupes différents, comme le veut Camden, qui transporte les *Æmodæ* dans la mer Baltique ?

« En observant que cette dernière opinion n'a d'autre base que la fausse ponctuation d'un passage de Méla pris dans nos anciennes éditions, et qui a trompé Camden, tout nous semble annoncer que les *Æmodæ* et les *Ebudæ* doivent se trouver à l'ouest de l'Ecosse, parmi les îles Westernes ou *occidentales*, nommées aussi Hébrides, au lieu d'*Hœbudes*, d'après une faute introduite dans le texte de Solin depuis environ trois siècles (3).

« Les îles Westernes, en effet, se divisent naturellement en deux groupes, séparés par une espèce de détroit appelé le petit Minsh, d'environ cinq lieues de large dans l'endroit le plus resserré, vers la hauteur du cap occidental de l'île de Skye. Vis-à-vis ce cap, la plus voisine des Westernes est Uist-nord, où les navigateurs qui arrivent de Skye trouvent un vaste golfe rempli d'îles, avec un bon ancrage. Ce golfe est appelé Namaddy ou Maddy ; et peut-être ce nom a-t-il produit chez les Romains celui d'*Æmodæ*, par lequel ils auront distingué quelquefois le groupe le plus occidental des Westernes de celui qui avoisinait davantage les rivages de la Calédonie, et qui, dans cette hypothèse, représenterait les *Ebudæ* proprement dites..........................
....

« En terminant la nomenclature des îles qui se trouvaient dans les environs de la Bretagne, Pline ajoute (4) : « Il y a des auteurs qui nomment encore d'autres îles, telles que *Scandia*, *Dumna*, *Bergos* et

---

(1) Camden, Britannia, pag. 851.

(2) Salmas. Exercitt. Plinian. pag. 176.

(3) Pinkerton, Géogr. moderne, tom. II, pag. 338 de la traduction française ; Recherches sur l'origine et les divers établissements des Scythes ou Goths, pag. 357. Cet auteur cite l'édition de Solin faite à Venise en 1491, comme la première où l'on ait mis le mot *Ebrides* au lieu de celui d'*Ebudes*. Je n'ai point vu cette édition. Dans celle de Paris, 1503, on trouve le mot *Ebrides* dans le texte et à la marge : cependant on y lit aussi : *sed Orcades ab Ebudibus*..... L'édition sans date, celle de 1471, de 1473 et de 1474 portent *Ebudes*.

(4) Plin. loc. cit. pag. 358.

Nerigon, la plus grande de toutes, d'où l'on part pour se rendre à *Thule*. »

« Le nom de *Scandia*, inséré parmi ces îles, a fait croire à tous les géographes modernes qu'il était ici question de la Scandinavie et des terres environnantes : en conséquence, ils ont fait de *Scandia* la Suède, de *Nerigon* la Norwège, et de *Bergos* la ville de Berghen, située sur la côte occidentale de cette dernière contrée.

« Pinkerton (1) est le seul que nous sachions qui ait entrevu l'impossibilité d'admettre, du moins en partie, ces étranges opinions : car il ne paraît pas distinguer de cette *Scandia* celle de Ptolémée, qu'il rapporte à la Suède, et il donne les autres îles tantôt aux *Orcades*, tantôt aux îles situées sur la côte occidentale du Danemark, sans autre explication : de sorte qu'il laisse subsister la plus grande partie des difficultés qu'offre le passage de Pline, et des invraisemblances qu'il reproche aux auteurs modernes.

« Si la *Scandia* dont il est question pouvait être ou la Scanie ou l'île de Funen, il nous paraîtrait plus simple de rapporter *Bergos* à l'île de Rugen, dont la capitale conserve le nom de Berghen ; l'île de *Dumna* à celle d'Usédom, à l'embouchure de l'Oder ; et *Nerigon* à l'île de Nérung, à l'embouchure de la Vistule. Mais comme cette dernière île est moins grande que les autres, qu'elle est d'ailleurs fort éloignée de la route qui conduisait à *Thule*, cette combinaison ne nous paraît pas non plus pouvoir être admise.

« Il est donc assez difficile de dire quelles sont les îles que Pline a voulu désigner ; cependant, puisqu'il les nomme à la suite des autres îles qui avoisinent la Bretagne, et que parmi les premières on distingue celle de *Dumna* que Ptolémée nous a aidé à reconnaître dans Stroma, il paraît que les trois autres doivent être cherchées au nord ou à l'occident de l'Ecosse.

« Parmi les Orkney, ou les *Orcades*, il existe une île appelée *Sanda*, à laquelle on peut rapporter la *Scandia* de Pline. La différence des noms est peut-être une légère altération introduite dans le texte de cet Ancien, où des copistes trouvant le nom de *Sanda* qu'ils ne rencontraient pas ailleurs, auront cru devoir y substituer le nom plus connu de *Scandia* que leur offrait Ptolémée, sans faire attention que la *Scandia* de ce géographe était toujours appelée *Scandinavia* par Pline (2), et qu'elle était placée dans le *sinus Codanus*.

---

(1) Pinkerton, Recherches sur l'origine et les divers établissements des Scythes ou Goths, pag. 265, 281, 282, 339.

(2) Plin. lib. IV, cap. 27, p. 348 ; lib. VIII, cap. 16, tom. III, p. 366.

EXCURSUS X.

« On trouve dans l'histoire des *Orcades* (1) que l'île Barra d'aujourd'hui avait changé de nom depuis environ deux siècles, et qu'elle s'appelait auparavant Borgar. Cette dernière dénomination paraît rappeler celle de *Bergos* employée par le naturaliste romain.

« En reconnaissant deux des îles de cet Ancien parmi les *Orcades*, et *Damna* très-près de ce groupe, il semblerait que la quatrième, ou *Nerigon*, devrait être *Pomona*, la principale des Orkney ; mais rien n'autorise à le croire, et le nom de *Nerigon* paraît avoir appartenu à l'île Lewis, dont le cap septentrional, appelé maintenant pointe d'Oréby, porte, dans nos anciennes cartes publiées par les Sansons, par les Blaeu, et particulièrement dans celles des premières éditions de Camden, dans l'atlas de Speed, etc. le nom de Nary ou Néry. Lewis est d'ailleurs la plus grande des îles qui avoisinent l'Angleterre et l'Irlande; et nous allons voir (2), en combinant un passage de Solin (3), qu'après avoir longé toutes les *Hœbudes*, les navigateurs partaient de l'un des ports septentrionaux de Lewis pour continuer, à travers l'Océan, leur route vers *Thule*. Ainsi, ces différentes circonstances, conformes aux renseignements donnés par Pline, présentent, pour assurer l'identité de *Nerigon* et de Lewis, toutes les probabilités qu'on peut désirer dans ces sortes de recherches. »

(1) *Barry's History of the Orkney islands*, chap. 2, pag. 19.
(2) Reliquam vide hujus disputationis partem, oper. cit. pag. 236 seqq.
(3) Solin. Polyhistor. cap. 22, pag. 31.

EXCURSUS XI

Ad initium cap. 35, lib. IV, pag. 382-384 :

A Durio Lusitania incipit, etc.

P. F. J. GOSSELLIN, *Recherches sur la géographie systématique et positive des Anciens, tom. IV, pag.* 40 *seqq.*

«Pline, cherchant à décrire les côtes de la Lusitanie, commence sa description au fleuve Durius; il nomme les anciens *Turduli*, les *Pæsuri*, le fleuve *Vacca*, aujourd'hui Vouga, la ville de *Talabrica*, la ville d'*Æminium* et le fleuve *Æminius*, les villes de *Conimbrica*, de *Collipo*, d'*Eburobritium*, maintenant Evora, et il ajoute :

« Ensuite s'avance dans la haute mer un vaste promontoire que les uns appellent *Artabrum*, les autres *Magnum*, et la plupart *Olisiponense*, parce qu'il est voisin de la ville d'*Olisipo*.

« A ce promontoire, la direction des côtes, le nom des mers et l'aspect du ciel changent. C'est le point où finit l'un des côtés de l'Espagne, et où commence celui que l'on doit suivre pour en achever le tour.

«Ce dernier côté est opposé au septentrion et à l'Océan Gallique; l'autre est opposé au couchant et à l'Océan Atlantique.

«La saillie de ce promontoire est de 60 mille pas selon les uns, et de 90 mille pas selon d'autres.

« Plusieurs écrivains comptent, depuis ce promontoire jusqu'au promontoire *Pyrenæum*, 1250 mille pas, et ils y placent la nation des *Artabri*, qui n'a jamais habité ce canton : car c'est par une erreur évidente, et en changeant quelques lettres dans les

EXCURSUS XI.

noms, qu'ils transportent ici les *Arrotrebæ*, qui occupent, comme nous l'avons dit, les environs du promontoire Celtique.

« Dans ce passage qui offre plusieurs difficultés, Pline suit les rivages de la Lusitanie du nord au sud, depuis le Douro jusqu'aux caps voisins de l'embouchure du Tage, vers la hauteur de Lisbonne et d'Evora. Mais il est visible qu'il se trompe, quand il ajoute que les noms d'*Artabrum*, de *Magnum* ou d'*Osiliponense* étaient appliqués indifféremment à l'un de ces caps, et quand il trace la direction des côtes qui les environnent. Les commentateurs de Pline ont aperçu sa méprise : les uns(1) ont cherché à l'excuser, en proposant dans son texte des interversions beaucoup trop considérables pour qu'on puisse se les permettre ; les autres (2) ont employé des raisonnements trop faibles et trop incomplets pour justifier cet auteur. Il est plus simple de reconnaître que Pline, en parlant d'une côte dont il n'avait que des idées incertaines, a confondu en un seul promontoire trois caps très-distincts, que les itinéraires indiquaient au nord du promontoire *Sacré*.

« Cherchons d'abord où conduiraient les 1250 mille pas, ou les 1000 minutes de degré, qu'il donne, pour la distance du promontoire dont il parle, au cap septentrional des Pyrénées.

« Ce dernier cap doit être le promontoire *OEaso* de la carte de Ptolémée, ou le Machichaco d'aujourd'hui ; et, de ce point jusqu'au cap Finisterre, il y a .... 527 minutes.

« Du Finisterre au cap Silleiro, en suivant les nombreuses sinuosités de la côte...................... 176

« Du Silleiro au cap Rocca de Sintra 218

« Du cap de Sintra au cap Spichel, en touchant à Lisbonne, et en faisant le tour de la baie jusqu'aux bancs de sable qui en occupent à peu près la moitié......... 80

1001 minutes.

« L'exactitude de cette mesure, comparée à la mesure ancienne, fait voir que le cap Spichel est le promontoire indiqué par Pline à 1250 mille pas de l'extrémité nord des Pyrénées. Ce cap qui précède l'embouchure du Tage, quand on vient de la Méditerranée, a d'abord été nommé *Barbarium*, et ensuite *Olisiponense*, à cause de sa proximité d'*Oli-*

---

(1) Dalecamp. in Plin. cum notis variorum, tom. I, pag. 239, 240.

(2) Harduin. in Plin. tom. I, pag. 238, 239, n° CXX. Edit. nostræ pag. 383, 384. Ed.

sipo ou Lisbonne. Strabon (1) le place à 200 stades du Tage; et cette distance est juste en stades de 833 ⅓ pareils à ceux qu'il avait employés précédemment.

« A une distance un peu moins grande, et au-delà de ce fleuve, est le cap Rocca de Sintra, qui représente le promontoire *Magnum* dont Pline a voulu parler, et que Méla a connu dans ces cantons (2). Ce cap se prolonge d'environ 56 mille pas depuis la pointe de Carboeiro, et cette saillie paraît être celle que Pline attribue au promontoire *Olisiponense*.

« Mais quand il ajoute que ce promontoire divise deux côtés de l'Espagne, que l'un de ces côtés regarde le nord et l'Océan Gallique, tandis que l'autre regarde le couchant et l'Océan Atlantique, Pline se trompe encore plus; et il cesse entièrement de décrire les deux caps dont nous venons de parler, puisque les côtes qui les avoisinent sont constamment tournées à l'ouest, sauf dans un espace de dix lieues, mais jamais au nord, et que d'ailleurs elles sont baignées par le seul Océan Atlantique.

« C'est au cap Finisterre qu'il faut se transporter pour reconnaître les circonstances indiquées par Pline. Ce promontoire divise, comme il le dit, deux côtés de l'Espagne : celui qui le précède est tourné vers l'ouest et l'Océan Atlantique; celui qui le suit est tourné vers le nord et l'Océan Gallique ou Celtique. Ainsi, l'on ne peut élever de doute sur la méprise du naturaliste romain : la mesure qu'il emploie est bien la distance de l'extrémité nord des Pyrénées au cap Spichel; mais, en donnant à ce cap la saillie de celui de Sintra, et en confondant ensuite ces deux caps avec le Finisterre, il se perd tellement dans sa description, qu'il paraît croire le promontoire *Artabrum* fort éloigné du promontoire Celtique et du pays des Artabres.

« Peut-être l'erreur de Pline tenait-elle à la fausse évaluation d'un itinéraire dans lequel il aura cru voir, pour la distance des Pyrénées au cap et au pays des Artabres, un nombre de stades à peu près égal aux 10,000 stad. ou aux 1250 mille pas qu'il trouvait depuis les Pyrénées jusqu'au promontoire *Olisiponense*. La distance du Machichaco au Finisterre est, sur nos cartes, de 527 minutes de degré, qui valent 9,759 stades de 1111 1/9; et, comme Pline ne distinguait jamais la valeur des divers stades, il aura pris ceux-ci pour des stades olympiques, et il en aura conclu 1220 mille pas. Alors, la petite différence qu'il apercevait entre ce nombre et les 1250 mille pas précédents, peut lui avoir fait soupçonner que cet itinéraire transportait la contrée des Artabres dans les environs du Tage et d'*Olisipo*. »

(1) Strab. lib. III, pag. 151.
(2) Pompon. Mela, lib. III, cap. 1, pag. 234.

EXCURSUS XII

Ad ea Plinii verba, lib. IV, cap. 35, pag. 385:

XIV M. pass. inde (1) *ad Pyrenæum medium colligi Varro tradit.*

P. F. J. GOSSELLIN, *Recherches sur la géographie systématique et positive des Anciens*, tom. IV, pag. 31.

« Du promontoire *Sacré* aux Pyrénées, Strabon (2), d'après les auteurs qu'il consultait, comptait en ligne droite 6,000 stades, lesquels, à 700 par degré, font 8° 34′ 17″ de l'échelle des latitudes : c'est précisément la distance que donnent les cartes de d'Anville, entre le cap Saint-Vincent et le sommet le plus élevé des Pyrénées, pris au-dessus de Barége, vers les sources du Gave.

« Varron (3) avait donné pour la même distance 1400 mille pas romains ou 18° 40′. Un excès si considérable, en surpassant la disproportion des différents stades, devait provenir d'une double méprise dans l'évaluation de la mesure primitive. En effet, les 6,000 stades que les géographes antérieurs à Strabon donnaient pour la longueur de l'Espagne étant pris pour des stades olympiques, représentaient 11,111 stades de 1111 1/9 au degré, ou 11,200 stades en nombre rond; et il paraît que Varron, trouvant la mesure dont il est question exprimée dans ce dernier module, a divisé ces 11,200 stades par huit, pour les réduire en milles romains, et en a conclu 1400 mille pas, c'est-à-dire, 373 lieues; tandis qu'il n'aurait dû trouver que 643 mille pas, ou 171 lieues, s'il eût connu la valeur du stade employé dans cette mesure. »

(1) Male in editione nostra, typographico errore, legitur *Inde*. ED.
(2) Strab. lib. III, pag. 137.
(3) Varro apud Plinium eo de quo hic agitur loco. ED.

EXCURSUS XIII

Ad ea Plinii verba, lib. IV, cap. 35, pag. 387 :

Oppida : Ossonoba, Balsa.

P. F. J. GOSSELLIN, *Recherches sur la géographie systématique et positive des Anciens*, tom. *IV, pag.* 50.

« Après l'*Anas* on trouvait *Balsa*, qui paraît avoir existé vers San-Lourenço, à peu de distance du cap de Sainte-Marie; puis *Ossonaba* (1) ou *Ossonoba*, portée par les mesures à l'entrée de la rivière de Silvès, vers Villa nova de Portimaon, dont le port est abrité. *Ossonoba* a subsisté jusque dans les bas siècles de l'empire ; elle avait un évêché qui fut transporté à Silvès et ensuite à Faro. Des ruines trouvées dans le village d'Estoi, près de cette dernière ville, ont fait croire qu'elles étaient celles d'*Ossonoba* (2) ; mais les distances et la première translation de son évêché à Silvès semblent rappeler cette ancienne ville vers les lieux que nous indiquons. »

(1) Mela, lib. III, cap. 1, pag. 224.
(2) Colménar, Délices de l'Espagne et du Portugal, pag. 810.

EXCURSUS XIV

Ad ea Plinii verba, lib. IV, cap. 35, pag. 390:

Lusitaniam cum Asturia et Gallæcia patere longitudine DXL M. passuum..... Agrippa prodidit.

P. F. J. GOSSELLIN, *Recherches sur la géographie systématique et positive des Anciens*, tom. IV, pag. 35 seqq.

« Pline (1) fait commencer la Lusitanie au fleuve *Anas*; et nous voyons ici que, selon lui, Agrippa donnait aux côtes de cette contrée, y compris celles de l'Asturie et de la Gallæcie, 540 mille pas de longeur, c'est-à-dire, 432 minutes d'un grand cercle de la terre.

« La carte moderne donne depuis l'*Anas* jusqu'au Miño, l'ancien *Minius*, 435 minutes.

« Cette mesure, qui égale déja celle d'Agrippa, n'atteindrait qu'à la partie méridionale de la côte occupée autrefois par les *Gallæci* ou *Callaici*; de sorte que cet Ancien s'est trompé, s'il a cru, comme le dit Pline, que toute la Gallæcie et même l'Asturie étaient comprises dans les 540 mille pas précédents. L'erreur que présente ce passage est d'autant plus évidente, que l'Asturie ne s'étendait pas jusqu'aux côtes occidentales de l'Espagne (2).....

« La cause qui a fait croire à Agrippa et à Strabon que la côte occidentale de l'Espagne se terminait vers la hauteur du fleuve *Minius*, ou du cap Silleiro, qui en est voisin, quoiqu'elle s'étende jusqu'au cap Finisterre, c'est que peu après le *Minius*, la côte devient très-sinueuse, et qu'elle forme cinq golfes successifs, séparés par six caps, difficiles à distinguer les uns des autres, quand on n'avait encore que des notions incertaines sur leurs formes et sur leurs positions. Aussi les Anciens confondaient ces différents caps en un seul, et nous verrons Ptolémée, commettant la même erreur qu'Agrippa et Strabon, réunir le cap Silleiro au cap Finisterre, et supprimer de ses cartes les 59 lieues de côtes qui séparent ces promontoires. »

(1) Plin. lib. III, cap. 2, pag. 6, et lib. IV, cap. 35, pag. 385. ED.

(2) Eumdem errorem illum a Strabone, lib. III, pag. 152 et 153, admitti probat. ED.

EXCURSUS XV

Ad ea Plinii verba, lib. IV, cap. 35, pag. 390 :

Omnes autem Hispaniæ, a duobus Pyrenæi promontoriis per maria, totius oræ circuitu passuum $\overline{XXIX}$ XXII M. colligere existimantur, ab aliis $XX\overline{VI}$ mill. (1).

P. F. J. GOSSELLIN, *Recherches sur la géographie systématique et positive des Anciens*, tom. *IV*, pag. 44.

« Pline dit que le tour entier des côtes de l'Espagne comprises entre les deux promontoires des Pyrénées est, par mer, de 2922 mille pas selon les uns, ou de 2600 mille pas selon d'autres.

« En réunissant les mesures données par les Anciens, on trouve qu'ils comptaient :

« Du prom. septentr. des Pyrénées au promont. Olisiponense....................................	1250 M.P. =	1000′ 0″
« Du Tage à Calpe.........................	483 =	386 24
	1733 =	1386′ 24″
« A déduire, pour la distance du Tage au promontoire *Olisiponense* ou *Barbarium*, déjà comprise dans la première mesure, 200 stades de $833\frac{1}{3}$ suivant Strabon................................	18 =	14 24
Reste............	1715 =	1372
« De *Calpe* aux Pyrénées, selon Polybe et Strabon, 7600 stad. olympiques.....................	950 =	760 0
Total............	2665 M.P. =	2132′ 0″

(1) Vide notas nostras 71 et 72, pag. 390 et 391, de numerorum variationibus. ED.

EXCURSUS XV.

Carte moderne.

« Du cap Machichaco au cap Spichel............	1001'
« Du Tage à Gibraltar.......................	378
	1379'
« A déduire, pour la distance du cap Spichel au Tage, déja comprise dans la première mesure.........	14
	1365'
« De Gibraltar au cap de Creus................	767
	2132'

« Les 2665 mille pas, formés par la réunion des mesures anciennes, représentent, sans difficulté, les 2600 ou les 2700 mille pas (1) de la seconde mesure générale de Pline, qui offre le résultat de plusieurs itinéraires très-exacts, puisque, dans leur ensemble, et sur 711 lieues d'une route souvent fort sinueuse, ils ne diffèrent point des mesures de la carte moderne. »

(1) Dalecamp. in nota nostra 72, pag. 391. ED.

EXCURSUS XVI

Ad ea Plinii verba, lib. IV, cap. 36, pag. 391 :

Ab ostio freti passuum XXV mill. Gadis.

P. F. J. GOSSELLIN, *Recherches sur la géographie systématique et positive des Anciens*, tom. IV, pag. 30 et 31.

―――

« Nous croyons pouvoir attribuer à Polybe l'une des deux mesures de 750 ou 800 stades rapportés par Strabon (1), pour la distance de *Calpe* à *Gades*. Ces mesures ne diffèrent que d'une lieue et deux tiers. De la montagne de Gibraltar à la porte de terre de Cadiz, où se terminait l'ancienne *Gades*, la distance, prise le long des côtes, est égale à 81 minutes de l'échelle des latitudes, lesquelles valent 810 stades olympiques.

« Les chiffres qui désignent cette mesure, dans le texte actuel de Pline, nous paraissent altérés. Les manuscrits et nos éditions varient sur ce nombre : les uns portent LXXV mille pas (2), c'est-à-dire, 600 stades ; les autres XXV mille pas, ou 200 stades seulement, et ces mesures seraient trop courtes. Pour accorder Pline et Strabon, qui ont visiblement extrait ces distances de la même source, nous pensons qu'il faut lire, dans le naturaliste romain, XCV mille ; et ces 95 mille pas représenteront 760 stades (3). »

(1) Strab. lib. III, pag. 140, 168.
(2) Dalecamp. nota nostra 5, pag. 391. ED.
(3) Des copistes ont pu se tromper, en écrivant XXV au lieu de XCV, ou LXXV au lieu de LXXXXV.

EXCURSUS XVII

DE INSULA GADI, QUÆ ET COTINUSSA, DE INSULA ERY-
THIA, QUÆ ET APHRODISIAS, ET JUNONIA, ET DE
EARUM MENSURIS.

Ad Plinii cap. 36, lib. IV, pag. 391, 392 et 393 :

P. F. J. GOSSELLIN, *Recherches sur la géographie systématique et positive des Anciens*, tom. IV, pag. 6—11, et 22-24.

« ...... Dans la troisième expédition (1), les Tyriens dépassèrent le cap de Trafalgar, et, longeant toujours la côte, ils abordèrent dans une île, où ils élevèrent un temple à Hercule phénicien, leur divinité tutélaire. Cette île, selon Philostrate (2), était fort petite, et le temple en occupait toute la surface.

« La première île que l'on découvre, en suivant la côte après le Trafalgar, est l'île de Saint-Pierre (Santi Petri) ; elle est à peu près ronde, et d'environ 400 pas de circonférence. Ce n'est qu'un rocher situé à 700 toises environ du continent, et à pareille distance au sud de la pointe méridionale de l'île de Léon, à laquelle il communique par un banc de rochers que la mer découvre quelquefois ; et c'est sur ce rocher, comme l'a très-bien observé Suarez (3), que les Tyriens fondèrent le temple d'Hercule.

« Le peu d'étendue de ce local les engagea bientôt à chercher un autre emplacement pour y établir leur colonie : ils s'avancèrent plus loin, vers une petite île voisine de la pointe occidentale et septentrionale de l'île *Cotinussa*, et ils y bâtirent une ville qui prit le nom de *Gadir*, du

---

(1) Memorat Strabo, lib. III, pag. 169, oraculum Tyriis datum, quod eos juberet ad columnas Herculis coloniam deducere; eos autem, qui missi fuerunt, bis, re infecta, domum rediisse; sed tandem illos qui tertio navigarunt ; oraculum implevisse. ED.

(2) Philostr. de vita Apollonii Tyanensis, lib. V, cap. 5, pag. 190.

(3) Suarez, *Grandezas y antiguedades de la isla y ciudad de Cadiz*, pag. 178.

mot qui, dans leur langue, signifiait une haie (1), ou un lieu entouré d'une espèce de palissade.

« Cette dernière course, qui paraît si facile à décrire, offre néanmoins des difficultés qui n'ont pas encore été résolues. Pour les éclaircir, nous emprunterons de Polybe des renseignements qu'il avait recueillis à Gadès sur la topographie des environs de cette ville : ils feront voir que l'extrémité nord de l'île de Léon, l'ancienne *Cotinussa*, ne présente plus la forme qu'elle avait autrefois ; que les changements qu'elle a éprouvés ont fait confondre jusqu'à présent la *Gadir* des Tyriens avec la *Gades* des Grecs, et ont empêché de reconnaître une petite île fort célèbre qui était à très-peu de distance de cette dernière ville.

« Selon Polybe (2), l'île de Gadès avait douze mille pas romains de longueur, ou même cent stades olympiques, qui valent douze milles et demi, depuis son extrémité méridionale, où était le temple d'Hercule, jusqu'au temple de Saturne, bâti dans la partie occidentale de la ville de Gadès.

« Vis-à-vis et à l'ouest de ce dernier temple, il y avait une autre île, longue de 3,000 pas seulement, et qui n'était séparée de la grande que par un détroit d'environ cent pas de large. Elle était connue sous les noms d'*Erythia*, d'*Aphrodisias*, de *Junonia* ; et c'est dans cette petite île, ajoute Pline, que la ville des Gaditains avait d'abord été fondée.

« Aujourd'hui on ne connaît pas d'île près de la partie occidentale de Cadiz ; mais, si l'on mesure sur nos cartes à grands points la côte extérieure de l'île de Léon, depuis l'île de Saint-Pierre, qui en est une dépendance, jusqu'à la pointe de Saint-Sébastien, où se termine à l'ouest le territoire actuel de Cadiz, on trouvera 11,600 toises, ou 15 mille 300 pas romains : ils représentent, à 200 pas près, la longueur donnée par Polybe à l'île de *Gades*, à celle d'*Erythia*, et au canal qui les séparait.

___

(1) Plin. loc. cit. pag. 392 et 393 ; Solin. Polyhist. cap. 23 ; Ruf. Festus Avienus, Ora marit. vers. 267, 269 ; Isidor. Hispal. Origin. lib. XIV, cap. 6. pag. 1174.

(2) Polyb. apud Strab. lib. III, pag. 169, et apud Plin. lib. II, cap. 112, tom. I, pag. 462, et loc. cit. tom. II, pag. 391. Strabon fait entendre que l'on comptait, pour la longueur de l'île de *Gades*, 12 mille pas en nombre rond, pour trouver dans cette mesure quelque analogie avec les douze travaux d'Hercule : ainsi la mesure de douze milles et demi est préférable. La côte occidentale de l'île de *Gades*, ou de Léon, court du sud-sud-est au nord-nord-ouest. Les Anciens paraissent avoir cru qu'elle se dirigeait plus directement de l'ouest à l'est.

EXCURSUS XVII. 843

D'où il faut conclure que cette dernière île, qu'on cherchait vainement, et qu'on croyait détruite depuis long-temps, se trouve réunie à la première par des attérissements postérieurs aux siècles dont nous nous occupons.

« Si l'on divise cette mesure générale, et si l'on compte 9,500 toises ou douze milles romains et demi, en partant de l'île de Saint-Pierre, on sera conduit près des fortifications et du fossé qui défendent la porte de terre ou l'entrée orientale de Cadiz, et l'on reconnaîtra :

« 1° Que ce fossé, en traversant la largeur de l'isthme qui joint maintenant Cadiz à l'île de Léon, occupe à peu près la place du petit bras de mer qui séparait autrefois cette île de celle d'Erythie ;

« 2° Qu'à l'époque de Polybe, le temple de Saturne et la ville entière de *Gades* étaient en-deçà, c'est-à-dire, au sud-est de ce fossé, et par conséquent dans la partie la plus occidentale et la plus septentrionale de l'île de Léon, qui en prenait alors le nom d'île de *Gades*;

« 3° Que l'île d'Erythie s'étendait depuis le bord septentrional du fossé dont nous parlons, jusqu'à la pointe de Saint-Sébastien, et vraisemblablement jusqu'au banc nommé *la Olla*, qui en est voisin : cette longueur est de 2,100 toises, qui font à très-peu près les 3,000 pas romains que Polybe donnait à l'île d'Erythie (1).

« Ce banc de *la Olla*, c'est-à-dire de la Marmite, est ainsi appelé, parce qu'il présente un amas confus de débris qui se prolongent au couchant de Cadiz, et parmi lesquels on croit apercevoir encore, dans les temps calmes et quand la mer est basse, de nombreux vestiges de constructions. Une tradition constante (2), parmi les habitants du pays, veut que ces ruines soient celles de l'ancienne *Gadir* des Tyriens, détruite, plusieurs siècles avant l'ère chrétienne, ou par les mouvements violents de la mer, ou par quelque tremblement de terre. On m'a fait remarquer ces débris pendant mon séjour à Cadiz, en 1773; ils confirment, ainsi que les mesures précédentes, ce que dit Pline de la première fondation de *Gadir* dans l'île d'Erythie, et sa position explique le nom d'*Erythia*, que cette ville a quelquefois porté (3).

« Il est vraisemblable que les Tyriens se fixèrent dans cette petite île, parce que les habitants de ces contrées ne leur permirent pas de s'établir ailleurs : mais, après la destruction de *Gadir*, ils parvinrent de gré

---

(1) Scymnus de Chios dit aussi que l'île d'Erythie était fort petite. Inter Geogr. minor. græcos, tom. II, pag. 9, vers. 152.

(2) Ortelius, Theatrum orbis terrarum; Suarez, *Antiguedades Gaditanas*, lib. I, cap. 2, pag. 12.

(3) Pherecyd. apud Strab. lib. III, pag. 169.

ou de force à se réunir à la pointe septentrionale de l'île *Cotinussa*, dans un lieu déja occupé, comme on le verra bientôt (1); et ce lieu, auquel ils communiquèrent le nom de *Gadir*, pour perpétuer le souvenir de leur premier établissement, est la *Gades* connue des Grecs, et visitée par Polybe 146 ans avant l'ère chrétienne.

« A l'époque de cet historien *Gades* avait peu d'étendue; mais cent ans après, Lucius Cornélius Balbus, l'un de ses citoyens, et le premier étranger que les Romains élevèrent au consulat (2), y fit ajouter un nouveau quartier, qu'on appela la *Ville neuve* (3), et ces villes réunies prirent le nom de *Didyme* ou de *jumelles*. Leur circonférence était de vingt stades ou 1,900 toises. Cet espace fut bientôt insuffisant pour contenir la population nombreuse que le commerce et la munificence de Balbus y appelaient : les gens riches avaient des maisons de plaisance dans l'île d'Erythie, alors couverte de verdure et de pâturages; et ces maisons, en se multipliant, firent insensiblement abandonner *Didyme*, et donnèrent naissance à la ville actuelle de Cadiz. C'est vraisemblablement peu après Balbus, que le canal, qui séparait les deux îles, fut comblé, et que leur réunion donna à l'île de *Gades*, ou de Léon, les quinze milles pas de longueur qu'elle avait au temps de Pline (4), et qu'elle conserve encore.

« De ces rapprochements il résulte que les villes de *Gadir*, de *Gades* et de Cadiz, qu'on est dans l'usage de confondre en une seule, n'ont pas été construites précisément sur le même sol; que la première était située dans la partie occidentale de l'île d'Erythie, la seconde à la pointe septentrionale de l'île *Cotinussa*, et que la troisième se trouve replacée dans l'île d'Erythie, dont elle occupe actuellement plus de la moitié de sa partie orientale. C'est en ne distinguant pas ces divers emplacements et la réunion postérieure des deux îles, que les descriptions des Anciens ont paru inintelligibles : aussi avait-on fini par croire que l'île d'Erythie n'existait plus, ou même qu'elle n'avait jamais existé.................

« Pour terminer ce qui peut avoir rapport à l'île de *Gades*, nous devons dire que, suivant Strabon et Pline (5), Polybe donnait à cette île 3,000 pas romains de largeur, et un stade dans l'endroit où elle était le plus

---

(1) Vide supra Excurs. V, pag. 803. ED.
(2) Plin. lib. V, cap. 5, pag. 433 et 434.
(3) Strab. lib. II, pag. 169.
(4) Loc. cit. pag. 391.
(5) Polyb. apud Strab. lib. III, pag. 169, et apud Plin. lib. II, cap. 112, tom. I, pag. 465, et loc. cit. pag. 391 et 392.

EXCURSUS XVII.

étroite; qu'il fixait sa plus petite distance du continent à moins de 700 pieds, ou environ un stade, et son plus grand éloignement de la terre ferme à 7,500 pas.

« L'île de Léon, d'une forme très-irrégulière, a, dans certains endroits, 4,600 toises ou six milles romains de large; et, si les 3 mille pas du texte actuel de Pline ne sont pas une erreur (1), il faut supposer avec Suarez (2) que cette île autrefois se trouvait divisée en deux par la rivière de Darillo, qui a son embouchure au fond de la rade de Puntalès, et qui n'a plus maintenant qu'environ mille toises de cours.

« Mais il ne faut pas croire, comme le fait cet auteur (3), en s'attachant trop littéralement au texte de Pline, qui décrivait ce pays sans l'avoir vu, que l'autre moitié de l'île de Léon, c'est-à-dire sa partie orientale, fût l'Erythie des Anciens; car la petite île que Pline (4), quelques lignes plus bas, dit être en face de l'Espagne, à environ cent pas de celle de *Gades*, et à laquelle il donne 3,000 pas de longueur sur 1,000 pas de large, en ajoutant qu'elle est appelée Erythie et que *Gadir* y avait d'abord été fondée, est visiblement cette île d'Erythie que Polybe (5), témoin oculaire, dit être vis-à-vis *Gades*, à l'ouest de cette ville, et à un stade ou 125 pas de distance.

« Ainsi, quoique Pline ait pu dire qu'Erythie était en face de l'Espagne, puisqu'elle n'en était pas à une lieue, cette île se trouvait néanmoins plus à l'occident que toute l'île de Léon, nommée d'abord *Cotinussa*, et, à l'époque dont nous parlons, île de *Gades*. Ce fait est diamétralement opposé à l'opinion de Suarez et à celle de M. de la Nauze (6), qui paraît croire aussi que l'île d'Erythie était plus orientale que *Gades*.

(1) Il nous paraît assez probable que Pline avait écrit VI mille pas, et que des copistes, en ne joignant pas exactement par le bas les deux traits de la première lettre numérale, auront fait croire qu'ils représentaient deux unités, et qu'au lieu de VI il fallait lire III.

(2) Suarez, *Antiguedades Gaditanas*, pag. 11.

(3) Suarez, loc. cit. pag. 43.

(4) « Ab eo latere quo Hispaniam spectat, passibus fere centum, altera insula est longa III M. pass. lata, in qua prius oppidum Gadium fuit. Vocatur ab Ephoro et Philistide Erythia, etc. » loc. cit. pag. 392. Il y a certainement une lacune dans nos éditions entre ces mots : *longa III M. pass...... lata.....* Quelques manuscrits portent *longa III M. pass. mille lata*. Cette dernière mesure est exactement la largeur de l'île d'Erythie, sur laquelle Cadiz est maintenant bâtie.

(5) Polyb. apud Strab. lib. III, pag. 169.

(6) De la Nauze, Justification de Pline sur l'étymologie de l'île d'Erythia;

« L'endroit que Polybe indiquait pour être le plus étroit de l'île de *Gades*, ou de Léon, doit se prendre à l'isthme qui sépare la rade de Puntalès de l'Océan, et vers la *Guérite des deux mers*, où cette langue de terre n'a pas cent toises de largeur.

« La plus petite distance de l'île au continent est la largeur du détroit appelé rivière de Saint-Pierre, qui la sépare de la terre ferme. Ce détroit tortueux, que Méla compare à un fleuve (1), a aussi environ cent toises de large près du point où il est traversé par le pont de Souazo.

« Et les 7,500 pas donnés pour le plus grand éloignement de l'île au continent sont pris de l'emplacement de *Gades* à la pointe de Rota. Cette distance représente 5,700 toises; c'est l'entrée de la baie de Cadix, et la mesure ancienne est exacte. »

Mémoires de l'Académie des Inscriptions et Belles-Lettres, tom. XXXIV, pag. 175.

(1) Pompon. Mela, lib. III, cap. 6, pag. 261.

EXCURSUS XVIII

Ad ea Plinii verba, lib. V, cap. 1, pag. 401:

Scipione Æmiliano res in Africa gerente, Polybius Annalium conditor, ab eo accepta classe, scrutandi illius orbis gratia circumvectus, prodidit, etc.

P. F. J. Gossellin, *Recherches sur la géographie systématique et positive des Anciens*, tom. *I, pag.* 106 *seqq*.

« La prise de Carthage parut insuffisante aux Romains pour renverser la puissance d'un peuple dont ils étaient jaloux. Ils craignirent que les Carthaginois, maîtres d'un commerce étendu, ne devinssent encore redoutables après l'anéantissement de leur ville, si on leur laissait les nombreux établissements qu'ils avaient sur les côtes de la Méditerranée, et ceux qu'on leur supposait sur les côtes de l'Océan. Les derniers surtout passaient pour être les plus riches, et l'on avait répandu que la ville de *Lixa* était plus grande et plus formidable que Carthage même(1). Il fallait donc, d'après les principes de la politique romaine, détruire aussi *Lixa*, et visiter le reste de la côte pour s'assurer qu'il n'y existait plus rien qui pût troubler la sécurité des vainqueurs.

« A peine Scipion-Émilien eut-il soumis Carthage, que Polybe, à la tête d'une flotte considérable, fut chargé d'aller ravager les possessions de cette ville au-delà du détroit. Mais elles étaient déchues de leur ancienne splendeur : la plupart de ces villes avaient même disparu, et le tableau qu'on en fit au retour de l'expédition répondait si peu à l'idée qu'on s'était formée de leur nombre et de leur opulence, que les Grecs et les Romains traitèrent de fables ce qu'on en avait publié jusqu'alors(2).

« Polybe écrivit la relation de son voyage : elle ne nous est point parvenue ; nous ne la connaissons aujourd'hui que par l'extrait que Pline en a conservé. On y reconnaîtra que Polybe, instruit par des mémoires et des journaux trouvés dans Carthage, entreprit de suivre la même

---

(1) Plin. lib. V, cap. 1, pag. 399.
(2) Strab. Geogr. lib. I, pag. 47, 48 ; lib. XVII, pag. 826, 829. Plin. lib. V, cap. 1, pag. 401.

route qu'Hannon s'était ouverte autrefois (1), et de pousser ses recherches aussi loin que ce navigateur. Sans doute il se fit aider dans cette expédition par des pilotes carthaginois; car, de son temps, le détroit des Colonnes était la limite des courses de la plupart des peuples de la Méditerranée. Les Phéniciens de Tyr, de Carthage et les Grecs de Marseille étaient presque les seuls peuples qui osassent le franchir. Polybe eut donc la gloire d'y conduire la première flotte romaine, et il remarque, avec une sorte d'orgueil, qu'on lui devra les premières notions exactes sur ces contrées presque inconnues jusqu'à lui (2).

« Voici l'extrait que l'on trouve dans Pline :

« Dans le temps que Scipion-Émilien gouvernait l'Afrique, il chargea l'historien Polybe d'aller, à la tête d'une flotte, reconnaître les côtes occidentales de cette partie du monde. Polybe a écrit que,

« Depuis le mont Atlas jusqu'au fleuve *Anatis*, il y a 485 mille pas, et que cet espace est couvert de forêts remplies de bêtes féroces;

« Que de l'*Anatis* au *Lixus*, il y a 205 mille pas;

« Que du *Lixus* au détroit de *Gades*, il y a 112 mille pas.

« Ensuite il dit qu'on trouve :

« Le golfe *Saguti*;

« Une ville sur le promontoire *Mulelacha*;

« Le fleuve *Subur*;

« Le fleuve *Sala*;

« Le port *Rutubis*, éloigné de 213 mille pas du *Lixus*;

« Le promontoire du Soleil;

« Le port *Risardir*; les Gétules-Autololes;

« Le fleuve *Cosenum*; la nation des *Scelatiti*; celle des *Masati*;

(1) Plin. loc. cit.
(2) Polyb. Historiar. lib. III, cap. 59; Excerpt. e lib. XVI, cap. 29.

EXCURSUS XVIII. 849

« Le fleuve *Masatat*;

« Le fleuve *Darat*, dans lequel on trouve des crocodiles;

« Le promontoire *Surrentium*, formé par l'extrémité occidentale du mont *Barce* : ici, il entoure un golfe de 616 mille pas ;

« Le fleuve *Palsum*, après lequel sont les Éthiopiens *Perorsi*, et derrière eux les *Pharusii* : à ces peuples se joignent, dans l'intérieur des terres, les *Gœtuli Darœ*; sur les côtes sont les Éthiopiens *Daratitœ*;

« Le fleuve *Bambotum*, rempli de crocodiles et d'hippopotames.

« Depuis ce fleuve jusqu'au *Theón Ochèma*, règne une suite de montagnes non interrompue. Du *Theón Ochèma*, jusqu'au promontoire du couchant, il y a dix jours et dix nuits de navigation.

« Au milieu de cet espace, Polybe place l'Atlas que tous les auteurs disent être sur les confins de la Mauritanie.

« Nous avons cru devoir écrire ainsi le passage de Pline, pour rendre plus sensible l'ordre des positions qu'il présente, et pour faire mieux remarquer que l'itinéraire de Polybe, déja tronqué, y est encore divisé en deux parties qui en désunissent l'ensemble. Dans la première, on donne trois mesures générales qui embrassent la totalité de l'espace parcouru ; dans la seconde, on nomme les positions intermédiaires, mais en sens inverse des mesures précédentes. Celles-ci sont prises du midi au nord; l'ordre des lieux est tracé du nord au midi. Par cette marche rétrograde, on voit que Pline n'a point saisi le sens du Périple. C'est pourquoi il a cru que Polybe avait placé l'Atlas à une grande distance de la Mauritanie, contre l'opinion des autres géographes. Mais Polybe n'a point commis cette erreur ; il s'est conformé à l'usage d'appeler *Atlas* la chaîne de montagnes qui borde cette partie de la côte d'Afrique, et il a compté la distance de l'Atlas au détroit, de l'endroit même où cette montagne commence à s'élever. Pour rétablir le Périple tel qu'il doit être, il faut donc renverser l'ordre des distances, les compter depuis le détroit, c'est-à-dire depuis les Colonnes, et intercaler dans la seconde partie les positions du *Lixus*, de l'*Anatis* et du commencement de l'Atlas, que Pline a négligé de répéter.

« Alors, et pour ne parler que des lieux situés immédiatement sur le rivage de la mer, l'itinéraire doit être écrit comme il suit :

« Les Colonnes;

« Le golfe *Saguti*;

« Une ville sur le promontoire *Mulelacha*;

« Le fleuve *Lixus* à 112 mille pas des Colonnes;

« Le fleuve *Subur*;

« Le fleuve *Sala*;

« Le fleuve *Anatis* à 205 mille pas du *Lixus*;

« Le port *Rutubis* à 213 mille pas du *Lixus*;

« Le promontoire du Soleil;

« Le port *Risardir*;

« Le fleuve *Cosenum*;

« Le fleuve *Masatat*;

« Le promontoire *Surrentium*;

« Le fleuve *Darat*, dans un golfe de 96 mille pas d'étendue;

« Le fleuve *Palsum*;

« Commencement de l'Atlas à 496 mille pas du fleuve *Anatis*;

« Le fleuve *Bambotum*.

« Recherchons maintenant ces positions, en les soumettant aux distances qui nous sont données. Leur exactitude remarquable prouvera qu'elles doivent être prises des Colonnes, quoique Pline ait nommé vaguement le détroit pour point de départ.

« Ainsi le golfe *Saguti* de Polybe répond à celui nommé *Cotes* par Scylax, c'est-à-dire, à la baie de Al-Cazar. Le promontoire *Mulelacha* conserve dans le nom moderne de Mollabat une affinité assez grande pour le faire reconnaître. L'ancienne ville de *Thymiaterion*, fondée par Hannon, n'est point nommée dans l'itinéraire; elle y est seulement indiquée comme étant située sur le cap Mollabat, où elle était réellement placée.

« Des Colonnes au *Lixus* Polybe compte 112 mille pas. Le mille romain est évalué par d'Anville à 756 toises (1): les 112 mille pas vaudraient, par conséquent, vingt-neuf lieues et demie de vingt-une au degré. La distance entre Ceuta et le fleuve Lucos est de vingt-sept lieues sur nos cartes marines à grands points. La concordance de ces mesures, indépendamment de ce que nous avons déjà dit (2), est une nouvelle preuve que le *Lixus*, connu des Carthaginois par l'expédition d'Hannon, et que Polybe a visité depuis, ne peut être que le Lucos, et point le *Rio do Ouro*, comme Bougainville et d'Anville l'ont prétendu sans aucune vraisemblance, puisque *Rio do Ouro* est à trois cent soixante lieues de Ceuta.

« Les fleuves *Subur* et *Sala* conservent également leurs anciens noms dans ceux de Subu et de rivière de Salé. Cette dernière porte différents noms dans les auteurs arabes: elle est appelée Asmir par l'Edrisi (3), Buragrag par Léon l'Africain (4), et Wadi al Raman par d'autres; mais ils conviennent tous que c'est la rivière qui se jette dans la mer à Salé.

« Du Lixus jusqu'au fleuve *Anatis* Polybe compte 205 mille pas, ou cinquante-quatre lieues et un tiers. A cinquante-trois lieues de Lucos nous trouvons le fleuve Ommirabih, suivant Léon(5), ou Om-Rabya, selon l'Edrisi (6). La grande exactitude de ces mesures ne permet pas de méconnaître l'*Anatis* dans l'Ommirabih, qui se perd à Azamor.

« Le port *Rutubis*, que Polybe met à 213 mille pas, ou cinquante-six lieues et demie du *Lixus*, se retrouve de même dans Mazagan à cinquante-sept lieues du Lucos. Mazagan, réduite aujourd'hui à une simple forteresse, a été autrefois une ville florissante (7).

« Après ce port, l'itinéraire place le promontoire du Soleil. C'est le cap Cantin d'aujourd'hui.

« Le port *Risardir* doit répondre à l'emplacement de Safi ou Asafi, située dans un golfe (8). Nous remarquons que le *Risardir* est le dernier

---

(1) D'Anville, Traité des mesures itinéraires, pag. 44.
(2) Hæc dicta sunt in alia parte disputationis, cujus hic partem tantum referimus. Ed.
(3) L'Edrisi, Geographia Nubiensis, pars prima climatis tertii, p. 77.
(4) Leo African. Africæ descriptio, lib. IX, pag. 733.
(5) Leo African. lib. II, p. 192; lib. IX, p. 732.
(6) L'Edrisi, Geogr. Nub. pars I climat. 3, pag. 77.
(7) Dappers, Description de l'Afrique, p. 136.
(8) Abulfed. Geogr. de Al-Magrab, p. 208; Leo Afric. lib. II, p. 180.

port connu dans l'itinéraire de Polybe, et que l'Edrisi dit (1) que, dans les temps anciens, Asafi était la dernière station où les navires parvinssent sur cette côte. Le rapprochement de ces circonstances nous semble justifier la position que nous donnons au *Risardir*, et faire reconnaître le fleuve *Cosenum* du Périple dans le Tensift, qui passe près de Maroc (2), et le fleuve *Masatat* dans la rivière de Mogador.

« Pline continue ainsi l'extrait du Périple :

« Flumen Darat, in quo crocodilos gigni. Deinde sinum DCXVI M. passuum includi montis Barce promontorio excurrente in occasum, quod appellat Surrentium. Postea flumen Palsum, ultra quod Æthiopas Perorsos, quorum a tergo Pharusios. Iis jungi mediterraneos Gætulos Daras. At in ora Æthiopas Daratitas, flumen Bambotum.....

« Nous rapportons le texte parce que nous croyons qu'il y a deux erreurs de copiste dans ce passage : la première, c'est d'avoir nommé le fleuve *Darat* avant le promontoire *Surrentium*; la seconde, c'est d'avoir donné au golfe 616 mille pas d'étendue au lieu de 96 mille pas.

« Polybe dit que le cap *Surrentium* est formé par l'extrémité occidentale du mont *Barce*. Sous la dénomination de cette montagne, il faut reconnaître la crête principale de l'Atlas, qui s'étend depuis les bords de l'Océan Atlantique jusqu'au-delà des Syrtes et du territoire de *Barce*, ville considérable de la Cyrénaïque : cette ville avait communiqué son nom à une vaste étendue de pays, qui le conserve encore sous celui de Barca.

« Les noms de *Barce* et d'Atlas étaient également étrangers à cette chaîne de montagnes. Strabon (3), Pline (4), Solin (5), Martianus Capella (6), Eustathe (7) et d'autres remarquent que les Barbares, c'est-à-dire les Berbères, ou les pâtres de cette portion de l'Afrique, l'appe-

---

(1) « Erat autem portus Asafi, temporibus elapsis, ultima navibus statio. » L'Edrisi, Geograph. Nubiens. pars I climatis III, p. 78.

(2) Leo Afric. lib. IX, p. 730; l'Edrisi, Geogr. Nubiens. p. 76.

(3) Strab. lib. XVII, p. 825.

(4) Plin. lib. V, cap. I, p. 405.

(5) Solin. Polyhistor. cap. 24.

(6) Martian. Capella, de Nupt. Philolog. lib. VI, pag. 215.

(7) Eustath. in Dionys. Perieg. vs. 66.

EXCURSUS XVIII. 853

laient *Dyris*. Nous ajouterons que ce nom n'était lui-même qu'une altération de celui de Daran ou Darah, que ces montagnes ont porté de temps immémorial, qu'elles portent encore aujourd'hui, et que le passage de Polybe ne permet pas de méconnaitre, 1° dans le fleuve *Darat*, placé contre ces montagnes; 2° dans les Ethiopiens *Daratitæ*, qui occupaient les bords de la mer, à l'embouchure du fleuve *Darat*; 3° dans les *Gætuli Daræ*, ou les Gétules, habitants du Darah ou Daran.

« Nous venons de dire que l'Atlas s'étendait jusqu'au-delà des Syrtes et du territoire de Barca : les Anciens ne l'ont point ignoré. C'est sur la pente méridionale de cette chaîne immense qu'Hérodote(1) décrit une route qui, de Thèbes en Égypte, passait dans les contrées habitées par les Ammoniens, les Augiles, les Nasamons, les Garamantes, les Atarantes et les Atlantes, où elle rencontrait la crête principale de l'Atlas, qui s'étend, dit le même historien, jusqu'aux colonnes d'Hercule *et même par-delà*, c'est-à-dire, jusqu'aux côtes occidentales de l'Afrique.

« Strabon savait aussi que l'Atlas s'étendait depuis l'Océan jusqu'aux Syrtes. « La chaîne de montagnes qui traverse la Maurusie, depuis le cap Cotès jusqu'aux Syrtes, dit ce géographe(2), ainsi que les autres montagnes qui lui sont parallèles, sont habitées d'un côté par les Maurusiens, et de l'autre par les Gétules, la plus grande des nations africaines. » Plus loin il ajoute(3) : « Le territoire des Gétules s'étend jusqu'aux Syrtes. »

« Les géographes arabes sont d'accord avec les Grecs sur cet objet.

« L'Edrisi (4) conduit le mont Atlas, sous le nom de Daran, depuis l'Océan jusqu'aux montagnes du royaume de Tripoli, qui borde les Syrtes.

« Abulféda (5) ne le fait finir qu'à trois journées de marche à l'ouest

---

(1) Herod. Melpom. lib. IV, § 181-185, pag. 360-363.

(2) Strab. lib. XVII, pag. 826.

(3) Strab. lib. XVII, pag. 829.

(4) « Mons Daran est mons maximus..... initium suum sumit a mari ambienti (Oceano) in extremitate Sus; inde tendit recta orientem versus usque ubi se jungit monti Nofusæ, et nomen quoque Nofusæ acquirit. Miscetur posthac montibus Tripolis; dehinc in planitiem vergit, et deficit omnino. » L'Edrisi, Geogr. Nub. pars I climatis 3, pag. 75.

(5) « Mons Daran est magnus et celeber in Al-Magrab (seu occidente aut Mauritania)... Dicunt... hunc montem ab ipso Oceano Atlantico in extima Mauritania ortum protendi eo usque in orientem, donec ora ejus orientalis Ras Autschan dicta desinat ad tertiam ab Alexandria diætam. Foret itaque

d'Alexandrie, et Léon l'Africain (1) le termine sur les confins de l'Égypte. Ainsi ces deux derniers auteurs, les plus modernes de ceux que nous venons de citer, font traverser à l'Atlas tout le territoire de Barca.

« Il n'y a donc pas de doute que le mont *Barca* de Polybe ne soit l'Atlas ou le Daran d'aujourd'hui, et que le *Surrentium* ne soit le cap Ger, formé par l'extrémité occidentale de la principale crête de cette montagne, qui se termine en pointe et forme le golfe où est la ville de Garguessem, surnommée Sainte-Croix par les Portugais.

« Pline donne à ce golfe 616 mille pas. Nous avons dit qu'il y avait erreur dans les chiffres ; en voici la preuve. On a dû remarquer que les trois mesures de Polybe, depuis les Colonnes jusqu'au *Lixus*, et ensuite jusqu'à l'*Anatis* et au port *Rutubis*, étaient d'une exactitude singulière. Il en donne une quatrième depuis l'*Anatis* jusqu'au commencement de l'Atlas, qu'on verra être également juste. Or cette quatrième mesure, toujours prise le long des côtes, n'étant que de 485 ou tout au plus de 496 mille pas, comme nous le dirons bientôt, il est impossible qu'elle comprenne un golfe qui, à lui seul, aurait 616 mille pas, ou 606 mille pas, comme le donne l'édition d'Elzévir. L'erreur est donc évidente ; et, comme cette mesure est écrite en chiffres romains, il nous paraît que les copistes ont pris un x mal fait pour un D, et qu'ils ont écrit DCVI au lieu de XCVI, c'est-à-dire, 606 au lieu de 96. Les 96 mille pas vaudraient vingt-cinq lieues et demie : c'est précisément la mesure du golfe compris entre le cap Ger et le cap d'Agulon ; ainsi, l'on ne peut se refuser ni à admettre la correction, ni à reconnaître dans le golfe de Sainte-Croix celui que Polybe a indiqué.

« Ce golfe reçoit la rivière de Sus, qui descend de l'Atlas, et qui prend son nom de la province qu'elle parcourt. Nous croyons que c'est le fleuve *Darat* de Polybe, et que c'est par transposition qu'on le trouve indiqué dans Pline avant le promontoire *Surrentium*.

« La province de Sus confine immédiatement à un vaste territoire appelé Darah, situé au sud-est du royaume de Maroc, et qui s'étend depuis l'Atlas jusqu'au désert. Les guerres continuelles que les habitants de ces cantons se font entre eux mettent le Darah tantôt au pouvoir

---

expansio ejus prope quinquaginta graduum. » Abulfed. Geograph. in Busch. Magaz. tom. IV, pag. 178.

(1) « Inter jam dictos montes et planitiem situs est mons Atlas, qui a mari Oceano ex occidente oritur, extenditque sese orientem versus ad confinia Ægypti loca. » Leo African. lib. I, p. 66, 67. Voyez aussi Dappers, Descript. de l'Afrique, pag. 8.

des souverains de Ségelmesse, tantôt au pouvoir de ceux de Maroc ; de sorte que les géographes orientaux en font indifféremment une province de l'un ou l'autre de ces royaumes (1). Mais il ne paraît pas douteux que les habitants du Darah, autrefois plus puissants qu'aujourd'hui, n'aient dominé dans ces cantons, puisque Polybe les a trouvés occupant les bords de la mer près de l'Atlas, et communiquant leur nom à un fleuve voisin du cap Ger, comme ils le donnent maintenant à un autre fleuve plus reculé dans l'intérieur de l'Afrique, et qui se perd dans les sables (2).

« Sous les noms anciens de *Daræ* et de *Daratitæ*, on ne peut donc entendre que les habitants du Darah, ou des environs du mont Daran. Si jusqu'aujourd'hui on a séparé ces peuples par des distances de trois cents lieues, si l'on en a placé une partie dans l'Atlas, et l'autre sur les bords du Sénégal, c'est faute d'avoir aperçu l'invraisemblance d'une telle hypothèse, et d'avoir observé que la marche du Périple de Polybe était interrompue après le fleuve *Palsum*, pour nommer les nations intermédiaires et celles de l'intérieur, en remontant jusqu'à l'Atlas.

« Nous reconnaissons le fleuve *Palsum* dans la rivière d'Assa, située à mi-chemin du cap Ger au cap d'Agulon. C'est immédiatement après ce fleuve que les Éthiopiens *Perorsi* et les *Pharusii* sont nommés dans le Périple : ainsi l'on doit croire que les premiers en occupaient les bords. D'Anville, en plaçant ces peuples à la hauteur et même au midi du cap Bojador, n'a point fait attention qu'il les reléguait à plus de cent lieues au sud des limites de la Mauritanie Tingitane, quoique Pline eût dit (3) qu'ils étaient sur ses confins immédiats, et que l'anonyme de Ravenne les eût comptés au nombre des peuples mauritaniens (4).

« C'est aussi vers cette hauteur que se trouvaient les derniers établissements phéniciens que les *Pharusii* avaient ruinés, suivant la tradition qu'on en conservait encore au temps de Strabon (5) ; et c'est une nouvelle preuve que les Carthaginois n'avaient point établi de colonies au-delà des limites méridionales de la Mauritanie.

(1) « Ad as-Sus etiam refertur insigne territorium Darah ; aliis ad Segelmasam. » Abulfed. de al-Magrab, in Busch. Magaz. tom. IV, p. 208.

(2) Abulfed. Geogr. de al-Magrab, in Busch. Magaz. tom. IV, pag. 213. Leo African. Africæ Descript. lib. IX, pag. 740.

(3) Plin. lib. V, cap. 8, pag. 439 ; lib. VI, cap. 35, pag. 746.

(4) « Item juxta Oceanum ponitur patria, quæ dicitur Mauritania Perorsis vel Salinarum. » Anonym. Ravenn. lib. III, pag. 768, ad calc. edit. P. Mel Gronov.

(5) Strab. lib. XVII, pag. 826, 829.

« Le dernier fleuve nommé par Polybe est le *Bambotum*, aujourd'hui la rivière de Nun. C'est là que finit son Périple, ainsi que les mesures qu'il en a données.

« Depuis le fleuve *Anatis* jusqu'à l'extrémité de l'Atlas, il comptait, selon le texte actuel de Pline, 485 mille pas, qui répondraient à cent vingt-huit lieues et demie ; mais nous croyons cette leçon vicieuse, et nous pensons qu'il faut la corriger d'après Solin (1) et Martianus Capella (2), qui, en copiant autrefois ce passage, ont lu 496 mille pas, et ils vaudront cent-trente et une lieues et demie. Nous avons reconnu l'*Anatis* dans la rivière d'Ommirabih ; les cent-trente et une lieues et demie prises de ce point, conduisent, à deux lieues près, à l'embouchure de la rivière de Nun, où commence l'Atlas. Cet endroit avait été le terme de l'expédition d'Hannon ; il le fut aussi de celle de Polybe, quoique la partie de son Périple, que Pline nous a conservée, semble indiquer quelques positions plus éloignées. Cependant, s'il avait été au-delà de ce fleuve, n'aurait-il pas donné et la mesure de sa route et les remarques qu'il aurait faites sur la côte !

« Au lieu de ces détails si nécessaires quand on parle de contrées presque inconnues, il dit vaguement qu'après le *Bambotum* il y a une chaîne de montagnes non interrompue qui s'étend jusqu'au *Theón Ochèma*, et que du *Theón Ochèma* jusqu'au promontoire du couchant il y a dix jours et dix nuits de navigation. Ce n'était pas ainsi que Polybe décrivait les lieux qu'il avait parcourus. D'ailleurs, loin d'indiquer ces distances en journées de navigation, n'aurait-il pas continué de les donner en milles romains ? Comme il était géographe, il rapportait avec beaucoup de soin toutes les mesures qu'il pouvait recueillir ; et ce ne fut qu'après en avoir rassemblé un très-grand nombre, qu'il publia une description de la terre, que Strabon préférait à celle d'Eratosthène.

« Ce que Polybe ajoute à son Périple sur les plages qu'il croyait exister au-delà du Bambotum ne nous paraît avoir été écrit que d'après le rapport de quelque Carthaginois persuadé de l'existence de ces montagnes enflammées, de ces fleuves de feu qui se précipitaient dans la mer, et dont il était parlé dans le Périple d'Hannon. Polybe, qui n'avait rien rencontré de semblable, crut, sur la foi des autres, que ces objets pouvaient être plus reculés dans le midi que l'endroit où il était parvenu, et les plaça vers la distance qu'on lui indiquait, distance qu'il évalua à dix jours et dix nuits de navigation au-delà du promontoire du *Couchant*, quoique Hannon, ou le rédacteur de son Périple, ne l'eût faite que de

---

(1) Solin. Polyhist. cap. 24.
(2) Martian. Capella, de Nupt. Philolog. lib. VI, pag. 215, 216.

quatre jours (1). D'ailleurs, si Polybe s'était avancé au-delà de la rivière de Nun et du commencement de l'Atlas, il aurait vu qu'après cette chaîne dont il a si bien connu l'étendue, les côtes d'Afrique, loin de présenter encore des montagnes, n'offraient aux navigateurs que l'aspect d'une immense plaine de sable, interrompue seulement par quelques dunes que l'impétuosité des vents élève et détruit tour à tour.

« Croyons-donc que Polybe n'a point franchi les bornes que nous avons fixées à son voyage; que les mêmes causes qui ont arrêté Hannon et tous les navigateurs jusqu'au quinzième siècle, l'ont également forcé à revenir sur ses pas; qu'il a pu ajouter à son Périple ce qu'on lui indiquait comme existant au-delà du *Bambotum* : mais ne croyons pas qu'il ait dépassé ce fleuve, et encore moins qu'il se soit abaissé jusqu'à en imposer sur ce qu'il aurait pu voir en parcourant ce nouveau rivage. Le caractère moral de cet écrivain est trop connu par ses autres ouvrages, pour le soupçonner d'un mensonge non-seulement inutile, mais capable de détruire la confiance qu'il réclame tant de fois de la part de ses lecteurs, et que jamais on ne lui a refusée. Au siècle de Polybe, les connaissances ne s'étendaient pas au-delà des frontières extrêmes de la Mauritanie. Du temps de Pline elles n'allaient pas plus loin, puisque, après avoir nommé les *Pharusii* et quelques autres petits peuples des environs, il ajoute qu'on n'a rien découvert au-delà, et qu'on n'y trouve que des déserts sur lesquels on n'a débité que des fables : *reliqua deserta, deinde fabulosa* (2). »

(1) Plin. lib. VI, cap. 35, pag. 747.
(2) Plin. lib. VI, cap. 35, pag. 745; quem quidem locum paulo aliter quam erudit. vir GOSSELLIN interpretamur *sabulosa* legentes, non *fabulosa*; sed firmissima argumenta ejus de Romanarum in Africa notionum terminis nihil hoc debilitat. ED.

EXCURSUS XIX

Ad ea Plinii verba, lib. V, cap. 6, pag. 436 :

..... *ab Oceano ad Carthaginem magnum* $\overline{XI}$ *mill. pass. ab ea Canopicum Nili ostium,* $\overline{XV}$ *XXVIII.*

P. F. J. GOSSELLIN, *Géographie des Grecs analysée*, p. 14.

« En disant qu'il comptait de Carthage aux Colonnes *au moins* 8,000 stades, Strabon, lib. I, pag. 64, laisse entrevoir qu'il néglige quelque chose. En effet, Pline dit qu'Eratosthène comptait de la mer Atlantique (1) à Carthage 1110 mille pas, qui font 8,800 stades.

« Un autre passage de Pline, qui suit immédiatement celui-ci, pourrait faire croire que l'erreur qu'on vient de relever est susceptible d'être rapportée à la distance de Canope à Carthage, parce qu'il dit qu'Eratosthène la faisait de 1528 mille pas, qui ne font que 12,224 stades (2). Mais cette mesure, qui ne cadre avec aucune de celles qui sont connues, n'est qu'une leçon proposée par le P. Hardouin (3); et nous pensons qu'en rejetant celle qui lui donnait 1630 mille pas (4), il en a adopté une beaucoup moins bonne et qui l'éloignait encore plus de la vérité, puisqu'il suffisait, pour corriger cette dernière, de lire 1688 mille pas qui égalent les 13,500 stades donnés par Strabon. »

---

(1) C'est-à-dire des Colonnes, où elle commence.
(2) Strabon dit 13,500 stades.
(3) Notæ.
(4) Dalec. et Elzev.

EXCURSUS XX

Ad ea Plinii verba, lib. V, cap. 10, pag. 449 :

Originem (ut Juba rex potuit exquirere), etc.

P. F. J. Gosseliin, *Géographie des Grecs analysée*, p. 130.

« Juba le jeune avait fait des recherches sur l'intérieur de l'Afrique, mais elles paraissent avoir été moins heureuses que celles de ces Nasamons dont parle Hérodote, qui parvinrent jusqu'au Niger, et qui apportèrent les premiers chez les Grecs la connaissance de ce fleuve et la direction de son cours d'occident en orient. Il est probable que c'est cette direction et la grande étendue du Niger qui a fait croire à plusieurs auteurs, et à Juba en particulier (1), que ce fleuve, qui nourrissait des crocodiles et des hippopotames, n'était que la partie supérieure du Nil, et qu'après avoir traversé l'Afrique, il se courbait au nord et venait fertiliser l'Egypte. »

(1) Voyez Pline quelques lignes plus bas.

EXCURSUS XXI

Ad ea Plinii verba, lib. V, cap. 13, pag. 465:

Syria littus occupat, quondam terrarum maxima, etc.

P. F. J. GOSSELLIN, *Géographie des Grecs analysée*, pag. 104.

« La Syrie a été la plus étendue de toutes les contrées du monde. Le nom de Syriens avait été commun autrefois à tous les peuples qui ont habité depuis la Babylonie jusqu'à la Méditerranée et jusqu'au Pont-Euxin (1). Cette grande nation s'est insensiblement détruite, et a fait place aux essaims de peuples qui descendaient de la haute Asie, comme les Syriens eux-mêmes en étaient descendus (2).....

« Le mot *Aram* signifie *celsitudo, altum esse* (3). Ainsi, il n'est que le nom appellatif d'une contrée montueuse et très-élevée. On appelait Arimes, Araméens, etc. les peuples qui habitaient les hautes montagnes. La Babylonie et la plus grande partie de la Mésopotamie ne renfermant que de vastes plaines, le nom d'*Aram* qu'elles portent dans le texte hébreu ne saurait leur convenir. C'est visiblement un nom emprunté, et qui n'a pu leur être communiqué que par l'invasion des Araméens ou Syriens descendus des hauteurs du *Taurus* et du Caucase pour s'emparer de ces plaines. »

(1) Strab. lib. XVI, pag. 736, 737.
(2) Dans la Bible, la Mésopotamie est toujours appelée *Mésopotamie de Syrie*, en hébreu *Aram-Naharajim*, c'est-à-dire, *Syrie des rivières*, ou *Syrie comprise entre les deux fleuves*; et les Syriens y sont nommés *Araméens*. Bochart, Geogr. sacr. Phaleg. lib. II, cap. 6.
(3) Petr. Guarin, Lexicon hebraicum.

EXCURSUS XXII

Ad ea Plinii verba, lib. VI, cap. 21, pag 636 :

..... *Indorumque gens incipit, non Eoo tantum mari adjacens, verum et meridiano quod Indicum appellavimus.*

P. F. J. GOSSELLIN, *Géographie des Grecs analysée*, *p.* 147 *et* 148.

« Ce que les Grecs et les Latins ont nommé Océan oriental n'avait aucun rapport avec les mers de la Chine ; ce n'était que le golfe du Bengale, qui, par la manière très-défectueuse dont Eratosthène et les géographes qui sont venus après lui ont orienté l'Inde, se trouvait tout entier tourné à l'est. Pline et Méla s'expliquent clairement sur ce point en disant : 1° que l'Inde était non seulement bornée par l'Océan méridional, mais encore par l'Océan oriental; 2° que la Taprobane commençait à l'Océan oriental, et se prolongeait vers le couchant (1) ; 3° que la mer des Indes ne s'étendait que depuis l'Indus jusqu'au coude où commence la mer orientale (2). Ce coude était le promontoire *Colis* ou *Coliacum*, qui répond au cap Comorin d'aujourd'hui, après lequel la côte était censée remonter toujours au nord, et être baignée par l'Océan oriental. C'est ce qui a fait croire jusque vers le temps de Ptolémée, que l'embouchure du Gange était tournée à l'orient, quoiqu'elle le soit au midi. »

(1) Cap. 24, pag. 657.
(2) Mela, lib. III, cap. 7, pag. 274.

EXCURSUS XXIII

Ad ea Plinii verba, lib. VI, cap. 21, pag. 636 :

..... *Quæque pars (Indiæ) orienti adversa recto præ-tenditur spatio, ad flexum et initium Indici maris $\overline{XVIII}$ XXXV mill. pass. colligit. Deinde qua flectitur in meridiem $\overline{XXVI}$ LXXV mill. pass. ut Eratosthenes tradit, usque ad Indum amnem, qui est ab occidente finis Indiæ.*

P. F. J. GOSSELLIN, *Recherches sur la géographie systématique et positive des Anciens*, tome III, pag. 258-264.

―――

« Avant de quitter les environs du Gange, nous produirons de nouvelles preuves de l'exactitude des mesures anciennes dans ces parages éloignés. Pline et d'autres auteurs rapportent quelques-unes de ces mesures, qui, par leurs dissemblances apparentes, leur ont fait croire qu'elles différaient beaucoup entre elles : mais elles ne sont devenues méconnaissables que par la fausse réduction que ces auteurs ont faite des mesures grecques et romaines, en prenant indistinctement tous les stades pour la huitième partie d'un mille ; de manière qu'ils ont quelquefois doublé, par cette opération, la longueur réelle des distances qui leur étaient données.

« Pour les rétablir dans leurs valeurs primitives, il ne faut souvent que multiplier par huit le nombre des milles, et l'on aura le nombre des stades puisés par Pline chez les auteurs grecs. Alors, il suffira de reconnaitre le module de ces stades, et d'en faire l'application sur la carte, pour découvrir leur inexactitude, et souvent leur identité avec d'autres mesures dont on les croyait fort différentes.

« Pline dit (1) :

« Le côté de l'Inde qui est tourné vers l'orient s'étend en ligne droite jusqu'au coude où commence

(1) Vide supra.

EXCURSUS XXIII.

la mer indienne; sa longueur est de 1835 mille pas. Ensuite le côté qui regarde le midi et qui s'étend jusqu'à l'Indus, terme occidental de l'Inde, est de 2,675 mille pas, comme le rapporte Eratosthène.

« Suivant Strabon (1) et Arrien (2), Eratosthène donnait au côté oriental de l'Inde 16,000 stades, qui, à huit stades pour un mille, auraient valu, selon Pline, 2,000 pas; il comptait, pour la longueur des rivages méridionaux, 19,000 stades, que Pline aurait également convertis en 2375 mille pas. Ainsi, aucune des deux mesures du texte actuel de cet auteur ne se rapporte à celle d'Eratosthène.

« Mais il est fort incertain, d'après la construction de la phrase de Pline, que la première mesure de 1835 mille pas appartienne à Eratosthène; et ce serait trop hasarder, sur un simple soupçon, que de changer dans le texte de Pline les chiffres $\overline{\text{XVIII}}$ XXXV en $\overline{\text{XX}}$. Il est plus simple de reconnaître que les 1835 mille pas de ce passage provenaient d'une mesure prise, non depuis l'embouchure orientale du Gange, comme celle d'Eratosthène, mais depuis l'embouchure occidentale de ce fleuve jusqu'au cap Comorin. Or, 1835 mille pas représentaient, dans l'opinion de Pline, 14,680 stades; et la carte moderne, fournissant 1,289 minutes, ou 15,038 stades de 700 au degré, entre la rivière d'Hougli et le cap Comorin, ne donnerait que dix lieues de différence sur 430 lieues de navigation.

« Quant à la seconde mesure que Pline attribue certainement à Eratosthène, elle est écrite dans l'édition d'Hardouin $\overline{\text{XXVI}}$ LXXV, et dans l'édition dite des *Variorum* $\overline{\text{XXIV}}$ LXXV : en multipliant ces sommes par huit, on aurait pour la première 21,400 stades, et pour la seconde 19,800, au lieu de 19,000 stades qu'Eratosthène avait assignés à ce côté de l'Inde. Pour rétablir ce dernier nombre dans le texte de Pline, il suffit d'un léger changement dans le troisième ou le quatrième chiffre, et de lire $\overline{\text{XXIII}}$ au lieu de $\overline{\text{XXVI}}$ ou $\overline{\text{XXIV}}$, que portent nos éditions. On conçoit comment, dans les manuscrits, le défaut de perpendicularité faisant pencher, d'un côté ou d'un autre, l'une des trois unités qui terminaient ce nombre, les copistes ont pu croire qu'elle devait être jointe par le bas avec l'une des deux autres et former les nombres VI ou IV. Nous proposons donc de lire dans Pline $\overline{\text{XXIII}}$ LXXV, c'est-à-dire 2375 mille pas; et, en les multipliant par huit, on trouvera juste les 19,000

---

(1) Eratosth. apud Strab. lib. I, pag. 64.
(2) Eratosth. apud Arrian. Histor. Indic. cap. 3, pag. 552.

stades d'Eratosthène, lesquels, à dix lieues près, équivaudront aux 533 lieues que donne le trait de la carte moderne entre l'embouchure orientale de l'Indus et le cap Comorin.

« D'autres géographes, selon Pline (1), assignaient à l'Inde 2850 mille pas du nord au midi. Cette mesure représente 22,800 stades, et comme les 1,289 minutes que nous avons comptées dans l'avant dernier alinéa entre l'embouchure occidentale du Gange et le Comorin valent 23,870 stades de 1111 1/9 au degré, pareils à ceux dont Mégasthène et Déimaque s'étaient servis en décrivant l'Inde, il s'ensuit que la mesure rapportée par Pline, et évaluée d'après ce module, ne différait dans son origine que de dix-neuf lieues du trait de la carte moderne, et que cet écrivain a dénaturé et corrompu cette mesure en la traduisant en milles romains. En effet, 2850 mille pas vaudraient 2,280 minutes, et attribueraient au rivage de l'Inde dont il est question 760 lieues, c'est-à-dire, 330 lieues de plus qu'il n'a réellement.

« Agrippa, suivant Pline (2), donnait à l'Inde 3300 mille pas de longueur et 2400 mille pas de largeur.

« Les 3300 mille pas valaient dans l'opinion d'Agrippa 26,400 stades, et représentaient la mesure de 26,000 stades de 1111 1/9 que Mégasthène (3) avait attribuée en ligne droite à l longueur du côté septentrional de l'Inde, compris entre Alexandrie du Caucase et l'embouchure orientale du Gange. Les 400 stades de différence ne valent que 7 lieues sur 468 qu'embrasse cette mesure. Agrippa, par sa fausse évaluation du stade, élevait cette distance à 880 lieues.

« Les 2300 mille pas de largeur doivent se prendre du midi au nord : ils valent 18,400 stades, et rappellent, à douze lieues près, les 18,000 stades de 666 2/3 employés par Patroclès (4) pour exprimer la distance en ligne droite depuis Alexandrie du Caucase jusqu'à l'extrémité méridionale de l'Inde. L'erreur d'Agrippa, dans cette réduction, est de soixante-treize lieues.

« Artémidore (5) comptait 2100 mille pas entre l'Indus et le Gange. Cette mesure représente 16,800 stades, et il faut y reconnaître une modification de celle de 16,000 stades qu'Eratosthène (6) avait fixée en ligne droite depuis les sources de l'Indus, ou sa sortie des montagnes jusqu'à

---

(1) Lib. VI, cap. 21, pag. 637.
(2) Agrippa apud Plin. lib. VI, cap. 21.
(3) Arrian. Hist. Indic. cap. 3, pag. 554.
(4) Strab. lib. II, pag. 68.
(5) Artemidor. apud Plin. lib. VI, cap. 22, pag. 648.
(6) Eratosth. apud Strab. lib. I, pag. 64.

EXCURSUS XXIII. 865

l'embouchure orientale du Gange. Cette mesure avait été prise en stades de 833 1/3 au degré. L'erreur d'Artémidore, dans la réduction qu'il en fait en milles romains, est de cent soixante-treize lieues.

« Mais Pline nous a conservé d'autres mesures plus étendues, et qui comprennent sans interruption et sans réduction la totalité des rivages de l'Inde. En les rapportant, nous ajouterons leur valeur en minutes d'un grand cercle de la terre, pour que ces mesures puissent être comparées plus aisément à celles de la carte moderne.

« Pline dit (1) :

« Depuis l'embouchure du Gange jusqu'au promontoire *Calingon* et à la ville de *Dandaguda*, on compte   625 m. p. = 500'
« De *Dandaguda* à *Tropina*   1225   = 980
« De *Tropina* au promontoire *Perimula*, où se trouve la ville de commerce la plus célèbre de l'Inde....   750   = 600
« De Périmula à une ville située dans la Patalène..   620   496

                                    Total........ 3220   =2576'

« Le nom de Perimula, donné dans le texte actuel de Ptolémée à un port de la *Chersonèse d'Or*, a fait croire à d'Anville (2) que Pline s'était trompé sur la direction de l'itinéraire précédent, et qu'au lieu de tracer une route qui portait à l'ouest du Gange, cet itinéraire conduisait au contraire à l'est de ce fleuve, sur les côtes de la presqu'île Malayenne, où est une ville nommée Péra ou Pérac, dont le géographe français fait celle de *Perimula*.

« Mais, indépendamment de ce que la mesure de Pline serait de moitié trop longue pour mener du Gange à Pérac, le nom de la *Patalène*, dont cet auteur venait de parler comme d'une presqu'île formée par les embouchures de l'Indus, ne permet pas de croire qu'il pût se tromper sur la position occidentale de ce fleuve par rapport au Gange. D'ailleurs, on ne trouve rien dans Pline qui annonce qu'il ait eu plus de connaissances sur les pays à l'est du Gange qu'Eratosthène ne lui en avait transmis; et l'on a vu (3) qu'elles se bornaient à l'embouchure ultérieure de ce fleuve, près de laquelle cet Ancien plaçait vaguement *Thinæ*, dont Pline ne fait aucune mention. Il faudrait de plus supposer des peuples *Calingæ* sur les côtes du Pégu, et une *Patalène* dans la presqu'île de Malaca, contre le texte formel de tous les auteurs de l'antiquité.

(1) Lib. VI, cap. 23, pag. 650 et 651.
(2) D'Anville, Antiq. géogr. de l'Inde, pag. 136.
(3) P. 184, 187 et 188 disputationis, cujus hic partem tantum referimus Ed.

« L'opinion de d'Anville porte uniquement sur le nom de *Perimula*, qu'il n'a point trouvé sur les côtes occidentales de l'Inde. Mais, quand même on ne trouverait pas les trois villes citées par Pline, et dont les noms peuvent avoir été altérés, puisqu'ils ne reparaissent dans aucun autre auteur, s'ensuivrait-il qu'un itinéraire qui indique sans lacune et avec précision les lieux de départ et d'arrivée, pût être rejeté ou pris à contre-sens !

« Nous avons déja vu (1) les premiers 625 mille pas de cet itinéraire conduire, à cinq minutes près ou à moins de deux lieues, de l'embouchure occidentale du Gange à la pointe de Gandéwary, indiquer dans ce cap le promontoire *Calingon* de Pline, dans la ville actuelle de Davagudam, l'ancienne *Dandaguda*, et dans le *Ganga* ou Gandéwary, le fleuve qui faisait donner aux *Calingæ* le surnom de *Gangarides*, ci   505'

« Ce premier aperçu doit inspirer de la confiance dans la direction que nous donnons à l'itinéraire de Pline. En continuant de prendre les mesures sur la carte moderne, et sans s'astreindre à toucher à tous les points de la côte, on trouvera, depuis Davagudam jusqu'à Mahé.................................... 985

« De Mahé à Souhali...................................... 600

« De Souhali, en traversant le golfe de Cambaye à la hauteur de l'île Péram, comme le faisaient les navigateurs, selon le périple de la mer Erythrée ; et de cette île à Assarpour, à l'entrée de la *Patalène*, sans pénétrer dans le golfe de Cutch............ 495

Total................. 2585'

« Cette mesure, qui embrasse les rivages de l'Inde dans une course de 861 lieues, diffère seulement de trois lieues environ de celle que Pline nous a conservée. Sa grande exactitude fait voir que *Tropina* se trouvait sur les confins méridionaux de la Limyrique, vers les lieux où sont maintenant Mahé ou Tellichéry ; et que Souhali et le cap du même nom représentent la ville et le promontoire *Perimula*. On a vu (2) Souhali répondre au port de *Simylla* du Périple et des tables de Ptolémée ; cet auteur nous prévient (3) que les naturels du pays appelaient ce port *Timula*, dénomination qui se rapproche assez de celle de *Perimula* (4) pour laisser soupçonner quelque altération dans l'orthographe de ce nom, et pour que l'identité des mesures y fasse reconnaître le port célèbre et le cap de *Simylla*. »

(1) Pag. 254 ejusdem disputationis. Ed.
(2) Pag. 225 ejusdem disputationis. Ed.
(3) Ptolem. Geogr. lib. I, cap. 17.
(4) Ælian. Histor. Animal. lib. XV, cap. 8, et Tzetzes, Chiliad. II, Hist. 3-5, vs. 459, scribunt *Perimuda*.

EXCURSUS XXIV

Ad ea Plinii verba, lib. VI, cap. 24, pag. 657:

Eratosthenes et mensuram (Taprobanes) prodidit, longitudinis VII M. stad. latitudinis quinque M.

P. F. J. GOSSELLIN, *Géographie des Grecs analysée*, pag. 134 seqq.

« La Taprobane ne peut être représentée que par Ceylan, qui est la seule grande île qu'on trouve dans les parages de l'Inde en-deçà du Gange. C'est l'opinion de la saine partie des géographes modernes, qui n'ont pu se méprendre ni sur sa situation, ni sur l'analogie de son nom actuel avec celui de *Salice*, qu'elle portait autrefois. Ainsi, point de difficultés à cet égard. Mais il y en a beaucoup pour savoir comment Eratosthène a pu lui donner 7 à 8 mille stades de longueur sur 5 mille stades de largeur; et comment Ptolémée, venu 400 ans après lui, dans un temps où la navigation de l'Inde était fort suivie et fort connue (1), lui croyait encore 15 degrés ou 7,500 stades d'étendue du nord au sud, et 12 degrés ou 6,000 stades de l'est à l'ouest (2), tandis que Ceylan n'a tout au plus que 3° 56' de long sur 2° 21' de large (3).

« D'Anville (4) a cru que cette énorme étendue, que les Anciens donnaient à la Taprobane, ne provenait que d'une fausse évaluation des stades employés à sa mesure. Nous ne pensons pas comme lui, et nous croyons pouvoir assigner une autre origine à cette erreur.

---

(1) Sous les derniers Ptolémées il sortait tout au plus 20 navires par an du golfe Arabique; mais au temps où Strabon voyageait en Egypte, il en partait déja 120 du seul port de *Myos Ormos*, pour les différentes échelles de l'Inde. Strab. lib. II, pag. 118, et lib. XVII, pag. 798.

(2) Ptolem. Geogr. lib. VII, cap. 4.

(3) Voy. carte de l'Inde de d'Anville, 1752, et celle du major Rennell de 1788.

(4) Antiquité géographique de l'Inde, pag. 148. Paris 1775. Eclaircissements géographiques sur la carte de l'Inde, pag. 109. Paris 1753.

« Les navigateurs qui partaient des bouches de l'Indus, avec le projet de parcourir les côtes de l'Inde, avaient à traverser les deux golfes qui resserrent la presqu'île de Guzerat, que l'on nommait alors *Larice*. Ils trouvaient ensuite la côte de Malabar qui s'étendait vers le midi, et il était impossible qu'ils se trompassent sur cette direction. Tous les renseignements devaient donc annoncer qu'il existait une grande terre au sud-est de Larice. Mais l'opinion qui faisait tracer la côte de l'Inde presque parallèlement à l'équateur persuadait aux géographes d'Alexandrie que cette terre ne pouvait point appartenir à l'Inde, qu'elle devait en être séparée, et qu'elle ne pouvait être que cette île nommée Taprobane, dont ils avaient entendu parler. L'enfoncement du golfe de Cambaye, qui est au midi du Guzerat, a pu leur paraître le commencement du détroit qu'ils savaient devoir séparer la Taprobane de l'Inde. L'esprit de système leur a fait continuer ce détroit jusqu'au golfe du Gange, à travers le continent; et dès lors la presqu'île occidentale de l'Inde, considérée comme une île, a pu être confondue avec Ceylan, à laquelle on a donné toute l'étendue que devait avoir cette portion de l'Asie.

« Si l'on remarque en effet que la côte de Malabar, prise depuis le cap Comorin jusqu'à Surate, est de 7,500 stades de 500 au degré, on y reconnaîtra la longueur précise que Ptolémée a donnée à la Taprobane. Le reste de la côte jusque vers Cambaye devait disparaître dans son opinion, ainsi que dans celle d'Eratosthène, pour faire place au prétendu détroit qu'ils y substituaient.

« Ce détroit est particulièrement indiqué dans Pline pour traverser la presqu'île de l'Inde entière à la hauteur de Cambaye. Il dit (1) que la Taprobane est à 7 journées de navigation de la nation des *Prasii*, qui occupaient *Palibothra*, ville située sur le Gange. Pline, en mettant les *Prasii* sur le bord de la mer, ne pouvait les placer que sur le détroit qu'il supposait exister à une petite distance au sud de *Palibothra*. Il fallait donc, pour que cette opinion eût une apparence de réalité, que l'enfoncement du golfe de Cambaye passât pour se prolonger jusqu'au golfe du Gange.

« Il y a quelque chose de plus positif encore. Hipparque, dans sa table des climats (2), plaçant la Taprobane sous le parallèle qui est à 8,800 stades de l'équateur, prévient qu'à cette latitude la petite Ourse est tout entière renfermée dans le cercle arctique; que l'étoile brillante qui est au bout de la queue est dans le cercle arctique même et touche l'horizon.

---

(1) Lib. VI, cap. 22 et 24, pag. 646 et 657.
(2) Strab. lib. II, pag. 132.

EXCURSUS XXIV.

Cette étoile, qui est près du pôle aujourd'hui, en était éloignée au temps d'Hipparque de 12° 24′ (1) : ainsi la terre, qu'il décrivait sous le nom de Taprobane, doit se trouver à 12° 24′ au nord de l'équateur, ou à 11° 51′ 36″, en tenant compte de la réfraction. Cela suffit pour prouver que l'observation citée par Hipparque n'a pu être faite que dans la presqu'île de l'Inde, vers l'extrémité septentrionale du Malabar, entre Décla et Cananor, et jamais à Ceylan, dont la partie la plus élevée n'atteint pas à dix degrés de latitude.

« On voit donc que l'erreur des anciens géographes n'est point d'avoir mal évalué les mesures qu'ils appliquaient à l'étendue de la Taprobane, mais d'avoir confondu et décrit Ceylan dans le cadre que devait occuper la presqu'île occidentale de l'Inde.

« Cette confusion dans les idées tenait aussi un peu à la disposition physique des lieux qui a aidé encore à les faire prendre les uns pour les autres. Ceylan a sa plus grande étendue du sud au nord; elle est traversée dans ce sens par une chaîne de montagnes élevées, comme celle qui borne le Malabar à l'orient, et les fleuves qui en sortent de droite et de gauche ont la même direction que ceux de la presqu'île de l'Inde.

« L'un des fleuves qui sont sur la côte orientale de Ceylan portait le nom de Gange (2), ainsi que l'a porté jusqu'à nos jours un fleuve du Coromandel, qui vient se perdre au cap Guadéwari. Le nom de *Malé*, de *Maléa* ou de *Maléam*, qui dans l'Inde désigne en général un pays de montagnes, était appliqué à celles de la Taprobane, comme il l'est encore aujourd'hui à plusieurs contrées montueuses de l'Inde, entre autres à une province entière comprise entre le Maduré, le Maissur et le Malabar. On y trouve même au midi un canton particulier nommé *Ané-Malley*, ou montagnes des Eléphants, qui répondrait au lieu que Ptolémée (3) indique dans la partie sud de la Taprobane, comme étant très-fréquenté par ces animaux. »

(1) Ptolem. Geogr. lib. I, cap. 8, pag. 7.
(2) Il s'appelle encore aujourd'hui *Mowil Ganga*.
(3) Lib. VII, cap. 4, pag. 180.

EXCURSUS XXIV.

Ad ea Plinii verba ejusdem cap. pag. 662 :

Sed ne Taprobane quidem, quamvis extra orbem a natura relegata, nostris vitiis caret.

P. F. J. GOSSELLIN, *eod. op. pag.* 36.

« Nous pensons...... que la plus grande partie de la Taprobane s'avançait au-delà du parallèle des *Limites* et de la région qui produisait la canelle, vers l'équateur; du moins ses dimensions l'exigent, et c'est d'ailleurs le sens que Pline nous paraît présenter, quand il met la Taprobane *au-delà* des bornes de la terre habitée. »

EXCURSUS XXV

Ad ea Plinii verba, lib. VI, cap. 25, pag. 669 :

Inde posuere Arbiorum gentem per CC mill.

P. F. J. GOSSELLIN, *Recherches sur la géographie systématique et positive des Anciens, tom. III, pag.* 54.

« Les 200 mille pas ou les 1,600 stades que Pline semble donner à la côte des Arbiens sont une erreur de copiste : ils ne doivent être portés qu'à 125 mille pas ou 1,000 stades, comme le prouvent les autorités réunies d'Arrien (1) et de Strabon (2), qui ne se sont pas copiés l'un l'autre, et qui ont consulté chacun des exemplaires très-différents de l'ouvrage de Néarque. »

(1) Arrian. Rer. Indic. cap. 25, pag. 601.
(2) Strab. lib. XV, pag. 720.

EXCURSUS XXVI.

Ad ea Plinii verba, lib. VI, cap. 26, pag. 670:

Onesicriti et Nearchi navigatio nec nomina habet mansionum, nec spatia.

P. F. J. GOSSELLIN, *Géogr. des Grecs analysée*, pag. 25 seqq.

« Il serait cependant bien difficile de croire qu'Alexandre, qui se donnait tant de soins pour faire mesurer et décrire les pays qu'il parcourait, n'eût pas chargé les chefs de ses flottes de tenir un journal de leur route le long d'une côte qui leur était inconnue, puisque les dangers vrais ou faux de cette navigation devaient ajouter à la gloire d'un conquérant si avide d'exécuter des choses extraordinaires. Mais si, comme l'avance Pline, Néarque et Onésicrite n'avaient pas tenu de journaux de leur route, comment Pline lui-même (1) aurait-il pu nous apprendre que, selon ces deux navigateurs, de l'Indus à Babylone, en traversant le golfe Persique dans sa longueur et les marais de l'Euphrate, il y avait 2500 mille pas; que la côte de la Carmanie avait 1250 mille pas, etc. etc. (2) Ne sont-ce pas là des mesures et des mesures assez détaillées pour faire croire, malgré ce qu'en a dit le P. Hardouin, que Néarque n'a négligé aucune de celles qu'il avait intérêt de faire connaître ?.....

« Il y a donc une sorte de contradiction dans Pline, et on peut l'expliquer en faisant attention qu'il ne cite point les mémoires de Néarque et d'Onésicrite d'après les originaux, mais seulement d'après Juba qui écrivait à Iol, nommée depuis Césarée dans la Mauritanie. Éloigné ainsi des secours littéraires qui existaient à Alexandrie, à Athènes, à Corinthe et dans d'autres villes grecques, Juba n'avait probablement eu qu'un exemplaire tronqué des écrits de Néarque, dans lequel la plupart des distances avaient été omises. La grande cherté des livres engageait les Anciens à en abréger beaucoup ; nous voyons cependant qu'ils étaient encore infiniment rares, puisque Pline, qui paraît avoir disposé d'une bibliothèque immense, n'y a point trouvé les mémoires de Néarque ; et, ce qui n'est pas moins singulier, c'est que l'ouvrage de Strabon, qui vivait 30 ans avant Pline, ne lui a pas été connu non plus, et n'avait pas encore pénétré de son temps dans la capitale du monde. »

---

(1) Lib. VI, cap. 27 et 28.
(2) Vide etiam eodem lib. cap. 30 et 31, et Strab. lib. XV, pag. 720, 729, et lib. XVI, pag 766.

EXCURSUS XXVII

Ad ea Plinii verba, lib. VI, cap. 28, pag. 681 :

Persicum introitum V mill. passuum latitudinis, alii quatuor fecerunt.

P. F. J. GOSSELLIN, *Recherches sur la géographie systématique et positive des Anciens, tom. III, pag.* 68.

« Pline dit que l'entrée du golfe Persique, selon quelques auteurs, est de *cinq mille pas*, et selon d'autres de *quatre mille*. Il est probable, d'après les passages des chapitres 26 et 32, qu'il faut lire dans celui-ci *cinquante mille* pas, et selon d'autres *quarante mille*.

« Ces cinquante mille pas, dans la méthode de réduction de Pline, représentent 400 stades. Nos cartes modernes font cette ouverture du golfe Persique d'environ trente minutes, qui valent 417 stades de 833 1/3 au degré : aussi cette mesure n'appartient-elle pas à Néarque, qui employait le stade de 1111 1/9. »

EXCURSUS XXVIII

Ad ea Plinii verba, lib. VI, cap. 28, pag. 681 :

Onesicritus et Nearchus ab Indo amne in sinum Persicum, atque illinc Babylonem Euphratis paludibus, scripserunt $\overline{XXV}$ mill. passuum esse.

P. F. J. GOSSELLIN, *Recherches sur la géographie systématique et positive des Anciens*, tom. III, pag. 47 seqq.

« Pline a donné à la Carmanie (1) les 1250 mille pas ou les 10,000 stades appliqués par Arrien (2) aux côtes de la Gédrosie, et il ne fait aucune mention des 3,700 stades que Néarque (3) comptait ensuite pour les rivages du golfe Persique, qui appartenaient spécialement à la première de ces contrées.

« Mais il faut se rappeler que Pline n'avait pas lu les ouvrages de Néarque, qu'il les a cités d'après l'extrait publié par Juba le jeune, roi de Mauritanie (4); et il est reconnu que Juba n'avait eu lui-même qu'un exemplaire tronqué du Périple de ce navigateur. Il est donc très-vraisemblable que les copistes de cet exemplaire y avaient écrit par mégarde le nom de *Carmanie* au lieu de *Gédrosie*, et cette méprise a fait soupçonner à Juba que les 3,700 stades qu'il trouvait encore pour les côtes de la Carmanie étaient un double emploi des 10,000 stades précédents; alors il les aura supprimés, sans penser qu'il formait une lacune dans la série des mesures de Néarque.

« L'évidence de cette lacune, indépendamment des autorités de Strabon et d'Arrien, se manifeste encore dans un passage de Pline qui a souffert beaucoup de difficultés parmi les interprètes. Il dit que, suivant Onésicrite et Néarque, la distance de l'Indus jusqu'à Babylone, en tra-

---

(1) Plin. lib. VI, cap. 27, pag. 679.
(2) Arrian. Rer. Indic. cap. 29, pag. 609.
(3) Nearch. apud Strab. lib. XV, pag. 720, et apud Arrian. Rer. Indicar. cap. 38, pag. 626.
(4) Plin. lib. VI, cap. 26.

versant le golfe Persique et les marais de l'Euphrate, est de xxv mille pas (1).

« Ces vingt-cinq mille pas, dans l'opinion de Pline, ne vaudraient que 200 stades; et quand on adopterait la correction du P. Hardouin, en lisant *deux mille cinq cent mille pas*, ils ne vaudraient encore que vingt mille stades; tandis que les distances prises par Néarque le long des côtes, depuis l'Indus jusqu'à l'embouchure de l'Euphrate seulement, s'élèvent déja à 22,700 stades, suivant Arrien (2), et à 21,300, suivant le texte actuel de Strabon (3); à 19,520, si l'on s'en rapporte à d'autres passages de Pline (4), et que Néarque, d'après ces trois auteurs, comptait encore 3,300 stades de l'embouchure de l'Euphrate à Babylone (5).

« Il est donc certain que la mesure de Pline qui nous occupe serait beaucoup trop courte; et nous pensons qu'au lieu de *vingt-cinq mille pas*, il avait écrit *vingt-cinq mille stades* (6), pour donner la somme des distances suivantes dont il fait mention, et qui appartiennent toutes à Néarque:

« Côte des Arbiens *corrigée* (7)............ 125 m. p. = 1,000 stad.
« Côte des Orites (8)................. 200 = 1,600
« Côte de la Carmanie (9).............. 1250 = 10,000
« Longueur du golfe Persique *en ligne droite* (10)........................... 1125 = 9,000

(1) Il existe plusieurs variantes sur ce nombre : le manuscrit de Chifflet porte *XV mill. pass.* Saumaise, *Exercitt. Plinian.* p. 837, lit *XXVII mill. pass.* l'édition d'Elzév. et celle *Variorum* porte *XXV mill. pass.* Hardouin *in Plin.* tom. I, pag. 329, not. 8, veut qu'on lise X̄X̄V *mill. pass.* c'est-à-dire, 2500 mille pas.

(2) Nearch. apud Arrian. Rerum Indic. cap. 25, pag. 601; cap. 29, pag. 309; cap. 38, pag. 626; cap. 40, pag. 629; cap. 41, pag. 631, 632.

(3) Strab. lib. XV, pag. 720, 727, 728.

(4) Lib. VI, cap. 25, 27, 28, 31.

(5) Nearch. apud Arrian. Rerum Indic. cap. 41, pag. 633. Apud Plin. lib. VI, cap. 30, *CCCCXII mill. pass.*=3296 stades. Apud Strab. lib. II, pag. 80; lib. XV, pag. 729; lib. XVI, pag. 739. Dans le premier passage Strabon dit 3000 stades, dans les deux autres il dit plus de 3000 stades.

(6) Au lieu de *XXV millia passuum* que portent nos dernières éditions, lisez *XXV millia stadiorum* : erreur extrêmement facile à commettre par des copistes latins.

(7) Plin. lib. VI, cap. 25. Supra, pag. 870.

(8) Plin. lib. VI, cap. 25, pag. 669.

(9) Plin. lib. VI, cap. 27, pag. 679.

(10) Plin. lib. VI, cap. 28, pag. 680.

EXCURSUS XXVIII.

« De l'embouchure de l'Euphrate à Baby-
lone, 412 m. p. (1), ou.................. 412 1/2 = 3,300

Total.......... 3112 1/2 = 24,900

« Ces 24,900 stades représentent sans contredit les 25,000 stades proposés ci-dessus en nombres ronds ; ils justifient la correction que nous avons faite sur la longueur de la côte des Arbiens ; ils démontrent qu'il existe dans Pline une lacune sur les mesures partielles prises le long des côtes du golfe Persique, et que pour accorder cet auteur non seulement avec lui-même, mais encore avec Strabon et Arrien, il faut lire comme s'il y avait dans son texte :

« Pour la côte des Arbiens............ 125,000 pas = 1,000 stad·
« Pour celle des Orites.............. 200,000 = 1,600
« Pour celle de la Gédrosie.......... 1,250,000 = 10,000
« Pour celle de la Carmanie......... 462,500 = 3,700
« Pour celle de la Perse............. 550,000 = 4,400
« Pour celle de la Susiane, jusqu'à *Cha-
rax* seulement..................... 240,000 = 1,920

Total............. 2,827,500 = 22,620 stad.

« Telles sont les diverses corrections que l'on doit faire aux textes actuels de Strabon et de Pline, pour en ramener les mesures à leur unité primitive ; et si le témoignage d'Arrien nous paraît mériter plus de confiance que les textes évidemment altérés des auteurs précédents, c'est que l'exactitude des distances et la vérité des détails qu'offrira son récit dans la suite de ces Recherches nous semblent repousser victorieusement les faibles arguments de Dodwell et d'Hardouin (2) contre l'authenticité du Périple dont nous nous occupons. »

(1) Plin. lib. VI, cap. 30. Vide supra pag. 692.
(2) Henr. Dodwelli Dissertatio de Arriani Nearcho apud geograph. minor. græc. tom. I, pag. 130-140. Harduin. notæ in Plinium, tom. I, pag. 326, not. 2.

EXCURSUS XXIX

Ad ea Plinii verba, lib. VI, cap. 32, pag. 713:

Insula in alto objacet Ogyris, clara Erythra rege ibi sepulto. Distat a continente CXXV mill. pass.

P. F. J. GOSSELLIN, *Recherches sur la géographie systématique et positive des Anciens*, tom. *III*, pag. 64.

« Au lieu de cxxv mille pas que marquent nos éditions, il faut lire ccxxv mille pas = 2,000 stades, comme portent des manuscrits cités par Isaac Vossius (1). »

(1) Hanc emendationem confirmant, ut nobis videtur, sequentia Strabonis verba, lib. XV, p. 766, in quibus eadem hæc Ogyris insula Τυρρίνη vocatur : Ἀπὸ δὲ τῆς Καρμανίας εἰρήκασι, καὶ Νέαρχος, καὶ Ὀρθάγορας, νῆσον Τυρρίνην κεῖσθαι πρὸς νότον πελαγίαν ἐν δισχιλίοις ςαδίοις. ED.

EXCURSUS XXX

Ad ea Plinii verba, lib. VI, cap. 33, pag. 721, 722 :

Timosthenes totum sinum (Arabicum) quatridui navigatione in longitudinem taxavit, bidui in latitudinem, angustias VII mill. D pass. Eratosthenes ab ostio $\overline{XIII}$ mill. in quamque partem.

P. F. J. Gossellin, *Recherches sur la géographie systématique et positive des Anciens, tom. II, pag. 159, 160, 162.*

« ...... On trouve dans Pline que Timosthène donnait à la longueur du golfe Arabique quatre journées de navigation et deux journées de largeur. Il est visible que ce passage est tronqué, puisque Timosthène n'aurait donné à ce golfe qu'une longueur double de sa largeur, tandis qu'il est sept fois plus long qu'il n'est large : d'ailleurs, il a dans cette première dimension quatre cents lieues en ligne droite, et aucun vaisseau ne pouvait les parcourir en quatre jours.

« Il faut donc reconnaître qu'il y a erreur dans le texte de Pline, où les copistes ont écrit *quatre jours* au lieu de *quarante jours*, comme Hérodote (1) l'avait dit avant lui. Il est étonnant que les commentateurs ne se soient pas aperçus de cette méprise, puisque Pline (2) avait dit, quelques pages auparavant, que de son temps on employait encore environ trente jours pour se rendre de *Berenice* à *Ocelis*. Cette distance renferme un peu plus des deux tiers de la longueur du golfe; et l'on ne peut supposer que les navigateurs d'Alexandrie fussent moins habiles au temps de Pline, lorsqu'ils parcouraient continuellement cette mer et celle des Indes, qu'ils l'avaient été sous Philadelphe, trois siècles auparavant.

« Suivant Pline, Eratosthène donnait à chaque côté du golfe Arabique 1300 mille pas. Si on les réduit en stades à raison de huit pour un mille,

---

(1) Herodot. Euterp. lib. II, § 11, pag. 108.
(2) Plin. lib. VI, cap. 26, pag. 676.

comme Pline et Strabon (1) les comptaient, on aura 10,400 stades; et en les divisant par 700, valeur du degré du grand cercle selon Eratosthène (2), on trouvera qu'il aurait donné à ce golfe 14° 51' 26" de longueur. Alors, en supposant *Heroopolis* à trente degrés de latitude, il s'ensuivrait que cette mesure prise en ligne droite, et même dans la direction du méridien, ne porterait encore l'embouchure du golfe qu'à 15° 8' 34" de latitude.

« D'Anville met ce détroit par environ 12° 15'; des observations plus récentes le fixent à 12° 30'. Ainsi, Eratosthène se serait trompé au moins de 2° 38' 34" qu'il aurait retranchés de la longueur réelle du golfe.

« Saumaise (3) soupçonne, avec raison, qu'il y a erreur dans ce passage de Pline: il croit que cet auteur a écrit 1300 mille pas au lieu de 13,000 stades. Mais la méprise serait trop forte pour l'attribuer à Pline; nous sommes portés à croire qu'elle vient de la faute des copistes, qui auront écrit $\overline{XIII}$ mille pas au lieu de $\overline{XVII}$ mille pas, en prenant un V mal fait ou presque effacé pour un I. Les 1700 mille pas vaudraient 13,600 stades, et ne différeraient que de cent stades des 13,500 qu'Eratosthène, suivant Strabon (4), avait donnés pour la mesure du golfe. »

(1) Strab. lib. VII, pag. 322.
(2) Voyez notre géographie des Grecs analysée, pag. 7, 12.
(3) Salmas. Exercitationes Plinianæ, pag. 875, 876.
(4) Eratosth. apud Strab. lib. XVI, pag. 768.

EXCURSUS XXXI

Ad ea Plinii verba, lib. VI, cap. 34, pag. 727, 728 :

Et tertiam (Berenicen), quæ Epidires (cognominata est), insignem loco. Est enim sita in cervice longe procurrente, ubi fauces Rubri maris VII mill. D passuum ab Arabia distant. Insula ibi Cytis, topazium ferens et ipsa.

P. F. J. Gossellin, *Recherches sur la géographie systématique et positive des Anciens*, tom. II, pag. 209-211.

« Pline cite une ville de *Berenice* surnommée *Epidires*, qui, selon lui, était située dans la partie la plus resserrée du détroit. Le P. Harduin (1), d'Anville (2) et d'autres modernes prétendent que cette *Berenice* est le même port que Ptolémée (3) nomme *Arsinoe*, et qu'il fixe près de l'embouchure du golfe. Mais Artémidore (4), dans son Périple, distingue formellement ces deux villes, et les met à une trop grande distance l'une de l'autre pour qu'on les puisse confondre. Suivant cet auteur, *Berenice* était dans la Sabée et plus au nord que *Saba* : elle était par conséquent à environ quarante-cinq lieues du promontoire *Dere* et à environ trente lieues d'*Arsinoe*. Comme il existait trois villes de *Berenice* sur les bords du golfe Arabique (5), on a pu donner à celle-ci, pour la différencier des autres, le surnom d'*Epidires* ou *voisine de Dire*, non pas pour annoncer précisément qu'elle était sur ce cap ni tout auprès, mais seulement pour faire entendre qu'elle en était moins éloignée que les deux précédentes. Il est très-vraisemblable que cette *Berenice* est la ville de Bailul d'aujourd'hui.

(1) Harduin. notæ in Plin. tom. I, pag. 342, not. 2. Edit. nostr. pag. 727, not. 11.
(2) D'Anville, Descript. du golfe Arabique, pag. 261, 262.
(3) Ptolem. Geogr. lib. IV, cap. 7, pag. 127.
(4) Artemid. apud Strab. lib. XVI, pag. 773.
(5) Plin. loc. cit. pag. 727.

« L'autorité de Pline sur l'emplacement de *Berenice Epidires* est d'autant plus faible, qu'il n'avait que des notions très-confuses sur ces parages. Il dit qu'elle n'était éloignée des côtes de l'Arabie que de 7,500 pas, tandis que la largeur entière du détroit, dans le lieu même où il est le plus resserré, est d'environ six grandes lieues marines valant 25,000 pas romains, et que cette mesure est d'accord avec les deux cents stades que Strabon lui donne d'après Eratosthène (1). La largeur du détroit est divisée en deux par l'île Méhun ou Périm; la passe de l'est a toujours été la plus fréquentée par les Anciens et par les Modernes; elle n'a guère qu'une lieue et trois quarts, et cette étendue répond encore aux soixantes stades qu'Eratosthène (2), l'auteur du Périple (3), et Agathémère (4) assignent à ce qu'ils appellent proprement le Détroit. Ces soixante stades valent justement les 7,500 pas de Pline ; ainsi il prend ce canal pour la largeur entière de l'embouchure du golfe, et semble transporter *Berenice* dans l'emplacement de l'île Méhun.

« Pline ajoute que cette ville était voisine de l'île *Cytis*, dans laquelle on trouvait des topazes. Nous croyons qu'en voulant comparer ce que Juba et Archelaüs avaient écrit sur les topazes du golfe Arabique (5), Pline ne s'est point aperçu que le dernier de ces auteurs avait confondu *Berenice Epidires* avec *Berenice Troglodytica*, près de laquelle se trouvait l'île *Topazos*, fort célèbre autrefois, parce qu'elle fournissait cette pierre précieuse. Pline est le seul parmi les Anciens qui, sur la foi d'Archelaüs, ait parlé de l'île *Cytis*. Il est aussi le seul qui ait annoncé l'existence de deux mines de topazes dans le golfe Arabique ; mais le silence d'Agatharchides, d'Artémidore et de Strabon, sur un objet si recherché autrefois, nous persuade que Pline s'est trompé, en indiquant deux fois la même ile près de deux villes qui portaient le même nom. »

---

(1) Eratosth. apud Strab. lib. XVI, pag. 769.

(2) Eratosth. ibid.

(3) Periplus maris Erythræi, pag. 14.

(4) Agathemer. Compend. Geogr. lib. I, cap. 3, pag. 8, inter geographos minores græcos, tom. II.

(5) Plin. loc. cit. lib. XXXVII, cap. 32.

EXCURSUS XXXII

Ad ea Plinii verba, lib. VI, cap. 34, pag. 729 :

Oppidum Aduliton..... abest a Ptolemaide quinque dierum navigatione..... ultra Isidis portus, decem dierum remigio ab oppido Adulitarum distans.

P. F. J. GOSSELLIN, *Recherches sur la géographie systématique et positive des Anciens*, tom. II, pag. 219 seqq.

« Pline, en copiant les journaux des navigateurs de son siècle, dit que depuis Ptolemaïs jusqu'à la ville des Adulites ils comptaient deux journées (1) de navigation, et dix journées depuis la même ville jusqu'à un port nommé *Isis*, voisin du détroit.

« Pour savoir où ces données peuvent conduire, il faut rechercher ce que pouvait valoir la course journalière des vaisseaux que les Grecs entretenaient dans le golfe Arabique.

« Selon Hérodote (2), la longueur entière du golfe est de quarante jours de navigation. En prenant sur la carte moderne la distance depuis Suez, ou, si l'on veut, depuis Héroopolis jusqu'au détroit, on trouvera quatre cent quatre-vingt-seize lieues marines le long des sinuosités de la côte. Mais, comme les navigateurs évitaient une partie des sinuosités, et que par ce moyen leur route s'accourcissait d'environ un quinzième, il convient de réduire la longueur entière du voyage à quatre cent soixante-trois lieues. Alors, divisant ce nombre par quarante, on trouvera que les vaisseaux dont parle Hérodote faisaient chaque jour environ onze lieues et demie.

« Suivant Pline (3), les vaisseaux qui partaient de *Berenice* se rendaient en trente jours environ, ou à *Ocelis*, aujourd'hui Ghéla, près de l'em-

---

(1) Nos éditions portent *quinque dierum* ; mais c'est une faute, comme les distances le démontreront dans l'instant. Il faut lire *duorum dierum*. Nous appuyons d'ailleurs cette correction nécessaire sur l'autorité d'un manuscrit cité dans le Pline *Variorum*, tom. I, pag. 373.

(2) Herodot. Euterp. lib. II, § 11, pag. 108.

(3) Plin. lib. VI, cap. 26, pag. 676.

bouchure du golfe, ou à *Cane*, aujourd'hui Késem, sur les côtes de l'Hadramaüt. Comme ces villes sont assez éloignées l'une de l'autre, il faut s'arrêter au point intermédiaire de leur distance. Nous trouvons, depuis le port des Abissins jusqu'à ce point, quatre cent trois lieues, en y comprenant les sinuosités : ainsi, il faut les réduire à trois cent soixante-treize, et la marche moyenne des vaisseaux dont Pline a parlé répondra chaque jour à douze lieues et demie.

« Le milieu entre ces résultats établira donc avec beaucoup de justesse, ou du moins avec une très-grande approximation, la marche des navires des Grecs le long des côtes du golfe Arabique, à environ douze lieues par jour.

« Maintenant, si, pour les dix jours de navigation indiqués par Pline, nous mesurons cent vingt lieues sur la carte moderne, depuis l'embouchure du détroit, et en ayant égard aux réductions employées précédemment, nous serons conduits dans le fond du golfe de Matzua, près d'Arkiko, le port actuel de la contrée où se trouvent les ruines d'*Axum*.

« De même, si de ce golfe nous comptons vingt-quatre à vingt-cinq lieues en remontant au nord pour les deux autres jours de navigation donnés par Pline, nous arriverons au point où *Ptolemaïs* est venue se placer dans notre carte (1). Cet accord dans des mesures si différentes, si indépendantes les unes des autres, confirme à la fois et l'exactitude de nos combinaisons, et la nécessité de rétablir le texte de Pline suivant la leçon du manuscrit dont nous avons parlé plus haut. »

(1) Vid. oper. citat. tom. II, pag. 196, 197, et tabulam geographicam V. Ed.

EXCURSUS XXXIII

DE HESPERIDUM ET DE FORTUNATIS INSULIS.

Ad Plinii lib. VI, cap. 36 circa finem, et cap. 37 circa initium, pag. 750, 751, 752 et 753.

P. F. J. GOSSELLIN, *Recherches sur la géographie systématique et positive des Anciens*, tom. *I*, pag. 148 seqq.

« Sébosus (1) dit que des îles Gorgones, en naviguant pendant quarante jours le long de l'Atlas, on arrivait aux îles Hespérides, situées à un jour de navigation du promontoire *du Couchant*.

« Dans ce passage Sébosus se trompe, en plaçant l'Atlas au-delà et plus au sud que les îles des Gorgones. Nous avons vu que cette chaîne de montagnes bordait toute la côte de la Mauritanie depuis le détroit. Ainsi, elle précédait le terme de l'expédition d'Hannon, que Sébosus confond ici avec le point de départ du nouveau voyage qu'il consultait; et il a joint bout à bout les deux itinéraires, faute de s'être aperçu qu'ils appartenaient aux mêmes contrées : la preuve en est évidente.

« Nous avons reconnu l'île des Gorilles, ou des Gorgones, à l'extrémité sud de la chaîne de l'Atlas, qui se termine à la rivière de Nun, après laquelle il n'existe plus que d'immenses plages sablonneuses; et comme Sébosus dit positivement que, pour arriver aux Hespérides, il faut naviguer quarante jours le long de l'Atlas, cette indication ne peut se rapporter qu'à la partie de la côte dominée par cette chaîne, et antérieure par conséquent à la rivière de Nun, où elle finit. Ainsi l'itinéraire dont il faisait usage, loin de commencer aux îles Gorgones, comme il le croyait, commençait au contraire vers le détroit, et conduisait directement aux îles Lancerote et Fortaventure, situées vis-à-vis l'extrémité de l'Atlas et du cap de Nun. Ces îles sont donc les Hespérides de Sébosus, qu'il place vis-à-vis le promontoire *du Couchant*. Il faut encore leur rapporter les deux Hespérides dont Pline parle immédiatement auparavant (2), et qu'il dit être au-delà des îles Gorgones, c'est-à-dire, de

---

(1) Plin. loc. cit. pag. 750.
(2) Plin. loc. cit.

l'embouchure de la rivière de Nun. Quant au temps employé dans cette navigation, on conçoit qu'il pouvait varier de quelques jours en plus ou en moins, suivant l'habileté des pilotes, ou la force des vents qu'ils rencontraient.

« Sébosus nommait ensuite cinq îles nouvelles :

« *Junonia*, éloignée de Cadiz de 750 mille pas.

« Au couchant, et à 750 mille pas de cette île, on trouvait *Pluvialia* et *Capraria*. La première n'avait point d'autre eau que celle des pluies.

« A 250 mille pas plus loin, sur la gauche de la Mauritanie et vers la neuvième heure du soleil, étaient les îles Fortunées. L'une s'appelait *Convallis*, à cause de sa convexité ; elle avait 300 mille pas de circonférence : l'autre était nommée *Planaria*, parce que sa surface paraissait plane (1).

« Selon Sébosus, les deux îles Fortunées se trouvaient donc à 1750 mille pas ou 464 lieues de Cadiz. Les Canaries sont moitié moins éloignées de cette ville. Mais il faut se rappeler ce que nous venons de dire, que Sébosus avait fait un double emploi dans ses distances itinéraires, en comptant deux fois l'intervalle compris entre le détroit et la rivière de Nun. Cette méprise est la cause de l'erreur que nous trouvons dans la mesure actuelle : pour s'en assurer, il suffira de prendre ses distances telles qu'il les donne.

« De Cadiz à *Junonia* il compte 650 mille pas, qui valent cent quatre-vingt-dix-neuf lieues. A cent quatre-vingt-douze lieues de Cadiz en ligne droite, nous trouvons Graciosa, petite île très-voisine de Lancerote ; et nous croyons qu'elle représente la *Junonia* de Sébosus, qu'il distingue des Hespérides. On verra d'ailleurs cette petite île reparaître dans la suite : elle est désignée dans notre carte, d'après Juba, sous le nom de *Junonia parva*.

« De *Junonia* aux îles *Pluvialia* et *Capraria*, Sébosus compte encore 750 mille pas. Cette mesure, pareille à la précédente, conduirait vers le dix-neuvième degré de latitude, si elle devait être prise en ligne droite, comme il le croyait. Mais il n'existe aucune île à cette hauteur. D'ailleurs, *Capraria* et *Pluvialia* étant toujours comptées par les Anciens au nombre des îles Fortunées, ne peuvent appartenir qu'aux Canaries, où elles représentent Gomère et l'île de Fer. Celle-ci manque d'eau douce, et ne connaît que celle que les pluies lui apportent. Il est très-probable qu'elle devait à cette circonstance le nom de *Pluvialia* qu'elle portait autrefois.

---

(1) Plin. loc. cit. pag. 750, 751.

« Il y a donc erreur dans la mesure de Sébosus, et elle existe particulièrement dans la direction qu'il lui donne. Nous pensons que sa mesure ne peut être qu'un produit de la somme des distances partielles prises d'île en île depuis Graciosa, le long des côtes de Lancerote, de Fortaventure, et de là à Canarie, à Ténériffe, à Gomère et à l'île de Fer. Mais, comme ces distances réunies ne donneraient encore que 375 mille pas, ou la moitié de la mesure de Sébosus, il faut reconnaître qu'il a cumulé l'allée et le retour de ce voyage, pour avoir trouvé 750 mille pas. Quelque étrange que semble cette méprise, elle reparaîtra encore dans la suite de ces Recherches.....

« La confusion que Sébosus a jetée sur les différents itinéraires qu'il cherchait à employer, autorise à croire que les 250 mille pas qu'il comptait depuis *Pluvialia* et *Capraria* jusqu'aux îles Fortunées, doivent partir également de Graciosa, et être comptés, comme les précédents, le long des côtes de Lancerote et de Fortaventure jusqu'à Canarie et à Ténériffe. Ces deux dernières représentent les deux îles Fortunées de Sébosus, qu'il place à la neuvième heure du soleil, c'est-à-dire, au sud-ouest de la Mauritanie. Les 250 mille pas qu'il donne sont leur distance réelle depuis Graciosa, et prise d'île en île, comme nous venons de l'indiquer.

« Le nom de *Convallis* ou de *Montueuse* paraît convenir à Ténériffe, qui renferme une des plus hautes montagnes du globe ; mais il s'en faut près de moitié que cette île ait les 300 mille pas de tour que lui prête Sébosus. Le nom de *Planaria* a pu être donné à Canarie par opposition à la grande élévation de Ténériffe. Canarie n'est point plane, ni aucune des îles qui l'environnent.

« Juba le jeune, roi de Mauritanie, plus à portée que les Romains d'obtenir des renseignements sur les îles Fortunées, les fit reconnaître par ses vaisseaux. Ce prince s'occupait d'ailleurs des progrès de la géographie. Mais, soit qu'il ait été mal secondé par les marins qu'il employait, soit que Pline ait mal conçu ce que Juba avait écrit, on verra que son itinéraire, tel que Pline nous le donne, est encore bouleversé.

« Il résulte, dit Pline(1), des renseignements que Juba s'est procurés, que les îles Fortunées sont situées au sud-ouest et à 625 mille pas des *Purpurariæ*, et que, pour y aller de ces dernières îles, il faut naviguer,

(1) Plin. loc. cit. pag. 751.

d'abord l'espace de 250 mille pas vers l'occident, et ensuite 75 mille pas à l'orient.

« La première de ces îles Fortunées s'appelle *Ombrios*. On n'y voit aucun vestige d'édifices. Dans ses montagnes il existe un étang, et des arbres semblables à la férule : les uns sont noirs, on en exprime une eau amère; les autres sont blancs, on en tire une eau agréable à boire.

« La seconde se nomme *Junonia*; elle ne renferme qu'un petit temple bâti en pierres.

« Près de *Junonia* est une autre île du même nom, plus petite.

« Ensuite vient *Capraria*, remplie de grands lézards.

« Vis-à-vis de ces îles est *Nivaria*, ainsi nommée des brouillards et des neiges qui la couvrent en tout temps.

« Près de *Nivaria* est *Canaria*; elle doit son nom à la multitude de chiens d'une grandeur énorme qu'elle nourrit.....

* Ces détails offrent une île de plus que celles dont Sébosus avait eu connaissance. On voit d'ailleurs qu'il n'est plus question ni d'Atlantides, ni d'Hespérides. Ces noms sont remplacés par celui de *Purpurariæ*; et, comme Juba les met à l'orient des îles Fortunées, il n'y a point de doute que les *Purpurariæ* ne se rapportent à Lancerote et à Fortaventure, que les Anciens, comme nous l'avons vu jusqu'à présent, avaient toujours distinguées des Fortunées proprement dites. D'Anville (1) en a jugé de même. Le nom de *Purpurariæ*, donné à Lancerote et à Fortaventure, venait des établissements que Juba y avait formés pour la teinture en pourpre (2). On sait que les côtes des Canaries en général offrent en abondance des coquilles du genre des *murex* (3), qui fournissent cette couleur si recherchée parmi les Anciens.

(1) D'Anville, Géogr. anc. abrégée, tom. III, pag. 117.
(2) Plin. lib. VI, cap. 36, pag. 750.
(3) D'Argenv. Conchyliol. pag. 82.

EXCURSUS XXXIII. 887

« L'itinéraire de Juba, tel que Pline le présente, est susceptible de quelques observations.

« Il y est dit que des *Purpurariæ* aux îles Fortunées il y a 625 mille pas; que pendant 250 mille pas on va vers l'occident, et pendant 75 mille pas vers l'orient. Ces deux derniers nombres ne font ensemble que 325, au lieu de 625 mille pas que Pline donne pour la distance totale. Ainsi, il y a erreur dans le texte de cet historien.

« D'un autre côté, on ne conçoit pas comment une navigation qui devait porter au sud-ouest, pouvait être dirigée en partie au couchant et en partie au levant. L'emplacement et la disposition bien connus des cinq îles les plus occidentales des Canaries les rangent toutes au couchant de Lancerote et de Fortaventure, avec une petite inclinaison au sud-ouest. Par conséquent un vaisseau, qui partirait de Fortaventure pour aller reconnaître toutes ces îles, suivrait une route toujours dirigée vers l'ouest, et ne naviguerait jamais à l'est, comme Juba l'avait cru. Il faut donc que, dans la combinaison de cette route, il ait commis une erreur semblable à celle de Sébosus, et qu'il ait cumulé deux itinéraires très-différents. Il est facile de le démontrer.

« La première partie, de 250 mille pas dans la direction de l'ouest, offre la mesure précise, en ligne droite, entre Lancerote et Palme, ou entre Fortaventure et l'île de Fer. Elle représente, par conséquent, la longueur totale du groupe des Canaries.

« La seconde partie, qui revient à l'est, ne peut être que le retour de l'itinéraire sur lui-même, comme sa nouvelle direction l'indique. C'est donc un double emploi, composé des distances respectives de chacune des îles, en commençant par la plus occidentale, où les premiers 250 mille pas nous avaient portés directement. La preuve en est que la somme des distances prises de l'île de Fer à Palme, à Gomère, à Ténériffe, à Canarie, à Fortaventure et à Lancerote est de 375 mille pas, et que cette somme, jointe aux 250 mille pas ci-dessus, complète les 625 mille pas que le texte de Pline donne à la totalité des mesures que Juba avait employées; d'où résulte la nécessité de corriger l'erreur de nos éditions, et de lire 375 mille pas (1) au lieu de 75 mille pas, pour cette seconde partie de la navigation.

« La direction que nous donnons à cet itinéraire, et l'emploi que nous faisons des mesures, sont d'autant plus certains, qu'ils placent ces îles dans le même ordre que Juba les avait mises; puisque, faisant toujours

---

(1) Cette correction est autorisée, d'ailleurs, par une leçon rapportée en marge du Pline *Variorum*, tom. I, pag. 383.

abstraction des deux *Purpurariæ*, Canarie est nommée et placée la dernière, comme étant en effet la plus orientale et la plus éloignée de l'île de Fer.

« L'application des noms anciens aux différentes îles du groupe des Canaries a souffert quelques variations parmi les géographes. Si l'on excepte deux de ces îles, qu'il est facile de reconnaître, les autres n'ont conservé que peu ou point de vestiges de leur précédente dénomination.

« La première, et la plus éloignée de toutes, est appelée *Ombrios*, c'est-à-dire, *pluvieuse*. C'est la *Pluvialia* de Sébosus, ou l'île de Fer d'aujourd'hui. L'eau douce y est très-rare, comme nous l'avons observé. Juba remarque qu'il existe dans ses montagnes un étang, et des arbres dont on exprime de l'eau. Cet étang, sur lequel on paraît avoir débité des fables depuis bien des siècles, et que nos anciens voyageurs ont dit être entretenu par la distillation perpétuelle d'un arbre miraculeux, n'est vraisemblablement que le réceptacle de l'eau des pluies, entouré d'arbres qui retardent sa dessiccation en recevant une partie des vapeurs qui s'en élèvent, et en les lui rendant lorsque la fraîcheur des nuits les a condensées sous les feuilles.

« Après *Ombrios*, l'itinéraire nomme *Junonia* et *Capraria*; elles paraissent répondre à Palme et à Gomère. *Nivaria* se reconnaît dans Ténériffe, la seule de ces îles où l'on trouve de la neige. On dit d'ailleurs que *tener-iffe*, dans la langue du pays, signifie montagne de neige (1). Enfin *Canaria* conserve encore son nom dans celui de Canarie.

« Dans cette nomenclature nous sommes d'accord avec d'Anville; mais nous avons laissé en arrière une seconde île nommée *Junonia*, que Juba dit être plus petite que la première, et qu'il place dans son voisinage. D'Anville n'en parle point, sans doute parce qu'ayant reconnu la grande *Junonia* dans l'île de Palme, et n'en trouvant pas d'autre dans les environs qui pût convenir à la petite *Junonia*, il aura cru que Juba avait nommé deux îles au lieu d'une.

« Cependant, il paraît certain qu'on doit aux recherches de Juba une île nouvelle, celle de Palme; et que depuis lui les Anciens ont connu deux *Junonia* parmi les Canaries (2). Celle de Sébosus se trouve déterminée par une mesure exacte, qui ne permet pas de la confondre avec la grande *Junonia*, que Juba indique à l'occident de Gomère et de Ténériffe. Nous croyons donc que la *Junonia* de Sébosus est la petite île du même nom dont Juba a voulu parler, et qu'il faut aussi la rapporter

---

(1) Hist. gén. des Voyag. t. II, pag. 236.
(2) Ptolem. Geogr. lib. IV, cap. 6, pag. 126.

à Graciosa. La confusion qui régnait dans les itinéraires peut l'avoir induit en erreur, et lui avoir fait penser qu'elle était voisine de Palme, quoiqu'elle fût très-proche de Lancerote. Il y a même lieu de croire que dans la suite le nom de *Junonia* s'est communiqué à cette dernière île, et qu'on l'a confondue avec Graciosa.

EXCURSUS XXXIV

Ad ea Plinii verba, lib. VI, cap. 38, pag. 753, 754 :

Polybius a Gaditano freto longitudinem..... ad orientem recto cursu Siciliam $\overline{XII}$ LX mill. D passuum, Cretam CCC LXXV mill. pass. Rhodum CLXXXIII mill. D pass. Chelidonias tantumdem : Cyprum CCCXXII mill. D passuum. Inde Syriæ Seleuciam Pieriam CXV mill. passuum. Quæ computatio efficit vicies quater centena XL mill. passuum, etc.

P. F. J. Gosselin, *Recherches sur la géographie systématique et positive des Anciens, tom. IV, pag. 28 seqq.*

« Selon Pline, Polybe comptait en ligne droite les distances suivantes dans toute la longueur de la Méditerranée. Nous y ajouterons leur réduction en stades, en comptant huit stades et un tiers pour le mille romain, suivant l'évaluation que paraît avoir suivi Polybe lui-même (1) dans la partie de son ouvrage que nous ne possédons plus.

« Du détroit de *Gades* au détroit de Sicile............................	1,260,500 pas =	10,504 stades.
« Du détroit de Sicile à l'île de Crète..	375,000 =	3,125
« De l'île de Crète à Rhodes........	183,500 =	1,529
« De Rhodes aux îles *Chelidoniæ*	183,500 =	1,529
« Des *Chelidoniæ* à l'île de Cypre....	322,500 =	2,687
« De Cypre à Séleucie en Piérie.....	115,000 =	958
Total.............	2,440,000 pas =	20,332 stades.

(1) Polyb. apud Strab. lib. VII, pag. 322.

« Ces mesures prouveraient que les distances employées par Polybe seraient beaucoup trop faibles, et qu'il aurait donné à la Méditerranée un tiers d'étendue de moins qu'Eratosthène (1) ne lui avait fixé.

« Mais Polybe n'a pu commettre l'erreur qui résulte du texte de Pline. Ce texte est nécessairement inexact : pour s'en convaincre, il suffirait de lui comparer cet autre passage où le même historien dit que Polybe (2) comptait :

« De la mer Atlantique ou du détroit des
Colonnes jusqu'à Carthage................ 1100 m. p. = 9,167 stades.
« Et de Carthage à l'embouchure Canopi-
que du Nil (3)........................ 1688 = 14,067
                                    Total........ 2788 m. p. = 23,234 stades.

« Il s'ensuivrait, en effet, que cette mesure partielle surpasserait déjà de plus de deux mille neuf cents stades la longueur entière que le texte de Pline donne au bassin de la Méditerranée.

« D'un autre côté le naturaliste romain (4), en comparant la longueur de cette mer, donnée selon lui par Polybe, de 2440 mille pas, à celle donnée par Agrippa, de 3440 mille pas, dit qu'il soupçonne de l'erreur dans ce dernier nombre, parce qu'Agrippa compte 1250 mille pas entre le détroit de Sicile et Alexandrie.

« Il est vraisemblable que le doute de Pline venait de ce que les 1250 mille pas comptés par Agrippa pour un intervalle que Polybe réduisait à 683 mille pas ou 5,692 stades, comme l'ensemble de ses mesures le démontre, lui paraissaient trop forts, et lui faisaient croire qu'ils avaient influé, par la faute des copistes, sur la somme de 3440 mille pas, en la portant au-delà de ce qu'elle devait être. Mais nous ferons voir, lorsque nous traiterons du système géographique d'Agrippa, que les mesures de 1250 mille pas et de 3440 mille pas pouvaient exister dans son opinion, parce qu'il plaçait le détroit de Sicile plus à l'occident que Polybe ne l'avait fait ; et il faut en conclure que l'erreur que Pline entrevoyait

---

(1) Eratosthène donnait 27,300 stades à la Méditerranée. Voyez notre Géographie des Grecs analysée.

(2) Polyb. apud Plin. lib. V, cap. 6, pag. 436.

(3) L'édit. *Variorum* et celle d'Elzévir portent 1630 mille pas ; celle du P. Hardouin, 1528 mille pas. Il faut lire 1688 mille pas. Voyez notre Géogr. des Grecs analysée, pag. 14.—Et Excursum nostrum XIX, pag. 858.

(4) Plin. lib. VI, cap. 38, pag. 754.

était dans l'exemplaire de Polybe qu'il avait sous les yeux, et non dans celui d'Agrippa, comme il le conjecturait.

« On peut s'en assurer encore par les rapprochements suivants. Si l'on s'en rapportait au calcul de Pline, Polybe n'aurait compté, depuis le détroit des Colonnes jusqu'en Crète, que 13,629 stades ; au lieu que Strabon, en discutant l'opinion de cet auteur sur la distance qu'il mettait entre ce détroit et le Péloponnèse, c'est-à-dire, le cap Ténare, qu'il plaçait sous la même longitude que la pointe occidentale de l'île de Crète, dit positivement que Polybe faisait cet intervalle de plus de 20,000 stades. Voici le passage de Strabon (1) :

« Polybe, en critiquant Dicéarque, qui ne comptait que 10,000 stades du détroit des Colonnes au Péloponnèse, savoir 7000 des Colonnes au détroit de Sicile, et 3000 du détroit de Sicile au Péloponnèse, prétend qu'il y a plus de 7000 stades en ligne droite du détroit des Colonnes au détroit de Sicile.

« En effet, ajoute Polybe, la côte forme un angle obtus, dont les côtés aboutissent aux Colonnes et au détroit de Sicile, et qui a son sommet à Narbonne ; de sorte que l'on a un triangle dont la base est une ligne droite tirée à travers la mer. Celui des côtés qui s'étend du détroit de Sicile à Narbonne est de plus de 11,200 stades ; l'autre n'en a guère moins de 8000.

« Or, la plus grande distance de l'Europe à l'Afrique, selon l'aveu commun, n'est pas de plus de 3000 stades par la mer Tyrrhénienne, et le trajet est encore plus court par la mer de Sardaigne. Mais je veux, dit Polybe, que par cette mer il y ait aussi 3000 stades : si de ce nombre on prend 2000 stades pour la profondeur du golfe de Narbonne, on aura la longueur de la perpendiculaire tirée de l'angle obtus sur la base du triangle. Donc, selon ces mesures, la longueur to-

(1) Strab. lib. II, pag. 105.

tale de la côte, depuis le détroit de Sicile jusqu'aux Colonnes, ne surpasse que d'environ 500 stades la ligne droite tirée de l'un de ces points jusqu'à l'autre, à travers la mer. Joignez-y 3000 stades pour la distance du détroit de Sicile au Péloponnèse, et vous aurez une ligne droite de plus du double de la longueur assignée par Dicéarque.

« La résolution de ce triangle, en appliquant à ses côtés les nombres précédents, donnerait pour la longueur de sa base, c'est-à-dire, pour la distance du détroit des Colonnes au détroit de Sicile, 18,766 stades : si l'on y ajoute 3,000 stades pour l'intervalle entre le détroit de Sicile et le Péloponnèse, on aura 21,766 stades, et cette mesure, comme le voulait Polybe, sera de plus du double de celle que Dicéarque avait fixée pour le même espace ; mais en même temps elle se trouverait plus grande encore que la longueur entière que Polybe, suivant Pline, semblerait avoir assignée au bassin de la Méditerranée.

« Il est donc incontestable qu'il y a erreur dans le texte de ce dernier écrivain. Si les données du triangle étaient rigoureusement déterminées, elles suffiraient pour retrouver l'étendue précise de sa base ; mais, comme elles ne sont énoncées que vaguement, les 18,766 stades qui en résultent ne peuvent être pris que pour une approximation qui a besoin d'être confirmée ou rectifiée légèrement par un moyen quelconque ; et nous n'en trouvons pas d'autre que dans le texte même de Pline, où l'erreur ne peut exister que dans les chiffres du premier ordre.

« Nous pensons donc qu'une seule lettre numérale oubliée, ou dans l'exemplaire, ou dans l'extrait de Polybe, que Pline consultait, avait dénaturé le passage dont il est question, et qu'il ne faut que la rétablir dans l'ouvrage de cet auteur, pour faire disparaître la méprise qu'elle a occasionnée. Le texte de Pline porte : *Polybius a Gaditano freto longitudinem..... ad orientem recto cursu Siciliam $\overline{XII}$ LX mill. D passuum.* Nous proposons de lire : *Polybius a Gaditano freto longitudinem..... ad orientem recto cursu Siciliam $\overline{XXII}$ LX mill. D passuum* (1).

« Cette correction fera disparaître la grande erreur que Polybe sem-

---

(1) En toutes lettres, *vicies bis centena sexaginta millia quingenta passuum* = 2,260,500 pas, au lieu de *duodecies centena sexaginta millia quingenta passuum* = 1,260,500 pas, que portent à tort nos meilleurs manuscrits et nos meilleures éditions.

EXCURSUS XXXIV.

blait avoir commise dans la longueur de la Méditerranée, et fixera la base de son triangle à 2,260,500 pas, ou 18,837 stades. Cette somme ne diffère que de 71 stades de celle que nous avions trouvée précédemment, en faisant usage des mesures approximatives que Strabon nous a conservées; et leur accord est une nouvelle preuve que Polybe comptait le mille romain pour huit stades et un tiers......

« Nous croyons (1) la correction que nous proposons de faire au texte de Pline pleinement justifiée, et par ce que nous avons déja dit, et par les rapprochements suivants :

« 1° La longueur de la Méditerranée avait été fixée par Eratosthène (2) et par Hipparque (3) à 27,300 stades : Strabon, venu après Polybe, la faisait de 25,500 (4); Agrippa la portait à 27,520 (5); le texte de Pline semblerait la réduire à 20,332 (6), et une telle réduction n'aurait point d'exemple dans l'antiquité, puisque Marin de Tyr (7) et Ptolémée (8) attribuaient encore à cette mer 25,080 stades effectifs.

« 2° On se rappelle que d'après Pline même (9) Polybe établissait l'embouchure Canopique du Nil à 23,234 stades du détroit des Colonnes, et que cette mesure, prise en ligne oblique, fixe Canope et Alexandrie à 22,887 stades de longitude. Si donc la Méditerranée, dans toute sa longueur, ne devait en avoir que 20,332, n'est-il pas évident, comme nous

---

(1) Oper. cit. tom. II, pag. 19.

(2) Voyez notre Géographie des Grecs analysée, pag. 14 et 15, et les tableaux n. II et III.

(3) Voyez le premier volume des *Recherches*, pag. 34, 58, 60.

(4) Voyez notre Géographie des Grecs analysée, pag. 63, 64, et le tableau n° V.

(5) Agrippa apud Plin. lib. VI, cap. 38, 3440 mille pas $=$ 27,520 stades.

(6) Supra pag. 889.

(7) Marin. Tyr. apud Ptolem. Geograph. lib. I, cap. 12. — Il comptait 62 degrés d'intervalle entre *Calpe* et *Issus*, et évaluait en nombre rond le degré de longitude sous le trente-sixième parallèle à 400 stades; 62° $\times$ 400 $=$ 24,800 stades. Mais, comme il aurait dû porter le degré à 404 stades environ, il s'ensuit qu'il employait réellement 25,080 stades dans la longueur de la Méditerranée.

(8) Ptolem. Geogr. lib. I, cap. 12. — Ce géographe suivait l'opinion de Marin de Tyr, et comptait par conséquent 62 degrés entre *Calpe* et *Issus*, quoique ses tables grecques actuelles ne marquent pour cet intervalle que 61° 30', et ses tables latines que 61° 50'. Geogr. lib. II, cap. 4; lib. V, cap. 8.

(9) Supra pag. 890.

l'avons dit, qu'Alexandrie, le Nil, l'Egypte entière, se trouveraient transportés à 2,555 stades plus à l'orient que l'extrémité de cette mer?

« 3° Il en serait de même des 22,500 stades que Polybe donnait à la distance du détroit des Colonnes au promontoire Malée (1), puisqu'elle reléguerait le Péloponnèse dans l'intérieur de l'Asie à 2,168 stades des bords de la Méditerranée; et serait-il croyable que Strabon, en critiquant Polybe, eût négligé de relever une semblable méprise, si elle avait existé dans son ouvrage?

« 4° La distance de 18,766 stades, ou plutôt de 18,837, qui résulte du triangle de cet auteur (2) entre le détroit des Colonnes et celui de Sicile, ne laisserait, en adoptant la leçon du texte de Pline, que 1,495 stades pour l'espace compris entre le détroit de Sicile et Séleucie en Piérie; quoique, d'après Pline même (3), Polybe éloignât ces positions de 1,179,500 pas ou de 9,828 stades.

« 5° Enfin, puisque cet auteur employait encore, suivant Pline, 28,646 stades entre le détroit des Colonnes et le Bosphore Cimmérien (4), et 4,168 stades entre ce Bosphore et celui de Thrace (5), sur lequel Byzance était située, ne s'ensuivrait-il pas, si Rhodes avait dû se trouver à 15,158 stades seulement des Colonnes, que Polybe aurait placé Byzance à 8,925 stades, ou 12° 45' plus à l'orient que Rhodes, tandis que l'opinion des Anciens a toujours été que ces deux villes se trouvaient à-peu-près sous la même longitude.

« Nous pensons donc qu'il ne peut rester aucun doute sur la nécessité de corriger le texte de Pline. »

Quæ sequuntur ex alio ejusdem P. F. J. GOSSELLIN opere excerpta sunt nondum in lucem edito, quod quidem tradidit nobis vir ille obsequio modestiaque non minus quam summa doctrina commendabilis, si quid in eo utile Plinio nostro inveniremus, id insigni liberalitate nostrum faciens. Quam benevolentiam ne nostro damno et tuo, Lector optime, negligeremus summopere caventes, quæ jam lecturus es addidimus, in quibus auctor priorem opinionem suam leviter emendando confirmat.

« Les erreurs de Dicéarque et d'Eratosthène sur la distance des détroits des *Colonnes* et de Sicile ne tardèrent pas à être reconnues, et

---

(1) Polyb. apud Strab. lib. I, pag. 25.
(2) Supra, p. 892 et 893.
(3) Supra, pag. 889.
(4) Polyb. apud Plin. lib. VI, cap. 38, pag. 754.
(5) Polyb. apud Plin. lib. IV, cap. 24, pag. 236.

EXCURSUS XXXIV.

Polybe en fit l'objet d'une discussion, en décrivant la Méditerranée dans des ouvrages qui ne nous sont point parvenus, mais dont Strabon et Pline nous ont conservé quelques fragments. Ce qui concerne l'intervalle des détroits paraît présenter chez ces deux auteurs une telle contradiction, que je ne puis me dispenser de m'y arrêter.

« On voit dans Strabon que Polybe avait critiqué Dicéarque sur ce que cet Ancien bornait à 7,000 stades la distance des deux détroits. Pour faire voir que cette distance devait être beaucoup plus grande, Polybe considère les côtes de l'Espagne, de la Gaule et de l'Italie comprises entre les détroits, comme formant un angle obtus à Narbonne, et comme étant les deux côtés d'un triangle dont la base serait une ligne droite tirée à travers la mer, depuis les *Colonnes* jusqu'au détroit de Sicile. Il donnait à l'un des côtés, depuis ce détroit jusqu'à Narbonne, *un peu plus* de 11,200 stades ; à l'autre *un peu moins* de 8,000 stades ; et, supposant 2,000 stades à la perpendiculaire qui, de Narbonne, tombait sur la base du triangle, il en concluait que les deux côtés réunis de ce triangle ne surpassaient que d'environ 500 stades la ligne qui séparait les deux détroits. Ainsi, l'on ne peut douter que leur intervalle ne fût, dans l'opinion de Polybe, au moins de 18,700 stades ; et puisqu'il employait, comme on sait, un stade de 8 1/3 au mille romain (ou de 625 au degré), cette distance, sous le 36° parallèle, représentait environ 37 degrés, c'est-à-dire, 16 à 17 degrés de plus qu'elle ne devait avoir (1).

« Si l'on compare ce passage de Strabon avec celui où Pline (2) donne en milles romains, et en six stations différentes, la longueur de la Méditerranée d'après Polybe, on trouvera que ce dernier auteur y borne la distance entre le détroit de *Gades* ou des *Colonnes*, et celui de Sicile à 1260 1/2 milles, ou 10,504 des stades précédents, c'est-à-dire, 24° 46′ 25″ au lieu de 37° 15′ 13″ qui résultent de la première combinaison.

« Voyons s'il est possible d'expliquer et de concilier ces contradictions, ou du moins d'en indiquer la cause.

« Pline, en disant que Polybe donnait à la longueur entière de la Méditerranée 2440 milles, ajoute qu'Agrippa portait cette mesure à 3440 milles, et il soupçonne une erreur dans ce dernier nombre, c'est-à-dire, une différence de 1000 milles itinéraires dont l'intervalle des détroits se trouverait prolongé par la faute des copistes.

« Mais si l'on observe que l'usage constant d'Agrippa et de ses compa-

---

(1) Voyez le tableau n° I. — In opere citato tabula hæc numerum III obtinet. Ed.

(2) Plin. loc. cit. — Voyez le tableau n° II.

triotes était de compter le mille romain pour huit stades indistinctement, on reconnaitra dans ces 3440 milles la traduction exacte d'une mesure de 27,520 stades, qui, à 220 stades près, est celle qu'Eratosthène avait donnée à l'étendue de la Méditerranée depuis les *Colonnes* jusqu'à *Issus*. Et si on prend ces stades pour ceux de 833 1/3, on aura, sous le 36° parallèle, 1 10° 49' 11'', ou seulement 0° 31' 40'' de moins que la distance connue. Ce n'est donc point dans la mesure générale d'Agrippa qu'on peut chercher l'erreur supposée par Pline, mais plutôt dans l'une des distances partielles indiquées par ce dernier auteur : c'est pourquoi, en rétablissant la carte de Polybe, j'avais cru devoir lire dans le passage du naturaliste romain 2260 1/2 milles, au lieu de 1260 1/2 (1), pour l'intervalle des détroits, afin d'accorder sa mesure avec celle de la base du triangle décrit par Strabon. Maintenant cette correction devient inutile, et je vais montrer que les 18,700 stades de Strabon, les 1260 1/2 milles de Pline, et les 2660 1/2 milles qui résultent du passage d'Agrippa pour la distance dont il est question, peuvent être ramenés aux mêmes éléments.

« Je dirai d'abord qu'il n'est pas croyable que Polybe, dans un même ouvrage, ait pu varier de plus des trois quarts sur une distance qu'il avait discutée avec soin ; mais on peut admettre qu'à des époques différentes il avait publié deux descriptions de la Méditerranée, dont l'une a été connue de Strabon et inconnue à Pline, et dont l'autre a été inconnue au premier et connue du second. Il est remarquable en effet que Strabon ne rapporte point les distances que Polybe comptait entre le détroit de Sicile et l'extrémité orientale de la Méditerranée, quoique Pline les ait trouvées dans l'exemplaire qu'il avait sous les yeux ; et ce qui est plus remarquable encore, c'est que Strabon ait complètement ignoré la relation publiée par Polybe (2) de son voyage le long des côtes occidentales de l'Afrique, dont Pline nous a conservé un extrait fort important, et d'où Strabon aurait tiré de nombreux secours pour décrire des contrées sur lesquelles il n'a pu donner que des notions incertaines et presque aucun détail. Je crois donc qu'il nous manque deux ouvrages de Polybe sur la géographie, et que c'est là que se trouvaient séparément énoncées les mesures dont il est question. Le premier de ces écrits peut avoir été composé quand Polybe habitait encore le Péloponnèse ; le second, à son

---

(1) Voyez le second volume de mes Recherches, pag. 12, 13. — Supra, pag. 892. Ed.

(2) Polyb. apud Plin. lib. V, cap. 1. — Voyez mes Recherches, tom. I, pag. 106 et suiv.

EXCURSUS XXXIV.

retour de l'expédition contre Carthage, où il avait accompagné Scipion Emilien, et d'où il rapporta des connaissances entièrement neuves pour les Grecs comme pour les Romains, que jusqu'alors les Carthaginois avaient soigneusement écartés de toutes leurs possessions.

« Quoi qu'il en soit, en examinant les mesures que Polybe donne aux deux côtés de son triangle, et en les comparant surtout au peu de longueur qu'il attribue à la perpendiculaire tracée depuis Narbonne jusqu'à la base de ce triangle sous le 36e degré de latitude (1), on aperçoit bientôt que toutes ces mesures sont inexactes, et qu'elles sont combinées de manière à faire compter environ 18,700 stades (2) pour la base du triangle; d'où l'on peut inférer qu'un pareil nombre de stades était connu et servait avant Polybe pour exprimer la distance des détroits. En effet, 18,700 stades de 1111 1/9, portés sous le 36e parallèle, représentent 20° 48′ 11″, et diffèrent seulement de 0° 11′ 5″ de nos observations modernes, tandis que, si l'on évalue ces stades, avec Polybe, à 8 1/3 au mille romain, il en résulte, comme on l'a vu, environ 37 degrés; de sorte qu'en cherchant à corriger Dicéarque sur le peu d'espace que celui-ci avait mis entre les détroits, Polybe aurait fait leur distance beaucoup trop grande.

« C'est probablement à Carthage que l'intervalle des détroits fut donné à Polybe comme étant de 1260 1/2 milles ou de 10,504 stades (de 625). Il crut cette mesure beaucoup plus petite que celle de 18,700 qu'il avait adoptée auparavant; et il l'employa dans sa nouvelle description de la Méditerranée, consultée par Pline et ignorée de Strabon. La correction qu'il fit montre encore que Polybe, et les Grecs en général, n'avaient aucune idée de la diversité des stades. Cet auteur ne s'est point aperçu qu'il abandonnait une bonne mesure pour une autre également exacte, puisque 18,700 stades de 1111 1/9 en valent juste 10,519 de 625, et représentent aussi, comme je l'ai dit, 20° 48′ 11″ sous le 36e parallèle.

« Enfin les 2260 m. 1/2 que la mesure générale d'Agrippa fait compter pour l'intervalle des détroits, et que Pline croyait être une erreur considérable, étant multipliés par 8 1/3, comme les précédents, produisent 18,837 stades et ajoutent au nombre d'environ 18,700 donné par Polybe

---

(1) Polybe plaçait Narbonne à 39° 12′ de latitude, quoique cette ville soit à 43° 11′ 22″: par cette seule erreur il dénaturait entièrement la forme des parties occidentales de la Méditerranée.

(2) Cette mesure de 18,700 stades n'étant qu'une approximation, j'ai cru devoir la compléter dans le Tableau n° 1, en la portant à 18,837 stades, par les raisons que l'on verra bientôt.

la fraction qui complète l'intervalle dont il est question, en le fixant à 20° 57′ 20″. Cette mesure ne diffère pas de deux minutes des observations les plus récentes : il est donc très-probable qu'Agrippa avait retrouvé dans quelque ancien ouvrage la mesure entière que Polybe (1) avait légèrement tronquée ; car il était impossible à Agrippa de deviner les 137 stades ou les 16 milles 1/2 négligés par cet historien.

« Ces rapprochements font voir qu'il n'y a aucun changement à proposer dans les textes de Strabon et de Pline relatifs aux distances données par Polybe et par Agrippa pour l'intervalle du détroit des *Colonnes* à celui de Sicile, puisque la dissemblance apparente de leurs mesures vient de ce qu'elles s'y trouvent présentées sous des modules différents.

« J'ai dit que Strabon ne donnait pas les mesures d'après lesquelles Polybe (2) avait fixé les positions comprises entre le détroit de Sicile et l'extrémité orientale de la Méditerranée : il faut donc les prendre dans Pline. Je les emploie dans les Tableaux n. I et II, si ce n'est que, dans le premier, je substitue à la distance rapportée par Pline, pour l'intervalle des détroits, celle de 18,700, ou plus exactement les 18,837 stades dont je viens de parler ; et l'on voit que l'ensemble de ces mesures produisait pour la longueur entière de la Méditerranée 28,667 stades, ou 56° 41′ 37″, au lieu de 41° 21′ qu'on lui connaît aujourd'hui. Ainsi, dans ce premier essai, Polybe prolongeait l'étendue de cette mer de 15° 20′ 37″, ou de plus d'un tiers au-delà de ses vraies limites.

Dans le Tableau n° II, d'après les seules mesures de Polybe transmises par Pline, et sans y rien changer, la longueur de la Méditerranée se trouve réduite à 2440 milles, ou 20,334 stades, ou 40° 12′ 49″, c'est-à-dire, à 1° 8′ 11″ seulement de moins que l'intervalle connu entre les *Colonnes* ou Gibraltar et Séleucie en Piérie (3). Comment Polybe, tout en

---

(1) Supra, pag. 898.
(2) Polyb. apud Plin. lib. VI, cap. 38, pag. 754.
(3) Pour éviter toute incertitude sur la valeur du mille dont Pline se sert ici, je crois devoir prévenir qu'il est indifférent, pour la conversion en degrés, d'évaluer le mille à 8 stades ou à 8 stades 1/3. Si on le compte de 8 stades, les 2440 milles ci-dessus donneront 19,520 stades olympiques, ou de 600 au degré, qui vaudront sous le 36ᵉ parallèle 40° 12′ 49″. Si l'on porte ces milles à 8 1/3 stades, on trouvera 20,334 stades de 625 au degré, qui, sous la même latitude, répondront aussi à 40° 12′ 49″. Je me sers ici du dernier de ces stades, parce que Strabon dit positivement que Polybe évaluait le mille à 8 stades 1/3 ; d'ailleurs on ne peut trouver les 18,700 stades de la base de son triangle que dans la conversion des stades de 625 en ceux de 1111 1/9.

EXCURSUS XXXV.

commettant des erreurs de deux ou même de trois degrés et demi sur des positions intermédiaires, est-il parvenu à connaître la longueur de cette mer avec tant d'approximation? Comment les matériaux, les itinéraires qu'il avait employés, sont-ils restés inconnus à tous les géographes grecs postérieurs? Ne doit-on pas croire que cette grande mesure, et particulièrement l'intervalle des détroits, lui avaient été communiqués pendant son séjour à Carthage, et qu'après la ruine de cette ville célèbre par l'étendue de son commerce, les connaissances que ses habitants avaient acquises par leurs longues navigations auront été anéanties par les Romains?

« Alors on expliquerait comment Polybe, pour remplir l'intervalle du détroit de Sicile à Séleucie, aura repris les mesures partielles dont il avait fait usage dans sa première description, sans se douter qu'elles pouvaient se trouver évaluées en stades de différentes longueurs. C'est néanmoins ce qui est arrivé; et il en est résulté le mélange bizarre présenté dans les secondes parties des Tableaux I et II, où l'on voit les six stations indiquées par Polybe dans la Méditerranée, mesurées en stades de quatre modules inégaux. J'en indique la valeur, pour qu'on puisse comparer leurs résultats à nos connaissances actuelles. »

EXCURSUS XXXV

Ad ea Plinii verba, lib. VI, cap. 38, pag. 754:

Agrippa hoc idem intervallum a freto Gaditano ad sinum Issicum per longitudinem directam $\overline{XXXIV}$ LX mill. pass. taxat, in quo haud scio an sit error numeri, quoniam idem a Siculo freto Alexandriam cursus $\overline{XII}$ L mill. pass. tradidit.

P. F. J. GOSSELLIN, *Géographie des Grecs analysée*, p. 112, not. 2.

« Cette mesure réduite en stades, à raison de huit pour un mille, comme Pline les compte toujours, fait 27,520 stades, ou 39° 18′ 51″ en les supposant mesurés sur une carte à *projection plate*; et, comme la différence entre le méridien de *Calpe* et celui d'*Issus* est de 41° 30', l'erreur d'Agrippa est de 2° 11' 9''. On peut voir que l'erreur commise par Strabon a été de 5° 4' 17''.

« Quant à l'erreur dont parle Pline, si ses termes sont bien exacts, il y a apparence qu'Agrippa aura mal compris l'auteur qui lui fournissait ce passage, et qu'il fallait y lire ou du moins entendre que cet intervalle devait être compté du *détroit de Sicile* au *méridien d'Alexandrie* : car il est remarquable que ces 1250 mille pas, mesurés sur une carte à *projection plate*, valaient 14° 17' 8'', et que ce n'est que 5' 38'' de moins que la distance connue aujourd'hui entre ces deux méridiens : d'où on peut conclure qu'il n'y avait point d'erreur dans le passage rapporté par Pline. »

EXCURSUS XXXVI

Ad ea Plinii verba, lib. VI, cap. 39, pag. 756 :

His addemus etiamnum unam græcæ inventionis sententiam, etc.

P. F. J. Gossellin, *Géographie des Grecs analysée*, pag. 51.

« Nous pensons que les tables rapportées ici par Pline pourraient appartenir à Hipparque ; il n'en cite point l'auteur, mais il dit qu'elles sont l'ouvrage des Grecs, et nous ne voyons qu'Hipparque à qui on puisse en attribuer au moins l'origine. »

TABLEAU N° I.

SYSTÈME DES PRINCIPALES LONGITUDES DE LA PREMIÈRE CARTE DE POLYBE.

POSITIONS ANCIENNES selon Polybe.	DISTANCE PARTICULIÈRE SOUS LE 36ᵉ PARALLÈLE.			DISTANCE TOTALE		DIFFÉRENCE ou ERREURS de Polybe.	POSITIONS MODERNES CORRESPONDANTES.	CONVERSION DES MILLES OU DES STADES PRÉCÉDENTS en degrés.	DISTANCE TOTALE		DIFFÉRENCE ou ERREURS.
	en milles romains.	en stades de 625.	en degrés de 625.	selon Polybe.	selon les modernes.				d'après la conversion.	selon les modernes.	
			D. M. S.	D. M. S.	D. M. S.	D. M. S.		D. M. S.	D. M. S.	D. M. S.	D. M. S.
Détroit de Gades..	0.	0.	0. 0. 0.	0. 0. 0.	0. 0. 0.	0. 0. 0.	Détroit de Gibraltar.....	0. 0. 0.	0. 0. 0.	0. 0. 0.	0. 0. 0.
Détroit de Sicile..	2260 ½.	18837.	37. 15. 13.	37. 15. 13.	20. 59. 16.	+ 16. 15. 57.	Détroit de Sicile......	20. 57. 20. de 1111 ½ st.	20. 57. 20.	20. 59. 16.	— 0. 0. 1. 56.
Ile de Crète....	375.	3125.	6. 10. 48.	43. 26. 1.	28. 50. 1.	+ 14. 36. 0.	Ile de Crète, au cap Crio.	7. 43. 31. de 500....	28. 40. 51.	28. 50. 1.	— 0. 9. 10.
Rhodes.........	183 ½.	1530.	3. 1. 33.	46. 27. 34.	33. 32. 22.	+ 12. 55. 12.	Rhodes..............	3. 46. 48. de 500....	32. 27. 39.	33. 32. 22.	— 1. 4. 43.
Iles Chélidonie..	183 ½.	1530.	3. 1. 33.	49. 29. 7.	35. 39. 56.	+ 13. 49. 11.	Ile Chélidoni.........	3. 9. 7. de 600....	35. 36. 46.	35. 39. 56.	— 0. 3. 10.
Ile de Cypre.....	322.	2683.	5. 18. 21.	54. 47. 28.	37. 45. 51.	+ 17. 1. 37.	Ile de Cypre, à Paphos.	2. 59. 5. de 1111 ½.	38. 35. 51.	37. 45. 51.	+ 0. 50. 0.
Séleucie en Piérie.	115 ½.	962.	1. 54. 9.	56. 41. 37.	41. 21. 0.	+ 15. 20. 37.	Suveidieh.............	2. 22. 42. de 500....	40. 58. 33.	41. 21. 0.	— 0. 22. 27.
	3440.	28667.	56. 41. 37.								

TABLEAU N° II.

SYSTÈME DES PRINCIPALES LONGITUDES DE LA SECONDE CARTE DE POLYBE.

POSITIONS ANCIENNES selon Polybe.	DISTANCE PARTICULIÈRE SOUS LA 36ᵉ PARALLÈLE.			DISTANCE TOTALE		DIFFÉRENCE ou ERREURS de Polybe.	POSITIONS MODERNES CORRESPONDANTES.	CONVERSION DES MILLES OU DES STADES PRÉCÉDENTS en degrés.	DISTANCE TOTALE		DIFFÉRENCE ou ERREURS.
	en milles romains.	en stades de 625.	en degrés de 625.	selon Polybe.	selon les modernes.				d'après la conversion.	selon les modernes.	
			D. M. S.	D. M. S.	D. M. S.	D. M. S.		D. M. S.	D. M. S.	D. M. S.	D. M. S.
Détroit de Gades..	0.	0.	0. 0. 0.	0. 0. 0.	0. 0. 0.	0. 0. 0.	Détroit de Gibraltar.....	0. 0. 0.	0. 0. 0.	0. 0. 0.	0. 0. 0.
Détroit de Sicile..	1260 ½.	10504.	20. 46. 25.	20. 46. 25.	20. 59. 16.	— 0. 12. 51.	Détroit de Sicile......	20. 46. 25. de 625 st.	20. 46. 25.	20. 59. 16.	— 0. 12. 51.
Ile de Crète....	375.	3125.	6. 10. 48.	26. 57. 13.	28. 50. 1.	— 1. 52. 48.	Ile de Crète, au cap Crio.	7. 43. 31. de 500....	28. 29. 56.	28. 50. 1.	— 0. 20. 5.
Rhodes.........	183 ½.	1530.	3. 1. 33.	29. 58. 46.	33. 32. 22.	— 3. 33. 36.	Rhodes..............	3. 46. 48. de 500....	32. 16. 44.	33. 32. 22.	— 1. 15. 38.
Iles Chélidonie..	183 ½.	1530.	3. 1. 33.	33. 0. 19.	35. 39. 56.	— 2. 39. 37.	Ile Chélidoni.........	3. 9. 7. de 600....	35. 25. 51.	35. 39. 56.	— 0. 14. 5.
Ile de Cypre.....	322.	2683.	5. 18. 21.	38. 18. 40.	37. 45. 51.	+ 0. 32. 49.	Ile de Cypre, à Paphos.	2. 59. 5. de 1111 ½.	38. 24. 56.	37. 45. 51.	+ 0. 39. 5.
Séleucie en Piérie.	115 ½.	962.	1. 54. 9.	40. 12. 49.	41. 21. 0.	— 1. 8. 11.	Suveidieh.............	2. 22. 42. de 500....	40. 47. 38.	41. 21. 0.	— 0. 33. 22.
	2440.	20334.	40. 12. 49.								

TABULA

RERUM

QUÆ IN PLINII SECUNDO VOLUMINE CONTINENTUR.

Præmonitio ad Lectorem VII
C. Plinii Secundi Naturalis Historiæ liber III 1
C. Plinii Secundi Naturalis Historiæ liber IV...... 211
C. Plinii Secundi Naturalis Historiæ liber V....... 395
C. Plinii Secundi Naturalis Historiæ liber VI 579
Excursus I de mensibus Ægyptiacis............. 762
Excursus II. — De situ Paradisi terrestris Disquitio, sive de Plinii cum Mose convenientia in Paradisi fluminibus indicandis 764
Excursus III de variorum stadiorum, apud geographos latinos, confusione................. 798
Excursus IV ad ea Plinii verba, lib. III, Proœm. pag. 2 et 3 : « Quindecim m. pass. in longitudinem, quas diximus, fauces Oceani patent, etc. » 801
Excursus V ad ea Plinii verba, lib. III, cap. 3, pag. 11 : « Carteia, Tartessos a Græcis dicta.» .. 803
Excursus VI ad ea Plinii verba, lib. IV, cap. 17, pag. 271 : « Thessalonica, liberæ conditionis. Ad hanc a Dyrrachio cxiv mill. pass. » 807
Excursus VII ad capita 27 et 28 lib. IV Plinii, pag. 345-353 808
Excursus VIII ad ea Plinii verba, lib. IV, cap. 30, pag. 355 : « Circuitu vero patere (Albion) tricies

octies centena viginti quinque M. Pytheas et Isidorus tradunt. » 825

Excursus IX ad ea Plinii verba, lib. IV, cap. 30, pag. 355, 356 : « Agrippa longitudinem (Britanniæ) DCCC M. pass. esse, etc. ». 826

Excursus X ad cap. 30, lib. IV, pag. 356-358 : « De insulis circa Britanniam et in Germanicum mare sparsis. » 827

Excursus XI ad initium cap. 35, lib. IV, pag. 382-384 : « A Durio Lusitania incipit, etc. » 832

Excursus XII ad ea Plinii verba, lib. IV, cap. 35, pag. 385 : « $\overline{\text{XIV}}$ M. pass. inde ad Pyrenæum medium colligi Varro tradidit. » 835

Excursus XIII ad ea Plinii verba, lib. IV, cap. 35, pag. 387 : « Oppida : Ossonoba, Balsa. » 836

Excursus XIV ad ea Plinii verba, lib. IV, cap. 35, pag. 390 : « Lusitaniam cum Asturia et Gallæcia patere longitudine DXL M. passuum, etc. » 837

Excursus XV ad ea Plinii verba, lib. IV, cap. 35, pag. 390 : « Omnes autem Hispaniæ, a duobus Pyrenæi promontoriis per maria, etc. » 838

Excursus XVI ad ea Plinii verba, lib. IV, cap. 36, pag. 391 : « Ab ostio freti passuum XXV mill. Gadis. ».................................. 840

Excursus XVII de insula Gadi, quæ et Cotinussa, de insula Erythia, quæ et Aphrodisias, et Junonia, et de earum mensuris..................... 841

Excursus XVIII ad ea Plinii verba, lib. V, cap. 1, pag. 401 : « Scipione Æmiliano res in Africa gerente, Polybius Annalium conditor, etc. » 847

Excursus XIX ad ea Plinii verba, lib. V, cap. 6,

pag. 436 : «.....ab Oceano ad Carthaginem magnam $\overline{xi}$ mill. pass. etc. » 858

Excursus XX ad ea Plinii verba, lib. V, cap. 10, pag. 449 : « Originem (ut Juba rex potuit exquirere), etc. »............................ 859

Excursus XXI ad ea Plinii verba, lib. V, cap. 13, pag. 465 : « Syria littus occupat, quondam terrarum maxima, etc. ».................... 860

Excursus XXII ad ea Plinii verba, lib. VI, cap. 21, pag. 636 : «..... Indorumque gens incipit, non Eoo tantum mari adjacens, etc. » 861

Excursus XXIII ad ea Plinii verba, lib. VI, cap. 21, pag. 636 : «..... Quæque pars (Indiæ) orienti adversa recto prætenditur spatio, ad flexum et initium Indici maris, etc. » 862

Excursus XXIV ad ea Plinii verba, lib. VI, cap. 24, pag. 657 : « Eratosthenes et mensuram (Taprobanes) prodidit, longitudinis vii m. stad. latitudinis quinque m. »...................... 867

—— Ad ea Plinii verba ejusdem cap. pag. 662 : « Sed ne Taprobane quidem, quamvis extra orbem a natura relegata, nostris vitiis caret. » ... 870

Excursus XXV ad ea Plinii verba, lib. VI, c. 25, pag. 669 : «Inde posuere Arbiorum gentem per cc mill. » .... *Ib.*

Excursus XXVI ad ea Plinii verba, lib. VI, cap. 26, pag. 670 : « Onesicriti et Nearchi navigatio nec nomina habet mansionum, nec spatia. ».... 871

Excursus XXVII ad ea Plinii verba, lib. VI, cap. 28, pag. 681 : « Persicum introitum v mill. passuum latitudinis, alii quatuor fecerunt. »...... 872

Excursus XXVIII ad ea Plinii verba, lib. VI, cap. 28, pag. 681: « Onesicritus et Nearchus ab Indo amne in sinum Persicum, etc. » 873

Excursus XXIX ad ea Plinii verba, lib. VI, cap. 32, pag. 713 : « Insula in alto objacet Ogyris, clara Erythra rege ibi sepulto, etc. » 876

Excursus XXX ad ea Plinii verba, lib. VI, c. 33, p. 721, 722 : « Timosthenes totum sinum (Arabicum) quatridui navigatione, etc. » 877

Excursus XXXI ad ea Plinii verba, lib. VI, c. 34, pag. 727, 728 : « Et tertiam (Berenicen), quæ Epidires (cognominata est), etc. » 879

Excursus XXXII ad ea Plinii verba, lib. VI, cap. 34, pag. 729 : « Oppidum Aduliton ..... abest a Ptolemaide quinque dierum navigatione, etc. » .. 881

Excursus XXXIII de Hesperidum et de Fortunatis insulis.................................. 883

Excursus XXXIV ad ea Plinii verba, lib. VI, cap. 38, pag. 753, 754: « Polybius a Gaditano freto longitudinem... ad orientem recto cursu Siciliam $\overline{\text{xii}}$ LX mill. D passuum, etc. » 889

Excursus XXXV ad ea Plinii verba, lib. VI, c. 38, pag. 754 : « Agrippa hoc idem intervallum a freto Gaditano ad sinum Issicum per longitudinem directam $\overline{\text{xxxiv}}$ LX mill. pass. taxat, etc. » 899

Excursus XXXVI ad ea Plinii verba, lib. VI, cap. 39, pag. 756 : « His addemus etiamnum unam græcæ inventionis sententiam, etc. »........... 900

FINIS SECUNDI VOLUMINIS PLINII.

CONDITIONS DE LA SOUSCRIPTION.

Le prix de chaque volume, grand in-8°, en papier fin satiné, presque grand-raisin, est de six francs, quand il est au-dessous de trois cents pages : de dix francs, quand il ne passe pas trente-quatre feuilles d'impression, c'est-à-dire 544 pages : de douze francs cinquante centimes, quand il monte depuis trente-cinq jusqu'à quarante feuilles inclusivement : et de quinze francs, quand il s'élève au-delà de quarante feuilles, quel que soit le nombre auquel l'abondance des matières puisse le porter.

La Collection se compose des 34 ouvrages suivants : *Catulle*, *César*, Cicéron, *Claudien*, *Cornélius Népos*, *Florus*, Horace, *Justin*, *Juvénal*, Lucain, *Martial*, *Ovide*, Perse, *Phèdre*, Plaute, Pline l'ancien, *Pline le jeune*, *Properce*, *Quinte-Curce*, *Quintilien*, *Salluste*, *Sénèque*, *Silius Italicus*, *Stace*, *Suétone*, *Tacite*, *Térence*, *Tibulle*, *Tite-Live*, *Valère-Maxime*, *Valérius Flaccus*, *Velléius Paterculus*, *Virgile*, et *Poetæ Latini minores*.

N. B. Les VINGT-SEPT Auteurs indiqués en lettres italiques sont ceux dont l'impression est terminée : il n'en reste donc plus à finir que SEPT, qui sont TOUS sous presse, et dont il a paru déja plusieurs volumes.

On souscrit, à Paris, chez MM.

N. E. LEMAIRE, Éditeur, rue des Quatre Fils, N° 16, au Marais;
BOSSANGE Père, Libraire, rue de Richelieu, N° 60;
BRUNOT-LABBE, Libraire, quai des Augustins, N° 33;
DE BURE frères, Libraires du Roi, rue Serpente, N° 7;
FIRMIN DIDOT, Imprimeur-Libraire, rue Jacob, N° 24;
DONDEY-DUPRÉ, Imprimeur-Libraire, rue de Richelieu, N° 47 bis;
MONGIE aîné, Libraire, boulevard des Italiens, N° 10;
JULES RENOUARD, Libraire, rue de Tournon, N° 6;
REY ET GRAVIER, Libraires, Quai des Augustins, N° 55;
ROUSSEAU, Libraire, rue de Richelieu, N° 107;
TREUTTEL ET WURTZ, Libr. rue de Bourbon, N° 17;
VERDIÈRE, Libraire, quai des Augustins, N° 25;
Et chez tous les Libraires de France et des pays étrangers.

www.ingramcontent.com/pod-product-compliance
Lightning Source LLC
Chambersburg PA
CBHW071613230426
43669CB00012B/1925